日帝强占期 韓國民族史(하)

日帝强占期 韓國民族史(하)

1931-1945년 한국의 민족과 사회

愼鏞廈

서울대학교출판문화원

머리말

이 책은 일제강점 후기인 1931-1945년 한국의 민족과 사회의 실상을 실증적으로 밝힌 학술 연구서입니다. 이 시기는 일본 제국주의가 만주 침략·중일전쟁·태평양전쟁을 도발하면서, 식민지로 강점한 한국에 대해 식민지정책의 본질을 적나라하게 표출했던 시기입니다. 또한 이 시기는 일제의 한국민족 말살정책에 대항하여 한국민족 성원들이 국내외에서 불굴의 투지로 민족의 자유·해방·독립·광복을 위해 최후의 순간까지 분투한 시기입니다.

한편 이 시기는 새로이 등장한 '식민지 근대화론'자들이 일제의 식민지정책이 한국을 '근대화'·'개발'·'공업화'시킨 혜택을 주었다고 주장하는 시기이기도 합니다.

이 책은 이 시기 한국민족의 생활 상태와 함께 일제 식민지정책의 내용과 본질을 실증적으로 밝히고, 한국민족이 식민지 근대화론자들이 주장하는 일제의 '혜택'을 거부하고 저항하여 붕괴시키면서 민족의 자유와 해방과 광복을 위해 목숨을 바치며 투쟁한 이유와 과정도 밝혔습니다.

이 책에서 저자는 이 시기 한국민족의 사회적 실상을 밝히면서, 이와 함께 일제강점말기 한국민족사 체계화의 기본 틀을 구성하려고 시도하였습니다. 이 작업 과정에서 저자의 연구 결과도 기술했지만, 학계의 기성 연구 결과도 최대한 많이 흡수하여 반영하려고 노력하였습니다. 방대한 자료들의 사료집이 다 정리되어 나오지 않은 악조건 속에서도 이 시기를 열심히 연구하신 모든 연구자들에게 깊은 존경과 감사를 드립니다.

원래 저자는 이 책을 3부작인 『일제강점기 한국민족사』의 하권으로 구상했었습니다. 그러나 2001년부터 매년 1권씩 집필 간행하려던 구상과는 달리 상·중권까지 간행한 뒤, 여러 가지 어려운 환경과 사정이 겹쳐 하권을 간행하지 못하였습니다. 깊이 사과 올립니다. 이번에 20년 만에 하권 원고를 출판문화원에 간행 신청했더니 출판위원회에서 '서장'과 '종장'을 설정할 것을 조건부로 하여 통과되었는데, 그 시사하는 바가 그간 20년의 세월이 흘렀으니 하권을 상·중권과의 연속뿐 아니라 동시에 독립된 책으로 편성할 것을 요구하는 것이라 해석되었습니다. 이에 『일제강점기 한국민족사(하)』는 독립된 책으로서 '1931-1945년 한국의 민족과 사회'라는 부제를 붙여 전면 재편성해 집필하게 되었습니다. 그러므로 이 책은 앞선 『일제강점기 한국민족사』의 상·중권과 연속되는 것으로 읽어도 되지만, 상·중권의 요약을 이 책의 '서장'에 기술했으므로 독립된 책으로 읽어도 무방하리라고 생각합니다.

이 책을 간행해 주신 서울대학교 유홍림 총장님과 이경묵 출판문화원장님께 깊이 감사드립니다. 또한 편집과 교정에 정성을 기울여 주신 편집팀의 박성규 씨 등 여러 분께도 깊이 감사드립니다. 그리고 이 책의 재편집 및 교정에 정성을 기울여 준 서울대학교 대학원 사회학과의 김종훈 조교에게도 깊이 감사하는 바입니다.

독자들이 일제강점기 한국의 민족과 사회의 실상과 진실을 이해하는 데 이 책이 조금이라도 도움이 되기를 간절히 바랍니다.

2023년 10월 15일
저자 신용하 삼가 씀

차례

제2장 일제의 만주 침략과 조선 대륙침략 병참기지화 정책 시작

연속 제23장

제4장 한국독립군과 조선혁명군의 무장독립운동

연속 제25장

제5장 동북인민 유격부대들의 항일무장투쟁

연속 제26장

제9장 일제의 대륙침략 병참기지 확충과 군수산업

연속 제30장

제10장 일제 공출정책의 물자 강탈과 조선인의 생활상태

연속 제31장

제11장 일제의 조선인 '징용'·'징병'정책과 강제연행

연속 제32장

제12장 일제의 조선여자근로정신대와 일본군 '위안부' 강제연행

연속 제33장

제13장 중국 관내에서의 독립운동과 조선의용대 및 한국광복군의 창설

연속 제34장

제14장 대한민국 임시정부의 '연합정부'로의 개편과 활동

연속 제35장

서장(序章)

1910-1920년 일제의 식민지 침략정책과 한국의 민족과 사회, 그리고 민족해방 독립운동

1. 1910년대 일제의 식민지정책과 한국민족의 독립운동

1) 일제의 1910년대 식민지정책의 특징

일본 제국주의는 1910년 8월 대한제국을 식민지로 완전히 강점하자 ① 식민지 수탈의 극대화와, ② '동화(同化)'라는 이름의 한국민족 말살·소멸 정책을, ③ 식민지 무단통치의 폭압체제로 자행하기 시작하였다. 일제는 일본 헌법을 조선에는 적용하지 않고, 일본군 대장(大將)을 조선 총독으로 임명하여 총독 명령을 '제령(制令)'이라고 호칭하면서 법률로 간주하여 제령과 새로 제정하는 '식민지법'에 의거하여 통치한다고 하였다. 그 내용은 조선에서는 신체의 자유권과 언론·출판·집회·결사·주권·참정·저항의 자유권을 인정하지 않는다는 것이었다. 그 결과 일제 강점하의 한국인은 하루아침에 기본적인 인권(人權)과 민권(民權)을 전혀 갖지 못한 무권리(無權利)한 상태에 떨어지고 말았다.

일제는 이러한 폭압체제를 집행하는 탄압 무력으로 ① 잘 무장된 일본군 정규군 육군 2개 사단과 해군 등 약 2만 3,000명, ② 헌병경찰

1,100개소에 7,978명[1]과 일반경찰 751개소에 5,402명,[2] ③ 조선총독부 행정요원 2만 1,312명 등, 합계 약 5만 7,692명의 삼중 병력과 무력탄압 역량을 거미줄같이 전국에 배치하였다. 일제는 무단통치(武斷統治)라고 자칭하면서 총독부 민간 행정요원들과 보통학교(초등학교) 교사들까지도 모두 군복을 입고 칼(軍刀)을 차도록 해서 총검으로 한국인을 위협하여 폭력으로 굴복시켰다.

일제는 한국인의 3인 이상 모임은 집회로 간주하여 반드시 사전에 일제 경찰 관헌에 청원하여 허가를 받도록 하였다. 구한말 애국계몽운동의 서적과 문건들은 모두 불법이라 하며 압수하여 소각한 후, 일제하 모든 출판은 반드시 원고를 사전에 일제 관헌에 제출하여 검열을 받도록 하였다. 결사(結社)는 완전히 엄금되었다. 오직 학교의 수업집회와 종교의 기도집회만은 예외로 사후에 신고하도록 하였다. 한국인의 주권, 참정권과 저항권이 완전히 부정되었음은 물론이다.

일제는 한국인의 기본권을 완전히 박탈해 무권리한 상태에 떨어뜨리고서도 저항이 불안해서 과거 조선왕조 정부가 중형에 쓰다가 1894년 갑오개혁 때 폐지한 '태형제'를 부활시켜, 1912년 3월 '조선태형령(朝鮮笞刑令)'을 더욱 강화하여 제정 공포해서 가벼운 경범죄에 가혹한 태형을 자행하였다.[3] 예컨대 한국인이 일본인에게 욕설만 해도 파출소에 끌고 가서 재판 없이 태(笞) 90대까지를 합법적으로 매질하여 처벌할 수 있게 하였고, 또 수시로 이를 자행하였다.

또한 일제는 1910년 12월 3일 제령 제10호로서 '범죄즉결례(犯罪卽決例)'를 제정 공포하여 한국인의 일상생활에서 무려 87개 항목에 대해 일제 경찰서장이 재판 없이 즉결로 3개월까지의 징역형을 명령으로 부과할

---

1 『朝鮮總督府統計年報』(1918), pp. 476-477 참조.

2 『朝鮮總督府統計年報』(1918), pp. 1186-1187 참조.

3 「朝鮮笞刑令」, 『朝鮮總督府官報』(1912. 3. 18.) 참조.

수 있게 하였다.[4] 즉, 한국인이 경찰관서의 지시를 따르지 않으면 일제 경찰이 경찰서장의 직권으로 3개월까지의 징역형과 태 90대까지의 형벌을 재판 없이 자행할 수 있는 야수적 탄압 체제를 만든 것이었다.

일제는 또한 '헌병경찰제'라고 하여 군인의 행동만 통제하는 '헌병'이 식민지 조선에서는 민간인도 경찰하도록 하였다. 그리하여 조선에서는 일제 헌병도 '헌병경찰'로서 조선 민간인을 사찰·체포·처벌할 수 있고, 일반경찰도 '헌병경찰'처럼 조선 민간인을 사찰·체포·처벌할 수 있도록 만들었다.

일제는 이러한 폭압체제를 만들어 놓고서도 한국인의 저항이 불안하여 한국인을 '완전무장 해제'시켰다. 일제 총독부는 실제로 통감부가 1907년 9월 제정 발포한 '총포 및 화약류 단속법'을 계속 적용하여 군용총·장총·권총은 재조선 일본 거류민만 소유하고 한국인은 전혀 소유하지 못하게 엄금하였다. 한국인에게는 극소수 친일 부유층에게만 오직 엽총에 한정해서 일제 경찰관서의 허가를 받고 일정한 사냥철 단기간만 보유하게 허가했고 나머지 긴 기간은 일제 경찰관서에 유치해 두도록 하였다. 이를 위반한 한국인에게는 참으로 가혹한 형벌을 가하였다. 그 결과 일제강점기 한국인은 '완전무장 해제' 되어 박은식의 표현을 빌리면 한국인은 '촌철(寸鐵, 단 한 개의 작은 무기)'도 갖지 못하고 완전무장 해제당하게 되었다. 일제는 한국을 이러한 폭압체제의 감옥 상태로 만들어 놓고 한국인에 탄압과 수탈을 가혹하게 자행하였다.

일제는 1910년 한국을 완전 식민지로 강점하자마자 우선 대한협회, 서북학회, 기호흥학회, 관동학회, 교남교육회, 호남학회, 대한흥학회 등 모든 애국계몽단체들을 강제 해산시켰다. 또한 한국의 『황성신문』, 『대한매일신보』, 『제국신문』, 『만세보』, 『대한민보』를 비롯하여 한말 애국계몽

4 「犯罪卽決例」, 『朝鮮法令輯覽』(하) 제15집 및 「警察犯罰規則」, 『朝鮮法令輯覽』(상) 제10집 참조.

운동을 주도하던 모든 신문들과 『소년』을 비롯한 모든 잡지들 및 학회 기관잡지들을 강제 폐간시켰다. 그리고 오직 조선총독부 기관지인 『매일신보』와 그 영문판인 『서울프레스(The Seoul Press)』, 일본인 거류민들의 『경성일보(京城日報)』만을 남겨놓았다. 일제는 그들의 기관지들을 통하여 일본 식민지정책의 혜택으로 한국이 잘 '개발', '근대화', '발전'되고 있으며, 한국인들이 일본의 식민지 지배에 감사하면서 '행복'하게 살고 있다는 거짓을 전 세계에 적극 널리 선전하였다.[5] 그러나 한국인들은 모든 언론매체 기관을 강제 폐쇄당하여 이 선전이 거짓이며 일제 식민지 통치 아래서 한국인들이 완전히 자유를 박탈당한 채 잔혹한 학대와 참담한 고통을 받고 있음을 세계에 알리지 못하고 있었다.

일제는 한국의 애국자들을 체포 투옥하기 위하여 1910년 12월 소위 '데라우치 총독 암살 음모 사건(寺內總督暗殺陰謀事件)'을 조작하여 전국에서 한국의 애국자 700여 명을 체포하여 잔혹한 고문을 자행해서 고문치사와 병자를 다수 발생시키고 그중 122명을 기소하여 105명을 유죄로 판결해서 투옥하였다. 이것이 '105인 사건' 또는 '신민회 사건'이라고 불렀던 일제의 한국 애국지사 색출 고문 투옥사건이었다.[6] 일제는 여전히 심산유곡에서 일제에 저항하고 있던 의병(義兵) 세력을 '토벌'한다고 하면서, 의병 가족들을 학살하고 의병이 나온 마을에는 방화와 학살을 제멋대로 자행하였다.[7] 일제는 독립의군부, 대한광복단, 대한광복회, 선명단, 조선국민회, 조선국권회복단 등 국내 비밀결사들을 색출하여 잔혹하게 고문하고 투옥하였다. 심지어 일제는 한말 창가집의 창가까지도 부르지

---

5 張錫興, 「일제의 식민지 言論政策과 총독부 기관지 '每日申報'의 성격」, 『한국독립운동사연구』 제6집, 1992 참조.

6 ① 愼鏞廈, 「新民會의 창건과 그 국권회복운동(상)·(하)」, 『한국학보』 제8·9집, 1977.
② 李載順, 「한말 新民會에 관한 연구」, 『이대사원』 제14집, 1977.
③ 尹慶老, 『개정증보판 105인 사건과 新民會 연구』, 한성대학교출판부, 2012 참조.

7 朴殷植, 『韓國痛史』, 『朴殷植全集』(상), 단국대학교 동양학연구소, 1975, pp. 330-331 참조.

못하도록 탄압하고 투옥하였다. 개성 '한영서원 창가집 사건'(1916), '홍천학교 창가집 사건'(1916) 등이 그 예이다.

일제는 1911년 8월 '조선교육령'을 제정 공포하였다. 그 요지는 ① 조선인의 교육은 일본제국에 충량한 국민 양성이 목적이며 ② 보통교육은 일본어(국어) 보급을 목적으로 하여 공립학교만을 두고 ③ 조선에는 대학은 두지 않으며 실업(농업·상업·공업)의 지식기능을 가르치는 전문학교만 둔다는 것이었다.[8] 일제는 이 조선교육령에 의거하여 한말 애국계몽운동이 설립한 3,000여 개 민립(사립)학교의 거의 모두를 몰수하여 '보통학교'로 개편하고, 한국인의 조선 내 대학 설립과 진학은 근본적으로 차단했으며, 대학 진학을 희망하는 조선의 청년 학도는 일본 등지에 유학하지 않으면 진학이 불가능하게 된 식민지 교육체제를 만들었다.

2) 일제의 '조선토지조사사업'과 1910년대 사회경제 수탈 정책

일제는 한국인이 저항할 수 없도록 잔혹한 폭압체제를 만들어 놓고, 1910-1918년 소위 '조선토지조사사업'을 실시하여 한국의 토지약탈을 감행하였다. 토지조사사업의 결과 1918년 12월 기준으로 ① 농경지 등(대垈·잡종지 포함) 27만 2,076정보, ② 임야 955만 9,586정보, ③ 기타 조선총독부 소유지 137만 7,211정보, 합계 1,120만 8,873정보를 조선총독부 소유지(그들의 별칭 '국유지')로 만들었다. 이것은 1918년 12월 기준 한국 국토 총면적 2,224만 6,523정보의 약 50.4%에 달하는 것이었다. 이것을 농경지 등과 임야로 구분해 보면 일제는 '토지조사사업'을 통해 전국 농경지의 약 5.8%와 전국 임야의 약 59.1%를 식민지 통치권력을 이용해 '토

8 ①「朝鮮教育令」, 『朝鮮法令輯覽』(하) 제16집, p. 19.
②「私立學校規則」, 『朝鮮法令輯覽』(하) 제16집, pp. 98-100.
③「書堂規則」, 『朝鮮法令輯覽』(하) 제16집, p. 114.
④ 朝鮮總督府學務局, 『朝鮮教育要覽』, pp. 10-11 참조.

지조사사업'을 통하여 무상으로 약탈한 것이었다.[9]

일제 총독부는 농경지에 대해서는 조선인에게 소작을 주어 당시 조선의 최고 최대 지주가 되어 조선 소작농으로부터 고율소작료를 수취하였다. 또한 약탈한 임야는 친일파, 동양척식회사 및 일본인 이주민 등에게 저렴하게 불하하거나 양여·임대하여 그들의 식민지통치 기반 확충과 식량·원료 공급에 이용하였다.

일제는 식민지로 강점한 한국을 일본 공업의 시작으로 개편하기 위해 한국인의 공업과 회사 설립을 극도로 제한하였다. 이 목적으로 일제는 1910년 12월 29일 소위 '회사령(會社令)'을 제정 공포하여, 한국 내에서의 회사 설립은 반드시 사전에 '조선총독의 허가'를 받도록 하고, 위반 시에는 5년 이하의 징역 등 가혹한 처벌을 가하도록 하였다.[10] 그 결과 1910년대에는 한국인의 민족자본 형성과 회사 설립은 극도로 탄압당하고, 일본 자본만이 한국에서 소규모 광산과 공업 회사가 출현한 정도였다. 1910년대의 한국은 일본 제국주의의 식량·자원 공급지와 일본 공업의 독점시장으로 강제 개편된 것이었다.

---

9 일제 '조선토지조사사업' 집행의 실무책임자 조선총독부 과장 和田一郎의 『朝鮮土地制度稅制度調査報告書』(1920)와 총독부의 『朝鮮土地調査事業報告書』(1920)는 조선에는 1910년까지 토지사유제(土地私有制)가 성립되지 않고 공유지(公有地)였던 것을, 일제가 '토지조사사업'을 실시하여 처음으로 토지사유제(土地私有制)를 성립시켰다고 주장하였다. 그러나 이것은 거짓이고, 사실이 아니다. 한국에서는 15세기 조선왕조에서 최종적으로 토지사유제가 확립되었으며, 그것을 '양안(量案)'이라는 토지대장에 등록시켰다. 일제의 토지조사사업은 한국의 토지(농지와 임야 등) 약탈의 극대화가 본질이었다. 신용하, ① 『조선토지조사사업연구』, 지식산업사, 1982 및 ② 『일제조선토지조사사업 수탈성의 진실』, 나남, 2019, pp. 185-188 참조.

10 ① 「會社令」, 『朝鮮法令輯覽』(하) 제17집, p. 159.
② 孫禎睦, 「會社令연구」, 『한국사연구』 제45집, 1984 참조.

3) 한국민족의 3·1운동 봉기와 그 영향

한국민족은 1910년대에 일제의 잔혹한 식민지 통치로 학살·약탈·고통에 시달리다가 1919년 3월 1일 '독립선언'을 하고 전국 방방곡곡에서 비폭력 투쟁 방법으로 봉기하였다. 일제는 맨손으로 태극기만을 들고 '독립만세'를 부르는 평화적 시위의 한국 민중에게 총격을 가하여, 박은식의 통계에 의하면 7,509명의 피살 순국자와 1만 5,961명의 부상자가 나오고 4만 6,948명이 일제에게 체포당하였다.[11] 그러나 한국민족은 1919년 3월 1일부터 5월 말까지, 1,542회의 비폭력 독립만세 집회에 연인원 202만 3,098명이 불굴의 투지로 참가하였다.[12] 이것은 당시까지 인구비례로 볼 때 전 세계 약소민족 독립운동에서 최대 규모였다. 또한 3·1운동은 제1차 세계대전 종결 후 강대한 승전국 제국주의의 무장 폭력 앞에 죽음을 무릅쓰고 맨손으로 비폭력 저항을 감행한 최초의 민족독립·민주혁명 운동이었다.

한국민족의 3·1운동은 막대한 희생을 내었으나 다음과 같이 그보다 훨씬 큰 세계사적 성과를 낸 독립운동이 되었다.

첫째, 3·1운동은 일제가 1910년 이후 9년간 닦아 놓은 식민지 무단통치와 한국민족 말살·소멸 정책을 근본적으로 파탄시키고 한국민족의 독립 의지를 전 세계에 널리 알렸다. 일제의 잔혹하기 비할 데 없는 야수적 식민통치의 진상이 전 세계에 폭로되었으며, 한국민족의 자유해방과 독립을 향한 의지를 전 세계에 명백하게 알리었다.

둘째, 3·1운동은 한국민족 내부의 독립운동 역량을 어떠한 외부 힘으로도 파괴할 수 없도록 획기적으로 대폭 강화하고, 그 후의 독립운동의 비약적 발전에 확고한 원동력을 공급하여, 장기적으로 자유해방과 독립

---

11 朴殷植, 『韓國獨立運動之血史』, 『朴殷植全書』(상), 단국대학교출판부, 1975, pp. 534-555 참조.

12 朴殷植, 『韓國獨立運動之血史』, 『朴殷植全書』(상), pp. 534-555 참조.

쟁취를 한국민족 내부에서 스스로 튼튼히 보장하게 되었다. 모든 한국민족 성원은 현재의 고통이 아무리 극심하더라도 언젠가 최후에는 한국민족이 자유해방되고 다시 독립국가를 광복할 것이라고 확신하게 되었다.

셋째, 3·1운동의 성과로 중국 상해에 1919년 4월 11일 대한민국 임시정부가 수립되었다. 처음에는 러시아령 블라디보스토크, 중국 상해, 서울(한성)에 3개 임시정부가 성립되어 분열될 위기도 있었다. 그러나 안창호(安昌浩)가 미주에서 급히 상해에 도착하여 헌신적 노력으로 3개 임시정부를 하나로 통합하여 1919년 9월 11일 하나의 대한민국 임시정부를 수립하는 데 성공하였다. 대한민국 임시정부는 9년간 단절되었던 민족정권을 계승하고 한국민족 역사상 처음으로 모든 군주제를 폐지하고 민주공화제 정부로 수립되어 한국민족사에 획기적이고 새로운 전기를 마련하였다. 임시정부는 27년간 장기 존속하는 동안에 한때 약화되기도 했지만 최후의 순간까지 독립운동을 추진하고 지휘하였다.

넷째, 3·1운동의 성과로 만주와 러시아 극동지역 등에서 독립군 무장투쟁이 본격적으로 전개되었다. 국내외 국경지방에서 30여 개의 독립군단들이 자발적으로 형성되어 한국 독립군부대들이 국내진입작전까지 전개하기 시작하였다.

다섯째, 3·1운동의 성과로 일제의 무단통치를 후퇴시키고 그 좁은 공간에서 민족의 보존과 발전을 위한 문화운동, 문학예술운동, 실력양성운동, 근대화운동을 전개하여 민족의 실력을 양성하면서 일제의 민족말살운동을 근저에서 붕괴시켰다.

여섯째, 3·1운동의 성과로 국내에서 청년운동, 농민운동, 노동운동, 어린이운동, 여성운동, 형평운동 등 새로운 사회운동이 일제의 탄압을 물리쳐 가면서 전개되기 시작하였다.

일곱째, 3·1운동의 성과로 한국민족은 자기 실력에 의하여 미래의 독립을 국제적으로 보장받아 내었다. 일본이 제1차 세계대전의 승전국 중 하나였던 1919년 당시에는 당장 한국민족 자유해방 독립이 성취되지 않는다 할지라도, 언젠가 일본이 패전국이 되는 날 한국민족은 자동으로 독립하는 것임을 전 세계가 인지하고 공인하게 되었다.

한국민족의 3·1운동은 또한 무기 없는 민중이 맨손만으로도 독립혁명을 일으킴으로써 세계 혁명사에 하나의 신기원을 이룩하여, 상대적으로 위축되어 있던 제1차 세계대전 승전국 지배하의 식민지·반식민지 약소민족들의 독립운동을 고취해서 전 세계 약소민족 해방독립운동에 큰 영향을 주고 새로운 전기를 마련하였다.

중국에서는 3·1운동의 영향과 고취를 받으며 5·4운동이 일어났다. 현대 중국 탄생의 전환점이라고 하는 5·4운동은, 내부 요인을 별도로 하고 외부 요인을 보면, 세계사적으로는 3·1운동의 영향을 받고 그 파급으로 일어난 것이다. 인도에서 1919년 4월 5일부터의 국민회의파 비폭력 독립운동인 '사타야그라하 사브하(진리수호)'운동 역시 외부적으로는 한반도 3·1운동의 영향과 고취를 받고 비폭력 독립운동이 본격적으로 전개되기 시작한 것이다. 이 밖에 1919년 3월 이후 필리핀, 베트남, 이집트의 본격적 독립운동은 한반도에서의 3·1운동의 영향과 파급으로 본격적으로 전개된 것이었다.[13]

4) 한국민족 독립군의 봉오동 전투와 청산리 독립전쟁

3·1운동의 영향으로 한국민족의 독립군 무장활동이 발흥하여 강화되는 중에 박승길(朴勝吉)이 지휘하는 약 30명의 신민단(新民團) 독립군 1개 소대가 간도 화룡현 삼둔자(三屯子)를 출발하여 1920년 6월 4일 함경북도

---

13 제1차 세계대전 종전 직후 1919년 3월 1일 동아시아 한반도에서 시작된 한국민족의 3·1운동은 승전국 식민지의 약소민족들에게도 급속히 파급되고 그들을 고무시켜 적극적 독립운동으로 전개되었다. 그리고 이때의 독립운동이 지속되어 결국 제2차 세계대전 종결(1945. 8. 15.) 후 전 세계 약소민족들이 독립국가를 세우는 데 성공한 것이다. 3·1운동은 한국민족사에서만 아니라 세계사적 의의가 매우 큰 민족해방 독립운동이다.

종성군 강양동(江陽洞)에 진입하여 일본군 헌병 군조 후쿠에(福江)가 인솔하는 헌병순찰소대를 격파하고 귀환한 유격전이 있었다. 이 패배에 분격한 일본군 남양(南陽) 수비대장 니이미(新美) 중위가 인솔하는 일본군 1개 중대가 두만강을 건너 중국 간도로 철수한 신민단 독립군을 추격했다. 이들은 삼둔자에 도착해서 한국 이주민 민간인을 보복 학살하고 계속 독립군을 추격하다가 매복한 신민단 독립군의 기습에 걸려 참패하고 귀환하였다.

함경북도 나남(羅南)에 사단본부를 두고 있던 일본군 제19사단은 이 패전에 분개해서 아가와(安川) 소좌가 인솔하는 '월강추격대대'를 편성하여 두만강을 건너 간도에까지 들어가서 독립군을 '섬멸'하고 돌아오도록 명령하였다. 독립군 측은 이에 대비하여 홍범도(洪範圖)가 지휘하는 대한독립군(大韓獨立軍), 최진동이 지휘하는 군무도독부(軍務都督府)군, 안무(安武)가 지휘하는 국민회군(國民會軍, 정식명칭 大韓國民軍) 등 3개 독립군단이 연합하여 대한북로독군부(大韓北路督軍府)라는 연합부대를 편성하여 이흥수(李興秀)가 인솔하는 신민단(新民團) 독립군 약 60명을 봉오동 입구에 배치하고 홍범도의 지휘 아래 봉오동 골짜기에 매복하고 있었다.

일본군 월강추격대대는 독립군이 잘 무장되지 않은 민병대라고 착각하고 입구의 유인하는 신민단 독립군을 따라 추격하면서 봉오동 골짜기에 깊숙이 들어왔다가 홍범도의 지휘하에 매복하여 기다리고 있던 독립군 연합부대의 집중사격에 걸려 1920년 6월 7일 참패를 하고 돌아갔다. 이것이 유명한 '봉오동 전투'이다. 한국인 동포들은 독립군의 봉오동 전투 승리에 "독립전쟁의 제1회전"[14]이라고 환호하였고, 일본군은 경악하여 다른 대책을 세우기 시작하였다.

일본군은 간도지방 한국민족 독립군의 '토벌'을 목적으로 1920년 7월

---

14 「電報 第166號(暗8203)」(1920. 6. 15.), 姜徳相 編, 『現代史資料 27』(朝鮮 3), みすず書房, 1970, p. 608.

부터 8월까지 '간도지방 불령선인 초토계획(間島地方不逞鮮人剿討計劃)'이라는 한국민족 독립군 '토벌' 작전을 계획하였다. 이 작전계획에 의하면, 나남 제19사단의 전부에 용산 제20사단으로부터 차출한 1개 대대와 시베리아 주둔 제14사단으로부터 차출한 병력 일부를 첨가하여 약 1만 2,000명의 병력으로 이소바야시(磯林) 지대(약 4,000명), 기무라(木村) 지대(약 3,000명), 아즈마(東) 지대(약 5,000명)로 제1선의 내부 포위망을 만들어 조선독립군에 대한 수색전투를 하고, 제20사단 일부, 시베리아 파견군 제11사단·제13사단·제14사단의 일부 등과 관동군까지 동원하여 모두 약 2만 5,000명의 병력과 비행단까지 동원해서 독립군을 완전 포위하여 '섬멸'한다는 것이었다.[15]

일본군은 독립군 '토벌'의 작전 목표를 2단계로 나누었다. ① 제1단계는 작전 개시일로부터 1개월 이내에 독립군 무장대를 철저히 색출하여 '섬멸'하고 토벌을 반복해 실시하여 독립군을 전원 '섬멸'하거나 검거해서 독립군의 무장항쟁을 근원까지 철저히 박멸한다는 것이고, ② 제2단계에서는 제1단계가 끝난 후로부터 다시 1개월 이내에 촌락에 잠복하고 있는 민간인 독립운동가를 색출하여 비무장 독립운동까지 철저히 뿌리를 뽑겠다는 것이었다.

그러나 '간도 지방'은 중국 영토로 만주 군벌 장작림(張作霖)의 지배하에 있었으며, 장작림은 일본군의 간도 지방 직접 침입을 거절하면서 중국군(만주군벌군)이 한국 독립군을 직접 토벌 해산시키겠다고 응대하였다. 장작림의 토벌대장 맹부덕(孟富德)은 독립군을 토벌하는 데 나서지 않고, 독립군부대들에 근거지를 이동하여 멀리 다른 지역으로 떠나도록 권고했고 독립군도 이를 수용하였다. 일제는 이에 국제법을 위반하여 중국 영토인 간도 지방에 불법 침입해서 일본군 약 2만 5,000명의 병력을 직접

---

15 金正柱 編, 『朝鮮統治史料』 제2권(間島出兵 上), 韓国史料研究所, 1970, pp. 39-44 참조.

투입하여 1920년 10월 7일 '불령선인 초토작전'을 시작하였다. 이 때문에 독립군은 근거지를 이동하는 도중에 일본군 토벌대가 포위망을 설치하고 수색 추격해 오자 이에 대항하여 '독립전쟁'을 벌이게 된 것이었다.

독립군은 무장이 불충분한 병사와 노·장년들은 귀가시키고 잘 무장된 청년 병사들로 정예군을 편성하여 김좌진(金佐鎭)의 북로군정서(北路軍政署)군 약 600명과 홍범도(洪範圖)가 지휘하는 독립군 연합부대(대한독립군, 국민회군, 신민단, 의민단, 한민회군의 연합부대) 약 1,400명이 2개 군단으로 나누어져 백두산 방향으로 근거지를 이동하였다. 이동 도중에 일본군 아즈마(東) 지대(약 5,000명)가 제1선에서 삼도구(三道溝)에 있는 김좌진의 북로군정서군과 이도구(二道溝)에 있는 홍범도 연합부대를 발견하여 추격해 오자 독립군이 대응하여 1920년 10월 21일부터 10월 26일까지 약 6일간 사활을 건 독립전쟁을 전개한 것이 '청산리 독립전쟁'(또는 '청산리 전투') 이다.

청산리 독립전쟁의 첫 전투는 1920년 10월 21일 삼도구 청산리 골짜기 '백운평(白雲坪) 전투'에서 김좌진의 북로군정서를 추격해 온 일본군 아즈마 지대의 야마다(山田) 토벌연대를 북로군정서가 매복해 있다가 기습 공격하여 크게 승전한 전투였다. 북로군정서 독립군은 이어서 '천수평(泉水平) 전투'에서도 1920년 10월 22일 새벽 4시 30분경 천수평에서 잠자는 일본군 기병중대를 선제공격하여 섬멸하였다. 이어서 1920년 10월 22일 오전 9시부터 해 질 무렵까지 '어랑촌(漁郎村) 전투'에서 일본군 아즈마 지대 본대와 온종일 치열한 전투를 전개하였다. 북로군정서와 일본군 양측의 피해가 모두 막심하였다.

홍범도 연합부대는 1920년 10월 21일 오후부터 10월 22일 새벽까지 '완루구(完樓溝) 전투'를 치러 일본군을 물리치고 계속 이동하다가, 어랑촌 874고지에서 북로군정서군이 일본군 연대병력에 포위되어 고전하고 있다는 보고를 받고, 어랑촌을 찾아와 다른 고지에서 일본군을 측면 공격하였다. 일본군은 병력과 화력에서 우세했으나 결사적으로 공격해 오는 북로군정서와 측면에서 공격해 오는 홍범도 연합부대의 협공을 감당하지 못하여 밤이 되기 시작하자 포위망을 풀고 황급히 철수하였다.

김좌진의 북로군정서와 홍범도 연합부대는 일본군이 다시 집중 공격하지 못하도록 소부대로 나뉘어 포위망 밖으로 이동하면서 조우하는 일본군 소부대들과 계속 작은 전투들을 전개하며, 임시정부에서 통지해 온 밀산(密山)에 이동하여 집합하였다.

결국 일본군의 거대한 규모의 '간도 불령선인 초토작전'이라는 간도 독립군 토벌작전은 일본군 '아즈마' 지대의 청산리 '백운평 전투', '천수평 전투', '완루구 전투', '어랑촌 전투', '고동하곡 전투' 등에서의 패전으로 제2단계로 들어가기도 전에 제1단계에서 포위망이 풀리어 완전히 실패하였다. 이것은 한국 독립운동과 독립군 측의 큰 승리였다.[16]

거시적으로 보면 일제의 한국 강점 식민지정책은 1910년부터 1918년까지 잔혹하게 무단통치의 폭력으로 집행되다가 1919년 3·1운동의 봉기로 대세가 역전되어 그 이후는 한국민족의 거대한 민족해방 독립운동과 문화예술운동 및 새로운 사회운동에 밀리기 시작하게 되었다고 볼 수 있다.[17]

---

16 신용하, ①「독립군의 청산리독립전쟁의 전투들의 구성」, 『사학연구』 제38호, 1984.
②「독립군의 청산리 독립전쟁 연구」, 『한국민족독립운동사연구』, 을유문화사, 1985.
③「홍범도의 대한독립군의 항일무장투쟁」, 『한국학보』 제43집, 1986.
④「大韓北路軍政署 독립군의 연구」, 『한국독립운동사연구』 제2집, 1988.
⑤「大韓新民團 독립군의 연구」, 『동양학』 제18집, 1988.
⑥「大韓國民軍(國民會軍)의 무장독립운동」, 『汕耘史學』 제5집, 1991 참조.

17 여기까지가 졸저 『일제강점기 한국민족사』(상)의 큰 줄거리이다. 그 밖에 이 시기 상세한 내용과 실증은 이 책 상권을 참고하시기 바란다.

2. 1920년대 일제의 식민지정책과 한국민족의 독립운동

1) 한국민족 독립운동의 비약적 강화 발전과 일제 식민지정책의 후퇴

1920년대 일제의 식민지정책은 한국민족의 3·1운동과 독립군부대들의 항일 무장투쟁의 강력한 공격을 받고 당황하여 후퇴해서 약간의 수정과 변화를 겪었다. 3·1운동 후 1919년 9월 2일 새로 부임한 조선총독 사이토 마코토(齋藤實, 재등실, 재임 1919-1927)는 부임차 내린 서울역에서 강우규(姜宇奎) 의사가 그를 향해 던진 폭탄 세례에 놀란 상태에서 이전의 '무단통치'를 뒤로 후퇴시켜 감추고 소위 '문화정치'를 표방하였다. 일제의 문화정치 표방은 기만적인 것이기는 했지만 한국민족 독립운동의 강력한 공격으로 일제를 후퇴시켜 약간의 공간을 쟁취한 측면도 있는 것이었다.

총독 사이토는 ① 헌병경찰제를 폐지하고 보통경찰제로 바꾸고, ② 1920년 3월 '조선태형령'을 폐지하였다. ③ 조선인도 관리로 임용할 것이고, ④ 행정관리와 교사의 제복(군복)과 대검(칼을 차는 것)도 폐지하며, ⑤ 조선인에게도 3개 신문사의 창립을 허용하고, ⑥ 재래의 문화와 관습을 존중하며, ⑦ 조선에도 '대학' 설립을 허용하겠다고 공표하였다.[18]

그러나 일제는 배후에서 ① 보통경찰의 규모를 대폭 증강시키고 경찰 안에 '고등과'를 설치하여 정보 수집과 사찰 및 탄압을 더욱 강화하였다. 일제 경찰의 고문과 구타도 제한 없이 자행되었다. ② 조선인의 관리 임용은 여전히 극소수 친일파에 제한하고 일본인을 임용하여 조선인을 직접 지배하였다. ③ '제령' 7호(1919)를 제정하여 민족주의 독립운동 탄압

---

18 朝鮮總督府, 『文化に關する諭告訓示竝演述』(1919-1922), pp. 2-6 및 『朝鮮施政二十五年史』, pp. 314-317 참조.

을 강화하고, 새로 대두한 사회주의 독립운동의 탄압을 더욱 강화하기 위해 '치안유지법'(1925)을 제정 인용하였다. ④ 태형령은 폐지했으나 3개월까지 재판 없이 즉결하여 징역형을 가하는 탄압제는 주체를 '경찰서장'에서 '도지사'로 바꾸기만 하였다. ⑤ 조선인이 신청한 『조선일보』, 『동아일보』, 『시대일보』의 창간 발행은 허가했으나, 일제 당국이 사전에 검열하고 삭제·정간·폐간권을 갖는 조건이어서 언론·출판·집회의 자유와는 거리가 매우 먼 것이었다. ⑥ 한국의 재래 문화와 관습은 총독부가 '조사'만 하고 실제로는 민족문화와 관습을 존중은커녕 파괴하기 위한 행정적 노력을 경주하였다. ⑦ 조선인의 대학 설립도 끝까지 저지하였다.

1920년대 일제 식민지정책의 한 변화는 일제 총독부가 조선 내 친일파 세력 육성을 위해 각종 특혜를 주면서 배후에서 조종하여 다수의 친일 단체를 결성케 하고, 특히 조선 귀족·대지주·부호·3·1운동에 참가하지 않은 유생 등을 회유 포섭하여 친일 세력을 만들어 국내 식민지 통치의 형성 기반을 추진했다는 사실이다. 또한 한국 민족세력을 분열시키기 위해 일제의 내심으로는 전혀 실현시킬 뜻이 없으면서도 대일본제국 내의 조선 자치 또는 참정권을 인정해 줄 듯이 유혹하여 조선에서 '완전 독립'을 포기하고 내정자치, 참정권운동 등 '자치론'을 대두시켜 친일세력으로 흡수해서 한국민족 독립운동을 약화시키도록 획책했다는 사실이다.[19]

2) 1920년대 일제의 경제 수탈 정책

일제는 3·1운동으로 대타격을 받고 1920년 회사령을 철폐하여 회사설립을 '허가제'에서 '신고등록제'로 바꾸었다. 일제는 이를 전환점으로 일

19 ①「朝鮮民族に對する對策」,『齋藤實文書』742.
②「各派有志聯盟發起人」,『齋藤實文書』968.
③「朝鮮內政獨立請願書」,『齋藤實文書』730.
④ 姜東鎭,『日帝의 韓國侵略政策史』, 한길사, 1980, pp. 165-299 참조.

본 본토로부터 일본 독점자본을 비롯한 각종 자본을 여러 가지 지원책으로 식민지 조선에 끌어들여 회사를 설립케 해서 압도적 자본력으로 경제적 수탈을 극대화하려고 추진하였다.

(1) 일제는 농업 부문에서 조선으로부터 식량 수탈을 극대화하기 위해 '제1차 조선산미증식계획'을 수립 실행하였다. 그 제1기 목표는 1920년부터 15년간 42만 7,500정보의 농지를 개간하고 화학비료 사용 등 농사 개량을 통하여 920만 석의 생산량을 증대시킨다는 것이었다. 그러나 미곡 생산량은 1920년 1,488만 2,000석으로부터 1925년에 1,477만 3,000석으로 증가는커녕 정체된 것으로 나타나서 완전히 실패로 돌아갔다. 이에 일제는 다시 '제2차 조선산미증식계획'을 수립 실행하여 1926년부터 12년간 미곡 약 816만 석의 증산을 목표로 하였다. 일제는 이 계획 목표를 달성하기 위해 1926년 7월 '조선토지개량주식회사'를 설립하여 토지개량에 적극 투자하였다. 그러나 1930년 세계 대공황으로 쌀값이 폭락하여 조선 쌀의 공급이 일본 쌀의 가격을 더욱 폭락시킬 위험이 크다고 일본 정부가 조선총독부에 지시하여 제2차 산미증식계획은 1934년 일본 측 사정으로 중단되었다. 일제의 산미증식계획은 실패했으나, 일제의 식량 약탈을 나타내는 조선으로부터 일본으로의 미곡 이출량은 1910년 77만 석으로부터 1920년 209만 1,000석, 1925년에 475만 8,000석, 1929년에 579만 1,000석으로 급증하였다. 이를 1910년을 지수 100으로 보면 미곡 생산량은 1920년에 143으로, 1929년에 132로 변동한 반면에 일본으로의 미곡 이출량은 1920년에 272로, 1929년에 752로 격증하였다.[20]

일제의 이러한 조선에서의 식량 약탈로 한국인의 1인당 미곡 소비량은 갈수록 현저히 저하되었다. 1917-1921년의 한국인 1인당 연간 미곡

20 『朝鮮總督府統計年報』 각 연도에서 작성한 『일제강점기 한국민족사』(중), p. 68의 [표 8] 참조.

소비량은 0.6860석이었던 것이 1922-1926년에는 0.5871석, 1927-1931년에는 0.4964석, 1932-1936년에는 0.4017석으로 현저히 감소했다.[21]

(2) 일제는 1920년대에도 반(半)봉건적 기생지주제도(반봉건적 소작제)를 개혁하거나 폐지하기는커녕 오히려 엄호하고 강화하였다. 왜냐하면 반봉건적 지주제의 고율소작료 제도가 조선 농민의 식량 소비를 최대로 억제 저하하고 소작료 형태의 잉여 식량을 쥐어짜 내어 일본으로의 식량 공급을 극대화하는 데 편리한 제도였기 때문이었다.

일제는 '동양척식주식회사'의 조선 토지점유경영(소작제 경영)과 함께,[22] '조선흥업주식회사'를 비롯한 다수의 거대 지주회사를 끌어들이고 설립케 하여 고율소작료를 수취해서 일본으로 공급케 하였다.[23] 그들의 형태는 거대 '회사지주'였으나 점유한 농지를 세분하여 조선인 영세소작농에게 소작을 주어 고율소작료를 수취한 관리 내용의 측면에서는 역시

---

21 『朝鮮總督府統計年報』 각 연도에서 작성한 『일제강점기 한국민족사』(중), p. 65의 [표 7] 참조.

22 ① 金錫俊, 「東洋拓殖株式會社의 사업전개과정」, 『한국사회사연구회논문집』 제2집, 1986.
② 최원규, 「동양척식주식회사의 이민사업과 東拓移民 반대운동」, 『한국민족문화』 제16집, 2000.
③ 신용하, 「동양척식주식회사의 對한국 및 동북아시아 수탈경영」, 『한국근현대사회와 국제환경』, 나남, 2008.
④ 하지연, 「동양척식주식회사의 농장관리조직과 특수어용단체운영」, 『식민지조선 농촌의 일본인 지주와 조선농민』, 경인문화사, 2018 참조.

23 ① 久間建一, 「巨大地主の農民支配」, 『朝鮮農政の課題』, 1943.
② 朴明圭, 「植民地 地主制 형성의 배경」, 『한국사회사연구회논문집』 제2집, 1986.
③ 홍성찬, 「일제하의 기업가적 농장형 지주제의 역사적 성격」, 『동방학지』 제63호, 1989.
④ 朴明圭, 「日本人大地主의 형성과 성격에 관한 연구」, 『한국학보』 제86집, 1997.
⑤ 허수열, 『개발 없는 개발: 일제하 조선경제 개발의 현상과 본질』, 은행나무, 2005.
⑥ 하지연, 『일제하 식민지 지주제 연구』, 혜안, 2010.
⑦ 허수열, 『일제초기 조선의 농업』, 한길사, 2011 참조.

반봉건적 회사지주였다.

일본인 거대 지주들은 생산량 증대를 위해 소작농들을 수리조합(水利組合)에 가입케 해서 수리비를 소작농에게 전가하고,[24] 화학비료 등 구입을 위한 자본을 선대해 주어 이자를 소작료에 전가하였다. 그 결과 일제하 지주제도에서 소작료는 생산물의 50%를 초과하여 총생산물의 평균 55-60%에 달하게 되었다.[25] 이것은 대한제국 말기 조선지주제도 소작료 33-50%보다 더욱 상승한 고율소작료였다.

(3) 일제하의 이러한 식민지 농업 수탈 정책으로 한국 농민들은 부채농이 되었고, 농민들이 '보릿고개'라고 호칭했던 춘궁기에는 절량농가가 되었다. 1930년도 자소작 및 소작농의 총호수에 대한 부채농가의 비율은 무려 75%나 되었고,[26] 춘궁기 절량농가의 비율은 자작농이 전체 자작농가의 18.4%, 자소작농이 전체 자소작 농가의 37.5%, 소작농이 전체 소작농가의 68.1%에 달하였다.[27] 더 이상 농촌에서 생존을 유지할 수 없도록 궁핍해진 소작농들은 농촌에서 분리되어 도시로 나가서 도시의 빈민층, 토막민 또는 유랑민이 되었다.[28]

(4) 일제가 3·1운동의 영향으로 회사령을 폐지한 후 1920년 8월 '조선관세령'과 '조선관세정률령'도 폐지하면서 일제 독점자본의 한반도 유입을 후원하자, 일본 독점자본과 각종 중소자본이 식민지 초과이윤을 획득하려고 조선에 유입되었다. 이와 함께 억눌렸던 한국인 소자본들도 기업

---

24 박명규, 「水利체계의 변화와 지주, 농민, 식민지 권력」, 『한국 근대 국가 형성과 농민』, 문학과지성사, 1997 참조.

25 신용하, 「일제하 지주제도와 농민계층의 분화」, 『한국근대사회사연구』, 일지사, 1987, pp. 298-305 참조.

26 朝鮮總督府, 『朝鮮ニ於ケル小作ニ関スル参考事項摘要』(1934), p. 73 참조.

27 朝鮮總督府, 『朝鮮ニ於ケル小作ニ関スル参考事項摘要』(1932), p. 24 참조.

28 ① 김경일, 「일제하 도시빈민층의 형성」, 『한국사회사연구회논문집』 제3집, 1986.
② 문소정, 「1920-1930년대 소작농가 자녀들의 생활과 교육」, 『한국사회사연구회논문집』 제20집, 1990.
③ 윤수종, 「머슴제도에 관한 일연구」, 『한국사회사연구회논문집』 제28집, 1991 참조.

열이 일어나서 각종 공업회사들을 설립하였다. 그러나 일본인 자본과 한국인 자본의 규모의 격차가 너무 커서 일본 독점자본이 공업부문을 지배하였다.

회사령 철폐 후 한국인의 공장 수는 1920년 943개로부터 1928년에는 2,751개로 급증했으며, 일본인의 공장 수는 같은 기간에 1,125개로부터 2,425개로 증가하였다. 1928년에 한국인 공장 수가 일본인의 공장 수를 추월하며 급증했다는 사실은 한국인의 기업열을 잘 나타내었다.[29]

그러나 자본금에 있어서는 한국인 자본은 1920년 914만 6,000원에서 1928년에 2,425만 원으로 2.8배밖에 증가하지 못한 데 비하여 일본인 자본은 같은 기간에 1억 4,022만 9,000원에서 4억 9,940만 9,000원으로 급증하였다. 그 결과 조선 내 총공업자본에 대한 비중을 보면 한국인 공업자본 비율은 5.7%에서 4.6%로 오히려 하락한 반면에 일본인 공업자본의 비중은 같은 기간에 87.2%에서 90.9%로 증가하여 조선 공업을 지배하게 된 것이다.[30]

한편 1920년대의 공업생산구조를 보면, 1929년의 경우 식료품공업이 63.5%, 방직공업이 10.9%, 금속공업이 5.8%, 화학공업이 5.0%, 가스 및 전기업이 4.7%, 기타 등으로서 식료품공업과 방직공업이 중심이었다. 식료품공업은 정미업이 대종이었다. 방직공업에는 일본의 미츠이 독점자본이 면방직공장에, 한국인의 중소자본이 마직물·견직물 생산과 양말공장에 참가하였다.[31] 금속공업은 일본의 미츠비시 독점자본이 1920년 겸이포 제철소를 설립하였고, 화학공업은 일본의 오노다 독점자본이 오노다 시멘트 공장을 세워 1920년부터 생산을 시작하였다. 노구치 신흥 독점자

29 Carter J. Eckert, *Offsprings of Empire*, University of Washington Press, 1991, pp. 27-59 참조.

30 朝鮮總督府, 『朝鮮の商工業』, 1930을 자료로 한 『일제강점기 한국민족사』(중), p. 101의 [표 4] 참조.

31 정근식, 「일제하 鐘淵紡績의 잠사업 지배」, 『한국사회사연구회논문집』 제2집, 1986 참조.

본은 흥남에 1927년 조선질소비료주식회사를 세워 질소비료를 생산하기 시작하였다.

(5) 회사령 철폐 후 1928년까지 한국인 광산회사는 없었고, 일본인 광산회사 7개, 한일 합자회사 1개, 기타 외국인 회사 1개였다. 1929년에야 한국인 금광회사가 1개 설립되었는데, 일본인 회사는 12개로 증가하였다. 1929년의 경우, 출자 또는 공칭자본의 민족별 구성을 보면 일본인이 93.65%, 한국인은 0.6%, 한일 합동이 0.66%, 기타 외국인이 5.08%였다.[32] 일제는 한국을 식민지로 강점하여 1920년대 말까지 한국의 광물자원을 한국인 광부를 통해 노예적 기아임금으로 채굴해서 완전히 독점하여 일본 공업의 원료로 약탈해 간 것이었다.

3) 1920년대의 민족교육·어문·역사·문학 및 예술운동

(1) 3·1운동 후 한국의 지도적 지식인들은 한말과 같이 여전히 교육구국의 중요성을 강조하고 1920년 '조선교육회'와 '조선여자교육회'를 설립하여 활동하면서 일제의 '조선교육령'과 식민지 교육정책을 예리하게 비판하였다. 그 초점은 ① 모든 교육에서 '조선인 본위의 교육'을 실시하고, ② 사범학교를 인정하여 조선인 교사를 양성하며, ③ 조선에도 대학을 설립하여 대학 교육을 실행케 하라는 것이었다. 조선인 본위의 교육 요구는 보통학교부터 '한국사(조선사)'와 '한국어(조선어)'를 필수로 교육하고, 민립(사립)학교로서 서울에 종합대학을 설립하겠다는 요구였다.

'문화정치'를 표방한 일제는 이를 전면 부정 탄압하기가 어려워서 1922년 2월 조선교육령을 개정하여 '제2차 조선교육령'을 발표하였다. 그 골자는 ① 조선인의 보통학교와 고등보통학교 수학 연한을 연장하고, ② 종래 일본어와 한문만 필수로 교육하던 것을 '조선어'도 필수로 첨가

32 李如星·金世鎔, 『數字朝鮮硏究』 제2집, 1933, p. 27 참조.

하며, ③ 사범학교를 설립할 수 있고, ④ 관립대학은 인정하되 예과의 교수 자격을 조선 총독이 정한다는 것이었다. 일제는 한국사의 교육과 민립대학의 건립만큼은 완강히 거부한 것이었다.

이에 한국의 지식인들과 학생들은 한국사 필수 교육을 골자로 한 '조선인 본위 교육'을 계속 요구했고, 전국에서 약 1,000명의 발기인이 1923년 3월 29일 '조선민립대학 설립 기성회'를 결성하였다. 그 내용은 3기에 걸쳐 조선인의 성금을 모아 법과(法科)·문과(文科)·경제과(經濟科)·이과(理科)·의과(醫科)·농과(農科)의 6개 단과대학(학부)으로 구성된 종합대학교를 설립하여 모든 한국인에게 대학교육을 개방한다는 것이었다. 한국인의 민립대학 설립운동은 한국 민중의 광범위한 지지를 받았다.[33] 일제는 당황하여 긴급하게 재조선 일본인 거류민의 관리·양성을 목적으로 하되 학생 정원에 조선인 입학도 일부 한정해 허용하는 구조의 '경성제국대학(京城帝國大學)'을 설치하기로 결정해서 1924년 5월 서울에 경성제국대학 '예과(豫科)'를 설립하고, 1926년에 '법문학부'와 '의학부'를 설립하였다.[34] 그 후 가뭄과 조선인의 경제적 빈곤 심화로 기부금 모집이

33 ① 손인수, 「朝鮮民立學 설립운동에 관한 연구」, 『교육학연구』 제5권 제1호, 1967.
② 김호일, 「일제하 民立大學 설립운동에 대한 일고찰」, 『중앙사론』 제1집, 1972.
③ 노영택, 「민립대학 설립운동 연구」, 『국사관논총』 제11집, 1990.
④ 이명화, 「民立大學 설립운동의 배경과 성격」, 『한국독립운동사연구』 제5집, 1991.
⑤ 우윤중, 「민립대학 설립운동의 주체와 성격」, 『사림』 제58호, 2016 참조.

34 ① 장세윤, 「일제의 京城帝國大學 설립과 운영」, 『한국독립운동사연구』 제6집, 1992.
② 이준식, 「일제강점기의 대학제도와 학문체계: 京城帝大의 '조선어문학과'를 중심으로」, 『사회와 역사』 제61호, 2002.
③ 정근식, 「경성제국대학 부속도서관의 형성과 운영」, 『사회와 역사』 제87집, 2010.
④ 정준영, 「경성제국대학의 유산: 일본의 식민교육체제와 한국의 고등교육」, 『일본연구논총』 제34호, 2011.
⑤ 정준영, 「식민지 제국대학의 존재방식: 경성제대와 식민지의 '대학자치론'」, 『역

어려워 조선민립대학 설립운동은 중단되었다. 그러나 '조선인 본위 교육' 운동은 1930년까지 완강하게 전개되었다.

(2) 언론기관으로서는 3·1운동 직후 일제 신임 총독 사이토가 1919년 9월 '문화정치'를 표방하면서 조선인 신문·잡지의 발행을 '질서와 공안 유지에 무방한 한 고려해보겠다'고 발표하자, 이 기회를 포착하여 1919년 10월 한국인들이 즉각 10여 건의 신문사 설립과 다수의 잡지 발행을 신청하였다. 일제는 1920년 1월 6일 "일본의 통치를 교란시키지 않는 범위 내에서"라는 조건을 붙여서 『동아일보』, 『조선일보』, 『시사신문(時事新聞)』의 3개 사의 설립을 허가하고, 이어서 1920년 5월 22일 자로 잡지 『개벽(開闢)』, 1922년 9월 22일 자로 『신생활(新生活)』, 『신천지(新天地)』, 『조선지광(朝鮮之光)』의 발행을 허가하였다.

이에 『조선일보』(1920. 3. 5.), 『동아일보』(1920. 4. 1.), 『시사신문』(1920. 4. 1.)이 차례로 창간되었다. 이 가운데 『조선일보』, 『동아일보』와 『시대일보』의 폐간 후 발행권을 구입한 『중외일보』, 『중앙일보』, 『조선중앙일보』는 일제의 가혹한 사전 원고검열과 정간·폐간의 위협 자행에도 굴복하지 않고 1930년까지 민족언론으로서 완강히 활동하였다. 잡지들도 일제의 가혹한 사전 원고검열과 삭제, 정간, 폐간에 굴복하지 않고 민족에 유익한 논문과 작품을 게재하여 발표하였다.

당시 신문·잡지사의 기자와 사원들은 단순한 직업인이 아니라 민족적 지사(志士)의 기풍이 있었다. 그들은 일제의 언론 탄압에 대항하여 언론·출판의 자유와 민족권익의 수호자로서 활동하였다. 언론인들이 1924년 6월 7일 '언론집회압박탄핵회(言論集會壓迫彈劾會)'를 결성하여 탄핵대회

사문제연구』 제26권, 2011.

⑥ 조정우, 「경성제국대학의 회사법 연구와 식민지 주식회사」, 『한국사회학회 사회학대회 논문집』, 2015.

⑦ 권윤경, 「식민지 도서관과 이식된 근대: 경성제국대학 부속도서관의 프랑스어장서 및 역사서 분석」, 『사회와 역사』 제105집, 2015.

⑧ 김필동, 「경성제국대학의 사회학교육」, 『사회와 역사』 제127집, 2020 참조.

를 열면서 투쟁한 사실이나, 1925년 4월 15-17일 서울에서 '전조선기자대회(全朝鮮記者大會)'를 개최하여 언론의 자유를 요구하면서 일제의 식민지 통치를 격렬히 규탄한 것은 그 사례들이다. 당시 모든 민족언론들은 그 후 6·10만세운동과 광주학생독립운동의 보도와 확산에도 큰 역할을 하였다.

(3) 민족언어·문자·역사 보전 교육운동에서는 먼저 주시경(周時經)의 제자들이 중심이 되어 3·1운동 후 1921년 12월 3일 '조선어연구회(朝鮮語研究會, 후에 '조선어학회'로 개칭)'를 창립하여 회원을 늘리면서 한국어와 한글의 연구·보전·발전·보급·교육을 위해 활동하였다. 회원들은 ① 전국 순회 계몽 강연, ② 1926년 한글날(가갸날) 제정, ③ 1927년 『한글』 잡지의 발간, ④ 회원들의 연구에 의거한 다수의 서적 발행, ⑤ 1929년 10월 『조선말 큰사전』 편찬 결정과 추진, ⑥ '한글 맞춤법 통일안' 연구, 실행, 보급 등 정열적 활동을 하였다.

민족역사의 연구·보전·발전 활동으로서는 일제의 한국역사 왜곡·말살 정책에 대항하면서 1920년대에 박은식(朴殷植)·신채호(申采浩)·장지연(張志淵)·정인보(鄭寅普)·황의돈(黃義敦)·권덕규(權悳奎)·안확(安廓)·남궁억(南宮檍)·장도빈(張道斌)·박해묵(朴海默) 등의 연구 저술활동을 통하여 민족역사를 지키고 발전시키는 데 진력하였다. 이 가운데서도 박은식은 『한국통사(韓國痛史)』(1915), 『한국독립운동지혈사(韓國獨立運動之血史)』(1920)를 간행하여 일제의 침략과 식민주의 사관을 통렬하게 비판하면서 한국 근대사를 체계화하였다. 신채호는 『조선상고문화사(朝鮮上古文化史)』(1920년 전후), 『조선상고사(朝鮮上古史)』(1924)를 저술하여 한국 고대사를 새롭게 체계화하면서 일제의 식민주의 사관에 의한 한국역사 왜곡·날조를 신랄하게 비판하였다.

일제의 한국민족 소멸·말살정책으로 박은식·신채호 등의 역사서는 학교 교육에는 들어가지 못했으나, 국내 지식인과 학생들의 독서로 큰 영향을 끼쳤다. 일제는 총독부 안에 1925년 조선사편수회(朝鮮史編修會,

1916년 설치 당시 '조선반도사편찬위원회')를 설치하여 『조선반도사』(후에 『조선사』로 확대 개칭)를 편찬하면서, 그 목적으로 박은식의 『한국통사』같이 '조선의 독립국'을 생각게 하는 "참으로 말로 다 표현할 수 없는 해(害)"에 대한 대책으로 『조선사』(전 37책)를 편찬한다고 밝혔다.[35]

(4) 민족문학·예술운동으로서는 먼저 김소월(金素月), 한용운(韓龍雲), 이상화(李相和), 이육사(李陸史), 심훈(沈熏) 등 대표적 민족시인들을 비롯하여 실로 수많은 시인들이 문단에 등장하여 한국어로 아름다운 서정시, 서사시, 시조 등을 창작했고, 수많은 한국인들이 애송하였다. 김소월은 걸작 서정시 「초혼(招魂)」(1925)에서 "부르다가 내가 죽을 이름이여"의 절실한 '이름'은 그가 발표하지 못한 유고시 「마음의 눈물」에서 '조선'이라고 다시 노래하였다. 한용운은 「님의 침묵」(1926)에서 잃어버린 님(조국)과의 다시 만날 기약을 연애시의 표현을 빌려 절절하게 노래하였다. 이상화는 「빼앗긴 들에도 봄은 오는가」(1926)에서 일제에게 아름다운 조국강산을 빼앗겨 봄조차 빼앗기겠다고 한탄하였다. 이육사는 압수당한 시 「광야」(1945)에서 시간이 지나면 "백마 타고 오는 초인"처럼 독립이 찾아올 것임을 확신하였다. 심훈은 「그날이 오면」(1930)에서 목숨이 끊어지기 전에 "독립의 그날이 오기만 하면, 밤하늘에 날으는 까마귀와 같이 종로의 인경(보신각 종)을 머리로 들이받아 죽더라도 무슨 한이 남겠는가"라고 절규하였다.

또한 수많은 소설가들이 등단하여 다양한 사조의 현대소설을 창작하여 다수의 걸작을 내었다. 역사소설도 현대문으로 부활하여 한국역사의 영웅, 위인, 사건을 흥미진진하게 이야기해 주었다. 새로운 희곡도 등장하였다.

미술 분야에서도 새롭고 독자적인 화법으로 한국화를 그리고, 서양 유화도 도입하여 서양화의 선구적 작품들이 제출되었다. 1920년대에는 다

35 朝鮮總督府朝鮮史編修會, 『朝鮮史編修會事業槪要』, 1938, p. 6.

수의 새로운 창작 가곡들이 발표되어 애창되었으며, 어린이 운동과 함께 어린이를 위한 동시와 동요가 다수 발표되어 애창되었다. 신극 운동도 일어나 새로운 연극과 영화가 공연되었다. 특히 나운규(羅雲奎)가 시나리오·주연 배우·감독을 맡아 제작하고 상영한 영화 「아리랑」(1926)은 모든 한국인들에게 선풍적 인기를 일으켜 항일 민족의식을 크게 고취했을 뿐만 아니라, 영화의 주제가로 민족 전통민요 '아리랑'을 근대화한 '신아리랑'은 가사와 곡조가 모두 전국을 휩쓸어 애창되었다. 이 주제가는 오늘날의 '신아리랑'이 되었으며, 당시 일제는 이 노래를 민족의식을 고취한다고 금지곡으로 지정해서 탄압하였다.[36]

한국의 민족문학·예술은 구한말 근대화가 시작되었지만, 그것이 확립된 것은 일제강점기 3·1운동 후 1920년대였다. 한국민족은 3·1운동의 성과로 민족독립운동 역량의 비약기에 일제의 온갖 억제와 탄압을 실력으로 극복해 투쟁해 가면서 자주적으로 근대화를 실현하여 근대문학·예술과 민족문화가 확립된 것이다. 일제는 이를 도와주기는커녕 온갖 음험하고 잔혹한 방법으로 억제하고 탄압하였다. 그리고 1920년대 한국인들이 확립한 민족언어(한국어), 민족문자(한글), 민족역사(한국사)의 연구와 보급, 한국어를 사용한 경이로운 민족 서정시·소설·시조·음악·무용·영화 「아리랑」 등 한국 근대 민족문학·예술과 민족문화는 이를 억제하려는 일본 제국주의의 탄압을 한국민족이 혈투로 물리치면서 확립하여 이미 1920년대에 일제의 한국민족 소멸·말살 정책을 붕괴시켜 버렸고, 그 후 일제가 아무리 한국민족 소멸·말살 정책을 강화해도 일제의 목적 달성이 불가능하게 만들어 버린 것이다.

---

36 ① 「영화상영 중지」, 『朝鮮日報』, 1930년 2월 13일 자 및 「아리랑 가리켜주다가 징역을 해」, 『朝鮮日報』, 1931년 5월 10일 자.
② 한국정신문화연구원, 『한국사연표』, 동방미디어, 2004, p. 596.
③ 신용하, 『한국문화의 설날·두레공동체·농악·아리랑』, 경인문화사, 2021, pp. 191-282 참조.

4) 새로운 사회운동의 대두와 발전

(1) 조선물산장려운동

1922년 먼저 평양에서 조만식(曺晩植) 등이 '조선물산장려회(朝鮮物産獎勵會)'를 조직하여 국산품 애용 운동을 시작하자 뒤이어 서울에서도 조선청년연합회가 호응하여 "내 살림 내 것으로", "조선 사람 조선 것으로"의 구호를 외치면서 '국산품 애용', '민족기업 육성' 운동을 일으켰다. 1923년 1월에는 서울에서 전국 규모의 단체로서 '조선물산장려회'를 결성하여 전국적으로 국산품 애용에 의한 민족기업 육성 운동이 전개되었다.

조선물산장려운동은 조선을 일제 공업의 독점시장으로 만드는 일제의 식민지 정책에 정면으로 저항하는 것이었으므로 1924년부터 일제의 음험한 탄압을 받았다.

(2) 새로운 노동운동의 탄생과 발전

1920년 4월 구한말 신민회 계통의 박중화(朴重華)등과 선각적 노동자 대표들이 1920년 4월 서울에서 '조선노동공제회(朝鮮勞動共濟會)'를 창립하여 현대적 '노동조합'을 조직해 나가면서 새로운 전국적 노동운동을 시작하였다. 이 한국 최초의 근대적 노동운동은 1년여의 짧은 기간에 전국적으로 지회를 설치하면서 발전하여 크게 성공하였다. 이어서 1922년 10월에는 '조선노동연맹회(朝鮮勞動聯盟會)'가 창립되어 새로운 노동운동은 더욱 확대 발전되었다.[37]

---

37 신용하, ①「朝鮮勞動共濟會의 창립과 노동 운동」, 『한국사회사연구회논문집』 제3집, 1986.
②「1922년 朝鮮勞動聯盟會의 창립과 노동운동」, 『한국사회사연구회논문집』 제15집, 1989 참조.

새로운 노동운동은 농민운동까지 포함하여 1924년 4월 182개 노동단체와 농민단체가 참여한 '조선노농총동맹(朝鮮勞農總同盟)'을 결성하여 더욱 확대 발전되었다가, 1925년 11월 '조선노동총동맹(朝鮮勞動總同盟)'과 '조선농민총동맹(朝鮮農民總同盟)'으로 분화하여 일제의 민족차별 노동임금을 비롯한 노동자 수취에 노동쟁의·파업 등의 더욱 적극적 방법으로 대항하며 노동운동을 전개하였다. 다수의 노동쟁의 가운데서도 1929년 '원산총파업(元山總罷業)'은 일제의 함경남도 전도의 경찰대와 함흥에 사단본부를 둔 일본군 제19사단의 대병력까지 투입하면서 간악한 탄압을 가했으나 조선 노동자들이 20일간이나 완강히 총파업으로 투쟁하여 일제에게 큰 타격을 주었다.[38]

(3) 농민운동의 새로운 발전

농민운동은 1920년 처음에 조선노동공제회에 포함된 '소작인운동'으로 시작되었다가 1924년에는 '조선노농총동맹'으로 노동운동에 통합되었으며, 1925년 조선노동총동맹과 '조선농민총동맹(朝鮮農民總同盟)'으로 분화된 후 소작인들의 소작쟁의를 중심으로 독자적으로 발전하였다.

또한 이와 병행하여 천도교 계통이 동학농민운동을 계승하면서 1925년 10월 '조선농민사(朝鮮農民社)'를 창립해서 근대적 노동운동을 적극적으로 전개하였다. 천도교의 조선농민사는 기관잡지로 『조선농민』, 『농민』, 『농민세상』을 발행하면서 '농민야학운동'과 '농민공생조합(農民共生組合)운동'을 활발히 전개하여 큰 성과를 내었다.

---

38 ① 김경일, 「1929년 元山總罷業에 대하여」, 『창작과 비평』 제63호, 1989.
② 유현, 「1920년대 노동 운동의 발전과 元山總罷業」, 『한국사회사연구회논문집』 제19집, 1990.
③ 현명호, 「원산총파업의 공간적 전개」, 『한국독립운동사연구』 제73집, 2021 참조.

(4) 새로운 청년운동의 발전

3·1운동 직후 민족주의자들은 전국적으로 다수의 '청년회'들을 조직하여 민족운동과 사회운동을 전개하다가 1920년 12월 서울에서 '조선청년연합회(朝鮮青年聯合會)'를 결성하였다. 1924년 4월에는 서울에서 전국 223개 청년 단체의 대표가 참가하여 회원 3만 7,000여 명을 가진 거대한 규모의 '조선청년총동맹(朝鮮青年總同盟)'을 결성하였다. 조선청년총동맹은 전국 각지에서 일제의 잔혹한 탄압에 저항하면서 각종 민족운동을 완강하게 전개하여 일제가 이를 매우 두려워하였다.

(5) 형평(衡平)운동의 성립과 발전

1923년 경상남도 진주에서 종래 차별받던 백정(白丁)들이 '조선형평사(朝鮮衡平社)'를 결성하여 백정들의 인권과 평등을 주창하면서 '형평운동'을 시작하였다. 이 운동은 전국 백정들이 호응하여 '조선형평사 중앙총본부'와 각 지방 형평사들이 조직되어 형평운동을 전국적으로 전개하여 큰 성과를 내었다.[39]

---

39 ① 김중섭, 『형평 운동 연구: 일제 침략기 백정의 사회사』, 민영사, 1994 및 「형평운동의 연구 동향과 자료」, 『현상과 인식』 제46권 제2호, 2022 참조.

② 한국사회사학회 『사회와 역사』 제138집(2023년 여름호)은 '형평운동 100주년 기념호'를 발행하여 다음의 논문을 수록하였다.

ⓐ 정근식, 「형평운동과 인권의 사회사: 구체적 지역 사례연구를 지향하며」.

ⓑ 이향아, 「국가통치성과 예외상태: 백정, 도축, 그리고 형평운동에 대한 재고찰」.

ⓒ 조형열, 「형평운동과 지역사회운동: 연대로 가는 험난한 여정」.

ⓓ 김명희, 「계속되는 형평운동과 지역공공역사: 인권박물관의 가능성」.

(6) 새로운 여성운동의 형성과 발전

3·1운동 직후 여성 독립운동단체로 '대한애국부인회(大韓愛國婦人會)' 등 다수의 새로운 단체들이 결성되어 활동하다가, 1919년 11월 '대한애국부인회 연합회'가 결성되었다. 1920년 4월에는 '조선여자교육협회(朝鮮女子敎育協會)'가 결성되어 활동을 시작하였다. 초기의 여성운동은 여성교육운동과 각종 남녀평등운동을 중심으로 전개되었다. 1924년에는 최초의 사회주의 계통 여성단체로서 '조선여성동우회(朝鮮女性同友會)'가 출현했고, 1925년에는 '조선여성해방동맹', '프롤레타리아 여성동맹', '경성여자청년동맹', '경성여자청년회' 등이 결성되었다가, 1927년 5월 여성운동의 협동전선으로 '근우회(槿友會)'가 결성되어 다른 단체들을 통합했다.

(7) 어린이운동의 형성과 발전

1921년 천도교에서 천도교청년회 유소년부를 '천도교소년회(天道敎少年會)'로 발전시키면서 방정환(方定煥) 등을 중심으로 새로운 어린이운동이 형성 발전되었다. 천도교소년회는 '어린이'라는 용어를 만들고 1922년 5월 1일을 '어린이날'로 제정하여 어린이 보호와 우대를 호소하였다. 1923년 3월부터는 잡지 『어린이』를 발간하고, 21세기에도 널리 불리는 아름다운 동요·동화·동극을 창작하여 보급하였다.

한편으로 대한제국 육군무관학교 출신 조철호(趙喆鎬) 등을 중심으로 1922년부터 '소년척후대(少年斥候隊)'와 '조선소년군(朝鮮少年軍)'의 어린이운동이 전개되었다. 1927년 10월에는 전국 어린이운동 단체들이 연합하여 방정환을 회장으로 한 '조선소년연합회(朝鮮少年聯合會)'를 결성하여 어린이 운동을 더욱 활발하게 전개하였다.[40]

---

40 ① 김정의, 『한국의 소년운동』, 혜안, 1999.

5) 사회주의 운동의 출현

(1) 한인사회당(韓人社會黨)과 사회혁명당(社會革命黨)

19세기에 자생적으로 형성된 한국의 민족주의 사상이나 민족주의 운동과는 달리, 사회주의 사상·운동은 외국에서 도입되었다. 1918년 4월 러시아령 하바로프스크에서 동아시아 최초의 '한인사회당(韓人社會黨)'이 독립운동가 이동휘(李東輝)를 대표로 하여 창당되었다. 이동휘의 한인사회당은 1919년 9월 11일 안창호(安昌浩)가 적극 추진한 통합 대한민국 임시정부 수립에 참가했고 이동휘는 국무총리의 직책을 맡았다. '사회혁명당(社會革命黨)'은 상해 임시정부 국무총리 이동휘의 비밀 지원을 받으며 1920년 가을 서울에서 비밀결사로 창립되었다. 러시아 공산당(후에 소련 공산당) 안의 한인부(주로 러시아 태생 한인 중심)는 한인사회당이 있음에도 불구하고, 1921년 5월 이르쿠츠크에서 '고려공산당(高麗共産黨)'을 창립하였다. 이 소식을 접하자 이동휘의 한인사회당은 즉각 명칭을 역시 '고려공산당'으로 바꾸고 이르쿠츠크에서 창립된 소수의 고려공산당을 흡수해 통합하려 하였다. 그러나 스탈린 영향하의 제3차 코민테른(국제공산당) 동양부는 이동휘의 상해 '고려공산당'이 민족주의적 성격이 너무 강하다는 이유로 소수의 이르쿠츠크 고려공산당을 후원하였다. 이에 고려인 다수의 지지를 받는 실세의 '상해파 고려공산당'과 약세이지만 스탈린의 은근한 지지를 받는 '이르쿠츠크파 고려공산당'이 대립해서 해외 사회주의·공산주의 운동은 분열과 파쟁에 들어가게 되었다.

---

② 김대용, 「방정환의 소년운동 연구」, 『한국교육사학』 제33권 제2호, 2011 참조.

(2) 조선공산당(朝鮮共産黨)의 창립과 일제의 탄압

국내에서는 사회혁명당이 창립 후 일제의 치밀한 감시로 크게 발전하지 못한 상태에서, 주로 일본을 통해 사회주의·공산주의 사상을 도입한 청년들이 중심이 되어 '북성회(北星會)'·'북풍회(北風會)'·'신사상연구회(新思想硏究會)'·'화요회(火曜會)'·'서울청년회' 등 10여 개 서클이 출현했다가, 1925년 4월 서울에서 '조선공산당'(책임비서 김재봉 金在鳳) 및 그 청년단인 '고려공산청년회'(책임비서 박헌영 朴憲永)가 창립되었다. 그러나 창립 후 7개월 만인 1925년 11월 조선공산당과 고려공산청년회는 일제의 정보망에 탐지되어 일거에 체포되었다. 이것이 이른바 '제1차 조선공산당 사건'이다.

일제의 검거를 면한 조선공산당과 고려공산청년회 회원들은 1926년 1월 서울에서 '제2차 조선공산당'(책임비서 강달영 姜達永) 및 '제2차 고려공산청년회'(책임비서 권오설 權五卨)를 재건하였다. 제2차 조선공산당은 1926년 5월 '만주총국'을 설치하는 등 조직 세력을 확충하고, 제2차 고려공산청년회는 권오설 등이 천도교 구파(권동진 權東鎭 등)와 합작하여 '6·10만세운동'을 추진하는 등 상당한 활동을 했으나, 약 7개월 만에 일제에게 체포되어 다시 붕괴되었다. 통칭 '제2차 조선공산당 사건'이다. 1926년 9월 서울에서 극비리에 '제3차 조선공산당'(통칭 ML당, 책임비서 김철수 金錣洙)이 재건되고 같은 해 10월 '제3차 고려공산청년회'(책임비서 고광수 高光洙)가 재건되었으나, 1928년 2월 일제에 발각 체포되어 다시 붕괴되었다. 이것이 '제3차 조선공산당 사건'이라고 통칭하는 것이다. 일제의 검거를 면한 간부들은 1928년 3월 극비리에 '제4차 조선공산당'(책임비서 차금봉 車今奉)을 재건하였다. 그러나 3개월 만인 1928년 7월 일제에게 발각되어 또다시 해체되었다.

일제는 검거된 공산주의자들에 대해서는 반드시 전향을 강요했고, 거부하면 살인적인 고문을 가했다. 따라서 비전향자는 출옥해도 거의 불구자가 되거나 옥사하였다.

1920년대 사회주의·공산주의 운동의 특징은 그들이 강대한 민족주의 운동의 다음으로 제2의 항일세력이 되어 소수이지만 매우 용감하고 희생적으로 항일투쟁을 전개했다는 사실이다. 이 때문에 사회주의·공산주의 운동은 강대한 민족주의 운동과 협동·연합할 때는 용맹한 추진력으로 전체 민족운동에 큰 도움을 주고 큰 성과를 내었지만, 민족주의 운동과 분리·대결할 때는 전체 민족운동에 분열과 갈등을 초래하여 민족운동을 약화시키는 작용을 하였다. 그들에게는 무엇보다도 민족주의 운동과의 자주적 협동과 연합이 필수적으로 요청되었었다.

6) 6·10만세운동

1926년 4월 26일 대한제국의 마지막 황제 순종이 서거하여 6월 10일 국장(國葬)이 있게 되자, ① 천도교 구파, ② 고려공산청년회, ③ 학생단의 간부가 연합하여 독립만세운동을 일으켰다. 6월 10일 서울에서는 9개 처에서 수천 명의 학생들과 시민들이 "대한독립 만세"를 외치면서 일본제국주의를 규탄하는 시위운동을 일으켰다. 지방에서도 고창·순창·통영·원산·개성·홍성·전주·신천·평양·마산·공주·하동·당진·이원·강경·구례 등지에서 독립만세 시위운동이 일어났다. 일제가 3·1운동의 경험을 고려하여 사전에 철통같은 조직으로 사전 검거와 탄압을 자행했고 더 이상의 시위가 불가능하리라 예측했는데도 청년 학생들을 선두로 독립만세운동을 전개한 것이다. 이것이 '6·10만세운동'이다.[41]

---

41 ① 장석홍, 「조선학생과학연구의 초기 조직과 6·10만세운동」, 『한국독립운동사연구』 제8집, 1994.
② 장석홍, 「권동진의 생애와 민족운동」, 『한국학논총』 제30집, 2008.
③ 이희을, 「권오설의 민족혁명운동론 수용과정과 민족해방운동 전술」, 『한국정치외교사논총』 제44집 제2호, 2023 참조.

6·10만세운동은 그 규모가 3·1운동 때처럼 거대할 수는 없었지만 일제의 잔혹하고 치밀한 사전 탄압망을 뚫고 독립만세운동을 일으켜서 한국민족 독립운동의 고양에 큰 도움을 주었으며, 민족주의 독립운동과 사회주의 독립운동의 민족협동전선인 '신간회(新幹會)'의 창립에 하나의 중요한 계기를 만들어 주었다.

7) 신간회(新幹會)의 민족협동전선 형성과 민족운동의 발전

(1) 신간회의 창립과 민족협동전선 형성

해외에서는 민족주의 독립운동과 사회주의 독립운동이 분열하여 독립운동의 발전을 저해하자, 미국에서 상해로 돌아온 안창호(安昌浩)가 상해 임시정부 국무령직을 고사하고 홍진(洪震)을 국무령으로 추천한 다음, 1926년 7월 8일 홍진의 국무령 취임식에서 민족주의 정당·단체들과 사회주의 정당·단체들의 연합에 의해 거대한 '대혁명당'인 '민족유일독립당'의 결성을 주창하고 제의하였다. 이에 광범위한 호응이 일어나서 좌우 민족협동전선 운동은 해외에서 민족유일독립당 운동으로 먼저 시작되었다.

국내에서는 해외 민족유일독립당 운동에 자극을 받아 민족주의 계통에서 비타협적 민족주의의 안재홍(安在鴻) 등과 사회주의 계통에서 홍명희(洪命熹) 등이 극비리에 연락을 주고받으면서 1926년 12월에 적극적으로 연합을 준비해서, 마침내 1927년 2월 15일 서울에서 합법적 공개단체로서 좌우 민족협동전선 단체인 '신간회(新幹會, 회장 이상재 李商在, 부회장 권동진 權東鎭)'를 창립하는 데 성공하였다.[42] 신간회는 1928년 12월까지 지방지회를 143개나 조직하면서 한국민족의 거대한 민족협동전선 단체로 급속히 발전하였다.

---

42 이균영, 『신간회 연구』, 역사비평사, 1993 참조.

(2) 신간회의 민족운동

신간회 중앙본부와 지방지회는 창립 후 일제의 감시와 음험한 압박하에서도 ① 한국민족과 민중의 권익 수호와 민족의식 고양, ② 각종 민족운동과 민족교육 및 농민운동·노동운동 지원, ③ 광주학생독립운동의 전국 확대와 후원 등 참으로 광범위한 분야에서 큰 성과를 내었다. 1927년 5월 27일에는 서울에서 한국 여성들의 민족협동전선 단체로서 '근우회(槿友會)'가 창립되어 신간회와 긴밀히 보조를 같이하면서 발전하여 한국민족의 좌우 민족협동전선은 더욱 강화되었다.

일제 지배하의 국내에서도 한국민족과 민중은 '신간회'를 마치 자기의 민간정부인 것처럼 의지하고 강인한 민족의식을 더욱 강화하면서 일제의 식민지 정책에 완강하게 저항하며 자주독립을 추구하였다. 일제 총독부는 신간회 창립을 허가해 준 것을 매우 크게 후회했으나, 신간회의 민족운동이 교묘하고 지혜롭게 일제의 식민지 탄압 법망을 피해 가면서 전개되었고, 또한 이미 전국적 거대세력으로 성장해 버린 신간회를 폭력적으로 해체하기는 어려웠다. 일제는 신간회의 내부 분열을 끊임없이 획책 공작했으나 성공하지 못하였다.[43]

신간회의 위기는 내부가 아닌 외부에서 들어왔다. 1928년 12월 코민테른 동양부는 '조선위원회'(대표 일본공산당 출신 佐野學)를 개최하여 「조선혁명농민 및 노동자의 임무에 관한 테제」(통칭 '12월 테제')를 채택 발표하고 신간회를 소부르주아 당파라고 규정하면서 공산주의자들은 소부르주아당과 분리하여 완전한 독립성을 유지하라는 요지의 권고를 하였다. 이어서 1930년 9월에 발표된 코민테른 산하 '프로핀테른'(국제적색노동조합)의 「조선의 혁명적 노동조합운동의 임무에 관한 테제」(통칭 '9월 테제')는 신간회를 일본의 자치 약속에 매수당한 '반소비에트적·민족개량주의적

43 신용하, 『(신판) 신간회의 민족운동』, 지식산업사, 2017 참조.

단체'라고 규정하면서 조선 공산주의자들에게 분리하여 독자적 혁명운동을 전개하라는 요지의 권고를 하였다. 이 권고는 곧 지시나 다름없었다. 이에 신간회 민족협동전선의 좌파에서 코민테른 12월 테제와 프로핀테른 9월 테제를 맹종하여 신간회 해소(해체)운동이 일어났다. 일제 경찰은 광주학생운동 지지 민중대회를 배후에서 조직 후원했다는 구실로 권동진·허헌·홍명희·조병옥·이관용 등을 투옥하고 안재홍·한용운 등을 조사한다고 일시 구류시켜 해소운동을 막을 상층의 지도력을 약화시켰다. 좌우의 어느 한쪽이라도 분리해 나가 버리면 해체되는 구조의 민족협동전선 단체에서, 순진하고 어리석게 코민테른의 지시만 따르면 조국 해방과 계급 없는 이상사회의 낙원이 온다고 믿었던 일부 좌파 청년들이 앞장서서 1931년 5월 16일 신간회 중앙본부 해소를 의결했고 결국 신간회는 해소되었다. 신간회의 자매단체 근우회도 비슷한 경로로 1931년 12월 말 해소되었다. 해외 민족유일독립당 운동도 중국 관내에서는 같은 경로로 좌파가 이탈하여 해체되었으나, 동북 만주지역에서는 12월 테제와 9월 테제를 실정을 모르는 소리라고 말하며 거부하는 일부 좌파가 있어서 민족유일독립당운동이 지속되었다.[44]

---

44 ① 陳德奎, 「한국민족운동에서의 코민테른의 영향에 대한 고찰」, 『한국독립운동사 연구』 제2집, 1988.
② 이균영, 「코민테른 제6회 대회와 식민지 조선의 민족문제」, 『역사와 현실』 제7집, 1992.
③ 이덕일, 「일제하 조선공산당과 소련과의 관계: 코민테른을 중심으로」, 『숭실사학』 제8집, 1994.
④ 최규진, 「1920년대 말 30년대 초 조선 공산주의자들의 신간회 정책」, 『大東文化研究』 제32집, 1997.
⑤ 和田春樹·水野直樹·劉孝鐘, 「コミンテルンと朝鮮」, 『青丘學術論集』 제18집, 2001.
⑥ 임경석, 「코민테른의 1928년 12월 결정 초안과 조선 대표단」, 『역사학보』 제253집, 2022 참조.

8) 광주학생독립운동

(1) 광주학생독립운동의 봉기

전라남도 광주에서는 6·10만세운동 이후 학교마다 '성진회(醒進會)'를 비롯한 각종 독서회들이 발전되고 있었다. 그러던 중 1929년 10월 30일 나주-광주의 기차 통학생 가운데 광주중학(일본인 학교)의 일본인 학생이 광주여고보(한국인 학교)의 조선인 여학생의 댕기꼬리를 잡아당기며 희롱한 사건이 있었다. 이를 보고 분개한 광주고보(한국인 학교) 학생이 항의하여 결국 나주 역전에서 광주고보의 조선인 학생들과 광주중학의 일본인 학생들 사이에 편싸움이 벌어지게 되었다. 나주 역전 파출소의 일본인 경찰은 일본인 학생들만 편들고 조선인 학생들을 구타하였다. 일본인 신문인 『광주일보(光州日報)』도 이 학생 편싸움을 보도하면서 일방적으로 일본인 학생들만을 편들고 피해를 입은 한국인 학생들을 힐책하였다. 양측 학생들의 분위기가 험악하게 되었다.

1929년 11월 3일은 일제의 4대 명절인 '명치절'로서, 일본인 광주중학 학생들은 기념식 후에 '신사참배'를 하였다. 그러나 조선인 광주고보 학생들은 신사참배를 하지 않고, 일방적으로 한국 학생만 힐책한 편파 기사를 쓴 『광주일보』를 습격하여 윤전기에 모래를 뿌려서 신문 인쇄를 불가능하게 만들었다. 같은 날 오후 1시경부터는 광주고보와 광주농업학교 학생 약 300명이 대오를 편성하고 교문을 나와서 "조선독립 만세", "일본제국주의 타도", "광주중학 타도", "식민지교육 철폐" 등을 외치며 광주 시내를 누비면서 격렬한 시위운동을 전개하였다. 시민들이 합세하여 시위대는 한때 3,000명에 달하게 되었다.[45] 광주학생독립운동이 봉기한 것이다.

---

45 朝鮮總督府教務局, 『光州学生事件 發生年月日及事件の大要』, 1930, pp. 2-7 참조.

일제는 경찰력을 총동원하여 한국인 학생 75명을 주모자로 구속했고 그중 62명을 검사국으로 송치했다. 그러나 일본인 학생은 7명만 구속했다가 모두 곧 석방하였다. 또 편파적 대응을 한 것이었다.

광주 학생들은 11월 12일 제2차 봉기를 단행하였다. 광주의 거의 모든 조선인 중등학교 학생들이 봉기하여 "조선독립만세", "구속자 석방", "식민지교육 철폐" 등의 구호를 외치면서 시가 투쟁을 하고 광주형무소를 향하여 전진하였다.[46]

일제는 엄격한 보도통제를 가했으나, 시위 소식은 전라남도 도시 일대에 구두로 알려졌다. 1929년 11월 19일 목포상업학교 학생들이 "피감금 학생 즉시탈환", "총독부 폭압정치 절대반대", "피압박민족 해방만세" 등의 구호를 쓴 큰 깃발 3개와 작은 깃발 120개를 들고 목포 시내를 누비면서 격렬한 시위를 하였다. 목포상업 학생들은 11월 22일에도 제2차 가두시위를 단행하였다. 11월 29일에는 나주보습학교 학생들이 독립만세 시위운동을 전개하였다.

(2) 전국 학생독립운동으로의 발전

신간회는 일제의 삼엄한 경계망을 뚫고 '광주학생사건 조사단'을 광주에 파견하여 실상을 조사하였다. 조사단이 귀경하여 진상을 보고하자, 제일고보·제이고보·중동·경신·보성·중앙고보 및 기타 청년단체의 학생 대표들이 주동이 되어 1929년 12월 2일 밤부터 3일 새벽 사이에 '조선청년 학생들의 궐기', '광주 학생독립운동의 지지 성원', '일본 제국주의 침략 규탄'을 내용으로 한 격문 800장을 제작하여 서울 시내에 살포하였다. 이

46 일제는 이 시위에 대응하여 광주고보 학생 약 300명, 광주농업학교 학생 약 100명을 구속하고, 이 가운데 4년 징역형이 3명, 3년 6개월 징역이 13명, 3년 형이 11명, 2년 6개월 형이 26명, 1년 6개월 형이 1명, 6개월 형이 3명, 4개월 형이 13명 등 70명의 어린 학생들에게 가혹한 체형을 선고하는 탄압을 가하였다.

에 12월 5일부터 13일 사이에 서울 시내의 거의 모든 중등학교에서 학교별로 독립만세 시위가 일어났다.

1930년 1월 15일에는 서울 시내 남녀학생 5,000여 명과 전문학생까지 서로 연락해 가면서 일제히 궐기하여 “조선독립만세”, “약소민족 해방 만세”, “일본제국주의 타도”의 구호를 절규하며 독립만세 시위운동을 전개하였다. 그 이후 일제가 아무리 잔혹한 탄압을 가해도 학생 독립만세 시위운동은 전국 각 도시에서 과감하게 전개되었다.

이와 같이 전국에 파급된 넓은 의미의 광주학생독립운동은 1929년 11월 3일부터 1930년 3월 말까지 약 5개월간 계속되어, 참가한 학교가 164개 학교, 참가한 학생 수가 5만 4,000명에 이르렀다. 이것은 당시 중등학교급 이상 학생 수의 약 60%에 달하는 방대한 규모였다. 광주학생독립운동은 3·1운동 이후 국내 최대의 독립운동이었으며, 한국민족의 민족의식과 독립운동 기세는 더욱 고양되고 일본제국주의는 대타격을 입는 계기가 되었다.

9) 1920년대 해외 민족독립운동과 독립군의 무장활동

(1) 상해 대한민국 임시정부와 국민대표회의

상해 대한민국 임시정부 초대 대통령 이승만(李承晩)은 상해에 부임하지 않고 미국 수도 워싱턴 D.C.에 체류하면서 의정원의 심의를 거치지 않은 ‘대통령령’을 남발했으며, 종래 상해에 송금되던 대한인국민회 등 재미동포의 애국성금도 상해에 보내지 않고 모두 워싱턴에서 사용하였다. 이에 불만을 품은 임시정부 소장파들이 1920년 5월 14일 ‘이승만 대통령 불신임안’을 차장회의에 제출하였다. 임시정부 의정원과 국무원에서도 이승만 불신임 여론이 팽배하였다. 당황한 이승만은 급히 1920년 12월 5일 상해 임시정부에 부임했으나 재미 동포들의 애국성금은 한 푼도 가져오지 않았을 뿐 아니라, 임시정부 의정원 공식 연설에서 임시정부와 국무총리 이동휘의 공식 독립운동 노선인 '독립전쟁 노선'을 공개 비판하고 비폭력 외교 노선의 계속 집행을 천명하였다. 이에 격분한 국무총리 이동휘는 통합임시정부 성립의 주역 안창호에게 이승만의 공동 탄핵을 사적으로 제의했다가, 안창호가 간곡히 만류하자 1921년 1월 24일 국무총리직을 사임하고 러시아령 연해주로 돌아가버렸다. 임시정부가 분열의 큰 위기를 맞은 것이었다.

먼저 북경에서 1921년 박은식(朴殷植)·원세훈(元世勳)·김창숙(金昌淑) 등 14명이 '국민대표회의' 소집을 요구하는 성명을 발표했고, 신채호(申采浩) 등 '북경군사통일회(北京軍事統一會)'가 이를 적극 지지하였다. 만주의 독립운동가들도 집회를 열고 상해 임시정부의 '개조'와 위임통치 청원자인 이승만의 퇴거를 요구하는 5개 항의 결의서를 임시정부 의정원에 공식 제출하였다. 이렇게 독립운동계 여론의 대세가 기울게 되자, 안창호와 여운형 등은 이에 동의하며 1921년 5월부터 국민대표회의 개최를 통한 임시정부의 개조와 대폭 강화를 추진하게 되었다.

안창호 등의 적극적 활동으로 1923년 1월 3일부터 전 세계 각지 70여 개의 한국 독립운동단체에서 124명의 대표들이 참가하여 상해에서 국민대표회의가 개최되었다. 회의에서는 1923년 3월 12일까지 임시정부를 대폭 개조·보완하면서 독립운동을 비약적으로 고양하기 위한 방안들이 순조롭게 통과되었다. 그러나 1923년 3월 13일 소수 인사들이 현재의 임시정부는 부정하고 완전히 새로운 임시정부를 '창조'하여 독립투쟁을 강화하자는 제안을 제출하였다. 이로부터 회의는 '개조파'와 '창조파'로 분열되어 합의를 이루지 못하였다. 개조파는 ① 안창호 등 통합임시정부 수립 인사들, ② 여운형 등 상해 신한청년당과 상해 교민회 인사들, ③ 고려공산당 이르쿠츠크파, ④ 김동삼 등 서간도 독립군단체 대표들이었다. 창조파는 ① 윤해 등 고려공산당 상해파, ② 원세훈·박용만·신채호 등 북경 군사통일회 인사들, ③ 김규식 등 상해 임시정부 일부 인사들이 중심이 되었다. 결국 국민대표회의는 개조파와 창조파의 분열로 1923년 5월 23일 실패로 돌아가 버리고 말았다.

창조파는 김규식을 국무위원회 위원장(행정수반)으로 하는 창조파만의 새 임시정부안을 갖고 1923년 8월 말 블라디보스토크에 도착하였다. 그러나 소비에트 러시아는 이를 인정해주지 않았다. 이는 1923년 여름 일본이 어업협정을 표면에 내세우며 만일 소비에트 러시아가 영토 내에서의 한국인 독립운동을 금지해 주면 러시아 백군을 지원하러 시베리아에 출병한 일본군 3개 사단을 무혈 철수시킬 것을 비밀리에 합의했기 때문이었다. 결국 창조파의 새 임시정부는 1924년 2월 15일 블라디보스토크에서 추방당하여 해체되었다. 이어서 시베리아 일본군의 철수가 있었고, 소비에트 러시아는 같은 해 12월 블라디보스토크까지 포함해 '소비에트 사회주의 공화국 연방(소련)'을 선포하였다. 그 후 소련 공산당은 소련 영토 내에서 한국민족의 독립운동을 엄금하였고, 오직 국제 공산주의 운동만을 인정하였다.

국민대표회의의 분열과 실패로 상해 임시정부는 매우 약화되었다. 그러나 활동이 완전히 중단된 것은 아니었다. 예컨대 1923년 9월 1일 일본에서 '관동대지진(關東大地震)'이 일어났을 때, 일본 정부 안에서 일본 국민의 일본 정부를 향한 불만과 공격을 다른 곳으로 돌리려고 조선총독부 정무총감을 지낸 내무대신 미즈노(水野鍊太郎)와 경무국장을 지낸 일본 경시청 총감 아카이케(赤池濃)가 지진으로 불타는 동경 시내를 시찰한 후 "조선인이 폭탄을 소지하고 석유를 뿌려 방화하고 있다"라는 전보문을 각 지방에 발송하여 대책을 강구하도록 지시한 일이 있었다.[47] 이 전보문 내용인 '조선인의 폭동·방화'는 일본 내무대신과 경시총감이 날조한 유언비어였고, 불은 지진이 낳은 자연 발화가 번진 것이었다. 그러나 내무대

47 ①「關東大震災と朝鮮人」,『現代史資料』(6), みすず書房, 1968, p. 18.
② 宮田節子·萩原彦三·穂積真六郎,「朝鮮総督府の法制について(1962. 11. 21)」,『東洋文化研究』第4號, 2002, p. 173 참조.

신·경시총감이 조작한 유언비어가 행정망을 통해 전국에 지시로 전달되자, 경찰관서의 지휘 아래 민간인들이 자경단(自警團)들을 조직하여 조선인들을 색출·학살하기 시작하였다. 유언비어에 속아 광기 어린 일본인들은 무고한 조선인들을 일본도·죽창·몽둥이로 온갖 야수적 방법으로 잔혹하게 학살하여 그 수가 약 7,000명에 달하게 되었다.

일제의 철저한 보도통제로 조선 내의 『동아일보』, 『조선일보』 및 기타 잡지들이나 일본의 언론기관들은 이를 보도하지도 못하고 정확히 파악하지도 못하였다. 오직 상해의 대한민국 임시정부만이 극비리에 조사원을 특파하여 잠복시켜 '제1차 조사보고서'를 받았고, 조사 결과를 『독립신문』에 폭로 보도하여 일제를 규탄하였다. 임시정부 특파 조사원은 6,661명의 피살자까지 확인했으며, 더 조사하면 약 1만에 가까울 것이라고 추정하면서 통곡하는 제1차 조사보고서를 임시정부에 보고해왔다.[48]

임시정부는 1925년 3월 18일 의정원 회의에서 '임시 대통령 이승만 탄핵안'을 가결하여 이승만을 해임하고, 1925년 3월 23일 제2대 대통령에 박은식(朴殷植)을 선출하였다. 이어서 독재를 가져온 '대통령 중심제'의 폐해를 참작하여 1925년 3월 30일 제2차 개헌을 해서 '내각 책임제'에 가까운 '국무령(國務領)제'를 채택하였다. 1927년 2월 15일에는 제3차 개헌을 단행하여 완전한 '의원내각제'인 '국무위원제'를 채택하였다.

(2) 의열단의 활동

3·1운동 후 1919년 11월 10일 중국 길림성 길림(吉林)시에서 일제를 타도하는 무장투쟁의 한 형태로서 폭탄을 던져 '의열투쟁'을 감행하는 독립운동 단체인 의열단(義烈團)이, 김원봉(金元鳳)을 단장으로 하여 13명의

48 「一萬의 희생자」, 『獨立新聞』, 1923년 12월 5일 자 참조.

한국 청년들에 의해 결성되었다. 의열단의 단원들은 처음부터 생명을 조국 독립운동에 바치기로 결의하고 선언한 결사대원들이었다.

김원봉은 1922년 '의열단 선언문'을 문장력이 걸출한 사학자인 신채호(申采浩)에게 의뢰하면서 의열단 단원 유자명(柳子明)을 선언문 집필 보조원으로 합숙시켰다. 이에 응해 신채호가 집필한 의열단 선언문이 바로 유명한 「조선혁명선언」이었다.

의열단은 처음부터 자기를 희생하면서 일제의 시설과 침략 원흉을 폭파하는 결사 특공대였으므로, 단원 수는 많지 않았지만 매우 용맹하고 그 효과가 커서 일제가 가장 두려워한 독립운동단체였다. 1920년대 의열단의 주요 의열활동을 들면 다음과 같다.

① 곽재기(郭在驥) 등의 조선총독부 폭파 공격 사건(1920)

② 박재혁(朴載赫)의 부산경찰서 투탄(1920)

③ 최경학(崔敬鶴)의 밀양경찰서 투탄(1920)

④ 김익상(金益相)의 조선총독부 폭파(1921)

⑤ 오성륜(吳成崙)·김익상·이종암(李鍾巖)의 일본 육군 대장 다나카(田中) 총격(1922)

⑥ 일제의 주요 기관 파괴 및 총독과 정무총감 등 요인 처단 계획(1923)

⑦ 김상옥(金相玉)의 종로경찰서 투탄과 삼판동 시가전(1923)

⑧ 김지섭(金祉燮)의 일본 궁성(宮城) 이중교(二重橋) 투탄(1924)

⑨ 결사대 파견 군자금 모집활동(1924)

⑩ 나석주(羅錫疇)의 동양척식주식회사 투탄과 조선식산은행 투탄(1926)

(3) 해외 민족유일당 독립운동 및 3부(정의부·신민부·참의부) 통합운동과 독립군의 발전

① 민족유일당 운동의 진전과 좌초

상해 국민대표회의의 실패 후 임시정부와 독립운동이 약화됨을 경험한 안창호는 1924년 12월 미국으로 가서 서재필(徐載弼) 등과 다수 동지들을 만나 독립운동 방략을 토론·검토했다. 그 후 경험상 통일이 어려웠던 원로들 대신 실질적 투쟁력이 높은 중년 및 청년들의 정당·단체, 그리고 청년들이 다수 소속되어 있는 좌파 정당과 단체들까지도 모두 좌우 통합해서 한국민족의 거대한 단일 혁명적 독립당, 즉 민족유일독립당을 결성하고 '이당치국(以黨治國)' 제도로 임시정부를 개조하며 한국민족의 독립운동도 비약적으로 증강하려고 계획하였다.

상해 임시정부는 안창호를 제3대 국무령으로 선출하여 그가 미국에서 상해로 오면 취임할 것으로 기다리고 있었으나, 안창호는 국무령 취임을 고사하고 대신 홍진을 국무령에 추천하였다. 안창호는 1926년 7월 8일 홍진 국무령 취임 축하식에서 좌우 독립운동 정당·단체들을 통합한 거대 단일 '민족유일독립당' 결성에 의한 독립운동 강화를 제의하여 좌우 모두에서 열렬한 지지를 받았다. 홍진 국무령의 임시정부도 3대 정책의 머리에 비타협적 독립운동 진작의 민족유일독립당 건립운동을 넣었다. 이에 1926년 7월 상해에서부터 해외 '민족유일당 운동'이 시작되어 중국 각 도시로 파급되었다. 처음에는 매우 성공적으로 운동이 진전되었다. 이제 머지않아 좌우 연합된 거대 독립당이 탄생하여 임시정부도 더욱 강화되고 강대한 힘으로 독립운동이 비약 발전하여 독립의 날을 앞당길 것이라고 예견하였다.

그러나 뜻밖에 1928년 12월 코민테른 동양부가 '12월 테제'를 발표하여 민족주의 정당으로부터 공산주의자 혁명운동의 분리를 지시하자, 좌우 통합에 협조하던 좌파가 갑자기 민족유일당 촉성회 등에서 탈퇴하면서 민족유일당 운동은 중국 관내에서는 실패하였다. 이에 민족주의 독립운동 정당·단체들은 그동안의 성과를 모아 민족주의 독립운동의 단일당으로 1930년 1월 '상해한국독립당(上海韓國獨立黨)'을 창당하였다. 사회주의 계통 정당·단체들은 1932년 10월 남경에서 '대일전선통일동맹(對日戰線統一同盟)'을 창립하였다. 하나의 민족유일독립당 창당에는 실패하고, 좌우의 진영별로 통합되어 두 개의 거대 독립당으로 개편된 것이었다.

② 독립군의 수난과 극복

청산리 독립전쟁으로 일제의 '간도지방 불령선인 초토작전'이라는 독립군 토벌 작전을 실패로 돌려준 독립군 부대들은 임시정부의 통지에 따라 1920년 12월 밀산(密山)에 집결하여 이듬해 1월 흑룡강을 건너서 극동공화국 자유시 이만으로 들어갔다. 이만에서 독립군 부대들은 '대한의용군 총사령부'를 조직하여 군사 통일을 실현하였다. 여기에는 만주에서 건너간 독립군 부대들뿐 아니라 러시아령 시베리아 연해주에서 온 독립군 부대들도 참가하였다. 다시 1921년 4월 12일 이만에서 36개 독립군 단체들의 대표들이 모여 독립군 대회를 개최하고 '대한의용군 총사령부'의 이름을 '대한독립단'이라고 개칭하였다. 총병력이 2,000명에 달하는 거대군단이었다.

코민테른 동양부는 이 민족주의 독립군단을 욕심내어 그들과 시베리아 각지 한국인 빨치산 부대들을 통합하여 1921년 5월 18일 이르쿠츠크파 고려공산당의 군대로 '고려혁명군정의회(高麗革命軍政議會)'라는 적군(赤軍)을 창립하고, 사령관에 빨치산 대장 칼란다라시빌리(러시아인), 부사령관에 오하묵(吳夏默, 러시아 국적 한국인)을 임명하였다. 그러나 '사할린의용대'와 일부 민족주의 독립군 부대들은 칼란다라시빌리의 적군에 편입되는 것을 반대했고, 칼란다라시빌리는 그들을 실력으로 무장해제 하려고 러시아 인민혁명군(적군) 제2군단 제29연대를 동원하였다. 그들은 1921년 6월 28일 무장해제를 거부하는 사할린 의용대 등 민족주의 독립군 부대들에게 총격을 가하여 전사 272명, 익사 37명, 행방불명 250명, 기타 포로 917명의 참혹한 희생자를 만들었다.[49] 이른바 '자유시 참변'(또는 '흑하사변')이라고 통칭하는 것이다.

만주·노령의 민족주의 독립군은 '자유시 참변'의 큰 수난을 겪었으나, 불굴의 투지로 탈출해 온 독립군 병사들을 모으고 새 병사를 모집하여 1922년부터 북만주에서 독립군을 재건하였다. '대한통군부(大韓統軍府, 1922)', '대한통의부(大韓統義府, 1922)', '참의부(參議府, 1923)', '정의부(正義府, 1924)', '신민부(新民府, 1925)' 등이 민정을 겸하면서 독립군단으로 재건되어 부대에 따라서는 과감하게 국내진입작전까지 감행하였다.

일제는 만주에서 한국민족 독립군단들이 재건되어 군세를 강화해 나가자 이를 저지하고자 했다. 이에 조선총독부 경무국이 만주 군벌을 매수하여 1925년 6월 11일 조선총독부 경무국장 미쓰야 미야마쓰(三矢宮松)와 봉청선 경무국장 우진(于珍)이 서명하여 만주 군벌과 조선총독부 간에 통칭 '미쓰야(三矢) 협정'(공식명칭 雙方商定取締韓人辦法)을 체결하였다. 그 내용의 요점은 ① 만주 거류 한국인이 무기를 소지하거나 무장활동을 하면 중국 관헌이 그를 체포하여 일본 측에 인도해 주고, ② 중국 관헌은 한국인 독립운동 단체를 해산시키고, 그들이 소유한 총기를 몰수해서 무장해제 시키며, ③ 중국 관헌은 수시로 한국인 소유의 총기와 화약을 엄중 수색하여 몰수하고, ④ 일본 관헌이 지명하는 한국독립단(불령단) 수령은 중국 관헌이 체포하여 일본 관헌에 인도하며, ⑤ 중·일 양국 관헌은 한국독립운동가(불령선인)의 취체 실황을 상호 통보한다는 것이었다.

이 미쓰야 협정은 일제의 압력과 매수공작으로 일본 측이 초안해 온 협정문 그대로 체결되어 만주에서의 독립운동, 특히 독립군 무장투쟁을 극도로 어렵게 만들었다. 한국 독립운동에 대한 해악도 매우 커서, 한국

---

49 "Declaration", Dae-Sook Suh(ed.), *Documents of Korean Communism 1918-1948*, Princeton University Press, 1970, p. 60 참조.

독립군 지도자 오동진(吳東振)과 김혁(金爀)이 미쓰야 협정에 의해 중국 관헌에 체포당하여 일제 관헌에 인도되었다. 안창호가 1927년 1월 17일 한국유일독립당 결성을 촉구하러 만주 길림에 가서 강연을 하던 도중에 일본이 '불령선인 수령'으로 지목하여 만주 군벌 경찰에게 체포당해서 조선총독부에서 특파된 일제 관헌에 인도되려는 것이, 재만 한국인과 일부 중국인 유력자의 맹렬한 활동 덕에 20일 만에 간신히 저지될 수 있었던 것도 '미쓰야 협정' 때문이었다.

그럼에도 불구하고 한국 독립군 활동가들은 1928년 9월 정의부(正義府)·신민부(新民府)·참의부(參議府)의 3부 통합회의를 개최하여 민족유일당 결성 통합운동을 추진하였다. 1925년 12월 테제의 치명적 방해와 미쓰야 협정도, 온갖 고난을 모두 물리치면서 민족해방과 조국 독립을 위해 험난한 만주벌 눈보라 속에서 결사적으로 투쟁하는 독립운동가들에게는 결국 극복할 수 있는 장애물에 불과하였다. 그들은 공식적으로 무기를 들지 않은 한국인 민정자치기관을 결성하여 민정자치활동을 하고, 그 안에 비공식적으로 민정기관 부속 독립운동 정당과 독립군을 설치하여 무장활동을 전개하는 현명한 방식을 취하여 백절불굴의 생존투쟁과 민족독립운동을 전개해 나갔다.

마침내 남만주에서는 1929년 9월 독립운동단체들의 통일로 이 지역 한국인 민정자치기관 '국민부(國民府)'가 성립되고, 같은 해 12월 국민부 안에 남만주지역의 민족유일당으로서 '조선혁명당(朝鮮革命黨, 집행위원장 玄益哲)'이 '민족유일당 조직동맹'을 발전시켜 창당되었으며, 조선혁명당의 당군 형식으로 '조선혁명군(朝鮮革命軍, 총사령 李辰卓, 부사령 梁世奉)이 창군되었다. 임시정부 국무령을 사임하고 민족유일당 결성을 위해 북만주로 간 홍진(洪震)과 독립운동가들의 노력으로 북만주에서도 이 지역 독립운동단체들이 통합한 민족유일당으로 1930년 7월 만주 '한국독립당(韓國獨立黨, 위원장 洪震)'이 창당되었고, 그 당군으로서 '한국독립군(韓國獨立軍, 총사령 李青天)'이 창군되었다. 지난한 조건 속에서도 한국민족은 만주에 거대한 민정자치기관으로 남만주에 '국민부' 및 '조선혁명당', 북만주에 '한국독립당'을 두고, 강력한 독립군으로 남만주에 '조선혁명군', 북만주에 '한국독립군'을 두어 일제와 싸워 나가면서 민족해방과 조국 독립의 날을 기약하게 된 것이었다.

3·1운동을 전환점으로 1920년대 말기까지 민족독립운동 역량을 비약적으로 성장 강화시킨 한국민족의 완강한 저항과 공세로 인하여 강력한 일제의 탄압도 후퇴를 면하지 못하였다. 한국민족은 일제가 아무리 기승을 부려도 가까운 시일에 언젠가 패배하는 날이 다가올 것이며, 어떠한 고난에도 해방과 독립·광복을 쟁취할 수 있다는 자신을 갖게 되었다.[50]

50 여기까지가 졸저 『일제강점기 한국민족사』(중)의 큰 줄거리이다. 그 밖에 이 시기 상세한 내용과 실증은 이 책 중권을 참고하시기 바란다.

제2장(연속 제23장)

일제의 만주 침략과 조선 대륙침략 병참기지화 정책 시작

1. 일제의 만주(동북) 침략 정책과 만보산(萬寶山) 사건 및 한·중 양 민족 이간책

1) 일제의 만주 침략 정책

일본 제국주의자들은 일본 자본주의 체제가 1929-1930년 세계 대공황의 영향으로 침체되자 이의 타개책을 겸하여 관동군(關東軍)이 앞장서서 '정한론' 이래 일본 군부의 오랜 꿈이었던 '만주 침략·점령'을 더 강력히 추진하여 실행하였다.[1]

---

1 일제의 1931년 '만주 침략'은 가까이는 1929-1930년 세계 대공황의 영향으로 인한 일본 자본주의의 타격을 만주의 반(半)식민지시장과 자원으로 타개하려는 정책이었으나, 멀리는 일본 군벌의 '정한론'의 기본 정책이기도 하였다. '정한론'의 창안자 요시다 쇼인(吉田松陰)은 일본의 무역적자의 누적 등 경제적 위기는 ① 제1단계로 한국을 정복하여 '금·은·물산'의 이(利)를 취하여 보전하고, ② 제2단계는 '만주'와 '동몽골'을 거두어 지배 아래 두며, ③ 제3단계는 남방으로 항해서 여송(呂宋, 지금의 필리핀)을 거두어 지배 아래 두어서 '대일본 제국'을 건설하라는 '정한론'을 정립하고, 1856년 '송하촌숙(松下村塾)'이라는 개량서당을 세워서 하급 사무라이(武士) 청년들을 모아 교육하였다. 이 사무라이들이 중심 세력이 되어 1868년 1월 군사정변을 일으켜 도쿠가와 막부를 폐지하고 메이지유신 신정부를 수립하여 근대화

관동군 사령부는 1927년 '대만몽(對滿蒙)정책에 관한 의견'이란 군사정책을 작성해서 '만몽영유계획(滿蒙領有計劃)'을 준비하였다. 가와모토 다이사쿠(河本大作) 등 관동군 참모부는 만주 무력 점령 준비로 중국 동북의 실질적 통치자인 만주 군벌 '동북3성보안총사령' 장작림(張作霖)을 1928년 6월 4일 폭살하였다. 그러나 결과는 일제의 뜻대로 되지 않았다. 뒤이어 동북3성보안총사령이 된 장작림의 아들 장학량(張學良)이 강력한 배일(排日)정책을 실행했기 때문이었다.

장학량은 일제가 만주를 중국으로부터 분리시켜 일본의 식민지·반식민지화를 획책한다고 보고, 1929년 12월 29일 자로 국민당의 남경 정부와 합작하여 그 산하에 들어가 버렸다. 이에 만주에도 중화민국의 청천백일기가 게양되었고, 국민당 지부들이 조직되었다. 이제 일제 관동군은 만주 점령을 위해 중국 중앙정부인 남경 정부와도 직접 상대해야 하는 어려운 상황에 처하게 된 것이다. 장학량은 또한 일제가 이권으로 침탈 운영하는 '남만(南滿)철도주식회사'(약칭 '만철')의 철도 운영에 경쟁·대항하기 위해 만철 병행선이 되는 길림-해룡 간의 길해선 등을 부설하고 지선들을 연결하여 일제 만철의 독점을 해체시켰다. 그뿐만 아니라 일본 상품의 유입을 제한하기 위해 만철 연선에 세관(稅關)도 설치하였다. 또한 장학량은 일제가 점령 장악하고 있는 요동반도의 대련(大連)항과 경쟁상대가 되도록 네덜란드(和蘭) 자본을 도입하여 1930년 대련 부근에 호로도(葫蘆島)항을 건설하였다. 장학량의 이러한 정책에 고취되어 요녕국민외교협회(遼寧國民外交協會)는 ① 여순·대련의 조차지 및 남만철도의 회수, ② 영사재판권의 철회 등을 요구하였다.

그러나 일제 관동군 사령부는 그들대로 만주와 동몽골(東蒙古)을 강점하기 위한 침략 계획을 구체화해 나갔다. 관동군 참모부는 1929년에 작

를 실현하고, 일본 육군과 해군의 군벌이 되어 1910년 제1단계로 결국 대한제국을 침략 정복했으며, 제2단계로 1931년 만주를 침략한 것이었다.

성한 '국운회전의 근본국책인 만몽문제해결안(滿蒙問題解決案)'에서 만주와 동몽골을 일본이 군사점령하여 '만주 및 열하(熱河)특별지구'에 일제의 만몽총독(滿蒙總督)을 두고 일본 군대가 통치하는 정책안을 수립 제출하였다. 이어서 관동군 참모부에서는 '관동군 만몽 영유 계획', '만몽점령지 통치 연구' 등이 진행되었다.

그뿐만 아니라 동경의 일본 중앙정부 안에서도 육군상 미나미 지로(南次郎, 후에 조선총독이 됨)는 자기 측근과 함께 1931년 6월 19일 '만몽문제해결방책대강(滿蒙問題解決方策大綱)'이란 것을 작성하고, 1931년 6월 31일 '국책연구회의'를 조직했는데, 이를 통해 만주문제는 '군사행동'으로 해결할 수밖에 없음을 주장하고 1년 이내 이의 실행을 기하도록 촉구하였다.

2) 만보산(萬寶山) 사건

일제는 만주 침략 준비 작전의 하나로 만주에 거주하는 한국민족과 중국민족을 이간하여 충돌하도록 공작하였다. 재만 한국민족이 중국인들의 방임 또는 묵인 위에 만주에서 매우 치열한 항일 독립운동을 전개해 왔기 때문이었다. 한국민족의 독립운동을 저지하고 만주 침략을 성공키 위해서는 한국민족과 중국민족을 충돌시키는 것이 매우 효과적이라고 판단한 것이었다.

일제가 한·중 양 민족 이간의 목적으로 조작한 사건이 '만보산 사건'이었다. 만보산은 장춘시에서 약 30킬로미터 떨어진 장춘현 3구경 내에 있는 곳이었다. 이곳에서 친일 중국인 학영덕(郝永德)이 중국인 지주로부터 황무지 500상을 빌려 장춘수전공사(長春水田公司)를 설립하고, 한국인 이주민 200명에게 이를 다시 임대하여 논(水田)으로 개간하도록 하였다. 논 개간을 위해서는 인근 이통하(伊通河)로부터 물을 끌어오기 위한 약 10킬로미터의 수로 공사와 제방 공사를 하지 않을 수 없었는데, 이것이 밭농사를 하는 중국인의 밭에 피해를 줄 위험이 있었다. 이에 1931년 5월 중국 농민 100명이 현청에 가서 이 공사를 중단시켜 달라고 요구하였다. 현 정부는 5월 31일 공사장에 중국 경찰을 파견하였다. 장춘 일본영사관은 이에 대항해서 60여 명의 일본 무장경찰을 파견하여 100여 명의 한국 농민들을 독려하면서 관개공사의 계속을 명령하였다. 1931년 7월 2일 새벽 중국 농민들 약 300-400명이 그간 한국 농민이 쌓은 약 8킬로미터의 수로 제방을 허물어 원상 복구시켜 나가자 일본 경찰은 이에 위협사격을 가하여 중국 농민들을 쫓아 보냈다. 양측의 인명 살상은 아직 없었다.[2]

관동군 참모부는 이 만보산 충돌 사건을 만주 침략을 위한 준비로 한·중 양 민족을 이간하고, 만일 충돌이 대규모화되면 중국 측 공격과 출병의 구실로 삼으려고 하였다. 관동군 참모부는 만보산에서 중국 관민의 공격을 받고 많은 한국 농민들이 피해를 입은 것으로 보도하도록 장춘 일본영사관에 지령을 내렸다.

장춘 일본영사관은 이러한 허위 정보를 '특종'이라고 하며 『조선일보』 장춘지국장 김이삼(金利三)에게 제공했다. 김이삼은 속아서 이것이 사실인 줄 알고 급히 본사에 전송하였다. 『조선일보』 본사에서는 그 전해인 1930년 만주에서 김좌진 장군이 암살당했을 때 김이삼의 제보가 매우 신속 정확했으므로, 이번에도 정확한 것으로 판단하고 김이삼의 전송 내용을 '호외'로 발표하였다.[3] 그 표제와 내용은 "중국 관민 800여 명과 (한국인) 200명 동포가 충돌하여 부상했다. 중국 주재 경관대의 교전 급보로 장춘 일본 주둔군이 출동 준비하여 삼성보(三姓堡)에 풍운이 점급했다.", "대치한 일본·중국 관헌이 1시간여 교전, 중국 기마대 600명이 출동, 급

2 ① 朴永錫, 『萬寶山事件 硏究』, 아세아문화사, 1978, pp. 98-112.
② 고바야시 레이코, 「만보산 사건과 "리턴 보고서"」, 『만주연구』 제11집, 2011.
③ 강진아, 「영국 외교문서로 재구성한 1931년 만보산사건과 조선 반중폭동」, 『동양사학연구』 제156집, 2021 참조.

3 「朝鮮記者金利三在吉被殺經過及其謝罪聲明書」, 『天津大公報』, 1931년 7월 4일 자 참조.

박한 동포안위" 등과 같은 것이었다.[4]

신문 보도를 읽고 흥분한 한국인들은 7월 2일 인천에서부터 시작하여 7월 10일까지 평양 등 전국 32개 도시에서 중국인 화교 습격 사건을 일으켰다. 습격 내용은 주로 중국인 살해와 가옥 파괴였다. 조선총독부는 시종 방관했을 뿐 아니라, 일본인들은 한복으로 변장하고 죽창을 들고서 한국 불량청소년들을 선동하여 함께 화교들을 습격하기도 하였다.[5] 그 결과 화교의 피해는 일본 정부의 보고에 의하면 사망 91명, 부상 102명이었고, 중국 측 발표에 의하면 사망 142명, 중상 546명, 실종 91명, 재산 손실 416만 3,102엔, 각 영사관 수용인원 1만 6,800명이었다.[6] 리튼(Lytton) 보고서에 의하면 사망 127명, 부상 393명, 재산피해액 약 250만 엔이었다.[7]

조선총독부는 중국에서의 한국인 보복 학살을 유발하기 위해 많은 재조선 중국인들을 귀환시켰다. 그러나 이 사건이 일제의 한·중 양 민족 이간을 노린 모략책임을 간취한 한국·중국 주요 언론기관과 인사들의 노력으로 중국에서의 한국인 보복 학살은 일어나지 않았고 한국인들도 일제에 속은 것을 알게 되어 사건은 여기서 수습되었다.

우선 『조선일보』와 『동아일보』가 사태의 진상을 파악하고 적극 수습에 나섰다. 『조선일보』에서는 오보를 낸 김이삼 지국장이 『길장일보(吉長日報)』 1931년 7월 14일 자에 '사죄성명서'를 내어, 그 결론에서 "만보산 사건은 일본영사관의 사촉을 받아 본국에 허위 보도했기 때문에 드디어 양 민족이 충돌하는 참경에 이르게 된 것을 한·중 양 민족에게 사죄한다."[8]

---

4 「(號外再錄)中國官民八百餘名과 二百동포 충돌 부상」, 『朝鮮日報』, 1931년 7월 4일 자.

5 朴永錫, 『萬寶山事件 硏究』, p. 101 참조.

6 中國國民黨中央委員會黨史史料編纂委員會, 『革命文獻』, 1970, p. 116 참조.

7 ① 牧野武夫編, 「Lytton 報告書」, 『中央公論』 1932年 12月報 附錄, p. 75.
② 고바야시 레이코, 「만보산 사건과 "리턴 보고서"」 참조.

8 「朝鮮日報支局長金利三殺害事件」(1931年 7月 16日附 在吉林石射總領事發信幣原

라고 하였다. 김이삼은 이 사죄문 발표 후에 조선인에게 살해당하였다. 『동아일보』는 "냉정한 태도를 취하자, 만보산 사건에 대하여"라는 제목의 사설에서, 만보산 사건이 일본의 한·중 양 민족 이간책 음모일 수도 있으므로 사건의 진상도 파악하기 전에 재한 화교를 습격하는 경거망동을 삼가라고 호소하였다.[9]

만주 길림에서는 정의부의 독립운동가들이 중심이 되어 '길림한교만보산사건토구위원회(吉林韓僑萬寶山事件討究委員會)'를 조직하여 진상조사를 하고, 본국의 신문사들과 애국인사들에게도 사람을 급파해 국내의 화교 습격을 중지하도록 하여 신속하게 여론 환기를 촉구하였다. 중국인이 가장 큰 피해를 입은 평양에서도 신간회 지회장 조만식(曺晩植) 등이 '평양사회단체연합회'를 긴급히 조직하여 피해 화교 구제를 위한 모금 및 위문활동을 전개하였다. 서울과 인천에서도 유사한 구제활동이 전개되었다. 한국에 있던 '화상총회(華商總會)' 회장도 길림성 정부 주석에게 '이번 사건은 한국인의 의사가 아니고 일제의 음모임'을 간접적으로 전달하였다.[10]

이러한 한·중 양측의 노력으로 '만보산 사건'을 조작하여 만주 침략에 이용하려던 일제 관동군 참모부의 음모는 여기서 일단 저지되었다. 그러나 결과적으로 100여 명의 중국인들이 한국에서 생명을 잃은 큰 사건이 되었기 때문에 중국인들 사이에서 한국인들에 대한 냉담과 적대감이 발생하여 크게 확산된 것은 사실이었다.

外務省大臣宛報告), 『日本外務省警察史』(滿洲ノ部), 대한민국국회 소장 마이크로필름; 朴永錫, 『萬寶山事件 硏究』, pp. 113-114 참조.

9 「사설」, 『東亞日報』, 1931년 7월 5일 자.

10 朴永錫, 『萬寶山事件 硏究』, pp. 107-112 참조.

3) 일제의 만주 침략 및 '만주국' 수립과 한민족 독립운동

(1) 일제의 만주 침략

일제는 '만보산 사건'의 조작·악용이 뜻대로 되지 않자, '나카무라 대위 사건'을 발표하여 최대로 이용하였다.

일본 육군참모본부는 1931년 6월 육군 대위 나카무라 신타로(中村震太郎)를 동경제국대학 졸업의 농업기사로 위장시켜 보조원 등과 함께 만주의 오지 흥안령(興安嶺) 부근 조남(洮南) 지방에 파견했었다. 나카무라 일행은 오지에서 첩보활동을 하다가 중국 둔전군 제3사단장 민옥형(閔玉衡)의 부하 병사들에게 체포되어 검색당했다. 소지품 중에 군사용 만주 지도와 군용 일기장 2책이 발견되자 일본군 간첩으로 판정되어 투옥되었는데, 1931년 6월 27일 탈옥 도주하다가 중국군 보초병에게 사살당하였다. 일본 측은 7월 17일 이 사실을 탐지하고 일본군 정보장교를 파견하여 조사케 하였다. 관동군 참모부는 '나카무라 대위 사건'을 만주 침략·강점의 구실로 삼기 위해 동경 육군참모본부의 쿠데타를 목적으로 조직된 비밀결사 '사쿠라회(櫻會)' 장교들과 연락하였다. 이에 사쿠라회와 육군성의 중견 장교들은 나카무라 대위 살해는 중국이 일본제국을 모욕한 것이므로 무력으로 실력행사를 해야 한다고 각계를 선동하였고, 이에 신문들도 동조하여, 재향군인회가 전국 각지에서 만주의 무력 점령을 주장하는 '국민대회'를 연달아 2주일이나 개최하였다. 그 결과 일본 전역에 만주 침략을 지지하는 여론이 팽창하게 되었다.

당시 북경병원에 입원 중이던 장학량은 관동군의 만주 침략·강점을 우려하여 민옥형을 감옥에 수감하는 한편, 특사를 동경에 급파하여 육군대신 및 외무대신 등과 교섭한 결과 '사과와 충분한 배상금 지불'의 선에서 9월 18일까지 사태를 해결할 전망을 얻게 되었다. 이에 장학량은 일본군과의 충돌을 피하기 위하여 일본군이 도발해 와도 인내하고 무력 대응을 하지 말라고 엄명하였다.

그러나 관동군은 극비리에 일본군 1개 소조를 파견하여 1931년 9월 18일 밤 10시경 일본 소유 남만철도의 유조구(柳條溝) 부근 선로를 폭파했다. 그리고 이 범행이 중국군 소행이라고 선언하면서 군사 침략 작전을 시작하여 봉천(奉天) 북대영(北大營)을 공격하였다. 장개석은 일본 관동군의 만주 침략을 외교적으로 해결해 보려고 '무저항주의' 정책을 채택하였다. 중국군은 응전을 하지 말라는 엄명을 받고 있었으므로 싸우지도 않고 퇴각하니, 일본군은 16시간 만에 봉천시를 완전히 군사점령 해버리고 말았다. 일본 관동군은 1931년 9월 18일 밤 10시를 기하여 봉천뿐만 아니라 장춘(長春)도 공격하여 점령했으며, 9월 21일에는 길림(吉林)도 공격하여 중국군이 싸우지 않고 후퇴하자 길림성을 무혈점령하였다.

장학량 정부는 금주(錦州)로 이동하여 이때부터 항전을 시도했으나 12월 23일 관동군의 총공격에 패전하여 관내로 도망했고, 일본군은 1932년 1월 3일 금주를 완전 점령하여 만리장성 아래까지 도달하였다. 일본군은 동북쪽으로 흑룡강성도 침략하여 같은 해 2월 5일 하얼빈(哈爾濱)도 점령하였다. 일본군이 1931년 9월 18일 침략 점령 작전을 시작한 지 4개월 반 만에 동북 3성(만주) 전체와 동부 내몽골을 군사점령 해버린 것이었다. 관동군의 만주 점령은 동경의 육군참모본부가 외교적 기만책까지 병용하여 지원했으므로, 중화민국의 장개석(蔣介石)은 '무저항주의' 정책을 지시했고, 장학량의 중국군은 대규모 병력을 갖고 있으면서도 제대로 싸워 보지도 못하고 만주와 내몽골을 점령당한 것이었다.

일본군은 만주 군사점령 직후에 회유책으로 성별 괴뢰정부를 임시로 수립하면서 만주를 점령해 나갔다. 그러나 만주 군사점령이 완전히 끝나자, 만주를 어떻게 통치할까의 문제를 다시 거론하게 되었다.

(2) 괴뢰 만주국(滿洲國) 수립과 한국 독립운동 환경의 변화

일본 관동군은 1932년 1월 3일 금주를 군사점령 하자 만주의 군사점령이 기정사실로 되었다고 간주하고 만주 지배체제 수립에 본격적으로 착수하였다. 관동군 참모부에서는 만주와 동몽골을 조선의 경우처럼 완전 식민지화하여 '만몽총독(滿蒙總督)'을 두어 통치하자는 강경파와, 그를 위해서는 먼저 형식상 '독립국' 형식을 취하여 중화민국으로부터 만주와 내몽골 지방을 분리해 내고 국제 열강의 감시·간섭을 벗어나자는 의견이 대립하였다. 동경의 육군참모본부는 후자를 지지했으므로, 결국 관동군도 후자의 단계를 거치기로 합의하였다.

이에 관동군 사령관 혼죠(本庄繁)의 지시로 고급참모 이다가키 세이시로(板垣征四郞)가 '만몽중앙정부 수립안'을 작성해서 1932년 1월 6일 동경 일본 정부에 직접 제출하였다.[11]

일본 정부는 이를 검토한 후 1932년 1월 13일 육군성·해군성·외무성이 중심이 되어 '중국문제에 관한 처리방침 요강'을 작성해서 관동군 사

---

11 관동군이 제출한 '만몽중앙정부 수립안'의 요지는 다음과 같은 것이었다.

① 만몽중앙정부의 정치체제는 대통령제의 중앙집권체제로 하고 수뇌자는 부의(傅儀)를 취임시킨다.

② 만몽중앙정부의 수립 시기는 국제연맹조사단이 만주에 도착하기 이전인 1932년 2월 중순, 늦어도 2월 하순-3월 상순으로 한다.

③ 수도는 장춘(長春)으로 한다. 정무위원회는 먼저 심양(審陽)에 두었다가 만몽중앙정부를 수립할 때 장춘으로 옮긴다.

④ 만몽중앙정부 안에 '참의부(參議府)'를 두어 정무에 참의하도록 하되 각 민족대표 인원 수는 만주인 1명, 몽골인 1명, 중국인 3명, 일본인 3명으로 한다. 일본제국의 의지와 희망을 일본인 참의원에 의해 만몽중앙정부에 전달하도록 한다.

⑤ 만몽중앙정부의 관할구역은 요령(遼寧)성, 길림(吉林)성, 흑룡강(黑龍江)성, 열하(熱河)성 및 몽골(蒙古)성 등 5성으로 한다.

⑥ 만몽중앙정부의 국방군은 일본군이 담당하되, 그 비용은 만몽중앙정부에서 부담한다. 경찰은 각 성에서 관할하고, 순방군(巡防軍, 각성밀위군)은 만몽중앙정부에 귀속시킨다.

령부에 보냈다. 관동군 사령부는 1932년 1월 22일 '건국막료회의'를 열어 이를 수용한 후 최종적으로 1932년 2월 25일 '만주국 건국방안'을 다음과 같은 요지로 결정하였다.

① 국명은 '만주국(滿洲國)'으로 한다.
② 원수의 칭호는 '집정(執政)'으로 한다.(후에 부의의 주장으로 '황제'로 개칭)
③ 국기는 5개 민족을 나타내는 홍·남·백·흑·황의 '5색기(五色旗)'로 한다.(5족은 만주족, 중국족, 몽골족, 일본족, 조선족)
④ 연호는 대동(大同)으로 한다.
⑤ 수도는 장춘(長春)으로 한다.(후에 장춘의 명칭을 '신경(新京)'으로 변경)
⑥ 만주국의 정치이념은 '민본주의(民本主義)'이다.

관동군 사령부가 이에 맞추어 1932년 3월 1일 급히 '만주국' 수립을 선포한 것이 소위 괴뢰 '만주국'의 건국이었다.[12]

만주국은 이상과 같이 수립된 일제 관동군, 일제의 괴뢰국가였고 괴뢰정권이었다. 국방을 일본군이 담당할 뿐 아니라 행정부의 장차관도 5족의 하나인 일본인들을 다수 임명했으며, 만주족·중국족·몽골족 출신도 모두 친일파들이었다.

또한 관동군 사령부는 제4과를 신설하여 만주국 집정 부의(溥儀)와 행정부의 조종 통제를 전담케 하였다. 특히 부의에 대해서는 감시와 통제를 위해 그의 신변에 '관동군 상설대표'를 두어 동태를 보고케 하였다. 만주국은 일제 관동군 사령부의 점령지 행정기관에 불과한 괴뢰국가·괴뢰정부였던 것이다.

일제의 괴뢰 만주국 수립은 만주지역에서의 한국민족 독립운동에 매

12 윤휘탁, ① 『일제하 '만주국' 연구』, 일조각, 1996.
② 『만주국: 식민지적 상상이 잉태한 '복합민주국가'』, 혜안, 2013 참조.

우 불리한 조건을 조성하였다. 종래에 한국 독립운동가들의 활동무대였던 만주지역이 전체적으로 일본군의 체계적 지배하에 들어가서 일제와 괴뢰 만주국 행정조직이 한국 독립운동을 탄압하게 된 것이다.

한국민족 독립운동의 정세는 이러한 만주의 더욱 어려워진 여건 속에서 자유와 독립을 위해 투쟁하지 않으면 안 되게 변화되었다.

4) 일제의 상해 침략·점령과 임시정부 포위

일제 관동군이 만주를 침략·점령하는 데 성공하자, 육군과 경쟁의식이 강했던 일본 해군은 육전대(해병대)를 내세워 상해를 침략·점령하려는 음모를 꾸미었다. 중국 측에서는 상해 방위를 위한 광동(廣東)의 지방군으로서 애국정신이 강하고 잘 무장된 정예군인 채정해(蔡廷楷)의 제19로군을 1931년 늦가을 상해에 배치하였다. 중국 측은 전국 주요 도시에 '항일구국회(抗日救國會)'를 조직했고, 상해에서도 '상해항일구국회'의 주도로 편성된 청년조직이 상해 방위를 지원하였다.

상해의 프랑스 조계 안에 있던 대한민국 임시정부는 일제의 만주 침략전쟁과 기세 상승에 대항하여 김구(金九)의 지휘 아래 '한인애국단(韓人愛國團)'이라는 특무(특공)대를 편성하여 활동을 강화하였다.

1932년 1월 8일 한국임시정부의 한인애국단에서 일왕 유인(裕仁)을 처단하기 위해 파견한 이봉창(李奉昌)의 의거가 일어나 세계를 놀라게 했는데, 중국 국민당 계통의 신문인 청도의 『국민일보(國民日報)』가 이를 특호로 "한인 이봉창이 일황을 저격했는데 불행히 맞지 않았다(韓人李奉昌 狙擊日皇 不幸不中)"라는 제목으로 대서특필하였다. 그 밖에 장사(長沙) 지방 신문에서도 "불행히 맞지 않았다(不幸不中)"라는 문구를 써서 보도한 신문들이 있었다. 일본군은 "불행히 맞지 않았다"라는 '不幸不中(불행부중)'의 문구가 반일적이라고 하여 경찰과 함께 청도의 『국민일보』를 습격하였다. 일본 정부는 국민당의 남경 정부에 그러한 신문사의 폐쇄를 강력히 요구하였다. 당시 취약한 남경 정부는 일제의 요구를 수용하여 청도 『국민일보』를 비롯해 '不幸不中'의 문구를 쓴 신문사들을 모두 폐쇄함으로써 사태를 수습하였다. 그러나 상해 주둔 일본군은 중국 측의 취약성을 간취하고 상해 침략·점령을 본격적으로 추진하였다.

중국 국민과 일본 거류민·군경 사이에 대립과 긴장이 격화된 가운데 1932년 1월 18일 일본 일련종(日蓮宗) 계통의 승려 하나가 상해에서 암살당한 사건이 일어났다. 중국 측은 이것이 일본군 특무의 전쟁 구실 조작이라고 간주했다. 그러나 일본 측은 이 사건이 중국인의 소행이라고 주장했고, 상해 총영사는 1월 27일 상해시장 오철성(吳鐵城)에게 시장의 진사(陳謝), 가해자 처벌, 피해자에 대한 배상, 배일(排日)운동 취체 등 4개 조건을 24시간 시한부로 이행하기를 요구하고, 시한이 지나면 행동에 들어가겠다고 협박하였다. 상해시장이 전쟁을 피하려 일본 측의 굴욕적 요구 조건을 모두 받아들이겠다고 시한 내에 통고했음에도 불구하고, 일본군은 1월 28일 밤 12시경 육전대를 앞세워 총공격을 가해서 '상해사변(1·28사변)'이 일어나게 되었다.[13]

일본 해군은 제3함대를 편성하고 해군 중장 노무라 기치사부로(野村吉三郎)를 사령관으로 하여 상해전쟁을 지휘하게 하였다. 해군의 요청을 받은 육군은 제9사단과 제12사단을 상해전쟁에 투입하고, 항공대의 비행기 100대를 투입하였다. 중국 측은 채정해의 제19로군에 더하여 장치중(張治中)이 지휘하는 막강한 중앙군 제5군을 투입하고, 항일구국회의 청년들을 중심으로 의용대도 편성하여 총병력 30만으로 대항하였다.

약 1개월간 중국군과 일본군은 치열한 시가전을 전개하였다. 중국군은 병기가 열악하여 희생자가 많았지만 상해 방어에 혈전을 전개하였다.

---

13 ① 石美子, 「만주사변 이후 직업외교관의 對日 강경태도와 국내활동 연구」, 『中國史研究』 제95집, 2015.
② 이재령, 「1·28 상하이사변과 윤봉길의거의 한중공동항전」, 『軍史』 제98집, 2016 참조.

일본군은 당황하여 육군 제12사단에 더해 제14사단을 추가 투입하고 육군 대장 시라카와 요시노리(白川義則)를 상해 방면 육해군을 총지휘하는 사령관으로 파견하였다. 일본군의 총병력은 약 10만 명에 달하게 되었다. 일본군은 제11사단을 추가로 투입하여 양자강을 거슬러 올라가게 해서 3월 1일 칠료구(七了口) 부근에 상륙시켰다. 일본 육군과 해군 강경파는 이 기회에 아예 전선을 확대하여 사실상의 중일전쟁을 일으켜 버리려고 획책하였다.

중국군은 1개월 이상의 혈전에도 끝내 상해를 방어하지 못하고 1932년 3월 2일 상해 교외로 퇴각하였다. 이와 동시에 일본군은 외국인 조계를 제외한 상해시 전체를 군사점령 해버리고 말았다. 일본군도 상해 점령에 희생이 컸을 뿐 아니라, 동경 중앙정부 및 육군참모부의 확전 결정이 오지 않았기 때문에, 3월 3일 임시 '전투 중지'를 성명한 후 상해 시내를 철저히 장악하는 데에 집중하기 시작하였다.

일본군의 상해 점령은 국제 열강에도 큰 충격을 주었다. 중국은 이미 일본군의 침략을 받은 이튿날인 1932년 1월 29일 국제연맹(國際聯盟) 이사회에 일본의 '침략'을 호소하고 상해사변에 국제연맹규약 제15호의 적용을 요구했었다. 국제연맹 이사회는 3월 3일부터 이틀간 회의를 열고 ① 쌍방 군사령관의 정전 명령을 실시하는 데 필요한 조치의 권고, ② 상해에 특별한 관계가 있는 회원국들에게 위의 권고의 실행방법을 총회에 보고하도록 함, ③ 양국의 정전 및 철병 협정 체결을 위한 회의 개최의 권고 등을 의결한 후 3월 31일 총회에 보고서를 제출하였다.

상해의 프랑스 조계 안에 있던 대한민국 임시정부는 일본군의 상해 점령으로 말미암아 일본군에게 포위된 상태에 놓이게 되었다. 임시정부는 프랑스 조계 안에 있었으므로 존재를 직접 위협받지는 않았지만 외국 조계 밖은 모두 일본군 점령지이므로 교통·통신·교류에 근본적 제한을 받지 않을 수 없었다. 더구나 이미 많은 독립운동가들이 상해를 떠나버린 상태였다. 이에 임시정부는 이 난국을 타개하고 독립운동을 더욱 고양시킬 비상 대책으로 특무대를 편성하여 일본군을 공격할 방책을 수립하게 되었다.

2. 일제의 조선 대륙침략 병참기지화 정책의 시작과 광산 자원 약탈

1) '농공병진'을 표방한 조선 대륙침략 병참기지화 정책의 시작

일제는 1931년 만주 침략과 병행하여 조선을 일제의 대륙침략을 위한 병참 보급기지로 개편하려는 식민지 정책도 본격적으로 시작하였다. 1931년 6월 17일 육군대신을 거쳐 제6대 조선총독으로 부임한 일본 육군대장 우가키 가즈시게(宇垣一成)는 종래 비중이 낮았던 공업 정책에 비중을 두어 '농공병진(農工竝進)' 정책을 추진한다고 선전하였다. 그러나 우가키가 주장한 농공병진의 실제 내용은 일반적 '공업화'가 아닌, 대륙으로의 전진에 절대적으로 필요한 군수공업을 발전시켜 조선이 일제의 소위 '대륙전진 병참기지(大陸前進 兵站基地)'가 되도록 하는 것이었다.[14] 여기서 '대륙전진'은 '대륙침략'을 가리킨 용어였고, '병참'은 군대의 '군수물자 보급'을 가리킨 용어였다.

---

14 조선총독부의 시정사(施政史) 계열 출판물들은 총독의 선전구호에 따라서 우가키 총독의 정책은 '농공병진'이고 그다음 미나미 총독의 정책은 '대륙전진 병참기지화 정책'이라고 해설하는 것이 전부이다. 그러나 그 내용을 보면 우가키의 1920년대는 일제가 조선인의 환심을 얻으려고 총독의 정책을 기만적 선전용어로 포장하던 시기이고, 미나미의 1930년대는 일제가 다시 무단 탄압을 강화해 총독의 정책을 직설적으로 용어화하던 시기이다. 실제 내용을 보면 우가키의 '농공병진'은 일제의 대륙침략을 위한 병참기지 군수공업 설치의 '시작'이고 미나미의 '대륙전진 병참기지론'은 우가키의 것을 계승하여 직설적 전쟁 동원용어로 표현한 것이다. 따라서, 여기서는 실제 사실을 중시하여 우가키의 '농공병진'을 대륙침략 병참기지화 정책의 '시작'으로, 미나미의 것을 대륙침략 병참기지화 정책의 '확충'으로 표현하기로 한다.

한편 농업의 경우, 우가키는 그동안 농촌이 피폐하였으니 '농촌진흥운동'을 일으키겠다고 하였다. 이것은 총독 우가키 개인의 의견과 정책이 아니라 일본 제국주의자 집단의 정책이었다. 일본 제국주의는 1931년 9월 18일 '만주 침략'으로부터 1945년 8월 15일까지 일본 역사가들이 말하는 '15년 전쟁'이라는 장기 침략전쟁의 수행을 위해 조선을 대륙침략의 병참기지화해서 수탈하는 정책을 채택한 것이었다.[15] 이것은 일제가 감추려고 하기보다는 오히려 공공연히 홍보한 식민지 정책이었다.[16]

일제는 제1차 세계대전 도중에 유럽에서 잠수함이 발명된 것을 보고, 만일 제2차 세계대전이 일어난다면 개량된 잠수함이 실전에 배치되어 활동할 것을 정확히 예견하였다. 따라서 잠수함이 일본 본토와 대륙 사이의 해상 수송로를 차단하는 경우, 만주·몽골·중국·시베리아의 대륙침략 일본군에 육상 수송로로 군수품을 공급하는 병참기지를 조선에 설치하려고 조선의 특정 지역에 군수공업 단지 설치를 추진한 것이었다.[17] 이어서 미국을 도발하여 태평양전쟁을 일으킨 이후에는 미군 등 연합군의 공중

15 「大陸ルート大陸兵站基地朝鮮と國土計劃」, 全國經濟調査機關聯合會 編, 『朝鮮經濟年報』(1940), pp. 98-112 참조.

16 「朝鮮經濟の高度國防性」, 全國經濟調査機關聯合會 編, 『朝鮮經濟年報』(1941-1942), pp. 3-12 참조.
예컨대, 이것은 일제 조선총독이 1940년 8월 각도 산업부장 회의에서 조선 산업정책의 지침이 '대륙전진 병참기지(大陸前進兵站基地)'의 설치임을 명백히 한 다음의 훈시에서도 명확히 확인할 수 있다.
"첫째는 제국(帝國)의 대륙전진 병참기지로서 조선의 사명을 명확히 파악하는데 있다. 현 사태에서 우리 조선은 대지나작전군(對支那作戰軍)에 대한 식량, 잡화 등의 군수물자를 공출하여 어느 정도 효과를 얻었다. 그러나 이 정도로는 오히려 불안하며, 장래 어떠한 사태에 직면했을 때 만약 어느 기간 대륙작전군에 대한 내지로부터의 해상 수송로(海上輸送路)가 차단될 경우가 있더라도 조선의 능력만으로 군수물자를 보충할 수 있을 정도로 조선 산업분야를 다각화하고 특히 군수공업(軍需工業)의 육성에 역점을 두고 만전을 가할 필요가 있다는 점, 이것이 그 내용이다." 朝鮮總督府官房文書課 編, 『諭告·訓示·演述總攬』, 1941, p. 243.

17 신용하, 「일제의 식민지 공업정책과 한국사회경제, 1930-1945」, 신용하 외, 『식민지 근대화론에 대한 비판적 성찰』, 나남, 2009 참조.

폭격에 해상운송이 매우 취약하게 되므로 조선에 설치한 대륙침략 병참기지의 역할은 더욱 중요하게 되었다. 일제는 조선을 "대륙의 최후의 전쟁거점"[18]이라고 표현하였다.

일제는 조선에 군수공업 단지를 크게 세 지역에 설치하였다. 하나는 조선에서 광산자원이 가장 풍부하게 매장되어 있고, 만주·대륙에 근접해 있으면서, 일본과의 해상운송에도 편리한 지역인 함경남도 영흥만 일대의 '흥남·함흥 공업지구'였다. 이미 1920년대 후반기에 흥남·함흥 공업지구를 '대륙전진 병참기지' 제일의 후보지역으로 선정하여 설치를 준비했다가, 1930년대부터 본격적 광산 채굴과 공장 설치를 추진한 것이었다. 다음은 평양·진남포·겸이포·신의주 일대를 '서선(西鮮) 공업지구'라고 호칭하면서 병참기지화하여 군수공업을 배치하였다. 다른 하나는 방적공업 등 경공업과 기계수리공업 등을 중심으로 하는 '경인(京仁) 공업지구'라고 불린 경공업 제품 생산 공급지역이었다.[19]

일제가 조선에 대륙침략 병참기지를 설치하려고 계획한 것은 1920년대 후반이지만, 이를 실행하고자 '농공병진', '대륙전진 병참기지'라고 이름을 붙이며 본격적으로 군수공업 단지를 설치한 것은 1931년 '만주사변'을 일으킨 전후부터라고 할 수 있다.[20] 일제는 이때부터 조선의 '농공병진'을 떠들기 시작했는데, 이때 '공업'의 내용은 이 대륙침략 병참기지를 위한 군수공업이었다.

일제는 대륙침략 병참기지화 정책의 제1단계 실행을 위해 1931-1936년 [표 2-1]과 같은 몇 가지 식민지 법령을 정비하여 식민지 수탈과 탄압을 준비하였다.

---

18 大藏省管理局, 『日本人の海外活動に關する歷史的調査』, 통권 제10책, 조선편 제9분책, 友邦協会, 1956, p. 41 참조.

19 「朝鮮の工業分布と立地的硏究」, 『朝鮮經濟年報』(1940), pp. 457-487 참조.

20 「'大陸兵站基地'どしての朝鮮」, 『朝鮮經濟年報』(1939), pp. 399-419 참조.

[표 2-1] 일제의 통제정책 관련 주요 법령과 규칙(1931-1936)

No.	연월일	법률·명령·규칙	비고
1	1931. 3. 30.	미곡법 개정	미곡 수출입 제한. 7. 1. 시행령 공포
2	1931. 4. 15.	조선골패세령 공포	4. 24. 시행규칙 공포. 5. 1. 시행
3	1931. 5. 12.	인화물질취체규칙 공포	6. 1. 시행
4	1931. 9. 10.	미곡취급소 6개 지역 결정	인천·군산·목포·대구· 부산·진남포
5	1931. 9. 11.	정미(正米)시장규칙 공포	1932. 1. 1. 시행
6	1931. 11. 27.	일본으로 수출하는 미곡창고 영업보조규칙 공포	12. 1. 시행
7	1932. 1. 1.	조선상공회의소 설립인가	
8	1932. 1. 28.	은행권의 금태환 정지 긴급칙령 공포	
9	1932. 2. 17.	조선전기사업령 공포	1933. 11. 1. 시행
10	1932. 7. 15.	수형법(어음법) 공포	1934. 1. 1. 시행
11	1932. 9. 24.	조선곡물검사령 공포	10. 1. 시행
12	1932. 9. 27.	대일본수출 우(牛) 검역규칙 공포	11. 1. 시행
13	1932. 10. 7.	조선경마령 공포	1933. 1. 1. 시행
14	1932. 10. 11.	자작농지 설정사업요강 발표	총독부
15	1932. 12. 3.	일본 정부 조선미 50만 석 구입 결정	일본 농림성
16	1932. 12. 10.	조선소작조정령 공포	1933. 2. 1. 시행
17	1932. 12. 20.	총독부 산민증산계획 중지 발표	
18	1933. 1. 16.	조선미곡조사위원회 규칙 공포	
19	1933. 1. 17.	조선형사령개정 공포	
20	1933. 2. 9.	화전민 신규입산 금지 결정	총독부
21	1933. 2. 20.	총독부 면화증산계획 공포	
22	1933. 3. 28.	미곡통제법 공포	미곡의 수량, 시가 조절 및 통제 방법 규정
23	1933. 3. 28.	외국환관리법 공포	5. 1. 시행
24	1933. 5. 18.	특별연고삼림처분 심사규정 공포	
25	1933. 8. 17.	조선금융조합연합회령 공포	
26	1933. 10. 1.	함경선과 탄광선 등 만철에 위임 경영	
27	1934. 3. 29.	면양(緬羊)장려 10개년 계획 발표	
28	1934. 4. 11.	조선농지령 공포	7. 1. 시행
29	1934. 4. 30.	조선소득세령 개정	개인소득세 신설
30	1934. 6. 22.	조선상속령 공포	7. 1. 시행
31	1935. 1. 4.	조선항공장려 규칙 공포	

[표 2-1] 계속

No.	연월일	법률·명령·규칙	비고
32	1935. 1. 12.	조선선박안전령 공포	3. 1. 시행
33	1935. 4. 6.	80만 조선 농민 만주 이민안 결정	조선총독부와 일본척무성
34	1935. 6. 12.	임야측량 규정 공포	
35	1935. 7. 29.	총독부 소작관 110명 각 도·군 배치	소작쟁의 탄압 준비
36	1935. 8. 27.	조선제사(製絲)령 공포	
37	1935. 8. 30.	식산계(殖産契)령 공포	
38	1936. 2. 6.	조선토지측량표(標)령 공포	7. 14. 시행세칙 공포
39	1936. 2. 12.	조선소작조정령 공포	
40	1936. 7. 13.	총독부 외사경찰제 실시 결정	
41	1936. 8. 8.	조선불온문서 임시취체령 공포	
42	1936. 8. 11.	신사(神社)규칙 제정	
43	1936. 8. 14.	국유재산법 공포	1937. 4. 1. 시행
44	1936. 12. 12.	조선사상범보호관찰령 공포	12. 21. 시행

2) 대륙침략 병참기지 설치를 위한 일본 독점자본의 동원

일제는 조선을 대륙침략을 위한 병참기지로 만들기 위해서 일본 독점자본에게 식민지 초과이윤의 보장과 각종 지원을 약속하고 일제가 지정하는 조선 내 군수산업에 투자하도록 종용하였다.[21]

---

21 ① 李如星, 『數字朝鮮硏究』(전5집), 世光社, 1931-1935.
② 高橋亀吉, 『現代朝鮮經濟論』, 千倉書房, 1935.
③ 鈴木正文, 『朝鮮經濟の現段階』, 帝國地方行政學會朝鮮本部, 1938.
④ 「'大陸兵站基地'としての朝鮮」.
⑤ 「大陸ルート大陸兵站基地朝鮮と國土計劃」.
⑥ 鈴木武雄, 『朝鮮の經濟』, 日本評論社, 1942.
⑦ 「朝鮮經濟の高度國防性」.
⑧ 東洋經濟新聞社, 『朝鮮産業の共榮圈參加體制』, 1942.
⑨ 日本大藏省管理局, 『日本人の海外活動に関する歷史的調査』 通卷 第10册, 朝鮮編 第9分册, 1947.
⑩ 近藤釼一編, 『太平洋戰爭下終末期朝鮮の治政』(5), 1964.
⑪ 文定昌, 『軍國日本朝鮮强占三十六年史』, 柏文堂, 1965.
⑫ 朴慶植, 『日本帝國主意의 朝鮮支配』, 청아출판사, 1986.

[표 2-2] 일본 독점자본의 투자상황 (단위: 만 원)

자본계통	사업 분야	회사명	자본금 투자액	설립 연월	소재지
三井계	섬유방적공업	종연방적선내공장	500	1935. 2.	광주
三井계	화학공업	북선제유주식회사	10	1933. 8.	서울
三井계	화학공업	조선小野田 시멘트주식회사	-	1934. 11.	평양 승호리·천내리
三井계	화학공업	복선제지화학공업회사	2,000	1935. 4.	서울
三井계	양조공업	조선맥주주식회사	600	1933. 8.	영등포
三井계	제분공업	일본제분선내공장		1935. 3.	인천
三菱계	양조공업	소화기린맥주주식회사	300	1933. 12.	영등포
野口계	화학공업	조선석탄공업주식회사	1,000	1935. 4.	홍남
野口계	화학공업	일본마그네슘금속회사	420	1934. 6.	홍남
野口계	전기공업	장진강수전주식회사	2,000	1933. 5.	홍남 하기천면
野口계	전기공업	조선송전주식회사	1,500	1934. 5.	서울
野口계	철도업	신흥철도주식회사	80	1930. 1.	홍남
東拓계	광업	동척광업주식회사	700	1933. 5.	서울
東拓계	전기사업	서선합동전기주식회사	1,000	1933. 11.	평양
東京방면	광업	성환광업주식회사	700	1934. 6.	성환
大阪방면	광업	봉천무연탄광주식회사	500	1934. 2.	평남 개천군
東京·大阪방면	화학공업	조선유지주식회사	150	1933. 10.	청진
福岡森英示계	양조공업	대선양조주식회사	100	1930. 7.	부산
政府계	제철공업	일본제철선내공장	1,693	1934. 1.	겸이포
大阪伊藤忠 및 丸永商店계	방적공업	조선직물주식회사	100	1932. 10.	경기도
大川계	광업	조선합동탄광주식회사	215	1931. 6.	서울
三量, 伊藤계	방적공업	동경방적선내공장	400	1934. 6.	인천
東京中外產業계	광업	교동금산주식회사	300	1933. 2.	서울

자료: 박경식, 『일본제국주의의 조선 지배』, 청아출판사, 1986, p. 437.

이에 호응하여 신흥재벌 노구치(野口)와 기존재벌 미츠이(三井), 미츠비시(三菱), 동척(東拓) 및 기타 독점재벌들이 조선총독부의 특혜와 지

⑬ 宇垣一成, 『宇垣一成日記』(전3권), みすず書房, 1968-1971.

⑭ 최윤규, 『근현대 조선경제사』, 갈무지, 1988.

⑮ 신용하, 「일본의 식민지 공업정책과 한국사회경제, 1930-1945」 참조.

원을 받으며 조선에 들어와서 일본 군벌들이 요구하는 부문에 투자하기 시작하였다. 이것은 주로 일제의 일본군 병참, 군수산업에 투자한 것이었고, 조선 내 자본주의 자유시장 경제의 필요에 의한 것이 아니었다. 1935년 현재 일제의 조선 병참기지화 정책에 호응하여 투자한 일본 독점 재벌의 일람표를 인용해 보면 [표 2-2]와 같다.

일본 독점자본 가운데서도 신흥재벌 노구치 계열이 일본 군부 및 조선총독부와 완전히 밀착하여 군부 정책에 맹종했고, 노회한 미츠이, 미츠비시 계열 등 기타 독점자본도 군부의 요청에 적극 호응하였다.

3) 광산자원의 약탈

(1) 산금(産金) 정책과 금의 약탈

일제는 만주 침략에 보조를 맞추어 장차 중국 관내까지 침략·점령하려면 광산물을 조선에서 더욱 대량으로 채굴하여 일본과 장차 조선에 설치될 군수공업에 원료로서 공급해야 한다고 강조하였다. 당시 일본은 만주 침략·점령과 다가오는 중국 침략에 수반하여 군수공업의 증강이 강조되었고 이에 따른 시설 도입으로 국제수지의 적자가 격증 누적되었다. 이를 해결하는 결제 수단이 국제화폐의 기능을 가진 '금'이었다.

이에 1931년 6월 17일 부임한 일제 총독 우가키(宇垣一成)는 우선 조선의 금광(金鑛) 채굴, 금 생산 증가부터 강조하였다. 일본의 금광은 노후하여 이미 산출량이 매우 저하되어 있었으므로, 일제는 부족한 금을 조선의 풍부한 금광을 채굴하여 보급하려 한 것이었다. 일제 총독 우가키는 취임하자 "아무리 수입 초과가 계속되어도 일본이 금만 많이 가지고 있으면 염려 없다."라고 주장하면서 '산금증산 5개년 계획'을 수립하고, 1932년 7월 8일 총독부령 제78호로 이의 실행을 위한 '탐광(探鑛)장려금 교부규칙'을 제정 공표하였다. 직접 보조금을 지급하여 목적하는 광산물

과 금의 채굴을 증가시키려는 정책이었다.[22]

그러나 일제는 그 실시에 있어서 일본 출원자에게만 장려금을 주고 조선인을 배제하기 위해 장려금 교부의 대상을 "장래 유망하다고 인정되는 금광산으로서 갱도 굴착에 착암기를 사용하는 시설을 갖춘 자, 단 사금(砂金)에는 엠파이어 드릴"에 한정하며, "본 시설의 특전은 연산금액 1만 엔에 달하지 못하는 광산에는 주어지지 않는다"라고 기준을 규정하였다. 결국 장려금을 받은 것은 소수의 대규모 광산 23개에 불과했는데, 그 대부분이 미츠이, 미츠비시, 닛코우(日鑛), 노구치, 아사노(淺野) 등 일본 대독점자본의 광산이었으며, 조선인의 광산은 겨우 4곳에 불과하였다.

일제 총독부의 이러한 산금 장려정책으로 금 채굴 생산량은 급증하였다. 1931-1936년 조선 산금의 생산량과 가액은 다음 [표 2-3]과 같다.

결국 일제 총독부는 총독부 재정으로 일본 재벌회사의 광산에 보조금을 주어 조선의 금광과 광물의 채굴 생산을 해마다 증가시켜 일본으로 실어 가는, 금과 광산자원 약탈을 위한 식민지정책을 감행한 것이었다.

22 장려금 지급의 내용은 금, 기타 소정의 광물을 채취할 목적으로 갱도(坑道)를 굴착하는 자에 대해서는 수평갱도 연장(延長) 1미터당 15엔, 수직갱도 1미터당 30엔의 보조금을 지급한다는 것이었다. 그 후 저품질 금광까지 채굴해 가기 위해 1938년 5월에 총독부령 제110호로 '저품의 함금광물(含金鑛物) 매광(賣鑛) 교부금규칙'을 공표하여 저품질 광물 운반비에 대해서 고율의 보조금을 지불하게 하였다.
또한 총독부는 ① 신규 착암시설, 선광(選鑛)시설을 설치하는 자에 대해서는 그 시설비의 70%를 보조하고, ② 일정한 양 이상의 금을 산출하는 자에 대해서는 할증금(割增金)을 지불하여, ③ 산금(産金)업자 등에 대하여 총 2억 엔의 자금을 대부했다. 이러한 독려 정책으로 조선 전국에 광산 붐이 일어나서 1935년 광업 출원 건수가 1만 153건에 달하게 되었다.

[표 2-3] 조선 산금액의 변동 (단위: kg, 1,000원)

연도	금		사금	
	수량	가격	수량	가격
1931	8,546	9,008	484	575
1932	8,584	17,809	1,115	1,823
1933	10,203	26,066	1,304	3,327
1934	10,710	33,214	1,717	5,323
1935	12,400	38,320	2,309	7,136
1936	14,679	49,909	2,810	9,443

자료: 『朝鮮經濟年報』(1939).

(2) 철광(鐵鑛) 증산 정책과 철광의 약탈

일제가 만주 침략을 자행하자 군수공업과 무기의 원료인 철광석의 수요는 폭증했는데, 철광 자원 부존이 취약한 일본의 1930년 국내 철광석 생산량은 17만 4,000톤에 불과하였다. 일본은 약 200만 톤의 철광석을 외국으로부터 수입했고, 그중 조선에서 매년 실어 가는 것이 약 30-40만 톤이었다.

일제 총독 우가키는 일제의 대륙침략 정책에 보조를 맞추어 철 생산이 무기 생산이라고 강조하면서 채굴을 맹렬히 독려하였다. 그 결과 1932년 약 39만 1,000톤이었던 철광석 생산량을 1935년에는 약 58만 8,000톤으로 증산하여 일본으로 수송하였다.

일제가 철광석 증산을 채찍질하는 시기에, 함경북도 무산(茂山)에서 '무산철광'이 발견되었다. 무산철광은 매장량 약 10억 톤으로 추정되었을 뿐 아니라, 그 품질에 있어서도 철광의 입자(粒子)가 크고 양호하였다. 당시 동양 제일의 철광이라고 알려진 남만주의 '안산철광(鞍山鐵鑛)'은 매장량이 약 3억 톤이었으므로, 이제는 무산철광이 동양 제일의 철광으로 부상하였다. 단지 무산철광은 품위가 평균 40% 정도인 빈광(貧鑛)이어서 제철·제련에 비용이 더 든다는 문제가 있었는데, 1930년대부터 독일에서 고주파전력을 이용하는 크루프-렌(Krupp-Renn)식 빈광 처리법이 발명되어 문제가 해결되었다. 이에 일제는 무산철광을 미츠비시 재벌의 소유로 했다. 일본제철회사도 1935년 청진에 제철공장을 설립했으며, 무산철광에서만도 매년 100만 톤의 철을 생산하여 일본으로 추가 공급하게 되었다.

(3) 그 밖의 광산자원 약탈

일제는 조선이 일본에서 생산되지 않는 각종 광산물의 보고임을 알게 되어 조선 광산에서 금과 철 이외에도 일본에서 생산되지 않거나 빈약한 군수용 광산물의 채굴 약탈에도 열을 올렸다. 1936년의 금을 제외한 조선에서의 주요 광산물의 종류별 산출량과 그 가액은 다음 [표 2-4]와 같다.

[표 2-4] 1936년 조선 광산액

연도	수량(천 톤)	가액(천 원)
납(鉛)	2,738	794
아연광	6	240
철광	234	1,430
유화(硫化)철광	78	521
텅스텐	2	2,294
수연광	80	203
흑연	41	1,011
유연탄	1,230	6,127
무연탄	1,052	7,128

자료: 『朝鮮經濟年報』(1939).

4) 병참기지의 군수공업 설치 정책

(1) 전력산업의 설치

일제는 총독 우가키의 지휘 아래 대륙침략 병참기지로서의 군수공업 단지를 광산자원이 풍부한 북한 일대에 주로 설치하려고 하였다.

일제는 이를 위해 먼저 전력산업을 설치하여 값싼 전력을 동력으로서 공급하려고 하였다. 일제는 개괄적 입지조사를 시행한 결과 조선은 수력발전 가능지점이 147개소이고, 발전가능량이 237만 *kW*에 달할 수 있으므로 수력발전이 유리하다고 추정하였다.

일제의 신흥 노구치 재벌은 일찍이 군부의 군수산업 투자 요구에 부응해서 1926년 1월 조선수력전기주식회사를 창립하여 1929년 11월 부전강 제1발전소를 설립해서 송전을 시작했으며, 미츠비시 재벌도 1927년 11월부터 장진강 발전소 건설을 시작하였다. 일제는 1930년 1월 화약 생산을 목적으로 포함한 조선질소비료주식회사 흥남공장을 설립하고 군수공업단지 설치 작업을 시작하였다.

일제는 1931년 '발전 계획 및 송전망 계획'을 수립하여 수력발전시설에 필요한 하천조사를 했으며, 1940년의 전력 개발 목표를 수력 70만 *kW*, 화력 12만 *kW*로 설정하였다. 일제 총독 우가키는 이 사업의 실행을 위해 1932년 2월 '조선전기사업령'을 제정 공포해서 전력사업 투자 시 특혜 약속 등 유도 정책을 집행하였다. 그 결과 몇 개 발전소들이 더 설치되어 1931년에 23만 4,532*kW*이던 발전 능력은 1937년에는 66만 8,206*kW*로 증가했으며, 이 중 수력발전이 약 78%였다.

이 수력발전소의 건설에는 수십만 명의 조선 노동자들이 민족 차별적 저임금과 야수적 학대 속에서 안전시설도 제대로 갖추지 않은 채 사역당했고, 수천 명의 한국인 노동자들이 생명을 잃었다.

(2) 비료공업과 화약공업

일제는 군수공업으로서의 화약공업 설치를 전제로 하여, 1930년 조선질소비료주식회사 흥남공장을 건설해서 비료와 화약 생산을 시작하였다. 이에 맞추어 일제 총독 우가키는 1933년 노구치 재벌의 조선질소비료주식회사에 종래 조선인에게는 엄금해 왔던 조선 내의 화약 제조를 허가하였다. 이에 노구치 재벌은 1935년 조선화약주식회사를 설립하여 화약 생산 제조를 본격적으로 시작하였다. 1935년 조선질소비료주식회사는 34만 7,334톤의 유안(硫安)을 생산해서, 그중 조선 내의 유안 수용 총량 20만 톤을 비료로 공급하고, 나머지 14만여 톤의 유안은 조선화약회사를 통해 화약을 제조하여 일본군의 대륙침략용으로 공급하였다.

일제의 비료공업 건설은 본래 농업 자재의 생산만이 아니라 '군수용 화약' 생산 제조도 목적으로 한 것이었다.

(3) 제철·제련공업

일제는 철광과 금광에서 군수용으로 약탈한 광산물을 바로 일본으로 실어 가지 않고, 제철·제련 과정을 거쳐 반제품으로 제조하여 실어 갔다. 이를 위해 제철공장과 금 제련공장이 1930년대에 본격적으로 설치되었다.

무산철광의 철광석 제철을 위해 1935년 미츠비시 재벌이 청진에 일본제철회사 청진공장을 설립하여 제철사업을 시작하였다. 또한 일제의 만주 침략과 만주국 수립으로 만주의 '무순(撫順)철광'이 일제 지배하에 들어오자, 일본제철회사는 일찍이 미츠비시가 1915년에 설치했던 겸이포제철소(兼二浦製鐵所)를 1934년 2월에 인수하여 제철사업을 시작하였다. 겸이포제철소에서는 제철용 석탄 코크스의 제조 과정에서 부산물로 나오는 암모니아로 유안(硫安)도 연평균 3,000톤 생산하였다.

금 제련으로는 ① 일본광업주식회사의 진남포제련소(鎭南浦製鍊所, 1일 제련능력 810톤), ② 조선광업주식회사의 흥남제련소(興南製鍊所, 1일 제련능력 200톤), ③ 조선제련주식회사의 장항제련소(長項製鍊所, 1일 제련능력 130톤), ④ 스미토모 재벌의 문평제련소(文坪製鍊所, 1일 제련능력 150톤)가 1930년대에 설립되어 금을 제련하였다.

(4) 시멘트공업

일제가 군수산업 시설을 설치하기 시작하자 1931년 이후부터 조선 내 시멘트 수요량이 격증하여 일제 자본의 시멘트공업 투자가 증가하였다. 원래 일제의 시멘트공업 투자는 조선 오노다(小野田)시멘트회사가 1919년 평양 승호리에 작은 시멘트공장(32만 톤 능력)을 세우고, 1927년에는 평양 천내리에 제2공장(48만 톤 능력)을 세움으로써 시작되었다. 시멘트 수요가 격증하자 오노다는 고무산리(古茂山里)공장(24만 톤 능력), 삼육(三陸)공장(18만 톤 능력), 개발(開發)공장(18만 톤 능력)을 증설했고, 1934년 2월 일본 우베(宇部)시멘트주식회사가 황해도에 용당포(龍塘浦)공장(36만 톤 능력), 조선아사노(淺野)시멘트주식회사가 황해도 봉산 마동(馬洞)공장(18만 톤 능력), 압록강수력전기주식회사가 수풍댐 건설용 시멘트공장(11만 톤 능력)을 설치하였다.

이러한 시멘트공장의 시멘트는 민간용이 아니라 일제의 군수시설 및 군수공장 건설용으로 생산 공급된 것이었다.

(5) 방적공업

일제의 만주 침략 이후 한국 공업에서 일어난 하나의 변화는 일본 재벌들이 한반도에 밀려와 방적공업, 제사·제련공업에 본격적 투자를 한 것이었다.

1931년 이전까지 한국 내 방적공장은 한국인 자본의 경성방직회사 영등포공장(2만 1,600추)과 일본 미츠이 재벌의 조선방직회사 부산공장(3만 9,376추)뿐이었다. 일제의 만주 침략과 계속되는 대륙침략 정책으로 군수용 면제품·견제품의 수요가 급증하고 있었는데, 일본 내에서 '공장법' 제정으로 노동자 임금이 감시당하고, '중요산업통제법'으로 산업별 투자 제한의 조정이 실시되었다. 이에 비하여 식민지 조선에는 '공장법'과 '중요산업통제법'을 적용시키지 않는다고 발표했기 때문에 일본 재벌들은 식민지 조선에 침입하여 보호받지 못하는 조선의 저임금 부녀노동자와 소년노동자를 착취해서 막대한 식민지 초과이윤을 획득하려고 노동집약적인 방적공업, 제사공업 등에 투자하기 시작하였다.

방직공업 투자에 앞장선 것은 미츠이 재벌이었다. 미츠이 재벌은 서울 영등포공장(5만 추), 광주공장(5만 추)을 설치하고, 동양방적회사를 설립하여 인천공장(3만 1,488추), 영등포공장(3만 2,000추)을 가동하였다. 1936년에는 종연(鐘淵)방적이 침입하여 영등포공장(5만 추)과 광주공장(5만 추)을 가동하였다. 또한 대일본방적이 영등포공장(4만 2,000추)을 가동하고, 청진공장을 설치하기 시작하였다.

이러한 방적공업은 생산 측면에서는 전적으로 기아임금으로 조선 부녀노동자와 소년노동자를 착취해서 막대한 식민지 초과이윤을 축적하고, 공급 측면에서는 일제의 만주 및 대륙침략으로 인해 격증한 군수품 수요를 충당하기 위한 것이었다.

(6) 공업 설치의 비중과 업종별 구성

이와 같이 일제의 1931년 만주 침략 이후 한국 내 공업 부문의 투자는 한국인의 투자가 아니라 전적으로 일본 독점자본이 군수시설, 군수공업단지 건설의 수요에 응하여 한반도에 이동해 들어와서 투자한 것이었다. 그러나 일본 독점자본이 조선에 침입해 군수부문 공업에 투자했다 할지

[표 2-5] 1930년대의 경제부문별 생산액과 비중

경제부문	1931년		1937년	
	생산액(천 원)	비중(%)	생산액(천 원)	비중(%)
농산물	702,855	63	1,541,366	52
임산물	59,413	5	138,710	5
수산물	77,562	7	187,953	6
광산물	21,741	2	110,429	4
공산물	252,294	23	959,308	33
총계	1,113,865	100	2,937,766	100

자료: 鈴木武雄, 『朝鮮の經濟』, p. 96.

라도 아직은 공업이 조선의 총생산액에서 차지하는 비중이 농업을 능가하지 못하였다. 총생산액 가운데 공산물 생산액의 비중을 보면, [표 2-5]와 같이, 1931년의 경우 공산물은 23%인 데 비하여 농산물 생산액은 63%로서 3배 가까이 높았다.

일제의 군수공업단지 조성이 진전되고, 일제가 중일전쟁을 도발한 1937년의 경우에도 공업생산액은 총생산의 약 33%인 데 비하여 농업생산액은 52%로서 훨씬 높은 비중을 점하고 있었다. 이것은 일제가 군수공업을 설치하기 시작했음에도 불구하고 한국은 일제강점기에 여전히 농업사회 중심의 단계에 있었음을 나타내는 것이다.

또한 1936년의 공업생산액 내부의 업종별 구성을 보면, [표 2-6]과 같이 식료품공업이 45.2%, 화학공업이 22.9%, 방적공업이 12.7%, 가스 및 전기업이 5.6%, 금속공업이 4.0%, 요업이 2.7%, 제재 및 목제품공업이 2.7%, 인쇄 및 제본업이 1.8%, 기계기구공업이 1.0%, 기타 공업이 1.4%의 순위였다.

식료품공업이 가장 비중이 높은 것은 정미업이 이에 포함되어 있었기 때문이었다. 식료품공업에서 정미업은 무려 70%나 차지하였다. 이것은 이 시기에는 한국으로부터의 식량 약탈을 위해 일본의 대재벌까지도 미곡 산지 부근의 항구에 정미공장을 세웠기 때문에 일어난 현상이었다. 정

[표 2-6] 공장공업구성의 변화

공업부문	1930년				1936년			
	생산액 (천 원)	비율 (%)	공장 수 (개)	직공 수 (명)	생산액 (천 원)	비율 (%)	공장 수 (개)	직공 수 (명)
방적공업	33,674	12.8	270	19,011	90,378	12.7	402	33,830
금속공업	15,263	5.8	231	4,542	28,356	4.0	259	6,787
기계기구공업	3,328	1.3	224	2,854	7,398	1.0	344	7,939
요업	8,348	3.2	314	5,366	19,032	2.7	336	8,269
화학공업	24,676	9.4	515	14,720	162,462	22.9	1,425	41,972
제재 및 목제품 공업	7,037	2.7	163	2,629	19,230	2.7	271	4,906
인쇄 및 제본업	8,184	3.1	215	4,146	12,426	1.8	286	6,237
식료품공업	152,054	57.8	2,088	27,055	320,580	45.2	2,258	32,617
가스 및 전기업	6,432	2.4	35	525	39,988	5.6	50	812
기타 공업	4,068	1.5	206	3,052	10,002	1.4	296	5,394
합계	263,064	100	4,261	83,900	709,852	100	5,927	148,763

주: 생산액은 관영공업을 제외했다.
자료: 鈴木武雄, 『朝鮮の經濟』, p. 223.

미공업의 비중이 높은 것은 공업 부문의 낙후성을 나타내는 징표이기도 하였다.

화학공업의 비중이 높은 것은 화약 생산을 궁극적 목적으로 조선질소비료주식회사가 생산을 시작했기 때문이다. 방적공업의 비중이 다음으로 높은 것은 1935년부터 일본 대재벌들이 한국의 부녀노동자와 소년노동자의 기아임금에 의거하여 식민지 초과이윤을 수탈하기 위해서 대규모 방적공장을 설치했기 때문에 나타난 현상이었다.

(7) 조선 내 식민지공업의 특징

이 시기 조선 내 공업은 다음과 같은 심각한 문제를 내포하고 있었다.

첫째, 원료채취공업과 제1차 가공공업만이 주로 발전되었다. 조선을 일본 군수공업을 위한 독점적 원료 약탈 공급지로 개편하는 정책 때문이었다. 이 때문에 광산자원의 제1차 가공공업이 소위 중공업 부문의 대부분을 점유하였고, 식량 약탈을 목적으로 정미공업이 경공업 부문의 대부분을 차지한 것이었다. 이것은 조선 내 공업이 일본 군수공업을 위한 원료 및 반제품·중간재의 약탈과 공급을 목적으로 했기 때문에 형성된 구조였다.

둘째, 이 시기 한국 내 소위 중공업은 중공업의 중추인 기계공업을 전적으로 결여한 것이었다. 기계공업은 일본 본토 안에 건설하고, 식민지 조선에 설치하는 군수공업의 공작기계들은 일본 본토의 기계공업 제품을 구입해 설치하도록 하였다. 또한 한반도 내의 기계공업 투자도 억제하였다. 이 때문에 일부 조선 내 군수공업으로서의 중공업은 기계공업의 배경이 없는 광산원료자원의 가공공업으로 설치된 것이었다. 통계에 잡히는 극소의 기계공업도 그 내용을 보면 공작기계의 생산이 아니라 기계수리부문의 공업이었음을 알 수 있다.

셋째, 공업 입지의 측면에서 원료공급지 또는 한반도 내 수요시장 부근에 공장이 설치되지 않고, 제품을 일본으로 수송해 가기 편리한 해안항구에 설치되었다. 제철·제련도 청진·흥남·겸이포·장항 등과 같은 일본으로의 수송이 편리한 항구에 설치되었다. 심지어 정미공장까지도 군산·인천·진남포 등 정미된 쌀을 일본으로 수송해 가기에 편리한 항구에 설치되었다.

넷째, 이 때문에 당시 조선 내 공업은 한국 경제보다는 일본 본토의 경제와 전후방 연관관계 및 경제순환관계를 가졌다. 그러므로 그것이 통계상으로는 한반도 내에서 생산된 조선 공업으로 처리되었을지라도, 그에 상응하는 연관관계와 순환관계는 조선 경제에 없었으며, 실제로는 도리어 일본 경제와 더 많은 직접 연관관계와 순환관계를 가진 일본 공업이었다.

다섯째, 1930년대부터의 조선 공업은 일제의 식민지정책과 대륙침략 군수공업기지 설치 정책에 의거하여 일본의 독점자본을 각종 특혜를 주면서 조선에 끌어들여 설치한 것이었기 때문에 민족별로는 거의 모두가 일본 자본에 의한 것이었다. 한국 민족자본의 비중은 극도로 낮았다.

여섯째, 일제의 대륙침략 군수공업기지 설치 정책에 따라 한반도에 들어온 일제 독점자본의 수익률은 매우 높았다. 일제 식민지정책이 조선인 노동자들의 임금을 기아수준으로 통제했을 뿐 아니라, 민족 차별 임금을 적용했기 때문이었다. 이 때문에 조선에 들어온 일본 독점자본은 막대한 식민지 초과이윤의 폭리를 취할 수 있었다.

일곱째, 일제의 1930년대 이후 각종 공업 부문에 투입된 조선 노동자들은 기아임금, 민족 차별 임금은 물론이요, 각종 노동조건에서 '반노예'와 다름없는 비참한 노동환경에서 착취당하였다. 특히 방적공장과 기타 노동집약적 부문에서 조선인 부녀 노동자들과 소년 노동자들은 이미 민족 차별 기아임금을 받고 한국인 남성 노동자들의 약 절반 수준의 임금을 받으며 가혹하게 착취당하였다. 1930년대 이후 일본 자본의 식민지 초과이윤은 한국인 노동자, 부녀 노동자, 소년 노동자들을 노예노동과 같은 인간 이하의 사역에서 착취하여 수탈한 것이었다.

3. 한국 농민의 몰락, 저항과 일제의 농촌정책

1) 일제 조선총독의 기만적 농촌 수탈 정책

일제 강점 후 식민지 수탈의 연이은 강화로 한국 농촌은 피폐할 대로 피폐하게 되어 아사상태에 있었다. 1910년대의 식민지 농업정책은 토지조사사업의 실시와 임야조사사업의 시작으로 토지 침탈에 혈안이 되어 농촌을 더욱 피폐하게 했었다. 1920년대 총독 사이토의 식민지 농업정책은 일본으로의 식량 증산·공급에만 혈안이 되었었고, 조선 농민들은 모두 부채농이 되어 자작농은 자소작농으로 몰락하고 자소작농은 순소작농으로 몰락하여 아사상태에 떨어졌다. 지주들까지도 1929-1930년의 세계 대공황의 여파로 농산물 가격과 지가가 급락하여 부채 지주가 되고 상당수가 몰락하였다.

이렇게 피폐한 농촌에 1920년부터 사회주의 사상과 운동이 들어오고, 사회주의 색채의 농민동맹·노농동맹운동이 급속히 발전하여 일제 식민지통치를 근저에서 위협하였다.

일제 총독 우가키는 일제의 대륙침략 정책에 보조를 맞춘 대륙침략 병참기지 설치 정책과 함께 조선인들의 사회주의적 농민운동을 저지하기 위해 식민지 농촌정책의 전환을 선언하였다. 일제 총독은 자기의 새 농촌정책을 스스로 '농촌진흥운동'이라고 이름하였다. 이 운동의 내용은 그동안 피폐해진 조선 농촌의 진흥과 자력갱생을 위하여 ① 춘궁(春窮) 퇴치, ② 차금(借金) 퇴치, ③ 문맹(文盲) 퇴치를 중심 목표로 해서, ① 농촌 부채 정리 사업, ② 농가경제 갱생 계획, ③ 자작농 창정(創定) 계획, ④ 남면북양(南綿北羊) 정책, ⑤ 문맹퇴치·부락개학(皆學) 정책을 실시한다는 것이었다.[23]

그러나 일제 총독 우가키가 실제로 실행한 '농촌진흥운동'은 한국 농민들의 기대와는 전혀 다른 것이었다.[24]

---

23 일제 총독 우가키는 '농촌진흥운동'의 실행을 위한 조직으로 종래 총독부 식산국에 속했던 농무과와 축산과를 떼어 오고 토지개량부와 산림부와 합하여 '농림국'을 신설한 뒤 농촌에 관한 행정을 총관하게 하고 농촌진흥운동의 주관국으로 하였다. 그리하여 농촌운동 최고지도기관으로 '조선총독부 농촌진흥위원회'를 설치하고 관련 국장·과장을 위원으로 임명하였다. 또한 각 도에는 도지사를 위원장으로 한 각도농촌진흥위원회, 군에는 군수를 위원장으로 한 면농촌진흥위원회, 읍·면에는 읍·면장을 위원장으로 한 읍·면농촌진흥위원회를 조직하였다. 총독 우가키는 총독부 행정 조직에 모두 농촌진흥위원회 명칭을 붙여 놓고 지방 농촌을 시찰하면서 피폐한 조선 농촌을 진흥시키겠다고 호언장담했기 때문에 일부 한국 농민들은 이번에는 농촌사회의 많은 문제들이 해결되지 않을까 호의와 기대를 갖게 되었다.

24 ① 한도현, 「1930년대 농촌진흥운동의 성격」, 『한국사회사연구회논문집』 제2집,

첫째, 우가키는 조선 농촌의 부채(負債) 문제를 해결하겠다고 1932년 10월 22일 제령(制令) 제4호로서 '조선부동산융자 및 손실보상령'을 공포해서 이듬해 2월부터 실시했는데, 그 요지는 조선식산은행이 부동산담보 융자신청 청구자에 대해 자율로 3년 거치 15년 분할상환으로 장기융자를 해준다는 것이었다. 이 정책은 은행에 담보할 부동산이 있는 지주들의 '부채' 문제만 해결해 주었다. 세계 대공황 이후 미가 폭락과 지가 폭락으로 고율부채에 시달리던 지주들은 토지를 담보로 식산은행으로부터 거액의 융자를 받아 먼저 고이자율 부채를 상환하여 '부채'에서 벗어나게 되었다. 그뿐만 아니라 세계 경제가 불황에서 회복됨에 수반하여 지가도 상승·회복되었으므로 지주 계층은 몰락에서 구제되었다. 담보할 부동산이 없는 영세한 자작농·자소작농·소작농은 여전히 고리대자본의 부채농으로 되어서, 전혀 문제가 해결되지 않았다.

둘째, 일제의 '자작농 창정 계획'은 1932년부터 농촌 중견 인물이 될 자질을 가진 소작인에게 1호당 660엔씩을 25개년 연부상환으로 대부하여 매년 2,000호씩, 10년간 2만 호의 자작농을 창정한다는 것이었다. 그러나 총독부 권력으로 갑(甲)의 땅을 을(乙)이 매수케 하면 촌락 현지에서 을은 자작농이 되지만 갑은 소작농이 되거나 이농을 하게 되므로 이 계획과 정책은 농민들 사이에 인물 선정·토지 매수 분쟁만 크게 일으켰을 뿐이었다. 그 규모도 10년간에 겨우 2만 호를 만드는 것이므로 계획 내용이 처음부터 잘못되어 선전만 요란하게 하고 실제로는 완전히 실패로 끝나게 되었다. 오히려 1930년대에 자작농의 자소작농·소작농으로의 몰락과 감소는 더욱 격화되었다.

1986.

② 지수걸, 「일제의 군국주의 파시즘과 '조선농촌진흥운동'」, 『역사비평』 제47집, 1999.

③ 김영희, 「농촌진흥운동을 통한 일제의 농촌통제와 농민의 반응」, 『한국민족운동사연구』 제30집, 2002 참조.

셋째, 소작농의 부채 문제 해결과 농업경영의 수지 균형을 위해서는 무엇보다도 총생산물의 55-90%에까지 달한 살인적 고율 소작료를 절하시키고 소작료의 상한을 법제화하는 것이 강력히 요구되었다. 그러나 일제 총독 우가키는 이것은 절대로 들어주지 않았다. 고율 소작료를 절하시키면 일본 공업화의 수요로 조선에서 일본에 공급할 잉여 식량이 감소한다고 판단했기 때문이었다.

일제는 그 대신 1934년 4월 11일 제령 제5호로서 '조선농지령'을 공포 시행했는데, 그 내용의 요점은 소작농의 소작 기간을 3년으로 한다는 것이었다. 이것은 조선왕조 시대에는 수십 년까지 소작권·경작권을 인정했으므로 개선이라고 할 것도 전혀 못 되는 것이었다. 일제 총독 우가키는 지주의 권한을 약화시킬까 이것마저도 우려하였다. '조선농지령'은 소작쟁의가 일어났을 경우에 조정기관으로서 부·군에 지방 유력자를 위원으로 하는 소작조정위원회를 설치하도록 규정하여, 지주 계층이 지방 유력자로서 소작조정기관을 좌우하도록 조치하였다. 소작농은 소위 '농촌진흥운동'의 혜택에서 철저히 배제되어 버린 것이었다.

넷째, 일제 총독 우가키의 '농가경제 자력갱생 계획'은 1933년과 1934년에 걸쳐서 전국 7만 4,800여 부락에서 4,906개 부락, 11만 1,609호를 '자력갱생부락'으로 지정하여 매 호가 총독부에서 배치한 '농촌지도원'의 지도를 받으면서 가계부를 써서 합리적 소비생활을 하여 '자력갱생농가'를 육성한다는 것이었다. 자력갱생부락으로 지정된 농촌은 그날부터 농촌지도원의 지도하에 총독부가 보낸 상당히 복잡한 가계부를 매일 기재하여 매월 말 면위원장에게 제출하게 되었는데, 농민이 정직하게 가계부를 기재하는 경우에도 성적이 나쁘면 문책을 당하므로 농촌지도원과 이장은 허위기재를 다반사로 하게 되었다. 농가 자력갱생을 농촌지원정책으로 수행하지 않고 가계부 쓰기로 수행한 이 엉터리 기만정책은 한국 농촌과 지방행정에 통계숫자 날조·허위 기재의 나쁜 관습만 깊이 만들어 남겨 놓고 완전히 실패로 돌아가게 되었다.

다섯째, 일제의 '남면북양(南綿北羊)' 정책은 한반도 남부지방에는 방적공업의 원료인 '면화' 재배를 더욱 독려하여 생산량을 증가시키고, 북부지방에는 면양을 도입 사육시켜서 '양모'를 공급하여 일본 면방직공업의 원료 공급을 증대시킨다는 정책이었다. 이것은 일제의 만주 침략으로 만주 시장의 면직물 수요가 급증하자 일제 총독부가 미츠이 등 일본 재벌의 요청에 응하여 식민지 원료약탈 공급 증대책으로 채택한 것이었다.

총독 우가키는 종래의 면화 증산정책을 더욱 강화하여 총독부 권력으로 밭농사의 경종농작을 제한시켜 가면서 면화 재배를 독려하였다. 그 결과 면화 생산량은 1931년의 1억 1,591만 3,000근으로부터 1934년에는 2억 1,374만 9,000근으로 거의 2배가 증가하였다. 이것은 다른 작물의 재배를 제한시키고 면화 재배면적을 대체 증가시키면 되는 것이므로 총독부로서는 전혀 어려운 것이 아니었다. 그러나 총독부는 면화의 자유 판매를 금지하고 오로지 군농회(郡農會)의 공동판매소에서 일제가 지정한 생산비 이하의 가격으로 강제매수 하였다. 그러므로 '면화 재배'는 농민의 손실과 식량 부족을 격화시키고, 일제 방직공업자본과 일본 독점자본에게만 이익을 준 정책이 되었다.

우가키의 북양 정책으로 오스트레일리아로부터 종양(種羊)을 수입하여 사육 두수는 1931년 1,069두로부터 1937년에는 1만 9,627두까지 증가했으나, 수입 양모에 비해 질이 떨어지고 사육 비용은 비싸서 경제성이 없었다. 그러므로 결국 이 북양 정책은 폐기되고, 사육한 양들은 육용으로 군납되어 종언을 고하였다.

여섯째, 우가키의 농촌 '문맹 퇴치' 정책은 농민들에게 일본어와 초등산수(보태기·빼기·곱하기·나누기의 초급)를 가르친다는 내용이었다. 이를 위해 보통학교 부설로 '간이학교'를 설치했는데, 1938년 간이학교 수가 1,117개교, 그 생도 수는 7만 6,190명이었다. 당시 문맹인 한국 농민의 상용언어는 한국어였고 일본어는 외국어로서 전혀 모르는 언어인데, 상용언어의 문자 교육으로 하는 정상적 문맹 퇴치를 추진하지 않고, '일본어'

와 '일본 문자'의 교육을 강행했으니 이것은 바로 식민지 교육을 강제한 것에 불과하였다.

이 때문에 우가키의 문맹 퇴치의 탈을 쓴 일본어 교육에 대항하여, 조선 청년 학생들이 한국어를 사용하는 한국 농민들에게 '한글'과 '산수'를 가르치는 정상적 문맹 퇴치의 농촌계몽운동을 전국에서 자발적으로 광범위하게 전개하여 일제의 기만적 '문맹 퇴치' 정책에 대항하게 되었다.

2) 기만적 농촌정책의 실패와 일제의 통계 조작

1930년대 일제 총독 우가키의 소위 '농촌진흥운동'은 위에서 간략히 본 바와 같이 교활하고 기만적인 식민지 수탈정책에 불과한 것이었다. 그것은 지주 계층에게만 부채에서 벗어날 수 있는 융자 혜택을 주어 일제와 지주층의 결탁에 의한 식민지 통치의 계급적 기반만 닦아 두고, 그 밖의 한국 농민과 농촌에 대해서는 교활한 선전과 허언만 남발하여 저항을 무마하면서 도리어 식량과 원료의 수탈을 대폭 강화한 식민지 정책에 불과하였다. 이 때문에 한국 농민은 1930년대에 더욱 몰락하게 되고 한국 농촌은 더욱 피폐하게 되어 일제의 소위 '농촌진흥운동'은 완전히 실패로 돌아가게 되었다.

일제의 소위 '농촌진흥운동'의 완전 실패에 대해 우가키의 체면이라도 살리려고 획책한 것이 우가키 시대에 성행한 통계의 날조 조작이었다. 농업 통계의 '농촌진흥운동'과 관련된 부분의 한 예를 들면, [표 2-7]에서 볼 수 있는 바와 같이, 농촌의 계층별 통계가 조작되어 있음을 알 수 있다.

즉 우가키의 조선총독부는 1932년부터의 농촌 계층별 통계 방법을 바꾸어 버렸다. 1932년까지는 '지주 갑(甲)'(부재지주)과 '지주 을(乙)'(재촌지주)을 '지주'로 계층화하여 농촌인구의 3.5%인 약 10만 5,000호(이 중 지주 갑이 2만 3,000호, 지주 을이 7만 2,000호)가 지주 계층이었는데, 1933년에

[표 2-7] 1930년대 이후 농민 계층별 농가 호수의 비율 (단위: %)

연도	지주	자작농	자소작농	소작농	농업노동자	소작 겸 화전민	순화전민
1929	3.5	17.4	30.5	44.1	-	3.3	1.2
1930	3.5	17.0	30.0	45.0	-	3.2	1.3
1931	3.5	16.2	28.8	46.9	-	3.2	1.4
1932	3.5	15.7	24.6	51.1	-	3.1	2.0
1932	-	**18.4**	**24.9**	**51.8**	**2.9**	-	**2.0**
1933	-	**18.1**	**24.1**	**51.9**	**3.1**	-	**2.8**
1934	-	18.0	24.0	51.9	3.4	-	2.7
1935	-	17.9	24.1	51.9	3.6	-	2.5
1936	-	17.9	24.1	51.8	3.8	-	2.4
1937	-	18.0	25.1	51.7	3.8	-	2.4
1938	-	18.1	23.9	51.9	3.8	-	2.3
1939	-	17.9	23.7	52.4	3.7	-	2.3
1940	-	18.1	23.3	53.1	3.3	-	2.2
1941	-	17.9	23.5	53.7	3.0	-	1.9
1942	-	17.3	23.9	53.8	3.1	-	1.9
1943	-	17.6	27.8	48.6	4.3	-	1.7
1944	-	13.9	34.7	49.2	-	-	2.2
1945	-	13.8	34.6	48.9	-	-	2.7

출처: ① 1913-1941년까지는 『朝鮮總督府 統計年報』 각 연도에 의함. ② 1942-1945년은 『朝鮮經濟年報』(1948)에 의함. ③ 1944-1945년의 통계는 남한만의 통계임. ④ 신용하, 『한국근대사회사상사연구』, 일지사, 1987, p. 320 참조.

는 '지주' 통계 구분을 농업통계에서 제외시키고, '지주 을'을 '자작농' 통계에 합산시켰다. 그 결과 1932년의 자작농은 전 농가의 15.7%인 47만 6,000호에서 1933년에는 전 농가의 18.1%인 54만 6,000호로 증가하여 우가키의 '농촌진흥운동'이 일정한 성과를 낸 것처럼 조작 분식되었다. 그러나 실제는 자작농 통계에 들어간 '지주 을'의 7만 2,000호를 제외하면, 1933년의 '자작농'은 47만 4,000호로 도리어 '자작농'이 몰락해서 1931년의 16.2%에서 1933년의 15.7%로 감소한 것이었다.

우가키는 '소작농'의 경우에도 유사한 통계 조작 분식을 하였다. 자작농의 몰락에 의한 소작농의 격증은 일제 '농촌진흥운동'의 실패를 증명하는 것이기 때문에, 이번에는 1932년부터 '농업노동자'를 소작농 통계에서 분리시켜 설정하였다. 그리하여 소작농은 1932년에 전 농가의 51.8%인 156만 3,000호로 극히 약간만 증가한 것으로 꾸몄다. 그러나 1933년에 농업노동자로 분리해 버린 9만 4,000호의 농업노동자를 종전대로 소작농의 범주에 포함하면, 1933년의 소작농은 전 농가의 55.0%에 해당하는 165만 7,000호로 크게 증가한 것이 진실이었다.

일제 총독 우가키의 소위 '농촌진흥운동'이 지주의 이자 부담만 약간 경감시켜 일제와 지주가 밀착하고, 농촌과 농민은 '진흥'은커녕 도리어 크게 몰락하게 되자 조선 농민들 사이에서는 광범위한 저항이 일어났다. 1932년의 소작쟁의는 667건으로 1만 282명의 소작농들의 항쟁이 있었다. 1931년 10월에 일어난 함경남도 영흥 농민조합의 일제 면사무소와 경찰 주재소 습격과, 1936년 1월 명천(明川) 농민조합의 농민들이 낫과 몽둥이를 들고 총을 든 일제 경찰대를 습격한 사건은 이 시기 조선 농민의 격렬한 대표적 항일 투쟁이었다.[25] 이 시기 조선 농민의 광범위한 저항은 이러한 격렬한 투쟁 외에도 조선 농촌 전반에 축적되어 조선 농민들은 그 이후 일제의 어떠한 미사여구의 속임수 정책 선전에도 속지 않는 대부분 '침묵으로 해방·광복의 날을 기다리는 사람들'이 되었다.

25 李俊植, 「일제 침략기 永興 지방의 농민 운동」, 『한국사회사학회논문집』 제34집, 1992 참조.

제3장(연속 제24장)

임시정부 한인애국단의 활동

1. 임시정부 특무대 한인애국단(韓人愛國團)의 창립

일제의 1931년 9월 18일 만주 침략과 점령 및 뒤이은 1932년 1월 28일 상해 침략 등 침략 정책의 강화에 대항하여 상해의 대한민국 임시정부는 '한인애국단(韓人愛國團)'을 창립하여 더욱 적극적인 독립운동을 전개하였다.[1]

한인애국단은 1931년 김구(金九)가 대한민국 임시정부의 승인 아래 조

1 ① 趙東杰, 「韓人愛國團의 의거」, 독립운동사편찬위원회 편, 『독립운동사』 제7권(의열투쟁사), 1976.
② 金昌洙, 「韓人愛國團의 성립과 활동」, 『한국독립운동사연구』 제2집, 1988.
③ 李延馥, 「韓人愛國團과 기타 義烈鬪爭」, 『한민족독립운동사』 제4권(독립전쟁), 국사편찬위원회, 1988.
④ 愼鏞廈, 「白凡金九와 韓人愛國團의 독립운동」, 『한국민족운동사연구』(우송조동걸선생 정년기념논총 2), 나남, 1997.
⑤ 이재령, 「1·28 상하이사변과 윤봉길의거의 한중공동항전」, 『軍史』 제98집, 2016.
⑥ 신용하, 「윤봉길 의사의 상해의거와 일제강점기 항일독립운동」, 『매헌윤봉길의사 상하이의거 90주년 기념 국제학술회의』, 2022.
⑦ 손성욱, 「1930년대 중국에서의 윤봉길 이미지 변화 양상」, 『한국독립운동사연구』 제82집, 2023 참조.

직한 임시정부 특무대 의열투쟁 단체였다. 특무대의 의열투쟁은 결사대를 파견하여 적의 군사시설과 무장 호위한 적군 요인을 폭탄과 총기로 기습 특공하는 작전이기 때문에 성공하는 경우에는 작은 희생으로 매우 큰 전과를 낼 수 있는 전술 방략이었다.

한인애국단의 의열투쟁은 1932년 1월 이봉창(李奉昌) 의사의 의열투쟁과 4월 윤봉길(尹奉吉) 의사의 의열투쟁이 크게 성공하여 한국 독립운동을 비약시키고 한국민족의 용감무쌍한 독립운동을 전 세계에 널리 알리었다.

일제는 한인애국단의 의열투쟁 전과에 경악하여 이것을 '테러'로 규정하여 폄하시키려고 애써 왔다.[2] 당시 임시정부 국무령을 지낸 국무위원(재무장)이었으며 한인애국단의 단장이었던 김구는 한인애국단의 활동을 군사공작인가 테러공작인가를 구태여 구별하지 않고 이를 통합한 '한국특무대독립군(韓國特務隊獨立軍)'의 활동으로 생각하였다.[3]

최근 신운용 씨가 일본 외무성 사료관에서 발굴한 일제의 새 자료에서는 한인애국단 윤봉길 의사의 의열투쟁으로 폭사한 상해 점령 일본군 사령관 육군 대장 시라카와 요시노리(白川義則)의 죽음을 '공무사망'이 아니라 '전사'로 규정한다고 밝혔다. 일제의 이 자료에서는 윤봉길 의사의 거사를 만주에서의 "조선독립을 위한 편의대원(便衣隊員, 민간 복장의 무장 독립군—필자)의 공격과 같은 것"이며 따라서 시라카와 대장의 사망은 "공무사망이 아니라 전사"로 인정한다는 것이었다.[4]

당시 일제의 이러한 해석은 필자가 일찍이 주장해 온 바와 같이, 일제 측도 비밀자료에서는 한인애국단의 활동이 '테러'가 아니라, 본질적으로

---

2 김영범, 「의열투쟁과 테러 및 테러리즘의 의미연관 문제」, 『사회와 역사』 제100집, 2013 참조.

3 金九, 『白凡逸志』(백범학술원총서 2), 나남, 2002, pp. 325-346 참조.

4 日本陸軍省, 『滿洲事變, 上海事件, 上海ニ於ケル 天長節式中爆彈兇變事件』(1932. 9.), 문서번호 A1. 1. O. 21-18-8; 『東亞日報』, 2002년 4월 27일 자 참조.

만주 독립군과 같은 활동으로서 한국 독립운동의 특공작전임을 간접적으로 시인한 것이라고 볼 수 있다.

우선 먼저 지적해야 할 것은, '한인애국단'은 상해의 대한민국 임시정부가 국무회의에서 의결하여 설립한 '특무대'라는 사실이다. 임시정부는 독립운동을 고양시키고 만보산 사건(1931. 7.)으로 조성된 중국인 반한감정의 문제 해결과 일본군의 만주 침략(만주사변, 1931. 9. 18.)으로 조성된 위기의 타결 대책으로서 특별기관으로 '특무대'를 설치하여 그 대장에 김구를 임명하고, 모든 활동의 계획·실행·책임을 지도록 결정하였다. 이에 김구는 1931년 11월에 임시정부 특무대의 이름을 '한인애국단'으로 정하여 특무대를 창립한 것이다.

당시 임시정부를 포위하고 정밀한 첩보활동을 하고 있던 일제 정보당국은 이에 대하여 당시 다음과 같이 보고하였다.

> 소화 6년(1931) 9월 만주사변 후 한국 임시정부에서는 누차 국무원회의(國務院會議)를 개최하고 협의한 결과 임시정부의 퇴세를 만회하고 중국 민중의 항일기세가 오른 것을 기회로 (…) 특무대(特務隊)라는 기관을 설하고 불원 북경여행의 예정이었던 내전만철 총재(內田滿鐵總裁)를 암살하기로 결정하고, 김구를 대장으로 임명하고 차의 계획 실행의 일체를 일임함과 공히 임시정부 자금수입의 반액을 특무대에 지급하라고 하고, (…).[5]

한편 당사자인 백범 김구는 『백범일지』에서, 임시정부에서 논의한 결과 한인애국단을 조직하기로 결정하고 그 모든 책임을 김구가 전담하여 결과를 임시정부에 보고하도록 전권을 김구에게 위임했다고 기록하였다.[6]

---

5 「樓田門 및 虹口公園投彈에 대한 供述概要」, 국사편찬위원회 편, 『韓國獨立運動史資料2』(臨政篇2), p. 256.

6 "급기야 상해에서도 이따금 대로상에서 중·한 노동자 간에 충돌이 빚어졌다. 그때

위의 자료에서 '한인애국단'은 대한민국 임시정부의 국무원회의에서 여러 차례의 회의 결과 '특무대'를 조직하기로 결정하여 전권을 국무위원 김구에게 위임하여 1931년 11월에 조직된 임시정부의 '특무대'임을 명백하게 알 수 있다.[7]

임시정부의 한인애국단은 극비의 결사였기 때문에 그 정확한 인원과 단원 이름은 알 수 없다. 일제 정보기관은 한인애국단의 인원을 약 80명으로 추정했으며, 핵심단원으로 10여 명을 든 바 있다. 이를 중심으로 한인애국단원의 명단을 정리해 보면 다음과 같다.[8]

단장: 김구(金九)

단원: 안공근(安恭根)·김동우(金東宇)·김해산(金海山)·엄항섭(嚴恒燮)·김홍일(金弘壹, 일명 王雄)·안경근(安敬根)·손창도(孫昌道)·김의한(金毅漢)·백구파(白九波)·김현구(金鉉九)·손두환(孫斗煥)·주엽(周葉)·양동호(楊東浩)·이덕주(李德柱)·유진식(兪鎭植)·이봉창(李奉昌)·윤봉길(尹奉吉)·유상근(柳相根)·최흥식(崔興植)·이수봉(李秀峰)·이성원(李盛元)·이성발(李

임시정부 국무회의(國務會議)에서 특권을 부여받아 한인애국단을 조직한 나는 첫 번째로 동경사건(東京事件)을 주관했던 것이다. 암살 파괴 등의 공작을 실행하되 자금과 사람의 사용에 전권을 가지고 운용하여 성공 또는 실패의 결과만 보고하면 되었다. 그래서 1월 8일이 임박했으므로 국무위원에 한하여 그동안의 경과를 보고하였다." 金九, 『白凡逸志』, p. 330.

7 '한인애국단' 명칭의 임시정부 '특무대'는 '독립군의 특무대'와 같은 성격의 것이었다. 이 점과 관련해서는 1932년 윤봉길 의거 후, 김구는 중국군관학교 '한인특별반'에서 교육훈련 받은 이 사관생도들을 묶어 '한국특무대독립군(韓國特務隊獨立軍)'을 조직하였다. 이것은 임시정부 특무대로서의 '한인애국단'의 후신의 성격을 가진 것이었는데, 그 명칭이 '한국특무대독립군'으로서 '독립군'의 용어가 이때에는 연결되어 있는 것이다.

8 ① 金九, 『白凡逸志』, pp. 322-346.
② 국사편찬위원회 편, 『韓國獨立運動史 資料2』(臨政篇2), pp. 256-258.
③ 國會圖書館 編, 『韓國民族運動史料』(中國篇), p. 826.
④ 金正柱, 『朝鮮統治史料』 제10권(在外韓人), 韓国史料研究所, 1972.

盛發)·왕종호(王種浩)·이국혁(李國革)·노태영(盧泰榮)·김경호(金競鎬)·김철(金澈)

그러나 한인애국단은 그 단원을 발표한 일이 없고, 가명을 많이 사용했기 때문에, 큰 운동을 일으켜 드러난 경우 이외에는 정확한 단원 구성을 알 길이 없다.

2. 이봉창(李奉昌) 의사의 동경 의거

임시정부 '한인애국단 활동의 최선봉'[9]은 이봉창(李奉昌)이었다. 한인애국단 특공작전 제1호의 계획은 매우 대담한 것으로서, 애국단원 이봉창을 일본의 수도 동경에 파견하여 일본제국의 상징인 '천황(天皇)'을 특공해서 한국민족의 독립운동을 전세계에 알리고 침체된 독립운동을 고양시킨다는 것이었다.[10]

이봉창은 1931년 12월 19일 상해를 출발하여 배편으로 신호(神戶)에

9 金九, 「東京炸案의 眞狀」, 이봉창의사장학회 편, 『이봉창 의사와 한국 독립 운동』, 단국대학교출판부, 2002, p. 181 참조.

10 한인애국단장 김구는 일 년 전에 이봉창(1901-1932)이 거류민단으로 찾아와 독립운동을 자원했으므로, 꾸준히 정기적으로 이봉창을 만나 그를 독립운동가로 지도하였다. 김구는 이봉창의 독립운동을 향한 헌신 결의가 확고부동함을 거듭 확인하고, 이 동경특공작전(東京特攻作戰)을 실행하기로 이봉창과 합의했다. 김구는 목표를 일본 천황으로 확정하고, 무기로서는 수류탄 두 개를 구입하였다. 이 특공작전의 모든 자금은 미국·하와이·멕시코 등지에서 동포들이 임시정부에 보내온 애국헌금으로 충당하였다.

모든 작전계획과 준비가 완료되자 김구는 1931년 12월 13일 이봉창의 순국 선서식과 기념 촬영을 하였다. 그 내용은 널리 아는 바와 같이 "나는 적성(赤誠)으로써 조국의 독립과 자유를 회복하기 위하야 한인애국단의 일원이 되야 적국의 수괴를 도륙(屠戮)하기로 맹세하나이다. 대한민국 13년 12월 13일. 선서인 이봉창. 한인애국단 앞"이라는 것이었다.

도착한 후 즉시 전차를 타고 대판(大阪)으로 갔다. 이봉창은 12월 22일 기차편으로 동경에 도착하여 체류 중에, 12월 28일 『동경조일신문(東京朝日新聞)』의 기사를 통해 1월 8일 관병식이 거행된다는 것을 알았다. 이봉창은 이 관병식을 활용하여 임무를 수행하기로 결심하였다. 이봉창은 상해로 "상품은 1월 8일에 꼭 팔아 버리겠으니 안심하소서"라는 전보를 쳐서 거사 일자를 보고하였다.[11] 또한 김구로부터 약간의 자금을 전신환으로 공급받았다.[12]

이봉창은 1월 8일 관병식장 안으로 입장하는 것은 불가능함을 알고, 일본 왕이 관병식을 마치고 돌아가는 길목을 지키고 있다가 수류탄을 던지는 방법을 택하기로 하였다. 이봉창은 바로 경시청 정문으로 가서 일본 천황을 배관하려고 줄 서 있는 약 1,200명의 일본인들 틈을 비집고 사쿠라다문(櫻田門) 앞에서 오전 11시 44분 일본 왕 일행의 마차가 그의 앞을 통과하자 호주머니에 감추어 두었던 수류탄 한 개를 꺼내어 일본 왕이 탄 것으로 판단되는 두 번째 마차를 향해 힘껏 던졌다. 수류탄은 요란한 소리를 내며 폭발하였다. 그러나 이것은 궁내대신(宮內大臣)의 마차였다. 이 마차가 부서지고 근위기병 두 명이 부상을 입었다. 일본 왕의 마차는 18번째 마차였으므로 이봉창의 수류탄은 명중되지 않은 것이었다.[13] 이봉창은 또 하나의 자살용 수류탄을 꺼내어 다시 투척했으나 이것은 불발탄이었다.[14]

이봉창의 특공작전은 일본 '천황'에게 명중하는 데는 실패했으나, 정치적 효과는 매우 컸다. 우선 한국의 독립운동이 일본제국의 수도에서 일본제국의 상징이며 최고 통수권자인 '천황'을, 경비선을 뚫고 수류탄으로

11 金九, 『屠倭實記』, 1932, p. 42.

12 『昭和特高彈壓史』 第6卷, p. 49 참조.

13 한시준, 「이봉창 의사의 일왕 저격의거」, 이봉창의사장학회 편, 『이봉창 의사와 한국 독립 운동』, 단국대학교출판부, 2002, pp. 75-105 및 『昭和特高彈壓史』 第6卷, pp. 48-51 참조.

14 金九, 『屠倭實記』, p. 42.

이봉창 의사(좌)와 선서문(우) (출처: 독립기념관, 국가문화유산포털)

저격했다는 것 자체가 일본 제국주의자들의 간담을 서늘케 하였다. 김구는 이봉창 의사의 특공에 대해 "불행히 적황(敵皇)을 명중치 못하고 부거(副車)를 오중(誤中) 작상(炸傷)하였으나, 이것만으로도 우리의 정신은 충분히 발휘되고 우리의 계획은 성공하였다고 할 수 있다."[15]라고 평가하였다.

또한 한국민족은 이봉창의 특공작전을 통하여 세계에 독립 의지를 널리 알렸다. 세계가 한국민족의 완강하고 대담한 독립운동을 재인식하게 되었고, 한국 독립운동가가 일본 수도 동경에서 철통같은 경비망을 뚫고 들어가 일본 '천황'을 공격한 데 대하여 놀라워하였다. 이봉창 의거에 의한 대타격에 책임을 지고 일본의 견양(犬養) 내각이 총사직하였다. 이봉창 의거의 성과와 영향을 여기서도 알 수 있다.

특히 중국인들은 한국인 이봉창의 특공작전을 크게 환영하고 그에 고

15 金九, 「東京炸案의 眞狀」, p. 184 및 p. 194.

무되었다. 중국 신문은 일제히, "한국 이봉창 저격 일황 부중(韓國李奉昌狙擊日皇不中, 한국인 이봉창이 일본 천황을 저격했으나 명중하지 않았다)"이라는 제목으로 이를 크게 보도하였다. 특히 청도(青島)의 국민당 기관지 『국민일보(國民日報)』는 "한국 이봉창 저격 일황 불행부중(韓國李奉昌狙擊日皇不幸不中, 한국인 이봉창이 일본 천황을 저격했으나 불행히 명중하지 않았다)"이라는 제목으로 그 명중하지 않았음을 애석해하였다. 청도에 주둔한 일본군과 일본 경찰은 보복으로 국민일보사를 습격하여 파괴하였다. 그 밖에 복주(福州), 장사(長沙) 등 여러 곳의 신문들이 '불행부중(不幸不中)'이라는 문구를 썼다 하여, 일본 측이 중국 정부에 엄중한 항의를 한 결과 불행(不幸)자를 쓴 신문들은 모두 정간당하였다.[16] 이봉창의 특공작전으로 비록 일본 천황을 명중시키지는 못했다고 할지라도, 임시정부의 독립운동은 매우 큰 정치적 성과를 얻은 것이었다.

3. 윤봉길(尹奉吉) 의사의 상해 의거

일본군은 1932년 1월 28일 상해사변을 일으켜 상해를 무력 점령한 후 승리에 취하여 1932년 천장절(天長節, 일본 천황 생일 경축일; 4월 29일)을 일본군의 상해 점령 전승 경축식을 겸해서 외국인 공동조계인 홍구공원(虹口公園)에서 거행하기로 결정하였다. 그리고 장내에 매점을 설치하지 않을 것이므로 일본인 거류민들은 일장기와 함께 각각 도시락과 수통만 휴대하고 참석시키기로 하여,[17] 이를 상해에서 발행되는 일본 신문 지면상에 보도케 하였다.[18]

한인애국단은 상해 홍구공원에서의 일본군의 천장절 겸 전승 경축식

16 金九, 『白凡逸志』, p. 331 참조.

17 金九, 『白凡逸志』, p. 335 참조.

18 日本內務省 保安課, 『上海二於ケル尹奉吉爆彈事件顚末』(1932. 7.), p. 39 참조.

이 특공작전을 감행하여 일제에게 대타격을 가하고 독립운동을 고양시킬 절호의 기회라고 판단하였다.[19] 왜냐하면 이날의 천장절 겸 전승 경축식에는 상해 주둔 일본군 사령부의 사령관 이하 군·정 수뇌들이 이동하여 홍구공원에 모일 것이기 때문이었다. 여기에 특공작전을 감행하여 성공하기만 한다면 중국군이 제19로군 및 제5로군과 의용군 등 30만 명을 투입하여 항전하고서도 이기지 못했던 상해를 점령한 일본 침략군 사령부 전체를 폭파해 버리는 것과 동일한 성과를 낼 수 있는 것이었다.

윤봉길(尹奉吉)이 이 중대한 특공작전의 감행을 자원하였다. 김구는 이 윤봉길 특공작전 안건을 임시정부 국무회의에 상정해 승인을 구하였다. 임시정부 국무회의는 약간의 토론 후에 만장일치로 이를 승인하였다.[20]

윤봉길은 4월 26일 혈서로 '선서문'을 써 한인애국단 단장 김구에게 제출하고, 다음 날 안공근(安恭根)의 집에서 단신 사진 한 장, 가슴에 선서문을 붙이고 왼손에 폭탄, 오른손에 권총을 들고 태극기를 배경으로 한 사진 한 장, 김구와 찍은 사진 한 장 등 모두 세 장의 기념사진을 촬영하였다.[21]

---

19 國會圖書館 編, 『韓國民族運動史料』(中國篇), pp. 717-719 참조.

20 2인의 국무위원은 일본군이 상해를 점령하고 있는 이때에 이러한 작전을 결행한다면 한국인은 상해에 거주할 수 없게 될 것이라고 반대하였다. 이에 대해 김구는 "본건은 한국인의 결행이라는 것을 절대 비밀로 하고 이 절대 비밀을 기하기 위하여 윤봉길에게는 한국인 발각의 우려가 있는 물건은 일체 소지하지 말고 결행과 동시에 자살할 것을 명령하여 놓았으므로 그러한 염려는 없다."라고 설명하여 이의 없이 만장일치로 통과되었다. 「櫻田門 및 虹口公園投彈에 대한 供述概要」, 국사편찬위원회 편, 『韓國獨立運動史 資料2』(臨政篇2), p. 258.

21 4월 28일에는 김구의 지시대로 일본인 상점에 가서 폭탄을 쌀 일본 보자기와 일장기를 구입한 다음, 거사할 현장인 홍구공원을 사전답사하였다. 이날 밤에는 김구를 만나 김구의 요구에 따라, '자서약력(自書略歷, 자필이력서)'과 '유서'를 썼다. '유서'는 유시(遺詩)로서 김구를 기리는 시 1편, 조국 청년들에게 남기는 유시 1편, 두 아들에게 남기는 유시 1편 및 전날 홍구공원을 사전답사한 후 쓴 '신공원(新公園)을 답사(踏査)하며'의 감상시를 써서 함께 김구에게 남겨 두었다.
윤봉길은 이날(4월 28일) 밤 김구와 함께 김해산(金海山)의 집으로 가서 김구가 준

윤봉길은 거사일인 4월 29일 새벽 6시경 김해산의 집으로 가서 김구·김해산과 함께 최후의 조찬을 한 후 김구로부터 폭탄 두 개를 건네받았다. 그중 도시락형 폭탄은 일본 보자기에 싸고, 수통형 폭탄은 수통처럼 어깨에 멘 후 김구와 함께 집을 나서 석별을 한 뒤, 7시 45분에 홍구공원 표문(表門)에 도착하였다. 윤봉길은 사전 답사를 통하여 이른 새벽의 홍구공원 표문은 중국인 수위가 경비한다는 것을 알아내고 이를 경비망의 취약 지점으로 판단하여 일본인으로 가장해서 이 시점에 이 지점을 돌파하고자 한 것이었다.[22] 홍구공원 표문에서 중국인 수위가 입장권 제시를 요구하자 윤봉길은, "나는 일본인이다. 입장권 따위가 무슨 필요가 있는가."라고 일축하고 당당하게 장내로 들어갔다. 윤봉길의 차림은 당시 일본인 사이에 유행하던 스프링코트에 일장기를 들고, 일본군이 규정한 대로 일본 보자기에 싼 도시락과 일본 수통을 메고 있었으

한인애국단 단장 김구와 윤봉길 의사
(출처: 독립기념관)

비해 둔 '도시락 폭탄'과 멜빵이 달린 '수통형 폭탄'을 보고 그 사용 방법을 거듭 배워 익혔다. 이 폭탄은 일제가 경축식 입장객 일본인에게 허용한 일본 도시락과 수통을 구입해 김구가 상해병기창 주임 겸 제19로군 정보국장으로 중국군에 복무하고 있던 왕웅(王雄, 한국 이름 金弘壹)에게 부탁하여 중국인 기술자 왕백수(王伯修)가 특별히 제조한 고성능의 폭탄이었다. 國會圖書館 編, 『韓國民族運動史料』(中國編), pp. 720-723 및 金九, 『白凡逸志』, pp. 335-337 참조.

22 "Some Strange Phase of the Bombing Incident", *The China Weekly Review*, 1932년 5월 7일 자, p. 315 및 國會圖書館 編, 『韓國民族運動史料』(中國編), pp. 713-717 참조.

므로 중국인 수위에게는 갈 데 없는 일본인으로 보여 더 이상 제지하지 못하였다.

윤봉길은 홍구공원 안에서 일반관람석으로 들어갔다. 일반관람석은 식단(式壇)으로부터 무려 20미터 이상 떨어져 수류탄 투척 가능 거리에서 벗어난 곳에 위치했을 뿐 아니라, 식단은 호위병과 기마헌병대로 삼중 경호를 하여 접근이 거의 불가능한 위치였으나 어찌할 수 없었다. 단상에는 상해 주둔 일본군 총사령관 시라카와(白川) 대장과 노무라(野村) 해군 중장을 중앙에 앉히고, 그 좌측에는 제9사단장 우에다(植田) 중장과 상해 총영사 무라이(村井), 그 우측에는 주중국공사 시게미쓰(重光), 상해 거류민단장 가와바다(河端, 행정위원장), 거류민단 서기장 도모노(友野) 등을 앉혀 당시 상해 점령 군·정 수뇌 7명이 열석하였다.[23]

이날의 참석자는 일본 거류민 약 1만 명과 일본군 약 1만 명, 그리고 세계 각국 외교관 및 무관과 언론인들이 초청 참관되어 모두 약 2만 명에 달하였다. 식은 2부로 나누어, 제1부의 관병식은 오전 9시에 시작하여 오전 11시에 종료하고, 제2부의 축하식은 약 30분의 휴게시간 후에 오전 11시 30분부터 시작되었다.

윤봉길은 관병식과 축하식을 관찰하면서 삼중의 엄중한 경계 속에서 두 개의 폭탄을 연속 투척하는 것은 도저히 불가능하다고 판단하고, 수통형 폭탄을 던져 판가름 내기로 결심하였다. 개회사와 축사가 끝나자 비가 내리기 시작하였고, 일본국가 '기미가요'의 합창이 종료에 가까워 참관자들이 한눈을 팔지 않는 순간이 최적의 기회라고 판단해서 이 시각을 선택하였다. 이것은 참으로 '정확한 순간(The exact moment)'[24]의 선택이었다. 이 순간 윤봉길은 도시락형 폭탄을 바닥에 내려놓고, 왼손으로 수통형 폭탄의 안전핀을 뽑은 후 두세 명의 참관자를 밀어제치며 쏜살같이

23 日本內務省 保安課, 『上海ニ於ケル尹奉吉爆彈事件顚末』(1932. 7.), p. 10 참조.

24 "Some Strange Phase of the Bombing Incident", *The China Weekly Review*, 1932년 5월 7일 자, p. 315 및 p. 321 참조.

앞으로 달려나갔다. 그리고 시라카와 대장과 우에다 중장을 표적으로 하여 수통형 폭탄을 멀리 투척하였다.[25] 1932년 4월 29일 오전 11시 50분경(일부 자료 11시 40분경)이었다.[26] 순식간에 정확히 기습 공격했기 때문에 아무도 저지할 틈을 얻지 못하였다.

윤봉길이 투척한 폭탄은 시라카와 대장과 우에다 중장의 바로 앞 단상 중앙에 떨어져 지축을 울리는 굉음을 내면서 폭발하였다. 단상 위 7명의 일본군 군·정 수뇌들은 일시에 쓰러지고 경축식장은 삽시간에 수라장으로 변하였다.[27]

상해 파견 일본군 총사령관 육군 대장 시라카와는 중상을 입고 입원했다가 사망했으며, 중장 우에다는 중상을 입고 오른쪽 발가락도 절단하였다. 제3함대 사령관 해군 중장 노무라는 중상을 입고 오른쪽 눈도 뽑아 내었으며, 주중국공사 시게미쓰는 중상을 입고 오른쪽 다리도 절단하였다. 상해 거류민단장 가와바다는 중상을 입고 즉사했으며, 상해 총영사 무라이와 거류민단 서기장 도모노는 중상을 입었다.[28]

윤봉길의 특공작전은 크게 성공하여 일본 침략군 총사령부의 총사령관 시라카와 요시노리 이하 단상에 앉아 있던 군·정 수뇌 7명을 사실상 모두 사상시켜 섬멸한 것이었다.[29]

---

25 『昭和特高彈壓史』 第6卷, p. 57 참조.

26 "Bomb Hurts Five Japanese Officials at Shanghai", *The New York Herald Tribune*, 1932년 4월 29일 자 참조.

27 "High Japanese Officers Hurt in China Blast", *The Honolulu Star Bulletin*, 1932년 4월 29일 자 참조.

28 『尹奉吉判決書』 및 日本內務省 保安課, 『上海二於ケル尹奉吉爆彈事件顚末』(1932. 7.), pp. 5-8 참조.

29 시라카와 요시노리(白川義則)는 일본 마츠야마번(松山藩) 하급 사무라이의 3남으로 태어나서 1890년 일본육군사관학교를 졸업하고, 1915년 소장이 되어, 1919년 중장으로 진급하면서 일본육군사관학교 교장이 되었다. 육군 차관을 거쳐서, 1923년 관동군 사령관이 되어 조선독립군 '토벌'에 종사하였고, 1925년 대장으로 승진하였다. 1927년 4월에 육군대신이 되어 2년간 복무하고 1929년 은퇴하였다. 1932년 일본군이 상해사변을 도발하여 상해 점령 일본군 내부에서 확전파와 정전

윤봉길이 다시 도시락형 폭탄을 들려고 몸을 구부리는 순간에 일본 경비원과 군중이 그를 덮쳤다. 그는 심하게 구타당하고 일본 헌병대에 체포되었다.[30]

윤봉길의 상해 홍구공원 의거는 전 세계에 크게 보도되어 세계를 경악케 하였다.[31] 처음에는 중국인의 저항으로 알려졌으나, 한국 청년 윤봉길의 항일 독립운동임이 밝혀지자 전 세계는 더욱 놀라게 되었다.[32] 특히 중국인들은 30만 명의 대군을 투입하여 일본군에게 저항하고도 패전하여 상해를 점령당하고 치욕과 울분에 떨고 있었다. 그런데 한국 청년 윤봉길의 의거로 일본 침략군 사령부의 사령관 이하 군·정 수뇌가 일시에 궤멸되자 일제히 환호했으며, 윤봉길을 극구 칭송하고 한국인에게 무한히 감사하였다.[33] '만보산 사건'으로 말미암은 한국인에 대한 중국인의 악감정과 적대감은 하루아침에 씻은 듯이 사라졌을 뿐만 아니라, 도리어 한국인에 대한 감사와 협조로 급반전되었다.

일제는 윤봉길의 상해 의거로 심대한 타격을 입었다.[34] 상해 일본영사

파의 갈등이 격화되자, 일제는 은퇴한 시라카와를 현역으로 복귀시켜 같은 해 2월 상해파견군 사령관에 임명하였다. 시라카와는 상해에서 일본 육군 부설로 '일본군 위안부' 제도를 처음으로 일본군에 설치하였다. 그는 한국민족과 인류에게 용서받을 수 없는 전쟁범죄자였다. 1932년 4월 29일 조선 청년 윤봉길의 특공으로 중상을 입고, 병원에서 "조선청년 1명에 큰 타격을 입었는데 당장 확전하면 다수의 중국인 윤봉길이 출현할 터이니 일본군은 더 준비하여 확전하고 당장은 '정전'이 필요하다"라는 요지의 이유로, 상해정전협정에 서명한 후 같은 해 5월 26일 병원에서 사망하였다. 일제는 윤봉길 의사의 특공으로 사기가 크게 떨어진 일본군의 사기진작을 위하여 특별히 군함 1척을 별도로 보내어 시라카와의 시신을 운구하고, 야스쿠니 신사에 군신(軍神)으로 안치하였다.

30 國會圖書館 編, 『韓國民族運動史料』(中國編), p. 704 참조.

31 "Bomb at Shanghai", *The New York Times*, 1932년 4월 29일 자 참조.

32 "Korean Bomb Outrage at Hongkew Park", *The North China Daily News*, 1932년 4월 30일 자 참조.

33 "Minister Shigemitsu and Consul General Dangerously Hurt When Young Korean Throws Bomb", *The North China Star*, 1932년 4월 30일 자 참조.

34 "Four Japanese Official are Bomb Victims", *The Washington Post*, 1932년 4월 29일

관 경찰이 총출동하여 프랑스 조계의 한국인 독립운동가와 일반 한국인을 닥치는 대로 검거하기 시작하였다. 프랑스 경찰도 사건이 사건인 만큼 이번에는 이를 막지 못하였다.[35] 김구는 의거에 관계 없는 동포들이 체포당하는 것을 염려하여 거사 직후에 "동경 사건과 이번 홍구 폭탄사건의 책임자는 나 김구(金九)"라는 성명서를 즉시 발표하려고 하였으나, 안공근의 반대로 유예하다가, 마침내 엄항섭으로 하여금 이 성명서를 기초케 하고 피치 부인에게 번역을 부탁하여 통신사에 발표하였다.[36]

이에 중국의 모든 신문이 이를 대서특필하여 보도했던바, 그 내용은 ① 일제의 한국 병탄과 중국 침략 규탄, ② 특공작전의 계획과 실행, ③ 윤봉길의 약력, ④ 한인애국단의 소개, ⑤ 김구의 약력 등으로 구성되어 독립운동의 선전문건을 겸한 것이었다.[37] 일제는 김구에게 60만 원의 현상금을 걸고 그의 소재에 대한 정보 수집과 체포에 혈안이 되었다.

4. 한인애국단의 그 밖의 의열투쟁

1) 한인애국단의 일본군 사령부·출운호(出雲號) 폭파 활동

한인애국단의 의열투쟁은 이봉창·윤봉길 의사의 의거 외에도 그 전후에 더 있었다.

일제가 '상해사변'을 일으켜 상해 침략전쟁을 벌이고 있을 때, 임시정부 한인애국단은 왕웅(王雄, 한국 이름 金弘壹)으로부터 상해를 침략한 일본

자 참조.

35 "Bomb Hurt Japanese High Officials in Shanhai Blast", *The Los Angeles Times*, 1932년 4월 29일 자 참조.

36 金九, 『白凡逸志』, p. 343 참조.

37 「虹口公園 炸彈案之硏究資料: 自署韓人愛國團領首金九 述歷次刺日要人案之經過」, 『上海時報』, 1932년 5월 10일 자 참조.

군 사령부가 황포강(黃浦江)의 홍구(虹口) 부둣가에 정박 중인 일본 군함 출운호(出雲號)에 있다는 보고를 받았다. 한국인 김홍일은 왕웅이라는 중국 이름으로 중국군 상해병공창(上海兵工廠)에 장교로 근무하고 있었다. 일본군이 상해를 침략하자 중국은 상해병공창을 남경과 항주로 옮겼기 때문에 왕웅은 전투 중에 제19로군 정보국장을 겸직하고 있었고, 따라서 정확한 극비정보를 입수한 것이었다.

한인애국단은 이에 윤봉길 의사의 상해 의거에 앞서 출운호에 있는 일본군 사령부를 특공작전으로 폭파하기로 결정하였다. 그러나 한인애국단원 중에는 잠수부가 없었다. 또 상해 시내에서는 잠수복도 구할 수 없었다. 김구와 왕웅(김홍일)은 그 대체 방법으로 중국인 '수귀(水鬼, 장비 없이 물속을 반 시간이나 다닐 수 있는 잠수인)' 두 명을 1,000원의 후한 보상금을 주고 고용하였다. 한인애국단의 작전은 왕웅이 만들어 온 50파운드의 특제 고성능 폭탄을 출운호 밑에 매달아 놓은 뒤 강 건너편의 포동(浦東)에서 약속한 시간에 스위치를 눌러 폭파하는 것이었다. 약속한 시간은 1932년 2월 12일 낮 12시 30분이었다.

그러나 폭탄을 가지고 물속에 들어간 중국인 잠수부들이 겁을 먹고 시간을 끄는 바람에 출운호에서 약 10미터 밖에 도착했을 때에는 이미 12시 30분이었다. 애국단 측은 약속대로 스위치를 눌렀다. 폭탄은 출운호의 약 10미터 밖에서 폭발했으며, 잠수부 두 명도 폭사하고 말았다.[38] 중국인 잠수부들의 공포감과 시간 지연으로, 출운호에 있는 일본군 사령부 폭파 특공작전은 실시는 되었으나 실패한 것이었다.

38 金弘壹, 「中·日戰爭과 臨政 三十年間의 獨立鬪爭記 完」, 『思想界』, 1965년 5월호 참조.

2) 한인애국단의 일본군 비행장 격납고와 무기 창고 폭파 계획

한인애국단은 일본군 사령부가 있는 출운호 폭파활동이 실패로 돌아가자, 다음으로 일본군의 강만(江灣)비행장 격납고와 부두의 무기 창고를 폭파할 특공작전을 계획하였다. 그러나 일본군의 비행장에는 일본군 이외에는 외부인의 출입을 엄금하고, 이중 삼중의 감시를 했기 때문에 계획을 수정하여 부두의 일본군 무기 및 군수품 창고의 폭파에 집중하기로 하였다.

한인애국단은 이 계획을 실행하기 위하여 윤봉길을 비롯한 한인애국단 단원들을 선발하여 부두 노동자로 침투시켰다.[39] 그리고 폭탄과 소이탄도 준비하였다. 그러나 이 계획이 실행에 들어가기 직전인 3월 3일, 일본군의 임시 휴전성명으로 상해전쟁이 일시 멈추어 전투정지령이 내려지고 부두 노동자들이 무기고에 접근할 수 있는 기회가 없어졌기 때문에 이 특공작전은 중지되고 말았다. 김구는 『백범일지』에서 이 특공작전에 대하여 기록을 남기었다.[40] 또한, 이 특공작전 계획에 참가한 김홍일(왕웅)도 이 사실을 기록하였다.[41]

---

39 金弘壹, 「中·日戰爭과 臨政 三十年間의 獨立鬪爭記 完」 참조.

40 "다행히 현재 상해에 거주하는 믿을 만한 청년 중에도 1·28에 발생한 상해사변에서 우리 민족에 영광될 만한 사업을 강구하는 이들이 있었다. 왜군 진영에서 우리 한인 노동자를 채용하는 것을 기회로 그중의 몇 명과 결탁하여 虹口 방면에 보내 일본군 밑에서 일하도록 했다. 그들이 일본인 노동자와 함께 軍用倉庫에 무난히 출입할 수 있으므로 알아 보도록 한즉 爆彈倉庫와 飛行機 格納庫에 소이탄을 장치할 수 있다는 것이었다. 그리하여 王雄에게 부탁하여 상해 병기창에 교섭하여 소이탄을 제조키로 하고 날마다 독촉하던 차에 淞扈協定(상해정전협정)이 조인된 것이다." 金九, 『白凡逸志』, p. 333.

41 "出雲號 폭파계획이 틀어지자 다음에는 홍구 안에 있는 일본군의 江灣飛行場과 부두 武器倉庫를 폭파할 계획을 세웠다. 그런데 비행장은 일체의 외인 출입을 엄금하였기 때문에 계획 일부를 파기하고 부두 파괴를 목적으로 그곳에 휴대하고 갈 수 있는 도시락과 수통 모형의 폭탄을 제조하고 애국단 동지인 尹奉吉 의사 외 몇 사람을 부두 노동자로 침투시켰다. 시한폭탄을 만드느라 시간이 걸리고 성능 실험에

비록 실행되지는 못했지만, 한인애국단의 일본군 강만비행장 격납고와 부두의 무기·군수품 창고 폭파 특공 계획은 한인애국단이 독립운동에서 독립군 특공대와 같은 역할과 성격을 지닌 특무대였음을 잘 알려주었다.

3) 이덕주(李德柱)·유진식(兪鎭植) 의사의 조선총독 특공 계획

한인애국단은 윤봉길의 상해 홍구공원의 특공작전을 실행하기 직전에 한인애국단 단원 이덕주(李德柱)와 유진식(兪鎭植)을 국내에 파견하여 특공작전으로 일제 조선총독을 처단하도록 하였다. 이 특공작전은 자료부족으로 아직 연구가 되지 않았는데, 다음의 세 자료에서 그 편린이 보인다.

우선 『백범일지』에서는 "새로 얻은 동지 이덕주(李德柱)·유진식(兪鎭植)을 왜 총독의 암살을 명하여 먼저 본국으로 보내었다."라고 기록되어 있다.[42] 일제 내무성의 『上海二於ケル尹奉吉爆彈事件顚末』에서는 이 사건에 대한 간접적 기록이 있다.[43] 또한 당시 일제의 조사자료에서도 이덕주·유진식 사건에 대하여 간접적으로 언급되고 있다.[44]

도 시일이 지연되어 미처 거사하기도 전에 그만 3월 초의 전투정지령이 내려 무기고에 접근할 수 있는 기회를 잃게 되었다. 白凡 선생 등은 일이 틀어짐을 몹시 안타까워했고, 尹 의사는 불평을 터뜨렸다." 金弘壹, 「中·日戰爭과 臨政 三十年間의 獨立鬪爭記 完」 참조.

42 "이덕주·유진식에게는 왜 총독 암살을 명하여 먼저 본국으로 보냈고, 유상근·최흥식에게는 왜의 관동군 사령관 본장번 등을 암살하도록 명하여 기회가 오면 잔행하려고 하였다." 金九, 『白凡逸志』, pp. 238-239.

43 "4월 24일부터 4월 28일까지의 사이에 김구가 조선에 파견한 유진식이 체포되었다는 지를 고하는 것 외에, 타의 하인을 파견해 있는가에 대해서는 어떠한 것도 들은 바 없다고 한다." 日本內務省 保安課, 『上海二於ケル尹奉吉爆彈事件顚末』(1932. 7.), p. 34.

44 "우 최흥식과 유상근은 황해도에서 체포된 김구 배하의 암살단원 유진만(식) 이덕주의 진술에 의해 판명된 바와 같은 김구의 명에 의해 일본과 만주국의 대관 암살

위의 세 자료를 종합해 보면 한인애국단은 1932년 4월에 조선총독을 특공작전으로 처단하기 위하여 단원 이덕주와 유진식을 국내에 파견한 것이 분명하다. 그러나 이덕주와 유진식은 목적을 달성하지 못하고 황해도에서 일제에게 체포당하여 실패하였다.

4) 최흥식(崔興植)·유상근(柳相根) 의사의 대련(大連) 특공 계획

한인애국단 활동은 또한 일제의 관동군 수뇌집단도 처단하려 하였다. 일제가 1931년 9·18사변을 일으켜 만주를 점령한 후 이듬해 3월 1일 만주를 중국으로부터 떼어 내어 괴뢰 만주국을 세워 직접 지배함에도 불구하고, 중국 정부는 이에 적극 대응하지 못하고 국제연맹에 일본을 제소하여 문제를 해결하는 방법을 택하였다. 이에 국제연맹은 조사단을 파견하여 그 진상을 조사하기로 결의하고 릿튼(Litton) 조사단을 파견하게 되었다. 릿튼의 국제연맹 조사단은 1932년 5월 26일 만주의 요동반도 대련(大連)에 도착하여 조사 활동을 하고 5월 30일 대련을 출발하여 다른 지역으로 이동하기로 되어 있었다. 당시 국제연맹 조사단이 대련에 도착하면 관동군 사령관·관동청 장관·만철 총재가 출영을 나오게 되어 있었으며, 조사단이 떠날 때에도 마찬가지였다.

한인애국단은 국제연맹 조사단이 대련에 도착하여 전 세계의 이목이 집중되어 있는 것을 기회로 포착하여 특공작전을 감행해서 일제 관동군 사령관·관동청 장관·만철 총재 등을 처단함으로써 한국민족의 독립운동을 전 세계에 알리고 고양시켜서 일제에게 큰 타격을 주려고 계획하였다.

한인애국단은 최흥식(崔興植)과 유상근(柳相根)을 대련에 파견하여 만주 현지의 단원 이성원(李盛元)과 이성발(李盛發)의 지원을 받으면서 특

의 목적으로 잠입을 기도한 인물임이 명료하며, (…).” 國會圖書館 編, 『韓國民族運動史料』(中國篇), p. 733.

공작전을 감행하도록 하였다. 거사일은 국제연맹 조사단이 대련에 도착하는 5월 26일로 정하고, 만일 뜻대로 되지 않으면 조사단이 떠나는 5월 30일을 제2의 거사일로 하도록 정하였다.

최흥식은 1932년 5월 1일 사전 준비와 연락망 구축을 위하여 해로로 대련에 도착하였다. 그는 즉시 봉천·하얼빈·장춘 등지를 돌아다니면서 일제 관동군의 국제연맹 조사단 출영의 경비 상황을 조사하고 연락망을 구축하였다. 특공작전의 공격 집행자인 유상근은 5월 4일 대련에 도착하여 이성원·이성발의 도움을 받으면서 폭탄과 권총 등을 반입하고, 1932년 5월 26일 오후 7시 40분 국제연맹 조사단이 대련역에 도착하면 그 즉시 출영 나온 일제 관동군 사령관·관동청 장관·만철 총재를 폭탄으로 섬멸할 만반의 준비를 완료하였다. 권총은 성공 후 유상근의 자살용이었다.

그러나 뜻밖에 최흥식의 전보가 단서가 되어 이 특공작전은 실패로 돌아갔다. 최흥식은 자금이 부족하자 상해의 안공근의 주소에 "곽륜(郭潤, 최흥식의 가명) 앞으로 부족 70 전송하라."라는 전문을 보냈는데, 전문을 수상히 여긴 일제 관동청 첩보기관에서 수취인과 발신인을 조사하다가 최흥식을 체포하였다. 이어서 유상근이 5월 24일 일제에게 체포되어 이 특공작전은 실패로 돌아가 버리고 말았다.[45]

일제는 최흥식[46]·유상근·이성원·이성발 등을 체포하자 마치 한인애국

45 國會圖書館 編, 『韓國民族運動史料』(中國編), pp. 732-733 참조.

46 한인애국단의 특공작전의 목적과 동기에 대하여, 이 작전 실패 후의 최흥식의 진술을 일제는 다음과 같이 기록하였다. "崔興植은 말하되 그들은 이번 실패를 조금도 마음에 두지 않으며 그들의 同志들은 각지에 흐트러져 있어 倭人의 野心 많은 巨頭를 죽여 버리기에 專心하는 고로 앞서 가다가 쓰러지면 또 그 뒤를 잇는 사람이 있으니 절대로 이런 계획의 실행을 단념할 리 없다는 것이다. 또 그들의 공술한 바에 의하면, 그들이 이번에 이 일을 기도한 목적은 조사단의 눈앞에서 동방의 평화를 파괴하는 놈을 엄격히 징계해 보이고 아울러 한국민족이 강국 일본에 반항하는 것은 중국과 동일한 전선을 취하는 것이며, 일본이 기만적으로 세계에 선전하여 세인의 시청을 흐리게 하는 것과는 전혀 다르다는 것을 국제적으로 명료히 하자는 데

단이 국제연맹 조사단을 폭사시키려고 계획한 것처럼 왜곡하여 일본 신문에 보도케 해서 이를 역이용하려고 획책하였다. 한인애국단은 1932년 8월 10일 자로 전 세계를 향해 장문의 '한인애국단의 선언'을 발표하여 일제의 모략 언론공작을 분쇄하였다. 한인애국단은 이 선언에서 최흥식·유상근 등 특공작전은 일제 관동군 사령관 혼조 시게루(本庄繁), 관동청 장관 야마오카 만노스케(山岡萬之助), 남만철도 총재 우치다 고사이(內田康哉)만을 목표물로 한 것이고, 국제연맹 조사단과 그 밖의 모든 사람은 어느 나라 사람이나 친우로 대하며 절대로 해치지 않을 작전이었음을 명백히 선언하였다.[47]

5. 임시정부의 한인애국단 활동의 역사적 의의

한인애국단의 이상과 같은 활동은 큰 역사적 의의를 가진 운동이 되었다. 그 의의는 다음과 같다.

첫째, 한인애국단의 활동은 일제의 '만보산 사건' 조작으로 붕괴된 한국과 중국 양민족의 연대를 다시 회복하여 강화하고, 중국 영토 안에서의 한국민족 독립운동을 다시 가능케 하는 여건을 회복하여 주었다. 중국인들은 9·18사변으로 만주를 일제에게 빼앗기고, 1·28사변으로 상해를 일본군에게 점령당하자 치욕과 울분에 떨다가, 한인애국단원 이봉창의 동경 의거, 윤봉길의 상해 의거, 최흥식·유상근의 대련 특공 작전에 환호하였다. 특히 일본 침략군에 대항하여 중국군 제19로군 및 제5로군과 의용군 등 30만 명을 투입해서 1개월 동안 치열한 항전을 벌이고도 상해를 점령당한 탓에 전체 중국인이 통분하여 발을 구르다가, 한인애국단 윤봉

있다고 한다." 金九, 『屠倭實記』, p. 64.

47 金九, 『屠倭實記』, pp. 65-67 참조.

길의 의거로 상해 점령 일본군의 사령관 이하 군·정 수뇌 7명을 모두 섬멸해 버리자 일제히 환호했으며, 한국인에게 무한히 감사해하였다. '만보산 사건'으로 말미암은 중국인의 한국인에 대한 악감정과 적대행동은 하루아침에 씻은 듯이 사라졌을 뿐만 아니라, 한국민족 독립운동에도 협조적이 되어, 중국 안에서의 독립운동이 다시 가능하도록 여건을 조성하게 되었다.

둘째, 한인애국단의 활동은 일본 제국주의자들과 일본 침략군에게 실질적으로 심대한 타격을 주었다. 특히 이봉창의 의거는 일본제국의 수도 동경에서 한인애국단 단원이 일본제국의 상징 일본 '천황'을 특공함으로써 명중의 여부와는 관계 없이 전 세계를 놀라게 하고, 한국 독립운동을 크게 고양시켰으며, 일본 제국주의자들에게 간담을 서늘케 하였다. 또한 윤봉길의 상해 의거는 중국군 30만 명의 완강한 저항도 물리치고 상해를 점령하여 기고만장한 일본군 사령부 수뇌를 일거에 섬멸해 버린 특공작전이었다. 일제는 전 세계의 주목 속에서 천장절 겸 상해 점령 승전 경축식을 대규모로 거행하여 일본의 위세를 전 세계에 과시하려 했는데, 한인애국단 윤봉길 한 명이 특공작전으로 일본군 사령관 이하 군·정 수뇌 7명을 섬멸해 버렸으니, 일제가 받은 실질적 타격은 실로 이루 말할 수 없이 큰 것이었다.

일제 측은 만일 전쟁을 중국 관내로 확전하는 경우 중국 청년이나 한국 청년들 사이에서 제2, 제3의 윤봉길이 계속 나와 특공작전을 감행할 것을 상정하지 않을 수 없었다. 일본군이 중국 관내로의 확전을 단념하고 1932년 5월 5일 중국 측과 긴급히 정전협정을 체결한 것은 국제적 압력의 영향뿐만 아니라 한인애국단의 상해 파견 일본군 사령관 이하 사령부 이동체 섬멸이 준 타격의 영향이 매우 큰 것이었다.

셋째, 한인애국단의 활동은 대한민국 임시정부의 독립운동을 침체에서 부활시키고 활성화시키는 결정적 전기를 마련해 주었다. 한인애국단의 활동과 커다란 성과에 놀라고 고무된 다수의 국내외 동포와 단체가 임시정부의 중요성과 독립운동의 성과를 재인식하여 임시정부에 재정지원 등 각종 지원을 재개하고 확대하여 임시정부는 다시 활성화되었다. 뿐만 아니라 중국 국민당을 비롯한 중국의 각 단체와 관민의 재정지원과 편의 제공도 본격적으로 시작되어 임시정부는 새로운 부흥의 전기를 맞이하게 되었다. 예컨대 중국 중앙군 사령관 장개석(蔣介石, 장제스)은 "중국군 30만 명이 해내지 못한 일을 한국 청년이 해내었다."라고 윤봉길의 특공작전을 높이 평가하고, '중국중앙군관학교 낙양분교' 안에 한국 독립군 장교 양성을 위한 '한인특별반'을 설치케 해주었다. 여기서 양성된 한국 청년들이 독립군 장교가 되어 그 후 임시정부 광복군 창설의 핵심 세력이 되었다.[48]

넷째, 한인애국단의 활동은 일제의 잔혹하기 비할 데 없는 식민지 통치 아래서 신음하고 있던 한국민족의 독립 정신을 다시 한번 일깨워 주고, 한국민족의 국내외 독립운동을 크게 고무하여 주었다. 한인애국단은 상상하기 어려운 일본 천황 특공, 조선총독 특공, 상해 파견 일본군 사령관 이하 군·정 수뇌 섬멸, 일본 관동군 사령관·관동청 장관·만철 총재 특공 등 대담한 작전들을 연속 실행하였다. 특히 이봉창의 동경 의거와 윤봉길의 상해 홍구공원 의거 성공은 1930년대 강화된 탄압 속에서 신음하는 한국민족에게 큰 격려와 고무를 주었다.

다섯째, 한인애국단의 활동은 일본의 수도 동경, 국제도시 상해 등 일본 측의 동태를 전 세계가 주시하는 시기의 주요 도시에서 감행되어 큰 성과를 낸 것이기 때문에, 전 세계에 한국민족 독립운동을 널리 알리고 선양하는 데 큰 성과를 내었다.

이봉창의 의거는 일본제국의 수도 동경에서 일본제국의 국가신이자 상징으로 추앙되는 일본 '천황'을 특공작전으로 공격한 것이었기 때문에 일제의 간담을 서늘하게 하고 한국 독립운동의 용감성에 전 세계가 놀라

---

48 金九, 『白凡逸志』, pp. 360-363 및 pp. 388-391 참조.

위하였다. 윤봉길의 의거는 국제도시 상해를 무력 점령한 일본군의 동태를 전 세계가 주시하는 가운데, 수많은 외국인과 각국 언론인의 참관 속에서, 일본 침략군 사령관 이하 군·정 수뇌 7명 모두를 섬멸한 것이었기 때문에 전 세계는 큰 충격을 받고 경악하였다. 임시정부는 한국민족 독립운동의 완강함과 용맹함을 전 세계에 인상 깊게 알리는 데 성공하였다. 최흥식·유상근의 특공작전은 국제연맹의 릿튼 조사단이 일제의 만주 침략 문제를 조사하러 대련에 도착함에 맞추어 추진되었기 때문에 발각 후에도 한인애국단의 한국민족 독립운동을 국제연맹 회원국들과 전 세계에 효과적으로 널리 알리는 데 크게 기여하였다. 한인애국단 활동이 한국민족의 독립의지와 독립운동을 전 세계에 널리 알리고 인식시키는 데 이룩한 기여와 성과는 참으로 큰 것이었다.

제4장(연속 제25장)

한국독립군과 조선혁명군의 무장독립운동

1. 1930년대 양대 민족주의 독립군

일제가 1931년 '9·18사변(만주사변)'을 일으켜서 관동군의 무력으로 만주를 침략하여 강점해 나가자, 만주의 한국 독립운동 세력은 이에 무력으로 대항하였다. 당시 만주지역에서 한국 민족주의 독립운동은 두 개의 큰 세력으로 뭉쳐 있었다. 하나는 동·북만주에 근거지를 갖고 있던 '한국독립당(韓國獨立黨)'과 그 당군인 '한국독립군(韓國獨立軍)'이었다. 다른 한 세력은 남만주에 근거지를 갖고 있던 '국민부(國民府)'와 그에 소속된 '조선혁명당(朝鮮革命黨)' 및 그 당군인 '조선혁명군(朝鮮革命軍)'이었다. 이 두 세력의 독립군은 모두 민족주의 독립군이었다. 일찍이 만주 지역의 3부 통합운동이 혁신의회(革新議會)와 국민부의 두 계열로 통합된 후 두 세력은 각각 무장 독립군을 창설하고 강화해 나갔다.

혁신의회는 1년 존속의 한시적 통합 단체였기 때문에 1929년 해체되었다. 이에 혁신의회를 주도했던 김좌진(金佐鎭) 등 신민부(新民府) 군정파는 북만주로 돌아가서 '재만 조선무정부주의자연맹'과 연합하여 1929년 7월 '한족총연합회(韓族總聯合會)'를 창립하였다. 김좌진이 1930년 1월 14일 박상실(朴尙實)이라는 공산주의 청년에게 암살당하는 불상사가 있자, 한족총연합회는 생육사(生育社) 및 동빈현주민회(同賓縣住民會)와 기타 독립운동가들을 연합하여 북만주 지역의 민족주의 독립당으로서 1930년 7월 만주 한국독립당을 창당하였다. 일제가 1931년 9·18 만주 침략을 자행하자, 한국독립당은 서둘러서 1931년 11월 아성현(阿城縣) 대길하(大吉河)에서 당군으로서의 한국독립군을 창설하였다.[1] 창설 직후의 한국독립군의 간부진은 다음과 같았다.[2]

총사령관: 이청천(李青天)
부사령관: 남대관(南大觀)
참모관: 신숙(申肅)
재무 겸 외교관: 안야산(安也山)
의용군 훈련대장: 오광선(吳光鮮)
의용군 중대장: 오광선(겸임)
의용군 소대장: 이춘정(李春正)
암살대 대장: 이출정(李出正)
별동대 대장: 한광빈(韓光彬)
헌병대 대장: 배성운(裵成雲)
통신부장 겸 검사장: 신원균(申元均)
구국군후원회 회장: 권수정(權秀貞)
서기장: 홍운(洪雲)
선전대 겸 결사대장: 심중근(沈重根)
고문 겸 구국회회장: 서일봉(徐日鳳)

---

1 ① 朴桓, 「在滿 韓國獨立黨에 대한 일고찰」, 『한국사연구』 제59집, 1987.
② 張世胤, 「韓國獨立軍의 抗日武裝鬪爭 연구」, 『한국독립운동사연구』 제3집, 1989.
③ 丁原玉, 「韓國獨立軍의 조직과 독립전투」, 『史學研究』 제43·44합집, 1992.
④ 黃敏湖, 「在滿 韓國獨立黨의 성립과정과 활동에 관한 연구」, 『崇實史學』 제12집, 1998.
⑤ 韓相禱, 「在滿韓國獨立黨과 韓國獨立軍의 中國關內地域 移動」, 『史學研究』 제55·56합집, 1998.
⑥ 愼鏞廈, 「韓國獨立軍과 朝鮮革命軍의 무장독립운동」, 『한국학보』 제29권 제3호, 2003.
⑦ 장세윤, 『중국동북지역 민족운동과 한국현대사』, 명지사, 2005.
⑧ 독립기념관 한국독립운동사연구소 편, 『한국 독립운동과 대전자령 전투』, 역사공간, 2013.
⑨ 장세윤, 『중국 동북지역 독립운동사』, 선인, 2021 참조.

2 『在支滿本邦警察統計及管內狀況報告雜纂』(1931. 9. 4.); 朴桓, 『滿洲韓人民族運動史研究』, 일조각, 1991, p. 243.

한국독립당은 1931년 11월 1일 길림성 오상현 대석하자(大石河子)에서 중앙위원회를 개최하고 만주 36개 군구(軍區) 한민족에게 총동원령을 내려서 한국독립군에 입대할 한국 청년의 징집을 추진하였다. 한국독립당은 12명의 징집책임위원을 임명해서 만주 각지에 파견하였다. 한국독립군은 새로 징집한 장정의 독립군 편성 방법으로 33제를 채택하였다. 즉, 병사 30명이 1개 소대, 3개 소대가 1개 중대, 3개 중대가 1개 대대, 3개 대대가 1개 연대, 3개 연대가 1개 사단을 편성하도록 하였다.[3]

한국독립군의 창설은 일제의 만주 침략 직후였기 때문에 중국 의용군과의 연대를 위해 '구국군후원회(救國軍後援會)'와 같은 기구를 사령관 휘하에 설치하였다. 또한 한국독립군은 새로 편성한 군대였기 때문에 무기와 군량이 부족하여 중국 측 항일군과의 연합작전을 적극 추구하고 교섭하였다.

한편, 남만주에서는 조선혁명당의 조선혁명군이 일제의 만주 침략에 대항하여 항일무장투쟁을 강화하기 시작하였다. 만주 지역 유일독립당 운동이 혁신의회와 국민부의 두 계통으로 귀착되자, 1929년 4월 성립된 국민부는 '자치' 행정을 담당하고, 민족독립의 '혁명' 사업은 종래의 '민족유일당조직동맹'을 확대 발전시켜 같은 해 12월 조선혁명당을 창당한 뒤 이를 담당하도록 하였다. 조선혁명당은 창당 때 종래의 국민부 혁명군을 1929년 12월 20일 조선혁명당의 당군으로서 '조선혁명군'이라 이름하여 재정비하였다. 1930년 8월의 조선혁명군의 간부진은 다음과 같았다.[4]

---

3 趙擎韓, 『白岡回顧錄』, 한국종교협의회, 1985, p. 96 참조.

4 독립운동사편찬위원회 편, 『독립운동사』 제5권(독립군전투사 상), 1973, pp. 593-594 및 張世胤, 「朝鮮革命軍 연구」, 『한국독립운동사연구』 제4집, 1990.

총사령: 이진탁(李辰卓)
부사령: 양세봉(梁世奉)
참모장: 이웅(李 雄)
제1중대장: 김보안(金輔安)
제2중대장: 양세봉(겸임)
제3중대장: 이윤환(李允煥)
제4중대장: 김문거(金文擧)
제5중대장: 이종락(李鍾洛)
흑길(黑吉)별동대장: 문학빈(文學彬)

조선혁명군은 1930년 10월 총사령을 이진탁에서 현익철(玄益哲)로 교체하여 민족주의 독립군으로서의 체제를 더욱 강화하던 도중 1931년 일제의 9·18 만주 침략에 당면하게 되었다.

2. 한국독립당과 조선혁명당의 연합회의

일제의 '9·18 만주 침략'에 당면하여 만주 지역 한국민족 독립운동 세력으로서 동·북만주에 근거지를 만들고 있던 민족주의 정당인 한국독립당 및 그 당군인 한국독립군과 남만주에 근거지를 만들고 있던 민족주의 정당인 조선혁명당(국민부) 및 그 당군인 조선혁명군은 연합하여 항일무장투쟁을 전개하려고 '연합전선'을 추구하였다. 일제의 만주 침략과 강점은 동시에 만주의 한국민족 독립운동도 강압 절멸시키려 하는 것이었으므로, 당연히 한국민족도 군사력을 조직하여 항일무장투쟁으로 일본군 침략에 대항해야 한다고 판단한 것이었다.

이에 한국독립당과 조선혁명당(국민부)의 간부들은 긴밀한 연락 끝에 일제가 만주 침략을 자행한 1개월 후인 1931년 10월 18일 석도하자(石道河子)란 곳에서 한족연합회의 남대관(南大觀), 권수정(權秀貞), 국민부 급진파(조선혁명당) 이동선(李東善), 한족농무연합회, 조선혁명당 대표 등 30여 명이 비밀리에 집합하여 연합회의를 개최하였다. 이 회의에서는 다음과 같은 사항이 결정되었다.

1. 한족연합회·국민부·한족농무연합회(韓族農務聯合會)·조선혁명당 등이 연합하여 '재만한교총연합회(在滿韓僑總聯合會)'를 조직하고, 동회 안에 '연합선전부(聯合宣傳部)' 및 '연합총군부(聯合總軍部)'를 설치할 것.
1. '연합선전부'는 재만 조선인 민족파의 대동단결에 의한 대내 선전을 위해 활동하고, '연합총군부'는 동 4개 단체의 군사파를 연합하여, 이를 기초로 동청연선(東清沿線)을 중심으로 군대(독립군)를 양성한 뒤, 중국 군대와 공동전선을 펴서 일본군에게 적대행동을 취할 것.
1. '연합총군부'는 전 길림변방부사령(吉林邊防副司令) 왕(王) 군법과장 배하의 육군 장교의 지휘를 받을 것.
1. 무장 및 피복은 앞의 중국 육군으로부터 지급받을 것.[5]

일제 자료에 의하면, 재만 한국 민족주의자들은 이 결정에 의거하여 석도하자를 근거지로 해서 한국독립군과 조선혁명군을 포함한 '연합총군부'의 군사 모집을 위해 요하(饒河)·호림(虎林)·밀산·동빈·동녕·영안의 각지에서 모집활동을 전개하였다.[6] 그러나 이 연합활동은 일본군이 길림(吉林)을 점령하여 연락을 차단했기 때문에 동만주 지역과 남만주 지역을 긴밀하게 연합하기가 어려워 중단되었다.

한국독립당과 조선혁명당은 이에 단념하지 않고 1932년 1월에도 국민부(조선혁명당)·대독립당(한국독립당)·귀일당(대종교 단체)의 연합회의를 개최하고 민족주의 독립운동 세력의 연합·대동단결에 의한 항일투쟁의 강화를 모색하였다.[7] 그러나 이 역시 일본군의 만주 강점 완료로 연락이 어려워 그 이상 진전되지 않은 것 같다.[8]

5 독립운동사편찬위원회 편, 『독립운동사자료집』 제10권(독립군전투사자료집), 1976, pp. 610-611.

6 독립운동사편찬위원회 편, 『독립운동사자료집』 제10권(독립군전투사자료집), p. 611 참조.

7 『朝鮮日報』, 1932년 1월 19일 자 참조.

8 黃敏湖, 『在滿韓人社會와 民族運動』, 國學資料院, 1998, p. 130 참조.

그 대신 동·북만주 지역에서는 한국독립당 및 한국독립군이, 남만주 지역에서는 국민부·조선혁명당 및 조선혁명군이 두 지역을 각각 분담한 상태로 중국군과 연합작전을 모색하며 치열한 항일무장투쟁을 전개하게 되었다.

3. 한국독립군의 항일무장투쟁

1) 한국독립군의 한·중 연합작전

(1) 한국독립군 유격독립여단의 서란현(舒蘭縣) 전투와 액목현(額穆縣) 전투

일제가 만주 침략을 자행한 1931년 9월 18일 당시 동북변방군 사령관 장학량(張學良)의 군대는 일제 관동군보다 수적으로 우세하였다. 그러나 장학량은 중국 국민당 정부의 전쟁 회피와 소극적 대책에 동의하여 처음에는 '무저항' 정책을 채택하였다. 일제 관동군은 쉽사리 만주 주요 도시들을 점령한 후, 만주인·중국인들을 회유하여 성별·지방별 괴뢰 자치정부와 행정위원회를 설치해 나가다가, 1932년 3월 1일에는 마침내 괴뢰 '만주국'을 수립하고 성별 '만주군'까지 편성하여 일본군에 협력하게 하였다.

이러한 상태에서 일제의 만주 침략과 괴뢰 '만주국' 수립에 반대하여 만주의 각 민족들과 세력들이 자발적으로 '반만항일' 부대들을 편성해서 일본군과 괴뢰 '만주군'에 대항하는 활동이 광범위하게 일어났다. 9·18사변 이후 '반만항일' 부대 병력의 총수는 1932년에는 무려 32만 명에 달했는데, 거듭된 일본군 및 만주군경의 '토벌'로 전향·해산·귀가해서 1934년에는 4만여 명으로 격감했고, 1937년에는 9,500명, 1939년에는 3,000여 명으로 줄었다가, 1941년 초를 고비로 거의 자취를 감추고 말았다.[9] 이 '반만항일' 부대의 중국군 부대들은 구 동북군으로서 지역과 지휘관에 따라 '의용군', '구국군', '자위군' 등 여러 가지 명칭을 사용하였다.

한국독립군 사령관 이청천
(출처: 공훈전사자료관)

한국독립당은 동·북만주 일대에서 일본 침략군에 대항하기 위해 각 현에서 장정을 모집했는데 약 1,600명(6개 대대 편성분)의 한국 교민 장정이 응모하였다.[10] 그러나 무기·탄약·식량이 절대적으로 부족했으므로 중국 반만항일부대에 도움을 요청하지 않을 수 없었으며, 불가피하게 그들과의 연합·합작이 절실히 요청되었다.

한국독립당의 한국독립군 중에서 제일 먼저 일본군과 전투를 벌인 부대는 조경한(趙擎韓)·권오진(權五鎭) 등이 오상현(五常縣)과 서란현(舒蘭縣) 일대에서 모집하여 편성한 약 270명의 '한국독립군 유격독립여단'이었다. 조경한·권오진 등은 약 270명(1개 대대)의 병력을 인솔하여 한국독립군 본부가 있는 방정현(方正縣)으로 이동하는 도중에 길림자위군에 속한 약 2,000명 규모의 사복성(謝復成) 부대를 만나 연합하기로 합의하였다. 이에 조경한 부대는 '한국독립군 유격독립여단'이라는 명칭을 붙이고 길림자위군으로부터 소총 70정, 장총 200정, 탄환 5,000발, 수류탄 1,200개의 무기를 지원받아 무장을 강화하였다.[11]

한국독립군 유격독립여단은 사복성 부대와 연합하여 1932년 1월 29일

9 滿洲國史編纂委員會, 『滿洲國史各論』, 1971, pp. 301-302; 張世胤, 「韓國獨立軍의 抗日武裝鬪爭 硏究」, 『한국독립운동사연구』 제3집, 1989 참조.

10 趙擎韓, 『白岡回顧錄』, p. 97 참조.

11 趙擎韓, 『白岡回顧錄』, pp. 105-106 참조.

밤 서란현 현성을 포위 공격하였다. 사복성 부대는 현성의 동·서·남 방면을 공격하고, 한국독립군 유격독립여단은 일본군이 퇴각하는 경우 지형상 부득이 택할 수밖에 없는 이통현(伊通縣)으로 빠지는 퇴각로에 매복하여 일본군을 기습공격하기로 하였다. 약 2시간 30분간의 전투 끝에 성안에 주둔하고 있던 일본군 1개 분대와 길림만주군 1개 중대가 압도적 다수인 사복성 부대의 공격에 견디지 못하고 이통현 방면으로 퇴각하기 시작한 것을 한국독립군이 매복했다가 기습하여 섬멸해 버렸다. 이 전투에서 한·중 연합부대는 적 150여 명을 살상하고, 소총 121정, 탄환 8,000여 발, 박격포 2문, 포탄 22상자, 기관총 2정, 피복 100여 벌, 군마 5필, 화폐 200만 대양 등을 노획하는 전과를 올리었다.[12]

이 한·중 연합부대는 이틀 후 서란현성에서 액목현(額穆縣)으로 이동 행진하다가 장광재령(張廣才嶺) 부근에서 일본군 및 길림만주군 2개 대대와 조우하여 치열한 전투를 벌였다. 유리한 지점을 선점한 한·중 연합부대는 이 전투에서도 승리하여, 전의가 없는 길림만주군 500명이 투항했고, 200여 명을 살상했으며, 나머지 100여 명의 일본군과 만주군을 도주하게 했다.[13] 이 한·중 연합부대는 1932년 2월 초순 액목현성을 공격하여 별 저항 없이 이를 점령하였다.

이 부대는 약 1개월간 액목현성에 주둔한 후 1932년 3월 말경 중동철도 연변 지역을 따라 북상하다가 흑룡강성 오상현 납봉산(拉鳳山) 부근에서 약 1개 사단 규모의 일본군·만주군 연합부대와 전투에 들어가게 되었다. 약 1시간의 격전 끝에 이번에는 한·중 연합부대가 패전하였다.[14] 납봉산 전투에서 큰 손실을 입은 길림자위군 사복성 부대는 사기가 극도로 저하되어 동만주 지방으로 이동하게 되었다. 이에 행군 방향이 다른 한국독립군 유격독립여단은 사복성 부대와 결별하고 한국독립군 총사령부가

12 趙擎韓, 『白岡回顧錄』, pp. 106-107 참조.

13 趙擎韓, 『白岡回顧錄』, p. 107 참조.

14 趙擎韓, 『白岡回顧錄』, pp. 108-109 참조.

있는 북쪽 방정현 방면으로 이동하였다.

(2) 쌍성보(雙城堡) 전투

한편, 이청천이 지휘하는 한국독립군 총사령부 병력과 각지에서 초모한 독립군 병력은 형식상 중군 측과 연합하기로 했으나 실제로는 '연합'의 구체적 실천이 잘 안되어 무기와 식량의 부족으로 9·18사변 직후 처음에는 전투다운 전투를 하지 못하였다. 그러다가 한국독립군 측이 조경한·안종병·이규보 등을 영발둔(永發屯)에 주둔하고 있던 대규모의 길림자위군 고봉림(考鳳林) 부대에 보내어, '연합'·'합작'이 이루어져서 무기와 식량을 잘 공급받게 됨으로써 전투력이 강화되었다.

한국독립군과 길림자위군의 연합부대는 1932년 9월 20일(음력 8월 15일) 밤 8시경에 장춘과 하얼빈 중간에 위치한 요충지인 '쌍성보'를 공략하기로 결정하였다. 길림자위군 제1군이 동문, 제2군이 남문, 한국독립군과 고봉림 부대는 서문을 담당해서 공격하기로 하였다. 그리고 쌍성보의 퇴로에는 이 지역의 항일유격대인 홍창대(紅蒼隊)와 흑창대(黑槍隊) 등을 매복시켜 기습공격하도록 하였다. 당시 쌍성보는 약 3,000명의 괴뢰만주군 2개 부대와 소수의 일본군이 수비중이었다. 괴뢰만주군과 일본군은 약 2시간 동안 저항하다가 견디지 못하고 북문 밖으로 탈출하여 퇴각하였다. 그러나 매복해 기다리던 홍창대와 흑창대의 기습공격에 대패하였다.[15] 쌍성보는 마침내 한·중 연합군에게 함락되었고, 한국독립군은 서문 돌파의 주역으로 크게 활약하였다. 한·중 연합군은 제1차 쌍성보 전투에서 적 1,000여 명을 살상했으며, 한국독립군은 수개월간 사용할 수 있는 무기·탄약·피복·식량 등 군수물자를 노획하였다.[16]

15 一青, 「九一八後韓國獨立軍在東北殺敵將史」, 『光復』 제2권 제1기, 1942, p. 545 참조.
16 趙擎韓, 『白岡回顧錄』, p. 114 참조.

당시 한·중 연합군은 총수가 수만 명이어서 부대들을 성 내외에 분산 주둔시켰다. 한국독립군은 쌍성보에서 약 20킬로미터 떨어진 우가둔(牛家屯)에 분산 주둔하였다. 얼마 후 일·만 연합군 부대가 쌍성보 탈환을 위해 반격해 와서 성내 중국 수비군의 내분과 반란에 편승하여 다시 쌍성보를 점령해 버렸다.

이에 한·중 연합군은 '제2차 쌍성보 전투'를 전개하게 되었다. 한국독립군은 먼저 장춘에서 쌍성보에 이르는 철로변에 매복하여 일본군 증원부대를 싣고 오는 열차를 기습 폭파하는 역할을 맡았고, 증원부대를 태운 열차가 오는 것을 적시에 기습 폭파하여 적의 후원을 차단하였다.[17] 이어서 1932년 11월 17일 오후 6시 한국독립군과 고봉림 부대는 쌍성보를 공격하여 일본군 1개 중대를 전멸시키고 일·만 연합군을 성 밖으로 패주시켰다.[18]

그러나 일본군과 만주군은 항공기까지 동원하여 대포 등 증강된 우세한 화력으로 대반격을 가해 왔다. 11월 21일 저녁부터 22일 새벽까지 혈전이 전개되었다. 먼저 고봉림 부대가 일·만 연합군에게 돌파당하여 큰 피해를 입고 퇴각하게 되었다. 한국독립군은 이 전투에서 주력부대로 맹활약했으나, 고봉림 부대의 패전에 따라 오상현 충하진(冲河鎭)으로 후퇴하게 되었다. '제2차 쌍성보 전투'는 결국 한·중 연합군의 패전으로 귀결된 것이었다.[19]

충하진에서 회의를 연 고봉림 부대는 '제2차 쌍성보 전투'의 패전 결과 인명 피해가 매우 크고 사기가 극도로 저하되었으며, 무기와 군수물자가 부족하여 겨울을 넘길 수 없다는 이유로 일·만 연합군에게 교섭 투항할 방침을 정하였다. 입장이 전혀 다른 한국독립군이 극력 만류했으나,

---

17 趙擎韓, 『白岡回顧錄』, p. 116 참조.

18 趙擎韓, 『白岡回顧錄』, p. 110 및 一青, 「九一八後韓國獨立軍在東北殺敵將史」, p. 54 참조.

19 趙擎韓, 『白岡回顧錄』, p. 117 참조.

고봉림 부대는 투항 방침을 고수하였다.

이에 한국독립군은 고봉림 부대와 결별한 후, 이청천·조경한·신숙 등이 부대를 이끌고 오상현 사자하(沙子河) 지방으로 이동하였다.[20]

(3) 경박호(鏡泊湖) 전투

한국독립군은 한국인 동포들이 많이 거주하고 있는 사자하에서 한국독립당 제15지당부와 한국독립군 제12군구를 설치할 만큼 병력과 보급을 보충하여 전력을 정비한 후, 이번에는 한국인들이 다수 거주하는 동만주와 중·소 국경 지대로 이동하여 중국 구국군(救國軍)과 '연합'을 추진키로 하였다. 한국독립군은 1933년 1월 13일 마침내 길림구국군 시세영(柴世榮) 부대와 연합하기로 합의하고, 연합부대의 명칭을 잠정적으로 '중한연합토군(中韓聯合討軍)'으로 정하였다.

한·중 연합군(중한연합토군)은 1933년 2월 28일 동진하다가 경박호(鏡泊湖) 동쪽에 이르렀을 때, 일본군 1개 대대가 동경성을 출발하여 경박호 쪽으로 진격해 온다는 정보를 입수하였다. 한·중 연합군은 일본군의 행군로라고 예상되는 호수 주변 계곡의 양쪽 산기슭에 매복했다가 기습공격을 가하여 일본군을 대파하였다. 이 전투에서 한·중 연합군은 일본군 1개 대대를 거의 섬멸하고, 소총 및 경기관총 70정, 실탄 6,000여 발, 기타 군수물품을 노획하는 대전과를 올리었다.[21]

(4) 사도하자(四道河子) 전투

한·중 연합군이 1933년 3월 '사도하자'에 주둔하고 있을 때, 동만주 일

20 申肅, 『나의 一生』, 日新社, 1963, p. 113 참조.

21 趙擎韓, 『白岡回顧錄』, p. 120 및 一靑, 「九一八後韓國獨立軍殺敵將史」, p. 55 참조.

대의 대종교 신도 신굴(申砣)·안태진(安泰振) 등 500여 명이 교주 김중건(金中建)의 유명에 따라서 한국독립군에 응모 편입했고 동포 청년들도 다수 입대하여 한국독립군의 군세가 크게 증강되었다.[22] 이 사실을 알게 된 일·만 연합군이 한·중 연합군을 '토벌' 공격하러 온다는 정보가 입수되었다. 이에 한·중 연합군은 병력을 4개 로로 나누어 미리 포위망을 쳐놓고 일·만 연합군의 도착을 기다렸다. 일·만 연합군은 1개 사단의 대병력으로 1933년 4월 15일 사도하자에 침입해 들어왔다가 한·중 연합군이 미리 설치해 둔 포위망 안에 빠져 기습공격을 당해서 거의 과반수의 병력 손실을 입고 참패하여 금창구(金廠口) 방면으로 도주하였다.[23] 한·중 연합군은 승세를 타고 유격대를 편성 분파하여 20여 차례의 전투 끝에 이 일대에 도주 분산 주둔한 일·만 연합군을 소탕했고, 그 때문에 일시 사도하자 부근에는 일·만 연합군이 주둔하지 못하였다.[24]

(5) 동경성(東京城) 전투

한국독립군은 '사도하자 전투' 직후인 1933년 5월 29일 부사령 황학수(黃學秀)로 하여금 편의대(便衣隊, 일반민간 복장의 유격대) 1대를 인솔하여 북만주 각 군구를 돌면서 장정을 징모하여 전투지역(동경성 부근)으로 모이도록 하였다. 이어서 한·중 연합군은 영안현성(永安縣城)을 점령하기 위한 전단계 작전으로 동경성(東京城)을 점령하기로 결정하였다. 동경성은 발해의 옛 수도로서 영안현 서남쪽에 위치한 일·만 연합군의 식량보급기지였기 때문이었다.

한·중 연합군은 병력을 3개 대로 나누고 1대는 퇴로에 매복시켜 놓고 1933년 6월 7일 동경성을 공격하였다. 서문 공격을 맡은 한국독립군은

22 一靑, 「九一八後韓國獨立軍在東北殺敵將史」, p. 55 참조.
23 一靑, 「九一八後韓國獨立軍在東北殺敵將史」, p. 55 참조.
24 一靑, 「九一八後韓國獨立軍在東北殺敵將史」, p. 55 참조.

맨 먼저 성문을 격파하고 성내로 진입하였다. 일본군은 전세가 불리하자 북문으로 도주하다가 매복에 걸려 거의 섬멸당했고 만주군은 대부분 항복하였다.[25]

한·중 연합군은 한편으로 주민을 위로하고, 한편으로 전리품을 노획하였다. 전리품은 사도하자 전투 때보다 더 많았는데, 특히 식량이 많아서 한·중 연합군의 활동에 큰 도움이 되었다. 한·중 연합군은 영안현성을 점령하지 못한 상태에서는 동경성 수비가 어려웠기 때문에 전리품을 거두어 왕청현·동녕현 사이의 밀림지대로 이동하였다.[26]

(6) 대전자령(大甸子嶺) 전투

일본군의 9·18 만주 침략·강점 때 한국 나남에 본부를 둔 일본군의 조선군 제19사단이 1개 여단의 병력을 '간도파견군'으로 만주에 보내어 일본군 작전을 지원했었는데, 이들이 연길현으로 철수했다가 회령으로 돌아가리라는 정보가 한·중 연합군에게 입수되었다. 한·중 연합군은 이 일본군 '간도파견군'을 섬멸하기로 작전계획을 세웠다. 이 부대는 일본군만으로 구성되어 만주군은 없었기 때문에 한·중 연합군의 공격 목표가 더욱 뚜렷하게 합치하였다.

한·중 연합군은 한국독립군 500여 명, 구국군 2,000여 명을 일본군이 지나가리라고 예측되는 왕천현 나자구(羅子溝) 대전자령(일명 太平嶺)의 긴 협곡 산등성이에 매복시키고 일본군을 기다렸다.

당시 일본군의 조선군 간도파견군은 주력 제75연대 소속 보병부대 500명, 산포대(山砲隊) 본부 및 산포 2개 중대(포 4문), 함흥부대 소속 보병 3개 중대, 기관총대 1개 중대, 야포 2개 중대(포 4문), 기병 1개 소대, 수송

25 趙擎韓, 『白岡回顧錄』, p. 122 및 「九一八後韓國獨立軍殺敵將史」, p. 55 참조.

26 一青, 「九一八後韓國獨立軍殺敵將史」, pp. 55-56 참조.

대 등 약 1,600명의 병력으로 구성된 혼성여단이었다. 그들은 화물자동차 100대, 우마차 500여 대에 병력·무기·보급품을 싣고, 한·중 연합군이 이미 '토벌'된 대전자령 지역에 다시 들어와 매복하고 있는 줄은 꿈에도 상상하지 못한 채, 협곡 안으로 천천히 진입하였다. 일본군 간도파견군이 협곡 안으로 다 들어오자마자 끈질기게 기다리던 한·중 연합군은 총공격을 개시하였다. 한·중 연합군은 조준사격을 하는 데 비해 일본군 간도파견군은 맹목적 난사만을 했고, 4-5시간을 저항하던 일본군 간도파견군은 결국 치명적 손실을 입고 참패하여 보급차량들을 버린 채 도주하였다.[27]

한·중 연합군은 이 '대전자령 전투'에서 수많은 일본군 전사·전상자를 발생시키고 이외에 소총 1,500정, 대포 3문, 산포·박격포 등 10여 문, 군복 3,000여 벌, 담요 3,000여 장, 군량·문서·기타 군용품 200여 마차분을 노획하는 대전과를 올리었다.[28]

대전자령 전투는 한국독립군 단독 전투가 아니라 한·중 연합군의 전투였지만, '청산리 독립전쟁', '봉오동 전투'에 버금가는 한국독립군의 대승전이었다.[29] 이 전투 후에 나자구 일대는 한동안 한·중 연합군의 유력한 근거지가 되었다.

(7) 동녕현성(東寧縣城) 전투

한국독립군은 '대전자령 전투'에서 대승한 후 약 2개월간 대전자에 주둔하며 노획품을 분배받아 무장을 강화하고 훈련과 전력을 더욱 증강시켰다. 이때 백두산 부근의 안도현 일대에서 활동하고 있던 길림구국군 대

---

27 趙擎韓, 『白岡回顧錄』, pp. 130-131 및 一靑, 「九一八後韓國獨立軍殺敵將史」, p. 56 참조.

28 趙擎韓, 『白岡回顧錄』, p. 131 참조.

29 이준식, 「항일운동사에서의 대전자령 전투의 위상과 의의」 및 황민호, 「한국독립군의 성립과 항일무장투쟁」; 독립기념관 한국독립운동사연구소 편, 『한국 독립운동과 대전자령 전투』, pp. 13-82 참조.

리총사령 오의성(吳義成)은 대전자령 전투에서 한·중 연합군이 대승하여 보급이 풍족하게 되었다는 소식을 듣고 부대를 이끌고 대전자령 부근으로 이동해 왔다. 이에 시세영 부대는 상관인 오의성 부대에 통합되고, 한국독립군도 오의성 부대와 '연합·합작'하게 되었다.

당시 일본군과 만주군의 공세가 강화되어 길림구국군의 병력이 급속히 감소했으므로 오의성은 각계 항일부대들을 가리지 않고 휘하에 영입했다. 그렇기 때문에 오의성 부대에는 중국공산당의 주보중(周保中) 등 중국 공산주의자들이 들어와서 요직을 맡고 있었고, 한국인 공산주의자들로 구성된 이광(李光)의 별동대(別動隊)도 편성되어 활동하고 있었다. 이들은 이청천이 지휘하는 민족주의 독립군인 한국독립군을 탐탁지 않게 여겼으므로 오의성 부대와의 합작 후에는 자연히 갈등이 일어나게 되었다. 특히 주보중이 길림구국군의 총참모장이 된 이후에는 공산주의 계통 군인들은 오의성의 명령을 듣지 않고 주보중의 명령을 들었다.

이러한 상태에서 한국독립군과 오의성의 길림구국군은 보급물자를 확보하기 위해 1933년 9월 6일 밤 9시경 동녕현성(東寧縣城)을 공격하게 되었다. 한국독립군은 사충항(史忠恒) 부대와 함께 가장 어려운 서문 공격을 담당하였다. 한·중 연합군은 세 방면에서 공격하여 동녕현성을 거의 점령하고 새벽까지 전투를 하며 군수물자를 노획해서 실어 날랐으나, 일·만 연합군도 격렬하게 저항했으므로 한·중 연합군은 새벽까지 동녕현성 한 모퉁이는 완전 점령하지 못한 채 철수하였다.

이 전투에서 군수물자는 많이 노획했으나 일·만 연합군의 추격으로 한·중 연합군의 인명 피해는 상당히 컸다. 구국군의 사충항도 부상당했고, 한국독립군의 이청천도 부상당했으며, 군의관 강진해(姜振海)와 수십 명의 병사가 전사하였다.[30]

30 趙擎韓, 『白岡回顧錄』, p. 212 참조.

2) 한국독립군의 해산과 간부의 관내(關內) 이동

'동녕현성 전투' 후에 1933년 9-10월 초순경 길림구국군 대리총사령 시세영은 한국독립군은 독립하지 말고 구국군에 합류하고, 독립군 무장의 반수 이상을 구국군에 넘기라는 등 무리한 요구를 해왔다. 한국독립군은 물론 이를 거절하였다. 이것이 결정적 분열의 발단이었다.

총참모장 주보중은 한국독립군 총사령 이청천의 반대가 있음에도 한국독립군을 4개 소부대로 나누어 구국군 4개 대부대에 분산 배치해 버렸다. 시세영도 한국독립군의 무장해제를 시도하여 이에 동의하였다. 이뿐만 아니라, 1933년 10월 주보중은 오의성의 명령을 빙자하여 구국군 약 2개 사(師)를 동원해서 한국독립군 총사령부를 기습 포위하고 총사령 이청천 이하 사령부 요원 80여 명을 구금한 뒤, 다시 더 많은 병력을 동원하여 4개 처에 분산 배치되었던 한국독립군 부대들을 포위하고 전원 무장해제를 요구하였다. 이에 저항하자 주보중은 한국독립군 장교 등 330여 명을 체포하여 대전자 시가에 구금하였다. 나머지 무장해제된 한국독립군 병사들도 이를 보고 사방으로 분산하여 도주해서 한국독립군은 사실상 해체 위기에 빠지게 되었다.[31]

이러한 분열이 발생한 원인은 주보중과 한국인 공산주의자들이 한국독립군의 병사들에게 통일전선 공작을 감행하여 공산주의자화 시키려는 것을 총사령관 이청천과 장교들이 적발하여 극력 저지했고, 또한 시세영 등의 부당한 군수품 이양 요구를 한국독립군이 거절했기 때문이었다.[32]

조경한 등이 오의성을 설득했고, 오의성은 주보중 등의 책략임을 깨닫게 되어, 1933년 10월 초순경 이청천 등 한국독립군 구금자들을 모두 석방하였다.[33] 그러나 한국독립군의 재기 및 길림구국군과의 연합은 어렵

31 趙擎韓, 『白岡回顧錄』, pp. 150-151 참조.

32 張世胤, 「韓國獨立軍의 抗日武裝鬪爭 研究」 참조.

33 「滿洲に於ける反帝單一戰線に付て」, 金正明 편, 『韓國獨立運動』 제5권, 原書房,

게 되었다. 병사들이 이미 다수 이탈해 버렸고, 한국 청년들은 구국군과 재연합하려는 한국독립군에 돌아오려 하지 않았으며, 독립군 장교들도 구국군과는 악감정의 골이 깊어서 '재연합'을 찬성하지 않았기 때문이었다. 구국군과 '재연합'을 하지 않으면 당시 한국독립군에게는 무기도 보급도 조달될 수 없는 형편이었다.

마침 이때 중국 관내에서 활동하고 있던 대한민국 임시정부가 한인애국단 활동의 영향으로 중국국민당 정부의 원조에 의해 중국중앙군관학교 낙양분교에 '한인 특별반'을 설치하게 되어, 그 교관 겸 책임자로 이청천을 선정하고 1933년 10월 초순 이규보(李圭輔)·오광선(吳光善)을 통해 관내로 이동해 올 것을 요청하였다.

이에 한국독립군과 한국독립당은 회의 결과 관내 이동을 결정하고, 1933년 10월 20일경 한국독립당 위원장 홍진(洪震), 한국독립군 총사령 이청천, 조경한(趙擎韓), 오광선, 공진원(公震遠), 김창환(金昌煥) 등 주요 간부들과 선발된 군관학교 입학 지원자 40여 명 등이 중국 관내로 이동하게 되었다.[34]

관내 이동을 반대한 한국독립군의 잔여 병사들은 대종교 계통인 신굴(申砭)·최만취(崔晩翠)·안태진(安泰震) 등이 인솔하여 영안(寧安)·목릉(穆棱)·밀산(密山) 등지의 삼림지대로 깊숙히 이동하여 활동하다가 다른 부대에 합류하게 되었다.

1967, pp. 888-889 참조.

34 韓相禱,「在滿韓國獨立黨과 韓國獨立軍의 中國關內地域移動」 참조.

4. 조선혁명군의 항일무장투쟁

1) 조선혁명당과 조선혁명군의 개편

1929년 12월에 조선혁명당의 군대로 편성되어 주로 남만주와 조선 국경지대에서 항일무장투쟁을 전개하고 있던 조선혁명군은 일제의 1931년 9·18 만주 침략이 자행되자 변전하는 정세에 새롭게 대응해야 하였다.[35] 이에 1932년 1월 18일 조선혁명당과 조선혁명군 간부들이 신빈현(新賓縣) 하북(河北)에서 중앙간부회의를 열었다가 이를 탐지한 일제 경찰의 기습으로 다수 간부들이 체포당하는 대불상사가 일어나게 되었다. 이때 조선혁명당 중앙집행위원장 이호원(李浩源), 조선혁명군 사령 김관웅(金寬雄, 일명 金保安, 全輔安), 부사령 장세용(張世湧), 국민부 공안부 집행위원장 이

35 ① 李命英, 「日帝의 滿洲侵略과 反滿抗日運動」, 『成均館大學校 論文集』 제18집, 1973.
② 丁原玉, 「在滿國民府의 항일독립운동: 국민부·朝鮮革命黨·朝鮮革命軍의 조직과 활동을 중심으로」, 『亞細亞學報』 제11집, 1975.
③ 丁原玉, 「梁世奉: 朝鮮革命軍 총사령의 연구」, 『國史館論叢』 제8집, 1989.
④ 黃龍國, 「'朝鮮革命軍' 역사에 대하여」, 『國史館論叢』 제15집, 1990.
⑤ 張世胤, 「朝鮮革命軍 研究」, 『한국독립운동사연구』 제4집, 1990.
⑥ 朴昌昱, 「朝鮮革命軍과 遼寧民衆自衛軍과의 聯合作戰」, 『朴永錫教授華甲紀念論叢』, 1992.
⑦ 張世胤, 「在滿 朝鮮革命黨의 성립과 주요구성원의 성격」, 『한국독립운동사연구』 제10집, 1996.
⑧ 黃敏湖, 「1930년대 在滿 國民府계열의 활동에 관한 연구」, 『동아시아사연구논총』(김문경교수 정년기념논총), 혜안, 1996.
⑨ 張世胤, 「조선혁명군정부 연구」, 『한국독립운동사연구』 제11집, 1997.
⑩ 張世胤, 「1930년대 朝鮮革命軍과 中國 抗日勢力과의 連帶鬪爭」, 『한국민족운동사연구』 제16집, 1997.
⑪ 장세윤, 「재만 조선혁명당의 조직과 활동」, 『한국민족운동사연구』(화양신용하교수 정년기념논총III), 나남출판, 2003.
⑫ 장세윤, 『중국 동북지역 독립운동사』, 선인, 2021 참조.

종건(李鍾建), 조선혁명군 사령부 부관장 박치화(朴致化), 경위대장 이규성(李奎星) 등 10여 명이 피체되었고,[36] 그 후 3월 초까지 계속된 일제 경찰의 검거로 국민부, 조선혁명당·조선혁명군은 남만주 9개 현에서 83명이 체포되는 큰 타격을 입게 되었다.[37] 이것이 통칭 '신빈 사건'이라고 하는 것이다.

국민부·조선혁명당·조선혁명군은 이에 굴하지 않고 고이허(高而虛)·양세봉(梁世奉)·양하산(梁荷山) 등 피신한 간부들에 의해 곧 재건 개편되었다. 1932년 2월 국민부 중앙집행위원장에는 양하산, 조선혁명당 중앙집행위원장에는 고이허, 조선혁명군 총사령에는 양세봉이 선임되었다.[38] 일제의 기습으로 타격을 받은 직후의 개편된 조선혁명군 간부는 다음과 같았다.[39]

총사령: 양세봉(梁世奉)	제1중대장: 조화선(趙化善)
참모장: 김학규(金學奎)	제2중대장: 최윤구(崔允龜)
	제3중대장: 정봉길(鄭鳳吉)

양세봉은 조선혁명군의 증강을 추진하면서 일제의 만주 침략·강점과 괴뢰 '만주국' 수립에 적극 대응하기 위해서는 중국민족의 각종 의용군부대들과 '연합'작전을 하면서 국내 진입의 항일무장투쟁을 전개해야 한다고 판단하고 이를 적극 추진하였다.

36 金學奎,「三十年來韓國革命運動在中國東北」,『光復』 제1권 제4기(1941. 6.), p. 28 참조.

37 독립운동사편찬위원회 편,『독립운동사자료집』 제10권(독립군전투사자료집), pp. 606-616 참조.

38 金學奎,「三十年來韓國革命運動在中國東北」, p. 29 참조.

39 蔡根植,『武裝獨立運動秘史』, 공보처, 1949, pp. 165-168.

2) 조선혁명군의 한·중 연합작전

(1) 영릉가성(永陵街城) 점령 전투

양세봉이 지휘하는 조선혁명군은 1932년 3월 왕동헌(王潼軒)의 '요녕농민자위단(遼寧農民自衛團)'과 연합하여 그들의 군사훈련과 조직을 도와주었으며, 대도회(大刀會)의 양석복(梁錫福) 부대와 연합하여 군관 10여 명을 파견해서 무기 구입과 무기 조작 훈련을 도와주었다. 1932년 3월 양세봉의 조선혁명군과 중국의용군 대도회 출신 양석복 부대는 연합하여 양세봉의 지휘하에 신빈현 왕청문에서 무순 천금채(撫順千金寨)로 진군하는 도중에 신빈 남쪽에서 숙영하였다. 이 정보를 접한 신빈현 주둔 일본 관동군은 중화기로 무장하고 병력을 총동원하여 양세봉의 한·중 연합군이 주둔한 주위의 고지를 점령한 후 박격포·기관총 등으로 공격해 왔다. 그러나 지리에 익숙한 양세봉의 한·중 연합군은 유리한 지형을 이용하여 총반격을 가하여 교전 1시간 만에 일본군이 점령했던 고지들을 빼앗았다. 일본군은 다수의 시체·마필·무기를 버리고 퇴각하였다.[40] 양세봉이 지휘하는 조선혁명군과 양석복 부대는 이날 퇴각하는 일본군을 놓아주지 않고 30여 리를 추격하여 마침내 신빈 동쪽에 있는 영릉가성(永陵街城)을 점령하였다.[41] 이것은 양세봉의 한·중 연합작전의 대성과였다.

한·중 연합군은 여기에 그치지 않고 일본군을 다시 추격하여 상협하(上夾河) 등지를 점령하였다. 양세봉의 한·중 연합군은 이때 일본군과 5일간 혈전을 전개하여 허다한 전리품을 노획했을 뿐만 아니라 조선혁명군과 중국 측 자위군 사이의 매우 튼튼한 연대와 합작을 구축하는 데 성공

---

40 독립운동사편찬위원회 편, 『독립운동사』 제5권(독립군전투사 상), p. 638 참조.

41 朴昌昱, 「朝鮮革命軍과 遼寧民衆自衛軍과의 聯合作戰」 및 독립운동사편찬위원회 편, 『독립운동사』 제5권(독립군전투사 상), p. 638 참조.

하였다.[42]

(2) 한·중 연합작전과 흥경성(興京城) 전투

1932년 4월 20일 중국 의용군부대들이 환인현에서 '요녕구국회(遼寧救國會)'를 조직하고 '요녕민중자위군(遼寧民衆自衛軍)'을 편성하여 당취오(唐聚吾)를 총사령으로 선임한 뒤, 4월 25일 요녕민중자위군 항일서사대회(抗日誓師大會)를 개최하여 20개 현의 20만 대군을 관장하는 군단 체계를 수립하자, 양세봉이 지휘하는 조선혁명군은 당취오의 요녕민중자위군과의 연합을 추구하였다.[43] 양세봉이 참모장 김학규(金學奎)를 요녕민중자위군에 파견하여 교섭한 결과 다음과 같은 양측의 합의가 이루어졌다.

1. 동변도(東邊道, 당취오의 관할지) 일대에 조선혁명군의 활동을 정식으로 승인할 것.
2. 당취오군 관할 내에 예속하는 각급 관공서와 민중은 조선혁명군 활동의 일체에 대하여 적극 원조해 줄 것을 당취오군 사령부에서 통령(通令)할 것.
3. 조선혁명군의 군량 및 장비는 중국 당국에서 공급할 것.
4. 일본군을 상대로 작전 때 쌍방이 호응 원조함으로써 작전의 임무를 완성할 것.
5. 조선혁명군이 압록강을 건너 한국 본토작전을 전개할 때 중국군은 전력을 기울여 한국 독립전쟁을 원조할 것.[44]

당시 조선혁명군은 중앙군(300여 명)과 지방군(수 미상)으로 구성되어

42 독립운동사편찬위원회 편, 『독립운동사』 제5권(독립군전투사 상), pp. 638-639 참조.

43 蔡根植, 『武裝獨立運動秘史』, p. 166 참조.

44 金學奎, 「白波自敍傳」, 『한국독립운동사연구』 제2집, 1988, pp. 586-587.

조선혁명군 사령관 양세봉 장군 석상
(출처: 조선일보)

있었다. 조선혁명군이 이 병력으로 수만 명의 민중자위군과 대등하게 협상하여 국내진입작전 전개 때의 원조를 약속받은 것은 독립군으로서의 조선혁명군의 성격과 함께 그간의 항일전 성과를 높이 존중받은 것이라고 할 수 있다.

조선혁명군은 독자적으로 활동할 때는 '조선혁명군'의 호칭으로 하고, 요녕민중자위군과 공동작전을 할 때에는 연합군의 특무대와 선전대대의 역할도 분담하였다. 그리하여 양세봉은 조선혁명군 총사령 겸 요녕민중자위군 특무대 사령으로, 김광옥은 선전대 대장으로 활동하였다.

조선혁명군이 요녕민중자위군과 연합한 1932년 4월부터 동년 10월까지 반년간에 한·중 연합군은 일본군과 거의 200여 차례의 크고 작은 전투를 수행하였다.[45] 조선혁명군과 중국 요녕민중자위군의 연합작전에 의한 대표적 전투가 1933년 3월 하순의 '흥경성(興京城, 新賓縣城의 개명) 전투'였다. 일제 관동군 1개 대대는 1933년 3월 하순 영릉가 패전의 복수를 겸하여 왕청문 부근의 한·중 연합군을 공격하려고 준비하였다. 이 정보를 접한 조선혁명군과 중국 측 요녕민중자위군은 1만 명의 대병력으로 진군하여 흥경성을 포위 공격하였다. 한·중 연합군과 일·만 연합군 사이에 혈전이 전개되었다. 그 과정에서 일·만 연합군뿐만 아니라 한·중 연합군 측도 많은 사상자를 내었으나, 흥경성이 조선혁명군 및 중국 민중자

45 金學奎, 「三十年來韓國革命運動在中國東北」, p. 29 참조.

위군에게 주는 전략적 가치를 고려하여 결사적 공격을 감행하였다. 조선혁명군은 동문으로 돌입하고 중국 민중자위군 측은 북문으로 돌입하였다. 이 전투에서 중과부적으로 기진맥진하게 된 일본군과 만주군은 서·남문으로 패주하였다. '흥경성 전투'에서 승리한 조선혁명군은 태극기를, 중국 요녕민중자위군은 청천백일기를 게양하고 승전의 대축제를 벌였다.[46]

조선혁명군은 흥경성에서 동포 청년들을 모집하여 병력을 증강하고, 총사령부를 환인·흥경·집안·통화의 교차 지점에 두었으며, 총사령부 아래 5개 로(路) 사령부를 설치하고 그 밑에 수개 중대를 두었다. 이때 강화된 조선혁명군 간부진은 다음과 같았다.[47]

총사령: 양세봉(梁世奉)	제3로 사령: 조화선(趙化善)
참모장: 김학규(金學奎)	제4로 사령: 최윤구(崔允龜)
제1로 사령: 박대호(朴大浩)	제5로 사령: 정광배(鄭光培)
제2로 사령: 최현추(崔鉉秋)	

조선혁명군은 일본군과 혈전을 계속하는 한편으로 이 무렵 통화현 강전자(江甸子, 조선혁명군 총사령부 소재지)에 속성군관학교를 설치하여 장교 및 병사들의 양성 훈련에도 주력하였다.[48] 속성군관학교의 교장은 양세봉 총사령이 겸했고, 교육장은 윤동훈(尹東勳), 교관은 장신국(張信國)·홍익선(洪益善)·임필순(任弼淳) 등이 담당하였다.[49]

---

46 독립운동사편찬위원회 편, 『독립운동사』 제5권(독립군전투사 상), p. 639 참조.

47 蔡根植, 『武裝獨立運動秘史』, pp. 162-163.

48 桂基華, 「三府·國民府·朝鮮革命軍의 獨立運動 回顧」, 『한국독립운동사연구』 제1집, 1987 및 金學奎, 「三十年來韓國革命運動在中國東北」, p. 30 참조.

49 독립운동사편찬위원회 편, 『독립운동사』 제5권(독립군전투사 상), p. 639 참조.

(3) 조선혁명군정부(朝鮮革命軍政府)의 수립

조선혁명군이 이러한 항일무장투쟁의 성과를 내고 있는 중에 총사령 양세봉이 1934년 9월 20일 일제 간첩에 의해 암살당하는 불상사가 일어났다.[50] 또한, 1934년 6월 12일부터 8월 하순까지 실시된 일제의 '제4차 동변도 대토벌'과 9월 하순부터 10월 하순까지의 '제5차 동변도 토벌(특별공작)'은 국민부·조선혁명군의 처지를 더욱 곤란에 몰아넣었다.

이에 대처하기 위해 조선혁명당·조선혁명군·국민부의 지도자들은 1934년 11월 11일 근거지에서 군민(軍民)대표자회의를 열고 행정조직인 국민부와 군사조직인 조선혁명군을 통합하여 '조선혁명군정부'라는 통합기관을 조직하였다.[51] 이것은 조선혁명군이 중심이 되어 국민부와 당을 모두 통합해서 일제의 침투와 '토벌'작전에 좀 더 강력하게 대항하기 위한 것이었다. 성립 직후 조선혁명군정부의 주요 간부진은 다음과 같았다.[52]

총령(總領) 겸 군민(軍民)위원장: 김동산(金東山, 본명 金鏌邦)

군사위원장 겸 정치부장: 고이허(高而虛, 본명 崔容成)

군사부장 겸 조선혁명군 총사령: 김활석(金活石, 본명 金鐸, 일명 文武鄉)

조직부장: 박대호(朴大浩)

외교부장 겸 참모장: 김두칠(金斗七)

교육부장: 윤명호(尹明浩, 일명 尹一波)

제1사 사령: 한검추(韓劍秋, 본명 崔錫鏞)

제2사 사령: 최윤구(崔允龜, 본명 崔鉉九)

---

50 曹文奇, 『鴨綠江边的抗日名將梁世鳳』, 遼寧人民出版社, 1990 참조.

51 張世胤, 「1930년대 朝鮮革命軍과 中國抗日勢力과의 聯帶鬪爭」 및 「조선혁명군정부 연구」 참조.

52 張世胤, 「朝鮮革命軍 硏究」, p. 329에서 정리.

제3사 사령대리: 김석강(金石崗, 일명 金京根)

관내 특파원: 김학규(金學奎), 최동오(崔東旿)

조선혁명군정부는 1935년 초에 '조선혁명군정부 선언서'를 발표하여, 조선혁명군은 조직의 이원성을 포기하고 조직을 일원화해서 일제에 대한 독립항쟁을 국제주의에 입각하여 중국혁명운동과 협동전선을 강화하면서 실천하겠다고 선언하였다.[53]

(4) 조선혁명군과 '중한항일동맹회(中韓抗日同盟會)'의 연합작전

총사령 양세봉은 생전에 조선혁명군과 당취오의 연합을 이루었을 뿐만 아니라, 1934년경에는 종래의 정책을 바꾸어 동북지방의 중국인 공산주의 유격대와의 연합도 모색했었다.[54]

일본군의 독립군 '토벌'이 강화되자, 양세봉 전사 후인 1935년 9월 조선혁명군 제1사 사령 한검추는 요녕민중자위군의 왕봉각(王鳳閣) 부대와 연합하여 '중한항일동맹회(中韓抗日同盟會)'를 조직하였다. 중한항일동맹회의 성립 선언은 '일본제국주의를 타도하고 동북의 실지(失地)를 회복하며 조선 독립을 목적'으로 한다는 것이었다. 또한, 회원 자격에 대해서는 '중한 양국의 항일 동포는 누구라도 회원이 될 수 있다'고 규정하였다. 중한항일동맹회의 정치위원회 위원장은 고이허, 군사위원회 위원장은 왕봉각, 총사령은 한검추였다.

중한항일동맹회의 총병력은 약 1,150명이었는데, 그중 조선혁명군 한검추의 병력은 100여 명이었다.[55] 조선혁명군의 병력 비중은 낮았지만 그 투쟁 경력과 질에서 매우 존중받았으며, 적은 병력으로 연합했음에

53 張世胤, 「조선혁명군정부 연구」 참조.

54 『朝鮮日報』, 1934년 1월 22일 자 및 『朝鮮中央日報』, 1934년 1월 22일 자 참조.

55 滿洲國軍政府顧問部 編, 『滿洲共産匪の研究』(第8輯), pp. 414-417 참조.

도 '조선 독립'을 연합부대의 한 목표로 설정했을 뿐 아니라 지휘 간부 구성에서도 주도적 지위를 차지한 것은 주목해야 할 특징이라고 할 수 있다.[56]

또한, 조선혁명군은 1936년에는 양정우(楊靖宇)의 '동북항일연군(東北抗日聯軍)'과도 연합작전을 감행하기 시작하였다. 양정우 동북항일연군 사령과 조선혁명군 제4 중대장 김윤걸(金允杰)이 인솔하는 약 200명의 한·중 연합부대는 일본군 환인현 경비대 소속 일본군 약 40명을 기습공격하여 큰 전과를 올렸다.[57]

3) 조선혁명군의 국내진입작전

조선혁명군은 압록강 대안의 남만주(주로 서간도 지역)가 활동 지역이었으므로 일제의 1931년 9·18 만주 침략 이전인 국민부 혁명군 시절부터 활발한 국내진입작전을 감행하여 큰 성과를 내었었다. 그 후 9·18사변 이후에도 조선혁명군은 계속해서 국내진입작전을 감행하였다. 특히 1935-1936년에는 조선혁명군정부 안에 국내공작위원회를 설치하여 완강히 국내진입작전을 추진하였다.

조선혁명군 항일무장투쟁의 큰 특징 중 하나는 일본 제국주의가 증강된 1931년 9·18 만주 침략과 괴뢰 '만주국' 수립 이후에도 과감하게 국내진입작전을 감행하여 큰 성과를 냈다는 것이었다. 몇 가지 알려진 국내진입작전을 들면 다음과 같다.

56 장세윤, 「1930년대 남만주지역 한인무장세력의 활동」, 한국독립운동사연구소 편, 『한국독립운동과 대전자령 전투』, pp. 85-134 참조.

57 滿洲國軍政府顧問部 編, 『滿洲共産匪の研究』(第8輯), p. 424 참조.

(1) 변낙규(邊洛奎) 유격대 소조의 제1차 국내 진입

조선혁명군은 1932년 9월 유격대 제3 소대장 변낙규(邊洛奎)가 지휘하는 유격대 3인 소조를 파견하여 부호 최창학(崔昌學)을 만주로 납치해 오고 군자금을 모집해 오도록 하였다. 변낙규 유격대 소조는 부재중이었던 최창익은 체포하지 못했지만, 대신 평안북도 삭주군과 영변군에서 6명의 동지를 얻고 150엔의 군자금을 모집하여 귀환하였다.[58]

(2) 서원준(徐元俊) 유격조의 국내 파견

조선혁명군은 1932년 11월 군자금 모금 목적으로 서원준(徐元俊) 유격조를 국내에 파견하였다. 서원준 조는 1933년 1월 15일 평안북도 선천군에서 일본 포목상을 기습하여 1,600엔의 군자금을 탈취하고 귀환하였다.[59]

(3) 변낙규 유격대의 제2차 국내 진입

조선혁명군 유격대 제3 소대장 변낙규는 1933년 2월 대원 20명을 인솔하고 국내에 진입하여, 평안남도 벽동군과 덕천군에서 반일 포스터를 붙이는 등 선전 활동을 하고, 민간인과 부호들로부터 무기를 수집하며 군자금을 모집한 후 귀환하였다.[60]

---

58 黃敏湖, 『在滿韓人社會와 民族運動』, pp. 156-171 및 『東亞日報』, 1933년 6월 26일자 참조.

59 『思想彙報』 제2호(1935. 3.), pp. 92-93 참조.

60 池中世 편역, 『朝鮮 思想犯 檢擧 實話集』, 돌베개, 1984, pp. 190-191 참조.

(4) 조선은행 평양지점 습격 작전

조선혁명군은 1933년 2월에 유격대원 서원준을 다시 국내에 파견하여 조선은행 평양지점 등 일제 금융기관을 습격해서 군자금을 탈취하고 독립운동의 국내 거점을 마련하도록 하였다. 서원준은 안영준(安永俊)을 포섭하여 조선은행 평양지점의 현금수송 차량을 습격하려고 기다리던 중 작전에 실패하고, 일제 경찰과 사격전을 전개하여 일제 사리원경찰서 순사부장을 사살한 후 1933년 6월 16일 체포당하였다.[61]

(5) 압록강 철교 폭파 작전

조선혁명군 총사령 양세봉은 1933년 8월 김보국(金保國), 김재명(金在明) 등 6명의 유격대 소조를 파견하여, 8월 29일 국치일을 기해서 압록강 철교를 폭파하도록 하였다. 조선혁명군 유격대 소조 6명은 국내로 진입하여 압록강 철교에 폭약을 장치했으나, 폭약이 일본군에게 발견되어 성공하지 못하였다.[62]

(6) 김현표(金顯杓)의 국내 파견 활동

조선혁명군은 1935년 1월 유격대원 김현표(金顯杓)를 국내에 파견하여 독립사상 선전과 국내 동지 모집 사업을 수행하도록 하였다. 김현표는 전라북도 금산군에 들어가서 독립사상을 선전하고 2명의 동지를 얻은 후 활동하다가 일제 경찰에 체포되었다. 이것은 조선혁명군의 활동이 전라북도에까지 미쳤음을 증명해서 일제를 경악케 하였다.[63]

---

61 『朝鮮中央日報』, 1933년 6월 18일 자 및 『思想彙報』 제1호, pp. 93-96 참조.

62 「○○軍 梁瑞鳳一派 鴨綠江鐵橋爆破劃策」, 『朝鮮日報』, 1933년 8월 22일 자 참조.

63 『思想月報』 제24호(1936. 6.), p. 255 참조.

(7) 유광호(柳光浩)의 '국내공작위원회' 설치 활동

조선혁명군은 1935년 7월 유광호(柳光浩)를 서울에 파견하여 '국내공작위원회'를 설치하도록 하였다. 유광호는 서울에 들어와서 수명의 당원을 포섭하였다. 1936년 3월에는 조선혁명군정부로부터 1,000엔의 자금을 지원받아 본부용 가옥을 매입하고, 학생층과 운수노동자층으로 조직을 확대하기 위해 활동하다가 일제 경찰에 체포당하였다.[64]

(8) 초산군 성서면 연담동(蓮潭洞) 습격 점령

조선혁명군은 1936년 6월 4일 장진봉(張珍奉)이 인솔하는 10여 명의 유격대 소조를 국내로 진입시켰다. 장진봉의 유격대 소조는 평안북도 초산군 성서면 연담동(蓮潭洞)을 습격하여 점령하고 선전, 보급 등 활동을 한 후 귀환하였다.[65]

(9) 벽동경찰서 봉곡(鳳谷)출장소 습격 점령

조선혁명군 유격대는 1936년 9월 13일 평안북도의 일제 벽동경찰서 봉곡출장소를 기습하여 섬멸하고 돌아왔다. 봉곡출장소는 독립군 '토벌'의 거점이었으므로 일제 '월강수사반'에 큰 타격을 주었다.[66]

(10) 위원경찰서 파출소 습격 섬멸

조선혁명군 유격대는 1936년 9월 12일 평안북도 위원경찰서의 파출

64 『思想彙報』 제10호(1937. 3.), p. 29 참조.

65 『思想彙報』 제10호, p. 31 참조.

66 『思想彙報』 제10호, p. 31 참조.

소를 습격하여 점령 섬멸하고 귀환하였다.[67]

(11) 벽동경찰서 노장(魯章)파출소 섬멸

조선혁명군 유격대의 정운준(鄭雲俊) 등 5명은 1936년 10월 광산노동자로 위장하여 평안북도 벽동경찰서의 노장파출소를 기습해서 일제 순사 4명을 사살하고 소총 1정을 노획한 후 귀환하였다.[68]

(12) 윤영배(尹永配)의 국내 파견

조선혁명군은 1936년 10월 정치부 비서과장 윤영배(尹永配)를 국내에 파견하여 학생과 노동자층을 포섭해서 국내 대중조직을 만들도록 하였다. 평양으로 들어온 윤영배는 다음과 같은 내용의 실천 공작계획 지령을 받아 국내에 들어왔었다.

1. 노동자·농민, 도시 소시민의 혁명적 인테리겐차를 규합할 것.
1. 노동자·농민으로 조합을 조직시켜 그 세력 증대를 도모할 것.
1. 도시 소시민의 혁명적 인테리겐차는 지도적 계급으로 하층 군중을 지도하고, 시기에 따라서는 노동자·농민으로 하여금 각종의 쟁의를 일으켜 투쟁세력을 배양할 것.

조선혁명군의 이 문건은 국내 진입이 군사 활동과 군자금 모집활동뿐만 아니라 근본적인 정치공작도 전개한 활동이었음을 알려주고 있는 것이다.

---

67 『思想彙報』 제10호, p. 31 참조.
68 『思想彙報』 제10호, p. 31 참조.

일제 조선총독부는 그들이 검거하거나 보고받은 조선혁명군의 국내 진입 건수를 1932년에 16차 101명, 1933년에 10차 142명, 1934년에 40명, 1935년에 27명, 1936년에 9명이라고 보고하였다.[69] 당시 『동아일보』, 『조선일보』에 보도된 것만도 이보다 몇 배 더 많으므로 일제의 이 통계는 검거한 경우를 나타내는 것이라고 해석된다. 일제의 1931년 만주 침략 후 일본군의 한국과 만주에 대한 지배가 대폭 강화된 속에서도 조선혁명군이 감행한 국내 진입작전은 불굴의 투지로 추진된 참으로 용감무쌍한 항일무장투쟁이었다.

4) 조선혁명군의 해산

일제는 1936년에 들어서자 만주에서 항일세력을 소위 '발본색원'한다는 목표 아래 조선혁명군 등에 대한 '토벌'작전을 대대적으로 강화하였다. 일제 관동군은 1936년 2월 '제3기 치안숙정계획'이란 것을 만들어 3년 후(1939)에는 일본군이 없어도 만주군만으로 치안을 유지할 수 있도록 조선 항일투쟁 세력을 연차적으로 소멸시키겠다고 계획하였다. 이에 호응하여 괴뢰 '만주국' 군정부도 1936년 10월에 '치안숙정3개년계획요강'을 작성하였다. 일제와 만주국은 이 치안공작의 첫 적용 지역을 조선혁명군의 활동 지역인 동변도(東邊道)로 결정하고, 1936년 10월부터 1937년 3월까지를 동변도 '치본(治本)공작' 기간으로 정한 뒤 연합하여 치열한 '토벌'작전을 전개하였다.[70] 일제는 종래의 집단부락 설치 정책도 이 무렵에 더욱 강화하여 1938년 말에는 설치된 집단부락이 1만 2,565개에 달하게 되었다.[71]

---

69 朝鮮總督府警務局, 『最近に於ける朝鮮治安狀況』(1933), pp. 213-214 및 「鮮內潛入の匪賊に關する調査」, 『現代史資料』(30), みすず書房, p. 341.

70 滿洲國史編纂刊行會 編, 『滿洲國史』, 1970, pp. 197-213 참조.

71 吉林省公安廳公安史研究室 編譯, 『滿洲國警察史』, p. 383 참조.

만주의 겨울은 섭씨 영하 40도의 강추위가 장기간 지배하므로 겨울을 넘기려면 주민과의 강력한 연대와 보급 지원이 필수적이었다. 그러나 일제의 집단부락 설치 정책과 토벌 강화 정책으로 말미암아 조선혁명군은 동포 대중으로부터 분리되었고 겨울철 생명 유지 자체가 문제시되었다. 발가락은 물론 다리가 동상으로 훼손되기 일쑤였다.

조선혁명군 사령부는 약 200명의 병력을 두 부대로 나눈 뒤 약 100명의 병력으로 압록강 대안의 집안(輯安)·관전(寬甸) 변경지대에 있는 신개령(新開嶺) 1004고지에 산채(山寨)를 구축하고 1936년의 혹독한 겨울을 잘 넘기었다.

그러나 1937년 3월 중순에 일제는 평안북도 경찰부의 일제 경찰대 100여 명과, 만주국의 집안·환인 경찰대 및 일제 관동군 특무대의 혼성 대규모 '토벌대'를 편성하여 조선혁명군 산채를 기습공격하였다. 일제는 경비행기까지 동원하여 공격에 가담시켰다. 약 10일간 혈전이 전개되었다. 특히 마지막 전투인 3월 25일의 전투는 새벽부터 저녁까지 10시간가량 계속되었다. 조선혁명군은 총사령 김활석(金活石)의 지휘 아래 화력이 다할 때까지 처절하게 저항했으나 총탄이 떨어지자 더는 방법이 없었다. 9명이 전사하고 수십 명이 부상당하여 포로가 되었으며 산채는 전소되고 말았다. 조선혁명군은 거의 괴멸 상태에 떨어진 것이다.

일제는 포위되어 쫓기는 조선혁명군에게 투항하면 귀가시키겠다고 거듭 약속하며 '귀순공작'을 전개하였다. 이에 조선혁명군 대원들 사이에 견해가 양분되었다. 총사령 김활석과 일부의 대원들은 끝까지 싸우다가 전사하자는 견해를 밝혔다. 약 60-70명의 대원이 전사를 택하였다. 나머지 대원들은 더는 버틸 수 없다며 투항 귀가를 원하였다. 1937년 4월 초순 제1사 사령 한검추와 교육부장 윤명호 등 70명이 투항했으며, 5월 21일에는 조선혁명군정부 총령 김동산도 투항하였다.[72] 일제 조선총독

72 桂基華, 「三府·國民府·朝鮮革命軍의 獨立運動回顧」 참조.

부 경무국은 '토벌'과 '투항귀가' 양면정책이 성공했다고 자평하면서, "이에 따라 20여 년 오랫동안 조선 독립을 꿈꾸며 용맹무쌍하게 활동, 치안의 암이라고 일컬어졌던 조선혁명군도 재기불능에 빠졌다."[73]라고 보고하였다.

그러나 조선혁명군은 약 70명의 남은 병력으로 1937년 여름에도 압록강 대안과 백두산 기슭에 걸쳐 완강하고 용감한 항일무장투쟁을 전개하였다. 또한 1937년 겨울의 혹한 역시 산속에서 거의 굶어 가면서도 투지를 불태우며 넘기었다.

1938년 이른 봄에 민족주의 독립군인 조선혁명군은 무기와 식량·피복 등 군수품 문제로 인해 전체회의 결과 견해가 둘로 나누어졌다. 박대호 조직부장과 최윤구 제2사 사령 등은 무기와 보급 없이는 싸울 수 없으니, 이념을 떠나 공산주의 독립군인 '동북항일연군'을 찾아가서 그에 합류하자는 견해였다. 대원 약 60명이 이 견해를 지지하였다. 군사위원장 겸 정치부장 고이허와 총사령 김활석 등은 끝까지 민족주의 군대로서 독자활동을 하자고 주장했다. 대원 약 10명이 이 견해를 지지하였다.

이에 박대호·최윤구는 약 60명의 조선혁명군 대원을 인솔하고 1938년 봄 동북항일연군 군영을 찾아 이에 합류하였다.[74] 고이허·김활석 등 약 10명은 규모가 작아 싸울 수 없으므로 변장하여 동포 속으로 들어가서 동지와 장정을 모집하러 하산하였다. 고이허와 김활석은 1938년 9월 초순 모두 만주국 안동경찰서에 체포되었는데, 고이허는 투항하지 않아 총살당해 순국했고, 김활석은 체포 후 심문 과정에서 투항해 일제에게 이용당했다. 그 밖의 약 8명의 영웅적 병사들의 행방은 알 수 없다.

만주벌과 압록강 대안에서 조국 해방과 독립을 위해 간고한 투쟁을 했던 조선혁명군은 파란만장한 민족혁명사업의 도정에서 고군분투하다

73 朝鮮總督府警務局, 「第73回帝國議會說明資料」, p. 59 및 張世胤, 「朝鮮革命軍 硏究」.

74 장세윤, 「1930년대 남만주지역 한인무장세력의 활동」, pp. 85-134 참조.

가 1938년 9월 해산하여 역사적 종언을 고하고, 최상층 지도부인 양기탁(梁起鐸)·현익철·유동열(柳東說)·김학규·최동오 등은 관내의 임시정부에 합류했으며, 박대호·최윤구와 다수 병사들은 '동북항일연군'에 합류하여 다른 형태의 민족독립운동을 이어 나가게 된 것이다.

제5장(연속 제26장)

동북인민 유격부대들의 항일무장투쟁

1. 항일반만(抗日反滿) 유격대의 성립

일제가 만주 침략·강점을 자행한 시기에, 코민테른의 '일국일당주의 원칙' 요구 때문에 만주에 살고 있던 한국 공산주의자들은 조선공산당 만주총국을 해체하고 중국공산당 만주성위원회에 자동 가입하게 되었다. 만주에 이주한 조선족은 대부분이 빈농이었으므로 빈농 출신 조선족 청년들은 상당수가 공산주의에 경도되어 있었다. 만주의 조선족 공산주의 청년들은 중국공산당의 정책 때문에 민족주의 독립군인 조선혁명군이나 한국독립군처럼 기민하게 바로 항일반만(抗日反滿) 무장투쟁을 전개하지 못하였다.

중국공산당은 당시 중국국민당의 '무저항주의' 정책을 비판하면서도 교조주의에 빠져서 만주에서의 반(反)지주·반자본 계급투쟁 및 반국민당·반제국주의 투쟁을 동시에 강화하도록 강조하고 있었다. 일제의 만주 침략에 강력히 대응하기 위해서는 만주에서 여러 민족의 항일세력이 대동단결하고 연합해야 하며, 자산계급뿐만 아니라 항일투쟁에서 가장 강력한 조선족 민족주의자들 및 공산주의자들과도 굳은 연대가 절대로 필요하다는 사실을 당시의 중국공산당은 깨닫지 못하고 있었다.

중국공산당은 그리하여 일제 관동군이 만주를 군사 침략·점령하기 시작했음에도 불구하고 항일투쟁을 지시하지 않았다. 대신 1932년 6월 만주성 공산당에게 관내와 마찬가지로 일제 세력이 미치지 않는 곳에 먼저 근거지 '쏘비에트'를 수립하고 토지혁명을 실행하여 반지주·반자산계급 투쟁을 전개하면서, 이 근거지에 기초하여 '홍군유격대(紅軍遊擊隊)'를 조직해 항일무장투쟁을 전개하라고 지시하였다. 이것은 현실에서 괴리된 지시였다. 사실은 이 지시가 있기 전에 이미 만주 각 지역의 조선족 공산주의 청년들은 현실의 요구에 밀착하여 유격대 조직을 시작했거나 민족주의 독립군들에 참가하고 있었다.[1]

한국인들이 가장 많이 거주하는 동만(東滿, 동만주, 지금의 연변지역)지방에서는 1931년 가을 한국 농민들의 소작료 절하를 위한 거대한 '추수폭동'이 있고 난 뒤인 12월 연길현 명월구에서 열린 중국공산당 만주성위원회의 '동만특별위원회 각 현 당·단 열성자대회'에서 '유격대'를 조직

---

1 ① 辛珠柏, 「滿洲抗日遊擊運動 勢力의 動向(1940~1945. 10)과 韓人」, 『韓國史硏究』 제98집, 1997.
② 이덕일, 「연해주의 소련 극동적군 88여단의 결성배경과 성격」, 『한국 근현대사 연구』 제6집, 1997.
③ 신주백, 『만주지역 한인의 민족운동사(1920~45)』, 아세아문화사, 1999, pp. 333-433.
④ 金光雲, 「항일유격대집단의 형성과정 연구」, 『한국독립운동사연구』 제15집, 2000.
⑤ 黃敏湖, 「東北抗日聯軍의 민족운동사적 성격」, 『한국민족운동사연구』 제26집, 2000.
⑥ 장세윤, 「해방 전후시기 만주지역 조선의용군과 동북항일연군의 동향」, 『한국 근현대사 연구』 제42집, 2007.
⑦ 염인호, 「1930년대 재만 한인사회와 전선통일문제」, 한국독립운동사연구소 편, 『한국독립운동과 대전자령 전투』, 역사공간, 2013.
⑧ 김선호, 「1940년 전후 동북항일연군·조선의용군의 변화와 중국·소련 관계」, 『한국학』 제40권 제2호, 2017.
⑨ 장세윤, 「1930년대 후반 동북항일연군의 활동과 在滿韓人」, 『한국독립운동사연구』 제83집, 2023 참조.

하여 항일무장투쟁을 시작하기로 결의하고, 1932년 봄부터 '춘황폭동(春慌暴動)'을 일으킴과 동시에 본격적으로 자발적인 유격대 조직을 시작하였다.

이에 1932년 9월 '연길현 유격대'(50명), 1932년 11월 '왕청현 유격대'(90명), 1932년 12월 '화룡현 유격중대'(40명), 1933년 봄에 '훈춘현 항일유격총대'(120명)가 조직되었다. 동만지방의 4개 현 유격대의 총병력은 약 360명이었는데, 그중 약 95% 이상이 조선족이었고, 간부도 마찬가지로 95% 이상이 조선족이었다.[2]

동만지방 유격대들은 일만군(일본군·만주군 연합부대)과 조우하면 전투도 시작했지만, 그보다는 동만지방 오지나 원격지에 유격 근거지가 되는 '유격구(遊擊區)'를 '쏘비에트'로서 설치하는 데 치중하였다. 그들은 유격구가 설치되면 바로 '쏘비에트'화하여 지방정권을 수립해 나갔으며, 반일회(反日會), 반일부녀회, 반제동맹(反帝同盟), 혁명위원회, 혁명호제회(革命互濟會), 농민협회, 소년선봉대 등 각종 명칭의 전위 혁명단체들을 조직해 나갔다.

남만(南滿, 남만주)지방에서는 일제의 만주 침략 직후인 1931년 12월 반석현(磐石縣)에서 공산주의자 이홍광(李紅光)이 7명의 적위대를 모체로 해서 조선족 공산주의 청년을 다수 가입시켜 '적색유격대'를 조직하고 항일무장투쟁을 시작하였다.[3] 이를 기점으로 남만주 지방에서도 5개의 유격대가 조직되었다. 남만지방의 유격대들도 항일투쟁을 위한 유격 근거지 설치에 주력하였다. 그러나 남만지방의 농촌은 동만지방과는 달리 민족주의 세력이 막강하고 공산주의 세력은 취약했기 때문에 '쏘비에트'나 지방정권에 해당하는 각종 혁명위원회는 설치되지 않았다.

---

2 「中共滿洲省委給中央的報告」(1931. 4. 24.), 『文件匯集』(甲8), 1988, pp. 16-17 참조. 이 자료에 의하면 동만특위의 공산당원 636명의 96.5%가 한국인이었고, 공산청년단원의 97.8%가 한국인이었다.

3 金光雲, 「항일유격대집단의 형성과정 연구」 참조.

북만(北滿, 북만주)지방에서는 5·30폭동의 영향으로 열성적 공산주의자들이 궤멸당했기 때문에, 동만지방이나 남만지방보다 뒤늦게 조선족 공산주의 청년들에 의해 1932년 10월 '탕원 유격대'(40명), 1933년 3월 '밀산 반일유격대'(34명), 1933년 4월 '요하 노농의용군'(40명), 1933년 10월 '주하 유격대'(13명), 1934년 2월 '수령 반일동맹군'(500명), 1934년 5월 '영안 유격대'(26명) 등이 결성되었다. 북만지방의 유격대들도 송화강과 우수리강에 인접한 한국인 촌락들을 중심으로 유격 근거지인 '유격구'를 설치하였다. 그러나 유격구에서도 '쏘비에트'는 설치하지 않고 농민위원회를 설치하여 임시 지방정권의 역할을 수행하도록 하였다. 이 지역의 조선족 유격대들은 1934년 초에 요하현 유격 근거지를 '토벌'하겠다고 찾아온 일만군을 호림현성(虎林縣城)에 진공하여 격퇴한 '호림현성 전투'에서 승리하는 등 성과를 내었다.

일제의 만주 침략·강점 초기 일제 침략군에 대항하기 위한 유격대와 유격구 설치는 이와 같이 처음에는 조선족 공산주의 청년들이 주도하여 시작했고 발전시켜 나갔다.

중국공산당 중앙은 1933년 1월에 「만주의 각급 당부 및 전당원에게 주는 서한」(이른바 '1월 서한')을 보내어 만주 공산당 항일투쟁의 새로운 지침을 지시하였다. 요점은 ① 종래의 '유격대'를 '동북인민혁명군(東北人民革命軍)'으로 개편하고, ② 종래의 '쏘비에트' 정권을 '인민혁명정부'로 개편하며, ③ 친일 주구의 재산을 몰수하고, ④ 소수민족의 기본적 권리와 이익을 보장하여 민족 간의 항일민족통일전선을 강화하면서, ⑤ 노동계급의 영도권을 확보하라는 것이었다.[4]

이에 만주 각 지방 공산주의 청년들은 종래의 유격대를 '동북인민혁명군'으로 개편하는 사업을 전개하게 되었다.

---

4 中國共産黨中央委員會, 「만주의 각급 당부 및 전당원에 주는 서한: 만주의 현상과 우리 당의 임무에 관하여(1933. 1. 26.)」, 신주백 편, 『1930년대 민족해방운동론 연구』 제2권, 새길, 1990, pp. 65-85 참조.

2. 동북인민혁명군의 성립과 민생단 사건의 영향

1) 동북인민혁명군(東北人民革命軍)의 성립

중국공산당 중앙의 1933년 '1월 서한'에 따라서 만주 각 지방에서는 '유격대'를 '동북인민혁명군'으로 개편하는 작업이 전개되었다. 남만지방의 반석중심현위원회는 1933년 7월 만주성위원회로부터 '3·3제 원칙'에 입각하여 남만지방의 유격대를 '동북인민혁명군 제1군'으로 개편하라는 지시를 받았다. 이에 반석중심현위원회는 1933년 9월 18일 '중국공농홍군 제32군 남만유격대'를 '동북인민혁명군 제1군 독립사(獨立師)'(약 300명)로 개편하였다. 이 제1군 독립사는 조선족 이홍광(李紅光), 이동광(李東光) 등이 지휘했으며 구국군 및 조선혁명군과의 연합작전도 수행하였다. 뒤이어 1934년 11월에는 임강현에서 중국인 양정우(楊靖宇)를 군장으로 한 '동북인민혁명군 제1군'(약 800명)도 결성되었다.

동북인민혁명군 제1군 독립사는 '민생단 사건'으로 말미암아 조선인 대원들이 숙청되거나 이탈하여 그 후 조선인 대원 비중은 현저히 감소했으나, 간부들은 1934년 8월 29명 중 12명이 조선인이었다. 제1군 독립사는 1935년 2월 이홍광의 지휘하에 100여 명의 유격대가 압록강을 건너 평안북도 후창군 동흥진(東興鎭)을 습격하는 국내진입작전을 성공한 전과를 거두어 내었다.[5]

동만지방에서는 1933년 6월 반경유(潘慶由)와 양파(楊波)를 중공당 만주성위원회 순시원으로서 동만특별위원회 서기 동장영(童長榮)이 주재한 왕청현위원회 확대회의에 파견하여 '1월 서한'을 전달하였다. 이에 1934년 3월 연길현에서 동만지방 4개 유격대를 통합하여 '동북인민혁명군 제2군 독립사'로 개편하였다. 사장은 조선인 주진(朱鎭), 정치위원

---

5 『東亞日報』, 1935년 2월 19일 자, 2월 23일 자 및 2월 28일 자 참조.

은 중국인 왕덕태(王德泰)가 맡았다. 조선족이 중심이 된 동북인민혁명군 제2군 독립사는 1934년 5월 왕청현 나자구(羅子溝)에 진공하여 3일간의 전투 끝에 이를 점령한 '나자구 전투'에서 승리하는 등 상당한 성과를 내었다.

제2군 독립사는 '민생단 사건'으로 조선인 간부들의 숙청을 겪은 후에 1935년 5월 30일 '동북인민혁명군 제2군'으로 다시 개편되었다. 조선인 사장 주진은 숙청되고, 군장에 왕덕태, 정치위원에 위증민(魏拯民), 정치부주임에 이학충(李學忠), 참모장에 유한흥(劉漢興)이 선임되었다. 부대의 중국인 비중 증가정책에 의해 중국인 부대를 다수 편입시켰으나, 제2군의 조선인 비중은 여전히 3분의 2에 달하는 다수였다.

북만지방에서는 '1월 서한'을 전달받고 1935년 1월 '동북인민혁명군 제3군 독립사'를 결성하였다. 사장은 중국인 조상지(趙尙志), 정치부주임은 빙충운(馮仲云)이었다. 제3군의 제3사 정치부주임에 조선인 허형식(許亨植), 제4사 정치부주임에 김책(金策)이 있었다. 또한 1935년 8월 종래의 '요하민중반일유격대'를 '동북항일동맹군 제4군'으로 개편하였다. 이 제4군의 제4단(약 250명)이 조선인 중심 부대였는데, 단장이 이학복(李學福), 부단장이 박진우(朴振宇), 참모장이 최용건(崔庸健)이었다.

중국공산당은 이상과 같이 만주 공산주의 청년들로 구성된 다수의 '유격대'들을 체계적으로 통합하여 '동북인민혁명군'을 편성해서 병력상으로는 상당한 규모의 실전 전투 병력을 확보하고 무기도 갖추었다. 그러나 중공당 만주성위원회는 '반(反)민생단 투쟁'이란 것을 일으켜 이 대병력을 일제 침략군을 몰아내는 '항일반만투쟁'에 투입하지 못하고 조선인 대원들을 대거 학살했으며, 투쟁에는 성과를 내지 못하였다.

2) 민생단(民生團) 사건의 영향

중국 동북(만주) 연변지역의 조선족 공산주의 청년들의 유격대들과 그 후 동북인민혁명군(후에 東北抗日聯軍으로 개칭·개편)의 조선족 항일전사들은 1932년 조직된 소위 '민생단(民生團)'과 1932년부터 유격부대 내의 조선족을 학살하고 공포에 몰아넣은 '민생단 사건'으로 말미암아 이 사건이 일단락될 때까지는 막대한 항일무장투쟁 역량을 거의 발휘하지 못하였다.

'민생단'은 일제가 1931년 9·18 만주사변을 일으켜 만주를 침략 강점하자 간도의 조선인들을 항일투쟁에서 떼어 내고 일제의 만주 지배에 협력하면서 '일제의 지배하에서 간도거주 조선인의 자치'를 실현해 보고자 1932년 2월 15일 간도(길림성 연변구)에서 결성되었다가 일제 관동군의 단호한 반대로 그해 7월 14일 사무실이 폐쇄되고 해체된 단체였다. 민생단의 추진자는 서울 갑자구락부의 이사 겸 민회 이사 조병상(趙秉相)과 『매일신보』 부사장 박석윤(朴錫胤), 동만주 간도의 유지 이경재(李庚在), 최윤주(崔允周), 김택현(金澤鉉) 등이었다.[6] 민생단의 존속기간은 약 5개월밖에 되지 않았고, 존속기간에 ① 간도 조선족 자치의 청원운동, ② 일본군 환영운동, ③ 중국인에 대한 해명운동, ④ 자위단 조직활동, ⑤ 4개 현의 기층 지단 결성활동 등을 시작했었다.[7] 민생단은 '비밀결사'이거나 '지하단체'가 아니었다. 발기인이 공개되고 회원도 모두 공개된 엉성한 '합법적 공개단체'였으며, 처음부터 일제의 만주 침략·점령과 괴뢰 '만주국'을 받아들인 공개적 친일단체였다. 일제 패망 후 연합국 최고사령부가 압수한 일제 첩보 극비문서들에서도 민생단의 비밀조직은 없었다.

만주의 간도지방에 이주 정착한 조선인들이 '조선족 자치'를 간절히 희구하자 이를 정치적으로 활용하려고 각 정파가 활동했는데, 민생단은 일부 친일분자들이 일제 조선총독부의 묵인을 받고 북간도의 자치·반공

6 韓洪九, 「만주의 한국민족해방운동과 중국공산당: 民生團사건을 중심으로」, 『한국민족운동사연구』 제27집, 2001 참조.

7 金成鎬, 『1930년대 延邊 '民生團事件' 연구』, 백산자료원, 1999, pp. 37-80 참조. 이 책의 민생단 사건에 대한 서술은 주로 이 연구에 의존하였음.

단체인 '연변자치촉진회'(회장 全盛鎬)와 접촉해서 괴뢰 '만주국'하의 '연변 조선족 자치주'를 모색한 단체였다.

민생단은 중국공산당과 관동군 양측으로부터 즉각 단호한 비판을 받았다. 중국공산당은 이미 1932년 2월 7일부터 '타도 일본제국주의 주구 기관 민회·민생단'의 구호를 내걸고 대중집회 때마다 민생단의 '자치' 시도를 규탄하였다. 한편 관동군 사령부는 일제의 전 만주에 걸친 통일적 무력지배정책을 이미 굳히고 있었으므로 일제 치하일지라도 '간도 조선족 자치'의 추구는 전혀 인정하지 않았다. 이 때문에 민생단은 친일단체임에도 불구하고 5개월 만에 완전히 해체 폐쇄된 것이었다. 그것뿐이었다. 그 뒤로 민생단이라는 실체는 존재하지 않았다.

그런데 이 민생단이 중국공산당 만주성위원회 중국인 간부들이 조선인 공산당원 간부들과 당원을 숙청하는 도구로 엉뚱한 곳에 악용되었다. 1932년 8월경 중국공산당 연길현 노두구(老頭溝) 비서 '송(宋)노톨'(30세)이 일제헌병대 분견대에 체포되었다. 일주일 후 일제헌병대 구류소에서 탈출했다고 하며 송노톨이 유격구에 돌아왔으므로 탈옥 과정을 의심한 노두구당이 그의 비서직을 해임하고 『농민투쟁보』의 인쇄작업을 주어 감시하였다. 약 3개월 후 연길유격대의 최현(崔賢)이 인솔하는 4명의 1분대가 일본군과 조우하여 일본군 2명을 사살하고 '정모'라는 조선족 일본어 통역 1명을 생포하였다. 통역 정모를 심문하니 송노톨을 일본 헌병이 심문할 때 자기가 통역이었는데, 송노톨이 일본 헌병에게 유격대 내에 '민생단'을 조직하라는 지령을 받고 석방되었다고 하였다.

이에 송노톨에 대한 가혹한 심문과 고문이 있었는데, 송노톨은 고문에 못 이겨 중국공산당 연길현당 책임비서 백창현 등 20명이 민생단이라고 공술하였다. 당시 25세의 연길현당 서기 한인권(韓仁權, 일명 韓范)은 당과 유격대에 침투한 민생단을 색출 처단하는 '반(反)민생단 투쟁'을 한다고 하면서 송노톨이 고문에 의해 공술한 약 20명의 간부와 열성적 공산당원들을 감금하고 가혹하게 고문한 후 대부분을 총살 또는 처벌하여 버렸다.

이를 시작으로 연변 중공 유격구의 각 지역에서는 '반민생단 투쟁'이라는 이름으로 일제 첩자를 색출한다는 명목하에 공산당원에 대한 고문과 처벌 사건이 때때로 일어나게 되었다. 물론 피의자가 참으로 일제 첩자인가의 여부는 확인될 수 없었다.

1933년 5월 중국공산당 동만특위는 기관지 『양조전선(兩條戰線)』에 「민생단의 작용과 기초와 당에서의 민생단에 반대하는 임무」라는 논문을 게재하여 민생단을 정의해 주고 반민생단 투쟁을 전개하도록 지시 선동하였다. 이 논문에서 민생단의 규정은 ① 일제의 친일 비밀결사 '민생단'에 더해, ② 조선 민족주의자들, ③ 과거 조선공산당의 '파쟁주의자'들이 민생단 조직을 구성하는 일부라고 대폭 확대하였다. 그러고는 민생단 조직이 중국공산당과 모든 항일혁명단체들 안에 잠입·확산되고 있으므로 반민생단 투쟁은 동만주 및 전체 만주지역 중국공산당의 "목전의 당내·당외가 다 같이 수행해야 할 일체 중심임무"라고 규정하고 선동하였다.[8]

중국공산당 만주성위 동만특위에서는 선전부장 이상묵(李相默, 조선족)을 파견하여 동만특위 대표단의 반경우를 살해한 반혁명 민생단 분자의

---

8 중국공산당 만주성위원회 동만특위(서기 童長榮)는 위에서 규정한 '반민생단 투쟁'을 고조시키기 위해 1933년 6월 초에 만주성위원회 대표단으로 반경우(潘慶友, 중국족)와 양파(楊波, 중국족)를 동만특위 소재지인 '왕청 유격 근거지'에 파견하였다. 도착 즉시 대표단은 왕청현위 확대회의를 소집하여 왕청현위원회가 '민족주의자의 관점과 무정부주의적 행동과 군사투기와 파쟁주의 잔여와 이입삼노선의 간여를 포함한 오류를 범했다'고 비판한 후, 왕청현위원회 서기 이용국(李用國)과 군사부장 김명균(金明均)을 파면하였다. 김명균은 이에 불복하여 유격구 밖으로 탈출하다가 유격대에 체포되어 민생단이라는 명목으로 총살당하였다. 이어서 훈춘에 도착한 만주성위 대표단은 "이 지구에 쏘비에트를 건설한 것은 좌경노선이고 '민생단'의 책동이다"라고 비판하면서 현위원회를 재조직하여 서기에 23세 주운광(朱雲光, 중국족)을 임명했으며, 훈춘유격대 정치위원 박두남(朴斗南, 조선족)을 '파쟁분자'로 비판하면서 그의 당적과 정치위원 직책을 박탈하였다. 며칠 후 시찰 과정에서 박두남은 "잘못 없는 나를 죽이려는 네가 먼저 죽어야 한다."라고 외치면서 반경우를 사살하고 도망해 버렸다. 『양조전선』 제13기(1933. 5.), 동만특위 출판; 金成鎬, 『1930년대 延邊 '民生團事件' 연구』, p. 125 참조.

숙청운동을 직접 지휘하도록 하였다. 이상묵은 훈춘공산당, 쏘비에트 정부, 유격대와 군중단체의 70%가 민생단원이라고 자의적으로 규정 선포하고, 훈춘현위원 오일파(吳一波) 등 간부 60여 명을 체포하여 온갖 흉악한 고문을 가해 6차에 걸쳐 1명을 제외한 간부 전부를 총살 또는 타살하였다.[9]

중공당 만주성위의 광란은 계속되었다. 이때 만주성위는 지주, 부농 출신, 지식인, 노간부, 공작 표현에 이상이 있다고 보이는 자, 유격구의 생활 곤란에 불평 표현이 있었던 자, 심지어는 식사 중에 밥알을 흘린 사람들까지도 모두 민생단원이라고 몰아붙이면서 그중 100여 명이나 체포 학살하였으므로, 전체 항일유격 근거지가 내부 공포에 떨게 되었다.[10] 중국공산청년단 만주성위의 보고(1934. 8. 1.)에 의하면, 1933년 8월 한 달간 동만주에서 민생단을 '크게 파괴'했는데 항일유격구와 유격대 안에서 민생단 200여 명을 발견하고 그 수령 12명을 선택하여 총살했다고 하였다.[11] 동만의 공산주의 항일유격대는 '민생단'이라는 망령을 명목으로 하여 간부를 총살하고 대원들을 체포 고문 타살하여 항일유격 전투력을 스스로 상실시킨 것이었다.

중국공산당 동만특위는 1933년 9월 제1차 확대회의를 소집하고 반민생단 투쟁의 새로운 고조에 더욱 불을 질렀다. 즉 확대회의의 '결의'에 따르면 과거 조선공산당 만주총국의 파쟁주의자와 민생단 분자들이 당내에 '일본 간첩' 계통을 건립하고 당의 영도기관을 차지함으로써 「중앙래신」(중국공산당 중앙의 1월 26일 편지)의 당면임무 집행을 방해했다는 것이었다. 이제는 과거에 조선공산당 만주총국에 가입했던 자로서 현재 중국

9 『東滿抗日鬪爭略史』(훈춘현 부분), 1947; 金成鎬, 『1930년대 延邊 '民生團事件' 연구』, p. 133 참조.

10 權立, 「論本世紀30年代前半期東滿抗日遊擊根據地的肅反運動」, 『中國朝鮮族研究』 第3輯, 1996 참조.

11 「團滿洲省委關於反日遊擊運動的現狀与團的工作情況報告」(1934. 1. 7.), 『文件匯集』(甲17), 1989, p. 227; 金成鎬, 『1930년대 延邊 '民生團事件' 연구』, p. 133 참조.

공산당 동만지구 현당이나 유격대 간부 등 영도기관을 차지한 자들이 민생단과 함께 중공당 내에 침투한 '일본 간첩' 계통이 된다는 것이었다. 노간부는 대부분 이에 해당될 수밖에 없었다. 이에 중공 동만특위 조직부장인 김성도(金聖道)는 '파쟁 영수'로 지목되어 해임되었다가, '민생단 대영수'라고 몰아붙여져서 총살당하였다.[12]

중국공산당 동만특위는 1933년 10월 7일 중국공산당 중앙에 보고서를 제출했는데 연길현 1개 현 내에만 1,200-1,500명의 민생단이 당조직과 유격대 내부에 잠입했다는 내용이었다.[13] 동만 5개 현을 모두 보면 민생단은 수천 명이 되어 앞으로의 학살 규모가 내다보였다.

중국공산당 만주성위원회가 실재하지도 않는 비밀결사 '민생단의 환상'을 설정하여 대대적인 학살과 '숙청'을 자행한 저의는 두 달 후인 1934년 12월 11일, 동만주 공산당과 공청단특위에 보낸 편지에서 분명하게 드러나기 시작하였다. 중국공산당 만주성위원회는 동만당과 단이 대부분 조선인이고 중국 동지들은 동만 당조직 내에서 13분의 1, 단조직 내에서 겨우 15분의 1에 불과하니, 당·단 조직에 노동자와 중국인을 대량 흡수하여 '당과 단의 계급성분과 민족성분을 전변시키며' 기층 지부까지의 당·단 조직과 반일회, 농민협회, 농민위원회, 인민혁명정부, 유격대 등 일체 군중단체의 영도기관을 개조하여 파쟁분자들을 모조리 몰아내야 한다고 말하며 조직상의 '철저한 전변'을 지시하였다.[14]

---

12 김성도는 심문받을 때 특위 책임자에게 "나는 사업에서 착오를 범한 것은 있지만 민생단은 절대 아니다."라고 손가락을 깨물어 혈서를 쓰고 애소했지만 그의 중국족 동지 특위책임자 동장영(童長榮)은 "민생단 대영수 김성도가 혈서 쓰는 방법으로 당과 인민을 기만한다."라고 말하며 총살하였다. 반년 전에는 동만특위 순시원으로 동장영과 더불어 화룡현에서 수십 명의 조선족 혁명동지를 민생단으로 몰아 죽게 한 김성도도 결국은 억울하게 민생단 대영수로 몰려 총살당한 것이다. 權立, 「論本世紀30年代前半期東滿抗日遊擊根據地的肅反運動」 참조.

13 「中共東滿特委給中共中央的工作報告」(1933. 10. 7.), 『文件匯集』(甲29), 1989, pp. 362-363; 金成鎬, 『1930년대 延邊 '民生團事件' 연구』, pp. 135-136 참조.

14 「中共滿洲省委·團省委關於組織問題給東滿黨團特委信」(1933. 12. 11.), 『文件匯集』

요컨대 ① 동만공산당과 공산청년단의 구성에서 소수민족인 조선족이 약 95%나 되니 중국인을 대량 흡수하여 구성을 개조하고, ② 영도기관을 개조하되 '파쟁분자(과거 조선공산당 각종 조직단체 가입경력이 있는 자)'를 모조리 몰아내어 숙청을 실천하라는 것이었다. 즉 동만당과 단의 조선족 비중을 줄임과 동시에, 반민생단 투쟁을 통해 조선족 간부들을 해임하고 영도기관의 간부는 중국족으로 교체하라는 요지였다.

이 지시에 따라 1933년 12월 초순부터 1934년 1월 하순까지 동만지역에서 다시 반민생단 투쟁이 격화되었다. 과거의 민족주의자, 조선공산당 각파의 파쟁분자는 모두 민생단이라고 규정되었다. 중국공산당 만주성위는 한 몸에 세 개의 머리를 그리고 민족주의·파쟁분자·민생단이라고 글을 쓴 만화를 만들어 널리 배포하였다.[15] 모든 조선족 공산당원들과 유격대원들이 공포에 떨었다.

일부 중국인 당원들은 조선족 전부가 민생단이라고 의심하는 관념이 생겨서 조선인 한 사람의 행동과 말이 약간이라도 틀린 것만 보아도 바로 민생단이라고 지적하는 상황이었다.[16] 한번 민생단이라고 지목되면 체포되어 민생단이라고 인정할 때까지 고문이 계속되었다. 끝까지 민생단이 아니라고 불복하면 고문 끝에 결국 타살되었다. 민생단이 절대로 아니더라도 민생단이라고 시인하지 않을 수 없었다.[17]

중국공산당 만주성위원회 대표 반경우와 양파가 1933년 6월 초 동만에 와서 보다 격렬하게 진행된 반민생단 투쟁은 이듬해 1934년 10월까지

(甲16), 1989, pp. 139-144; 金成鎬, 『1930년대 延邊 '民生團事件' 연구』, p. 139 참조.

15 『東滿抗日鬪爭略史』(왕청현 부분), 1947, pp. 14-15; 金成鎬, 『1930년대 延邊 '民生團事件' 연구』, p. 140 참조.

16 「中共汪淸縣執委會決議案」(1934. 6. 15.), 『文件匯集』, 1989, pp. 381-386; 金成鎬, 『1930년대 延邊 '民生團事件' 연구』, p. 140 참조.

17 「抗聯第一路軍略史」(1942), 『東北抗日聯軍史料』(下), 1987, p. 675; 金成鎬, 『1930년대 延邊 '民生團事件' 연구』, p. 140 참조.

항일혁명의 대오 내에서 조선인 당원 수백 명을 살해하였다.[18] 각 항일유격 근거지에는 모두 민생단을 전문 사형하는 산골짜기가 있었는데 어떤 산골짜기는 민생단 혐의자들을 너무 많이 죽였기에 그곳을 '백골구(白骨溝)'라고 불렀다고 하였다. 용정 주재 일본 총영사관이 1934년 2월 제출한 보고서에 의하면, 1933년 11월 하순부터 1934년 1월까지 2개월간 연길현위원회에서 78명, 화룡현위원회에서 47명, 왕청현위원회에서 34명, 훈춘현위원회에서 41명이 각기 학살되었으며, 동만특위에서도 1935년 11월 30일 특위 간부 김재일 등 16명을 '청산(살해)'했다고 하였다. 같은 해 11월에 제출된 다른 보고서에는 7일 왕청현 서대파(西大坡)에서 인민혁명군부대가 유격구를 '탈출, 귀순하려는' 분자로 인정되는 남녀 23명을 총살했다고 하였다.[19] 모두 중국공산당 만주성위원회의 중국인 간부들이 조선족 간부와 당원들을 억울하게 일본 첩자로 몰아 학살한 것이었다.

존재하지도 않는 '민생단'의 환영을 빙자한 중국공산당 만주성위 중국인 간부들의 동만 조선족 공산당원 및 항일유격대원 학살은 항일역량을 스스로 파괴하여, 만주를 침략 점령한 일제 침략군에 대항한 동만지방 조선 공산주의자들의 항일투쟁을 극도로 약화시켰다. 동만의 조선 공산주의자들은 일찍부터 지역별로 가장 강력하고 규모가 큰 유격대들을 편성했었는데, 중국공산당 만주성위의 '반민생단 투쟁'이라 이름 붙인 조선족 간부 학살 때문에 항일투쟁을 전혀 해낼 수 없는 처지에 빠진 것이었다.

3) 동북인민혁명군 제2군 독립사의 편성

중국공산당 만주성위원회는 1934년 3월 동만특위에게 현별 유격대를

18 「會議記錄」(1937. 3.), 『文件匯集』(乙2), 1991, p. 363; 金成鎬, 『1930년대 延邊 '民生團事件' 연구』, p. 141 참조.

19 滿洲國軍政府顧問部 編, 『滿洲共產匪の研究』 第1輯, 1937, p. 109 참조.

통합하여 동북인민혁명군에 소속시키어 통일적 지휘를 받도록 편성하라고 지시하였다. 이에 각 현의 유격대 책임자들은 연석회의를 열고 동만 4개 현의 유격대를 통합하여 '동북인민혁명군 제2군 독립사'를 편성하기로 결정하였다.

이에 연길현 유격대 대장 주진(조선족)이 사장(師長), 연길현 유격대 정치위원 왕덕태(중국인)가 독립사 정치위원에 선임되었다. 독립사 산하에는 [표 5-1]과 같이 4개 단(團)과 하나의 독립단을 두었다. 동북인민혁명군 제2군 독립사의 무장한 전투병력은 약 900명이었고, 그 밖에 무장은 잘 안 되어 있었지만 훈련하면 무장대오가 될 수 있는 청년의용군이 약 200명, 반일자위대가 약 1,000명이었다.[20] 당시 900명의 전투병력은 크

[표 5-1] 동북인민혁명군 제2군 독립사의 구성

<table>
<tr><th></th><th>단</th><th>단장</th><th>정치위원</th><th>병력</th><th>비고</th></tr>
<tr><td rowspan="5">사장(師長):
주진(朱鎭)

정치위원:
왕덕태
(王德泰)

(총병력
900명)</td><td>제1단</td><td>김순덕
(金順德)</td><td>최학철
(崔學哲)</td><td>5개 련
(중대)</td><td>원 연길현 유격대로 편성</td></tr>
<tr><td>제2단</td><td>맹○○
(孟○○,
중국인)</td><td>김낙천
(金樂千)</td><td>3개 련</td><td>원 화룡현 유격대 및
일부 반일산림대로 편성</td></tr>
<tr><td>제3단</td><td>조춘학
(趙春學,
후임
方振聲)</td><td>남창일
(南昌一,
후임
金日成)</td><td>5개 련</td><td>왕청현 유격대로 편성</td></tr>
<tr><td>제4단</td><td>하덕윤
(何德潤,
중국인)</td><td>방정준
(方正俊)</td><td>4개 련</td><td>훈춘 유격대로 편성</td></tr>
<tr><td>독립단
(獨立團)</td><td>유장구
(중국인)</td><td></td><td>2개 련</td><td>제1단과 제3단에서
각 1개 련씩 차출하여 편성</td></tr>
</table>

20 ① 황룡국 주편, 『조선족혁명투쟁사』, 요녕민족출판사, 1988, p. 282.
② 「抗聯第一路軍史」, 『東北抗日聯軍史料』(下), 1987, p. 673.
③ 霍燎原, 『東北抗日聯軍第2軍』, 1987, pp. 74-75 참조.

고 막강한 병력이었다.

동북인민혁명군 제2군 독립사의 간부는 몇 사람의 중국인을 제외하고는 거의 대부분이 조선족이었다. 이 지역의 주민 대다수가 조선족일 뿐만 아니라, 특히 이 지역의 공산당은 거의 모두 조선족에 의해 창립되고 발전되어 왔기 때문이었다. 그에 더해 항일투쟁은 처음부터 조선족이 강렬하게 전개해 왔기 때문에, 그 능력에서나 투쟁 경력에서나 자연스럽게 조선족이 간부가 될 수밖에 없었던 것이다.

만일 중국공산당 만주성위가 이 지역 공산주의 무장대오를 제2군과 제2군 독립사를 통합하여 하나의 동북인민혁명군 제2군으로 개편해서 통일적으로 최상층 지휘권을 정비한 후, 바로 체계적 항일무장투쟁을 전개했더라면 뒤늦게라도 항일전에 큰 성과를 내었을 것이다. 당시 한국 민족주의 독립군인 '한국독립군'과 '조선혁명군'은 고군분투하면서도 이미 큰 성과를 내고 있었다.

그런데 중국공산당 만주성위는 동북인민혁명군 제2군을 성립시켜 놓고서도 또 소위 '반민생단 투쟁'의 광란을 재개하였다.[21] 중국공산당 만주성위는 1934년 11월 초순 「중공 만주성위에서 민생단 반대투쟁을 위하여 동만특위와 인민혁명군 및 전체 동지들에게 보내는 편지」라는 지시문을 만들어서 공산청년단 만주성위 순시원 종자운(鐘子雲)을 동만에 파견하였다. 이때 지시문의 요지는 "앞으로 민생단 반대투쟁은 '영수'와 '공농군중'을 분별하여 '영수'는 혁명수단(총살)으로 진압하고 '공농군중'은 설복 방법으로 자복시켜서 개과케 하여 다시 혁명에 나서게 하며, 이를 위하여 '숙반공작'을 계속하되 '숙반위원회', '민중혁명법정', '정치보위국' 등을 상설기관으로 설치하여 실시하라."라는 것이었다.[22] 요컨대 상설기

21 韓洪九, 「만주의 한국민족해방운동과 중국공산당: 民生團사건을 중심으로」 참조.

22 「中共滿洲省安爲反民生團鬪爭給東滿特委與人民革命軍及全體同志信」(1934. 10. 1.), 『文件匯集』(甲20), 1990, pp. 27-43; 金成鎬, 『1930년대 延邊 '民生團事件' 연구』, p. 144.

관을 설치하여 반민생단 투쟁을 실시하되 '영수급'은 총살하고 '하급'은 설복하여 재교양시키라는 것이었다. 이번 지시문의 특징은 동북인민혁명군의 조선족 지휘관들을 겨냥한 데 있었다.

이 지시문을 받은 중국공산당 동만특위 임시집행위원회 서기 왕중산(王仲山)은 1934년 12월 중순 특별회의를 소집했는데, 이 회의에는 서기 왕중산, 동북인민혁명군 제2군장 왕덕태, 화룡현위 서기 조아범(曺亞范), 공청단 동만특위 서기 주수동(周樹東), 순시원 종자운 등 5명의 중국인 간부만 참석시키고, 참석해야 할 특위위원인 조선족 이상묵 조직부장과 주진 독립사 사장을 불참시켰다. 2일간 계속된 이 회의에서는 조선족 지휘관인 주진, 이상묵, 최학철(崔學哲)을 '민생단 수령'으로 규정하여 처단하기로 결정하였다.[23]

공청단 만주성위원회 순시원 종자운(중국인)이 1934년 12월 제출한 보고서에서는 왕청현 유격구의 경우 평균 10분의 7이 민생단이며, 청년의용군의 경우 10분의 8 이상이 민생단이라고 하였다.[24] 실재하지도 않았던 민생단에 대한 그들의 인식 수준과 야만성을 알 수 있다. 종자운은 공산당에 잠입한 민생단은 중공조직과 똑같은 방법으로 당·군 내에 비밀조직을 만들었다고 하면서, 중국공산당 동만특위 조직부장 이상묵은 '민생단특위 서기', 독립사 사장 주진은 '민생단특위 군사부장', 중공 훈춘현위 서기 최학철은 '민생단특위 선전부장'이라고 날조해서 규정하여 체포령을 내렸다.[25] 이상묵은 아연실색하여 도주했고, 주진은 체포되었다가 탈출했으며, 최학철은 체포되어 총살당하였다.

중국공산당 동만특위의 중국인 간부들은 이에 그치지 않고, 동북인민

---

23 「鐘子雲證實資料」(1981. 10. 22.); 金成鎬, 『1930년대 延邊 '民生團事件' 연구』, p. 150 참조.

24 「團省委特派員鐘關於東滿反日鬪爭情況的報告」(1934. 12. 4.), 『文件匯集』(甲20), 1990, pp. 290-334; 金成鎬, 『1930년대 延邊 '民生團事件' 연구』, pp. 148-149 참조.

25 「鋤耕給誠委的信」(1935. 3. 15.), 『文件匯集』(乙1), 1991, p. 173; 金成鎬, 『1930년대 延邊 '民生團事件' 연구』, p. 153 참조.

혁명군 내의 조선족 간부 40여 명을 민생단원이라고 체포하여 총살하였다.[26] 소대장 이상의 조선인 군 간부 80여 명이 총살당하였고,[27] 숙청의 대상이 된 조선인 대원은 약 400명에 달하였다.[28] 이 야만적 숙청으로 동북인민혁명군 제2군의 항일 전투력은 완전히 붕괴되어 버렸다. 붕괴의 주범은 중국공산당 만주성위원회 중국인 간부들이었다.

이 '반민생단 숙청'은 동만 조선족 공산주의자들에게 참으로 심대한 충격을 주었다. 동북인민혁명군 내의 살벌한 공포와 조선인의 생명을 구하는 탈출이 끊임없이 연속되었다. 중국공산당 만주성위의 신임 대리서기 양광화(楊光華)는 매우 당황하여 하얼빈위원회 서기 위증민을 만주성위 전권대표에 임명하고 동만에 파견하여 민생단 문제를 해결하도록 하였다. 위증민은 1935년 1월 중순 동만에 도착하여 동만 임시특위를 해체하고 자신을 서기로 한 새로운 특위를 조직했는데, 7명의 새 특위위원 중 6명이 중국인이고 조선족은 이송일(李宋一) 1명뿐이었다.

위증민은 더욱 광란해서 1935년 2월 24일부터 3월 3일까지 왕청현 남하마탕 대황외(大荒崴)에서 회의를 개최하고 반민생단 투쟁을 철폐하는 것이 아니라 강화함으로써 문제를 해결하려고 하였다. 이 회의에서 위증민은 지금까지 3년간 반민생단 투쟁을 전개하여 500명 이상을 처단한 성과를 내었다고 자찬한 다음, 그럼에도 민생단은 감소하거나 소멸된 것이 아니라 적지않게 새로이 증가했다고 지적하였다. 당시 동만특위에 잠시 와 있던 북만 제5군의 간부 호인(胡仁)은 이때의 상황에 대해 편지에서 "우리의 짐작에 의하면 전체 동만의 민생단은 당·단·인민혁명군 및 각종 군중조직에서 모두 10분의 5 내지 10분의 6을 차지한다. 민생단의 정치

---

26 최삼룡, 『박춘일항일회상기』, 연변인민출판사, 1986, p. 49; 金成鎬, 『1930년대 延邊 '民生團事件' 연구』, p. 153 참조.

27 『間島新報』, 1935년 3월 27일 자 참조.

28 滿洲國軍政府顧問部 編, 『滿洲共産匪の硏究』 第1輯, p. 115 참조.

구호는 '간도 조선족 자치를 건립한다'는 것이다."[29]라고 기록하였다. 이 무렵 위증민의 동만특위 중국인 간부들은 간도 조선족 자치를 건립하려는 생각을 가진 조선족 대원은 모두 '민생단'이라고 규정했음을 알 수 있다. 위증민은 말로는 반일통일전선 강화를 강조하면서 그와 모순되게 반민생단 투쟁은 "네가 살면 내가 죽고 내가 살면 네가 죽는(你存我亡 我存你亡)" 사생결단의 투쟁이라고 묘사하며 그 강화를 더욱 촉구하였다.[30]

위증민의 동만특위는 3월 21일 인민혁명군 정치위원 연석회의를 개최하여, 지금까지 반민생단 투쟁은 '영수'를 잡지 않고 '하층' 군중만 잡는 착오를 내었다고 반성하고 앞으로는 민생단 영수·간부를 잡아 민족성분과 계급성분을 전변시켜야 한다고 지시하였다.[31] '민족성분'을 전변시킨다는 것은 조선족이 상층부를 다수 차지한 인민혁명군 등을 중국인이 상층부를 다수 차지한 구성으로 바꾼다는 뜻이었다.

이때 중국공산당 위증민의 동만특위가 자행하던 숙반공작의 비극을 냉소적으로 관찰하고 있던 일제는 1년 전인 1934년 봄에 그들이 발족시킨 '간도협조회(間島協助會)'를 이용하여 모략전술로 위증민을 시험해 보

---

29 「胡仁給中共寧安縣委, 第5軍黨委的信」(1935. 3. 17.), 『文件匯集』(甲44), 1990, pp. 419-421; 金成鎬, 『1930년대 延邊 '民生團事件' 연구』, p. 160.

30 위증민은 반민생단 투쟁 강화를 위한 '숙반위원회'를 조직했는데, 동만특위 상무위원 3명(서기 魏拯民, 조직부장 李學忠, 선전부장 李宋一), 특위비서장(曺亞范), 공청단 동만특위 서기(周樹東), 동북인민혁명군 정치위원(王德泰), 독립사 산하 4개 단의 정치위원들로 위원회를 구성하였고, 위원장은 조선족 이송일(李宋一)을 선임하였다. 조선족 이송일이 책임자가 되어 '민생단'이라는 이름으로 '간도 조선인 자치'를 생각하는 조선인 간부를 색출하여 처단하도록 한 것이었다. 위증민은 숙반위원회가 반민생단 투쟁을 함에 있어서 "상층은 기탄없이 체포하여 고문, 총살에 처하고, 중층은 자수시키되 자수하지 않는 경우는 체포하여 고문은 하지 않고 자수를 권함, 하층은 절대 체포하지 말고 다그쳐 훈련을 시켜 자수시키도록 노력한다."라고 원칙을 정하였다. 「中共東滿特委書記馮康的報告(之五)」(1935. 12. 20.), 『文件匯報』(甲30), 1989, p. 326; 金成鎬, 『1930년대 延邊 '民生團事件' 연구』, pp. 161-162.

31 「東北人民革命軍政委連席會議」(1935. 3. 21.), 『文件匯集』(甲44), 1990, pp. 428-433; 金成鎬, 『1930년대 延邊 '民生團事件' 연구』, p. 161 참조.

았다. 일제는 위증민 동만특위의 대황외 회의에서 숙반위원회가 조직된 10일 후인 1935년 3월 13일, 오아청현 유격구 변두리에 3인의 공작원을 파견하여 길목에 위조 편지를 떨어뜨려 놓았다. 편지는 간도협조회 회장이 이송일에게 보낸 것으로서 "전번에 이야기 있었던 당내의 비밀보고에 관한 일은 새로 파견한 공작원과 만났을 때 말하시오."라고 쓴 것이었다. 이 편지가 발견되어 보고되자, 위증민은 그 진위를 충분히 조사하지 않고 이송일을 연행하여 3월 21일경 총살했다.[32] 민생단 간부를 색출 처단하도록 선발당해 중국공산당에 온갖 충성을 다 바친 충직한 조선 공산주의자 이송일은 자기가 '민생단 영수'의 누명을 쓰고 죽게 되자 처형당하기 전에 "과연 민생단이란 현실에 존재하지 않는 환영이었는가!"라고 탄식하면서 총살당했다고 한다.[33]

위증민은 민생단의 조직체계가 대체로 중국공산당과 비슷하지만 그보다 더 엄밀한 것이 특징이라고 보고하면서, 민생단 동만특위의 조직을 중국공산당 동만특위의 조직과 똑같이 날조해서 꾸미고, 한술 더 떠서 '장년민생단', '청년민생단', '아동단', '자매회'와 '예비특위', '예비현위', '구위' 등 지부 조직과 각급의 '예비위원'까지 날조하여 표로 만들어 꾸며 내었다. 위증민 일당은 민생단 동만특위와 각 현의 간부라고 지명한 25명의 중국공산당 동만특위의 조선족 간부들을 체포하여 이송일과 함께 총살했다.[34]

위증민은 동북인민혁명군에 대해서도 "인민혁명군의 간부는 진정으로 반일하고 혁명하는 사람으로 확보해야 한다. 그러므로 현재 이 시기

---

32 ① 權立·金春善, 「間島協助會」, 『연변문사자료』 제3집, 연변인민출판사, 1985, p. 121.
② 『外事警察報』 제156호, p. 44.
③ 和田春樹(李鍾奭 역), 『김일성과 만주항일전쟁』, 창작과비평사, 1992, pp. 119-120 참조.

33 滿洲國軍政府顧問部 編, 『滿洲共產匪の研究』 第1輯, p. 115.

34 「中共東滿特委書記馮康的報告(之五)」(1935. 12. 20.), 『文件匯報』(甲30), 1989, pp. 327-328; 金成鎬, 『1930년대 延邊 '民生團事件' 연구』, pp. 166-167 참조.

에는 주로 중국인을 많이 제발하여 책임을 담당하게 한다."라고 강조하였다. 그리하여 1935년 5월 동만에서 동북인민혁명군 제3군이 새로 정식 성립·인준될 때에는 군(軍)부와 사(師)부에는 조선인을 모두 제거하고 중국인만으로 간부를 임명하였다. 산하 4개 단(團)의 단장과 정치위원 8명 중 조선인은 안봉학(安奉學)과 김일성(金日成) 2명뿐이었다. 당시 제2군 전체 병력은 형식상 중국인 구국군과 산림대를 대폭 흡수해 약 1,200명이었는데, 그럼에도 불구하고 조선족이 50-60%에 달하였다.[35]

위증민의 '반민생단 투쟁'의 본질은 이제 명백하게 되었다. 그것은 중국공산당 동만특위와 동북인민혁명군 제2군에서 조선족 간부들을 숙청하여 총살하고 중국인으로 교체하기 위한 범죄적 종파투쟁이었던 것이다.

안봉학과 김일성이 간신히 살아남았으나 그들도 아직 안전한 것은 전혀 아니었다. 위증민은 1935년 5월에 작성하여 12월에 코민테른 주재 중국공산당 대표부에 제출한 보고서에서 김일성도 민생단 혐의자라고 다음과 같이 보고하였다.

> 김일성. 고려인. 1932년 입당. 학생(학생 출신의 뜻). 23세. 용감하고 적극적이며, 중국말을 할 줄 알고 유격대원에서 제발되었다. 민생단(民生團)이라는 공술이 매우 많다. 대원들과 함께 이야기를 좋아하며, 대원들 속에서 신망이 있다. 구국군 속에서도 신망이 있으며, 정치 문제는 아는 것이 많지 않다.[36]

그러므로 살아남은 2명의 조선인 간부 안봉학과 김일성도 '민생단'으로 숙청하도록 예정되어 있었다고 볼 수 있다. 그 후 실제로 신변 위협을 느낀 안봉학은 탈주하여 하산하였고, 김일성만이 일시 수감되는 등 위협

---

35 金成鎬, 『1930년대 延邊 '民生團事件' 연구』, p. 170 참조.

36 「中共東滿特委書記馮康的報告(之五)」(1935. 12. 20.), 『文件匯集』(甲30), 1991, p. 180; 金成鎬, 『1930년대 延邊 '民生團事件' 연구』, pp. 497-498.

속에서 버티고 있었을 뿐이었다.

위증민의 광란은 여기에 그치지 않았다. 그는 "민생단의 모든 영도기관이 파괴되고 (민생단) 영수들의 10분의 7-8이 이미 체포되거나 구축"[37] 되었다고 스스로 진단한 상황에서, 다음 단계는 중·하급 간부와 하층 군중에 잠입한 민생단을 색출하여 숙청해야 한다고 강조하였다. 그는 조선족 중·하급 간부 일부는 총살했으며, 다른 간부와 군중은 산속에 만들어 놓은 3개의 감옥[38]에 넣어 야만적 고문과 설득을 하며 민생단임을 자백하고 개과하라고 강요하였다. 위증민은 또 여기에 그치지 않고 최후 단계로 유격구 밖에서 조선인 촌락 내의 민생단을 소멸시켜야 한다고 강조하였다.

위증민·종자운 일당의 숙청정책대로라면 동북인민혁명군 내의 조선인 유격대 간부와 대원들은 결국 모두 민생단의 누명을 쓰고 차례로 학살당하게 되어 있었고, 조선인 유격대에 보급과 활동 터전을 제공해 주던 조선족 유격 근거지의 조선인 주요 인사들도 모두 학살당하게 되어 있었다. 중공 동만특위는 결국 민생단이라고 하여 조선인 유격대원 약 500명 이상을 총살하였다.

중국공산당에 제출된 보고에 의하면 1931년 3월 말 동만특위의 공산당원은 636명이었는데, 그중 조선인이 96.5%에 달했다.[39] 1933년 9월경에는 동만의 공산당원은 965명이었는데 그중 조선인은 97.9%였고, 중국인은 2.1%였으며, 공산청년동맹 당원은 890명이었는데 그중 조선인이

---

37 「中共東滿特委書記馮康的報告(之五)」(1935. 12. 20.), 『文件匯集』(甲30), 1989, p. 322; 金成鎬, 『1930년대 延邊 '民生團事件' 연구』, p. 170.

38 당시 동만주 매개현의 유격구에는 모두 감옥이 있었고 '민생단' 혐의로 체포된 사람은 매우 많았다고 하였다. 「中共東滿特委書記馮康的報告(之三)」(1935. 12. 20.), 『文件匯集』(甲30), 1989, p. 300; 金成鎬, 『1930년대 延邊 '民生團事件' 연구』, p. 171 참조.

39 「中共東滿特委書記馮康的報告」(1931. 4. 24.), 『文件匯集』(甲8), 1988, pp. 16-17; 金成鎬, 『1930년대 延邊 '民生團事件' 연구』, p. 198 참조.

98.5%, 중국인은 1.5%에 불과하였다.[40]

이러한 구조에서 위증민·종자운 일당이 500명 이상의 조선인 유격대 간부와 대원들을 총살한 것은 항일무장투쟁의 역량을 거의 모두 제거한 것이었다. 동북인민혁명군의 상급 간부들을 중국인 일색으로 바꾸어 놓고 그 위에 다시 '민생단 숙청'을 내세워 '조선족 사냥'을 해대니 이 광란의 야만적 학살정책이 오래 지속될 수는 없었다.

우선 유격대원들이 틈만 있으면 이탈하여 하산해서 전투다운 전투를 해낼 수가 없었다. 또한 조선족 촌락 농민들은 조선인 유격대들을 학살하는 중국공산당 동만특위에 등을 돌리었다. 동북인민혁명군 제2군의 근거지인 동만지역 유격구는 민심 이반으로 붕괴해 버리고 말았다. 동북인민혁명군의 유격대가 고립된 것은 무엇보다도 중국인 지휘관들이 '반민생단 투쟁'이라는 구실로 조선족 간부를 학살하는 등 반(反)조선족 정책을 폈기 때문이었다. 일제의 '집단부락' 조성 등은 훨씬 다음의 원인이었다.

중국공산당 동만특위 위증민·종자운 일당은 동북인민혁명군 제2군의 유격구가 근거지의 민심 이반으로 1935년 9월에 붕괴해 버리자, 제2군의 활동지역을 이동시켰다. 즉 제2군의 1·2단은 군장 왕덕태와 군 정치주임 이학충의 지휘하에 남만지역(대체로 지금의 요녕성 일대)으로 이동시키고, 제3·4단은 유한홍, 왕윤성(王潤成), 김일성의 지휘하에 북만지역(대체로 지금의 흑룡강성 영안현(永安縣) 일대)으로 이동시킨 것이다.[41] 조선족이 가장 많이 거주하고 항일유격전이 가장 왕성하여 일제가 큰 타격을 받던, 길림성과 지금의 연변지역을 포기하고 떠난 것이다.

북만지방으로 새로 이동한 동북인민혁명군 제2군의 제3·4단은 이동

---

40 「中共東滿黨團特委工作報告」(1933. 12. 25), 『文件匯集』(甲30), 1989, p. 41; 金成鎬, 『1930년대 延邊 '民生團事件' 연구』, p. 198 참조.

41 북만지역에서는 '반민생단 투쟁'의 피해를 비교적 덜 받은 동북항일동맹군 제4군 제4단이 1935년 9월 항일군을 '토벌'하겠다고 찾아온 일만군의 육상부대와 흑룡강 강상함대들의 합동작전을 1935년 9월 요하현 신흥동(新興洞)에서 격파한 '신흥동 전투'에서 승리하는 등 전과를 내고 있었다.

직후에 1935년 11월 액목현성(額穆縣城)을 습격하여 3일간 이를 점령한 '액목현성 전투'에서 승리하여, 괴뢰 만주군경의 무기와 보급품을 노획하는 전과를 올리었다. 이 부대는 노획 물자를 싣고 성에서 철수하다가 액목현성에서 15리 떨어진 액목현 관지(官地)에서 이 부대를 추격해 온 일본군 200명과 조우하여 치열한 전투를 벌인 '액목현 관지 전투'에서도 승리하여 일본군을 격퇴시켰다.

그러나 북만에 새로 이동한 동북인민혁명군 제2군 제3·4단은 이 부대를 지원해 줄 조선인 근거지가 근방에 없었고, 이 지역 조선족 촌락은 '민생단 사건'으로 동북인민혁명군에 등을 돌리고 있었으므로 처음부터 활동에 큰 제약을 받았다. 북만에 도착한 직후 중국인 간부 양송(楊松, 일명 吳平)과 조선인 간부 김일성은 '민생단 문제'를 해결하는 것이 가장 긴급한 과제임을 재확인하고, 양송은 문제의 심각성과 긴급성을 알리기 위해 시베리아철도를 통해 모스크바에서 열린 코민테른 제7차 대회에 중국공산당 대표를 만나러 가게 되었다. 양송은 떠나기 전에 조선족 단장으로 유일하게 아직 살아남은 김일성과 담론을 한 후 모스크바로 향하였다.

1935년 7월 25일부터 8월 20일까지 모스크바에서 코민테른 제7차 대회가 개최되었다. 이 대회에 참석하기 위해 연안의 중국공산당 중앙으로부터 중공대표단(王明, 康生, 周和森, 吳玉章, 張浯)이 미리 도착하자, 조선 공산주의 단체들로부터 '반민생단 투쟁'을 구실로 한 조선족 공산주의자 학살 문제가 제기되었다. 이에 코민테른 중공대표단은 반민생단 투쟁을 주도한 동만특위의 위증민과 이를 착오라고 하며 비판적 견해를 가진 만주성위 길동순시원 양송을 모스크바로 불러 '민생단 사건'을 직접 보고하도록 하였다. 당시 북만에 있던 위증민은 모스크바의 호출을 받고 1935년 5월 말 동만을 출발하여 훈춘을 돌아서 12월에 뒤늦게 모스크바에 도착하였다.

양송의 호소와 '민생단 사건'에 대한 각국 공산당 대표들의 주목은 효과가 있었다. 코민테른 제7차 대회는 식민지·반(半)식민지 문제를 다룬

부분에서 '소수민족' 문제에 주의를 환기시키고 '반제(反帝)인민전선'(소수민족과의 연합에 의한 통일전선 포함) 정책을 강조하였다. 이에 보조를 맞추어 중공대표단은 신정책으로서 '8·1 선언'을 발표했는데, 국민당이 쏘비에트구를 향한 진격작전을 중지한다면 국민당과 합작하여 반제 공동투쟁을 할 것이며, 중국 내의 모든 피압박민족(몽고·위그르·조선·티베트·묘(苗)·요(瑤)·여(黎)·번(番) 등) 형제들도 반제국주의 공동투쟁을 하자고 호소하였다. 중국공산당의 정책이 양송의 호소를 수용해서 크게 전환하여 신정책이 선언된 것이다.

중국공산당의 동북지방에 대한 '신정책'은 1935년 11월 2일 자로 코민테른 기관지에 양송이 발표한 「동북인민 반일통일전선을 논함」이란 논문에 잘 나타나 있다. 이 논문에서 양송은 이미 코민테른과 모스크바 중앙의 지도로 좌익 종파주의의 극복은 진전되고 있다고 확언하고 나서 특히 다음과 같은 요지의 '신정책'을 발표하였다.[42]

첫째, "중국공산당 중앙당은 이제 '중국·조선·몽골·만주 피압박민족의 통일전선'이라는 슬로건을 진행시켜, '중·조(한) 민족은 굳게 연합하여 일본의 괴뢰 만주국 통치를 전복하고 간도 조선족 자치구를 건립하자.'라는 슬로건을 내걸지 않으면 안 된다."라고 주장했다. 즉 중국과 조선(한국) 양민족의 연합전선을 강조하고 '간도조선족자치구(間島朝鮮族自治區)'가 제창된 것이다.

둘째, 동북인민혁명군 제2군과 기타 항일유격대를 '중·조(한) 항일연합군'으로 개편하여 일제에 대항해 싸우되 조선(한국)민족의 독립을 위해서도 싸우게 할 것을 주창했다. 즉 조선인은 조선민족 항일군부대를 편성하고 중국 항일군부대와 조선(한국) 항일군부대의 연합군을 편성하여 싸우면서, 조선(한국) 항일군이 조선(한국) 독립을 위해 싸우는 것을 당연히

42 『中國共産黨史資料集』 제8권, 勁草書房, 1974, pp. 105-117; 和田春樹(李鍾奭 역), 『김일성과 만주항일전쟁』, pp. 130-131 참조.

인정하고 중국 항일군도 이를 도와야 한다는 것이다. 동북지방에서 조선(한국)민족 항일군과 중국민족 항일군이 대등하게 연합군의 편성을 제창함은 중국공산당 동북정책의 큰 변환이었다.

셋째, 중국공산당 조직의 강화와 함께 조선(한국)민족의 독자적인 '조선(한국)민족혁명당', '간도반일통일전선당'의 결성을 제창했다. 민족혁명당은 김원봉(金元鳳)의 '조선민족혁명'이 창당 중이었고, '간도반일통일전선당'은 앞으로 동만에서 결성할 정당으로 제안된 것이다. 과거에는 '조선민족의 자치구'나 '조선민족의 통일전선당'을 주장하는 경우 바로 민생단으로 몰려 총살 등 처벌의 대상이 되었는데, 중국공산당 중앙당의 이름으로 이제는 이를 승인하며 제창하고 있는 것이다. 참으로 완전히 변환된 '신정책'이었다.

위증민은 이러한 신정책이 이미 내정된 직후인 1935년 12월 모스크바에 도착하여 자기의 보고서를 제출하였다. '풍강보고(馮康報告)'로 알려진, 위증민이 이때 코민테른 중공대표단에게 제출한 보고는 반민생단 투쟁을 한층 더 진행시킨다는 결론을 내리면서도 민생단에 대한 혼란된 개념과 관점을 횡설수설하였다.[43] 위증민은 민생단을 중국공산당 만주성위에 잠입한 '친일 간첩 주구'라고 학살·고문을 자행해 놓고서는 이 보고서에서는 민생단이 '매우 적극적으로 일본과 작전하는' 단체이면서도 '일제에게 투항해도 일제가 고문 도살하는' 정체불명의 단체라고 하여 중국공산

43 "(…) 민생단 내부에는 많은 모순이 있다. ① 민생단이 민생단을 죽이고 큰 민생단은 작은 민생단을 죽인다. ② 민생단이 일본 제국주의에게 가서 투항하여도 일제는 역시 마찬가지로 그들을 고문, 도살하고 감옥에 가두는 등 전혀 우대하는 것이 없다. ③ 민생단은 우리 인민혁명군과 지방단부에서 어떤 때에는 매우 적극적으로 일본과 작전한다. 그리고 많은 민생단들은 그들의 부모 처자 등 가족이 모두 일본에게 총살당했지만 그래도 민생단에 가입할 뿐만 아니라 어떤 때에는 적극적으로 민생단의 작용을 일으킨다. (…)" 「中共東滿特委給中共中央的工作報告(之五)」(1935. 12. 20.), 『文件匯集』(甲30), 1989, pp. 324-332; 金成鎬, 『1930년대 延邊 '民生團事件' 연구』, pp. 191-192 참조.

당의 학살 대상 단체라는 근거를 제시하지 못하였다.

위증민은 반민생단 투쟁의 계속을 승인받으려 노력했지만, 그 후의 상황을 보면 이때 제7차 코민테른 중공대표단은 위증민의 반민생단 투쟁을 빙자한 조선족 공산주의자 학살을 비판했으며, 반민생단 투쟁 중지를 지시한 것으로 보인다. 이뿐만 아니라 코민테른 중공대표단은 1935년 12월 위증민에게 양송의 1935년 11월 2일 자 코민테른 기관지에 실린 논문에서 해설한 내용과 동일한 신정책의 실시를 지시하였다.

그리하여 민생단 숙청을 빙자해서 만주의 조선인 공산당 간부들을 모두 숙청해 나가던 중국공산당 동만성위 위증민·종자운 일당의 반민생단 투쟁은 500명 이상의 우수한 조선족 항일 전사를 억울하게 거의 모두 학살해 놓고 항일무장투쟁 능력을 붕괴시킨 후 종결되었다.

3. 동북항일연군과 조국광복회의 편성

1) 동북항일연군 제2군의 편성

위증민은 코민테른 및 코민테른 중공대표단의 결정과 지시를 받고 만주에 귀환하여 1936년 1월 20일 경박호(鏡泊湖) 기슭의 북호두(北湖頭)에서 '중공 동북인민혁명군 회의'를 개최하였다. 이 '북호두 회의'에는 군의 최고 간부들(전원 중국인)만 참석했는데, 위증민은 모스크바의 결정과 지시를 전달하고 대체로 다음의 중요사항을 결정하였다.

① 당은 만주성위원회를 해체하고 앞으로는 4대 유격구를 중심으로 4개의 성위원회를 새로 조직하여 유격구와 군을 직접 지도한다.

② 군은 동북인민혁명군 제2군과 제5군을 중국·조선(한국)의 항일연합군으로 개편한다.

③ 특히 '동북인민혁명군 제2군'을 중·조 항일연합군으로 개편한다. 이 군대 중 조선 공산주의자들은 단독으로 조선인민혁명군을 조직하여 압록강과 두만강의 중·조 국경지대에 근거지를 만들고, 적당한 때 조선으로 돌아가 해방투쟁을 전개한다.

④ 반일총회(反日總會)에서 조선인을 분리하여 '간도반일통일전선당'과 같은 동만의 조선인 통일전선단체를 조직한다.

⑤ 반민생단 투쟁은 계속하지 않는다.[44]

이어서 1936년 2월 10일 한광(韓光, 일명 曉夢)은 소련에서 북만 주하(珠河) 공산당위원회에 편지를 보내면서 코민테른 제7차 대표회의의 정책에 따르는 중공당의 재만 조선민족에 대한 '정책문제'에 대해 다음과 같이 변화된 내용을 기술하였다.

우리는 마땅히 만주에 있는 조선의 일반 인민들이 조선인 반일 무장대오와 정당을 조직하는 것을 허락할 뿐 아니라 모든 힘을 다하여 도와주어야 한다. 우리는 "중·조 민족은 연합하여 일·만 통치를 뒤엎고 간도 조선인 자치구를 건립하자."라는 구호를 제출하여 일제와 대립해야 한다. 이렇게 함으로써 일제의 압박과 노력을 벗어나 해방과 자유를 얻을 것을 극단적으로 갈망하는 광대한 혁명역량—조선민족을 쟁취해야 한다.[45]

여기서 알 수 있는 바와 같이 코민테른과 중국공산당의 동만 조선족에 대한 정책은 완전히 전환되어 ① 제2군과 제5군에서는 조선인 단독의 조선인민혁명군을 편성하여 중국인민혁명군과 연합군을 편성할 수 있도

44 和田春樹(李鍾奭 역), 『김일성과 만주항일전쟁』, pp. 132-133.

45 「○○爲反日統一戰線的策略及黨團組織等問題給珠河縣委的信」(1936. 2. 10.), 『文件匯集』(甲38), 1990, pp. 381-395; 金成鎬, 『1930년대 延邊 '民生團事件' 연구』, pp. 204-205.

동북항일연군의 간부들(앞줄 우측에서 두 번째가 김일성, 세 번째가 주보중)
(출처: 독립기념관)

록 하고, ② 압록강·두만강 유역의 국경지대에 독자적 근거지를 만들어 조선 독립을 위해 싸울 수 있게 하며, ③ 간도지역에는 조선인 통일전선 단체를 만들 수 있으며, ④ 조선민족이 중국민족과 연합하여 일본·만주의 통치를 뒤엎는 날에는 '간도조선인자치구(間島朝鮮人自治區)'의 건립을 승낙하겠다는 것이었다. 이것이 '일제의 압박과 노역을 벗어나 해방과 자유의 획득을 극단적으로 갈망하는 광대한 혁명 역량인 조선민족을 중국민족의 항일투쟁에서 쟁취하는 길'이라는 것이다.

1936년 3월 초순 중국공산당 동만특위와 동북인민혁명군 제2군의 고위간부들이 미혼진(迷魂陳)에서 회의를 열고 코민테른 중공대표단의 지시에 따른 개편문제를 토의 결정하였다. 이 회의에는 위증민·왕덕태·이학충·주수동(이상 중국인)과 안봉학·김일성(이상 조선인) 등이 참석하였다. 이 회의에서 제2군의 조선인 대원들 단독의 '조선인민혁명군' 편성 문제가 검토되었다. 그 후 '조선인민혁명군'의 명칭을 사용한 것을 보면 김일성은 이 명칭을 간절히 선택하고 싶었던 것으로 추측된다. 그러나 김일성은 이 자리에서는 이를 사양하고 중국민족과의 공동투쟁과 연합을 강조하였다. '민생단 사건'의 심대한 여독이 아직도 부대 안에 만연했기 때문이다. 그리하여 동북인민혁명군은 '동북항일연군(東北抗日聯軍)'으로 명칭을 바꾸게 되었다.[46] 동북인민혁명군 제2군은 동북항일연군 제2군이 되었다.[47]

동북항일연군은 편성 때에는 제1군부터 제5군까지 5개 군(軍)으로 이루어졌다. 그 가운데 제2군에는 3개 사(師)를 두었는데, 제1사는 사장에 안봉학, 정치위원이 최현이었고, 제2사는 사장에 방진성(方振聲), 제3사는 사장에 김일성을 승진시켜 임명했다. 정치위원에는 반민생단 투쟁에 앞장서 조선인 학살에 적극적이었던 중국인 조아범이 임명되었는데 민생단을 등한시하는 김일성을 감시하기 위한 선발의 개연성이 있었다. 제2군은 조선인이 가장 많았던 과거 동만(지금의 연변) 지역의 연길 유격대가 골간이었기 때문에 조선인 부대라고 볼 수 있는 것이었다. 그 밖에 동북항일연군에는 한국인 지휘관으로서 제3군에 김책이 있었다.

이제 간도의 조선 공산주의 유격대인 연길유격대는 '동북항일연군 제2군'으로 상당한 독자성을 가지면서 항일무장투쟁을 전개할 수 있게 된 것이다.[48] 실제로 제2군은 동북항일연군의 주력부대로서 과감한 항일전쟁을 전개하여 도처에서 큰 승리를 쟁취하기 시작하였다.

동북항일연군은 1936년 11월에 제2사를 독립시켜 제7군을 편성하였다. 제7군에서는 중국인 간부들과 함께 조선인 간부로서는 이학만(李學萬), 최용건 등이 있었다. 동북항일연군은 이어서 제6, 8, 9, 10, 11군을 편성하여 모두 11개 군을 만들었으나, 제8, 9, 10, 11군은 간부뿐이었고 실병력은 제대로 편성하지 못하였다.

---

46 Dae-Sook Suh, *Kim Il Sung: The North Korean Leader*, Columbia University Press, 1988, pp. 3-54 참조.

47 和田春樹(李鍾奭 역), 『김일성과 만주항일전쟁』, pp. 133-134 참조.

48 黃敏湖, 「東北抗日聯軍의 민족운동사적 성격」 참조.

[표 5-2] 동북항일연군 지휘부(1936-1941)

로군	군	사
제1로군 총사령 양정우 (楊靖宇, 양징위)	제1군 군장 양징위(楊靖宇) 정위 이홍광(李紅光)	제1사 사장 청펀(鄭 ○) 제2사 사장 차오궈안(曺國安) 제3사 사장 첸한장(陳翰章)
	제2군 군장 주진(朱鎭)*, 왕더타이(王德泰) 정위 웨이정민(魏拯民)	제1사 사장 안봉학(安鳳學)*, 최현(崔賢)* 제2사 사장 팡전성(方振聲) 제3사 사장 김일성(金日成)*
	제4군 군장 왕더린(王德林), 리옌투(李延祿) 정위 황위칭(黃玉淸)	제1사 사장 리옌핑(李延平) 제2사 사장 저우여우얀(鄭魯岩) 제3사 사장 궈푸더(郭福德)
제2로군 총사령 주보중 (周保中, 저우바오중)	제5군 군장 저우바오중(周保中) 정위 쑹이푸(宋一夫)	제1사 사장 핑난양(平南洋) 제2사 사장 푸셴밍(傅?顯明) 제3사 사장 궈푸더(郭福德)
	제7군 군장 이학만(李學萬)* 정위 최용건(崔庸健)*	
	제8군 군장 셰원둥(謝文東) 정위 류수화(劉曙華)	
	제10군 군장 왕야천(汪雅臣)	
제3로군 총사령 조상지 (趙尙志, 자오상즈)	제3군 군장 자오상즈(趙尙志) 정위 펑중윈(馮仲云), 김책(金策)*	제1사 사장 자오상즈(趙尙志) 제2사 사장 리시산(李熙山) 제3사 사장 리푸린(李福林) 제4사 사장 스구이린(○ 貴林) 제5사 사장 리자오린(李兆麟)
	제6군 군장 샤윈졔(夏云杰) 정위 장서우졘(張壽籛)	제1사 사장 샤윈졔(夏云杰) 제2사 사장 펑즈강(馮治剛) 제3사 사장 장취안푸(張傳福)
	제9군 군장 리화탕(李華堂)	
	제11군 군장 치즈중	

주: *표시는 한국(조선)인 장교

자료: 서대숙(서주석 역), 『북한의 지도자 김일성』, 청계연구소, 1989, p. 819.

동북항일연군은 최종적으로 제1, 2, 4군으로 '제1로군(第一路軍)'을 편성하고, 제5, 7, 8군(후에 제10군 편성 추가)으로 '제2로군', 제3, 6군(후에 제9, 11군 추가)으로 '제3로군'을 편성하여 '3로군(三路軍) 지휘체계'를 갖추었다. 이것을 간단히 표로 정리하면 [표 5-2]와 같다.

2) 조국광복회의 결성

동북항일연군 제2군은 군대조직의 개편이 일단 이루어지자, 그간 반민생단 투쟁으로 붕괴되어 버린 만주지역(특히 동만과 남만지역) 조선인 공산주의자들의 일반 민간결사체를 코민테른 및 코민테른 중국대표단의 '신정책' 노선에 따른 '새로운 통일전선체'로 재건 편성하기 위한 고급간부회의를 1936년 5월 무송현 동강(東崗)에서 개최하였다. 이 회의에서는 만주 전역의 조선족 촌락에 '재만조선인조국광복회(在滿朝鮮人祖國光復會)'를 결성하기로 결의했다.[49] 또한 중국공산당 만주성위원회의 동만특위와 남만특위를 통합하여 '남만주성위원회'로 개편했다. 군대뿐만 아니라 만주공산당도 남만주 중심으로 개편한 것이었다.

그동안 북만지역에 이동하여 근거지가 약하였던 동북항일연군 제2군

49 제2군 군장 위증민은 이 회의 1개월 후인 1936년 6월 말 금천현 하리(河里)에 찾아가서 제1군 군장 양정우와 만나 주요간부 연석회의를 열고 중요한 결정을 하였다. 그 하나는 제1군과 제2군을 합하여 상부기관으로 '동북항일연군 제1로군'을 편성한다는 것이다. 제1로군 총사령은 양정우(제1군 군장 겸임), 부사령은 왕덕태(후에 제2군 군장 겸임), 정치위원은 위증민이었다. 위증민은 동북항일련군 제2군에 포함된 (코민테른 권고의) '조선인민혁명군'에 해당하는 조선인 부대에 대한 중국인 지휘부를 옥상옥으로 하나 더 만들어 틀어쥔 것이었다. 이에 따라 제1군에 속한 남만(지금의 요녕성 지역)의 조선인 유격대를 지휘하던 양정우는 동만지역 조선인 유격대도 함께 지휘하게 되었다. 통합에 따라 제2군 제3사 사장이었던 김일성은 사 번호가 제6사 사장으로 되었다. 상부는 과거에는 제2군장뿐이었는데, 이제는 제1로군 총사령과 그 아래 제2군장이 모두 상사가 되었다. 장덕순 외, 『조국광복회 운동사』, 지양사, 1989, pp. 89-229 참조.

제6사 또한 1936년 3월 다시 동만지역으로 돌아와서 백두산, 두만강, 압록강 변경지대에서 활동하게 되었다. 제2군 제6사 등은 동만지역에 돌아오자마자 이 지역에 유격 근거지를 비밀리에 다시 설치하기 시작하였다. 이번에는 이를 밀림 속에 비밀리에 설치하고 전혀 공개하지 않았다. 그러므로 새 유격 근거지는 '밀영(密營)'이라고 불리게 되었다. 주로 장백현과 임강현을 중심으로 30여 개의 밀영이 설치되어 화전민들이 제2군의 활동을 지원하게 되었다.

또한 이 무렵에 항일연군 조선인 부대 활동을 지원하기 위한 통일전선체로서 비밀리에 '조국광복회'도 결성되었다. 일제 측이 압수한 자료인 1936년 6월 10일 자로 된 「재만조선인 조국광복회 선언」과 「재만조선인 조국광복회 10대강령(초안)」의 2개 문서에는 이 통일전선체의 발기인이 오성륜(吳成崙), 엄수명(嚴洙明, 일명 嚴弼順, 제1군 고위간부), 이상준(李相俊, 일명 李東光, 제1군 간부)으로, 모두 제1군 중심으로 되어 있다. 물론 「조국광복회 선언」과 「10대강령」은 만주 전체의 한국인에 적용되는 것이다. 「조국광복회 선언」은 다음과 같은 글로 시작된다.

> 재만한인의 진실한 자치와 한국의 자유독립재건을 위해 싸우자! 국내·국외에 사는 프롤레타리아 계급의 형제자매 동포들이여!
> 우리의 조국, 미려한 삼천리 강산은 우리 조상으로부터 자자손손에게 이르기까지 대대로 전래해 온 강산이거늘 원수인 일본(의) 놈들에게 강탈되고 5,000년의 빛나는 역사를 가진 2,000만 백의민족은 놈들의 노예로 된 이래 이미 27-28년에 이르고 있다. 그동안 우리 2,000만 백의동포가 놈들이 감행하고 있는 착취·압박·살해 등의 정책 아래에서 견디지 못하고 고향을 쫓겨나 남부여대(男負女戴)하여 쓸쓸한 해외로까지 몰려나고, 가는 곳마다 이유없이 구축·학대·체포·살해 등을 당하며, 우리 민족은 갖은 고통을 맛보면서 피와 땀을 흘리니, 망국노예의 비참한 정경은 그 가축보다도 한층 불쌍하다고 할 생활에 빠져 천대받게 되었다. 이에 더하여 일본(의) 놈들은 만주를 점령한 후 조선을 공업화시

킨다는 구실로써 3년 안에 700만의 백의동포를 만주의 광야(曠野)에 이민시키려고 하고 있다. 놈들의 이러한 계획은 (…) 우리 백의동포를 (…) 영원한 노예로 만들어 마음대로 반(反)소련연방전쟁과 중국혁명진압전쟁의 와중으로 던져 넣어 모조리 죽이려는 계책이다. 우리 민족, 특히 재만 백의동포의 운명은 지극히 위기에 빠져 있다. 이러한 시기에 처해서 우리 동포의 서광은 원수인 놈들과 전쟁하여 승리에 의해서만 얻을 수 있는 것이다.[50, 51]

---

50 『思想彙報』 제14호(1938. 3.), pp. 60-69; 和田春樹(李鍾奭 역), 『김일성과 만주항일전쟁』, pp. 145-146.

51 「재만조선인 조국광복회 선언」의 제1, 2항과 제5항에서는 이 조직의 성격에 대해 다음과 같이 선언하였다.

"1. 전민족의 계급·성별·지위·당파·연령·종교 등의 차이를 불문하고 백의동포는 반드시 일치단결, 궐기하여 원수인 왜놈과 싸워 조국을 광복할 것. (…)

2. 재만한국인의 진정한 자치와 조국광복을 완수하기 위해 싸울 군대를 조직할 것. (…)

5. 국내·국외에서의 반일독립운동과 각종 단체 그리고 모든 애국지사들 중에서 대표를 우선 파견함으로써 '재만조선인조국광복회'를 조직할 것. 이 위원회는 재만조선인 자치와 조선독립운동을 지도하는 총영도기관이므로 우리들은 과거에 모든 운동이 통일적 총영도기관을 결여하여 구체적·통일적 지도가 충분하지 않았다는 것을 교훈으로 생각하고 우선 해외에 국내에 반일총세력을 집중하여 총영도기관 '조국광복회'를 건립할 것을 주장하여 마지않는다."

또한 「재만조선인 조국광복회 10대강령」의 내용은 다음과 같았다.

"(1) 조선민족의 총동원으로 광범한 반일통일전선을 실현함으로써 강도 일본제국주의의 통치를 전복시키고 진정한 조선인민정부를 수립할 것.

(2) 조중민족의 친밀한 연합으로써 일본 및 그 주구 '만주국'을 전복하고 중국인민들이 자기가 선거한 혁명정부를 창설하여 중국영토 내에 거주하는 조선인의 진정한 자치를 실행할 것.

(3) 일본 군대, 헌병, 경찰 및 그 주구들의 무장을 해제하고 조선의 독립을 위하여 진정하게 싸울 수 있는 혁명군대를 조직할 것.

(4) 일본 국가 및 일본인 소유의 모든 기업소, 철도, 은행, 선박, 농장, 수리기관 및 매국적 친일분자의 전체 재산과 토지를 몰수하여 독립운동의 경제에 충당하며, 일부분으로는 빈곤한 인민을 구제할 것.

(5) 일본 및 그 주구들의 인민에 대한 채권, 각종 세금, 전매제도를 취소하고 대중생활을 개선하며 민족적 공, 농, 상업을 장애 없이 발전시킬 것.

(6) 언론, 출판, 집회, 결사의 자유를 전취하고 왜놈의 공포정책 실현과 봉건사상

「조국광복회 선언」은 맨 끝에서 다시 다음과 같은 3개 구호를 기록하고 있다.

- 백의동포 민족해방을 목표로 하여 싸우자.
- 재만한인의 진실한 자치를 목표로 하여 투쟁하자.
- 대한국민족 해방독립 승리 만세.

제1군 지역인 남만지역에서 조국광복회가 실제로 조직되었다는 증거자료는 나오지 않는다. 그러나 증거자료에 따르면 제2군 작전지역에서는 장백현(長白縣)과 국내의 함경남도 갑산(甲山), 삼수(三水)와 풍산(豊山) 지역에서 조국광복회가 조직되었다.[52] 장백현의 조국광복회 조직은 다음과 같았다.[53]

- 조국광복회 장백현 공작위원회(회장 李悌淳)

장려를 반대하며 일체 정치범을 석방할 것.

(7) 양반, 상민, 기타 불평등을 배제하고 남녀, 민족, 종교 등 차별없는 일률적 평등과 부녀의 사회상 대우를 제고하고 여자의 인격을 존중히 할 것.

(8) 노예노동과 노예교육의 철폐, 강제 군사복무 및 청소년에 대한 군사교육을 반대하며 우리말과 글로써 교육하며 의무적인 면비(免費)교육을 실시할 것.

(9) 8시간 노동제 실시, 노동조건의 개선, 임금의 인상, 노동법안의 확정, 국가기관으로부터 각종 노동자의 보험법을 실시하며 실업하고 있는 근로대중을 구제할 것.

(10) 조선민족에 대하여 평등적으로 대우하는 민족 및 국가와 친밀히 연합하며 우리 민족해방운동에 대하여 선의와 중립을 표현하는 나라 및 민족과 동지적 친선을 유지할 것."

『思想彙報』 제14호, pp. 62-63; 和田春樹(李鍾奭 역), 『김일성과 만주항일전쟁』, p. 147.

52 성주현, 「1930년대 천도교의 반일민족통일전선운동에 관한 연구: 갑산·산수·풍산·장백현 지역의 조국광복회를 중심으로」, 『한국민족운동사연구』 제25집, 2000 참조.

53 『現代史資料』(30), みすず書房, 1980, pp. 269-277.

- 상강구 구회(회장 李悌淳)
- 상방면지회(회장 李悌淳)
- 중방면 구회(회장 李昌奎)
- 주가동(珠家洞)지회(회장 趙明植)
- 피술덕(避述德)지회(회장 李昌奎)
- 대사동(大寺洞)지회(회장 金景天)
- 평강덕(平崗德)지회(회장 崔元鳳)
- 약수(藥水)지회(회장 李昌奎)
- 하방면 구회(회장 李德鉉)
- 왕가동(王哥洞)지회(회장 徐應珍)
- 치부동(致富洞)지회(회장 李德鉉)
- 하강구 구회(회장 金秉極)
- 요방자(腰房子) 장년부지부(책임 趙昌雲)
- 요방자 청년부지부(책임 朴泰協)
- 도천리지회(회장 金斗元)

장백현에서는 이 밖에 공산당 당세포가 재건되고 부녀부, 생산유격대도 조직되었다고 한다.[54] 조국광복회는 기관지로서 『3·1월간』을 등사판으로 발행하였다.

함경남도 갑산군 보천(普天)면과 운흥(雲興)면에서는 갑산적색농민조합을 조직하여 활동했던 농민운동가 박달(朴達, 본명 朴文湘)과 박금철(朴金喆)이 동북항일연군 제2군에서 파견된 권영벽(權永壁)과 접촉하여 조국광복회의 '갑산공작위원회'를 조직하였다. 이들은 1937년 2월에는 '갑산공작위원회'를 개칭하여 '민족해방자동맹(民族解放者同盟)'이라는 독자적

54 和田春樹(李鍾奭 역), 『김일성과 만주항일전쟁』, p. 155 참조.

명칭도 만들었다.[55]

또한 풍산군에서는 천도교청년당(天道教青年黨) 풍산군 대표 이경운(李景云)이 제2군에서 파견한 정치위원 김재범(金在範)과 접촉하여 풍산 천도교청년당 안에 '풍산조국광복회'를 비밀결사로 조직하였다.[56]

제5군 지역(주로 흑룡강성)에서도 일제가 압수한 조국광복회 문건 기록은 남아 있으나, 조직의 실체는 기록되어 있지 않다.

4. 동북항일연군 제2군의 항일무장투쟁

동북항일연군 제2군이 편성되어 '민생단 사건'의 내부숙청 위협으로부터 벗어난 이후 제2군에 속한 조선인 유격대는 '민생단 사건'으로 말미암아 잃어버린 근거지에서 일만군을 소탕하고 유격 근거지를 만들기 위한 다수의 전투를 감행하였다. 이 중에서 '무송현성(撫松縣城) 전투', '대덕수(大德水) 전투', '소덕수 전투', '사도하자(四道河子) 전투', '단자산(團子山) 전투', '연통구(煙筒溝) 전투', '만강(漫江) 전투', '서강(西崗) 전투', '노령 전투', '반절구(半截溝) 전투', '이도강(二道崗) 전투', '태양분(太陽坌) 전투'는 동북항일연군 제2군이 일만군에 심대한 타격을 주며 승리한 전투였다. 한편 무송현 '소탕하 전투'에서는 제2군이 패전하여 군장 왕덕태가 전사하기도 했다. 이 밖에도 작은 유격전들이 끊임없이 전개되었다. 자유를 얻은 조선인 대원들의 용감무쌍한 전투로 일만군의 괴로움은 극에 달하였고 일본군의 새로운 '토벌작전'이 수립되기에 이르렀다. 여기서는 작은

---

55 「惠山事件判決書」, 金正柱 編, 『朝鮮統治史料』 제6권(共産運動), 韓国史料研究所, 1970, pp. 616-621 참조.

56 성주현, 「1930년대 천도교의 반일민족통일전선운동에 관한 연구: 갑산·산수·풍산·장백현 지역의 조국광복회를 중심으로」 및 和田春樹(李鍾奭 역), 『김일성과 만주항일전쟁』, pp. 153-154 참조.

전투들을 기술할 지면이 없으므로 생략하고 큰 전투만 쓰기로 한다.[57]

1) 보천보(普天堡) 점령 전투

민족주의 독립군과 공산주의 독립군을 막론하고 조선인 부대의 꿈은 압록강·두만강을 건너 국내로 진입하여 일본 침략군을 소탕하는 것이었다. 동북항일연군 제2군 조선인 대원들의 꿈도 마찬가지였다. 1937년 3월 동북항일연군 제2, 4, 6사 간부들은 제6사의 주도하에 간부(지휘관)회의를 열어 각 사가 3개 지역을 분담해서 일시에 국내에 진입한 뒤 유격전을 감행해서 일제 군경부대를 쳐부수고 돌아오기로 결정하였다. 제6사는 압록강 상류를 건너 함경남도 갑산군 보천보(普天堡)를 공격하기로 하고, 제4사는 함경북도 무산군의 국경 주재소를 공격하기로 했으며, 사장 조아범이 중국인이었던 제2사는 장백현에 들어가 후비대가 되었다가 간삼봉(間三峯)에서 3개 사가 최종적으로 합류하기로 하였다.

보천보 점령작전은 제6사 사장 김일성(본명 金成柱)이 지휘하였다. 제6사 사장은 먼저 갑산 조국광복회의 박달(본명 朴文湘)과 박금철을 장백현으로 초청하여 만나 협조를 구했다. 그 결과 보천보의 지도와 함께 약 60명의 조국광복회 회원의 협조를 회신받았다.

함경남도 혜산군 보천보는 혜산진에서 약 20킬로미터 떨어진 외곽 면사무소 소재지로서 인구는 한국인이 280호에 1,323명, 일본인이 26호에 약 50명, 중국인이 2호에 약 10명, 합계 약 380호에 1,383명이 되는 소읍이었다. 일제 기관으로는 경찰관 주재소, 우편소, 면사무소, 농사시험장, 소방조(消防組), 산림보호구 등이 있었다. 경찰관 주재소는 정규직 경관 5명과 소수의 임시 경관보조원을 두고 있었다.

제2군 제6사 대원 90명은 사장 김일성의 지휘하에 1937년 6월 4일 저

57 Dae-Sook Suh, *Kim Il Sung: The North Korean Leader*, pp. 15-54 참조.

녁 뗏목으로 압록강을 건넜다. 이후 밀림 속에서 대원들은 습격대, 주재소 진공대, 농사시험장 진공대, 방위대, 물품탈취대, 검열대의 6대로 나누어 기다리다가, 밤 9시에 일제히 공격을 시작하였다. 갑산 조국광복회 청년 80명도 기다리고 있다가 신속하게 내응하고 그들을 안내하였다. 습격대의 기습에 혼비백산한 일제 경찰은 모두 도주해 버렸다. 습격대는 주재소 무기고에서 경기관총 1정, 소총 6정, 권총 2정, 탄환 수백 발을 노획하였다. 다른 부대들은 우편소를 습격하여 통신을 마비시키고 면사무소와 함께 불태워 버렸다. 이 불은 보통학교까지 옮겨붙었다. 부호의 집에서는 군자금을 모집했는데, 그 과정에서 요리점 주인 일본인이 저항하려 하므로 처단하였다. 농사시험장, 산림보호구, 소방조도 점령하여 군수물자들을 거두어들이고 건물을 불태워 버렸다. 약 2시간 동안 보천보를 완전 점령·장악한 동북항일연군 제2군 제6사는 「조선인 조국광복회 목전 10대 강령」 50장, 「일본군대에 복무하는 조선인병사들에게 고함」 수십 장, 「반일대중에게 격(檄)함」 수십 장, 「포고문」 6장을 요소에 뿌리고 2시간 만에 철수하였다. 대원 한 명의 희생도 없이 보천보를 2시간이나 점령하여 필요한 모든 작전을 완벽하게 수행한 것이었다.[58]

치열한 전투는 정작 그 후에 벌어졌다. 보천보가 김일성 부대에 의해 점령되었다는 급보를 받은 일제는 혜산진 경찰대 31명, 혜산진 국경수비대 60명, 혜산진 헌병대 8명을 급파하여 제6사를 추격케 하였다. 그러나 퇴로 차단의 임무를 맡은 일제 경찰대가 퇴로 차단은커녕 제6사의 공격을 받고 전사 7명, 부상 14명 등 21명의 사상자를 내고는 괴멸되어 도주하였다.[59] 제6사의 국내진입작전은 일제와의 전투에서도 완벽한 승리를 거둔 것이었다.

김일성 부대의 승전은 서울에서 『동아일보』의 보도로 심리전·홍보전

58 「惠山事件判決書」, 金正柱 編, 『朝鮮統治史料』 제6권(共産運動), pp. 719-775 참조.

59 『東亞日報』, 1937년 6월 6일 자 및 和田春樹(李鍾奭 역), 『김일성과 만주항일전쟁』, p. 160 참조.

에서도 큰 성과를 거두었다. 사전 약속이 되어 있었던 것은 전혀 아니었지만 독립군 활동을 상세히 보도해 왔던 『동아일보』는 호외까지 발행하며 이를 대대적으로 보도하였다.

당시 『동아일보』는 독립운동 관련 기사를 많이 보도하는 특징이 있었는데, 손기정 선수의 1936년 베를린 올림픽대회 마라톤 우승 보도에서 '일장기 말소사건'에 걸리어 1936년 8월 27일부터 무기 정간을 당했다가 1937년 6월 1일부터 복간이 되었었다. 이러한 상태에서 독립군의 '보천보 습격 점령'이 있자 6월 5일 즉각 두 차례나 '호외'를 발행하였다. 첫 호외에서는 '함남 보천보를 습격, 우편소·면소에 충화(衝火)', '작야(昨夜) 200여 명이 돌연 내습, 보교(普校), 소방서에도 방화', '함남 경찰부에서 출동, 김일성(金一成)일파 OOO로 판명'의 제목들로 사건을 보도하였다. 이어서 두 번째 호외는 '보천보 속보', '추격 경찰과 충돌, 양쪽 사상 70명', '대안 23도구에서 교화(交火)', '혜산·신갈파·호인 등 삼서(三署) 경관 총출동'이라는 제목들로 보도하였다.

이후로도 『동아일보』 1937년 6월 7일 자 속보로 '우편소·면사무소와 삼림보호구 전소, 소방조·보통학교도 연소회신(連燒灰燼), 총피해 5만여 원', '추격 경관 7명 사망'의 제목으로 보도하였다. 6월 9일 자에는 특파원의 생생한 현지답사기를 사진과 함께 게재 보도하였다.[60]

일제의 승승장구에 독립군이 모두 소멸되었는가 걱정하면서 만주 독립군의 독립운동 소식을 갈망하고 있던 국내 조선인들은 『동아일보』의 이 보도에 경탄을 금치 못하였다. 물론 이 국내진입작전을 지휘한 김일성이 26세의 청년 사장(師長)임은 알지 못하고, 홍범도·김좌진 같은 노장년 장군이라고 상상하여 온갖 신화가 만들어져서 전파되었다.

60 『東亞日報』, 1937년 6월 5일 자 호외, 6월 6일 자, 6월 7일 자, 6월 9일 자 및 和田春樹(李鍾奭 역), 『김일성과 만주항일전쟁』, pp. 160-163 참조.

2) 간삼봉(間三峯) 전투

중·한 국경의 수비를 담당하는 나남에 사단본부를 둔 일본군 제19사단은 김일성 부대의 보천보 습격 점령과 승전에 대타격을 입었을 뿐 아니라 심리전에서도 대패하자 매우 초조하게 되었다. 이에 만회책으로 한국인 소좌 김인욱(金仁旭)이 지휘하는 함흥 주재 74연대를 출동시켜 김일성부대를 토벌하도록 하였다. 물론 이 부대의 하급장교와 병사들은 일본인 군인들이었다.

이때 동북항일연군 제2군의 제6사(김일성 부대), 제4사(최현 부대), 제2사(조아범 부대)는 약속대로 총 400명의 병력이 간삼봉에 집합했다가 찾아온 일본군 제19사단 74연대를 맞아 1937년 6월 30일 일제공격을 감행했다. 이들은 약 3시간의 치열한 교전 끝에 일본군을 참패시키고 승전하였다. 일본군은 이 전투에서 괴멸적인 타격을 입었으며 연대장 김인욱도 부상을 입고 퇴각하였다.[61]

간삼봉 전투에서 참패한 일본군은 보도를 통제했으므로『동아일보』도 일본군이 주는 정보 외에는 게재할 수 없었다.『동아일보』1937년 7월 2일 자는 '함흥 신갈파 대안에 500명이 내습, 함남군대 출동 격퇴', '교전 3시간 만에 쌍방 사상 67명, 총기 등 다수 무기 탈수(奪收)'라는 제목으로 이를 보도하였다. 보천보를 습격한 김일성·최현 일파가 조국안 일파와 합류한 연합항일군 약 500명이 국경 대안을 습격고자 한다는 정보가 함흥연대에 들어왔고 이 때문에 김소좌가 부대를 인솔하여 격퇴했다는 내용이었다.[62] 일본군이 연대장의 부상도 감추고자 제공한 정보에 따라 "연합항일군 사상에 의한"이라는 표현도 하지 못하고 "교전 3시간 만에 쌍

---

61 ①『現代史資料』(30), p. 306.
②霍燎原·于文藻·吕永华,『東北抗日聯軍第二軍』, 黑龙江人民出版社, 1987, p. 146.
③和田春樹(李鍾奭 역),『김일성과 만주항일전쟁』, pp. 161-162 참조.

62『東亞日報』, 1937년 7월 2일 자 참조.

방 사상 67명"이라고만 했음에도, 보도에서 일본군 참패의 측면이 새어 나오는 것을 막을 수는 없었다.

3) 조선(한국)인 부대들의 기타 전투

'간삼봉 전투'가 있은 지 일주일 후인 1937년 7월 7일 일제는 '중일전쟁'을 도발하였다. 동북항일연군도 투지를 다졌고, 관동군과 만주군도 동북항일연군을 토벌하기 위한 대책을 강화하였다. 일제 관동군은 길림의 제2독립수비부대 사령관 노조에 쇼도쿠(野副昌德) 소장을 대장으로 일본군·만주군·경찰대 7만 5,000명의 병력을 간도지구 토벌대, 길림지구 토벌대, 통화지구 토벌대 등 3개 부대로 나누어 '토벌작전'을 강화한 것이다. 간삼봉 전투 이후 동북항일연군의 한국인 부대를 중심으로 그 변화의 큰 줄기를 간단히 적으면 다음과 같다.

먼저 남만주 지역에서 일제가 1937년 7·7 중일전쟁을 도발한 것에 대한 경고의 의미로 동북항일연군 제1로군 제1군이 1937년 9월 말 휘남현성(輝南縣城)을 공격 점령한 후 철수한 '휘남현성 전투'를 감행하여 다수의 군수물자를 노획하는 큰 성과를 내었다.

동북항일연군은 1938년 7월 제1로군을 경위여단과 3개 방면군으로 다음과 같이 개편하였다.[63]

총사령부 총사령: 양정우

부사령 겸 정치위원: 위증민

참모: 한인화·이흥소(李興昭)·방진성

---

63 『抗聯第一路軍略史』, pp. 678-679; 和田春樹(李鍾奭 역), 『김일성과 만주항일전쟁』, p. 179.

군의처장: 서철

군수처장: 전광

부관: 진수명(陳秀明)

비서: 반모(潘某)

경위려 여장: 방진성, 정치위원: 한인화

제1단 단장: 허국유(許國有), 정치위원: 황해봉(黃海峯), 참모: 정수룡

제2단 사령부기관(司令部機關)

제3단 단장: 박선봉(朴先鋒)

제1방면군 총지휘: 조아범, 정치부 주임: 이준산(伊俊山), 참모장: 윤하태(尹夏太)

제2방면군 총지휘: 김일성, 정치부 주임: 여백기, 참모장: 임수산(林水山), 부관장: 필서문(畢書文)

제3방면군 총지휘: 진한장, 부지휘: 후국충, 참모장: 박득범

이 무렵 동북항일연군의 조선(한국)인 부대들이 중심이 되어 동만지역에서 수행한 전투는 '한양구(漢陽溝) 전투'(1938. 3.), 임강현 '6도구(六道溝) 점령전투'(1938. 4.), '쌍산자(雙山子) 전투'(1938. 4.), 즙안현 '대황구 전투'(1938. 5.), '부이하(富爾河) 전투'(1938. 5.), 임강현 '서남차 전투'(1938. 9.), 함경북도 '무산(茂山)군 진입작전'(1939. 5.), 연길현 '도목구(倒木溝) 일대 점령 전투'(1939. 5.) 등이 있었다. 또한 남만지역에서는 '화전현 목기하(木箕河) 전투'(1939. 3.), '대포시하(大浦柴河) 전투'(1939. 7.), '휘남현 대장위(大場圍) 전투'(1939. 9.) 등이 있었다. 북만지역에서는 요하현 '삼의둔(三義屯) 전투'(1939. 7.), '양목강(楊木崗) 전투'(1939. 7.), '삼강구(三江口) 전투'(1939. 7.), 눈강현 '과락(科洛) 전투'(1937. 7.), '극산현성(克山縣城) 전투', 의란현 '대라늑밀(大羅勒密) 전투' 등이 있었다.

일제는 1939년 겨울에 '동남부치안숙정특별공작(東南部治安肅正特別工作)'이란 이름으로 동북항일연군에 대한 '대토벌 작전'을 실시하였다. 이

해의 토벌작전에서 일제는 관동군 1개 사단을 중심으로 해서 만주군, 만주 경찰과 자위단 등 거대한 병력을 총동원하여 항일연군 유격대들을 완전 포위하고 절멸시키려 하였다.

동북항일연군은 보급이 완전히 차단된 상태에서 산맥들에 쌓인 눈으로 인해 대부대활동이 극히 불리했으므로, 전군을 소부대로 나누어 1939년의 겨울을 넘기게 하였다. 이어서 중국공산당은 1940년 동북항일연군으로 하여금 동북(만주)지방으로부터 철수할 것을 지시하였다.

이러한 여건에서 동북항일연군의 조선(한국)인 부대들은 소부대로 나뉘어 일제 토벌군과 도처에서 대항하면서 철수작전을 실행하였다. 이 시기의 비교적 큰 전투들로서는 돈화현 '목단령(牧丹嶺) 전투'(1940. 1.), 안도현 '화랍자(花拉子) 전투'(1940. 2.), 화룡현 '대마록구(大馬鹿溝) 전투'(1940. 3.), '홍기하(紅旗河) 전투'(1940. 3.), 합동현 '대구산(大口山) 전투'(1940. 1.), '유대림자(柳大林子) 전투'(1940. 6.), '칠성하(七星河) 전투'(1940. 6.) 등이 있었다.

4) 동북항일연군의 시베리아 이동

이 중에서 제1로군 제2방면군의 김일성이 직접 지휘한 소부대가 승리한 대표적 전투는 1940년 3월의 '대마록구 전투'였다. 김일성의 제2방면군은 토벌대에 추격당하는 도중 1940년 3월 25일 안도현 대마록구 서쪽 고지에서 일본군 화룡현 경방대대 마에다(前田) 중대 140명을 공격하여 120명을 섬멸한 대전과를 올리었다. 김일성은 그 후 부대를 소유격대로 나누어 활동하다가 1940년 9월경 소련 하바로프스크 지방으로 월경하였다. 참고로 일제 관동군 헌병대는 김일성의 제2방면군의 병력을 1940년 6월에는 200명, 7월 200명, 8월 160명, 9월에는 120명으로 보았으며, 9월 이후로는 몇 개 소부대로 분산하여 잠복해 버렸다고 하였다.[64] 김일성 부대의 29명은 1941년 4월 9일 제1로군 생존부대를 구출하려고 다시 왕청·

훈춘 방면으로 만주에 들어갔다가 그해 8월 28일 하바로프스크로 다시 돌아왔다.

제2로군도 1940년 분산하여 총사령 주보중과 정치위원 최용건 등은 1940년 11월 우수리강을 건너 소련으로 들어갔다.[65]

제3로군은 1940년 9월 25일 제3지대와 제9지대가 극산현성(克山縣城)을 공격하여 점령하고 박격포 4문, 보병총 1,000정을 노획하는 커다란 전과를 올린 후,[66] 1940년 11월 초에 제5사 사장 이조린, 정치위원 풍중운, 북만성위원회서기 김책(金策) 등이 잇달아 소련으로 들어갔다.[67]

동북항일연군은 하바로프스크에서 소련 적군 산하 '제88특별여단'으로 편성되었다.[68] 이때 88여단에 들어간 동북항일연군의 총수는 1944년 9월 8일 현재 1,007명인데, 중국인이 376명, 나나이족과 북방계가 356명, 러시아인이 175명, 조선인은 100명이었다. 그중 유격대원은 중국인이 218명, 조선인이 86명이었다.[69] 이 통계 전후에 다른 곳에 이동한 대원까지 계산하면 한국인 대원의 숫자는 약 140-180명이라고 추산된다.[70]

스탈린은 1941년 4월 13일 '소·일 중립조약'을 체결하고 중일전쟁에서는 중립을 지키고 있었으므로, 하바로프스크로 넘어온 조선(한국)인 140-180명을 포함한 1,000여 명의 막강한 전투력의 동북항일연군을 체류만 시켜 주고 있었을 뿐, 그들이 열망하는 항일전으로의 투입을 금지하였다. 이러한 스탈린의 금지 조치로 인하여 동북항일연군에 소속된 조선(한국)

---

64 吉林省館 編, 『東北抗日運動概況』, 吉林文史出版社, 1986, p. 157 참조.

65 周保中, 『東北抗日遊擊日記』, 人民出版社, 1991, pp. 527-538 및 『周保中年報』, pp. 236-238; 和田春樹(李鍾奭 역), 『김일성과 만주항일전쟁』, pp. 161-162 참조.

66 『東北抗日聯軍史料』(下), pp. 648-659 참조.

67 辛珠柏, 「滿洲抗日遊擊運動 노력의 동향(1940~1945. 10)과 韓人」, 1997 참조.

68 이덕일, 「연해주의 소련 극동적군 88여단의 결성배경과 성격」 참조.

69 周保中, 『東北抗日遊擊日記』, p. 792; 和田春樹(李鍾奭 역), 『김일성과 만주항일전쟁』, p. 277 참조.

70 和田春樹(李鍾奭 역), 『김일성과 만주항일전쟁』, p. 277 참조.

인 부대들도 더 이상 국경을 넘어 일본과 항일유격전을 전개하지 못하고, 1945년 광복 때까지 하바로프스크 병영에 발이 묶여 있었다.

제6장(연속 제27장)

민족어문 수호·연구활동과 학생·언론의 '문자보급운동' 및 '브나로드운동'

1. 조선어학회의 민족어문연구활동과 '한글 맞춤법 통일안'

1) 조선어학회의 '한글 맞춤법 통일안' 제정

일제강점기에는 일제가 식민지정책으로 사회경제적 수탈의 극대화뿐만 아니라 한국민족 말살정책을 강행했기 때문에, 민중들에게 정확한 민족언어(한국어)와 민족문자(한글)를 가르치고 지키는 일이 매우 중요하였다. 왜냐하면 민족의 구성요소 가운데 언어와 그 언어를 담는 그릇인 문자가 핵심 요소가 되기 때문이었다. 즉 일제강점기 한글 교육의 문맹퇴치 운동은 단순한 글 깨우치기 운동이 아니라 민족보존·민족수호의 운동이 되는 것이었다.

일제의 한국민족 말살·소멸정책에 대항하여 민족언어와 민족문자를 보존 발전시키기 위한 긴급한 민족적 과제의 하나는 '한글 맞춤법을 통일'하는 일이었다. 종래와 같이 한글 맞춤법의 통일 없이 각자가 제멋대로 맞춤법을 달리 사용하면 '조선말 사전'조차도 편찬할 수 없고, 조선말의 충분한 의사소통과 보존 발전도 어려운 일이기 때문이었다.

이에 1921년 12월 3일 창립된 '조선어연구회'는 1931년 1월 10일 '조선어학회'로 개칭하고 '한글 맞춤법 통일'이라는 민족적 대사업을 본격적으로 전개하게 되었다. 조선어학회로의 명칭 변경과 조직 개편에는 일제의 방해 책동을 극복하기 위한 목적도 있었다. 한국인 한글학자들이 이미 1921년부터 한국어와 한글을 연구하는 조선어연구회를 조직해서 『한글』이라는 기관잡지까지 발행하며 활동하고 있었음에도 불구하고, 일제 총독부는 별도의 '조선어연구회'를 만들었다. 일제 총독부 관리들과 일본인 이민들에게 조선어를 가르칠 목적이라는 구실을 내세웠지만, '조선어강습소'라 하지 않고 구태어 '조선어연구회'라 이름을 붙인 것은 한국인 어문학자들의 조선어연구회에 대한 도발 목적이 있었다. 일제는 고의로 '조선어연구회'의 명칭을 붙여서 서울 태평로에 간판을 내걸고, 『朝鮮語硏究(조선어연구)』라는 월간잡지까지 간행하면서 한국어·한글 연구 발전에 혼동과 혼란을 야기하고 조장하였다. 이 때문에 국내는 물론이고, 외국에서도 혼란이 야기되어, 한국 어문학자들에게 오는 외국 우편물들이 일제 총독부의 '조선어연구회'에 배달되는 등 상당한 혼란이 일어났다. 한국 어문학자들은 이에 민족언어와 문자를 지키는 큰 사업 추진을 위해 명칭을 보다 포괄적인 '조선어학회'로 아예 바꾸면서 일제의 이 혼란 책동을 떼어 버렸다.

조선어학회(조선어연구회)는 그동안 연구하고 사용해 온 주시경(周時經)의 과학적 한글 맞춤법 체계를 전민족·전국에 통일해서 보급하여 민족어와 민족문자 한글을 지키고 발전시키고자 했다. 이를 위해 1930년 12월 13일 총회에서 '한글 맞춤법 제정 통일'을 결의하고 12명으로 구성된 철자위원회를 설치하였다. 철자위원들은 대표적인 91항목을 뽑아 만 2년간 연구하고 69회의 토의 끝에 1932년 '한글 맞춤법 통일안'의 초안을 작성하였다. 이 '통일안'을 수정위원회에서 토론을 거치며 수정을 거듭해, 조선어학회는 1933년 10월 19일 임시총회에서 '한글 맞춤법 통일안'을 통과시켰다. 이 '한글 맞춤법 통일안'은 1930년 12월부터 1933년 10월까지 만 3년간 전문 연구자 연인원 1,500명이 141차례 회의를 거쳐 약 428시

간의 토론·심의 끝에 제정 통과시킨 것이었다.[1]

조선어학회는 당시의 한글날인 10월 29일을 택하여, 서울에서 한글날 기념식을 거행함과 동시에 1933년 10월 29일 역사적인 '한글 맞춤법 통일안'을 세상에 발표하였다. 조선어학회의 이 한글 맞춤법 통일안은 그 후 미미한 수정을 거쳐 오늘날에도 남북한 모두가 거의 그대로 사용하는 것인데, 기본적으로 주시경의 맞춤법 체계를 채택·계승·발전시킨 것이었다.

한글 맞춤법 통일안의 기본 원칙을 간결하게 정리하면 다음과 같이 요약할 수 있다.[2]

① 형태 음소적(形態 音素的) 맞춤법의 원칙을 취하고 표음주의(表音主義)는 취하지 않는다.

② 동일한 형태소는 항상 동일한 표기 형식으로 고정시킨다.

③ 역사적 맞춤법(훈민정음 창제 때와 주시경의 맞춤법)을 존중한다.

④ 어간(줄기)과 어미(씨끝)의 구분의 원칙을 취한다.

⑤ 모든 초성(初聲)은 받침(終聲)으로 사용한다.

⑥ 종래의 7받침(ㄱ·ㄴ·ㄹ·ㅁ·ㅂ·ㅅ·ㅇ)에 더하여, 새 받침(ㄷ·ㅈ·ㅊ·ㅋ·ㅌ·ㅍ·ㅎ)을 사용한다.

⑦ 겹받침(쌍받침)을 형태 음소적 맞춤법의 원칙에 따라 사용한다.

⑧ 된소리의 표기는 '된시옷'(ㅺ·ㅼ … 등)을 사용하지 않고 각 닿소리 글자를 병서(ㄲ·ㄸ … 등)한다.

⑨ 사용 중인 닿소리(자음)와 홀소리(모음) 24자 이외의 새 닿소리·홀소리 글자를 만들거나 첨가하지 않는다.

⑩ 외국어 표현을 위해 새 닿소리·홀소리·새 표시를 만들거나 첨가하지 않는다.

⑪ 낱말 띄어쓰기를 실행한다.

---

1 한글학회 50돌 기념사업회 편, 『한글학회 50년사』, 한글학회, 1971, p. 170 참조.

2 「한글 맞춤법 통일안 解說」, 『한글』 제2권 제8호(1934. 11.) 참조.

조선어학회의 한글 맞춤법 통일안에 따라, 예컨대 종래 '낫'으로만 표기되었던 것을 '鎌'은 '낫', '晝'는 '낮', '箇'는 '낱', '顔'은 '낯', '穀'은 '낟'으로 구분하게 되었다. 종래의 'ᄭᅩᆺ', '꼿' 등은 '꽃(花)'으로만 통일해서 표기하도록 되었다.

조선어학회의 이러한 한글 맞춤법 통일안은 ① 가장 엄정한 '과학성'과 '능률성'을 확보하고, ② 글자를 '배우기·읽기·쓰기 쉽도록' 체계화한 것이었다.

조선어학회의 한글 맞춤법 통일안은 회원과 한글학자들의 성심성력을 다한 연구 결과에 의한 것이었다. 1929-1939년의 회원 연구저서 발표의 예를 들면, 최현배(崔鉉培)의 『우리말본』 제1편(1929), 이윤재(李允宰)의 『한글철자법일람표』(1931), 신명균(申明均)의 『한글역대선』(1933), 신명균 편의 『주시경 유고』(1933), 조선어학회의 『훈민정음원문』(1933), 최현배의 『중등조선말본』(1934), 최현배의 『우리말본』(1937), 조선어학회의 『표준말모음』(1937), 김윤경(金允經)의 『조선문자급어학사』(1938), 문세영(文世榮)의 『조선어사전』(1939)의 간행이 있었다.

또한 조선어학회의 한글 맞춤법 통일안은 이어지는 '조선 표준어 사정'과 '외래어 표기법 통일안' 제정 사용에 연계된 것이었다.

이러한 조선어학회와 그 후원집단의 한글 운동은 일제의 한국 민족문화·한국민족 소멸·말살정책 속에서 민족언어와 민족문자 한글을 지키고 발전시켜서 장차 '광명'의 날을 찾기 위한 것이었다.

2) 조선총독부 등의 한글 맞춤법 통일안 반대

조선어학회의 한글 맞춤법 통일안에 대한 반대는 두 방향에서 나왔다. 첫째로 일제 조선총독부가 반대하였다. 일제 총독부는 처음 일정 기간에는 일제 식민지정책 홍보와 일본어 학습 보조수단으로서 조선어를 제한해 가르치도록 허용하면서 세 차례 '조선어 철자법' 제정을 시도하였다.

먼저 1912년에 일제 총독부는 『보통학교용 언문철자법』을 간행하여 '한글'을 '언문'으로 비하하면서 표음주의(表音主義)에 의거하여 한글을 발음되는 대로 표기하도록 하였다. 이뿐만 아니라, 한국어를 일본어식으로 표기하도록 지시하였다. 예컨대, 일본어 탁음인 'ガギグゲゴ'를 '가″기″구″게″고″'로 표기하도록 한 것이다. 일제 총독부는 이어서 1921년에 『보통학교용 언문철자법 대요』를 간행했는데, 역시 표음주의를 채택했을 뿐 아니라 일본식 표기를 변형 획책하여, 예컨대 'ガギグゲゴ'를 이번에는 '가° 기° 구° 게° 고°'로 표기하도록 하였다.

일제 총독부는 1930년부터 1935년까지 『보통학교 조선어독본』(전6권) 개정판을 발행했는데, 역시 순전한 표음주의를 채택하고 이번에는 옛날 관행주의까지 첨가하여 조선어학회의 한글 맞춤법 통일안을 방해하였다. 예컨대, 일제 총독부의 '조선어 철자법'과 조선어학회의 '한글 맞춤법 통일안'을 몇 가지 대비해 보면 다음의 [표 6-1]과 같다.

[표 6-1] 일제 총독부와 조선어학회의 한글 맞춤법 비교

일제 총독부의 조선어 철자법	조선어학회의 한글 맞춤법 통일안
가버렷소	가 버렸소
갓소	갔소
올라가섯다가	올라 가셨다가
긔별	기별
긔선	기선
가로노이다	가로놓이다
까마타	까맣다
깨닷게하얏습니다	깨닫게 하였습니다
갑업는	값없는
갓득찻섯다	가뜩 찼었다
깃브고깃븐	기쁘고 기쁜
갓다와서	갔다와서
갓다드리고	갖다드리고
깨닷다	깨닫다

자료: 『한글』 제6권 제6호(1934. 9.) 및 한글학회 50돌 기념사업회 편, 『한글학회 50년사』, p. 73.

일제의 조선어 철자법은 조선어학회의 한글 맞춤법 통일안을 방해하기 위한 책동이었다. 일제는 총독부 권력으로 초등학교 교과서와 교육에 총독부 철자법을 강요했으므로 이것은 매우 심각한 문제였다. 그뿐만 아니라 일제는 과거 관행의 존중을 표방하면서, 성경 번역본의 표음주의와 표기 양식을 끌어다가 ㅎ받침, 쌍받침 등을 피하고, '기'를 성경 번역본의 옛 관습을 취하여 '긔'로 표현하는 등 종교계의 지지를 얻어서 조선어학회의 한글 맞춤법 통일안을 방해하려고 획책하였다.

또 하나의 반대세력은 박승빈(朴勝彬) 등 '계명(啓明)구락부' 및 '조선어학연구회(朝鮮語學研究會)' 집단이었다. 박승빈은 친목 단체 계명구락부에서 조선어학회의 한글 맞춤법 통일안을 반대하다가 1931년 12월 조선어학연구회를 조직하고, 그 안에 1934년 '조선문기사정리기성회(朝鮮文記寫整理期成會)'를 설치했으며, 1934년 2월부터 기관지 『정음(正音)』을 발행하여 조선어학회의 한글 맞춤법 통일안에 반대하였다.[3]

조선총독부는 권력을 가졌고, 박승빈의 조선문기사정리기성회 및 계명구락부는 재력이 있었으므로, 그들의 반대는 조선어학회의 한글 맞춤법 통일안의 실행에 매우 큰 방해가 되었다. 이 방해를 극복하지 못하면 한글 맞춤법 통일안의 영향력은 조선어학회 회원의 '안'에 그치고 당시 '조선 민중'에게는 미칠 수 없게 되어 있었다.

3) 조선어학회의 한글 맞춤법 통일안 계몽 활동

한글 맞춤법 통일안의 보급에 앞장선 것은 물론 그 제정자인 조선어

3 박승빈은 『朝鮮語學講義要旨』(1931), 『朝鮮語學』(1935) 등을 간행하여 일제 총독부의 표음주의(表音主義) 채택을 지지하고 조선어학회의 형태 음소론 원칙에 의거한 통일안을 반대했으며, 특히 'ㅎ'받침 사용을 한사코 반대하였다. 계명구락부의 윤치호는 표음주의 채택을 더욱 극단화하여, 예컨대 '바블 멍는다(밥을 먹는다)', '그는 항무니 음넌 ᄉᆞᄅᆞ미다(그는 학문이 없는 사람이다)'로 소리나는 대로 표기하자고 주장하면서, 조선어학회의 '한글 맞춤법 통일안'에 반대하였다.

학회였다. 조선어학회의 이윤재, 최현배, 이희승(李熙昇), 김윤경, 장지영(張志暎), 김선기(金善琪) 등이 신문·잡지·방송·강연회 등에서 한글 맞춤법 통일안의 과학적 우수성과 편의성을 해설하는 데 동분서주하였다.

조선어학회의 기관지 『한글』은 제1권 제10호(1934. 1.)를 '한글 맞춤법 통일안 특집'으로 편집하였다. 또한 『한글』 제2권 제1호(1934. 4.)부터는 체제를 '민중계몽 잡지'로 전환하여 잡지 전체를 한글 맞춤법 통일안의 선전 계몽에 모두 바쳤다. 이 잡지에 수록된 이윤재의 「한글 맞춤법 통일안 제정의 경과 기략」(『한글』 제1권 제10호), 최현배의 「박승빈님의 주장은 과연 종래 관용에 가까운 평이한 것인가」(『한글』 제1권 제9호) 등이 대표적 계몽 논설이었다. 『한글』 잡지는 제2권 제6호(1934. 9.)에 「한글의 통일은 지금으로부터」라는 조선어학회의 강경한 논설을 게재하여 한글 맞춤법 통일안의 강력한 실천을 결의하였다. 이어서 『한글』 제2권 제8호(1934. 11.)는 한글 맞춤법 통일안 실행 1주년 기념 특집호를 편집하여 조선어학회의 「한글 맞춤법 통일안 해설」을 전호에 게재해서 한글의 과학적 우수성과 능률성을 알기 쉽게 잘 해설하였다.

조선어학회는 또한 교사들과 종교계 인사들을 초청하여 '한글 맞춤법 통일안 보급회'를 조직하고 계몽활동을 요청하였다.

2. 한글 맞춤법 통일안에 대한 문화계의 지지

1) 언론과 문예인들의 한글 맞춤법 통일안 지지

가장 먼저 한글 맞춤법 통일안을 지지 성원하고 채택한 것은 『동아일보』, 『조선일보』, 『조선중앙일보』 등 3대 민족지였다. 이 3대 신문은 한글 맞춤법 통일안 초안이 확정된 1933년 4월부터 한글 맞춤법을 통일안 초안에 맞추어 고치기 시작하였다. 이어서 조선어학회가 한글 맞춤법 통일안을 제정하여 세상에 발표한 1933년 10월 29일 『조선일보』와 『동아일보』는 부록으로 한글 맞춤법 통일안 전문을 인쇄 발행하여 전국 독자에게 배포하였다. 이 3대 신문이 조선어학회의 한글 맞춤법 통일안을 높이 평가하고 상찬하는 사설과 논설들을 게재하여 민중 계몽에 앞장섰음은 물론이다.

잡지로서는 『동광(東光)』을 비롯하여 동아일보사의 『신동아(新東亞)』와 『신가정(新家庭)』, 『신생활(新生活)』, 『별나라』, 천도교의 『별건곤(別乾坤)』과 『천도교월보』, 『기독교신보』, 『농민통보』, 한성도서회사의 『학등(學燈)』 등 당시 발행되고 있던 잡지들의 약 90%가 조선어학회의 한글 맞춤법 통일안을 지지하고 채택하였다.[4]

문예인들 역시 조선어학회의 '한글 맞춤법 통일안'을 지지하였다. 예컨대 시인 한용운(韓龍雲)은 교과서·언론기관·문필가·한글 강습회 등을 통해 '통일안'을 적극 채택하여 힘써 행하도록 다음과 같이 격려하였다.

> 한글 맞춤법 통일안이 이제야 세상에 나온 것은 너무나 늦었습니다. 한글학자들이 모여서 다년간 과학적 노력을 하신 결과로 이루어진 안이니 우리 민중은 그대로 좇을 것밖에야 다른 것이 있습니까. 그 안의 보급 방법은 첫째 교과서가 나와야 하겠고, 또 그 다음에는 언론기관과 일반 문필가들이 힘써 행하여야 되겠고, 또 그 다음에는 한글 강습회를 많이 열어서 대중을 가르쳐야 할 것입니다. 우리 불교기관에서는 이번에 나온 새 철자법을 실행하고 있습니다.[5]

극적인 것은 당시 소설가, 시인 등 문예가와 문필가 78명이 1934년 7월 9일 연명으로 「한글 철자법 시비에 대한 성명서」를 발표한 사실이다. 문예인 78명의 「한글 철자법 시비에 대한 성명서」는 다음과 같았다.[6]

---

4 한글학회 50돌 기념사업회 편, 『한글학회 50년사』, p. 177 참조.

5 『한글』 제2권 제1호(1934. 4.), p. 3.

6 『한글』 제2권 제6호(1934. 9.), p. 14.

◆「한글 철자법 시비(是非)에 대한 성명서」

대개 조선문(朝鮮文) 철자법(綴字法)에 대한 관심은 다만 어문(語文) 연구가뿐 아니라, 조선민족 전체의 마땅히 가질 바 일이다. 그러나 그 중에서도 일일천언(日日千言)으로 글 쓰는 것이 천여(天與)의 직무인 우리 문예가들의 이에 대한 관심은 어느 누구의 그것보다 더 절실하고 더 긴박하고 더 직접적인 바 있음을 자타가 공인할 것이다.

그러므로 우리는 우리 언문(言文)의 기사법(記寫法)이 불규칙 무정순함에 가장 큰 고통을 받아왔고, 또 받고 있으며, 이것이 귀일통전(歸一統全)되기를 누구보다도 희구하고 또 갈망한 것이다.

보라! 세종(世宗) 성왕(聖王)의 조선민족에 끼친 이 지대지귀한 보물이 반 천세(半千歲)의 일월을 경(經)하는 동안, 모화배(慕華輩)의 독수적(毒手的) 의방(議謗)은 얼마나 받았으며, 궤변자의 오도적 장해(戕害)는 얼마나 입었던가. (…)

그리다가 고 주시경(周時經) 선각의 혈성으로 시종한 필생의 연구를 일획기(一劃期)로 하야 현란(眩亂)에 들고 무잡(蕪雜)에 빠진 우리 언문(言文) 기사법(記寫法)은 보일보(步一步) 광명의 경(境)으로 구출되어 온 것이 사실이요, 마침내 사계(斯界)의 권위들로써 조직된 조선어학회(朝鮮語學會)로부터 거년(去年) 10월에 '한글 맞춤법 통일안'을 발표한 이후 주년(周年)이 차기 전에 벌서 도시와 촌곽(村郭)이 이에 대한 열심한 학습과 아울러 점차로 통일을 향하여 급보(促步)하고 있음도 명확한 현상이다. (…)

우리 문예가들은 문자 사용의 제일인자적 책무상, 아래와 같은 삼칙의 성명을 발하여 대중의 앞에 우리의 견지(見地)를 천효(闡曉)하는 바이다.

◇ 성명삼칙

一, 우리 문예가 일동은 조선어학회(朝鮮語學會)의 『한글 통일안(統一

案)』을 지지 준용(準用)하기로 함

二,『한글 통일안』을 저해하는 타파의 반대운동은 일체 배격함

三, 이에 제하야 조선어학회의 통일안이 완성을 이루기까지 진일보의 연구 발표가 있기를 촉(促)함.

갑술 7월 9일

姜敬愛 金基鎭 咸大勳 尹聖相 林麟 張起悌 金東仁 李鍾洙 李學仁 梁白華 全榮澤 梁柱 朴月灘 李泰俊 李無影 張貞心 金起林 金慈惠 吳相淳 徐恒錫 李洽 朴泰遠 皮千得 鄭芝鎔 金珖燮 李鍾鳴 趙碧岩 朴八陽 洪海星 尹基鼎 韓仁澤 金泰午 宋影李 定鎬 李北鳴 毛允淑 崔貞熙 朴花城 李箕永 朴英熙 朱耀燮 白鐵 張赫宙 尹白南 玄鎭健 金南柱 金尙鎔 蔡萬植 朴魯甲 劉道順 尹石重 李相和 白基萬 林炳哲 呂順玉 崔鳳則 車相瓚 具玉三 洪曉民 盧子泳 嚴興燮 沈薰 金海剛 林和 李善熙 趙賢景 金幽影 盧天命 金午男 秦長燮 朱壽元 廉尙燮 金東煥 崔獨鵑 金億 柳葉 李光洙 李殷相(무순)

문예가들의 한글 맞춤법 통일안 지지성명과 채택은 한글 맞춤법 통일의 대중화에 지대한 영향을 미치는 것이었다. 『조선중앙일보』는 이에 대해 다음과 같이 논평 보도하였다.

우리는 세계 어느 나라 문자보다 가장 쉽고 가장 완전한 문자를 가진 민족이면서, 그 문자 기사에 통일이 없이 혼잡을 극하였음을 일반이 다 같이 통절하게 느껴온 불편이요 수치였다. 이에 선각자 주시경 씨 이후로 많은 연구가 나왔고, 각기 이설을 가졌었으나, 객년에는 소이를 버리고 대동에 합하야『한글 맞춤법

통일안』이 제정된 것이다. 민중은 이에 경하하였고, 이를 실행하는 과정에 들어섰는바, 최근에 공연히 한글 철자법 반대회가 나타났다. 학적 이론은 누구나 자유려니와, 행동에 있어 당파적으로 대립이 될 때, 당파로 오늘이 된 우리로서는 슬퍼하지 않을 수 없는 현상이다. 이에 학자나 이론가들보다도 가장 많이 우리 문자를 쓰고 읽고 하는 문단인들은 누구보다도 문자와의 제일선적 관계자들로서 우리 문자 기사법(記寫法)에 대한 성명을 보이게 되었다.[7]

해외동포의 지지로서는 「신경(新京) 유지의 성명서」가 1934년 7월에 발표되었고, 기독교계에서도 광주기독청년면려회(光州基督青年勉勵會)의 「한글 맞춤법 통일안 지지 성명서」가 1934년 9월에 발표되었다. 이 기독교청년 성명서는 끝의 결의안에서 다음과 같이 성명하였다.[8]

결의안

一. 우리는 조선어학회의 '한글 통일안'을 지지 준용(準用)하기로 함.

一. 기독교인의 일상 사용하는 성서 및 찬송가를 한글 통일안대로 개정하되, 이를 대영성서공회(大英聖書公會)에 촉진하기로 함. (여기에는 주일공과(主日工課)와 종교간행물 일체를 포함함)

一. 본회의 성명서와 결의문을 면청(勉青) 전남연합회, 조선연합회에 제의 촉진하기로 함.

一. 각 언론기관에 본회의 결의문 및 성명서를 발송하기로 함.

1934년 9월 ○일

光州錦町基督青年勉勵會

7 「朝鮮中央日報記事」, 『한글』 제2권 제6호(1934. 9.), p. 14.

8 『한글』 제2권 제7호(1934. 10.), p. 16.

2) 청년 학생들의 한글 맞춤법 통일안 지지

그뿐만 아니라 종래의 문맹퇴치운동을 실행해 오던 청년 학생들이 조선어학회의 한글 맞춤법 통일안을 지지하여 채택하였다. 조선 청년 학생들은 3·1운동 직후부터 해마다 여름방학과 겨울방학 기간에 농민들을 깨우치기 위하여 문맹퇴치운동을 전개하는 전통을 정립하여 실행하고 있었다. 농민들에게 민족의식을 각성시키고 어린이에게는 주간에, 성인들에게는 '야학'으로 한글과 산수를 가르치는 봉사활동이었다.

조선 청년 학생들은 맞춤법 통일 없이 한글 계몽교육을 하다가 조선어학회가 맞춤법 통일안을 제정하자 이를 채택했다. 이 맞춤법 통일안의 보급에 의해 문맹퇴치, 문자보급운동을 농민, 민중 속으로 파고들어 가서 전개하려고 하였던 것이다.

이 청년 학생들의 한글 맞춤법 통일안에 의거한 한글 보급, 문맹퇴치, 민족언어·문자 보전, 민족의식 고취 운동은 후원자가 필요하였다. 당시 청년 학생들은 가난하여 교재와 필기도구 등 학용품 조달 능력이 없었고, 또한 일제의 감시와 탄압으로 전국적 조직도 결성하지 못하고 있었다. 이러한 상황에서 국내의 양대 신문사인 조선일보사와 동아일보사가 학생들의 농촌계몽운동과 결합해 추진한 것이 조선일보사의 '문자보급운동'과 동아일보사의 '브나로드운동'(뒤에 '농촌계몽운동'으로 개칭)이었다.

문인·예술가들과 전국 언론기관 및 전국 학생들의 한글 맞춤법 통일안 지지 보급운동은 조선총독부의 표음주의 철자법 교과서와 이에 부화뇌동하는 박승빈 등 계명구락부 계열의 표음주의 철자법 운동을 완전히 압도하여 조선어학회의 한글 맞춤법 통일안을 민족문자의 맞춤법으로 채택하여 튼튼하게 굳힌 결정적 운동이 되었다.

3. '문자보급운동'의 전개

조선어학회의 주요 회원이었던 안재홍(安在鴻)이 1929년부터 1931년까지 조선일보사의 사장을 맡게 되자, 안재홍은 마찬가지로 조선어학회의 주요 회원이며 한글학자인 기자 장지영을 『조선일보』 지방부장에 임명하여 청년 학생들의 농촌계몽운동과 결합한 '문자보급운동'을 본격적으로 전개하였다.

조선일보사는 1929년 여름방학부터 귀향하는 중학·전문학생들의 농촌계몽운동을 조선어학회의 맞춤법 통일안 초안에 따르는 문자보급운동의 형태로 미리 실행하기로 결정하였다. 『조선일보』는 사장 안재홍의 직접 지휘와 추진에 따라 "아는 것이 힘, 배워야 산다"라는 구호를 정하고,[9,10] 지방부장 장지영에게 이 일을 주관케 하였다. 당시 장지영은 조선어학회의 핵심 간부였다. 조선어학회는 1929년부터 이미 한글 맞춤법 통일안의 초안을 작성키 위하여 활동하고 있었으며, 1930년부터는 본격적 정기회의와 토론회를 열고 있었다. 문자보급운동은 종래 견해처럼 단순한 문맹퇴치운동이 아니라, 총독부 등의 '표음주의 철자법'에 반대하고 조선어학회의 한글 맞춤법 통일안을 보급하면서 문맹을 퇴치하기 위한 운동으로

---

9 신용하, 「1930년대 문자보급운동과 브·나로드 운동」, 『한국학보』 제31집 제3호, 2005 참조.

10 안재홍은 조선어학회 맞춤법 통일안에 의한 한글 '문자보급운동'을 농민들과 조선민족에게 '다음의 '光明'을 밝히 볼 수 있게 하는 운동'이라고 설명하면서 매년 이 운동을 격려하는 사설을 직접 집필하였다. 『朝鮮日報』, 1931년 7월 19일 자 참조.
안재홍, ① 「夏期와 귀향학생: 고하고 싶은 두 조건」(1929. 6. 16.)
② 「귀향학생 文字普及班: 본사주최의 봉사사업」(1929. 7. 14.)
③ 「귀향 남녀학생 제군에게: 사회봉사의 재격려」(1929. 7. 18.)
④ 「약진! 그러나 물러서서: 귀향학생의 봉사노력」(1929. 8. 9.)
⑤ 「文字普及班員을 보냄, 진지 그러나 평순한 봉사자」(1930. 7. 16.)
⑥ 「농민학교와 가정학교」(1930. 9. 3.)
⑦ 「제 3회 귀향학생 文字普及班」(1931. 6. 19.)

시작된 것이었음을 특히 주목할 필요가 있다.

『조선일보』의 문자보급운동은 물론이고, 『동아일보』의 브나로드운동, 기독교 하기 아동성경학교의 한글 교육도 모두 조선어학회의 한글 맞춤법 통일안을 채택하여 실시하였다. 이 사실에 대해 『한글』 잡지의 '한글 신문'은 다음과 같이 보도 기록하였다.

> 계몽대와 문자보급반 교재는 한글 통일안대로
>
> 조선 안에 많은 문맹(文盲)의 눈을 띄워주려고 한 연중행사처럼 하여 오는 동아일보사에서 학생계몽대, 조선일보사에서 문자보급반, 예수교회에서 하기 아동성경학교는 금년 여름에도 전과 같이 계속하게 되었는데, 그 가르칠 교재(教材)는 모두 조선어학회에서 발표한 한글 맞춤법 통일안에 의지한 철자법을 썼다.[11]

즉 문자보급운동과 브나로드 운동 및 농촌계몽운동은 모두 조선어학회의 '한글 맞춤법 통일안'에 의거한 한글 교육을 실시한 것이었다.

『조선일보』 지방부장 장지영은 1929년 1월 1일 지면에 '새해에는 우리 말과 글에 힘을 들이자'는 글을 실어 문자보급운동을 예고했으며, 조선어학회가 제정하여 심의하기 시작한 한글 맞춤법을 해설하기 위하여 1930년 3월 18일부터 6월 17일까지 55회에 걸쳐서 「한글 철자법 강좌」를 『조선일보』에 연재하였다. 그는 또 문자보급운동의 3년 동안에 전국 순회강연을 열성적으로 전개하였다.[12]

조선일보사 문자보급운동의 전개 방식은 ① 조선일보사가 교재를 준비하고, ② 중학교 학생들 중에서 자원봉사자를 모집하여, ③ 여름방학 기간 동안에 향촌에서 글을 모르는 동포들에게 조선어학회가 제정하는

---

11 『한글』 제2권 제4호(1934. 7.), p. 14.

12 정진석, 「언론을 통한 장지영의 국어운동」, 『어문연구』 제25권 제4호, 1997 참조.

한글 맞춤법에 따라 한글을 가르치며, ④ 간단한 산수(셈법)를 가르쳐 계몽하는 것이었다. 조선일보사는 이에 『한글원본』이라는 교재를 준비했고, 1929년에 409명의 학생이 자원봉사자로 참여하였다. 1930년에는 참여 학생이 900여 명으로 증가하였고, 참여 학교도 양정, 중동, 배재, 경신고보(이상 남학교), 진명, 이화, 숭의여고보(이상 여학교) 등 46개교에 달했으며, 동경 유학생도 참가하였다. 1931년에는 참가 학생 수가 1,800여 명으로 증가했으며, 전문학교 학생들도 다수 참가하였다.[13] 1932년과 1933년에는 '사채업자 임경래(林景來)에게 조선일보 경영권이 넘어갔던 파동'으로 문자보급운동이 중단되었지만, 1934년 재개되었을 때에는 참가자가 무려 125개 학교에 5,078명이나 되었다.[14]

조선일보사는 『한글원본』(후에 『문자보급교재』로 확충) 교재를 1930년에 9만 부, 1931년에 30만 부, 1935년에 10만 부, 1936년에 50만 부를 발간하여 배포하였다. 1934년의 『문자보급교재』는 총 32쪽의 국판 책자였는데, 18쪽까지는 종래의 『한글원본』이고, 19-32쪽은 『산술교재』로 되어 있었다.

조선일보사는 문자보급운동을 장려하기 위해 1931년 1월 1일 자로 「문자보급가」와 「한글기념가」를 공모했는데, 이때 입선된 작품의 예를 들면 다음과 같다.

13 『朝鮮日報』, 1930년 10월 29일 자 참조.

14 정진석 편, 『문자보급운동 교재: 조선일보·동아일보 1929-1935』, LG상남언론재단, 1999, pp. 14-18 참조.

문자보급가(李恩姬 작)

(1)
맑은 시내 가에는
고기 잡는 소년들
일할 때 일하고
배울 때 배우세
(후렴)
아는 것이 힘
배워야 산다

(2)
푸른 언덕 위에는
나물 캐는 소녀들
일할 때 일하고
배울 때 배우세

(3)
밭 가는 아버지도
베 짜는 어머니도
일할 때 일하고
배울 때 배우세[15]

한글기념가(都鎭浩 작)

(1)
거룩할사 우리 한글
지으신 법 다하시고
모양마저 고우시니
님이 살새 이 보배를
(후렴)
우주의 빛 세종님이
훈민정음 지으시사
우리 겨레 갈치시니
오백년 전 오늘이여

(2)
스물여덟 글자로서
소리소리 다 그리며
온갖 글월 갖은 말을
마음대로 쓰고 짓게

(3)
이야 우리 문화 엄마
온 누리를 거르시사
무궁화 무궁한 몸에
길이 새로 노니과저[16]

조선일보사는 문자보급운동을 격려하기 위하여 문자보급반 참여 감상문을 현상 모집해서 시상식을 하고, 문자보급운동에 가장 많이 참가하여 큰 성과를 낸 배재고보에게는 은제 우승컵을 시상했으며 성대한 위로 격려 음악회도 개최하였다.

조선일보사의 문자보급운동은 큰 성과를 내어 약 10만 명의 글 모르는 민중에게 한글 맞춤법 통일안에 의거해 한글을 알게 하고 쉬운 셈을 할 수 있게 계몽하였다.

---

15 『朝鮮日報』, 1931년 7월 17일 자.

16 정진석 편, 『문자보급운동 교재: 조선일보·동아일보 1929-1935』, p. 16.

4. '브나로드운동'의 전개

동아일보사는 1928년 '글장님 없애기 운동'이 일제의 탄압으로 저지·금지당한 후, 조선어학회의 한글 맞춤법 통일운동에 보조를 맞추어 1931년부터 '브나로드운동'을 시작하였다. '브나로드'는 '인민 속으로'라는 뜻의 러시아말로서, 제정 러시아 말기 지식인들의 문화운동에서 애용되던 용어였다. 동아일보사는 '브나로드'라는 용어를 빌려 ① 새 맞춤법에 의거한 문자보급운동을 중심으로, ② 숫자 강습, ③ 위생강연, ④ 학술강연을 포함하여 약간 폭넓은 민중계몽운동을 전개하였다. 1931년 7월 여름방학부터 시작된 브나로드운동은 다음과 같은 조직으로 편성되었다.[17]

(1) 학생 계몽대(중학 4·5학년생에 한함)
한글 강습과 숫자 강습

(2) 계몽 별동대(일반인 참가자)
각 지방 종교단체, 수양단체, 문화단체(서당 등을 포함)가 주도하는 한글 강습과 숫자 강습

(3) 학생 기자대
① 기행 일기(등산, 여행, 탐험 등에 관한 것), ② 더위씻기 풍경(피서지, 해수욕·강수욕의 실경 등), ③ 고향통신, ④ 생활체험, ⑤ 우수한 기사는 지상 발표하고, 특수한 사진은 실비를 지급함.

동아일보사는 학생 계몽대와 계몽 별동대의 교재로 이윤재가 지은 『한글공부』와 백남규(白南奎)가 지은 『일용계수법(日用計數法)』을 간행하였다. 『한글공부』와 『일용계수법』은 1931년에 30만 부(각 15만 부씩),

---

17 『東亞日報』, 1932년 6월 26일 자 참조.

1932-1934년에는 각 년도에 60만 부씩 간행되었다. 『한글공부』는 물론 총독부의 맞춤법을 거부하고 조선어학회의 한글 맞춤법에 따른 것이었다. 또한 『한글공부』의 끝에는 한국의 지리와 역사의 가장 기초가 되는 지식을 내용으로 넣기 시작하여, 한글을 깨친 민중이 우리나라의 지리와 역사에 관심을 갖고 독서하도록 유도하였다. 예컨대 '지리' 부분에서는 다음과 같이 교재를 만들었다.

> 조선은 십삼도로 나뉘엇스니, 경기도·충청북도·충청남도·전라북도·전라남도·경상북도·경상남도·강원도·황해도·평안북도·평안남도·함경북도·함경남도올시다. 십삼도 안에는 십사부, 이백십팔군, 이도, 사십구읍, 이천사백삼십오면이 있습니다. 인구는 이천삼백만입니다.
> 압록강·한강·낙동강·대동강·두만강을 조선의 오대강이라 하니, 그중에 제일 큰 강은 압록강입니다. 산은 백두산·금강산·지이산·묘향산·구월산·한나산이 다 유명하니, 백두산은 한배님 나신 대로 유명하고, 금강산은 경치로 유명합니다.[18]

또한 '역사' 부분에서는 다음과 같이 교재를 만들었다.

> 동명성왕은 고구려 나라의 시조요, 온조왕은 백제 나라의 시조요, 박혁거세는 신라 나라의 시조올시다.
> 박제상은 신라의 충신이요, 을지문덕은 고구려의 명장입니다.
> 대조영은 조국 고구려를 회복하야 발해 나라를 세웟고, 왕건은 삼국을 통일하야 고려 나라를 세웟습니다.
> 최영은 고려의 명장이요, 정몽주는 고려의 충신입니다.
> 세종대황은 한글을 만드신 어른이요, 이순신은 거북선을 지으신 어른입니다.[19]

---

18 이윤재, 『한글공부』, 1931, p. 19.
19 이윤재, 『한글공부』, pp. 19-20.

『한글공부』의 이 '역사' 부분에서 고구려, 백제, 신라, 고려의 시조 이름을 든 것 이외에도, 특히 대조영을 들면서 "조국 고구려를 회복하야 발해 나라를 세웠다"라고 말하고, "박제상은 신라의 충신이요"라고 했으며, 또 "이순신은 거북선을 지으신 어른입니다"라고 한 곳에서도 강렬한 항일 민족의식을 고취하려는 지은이의 뜻이 깃들어 있음을 알 수 있다.

『한글공부』의 끝에는 이갑(李甲)이 지은 '문맹타파가'를 수록하여 이를 구한말 권학가(소년은 이로(易老)하고)의 곡조로서 노래로 부르게 하였다.[20]

문맹타파가(李甲 작)
(곡조는 권학가「소년은 이로(易老)하고」와 같음.)

(1)
귀 잇고도 못 들으면 귀먹어리요
입 가지고 말 못하면 벙어리라지
눈 뜨고도 못 보는 글의 소경은
소경에도 귀먹어리 또 벙어리라

(2)
듣는 대신 보란 글을 보도 못하니
귀먹어리 이 아니고 그 무엇이며
말하듯이 써낼 글을 쓰도 못하니
벙어리가 이 아니고 그 무엇이뇨

(3)
남과 같은 눈과 귀 입 다 가지고서
한평생 이 설음을 어찌 받으랴
알기 쉬운 우리 글은 맘만 잇으면
아무러한 둔재라도 다 깨치리라

(4)
낫 놓고 ㄱ(기역) 자를 누가 모르리
창앳등 ㄴ(니은)은 절로 알리라
자 들고 세로 재면 ㅣ(이)자가 되고
홍두깨 가로 노면 ㅡ(으)자가 되네

(5)
질맛가지 ㅅ(시옷)에 코뚜래 ㅇ(이응)
고무래 쥐고 보니 ㅜ(우)자가 되고
거꾸로 놓고 보니 다시 ㅗ(오)잘세

(6)
세발 가진 소시랑을 ㅌ(티읕) 자라면
자루 빠진 연감개는 ㅍ(피읖) 되리라
ㅋ(키읔)은 두 발 가진 모지랑 갈퀴
허리 동인 족집게는 ㅂ(비읍)이라군

(7)
팔 다리 버티고 선 ㅊ(치읓) 보아라
뱀처럼 몸을 서린 ㄹ(리을)도 잇네
측량판 벌여 노니 ㅈ(지읒) 자로세
동이 우에 솥뚜에는 ㅎ(히읗) 아닌가

(8)
꺾쇠는 ㄷ(디귿)인데 모말은 ㅁ(미음)
문고린가 가락찐가 ㅇ(이응)자로세
눈에 띠는 물건마다 글자로 뵈니
아무리 잊으려도 잊히지 않네

20 이윤재, 『한글공부』, p. 21.

(9)
낫처럼 생긴 ㄱ(기역) 지겟다리 ㅏ(아)
가로 맞춰 놓으면「가」자고 되고
모말 같은 ㅁ(미음)을 그 밑에 대면
새빩안 먹기 좋은「감」자가 된다

(10)
꺾쇠 같은 ㄷ(디귿)과 광명두 ㅗ(오)를
우아래로 이어 노니「도」자 아닌가
창앳등 ㄴ(니은)을 또 이어 놔라
죽을 놈도 살려내는「돈」이란 자다

(11)
이와 같이 이리 저리 둘러 맞추면
입으로 하는 말은 못 쓸 것 없네
하루 한 자 이틀 두 자 새새 틈틈이
이러구로 이켜 가면 내중 다 알리

동아일보사는 1931년과 1932년에는 조선어학회의 후원을 받고 이름난 한글학자들을 총동원하여 '하기 한글 강습회'를 개최해서 한글을 바르게 이해하도록 계몽하였다. 동아일보사는 1934년에도 조선어학회의 후원을 얻어 전국 주요 도시에서 '하기 한글 강습회'를 실시하였다.[21] 또한

21 동아일보사가 1934년도에 실시한다고 보도한 하기 한글 강습회는 다음과 같다.

> 동아일보사 주최의 제삼회 하기 한글 강습회
> 중요 도시 마흔 곳 일제 개강
>
> 조선어학회(朝鮮語學會)에서 이미 한글 맞춤법 통일안을 발표하였고, 학교에서 가르치는 조선어 교과서의 개정 철자법이 시행한 지 오 년이 되었으며, 그 밖에 나날이 출판되는 서적이 다 신철자법에 의지한 것으로 되어 한글 통일의 소리가 점점 높아가는 이때에 각 지방 인사들이 새 철자법을 알고저 하는 생각이 열렬하므로, 동아일보사에서 조선어학회의 후원을 얻어, 올 여름에 또 제삼회의 하기 한글강습회를 열기로 방금 준비중인데, 이번에 강습할 곳과 강사는 아래와 같다.
> 강습할 곳—禮山, 淸州, 安城, 公州, 大田, 論山, 群山, 光州, 麗水, 羅州, 靈光, 咸平, 木浦, 金泉, 大邱, 安東, 永東, 浦項, 密陽, 東萊, 馬山, 沙里院, 信川, 安岳, 平壤, 定州, 宣川, 鐵山, 運餉, 新義州, 鐵原, 永興, 咸興, 興南, 洪原, 鏡城, 淸津, 富寧, 雄基, 間島
> 강사—權悳奎, 李萬珪, 李秉岐, 申明均, 金炳濟, 李克魯, 金允經, 李康來, 崔鉉培, 李熙昇, 李允宰

「한글신문」,『한글』제2권 제4호(1934. 7.), p. 14.

동아일보사는 1933년 4월 1일 창간일을 기념하여 조선어학회의 새 한글 맞춤법을 구철자법과 비교하면서 설명하는 『신철자 편람』을 부록으로 간행하였다. 이 『신철자 편람』은 책자 형태가 아닌 신문 형태로 간행되어 독자가 접으면 28쪽의 책자가 되도록 만들어진 것이었다. 또한 동아일보사는 1933년 10월 29일(당시의 한글날)에는 훈민정음 창제 487돌을 기념하여 조선어학회가 제정한 『한글 맞춤법 통일안』을 20만 부 인쇄하여 배포하였다. 이것도 신문지 전지에 인쇄되어 독자가 접으면 32쪽의 책자가 되도록 만들어졌는데, 머리말에 한글 맞춤법 통일안은 전문 학자가 433시간가량 125회의 회의를 거쳐 제정한 맞춤법임을 밝혔다. 『동아일보』는 당시 독자 수보다 더 많은 20만 부의 『한글 맞춤법 통일안』을 발행하여 국내 브나로드운동은 물론 만주와 일본 등지에도 보내어 한글 맞춤법을 조선어학회의 연구 결과대로 통일하도록 촉구하였다. 『동아일보』, 『조선일보』의 브나로드운동과 문자보급운동이 조선어학회의 한글운동과 동심일체였음을 여기서도 알 수 있다.

동아일보의 브나로드운동은 제3회인 1934년 여름부터는 명칭을 '계몽운동대'로 바꾸었다. 1934년 5월 6일 서울 시내 전문학교와 중학교 교장 20여 명을 초청하여 개최한 간담회에서 교장들이 어려운 러시아 말 '브나로드'보다 알기 쉬운 '계몽운동대'를 제의한 결과 이를 수용한 것이었다.

5. 문자보급운동 및 브나로드운동의 성과

문자보급운동과 브나로드운동은 온건한 문화운동이었음에도 불구하고 일제는 이를 탄압하였다. 브나로드운동을 보면, 1931년부터 1934년까지 일제가 교재 배포를 금지한 것이 180개 처에 달했고, 강습을 중지시킨 것이 53개 처에 달했다. 일제는 『조선일보』의 문자보급운동에 대해서도

[표 6-2] 『동아일보』 브나로드운동의 성과

연도별	1회(1931)	2회(1932)	3회(1933)	4회(1934)	합 계
운동기간	62일간 (7. 21.-9. 20.)	82일간 (7. 11.-9. 30.)	81일간 (7. 12.-9. 30.)	73일간 (7. 2.-9. 12.)	298일간
총개강일 수	2,289일	8,182일	6,304일	3,962일	20,737일
계몽대원 수	423명	2,724명	1,506명	1,098명	5,751명
강습지	142곳	592곳	315곳	271곳 (만주 29곳, 일본 7곳 포함)	1,320곳
수강생 총인원	9,492명	41,153명	27,352명	20,601명	98,598명
교재 배부 수	30만 부	60만 부	60만 부	60만 부	210만 부
금지	11개 처	69개 처	67개 처	33개 처	180개 처
중지	-	10개 처	17개 처	26개 처	53개 처

자료: 정진석 편, 『문자보급운동 교재: 조선일보·동아일보 1929-1935』, p. 32.

비슷한 탄압을 가했다. 예컨대 배재고보 학생 강재호는 1930년 하기방학 중에 고향인 함경남도 안변군 안도면 중평리에서 『조선일보』 주최인 문자보급운동에 참가하여 '문자 보급반'을 조직하려다가 일제 경찰의 중지 명령으로 운동을 진행하지 못했다.[22]

일제는 마침내 1935년 여름방학부터 『동아일보』의 브나로드운동과 『조선일보』의 문자보급운동을 전면 금지하도록 명령하여 온건한 문화운동을 중단시키는 야수적 탄압을 가하였다.

그러나 브나로드운동은, [표 6-2]에서도 잘 볼 수 있듯, 1931년부터 4년간 운동기간 298일에 걸쳐 개강 총일수 2만 737일 동안, 계몽대원 총수 5,751명이 참가해서 강습지 1,320곳에서 개강하여 수강생 총인원 9만 8,598명에게 강습을 실시하고 교재 총 210만 부를 배포하는 큰 성과를 거두었다.

22 『朝鮮日報』, 1930년 8월 29일 자 참조.

[표 6-3] 『조선일보』 문자보급운동의 성과

연도	참가교	학생 수	수강인원	비고
1929	-	409	2,849	참가학생 409명 중 91명의 보고서만 집계한 수강자 수임
1930	46	900	10,567	『한글원본』 9만 부 배포
1931	-	1,800	20,800	『한글원본』 20만 부, 추가 10만 부 배포(계 30만 부)
1934	124	5,078	-	집계된 수강인원 미상
1935	-	-	-	『한글원본』 10만 부 배포
1936	-	-	-	『한글원본』 50만 부 배포

주: 1932·1933년은 문자보급운동 중단.
자료: 정진석 편, 『문자보급운동 교재: 조선일보·동아일보 1929-1935』, p. 20.

『조선일보』의 문자보급운동도 정확한 통계가 보고되어 있지 않으나 대체로 동일한 성과를 거두었다고 볼 수 있을 것이다. 하기 아동성경학교 한글 교육 강습도 이에 버금가는 성과를 낸 것으로 추정된다.

그러므로 '브나로드운동'과 '문자보급운동'은 1929-1934년에 걸쳐 문자를 모르는 약 20만 명 이상의 한국 민중에게 조선어학회가 제정한 새 한글 맞춤법에 의거하여 한글을 가르쳐 알게 하고, 이와 더불어 민족의식을 고취하고 기초적 셈법을 익히도록 교육한 큰 성과를 낸 것이었다.

이 운동에 적극 참가하여 교사가 되어준 중학생·전문학생, 지식인은 1931-1934년 조선일보사의 문자보급운동에 8,187명, 동아일보사의 브나로드운동에 5,751명, 합계 1만 3,938명에 달하였다. 여기에 통계가 나와 있지 않은 예수교의 하기 아동성경학교 한글 교육 참가 교사까지 합하면 적어도 1만 5,000명 이상의 학생·지식인들이 이 운동에 참가한 것을 알 수 있다. 이 운동에 참가하여 농촌에서 '한글보급운동'을 전개한 학생·지식인들은 단순히 문맹자에게 문자를 가르치는 일이 아니라 올바른 민족언어와 민족문자를 민중에게 교육함으로써 민족문화를 발전시키고 민족독립의 기초를 쌓는다는 열렬한 애국주의와 애국심으로 이 운동을 전개한 것이었다. 이 운동에 참가하고 이 운동을 추진한 학생·지식인들의 열정적 애국심과 동포애 그리고 조국 독립에 대한 희구는 이 시기 심훈(沈

薰)의 소설 『상록수(常綠樹)』에 잘 묘사되어 있다.

그뿐만 아니라 『조선일보』가 이 운동을 위해 간행·배포한 『한글원본』 99만 부와 『동아일보』가 간행·배포한 『한글공부』, 『일용계수법』 210만 부는 이 운동 존속기간은 물론이고 그 후에도 민중들의 한글 교재가 되어 조선어학회의 한글 맞춤법 통일안에 의거한 문맹 퇴치와 한글 보급에 큰 역할을 하였다. 또한 동아일보사는 『신철자편람(新綴字便覽)』을 『동아일보』 1933년 4월 1일 자(4416호)의 부록으로 수십만 부 발행하고, 이어서 1934년 10월 29일 자(4627호)의 부록으로 조선어학회의 『한글 맞춤법 통일안』을 수십만 부 발행하여 브나로드운동, 농촌계몽운동에 배포하였다. 두 신문사의 이러한 310만여 부의 '교재' 발행·보급의 역할과 의의는 참으로 큰 것이었다.

조선어학회도 학생들의 하기 문자보급운동, 브나로드운동, 농촌계몽운동을 여러 방법으로 적극 성원하였다. 『한글』 제2권 제4호(1934. 7.)는 아예 전체 잡지를 '하기 학생계몽운동호(夏期學生啓蒙運動號)'로 편집하였다. 조선어학회는 이 기간에 일제의 표음주의 채택 교과서 및 교란정책에 대한 비판과 계명구락부·박승빈 일파의 표음주의 비판을 더욱 강화하여 포괄적으로 전개하였다. 조선어학회는 한글 맞춤법 통일안의 반대세력에 대해 '한글 통일운동에 대한 반대음모 공개장'을 1935년 2월 23일 작성해서 『한글』 제3권 제3호(1935. 3.)에 게재하여 박승빈 계통과 일제 총독부를 비판하였다. 조선총독부의 표음주의 정책에 비판문을 게재한 학자는 이윤재[23], 최현배[24], 이극로(李克魯)[25], 조헌영(趙憲泳)[26] 등을 비롯한 다수

---

23 李允宰, 「필경 學生까지 선동하느냐: "正音"誌의 輕妄을 戒함」, 『한글』 제3권 제3호(1935. 3.), pp. 20-24 참조.

24 崔鉉培, 「地方遊說의 愚—어문운동? 정치운동?」, 『한글』 제3권 제3호(1935. 3.), pp. 24-26 참조.

25 李克魯, 「朴勝彬씨에게 合作交涉의 전말」, 『한글』 제3권 제3호(1935. 3.), p. 27 참조.

26 趙憲泳, 「小異를 버리고 한글統一案을 支持하자」, 『한글』 제3권 제5호(1935. 6.),

의 한글학자였다. 또한 거의 모든 문인, 언론인, 문필가들이 신문·잡지에 표음주의 문법 주장자들을 비판하고 조선어학회의 한글 맞춤법 통일안을 적극 지지 옹호하였다.

이와 같은 한글 맞춤법 통일안의 반대세력에 대한 조선어학회의 맹공격과 강경한 투쟁 결의에 대항해서 계명구락부·박승빈 계열은 저항하지 못하고 그 후 극도로 약화되었다. 오직 일제 총독부만이 당황하여 난폭한 식민지 통치 권력으로 1935년부터 신문사들이 문자보급운동과 브나로드운동(농촌계몽운동)을 주관하는 것을 금지하여 탄압하였다.

그러나 1935년에는 이미 한글 맞춤법 통일안이 민중 사이에 깊이 정착해 버려 이제는 한국 문화계는 물론이고 민중도 조선어학회의 새 맞춤법을 사용하게 되었다. 조선어학회, 문예인, 애국적 학생들과 『조선일보』, 『동아일보』의 문자보급운동, 브나로드운동(농촌계몽운동)의 대승리였다.

한국 민중에게 표음주의 철자법과 관행주의를 채택해서 한글을 교란시키려 했던 일제 조선총독부는 완전히 패배하였다.[27] 한국민족의 과학적 한글 맞춤법 통일안에 따르는 한글 보급운동은 단순히 '한글'만 보급한 것이 아니었다. 기층 민중에게 한국민족의 언어 및 '한글'의 보존 발전 의식과 함께 민족의식과 애국심을 배양 고취하여 민족독립의 기초를 튼튼히 쌓고, 그 후 한국민족의 언어, 문자생활과 민족문화 창조의 과학적 기초를 또 하나 튼튼히 쌓은 매우 큰 성과와 승리를 쟁취한 것이었다.

---

pp. 8-10 참조.

27 일제가 후에 '조선어학회 사건'을 만들어 한글학자들을 체포 투옥했을 때, 안재홍은 한글학자가 아니었고 시골에 은거하여 휴양중이었음에도 불구하고 '한글 보급운동'의 주범으로 함께 체포되어 극히 가혹한 고문을 당했다. 안재홍은 이 고문의 극심한 고통으로 자살까지 생각했다고 기록되어 있다. 일제는 1929-1934년의 조선어학회 맞춤법 통일안에 따르는 한글 문자보급운동의 대성공으로 일제가 추진한 조선어문소멸·말살정책의 시행이 지난하게 되었다고 판단하고, 한글 문자보급운동을 배후에서 지도 후원한 안재홍에게 문자보급운동의 독립운동 성격을 심문하면서 살인적 고문을 가한 것이었다.

제7장(연속 제28장)

1930년대의 문학예술

1. 프롤레타리아 문화예술과 일제의 카프 탄압

1) 프롤레타리아 문화예술운동의 대두

1930년대 문학계의 큰 변화는 '카프(KAPF, 조선프롤레타리아예술동맹)'가 형성되어 확대되면서 프롤레타리아 문학의 정치투쟁적 성격이 강화되었다는 점이다. 카프 본부의 소장파인 임화(林和), 권환(權煥), 안막(安漠) 등은 동경지부의 급진적 소장파들과 긴밀히 연락하면서 종래 카프의 활동이 사상적·실천적으로 철저하지 못했음을 비판하고 프롤레타리아 문화예술운동의 볼셰비키화를 위해 카프 조직의 개편과 확대를 맹렬히 요구하였다. 그 결과 1930년 4월 26일 카프는 ① 조직구성에서 중앙위원회 안에 '서기국'을 신설하고, ② 사업부문으로서 '기술부'를 신설하며, ③ 종래의 '문학'뿐만 아니라 '영화', '연극', '미술', '음악' 분야로 프롤레타리아 예술운동을 확대하기로 하여 다음과 같이 조직을 확대 개편하였다.[1]

---

1 「朝鮮프로예맹 書面大會 소집」, 『朝鮮日報』, 1930년 4월 29일 자 및 권영민, 『한국 계급문학 운동사』, 문예출판사, 1998, pp. 207-208.

카프(조선프롤레타리아예술동맹) 중앙조직(1930. 4. 26.)

- 중앙위원회 위원: 박영희(朴英熙), 임화(林和), 윤기정(尹基鼎), 송영(宋影), 김기진(金基鎭), 이기영(李箕永), 한설야(韓雪野) /
  (보선위원): 권환(權煥), 안막(安漠), 엄흥섭(嚴興燮) 이상 10인
- 중앙위원회 서기국: 송영, 박세영(朴世永), 홍우식, 신응식
- 조직부: (상임) 윤기정
- 출판부: (상임) 이기영
- 교양부: (상임) 박영희
- 기술부: (상임) 김기진(뒤에 권환으로 교체)
- 문학: (상임) 권환 / 송영, 엄흥섭, 이기영, 임화, 한설야, 박영희
- 영화: (상임) 윤기정 / 김남천(金南天), 임화, 이응종, 박완식(朴完植)
- 연극: (상임) 김기진 / 신응식, 안막, 최승일(崔承一), 한택호, 신영(申瑛)
- 미술: (책임자) 강호(姜湖) / 정하선, 이상대, 안석영(安夕影)
- 음악: (결원)

카프의 조직 확대 개편에서 큰 특징은 임화, 권환(권경완), 안막 등 소장 급진파의 중앙간부 진출이었다. 이에 영향을 받아 카프의 노선도 '제2차 방향전환'(1930. 4. 26.)을 결정하였다. 그 내용의 요점을 들면 프로문학예술은 문학예술인들이 읽고 논쟁하는 예술작품이 아니라 노동자·농민 등 대중들에게 혁명적 마르크스주의 사상·계급의식·혁명의식을 고취하는 작품이어야 하며, 카프 맹원 작가들은 예술성의 우열을 따지기보다는 프롤레타리아 혁명의 전위로서의 운동가가 되어야 한다는 것이었다.

이에 대하여 양주동(梁柱東), 염상섭(廉想涉), 정노풍(鄭蘆風) 등은 식민지 상태의 피압박민족으로 떨어진 조선민족은 동시에 무산계급이기 때문에 현 단계의 조선민족에게는 민족문학이 곧 무산문학이라고 주장했다. 따라서 신간회의 좌우협동전선을 배경으로 광의의 '민족문학론'에 의

한 '절충'을 하자고 제의하였다.[2]

그러나 일부 카프 급진파 간부들은 코민테른의 급진노선 전환에 동조해서 민족주의자들과의 협동전선체인 신간회의 해소를 강력히 주장하였고, 마침내 1931년 5월 신간회 해소에 앞장서 성공하기에 이르렀다. 또한 카프 급진파 간부 일부는 이어서 조선공산당 재건운동을 시작하였다.

2) 일제의 카프 탄압

일제 고등경찰은 카프 소장 급진파 간부들의 신간회 해소운동을 방관하고 오히려 그 성공을 기다렸다가, 그들이 이어서 조선공산당 재건운동을 비밀리에 시작하자 1931년 6-10월 바로 모두를 검거하며 탄압을 시작하였다. 이 '카프 제1차 검거사건'의 연루자는 35명으로 보도되었는데 중국에 있던 한위건(韓偉鍵), 양명(梁明) 등은 체포를 면했으며, 국내에 있던 고경흠(高景欽, 가명 金民友·車石東·南海明·金榮斗·眞島·牧野啓夫), 김삼규(金三奎), 임인식, 황학로(黃鶴老, 후에 옥사), 김효식(金孝植), 한재덕(韓載德), 송연수(宋演壽), 안필승, 권경완(權景完), 박영희, 윤기정, 송무혁(宋武赫), 김기진, 이기영, 이평산(李平山), 권태용(權泰用), 최일숙 등 17명은 체포되었다. 일제는 1933년 7월 28일, 고경흠에게 징역 4년, 김철환 징역 3년, 김삼규와 김남천(金南天)에게 징역 2년에 집행유예 5년을 언도하였다. 이 기간에 카프의 활동은 탄압을 받고 크게 위축될 수밖에 없었다.

그러나 카프는 일제의 탄압에 저항하여, 『카프시인집』(1931. 12., 김창술·권환·임화·박세영·안막의 합동 시집), 『카프작가 7인집』(1993), 『농민소설집』(1933) 등을 내었다. 또한 1932년 5월 16일에는 카프 중앙집행위원회 임시총회를 열어 임화 등 소장 급진파가 완전히 주도권을 장악했고, 이전에 창립 때부터 주도적 역할을 하던 박영희, 김기진 등은 중앙위원에

2 白鐵, 『新文學思潮史』, 新丘文化社, 1980, pp. 368-372 참조.

서 사임하였다.[3]

카프 중앙위원회 개편(1932. 5. 16.)

- 사임 중앙위원: 김기진, 박영희, 권환, 안막, 한설야
- 신임 중앙위원: 윤기정, 이기영, 신고송(申孤松), 신영우(申英雨), 이찬(李燦), 김용제(金龍濟), 송영, 강호(姜湖), 임화, 백철(白鐵)
- 서기국: 임화, 백철, 신고송

소장 급진파의 카프 주도권 장악과 창립 중견파의 사임은 두 방면의 결과를 초래하였다. 첫째는 일제 탄압의 가중이었고, 둘째는 밀려난 창립 중견파의 반발과 카프의 분열이었다. 그 대표적 인물이 박영희였다. 박영희는 카프 창립의 주역 가운데 하나였을 뿐 아니라 소장 급진파의 압력에 의해 사임하기 이전까지는 맹원을 급진적 이데올로기로 지도하던 카프 지도자였다. 박영희는 자기가 소장 급진파 청년 문학도들에 의해 이데올로기의 불철저성을 이유로 밀려나게 된 데 상당한 충격을 받은 것 같았다. 카프 창립 회원 가운데는 박영희와 같은 생각을 가진 맹원들이 상당수 있었다.

박영희는 1933년 12월 카프에서 탈퇴를 선언하고, 1934년 1월 2-3일 자 『동아일보』에 「최근 문예이론의 신전개와 경향: 사회사적 급 문학사적 고찰」이라는 제목의 평론으로 탈퇴 이유를 밝힘과 함께 소장 급진파의 노선을 비판하였다. 그 요점은 급진파 카프 지도자들이 ① 도식적 이론에 의거한 비평으로 횡포와 독단을 하므로 카프의 양심 있는 선량한 창작가들이 지도자의 지시를 받들고 쩔쩔매다가 침울·낙망·질식할 지경에 이르러 창작이 무기력하게 되었고, ② 카프는 이미 예술적 집단이 아

3 「프로藝盟 新陣容」, 『朝鮮日報』, 1932년 5월 19일 자 및 권영민, 『한국 계급문학 운동사』, pp. 241-242.

니라 창작자들과 민중으로부터 이반된 검열관과 유사하게 되었으며, ③ 지나치게 당파적이고 종파적인 집단으로 변해 버렸다는 것이다. 박영희는 카프에서 "얻은 것은 이데올로기요, 잃은 것은 예술 자신이었다"라는 유명한 말로 이를 표현하였다.[4]

카프의 급진파 지도부는 박영희의 탈퇴원을 수리하지 않았다. 신간회 해소에 대한 반성과 급진파에 대한 비판이 문화계에 만연하였기 때문이다. 이에 외로워진 카프 급진파들은 민족주의자들과의 재협동을 모색했고 민족주의 계열 문인 친목단체인 '조선문필가협회'(위원장 원세훈)에 임화, 백철, 이기영 등이 참가해서 박영희에 비해 타협적 활로를 더 모색하게 되었다.

문제는 일제의 교활한 탄압이었다. 일제는 카프의 급진화 및 신간회 해체로 인한 세력 약화의 시기를 기회로 포착해 카프 해체를 획책하였다. 이 목적으로 일제가 꾸민 것이 극단 '신건설 사건'이었다. 카프의 산하에 1932년 8월 극단 '신건설(新建設)'이 결성되었고, 1933년 11월 23일과 24일에 창립 공연을 성황리에 가졌다. 공연 작품은 독일 작가 레마르크(Erich Maria Remarque)의 『서부 전선 이상 없다』를 일본인이 각색하여 동경에서 공연해 성공을 거둔 것을 다시 한국어로 번역한 작품이었으므로 문제 될 것이 없었다.

그런데 극단 신건설이 이 작품의 서울 공연에서 성공을 얻고 전국 순회공연을 계획하여 1934년 봄 전주부터 공연을 시작하려 하자, 일제는 이 작품공연이 반전(反戰)사상을 선동하여 일본을 비판하려는 것이라고 주장했다. 일제는 전주 공연 홍보 문구를 트집 잡으며 공연을 중지시키고, 1934년 5월부터 마치 전주지방 관헌의 사건인 것처럼 꾸미면서 카프 간부들을 체포하기 시작하였다. 처음에는 극단 신건설 관계자만 구속하

4 「최근 문예이론의 신전개와 그 경향: 社會史的 급 文學史的 고찰」, 『東亞日報』, 1934년 1월 2-3일 자 및 白鐵, 『新文學思潮史』, pp. 311-313.

더니 이어서 카프 간부 거의 전원을 구속하여 1934년 10월 말까지 카프 맹원 38명을 포함해서 무려 100여 명의 한국 문화인들이 체포되었다. 일제는 이들을 기소도 하지 않고 예심 종결이 이루어진 1935년 6월 28일까지 구속 상태를 계속 연장하면서 가혹한 위협과 억지 조사를 자행하고, 그 사이에 병으로 쓰러져 구속 정지 상태에서 요양 중인 임화에게 카프 해체를 강요하였다. 임화는 구속 중인 각 지부 책임자들에게 해체 가부를 서면으로 질문했던바, 발송한 질문서 11통 가운데 해체 동의가 7표, 해체 반대가 2표, 무응답이 2표였다.[5] 이 과정에서 일제의 교활하고 가혹한 협박과 강요가 있었음은 더 말할 필요도 없다.

임화는 이 결과를 받고 일제 경찰의 요구대로 1935년 5월 20일 '조선 프롤레타리아예술동맹 해산계'라는 서류를 일제에 제출했고 카프는 해산당했다.

카프가 해산하자 일제는 그제서야 1935년 6월 28일 카프 구속자들의 예심을 종결해 기소하고, 1935년 11월 다음과 같이 구형하였다.[6]

박영희·윤기정·이기영 …… 징역 2년

송영·권인갑·김유영·전유협 …… 징역 1년 6개월

박완식·이상춘·정천산·홍구·나웅·이의백 …… 징역 1년

한설야·이갑기·백철·이동규·김형갑·김귀영·추완호·석재홍 …… 징역 10개월

변효식·최정희 …… 징역 8개월

일제는 전주에서 공연도 되지 않는 연극을 이유로 카프 맹원들에게 이러한 실형을 구형해 놓고, 모두에게 '전향서'를 쓰면 석방하겠다고 회유하였다. 이에 구속된 카프 맹원들은 또 모두 위장 전향서를 제출하였

5 박승극, 「예술동맹 해산에 제하여」, 『신조선』 제4호(1935. 8.); 권영민, 『한국 계급문학 운동사』, pp. 339-341 참조.

6 『매일신문』, 1935년 11월 26일 자 및 권영민, 『한국 계급문학 운동사』, p. 313.

다. 일제는 1935년 12월 9일 전주지방법원에서 박영희 등 19명에게 검사 구형량대로 언도했으나, 이들이 '전향서'를 제출했으므로 모두 집행유예 3년으로 석방한다고 발표했으며, 박완식과 정청산은 구형량인 징역 1년에 미결구류 300일을 통산하는 체형을 언도했고, 최정희는 무죄로 석방하였다.[7] 일제는 석방된 카프 맹원을 모두 1936년부터 시행된 제령 제16호 '조선사상범 보호관찰령'으로 묶어 엄중한 감시 아래 두었다.

3) 카프의 시문학과 소설·희곡

일제의 교활하고 가혹한 탄압으로 카프는 해체되었으나, 카프 계열 문학예술인들의 활동과 작품은 여러 가지 형태로 발표되었다. 카프 계열 시문학 부문에서 가장 활동을 많이 한 시인은 임화(林和, 1908-1953)였다.[8] 임화의 「우리 오빠와 화로」는 당시 프로문학계에 큰 화제작이 되었다.[9]

---

7 권영민, 『한국 계급문학 운동사』, pp. 314-324 참조.

8 임화는 「네거리의 순이」(1929), 「우리 오빠와 화로」(1929), 「어머니」(1929), 「봄이 오는구나」(1929), 「우산 받은 요꼬하마의 부두」(1929), 「양말 속의 편지」(1930), 「제비」(1930), 「오늘밤 아버지는 퍼렁 이불을 덮고」(1933), 「한톨의 벼알로」(1933), 「세월」(1934), 「다시 네거리에서」(1935), 「옛책」(1935), 「최후의 염원」(1935), 「안개」(1935), 「버러지」(1935), 「강가로 가자」(1936), 「달밤」(1936), 「하늘」(1936), 「주유(侏儒)의 노래」(1937), 「안개속」(1937), 「밤길」(1937), 「어린 태양이 말하되」(1937), 「홍수 뒤」(1937), 「바다의 찬가」(1938), 「사랑의 찬가」(1938), 「별들이 합창하는 밤」(1938), 「실제(失題)」(1939), 「한 여름밤의 꿈」(1939) 등과 그 밖의 다수의 시를 발표했다. 그는 또한 시집으로서 『현해탄』(1938)을 발표했다. 그 외에도 프로문학에 대한 수많은 평론들을 발표하였다.

9 인쇄공장 노동자 오빠, 제사공장 소녀 노동자 누이와 연초공장 소년 노동자 동생의 3남매 노동자 가족의 우애 넘친 생활 속에서 노동계급의 투쟁에 앞장섰다가 일제에게 체포 투옥된 사랑하는 오빠를 그리는 두 남매의 투쟁의식이 성장하는 과정을 그린 임화의 이 시는 당시 김기진에 의해 "프롤레타리아 시가 어떤 것인가를 보여준 '단편 서사시'"라고 격찬받았다.

프로문학 시들은 대부분이 표어와 강령을 배열한 것처럼 선전문구적인 것이었지만 그 가운데서도 문학적 향기를 담은 서정시들도 가끔 발표되었다. 박팔양(朴八陽, 1905-1988)의 시도 그 가운데 하나였다.[10]

너무도 슬픈 사실

- 봄의 선구자 '진달래'를 노래함 -

날더러 진달래꽃을 노래하라 하십니까
이 가난한 시인더러 그 적막하고도 가냘픈 꽃을
이른 봄 산골짜기에 소문도 없이 피었다가
하루아침 비바람에 속절없이 떨어지는 꽃을
무슨 말로 노래하라 하십니까

노래하기에는 너무도 슬픈 사실이외다
백일홍같이 붉게 붉게 피지도 못하는 꽃을
국화와 같이 오래오래 피지도 못하는 꽃을
모진 비바람 만나 흩어지는 가엾은 꽃을
노래하느니 차라리 붙들고 울 것이외다

친구께서도 이미 그 꽃을 보셨으리다
화려한 꽃들이 하나도 피기 전에
찬바람 오고 가는 산허리에 쓸쓸하게 피어 있는

10 박팔양은 이 밖에도 「도시정취」(1928), 「인천항」(1928), 「태양을 등진 거리에서」(1928), 「새로운 도시」(1929), 「여인」(1930), 「백일몽」(1930), 「나가 흙을」(1931), 「하루의 과정」(1933), 「병상」(1934), 「또다시 임을 그림」(1935), 「가을 밤」(1936), 「승리의 봄」(1936) 등의 시와 시집으로 『여수시초(麗水詩抄)』(1940)를 발표하였다.

봄의 선구자 연분홍빛 진달래꽃을 보셨으리다

진달래꽃은 봄의 선구자외다
그는 봄 소식 먼저 전하는 예언자이며
봄의 모양을 먼저 그리는 선구자외다
비바람에 속절없이 지는 그 엷은 꽃잎은
선구자의 불행한 수난이외다

어찌하여 이 가난한 시인이
이같이도 그 꽃을 붙들고 우는지 아십니까
그것은 우리 선구자들 수난의 모양이
너무도 많이 나의 머릿속에 있는 까닭이외다

노래하기에는 너무도 슬픈 사실이외다
백일홍처럼 붉게 붉게 피지도 못하는 꽃을
국화처럼 오래오래 피지도 못하는 꽃을
모진 비바람 만나 흩어지는 가엾은 꽃을
노래하느니 차라리 붙들고 울 것이외다

그러나 진달래꽃은 오려는 봄의 모양을 머릿속에 그리면서
찬바람 오고가는 산허리에서
오히려 웃으며 말할 것이외다
"오래오래 피는 것이 꽃이 아니라
봄철을 먼저 아는 것이 정말 꽃이라"고 (『학생』, 1930)

박세영(朴世永, 1902-1989)은 「산제비」를 빌려 감옥과 같이 숨막히는 일

제의 탄압 속에서 자유와 해방을 향한 동경을 노래하였다.[11]

안룡만(安龍灣, 1916-1975)은 프롤레타리아 국제주의를 의식하면서, 고향을 등지고 일본으로 유랑한 조선 노동자 가족의 나이 어린 소년이 동경 교외 조선인촌 옆을 흐르는 아라가와(荒川)에서 공장 안에 들어간 아버지 어머니를 기다리며 자라다가, 성장 후 조국 해방운동에 뛰어든 청년이 되어 압록강변에서 소년기를 회상하는 서정시 「강동의 품」을 지었다.[12]

강동의 품

- 생활의 강 아라가와(荒川)여 -

가장 매력있는 지구였다. 강동은 …
남갈(南葛)의 낮은 하늘을 옆에 끼고 '아라가와'의 흐릿한 검푸른 물살을 안은 지대였다.
수천 각색 살림의 노래와 감정이
'먼지'와 연기에 싸여 스며드는 거리 … 이곳이 내 첫 어머니였다.

내가 사랑하던 지구 - 강동 … '아라가와'의 물이여!
세살 먹은 간난애 적 … 살 곳을 찾아 북국의 고향을 등지고 현해탄에 눈물 흘

---

11 박세영은 이 밖에도 「농부 아들의 탄식」(1927), 「어머니의 사랑」(1927), 「타적」(1928), 「바다의 여인」(1930), 「반동기」(1931), 「산골의 농장」(1932), 「강남의 봄」(1934), 「화문보로 가린 2층」(1935), 「자화상」(1935), 「심향강」(1935), 「일 악령」(1936), 「오후의 마천루」(1936), 「다시 또 가는가」(1936), 「은폭동」(1936), 「하랄의 용사」(1936), 「향수」(1936), 「최후에 온 소식」(1936), 「이름 둘 가진 아이도 가버리다」(1937), 「나에게 대답하라」(1937), 「신춘송가」(1938), 「여명」(1939) 및 기타 다수의 시를 발표하고, 시집 『산제비』(1938)를 내었다.

12 안룡만은 이 밖에도 「저녁의 지구」(1935), 「생활의 꽃포기」(1937), 「꽃수놓던 요람」(1939) 등을 발표하였다.

리며 가족 따라 곳곳을 거쳐 대인 곳이 너의 품이었다.
누더기 '모멩' 옷 입고 끊임없이 '싸이렌'이 하늘을 찢는 소란한 거리 빠락에서
맨발 벗고 놀 때 '석양의 노래'를 너는 노을의 빛으로 고요히 다음어 주었다.

아빠, 엄마가 그 '콩구리' 담 속에서 나옴을 기다리며
나는 '아라가와'의 깊은 물살을 바라보았다.
너는 내, 어린 그때부터 황혼의 구슬픈 어려운 살림의 복잡한 물결의 노래를 들리어 주었다.
(…)
'아라가와'여! 네 상류 - 물살에 단풍이 낙엽지고 우리들의 지난날의 일을 추억의 품속에서 되풀이 하던 가을날!
나의 갈 곳은 고향 - 얄루 강반(江畔)으로 결정되었다. 내 일생의 기록의 페이지에서 사라지지 않을 그날! 나는 너를 버리었다.
그리하여 수평선 아득한 현해의 해협을 건너
고향의 산천도 바라볼 틈 없이 '베르트'의 반주 속에 너의 그리움의 노래 기쁨과 설움의 '멜로디'를

내 '아라가와'여! 오늘은 어떤 동무가 가쁜 숨을 쉬이며 고요히 네 노래에 귀를 기울일지
너는 언제나 노동자의 가슴에서 버림받지 않으리라.
네 어깨 위를 제비가 날겠지 …

광막한 대륙의 한 모퉁이에 낀 반도에도 봄이 찾아왔다.
'얄루'강도 녹아 뗏목이 흘러 내린다.
강산에 뻗친 젖가슴 속에 꾸물거리며 자라나는
처녀지의 기억을 따뜻한 품 속에 안아주려고
오! 강동이여! 나는 회상 속에 불길을 이루어 간다. (1934)

이찬(李燦, 본명 李務鍾, 1910-1974)은 항일무장투쟁을 하러 고향을 떠난 독립군 병사가 민족해방전선에서 조국과 고향의 친구를 그리는 혁명적 낭만의 서정시를 노래하였다.[13]

국경의 밤

준령을 넘고 또 넘어
북으로 7백리
여기는 압록강
강안의 한 마을
(…)
저 강 건너 아득히 뻗은
북만 평야
이름 모를 마을 마을에
어렴풋이 꿈벅이는 점점한 등화여

순아, 여윈 지 3년
갈수록 그리운 순아
오늘밤도 우리 고향 오리 강변 꿈에

13 이찬은 이 밖에도 「봄은 간다」(1926), 「동무여」(1926), 「일꾼의 노래」(1930), 「가구야 말려느냐」(1932), 「잠안오는 밤」(1932), 「너희들을 보내고」(1932), 「동무의 회상」(1935), 「월야」(1935), 「귀향」(1935), 「북관천리」(1936), 「유폐」(1936), 「기원」(1936), 「불안」(1936), 「결빙기」(1937), 「계절의 청춘 녹음 방초」(1937), 「고달픈 여로」(1937), 「자멸」(1938), 「삶에의 경고」(1938), 「추모」(1938), 「고원」(1939), 「빠 샤하이」(1939), 「하늘과 산악」(1939), 「그대 오지 않으려느냐」(1939), 「북국전설」(1939), 「북방도」(1940), 「내가 만일 왕자라면」(1940), 「싼타루치야」(1940), 「사막」(1940), 「일몰」(1940) 등을 발표했고, 시집으로 『대망(待望)』(1937), 『분향』(1938), 『망양(茫洋)』(1940) 등을 내었다.

몇 번이나 소스라쳐 깨느냐

그렇다, 그 꿈
부풀은 네 가슴에 고이 간직코
기다려라 기다려라

이제 머잖아 충천하는 화염으로
밝아 올 이 마을처럼
애끓는 고국에의 그 길은
마침내 휘연히 열리리라 열리리라. (『朝光』, 1936)

이 시기 프로문학 소설부문에서 가장 큰 성과를 낸 작가는 이기영(李箕永, 1895-1984)이었다.[14] 이기영은 대표작 『고향』에서 동경 유학을 하고 돌아온 진보적이며 혁명적인 지식인 김희준을 주인공으로 설정하여 1920년대의 조선 농촌의 실상을 예리하게 분석 묘사하였다. 김희준은 부모와 세상의 예측과 기대를 버리고 고향에서 소작농 빈농의 아들 딸들과 함께 소작쟁의를 지도하면서 그들에게 사회주의 사상을 교육·계몽하고 사회주의로 의식화된 농민운동을 전개하기 시작한다. 또한 그는 고향마을 부근의 제사공장에 취직한 농촌 처녀들에게도 사회주의 사상을 교육·계몽하여 계급의식에 눈뜨게 하고, 농민운동과 노동운동의 연대투쟁

14 그는 장편 『민촌』(1929)에 이어 1930년대에 장편 『고향』(1933), 『서화(鼠火)』(1937), 『신개지(新開地)』(1938), 『인간수업』(1941), 『봄』(1940), 『동천홍(東天紅)』(1943), 『광산촌』(1944), 『처녀지』(1944) 등과 단편 「홍수」(1930), 「현대풍경」(1931), 「양잠촌」(1932), 「부역」(1932), 「박승호」(1933), 「노예」(1934), 「B씨의 치부술」(1934), 「원치서」(1935), 「도박」(1936), 「십년후」(1936), 「유한부인」(1936), 「나무꾼」(1937), 「돈」(1937), 「오빠의 비밀편지」(1937), 「어머니」(1937), 「노루」(1938), 「설」(1938), 「대장깐」(1938), 「고물철학」(1939), 「권서방」(1939), 「귀농」(1939), 「왜가리」(1940), 「아우」(1940), 「삼각형」(1941) 등을 발표하였다.

도 가르쳐 준다. 이기영은 김희준이라는 선진적 혁명적 지식인의 전형을 설정하고 그의 지도와 영향으로 자연발생적인 소작쟁의가 사회주의 사상으로 의식화된 계급투쟁으로 발전하고 노동운동과의 연대를 형성하게 되는 과정을 청춘남녀들의 사랑 이야기와 탐욕스러운 지주, 마름, 친일매국세력과의 투쟁과정 속에서 사실적으로 묘사하였다. 이 작품은 사회주의적 사실주의에 입각한 프로문학 소설의 대표작으로 당시에 평가되었다.

1930년대의 프로문학 작가로서 한설야(韓雪野, 본명 韓秉道, 1901-?),[15] 노동자 출신 작가 이북명(李北鳴, 1910-?)[16]이 있었고, 여류작가로는 강경애(姜敬愛, 1903-1943),[17] 프로문학의 희곡 부문에서는 송영(宋影, 본명 宋武鉉, 1903-1978)[18]이 활발한 작품활동을 하여 역작을 내놓았다. 이 밖에도

---

15 한설야는 장편으로 『황혼』(1936), 『청춘기』(1937), 『초향』(1938), 『탑』(1941) 등을, 단편으로 「새벽」(1929), 「공장지대」(1931), 「사방공사」(1932), 「삼백육십오일」(1932), 「추수 후」(1933), 「교차선」(1933), 「홍수」(1936), 「능금」(1936), 「딸」(1936), 「태양」(1936), 「산촌」(1938), 「강아지」(1938), 「종두」(1939), 「진흙땅」(1939), 「귀향」(1939), 「술집」(1939), 「모색」(1940), 「파도」(1940), 「태양 병들다」(1940), 「숙명」(1940), 「두견」(1941), 「세로」(1941), 「유전(流轉)」(1941) 등을 발표하였다.

16 이북명은 「질소비료공장」(1932), 「출근정지」(1932), 「여공」(1933), 「정반(正反)」(1934), 「오전 3시」(1935), 「공장가」(1935), 「민보의 생활표」(1935), 「구제사업」(1936), 「요양원에서」(1936), 「도피행」(1936), 「암야행로」(1936), 「아들」(1937), 「의학박사」(1938), 「야회」(1939), 「화전민」(1940) 등 노동자의 생활 소설을 발표하였다.

17 강경애는 단편으로 「파금(破琴)」(1931), 「어머니와 딸」(1931), 「부자(父子)」(1932), 「젊은 어머니」(1933), 「채전(菜田)」(1933), 「소금」(1934), 「모자(母子)」(1934), 장편 『인간문제』(1934), 『해고』(1935), 『지하촌』(1936), 『이 땅의 봄』(1936), 『마약』(1937), 『검둥이』(1938) 등을 발표하여 이채를 띠었다.

18 송영은 「일체면회 거절하라」(1931), 「신임 이사장」(1934), 「황금산」(1936), 「월파(月波)선생」(1937), 「윤씨일가」(1939), 「방랑시인 김립」(1941) 등의 희곡을 발표하였다. 또한 소설 부문에서도 「교대시간」(1930), 「호미를 쥐고」(1931), 「오수향(吳水香)」(1931), 「야학선생」(1932), 「기도」(1933), 「오마니」(1934), 「복순이」(1935), 「능금나무 아래서」(1936), 「이 봄이 가기 전에」(1937), 「경대」(1938), 「여

다수의 중견 및 신진 작가들이 카프 문학운동에 참가하였다.

프로문학의 평론 부문에서는 김기진(金基鎭, 호 八峰, 1903-1985)이 처음 이론가로 나서서 프로문학의 방향을 지도하였다. 그는 정치를 우위에 두고 문학을 수단으로 보는 관점을 강조하며 박영희와 논쟁을 하였다. 후에 프로문학의 예술성을 중시하는 관점 변화를 일으켰다가 임화 등 소장 급진파의 비판을 받았다.

박영희(朴英熙, 1901-?)는 프로문학 작품에서 내용의 우위와 작가의 목적의식론을 주창하여 한때 김기진과 함께 프로문학의 지도적 비평가로 활동하였다. 그러나 『무산자』라는 잡지를 간행하던 소장파로부터 작품의 내용과 문학예술성을 중시하는 그의 주장이 '우익적 일탈'이라고 비판받자, 박영희는 "얻은 것은 이데올로기요, 잃은 것은 예술 자신이었다."라는 유명한 프로문학 비판 문구를 남기면서 결국 카프에서 탈퇴하여 비평의 문예학적 접근을 추구하였다.

백철(白鐵, 본명 白世鐵, 1908-1985)은 카프의 중앙상임위원으로서 처음에는 주로 프로문학 가운데 농민문학을 빈농계급의 해방과 투쟁의 문학으로 설정하기 위한 비평활동에 종사하였다. 카프 해체 이후에는 문학의 인간탐구론을 주장하였다.

프로문학에서는 비평가들과 문학 비평이 막강한 영향력을 가져서 프로문학 전반에 큰 영향을 끼쳤고, 일종의 작은 권력처럼 시인과 작가들의 작품 활동을 속박하기까지 하였다. 이 밖에도 프로문학과 관련된 평론가들, 그리고 그 후 평론 부문에 활동한 이들로서는 임화, 안석영(安夕影, 본명 安碩柱, 1901-1950), 권환(權煥, 본명 權景完, 1903-1954), 김복진(金復鎭, 1901-1940), 윤기정(尹基鼎, 1903-1955), 김화산(金華山, 1905-1970), 양주동(梁柱東, 1903-1977), 유진오(兪鎭午, 1906-1987), 신고송(申鼓頌, 1907-?), 안막(安漠, 본명 安弼承, 1910-?), 안함광(安含光, 본명 安鍾彦, 1910-?), 이갑기(李

승」(1939), 「금화」(1939) 등을 발표하였다.

甲基, 1908-?), 정노풍(鄭蘆風, 1903-?) 등을 들 수 있다.

외국에서 해외문학을 공부한 문인들은 '해외문학연구회(海外文學研究會)'를 창립하고 『해외문학(海外文學)』이라는 기관지를 냈다. 이후 귀국하여 1931년에는 카프문학을 비판하는 평론활동을 했는데 논쟁이 일어나면서 이들에게는 '해외문학파'라는 별명이 형성되기도 하였다. 그 이후에는 정인섭(鄭寅燮, 1905-1983), 김환태(金煥泰, 1909-1944), 이원조(李源朝, 1909-1955), 김문집(金文輯, 1907-?), 김오성(金午星, 본명 金亨俊, 1908-?), 윤규섭(尹圭涉, 1909-?), 김종한(金鍾漢, 1916-1944), 곽종원(郭鍾元, 1915-2001) 등도 평론가로서 활동하였다. 평론가들이 활발한 논쟁을 펼치면서 비평문학의 전성기를 이룬 것이 프로문학 시대였다.

카프 창설 이후 1935년경까지 문학예술부문에서 가장 다수의 참가자를 가진 큰 흐름의 문예 운동은 프로문학예술운동이었다.

2. 민족문학예술가들의 활동과 업적

1) 구인회(九人會)와 그 후의 예술문학

프롤레타리아 문예의 이념화·급진화와 일제의 가혹한 탄압 사이에서 외롭게 고뇌하던 문인들 일부가 1933년 8월에 친목단체로서 '구인회(九人會)'를 조직하였다. 회원은 이태준(李泰俊), 이효석(李孝石), 박태원(朴泰遠), 정지용(鄭芝溶), 김기림(金起林), 이무영(李無影), 이종명(李鍾鳴), 유치진(柳致眞), 김유영(金幽影) 등 9인이었다. 뒤에 이상(李箱), 조용만(趙容萬), 조벽암(趙碧岩) 등이 참가하였다. 구인회 회원들은 서로 격려하고 반성하며 좀 더 자유롭게 예술적인 문학을 추구했고 그 과정에서 프로문학 퇴조 후의 예술문학을 성장 발전시키는 데 큰 성과를 내게 되었다.

구인회의 대표적 작가인 이태준(호 尙虛, 1904-?)은 단편으로 다수의 작품을 발표하였다.[19] 또한 소설집으로 『달밤』(1934), 『가마귀』(1937), 『구원(久遠)의 여상(女像)』(1937), 『황진이』(1938), 『딸 삼형제』(1939), 『청춘무성』(1940), 『왕자호동』(1943), 『돌다리』(1943) 등을 내었다. 이태준은 단편소설에서 특히 평범한 서민들 가운데 특정한 인물들을 선정하여 이데올로기의 구속을 받지 않고 인물 묘사를 하면서 진한 휴머니즘과 애수와 동정적 이해를 넣어 신경지를 개척하였다. 그의 단편소설은 모든 부류의 평범한 주인공들의 일상적 애환을 격조 높은 문장으로 이해심 깊게 묘사하여 민중들의 사랑을 받았으며, 그 때문에 이태준은 단편소설의 최고 작가가 되었다.

이효석(1907-1942)은 한때 프로문학의 동반작가였으나, 구인회 참가 이후부터는 방향을 일신하여 서정적인 순수 문예작품 창작에 몰두하였다.[20] 이효석은 『노령근해』(1931), 『성화(聖畵)』(1939), 『해바라기』(1939), 『화분』(1939), 『벽공무한(碧空無限)』(1941), 『황제』(1943) 등의 소설집도 내

19 이태준의 대표적 단편소설로는 「오몽녀」(1925), 「행복」(1929), 「누이」(1929), 「기생 산월이」(1930), 「어떤날 새벽」(1930), 「고향」(1931), 「봄」(1932), 「불우노인」(1932), 「실락원 이야기」(1932), 「서글픈 이야기」(1932), 「꽃 나무는 심어놓고」(1933), 「아탐의 후예」(1933), 「달밤」(1933), 「어둠」(1934), 「색시」(1935), 「손거부」(1935), 「가마귀」(1936), 「황진이」(1936), 「장마」(1936), 「복덕방」(1937), 「패강랭(浿江冷)」(1938), 「딸 삼형제」(1939), 「영월 영감」(1939), 「농군」(1939), 「밤길」(1940), 「사상의 월야」(1941), 「별은 창마다」(1942), 「사냥」(1942), 「돌다리」(1943) 등이 있다.

20 이효석의 프로문학작품으로는 「노인의 죽엄」(1926), 「주리면」(1927), 「도시와 유령」(1928), 「기우(奇遇)」(1929), 「노령 근해」(1930), 「깨뜨려지는 홍등」(1930), 「추억」(1930), 「북구사신(私信)」(1930), 「초설」(1931) 등이 있고, 구인회 이후 작품으로는 「돈(豚)」(1933), 「수탉」(1933), 「마음의 의장(意匠)」(1934), 「수난」(1934), 「계절」(1935), 「산」(1936), 「분녀」(1936), 「들」(1936), 「고사리」(1936), 「모밀꽃 필 무렵」(1936), 「인정」(1937), 「개살구」(1937), 「장미 병들다」(1938), 「겨울 이야기」(1938), 「해바라기」(1938), 「황제」(1939), 「여수(旅愁)」(1939), 「하루빈」(1940), 「산협(山峽)」(1941), 「일요일」(1942) 등이 있다.

었다. 이효석의 구인회 이후 작품들은 형식은 소설이지만 내용 구성과 문장은 서정시와 같이 청결하고 아름다워 서정성이 높은 작품들이었다. 그는 오염되지 않은 자연과 고향의 향기가 넘치는 단편소설들을 발표하였다.

박태원(1909-1986)은 다수의 사실적 단편소설을 발표하였다.[21] 그는 소설집으로 『소설가 구보씨의 일일』(1938), 『천변풍경』(1938), 『아름다운 봄』(1939), 『여인성장(女人盛裝)』(1942) 등을 내었는데, 문장의 기교를 실험하면서 서민들의 일상 세태를 사실적으로 묘사하였다. 박태원의 이러한 세태의 사실적 묘사는 결과적으로 이 시기 사실주의 소설과 문학을 개척한 것이 되었다.

이무영(1908-1960)은 농촌·농민을 묘사한 다수의 단편소설을 발표하여 이른바 '농민소설'의 장르를 개척하였다.[22]

이종명(?-?)은 「방황하는 사람들」 및 기타 다수의 단편을 발표하고, 소설집 『유랑』(1928)을 내었다.[23] 구인회 참가 무렵부터는 식민지 지식인의

---

21 박태원의 대표적 단편소설로는 「최후의 모욕」(1928), 「꿈」(1930), 「회개한 죄인」(1931), 「사흘 굶은 봄달」(1933), 「오월의 훈풍」(1933), 「소설가 구보씨의 일일(一日)」(1934), 「길은 어둡고」(1935), 「악마」(1936), 「천변풍경」(1936), 「속 천변풍경」(1937), 「성군(星群)」(1937), 「우맹(愚氓)」(1938), 「미녀도」(1939), 「골목안」(1939), 「음우(淫雨)」(1940), 「아세아의 여명」(1941) 등이 있다.

22 이무영의 대표적 단편소설로는 「흙을 그리는 마음」(1932), 「루바슈카」(1933), 「우심(牛心)」(1934), 「농부」(1934), 「용자(龍子)소전」(1934), 「취향(醉香)」(1934), 「산가(山家)」(1935), 「만보노인」(1935), 「분묘」(1936), 「전설」(1938), 「제1과 제1장」(1939), 「추수기」(1940), 「흙의 노예」(1940), 「원주댁」(1941), 「토지」(1943) 등 다수의 단편이 있고 소설집으로는 『의지할 곳 없는 청춘』(1927), 『폐허의 울음』(1927), 『취향』(1937), 『명일의 포도(鋪道)』(1938), 『먼동이 틀 때』(1939), 『지옥의 문』(1940), 『흙의 노예』(1944) 등이 있다.

23 이종명의 대표적 단편소설로는 「노름군」(1925), 「두 남매」(1926), 「삼월」(1927), 「우정」(1928), 「배신자」(1929), 「윤락한 사람들」(1929), 「시네마의 노파」(1930), 「우울한 그들」(1932), 「두 젊은이」(1932), 「방황하는 사람들」(1932), 「모던 데카메론」(1933), 「명암」(1933), 「순이와 나와」(1933), 「애욕지대」(1934), 「소설가의 안해」(1934) 등이 있다.

고뇌와 방황을 그리었다.

안회남(安懷南, 본명 安必承, 1909-?)은 카프 해산 이후 구인회에 합류하여 「고향」 등 다수의 단편소설을 발표했으며, 소설집으로 『안회남 단편집』(1939), 『탁류를 헤치고』(1942), 『대지는 부른다』(1944)를 내었다.[24] 안회남은 일제의 야만적 식민지 정책 속에서 주로 인물의 신변 묘사에 집중한 신변소설을 탈출구로 삼아 지식인의 방황을 이야기하였다.

심훈(沈熏, 본명 沈大燮, 1901-1936)은 시 작품 이외에도 「불사조」 등 다수의 단편소설을 발표했고,[25] 장편소설로 『영원의 미소』(1933-1934), 『직녀성』(1934), 『상록수』(1935-1936) 등을 발표하였다. 심훈은 쉽고 진솔한 문장으로 애국적이고 열정적인 주인공의 성격 및 활동을 박력 있게 묘사하여 당시 폭발적인 인기 작가가 되었다. 특히 그의 『상록수』는 당시 농촌문자보급·계몽운동 및 브나로드운동에 헌신적인 주인공과 그들의 사랑을 그리어 농촌계몽소설의 새 경지를 개척하였다. 『상록수』는 대가 이광수의 농촌계몽소설 『흙』보다도 더 널리 읽히고 사랑을 받았다.

채만식(蔡萬植, 1902-1950)은 처음에는 프로문학의 동반작가로서 출발했다가, 프로문학 퇴조기부터 자유롭게 세태를 풍자하여 '풍자소설'의 장르를 개척하였다. 그는 「농민의 회계보고」 등 다수의 단편소설을 발표하였다.[26] 또한 장편으로는 『인형의 집을 나와서』(1933), 『탁류』(1937), 『천

---

24 안회남의 대표적 단편소설로는 「발(髮)」(1931), 「처녀」(1932), 「연기」(1933), 「황금과 장미」(1935), 「상자」(1935), 「악마」(1936), 「고향」(1936), 「우울」(1936), 「향기」(1936), 「황혼」(1936), 「명상」(1937), 「잊혀진 지평선」(1937), 「그날 밤에 생긴 일」(1938), 「기차」(1938), 「수심」(1939), 「계절」(1939), 「기계」(1939), 「투계」(1939), 「탁류를 헤치고」(1940), 「어둠 속에서」(1940), 「병원」(1940), 「노인」(1941), 「형」(1941), 「벼」(1941), 「봄이 오면」(1941) 등이 있다.

25 심훈의 대표적 단편소설로는 「탈춤」(1926), 「기남의 모험」(1928), 「오월비상(飛霜)」(1929), 「동방의 애인」(1930), 「불사조」(1931), 「황공의 최후」(1936) 등이 있다.

26 채만식의 대표적 단편소설로는 「세길도」(1924), 「산적」(1929), 「앙탈」(1930), 「창백한 얼굴들」(1931), 「농민의 회계보고」(1932), 「레디메이드 인생」(1934), 「보리

하태평춘』(1938) 등을 발표했고 『채만식 단편집』(1939)을 내었다. 채만식의 풍자소설은 일제 지배하의 참담한 현실을 사실적으로 묘사하면서 비판하였다. 특히 『탁류』에서는 지방 도시에서 꿈 많던 한 여인의 기구한 일생이 모든 것들과 함께 탁류처럼 흘러가는 모습을 사실주의적으로 묘사했으며, 『천하태평춘』에서는 일제 식민지 통치하의 참혹한 현실을 태평천하로 착각하는 지주들의 생활양식을 풍자 비판하였다.

김유정(金裕貞, 1908-1937)은 「봄, 봄」 등을 비롯해 다수의 단편소설을 발표했고, 또 소설집 『동백꽃』(1938)을 내었다.[27] 김유정은 폐결핵으로 요절하여 5년간의 문단 생활밖에 하지 못했으나, 이 짧은 기간에 30여 편의 단편소설을 창작하여 이 시대 문학에 금자탑을 쌓았다. 그의 작품은 해학·풍자와 농촌의 서정성을 융합하여, 일제와 지주들의 수탈 속에서 시달리는 서민들과 농민들을 묘사하면서 그들이 간직한 생활 속 미소와 서정을 전달해 주었다.

계용묵(桂鎔默, 본명 河泰鏞, 1904-1961)은 「백치 아다다」 등 다수의 단편소설을 발표했고, 소설집 『병풍에 그린 닭이』(1944)를 내었다.[28] 계용묵은

방아」(1936), 「빈(貧)」(1936), 「명일」(1936), 「얼어죽은 모나리자」(1937), 「생명」(1937), 「치숙(痴叔)」(1938), 「소망(少妄)」(1938), 「패배자의 무덤」(1939), 「반점(斑點)」(1939), 「모색」(1939), 「홍보씨」(1939), 「이런 남매」(1939), 「차 안의 풍속」(1940), 「순공(巡公)있는 일요일」(1940), 「냉동어」(1940), 「회(懷)」(1940), 「사호일단(四號一段)」(1941), 「근일(近日)」(1941), 「병이 났거든」(1941), 「삽화」(1942) 등이 있다.

27 김유정의 대표적 단편소설로는 「총각과 맹꽁이」(1933), 「소낙비」(1935), 「금따는 콩밭」(1935), 「노다지」(1935), 「떡」(1935), 「산골」(1935), 「만무방」(1935), 「솥」(1935), 「아내」(1935), 「봄, 봄」(1935), 「산골 나그네」(1936), 「가을」(1936), 「봄과 따라지」(1936), 「동백꽃」(1936), 「산골」(1936), 「정조」(1936), 「슬픈 이야기」(1937), 「따라지」(1937), 「귀여운 소녀」(1937), 「정분」(1937), 「형」(1939), 「애기」(1939) 등이 있다.

28 계용묵의 대표적 단편소설로는 「최서방」(1927), 「인두지주(人頭知蛛)」(1928), 「제비를 그리는 마음」(1934), 「백치 아다다」(1935), 「금순이와 닭」(1935), 「출견(出犬)」(1935), 「신사 허재비」(1935), 「장벽」(1936), 「오리알」(1936), 「송아지는 멍에

장애인이나 불우한 처지의 순결한 인간들이 현실에서 겪는 고난을 훌륭한 문장으로 묘사하여 황금만능의 자본주의 문명을 즐겨 비판하였다.

김동리(金東里, 본명 金始鍾, 1913-1995)는 「무녀도」 등 다수의 단편소설을 발표하였다.[29] 김동리는 일제가 '동화정책'이라는 이름으로 조선민족 말살정책을 강행하는 현실 속에서, 고대부터 이어진 한국의 토속성을 지키는 것이 '생명'을 지키는 것과 관련된다고 생각하여 토속적인 것을 즐겨 묘사하였다. 그는 민족적인 것, 토속적인 것, 전설과 신화는 물론이고 미신적인 것도 자주 신비롭게 형상화하여 그의 독특한 문학의 경지를 개척하였다.

황순원(黃順元, 1915-2000)은 처음에는 시인으로 등단하여 시 작품 「나의 꿈」(1931), 「아들아 무서워마라」(1931), 「젊은이여」(1932), 「봄노래」(1932), 「그날부터」(1933), 「도주」(1936), 「잠」(1936), 「7월의 추억」(1936) 등을 발표하고, 시집 『방가(放歌)』(1934), 『골동품』(1936) 등을 내더니, 1937년부터는 소설을 주로 발표하기 시작하였다. 그는 단편 「거리의 부사(副詞)」(1937), 「돼지계(系)」(1938), 「별」(1941), 「그늘」(1942) 등을 발표하고, 소설집으로 『황순원 단편집』(1940)을 내었다. 이 시기까지 황순원의 소설은 주로 소년·소녀들이 동화같은 낙원의 생활에서 성을 깨달아 성년이 되어 가는 심리적 과정을 서정적으로 묘사하는 특징이 있었다.

이 밖에 소설 부문에서는 이익상(李益相, 1895-1935), 임영빈(任英彬, 1900-1990), 조중곤(趙重滾, ?-?), 권환(權煥, 1903-1954), 전영택(田榮

를 메고」(1936), 「고절(苦節)」(1937), 「청춘도」(1938), 「병풍에 그린 닭이」(1939), 「유앵기(流鶯記)」(1939), 「캉가루의 조상이」(1939), 「부부」(1939), 「애욕」(1939), 「신기루」(1940), 「이반(離叛)」(1941), 「심월(心月)」(1941) 등이 있다.

29 김동리의 대표적 단편소설로는 「화랑의 후예」(1935), 「산화(山火)」(1936), 「바위」(1936), 「무녀도」(1936), 「술」(1936), 「어머니」(1937), 「솔거」(1937), 「생일」(1938), 「잉여설」(1938), 「황토기」(1939), 「찔레꽃」(1939), 「두꺼비」(1939), 「동구앞길」(1940), 「혼구(昏衢)」(1940), 「소녀」(1940), 「오누이」(1940), 「다음 항구」(1940), 「소년」(1941) 등이 있다.

澤, 1894-1968), 유진오(兪鎭午, 1906-1987), 한인택(韓仁澤, 1903-1937), 정인택(鄭人澤, 1909-1953), 김광주(金光洲, 1910-1973), 허윤석(許允碩, 1915-1995), 현덕(玄德, 1909-?), 안수길(安壽吉, 1911-1977), 김남천(金南天, 본명 金孝植, 1911-1953), 최독견(崔獨鵑, 본명 崔象德, 1901-1970), 김영팔(金永八, 1902-1950), 장혁주(張赫宙, 1905-?), 전무길(全武吉, 1905-?), 엄흥섭(嚴興燮, 1906-?), 이흡(李洽, 1908-?), 조용만(趙容萬, 1909-1995), 홍효민(洪曉民, 1904-1975), 한흑구(韓黑鷗, 본명 韓世光, 1909-1979), 이석훈(李石薰, 1907-?), 최명익(崔明翊, 1902-1972), 허준(許俊, 1910-?), 홍구(洪九, 1908-?), 방인희(方仁熙), 박영준(朴榮濬, 1911-1976), 최인준(崔仁俊, 1912-?), 이근영(李根榮, 1910-?), 정비석(鄭飛石, 본명 鄭瑞竹, 1911-1991), 곽하신(郭夏信, 1920-?), 최태응(崔泰應, 1917-1998), 김영수(金永壽, 1911-1977), 안동수(安東洙, ?-?), 지봉문(池奉文, ?-?), 이봉구(李鳳九, 1916-1983), 김소엽(金沼葉, 본명 金炳國, 1912-?), 현경준(玄卿駿, 1910-1951), 김정한(金廷漢, 1908-1996), 박노갑(朴魯甲, 1905-1951), 석인해(石仁海, 1911-1990), 최인욱(崔仁旭, 1920-1972) 등이 주목해야 할 작품들을 발표하였다.

또한 여류작가로서 어려운 환경을 극복해 가면서, 나혜석(羅蕙錫, 호 晶月, 1896-1948), 김원주(金元周, 일명 金一葉, 1896-1971), 박화성(朴花城, 1904-1988), 백신애(白信愛, 1908-1939), 최정희(崔貞熙, 1906-1990), 장덕조(張德祚, 1914-2003), 이선희(李善熙, 1911-?), 송계월(宋桂月, 1911-1933), 임옥인(林玉仁, 1915-1995) 등이 귀중한 작품들을 발표하였다.

1930-1940년대의 역사소설 분야에서도 1920년대에 이어서 연속으로 이광수(李光洙, 1892-1950), 현진건(玄鎭建, 1900-1943), 박종화(朴鍾和, 1901-1981), 김동인(金東仁, 1900-1951), 윤백남(尹白南, 1888-1954) 등이 장편 역사소설들을 창작하였다.

유치진(1905-1974)은 희곡 작품 「토막(土幕)」(1931), 「시인선(屍人船)」(1932), 「룸펜 인테리」(1933), 「버드나무 선 동리의 풍경」(1933), 「당나귀」(1935), 「수(獸)」(1936), 「자매」(1936), 「도생록(圖生錄)」(1938), 「부부」(1940)

등을 발표하여 '희곡' 분야를 개척하였다.

김진수(金鎭壽, 1909-1966)는 「길」(1937), 「향연」(1938) 등의 희곡을 발표하였다.

구인회의 작가와 시인들, 그리고 그 밖의 다수 작가들은 작품상에서 상대적 성공을 거둔 프로문예 퇴조 후 문학의 침체 우려를 불식하고 오히려 문단에 문인들의 개성과 문학 역량을 존중하는 분위기를 조성하여 다양한 문학예술 등장의 문호를 열어 준 구실을 수행하였다.

2) 『시문학』과 서정시의 흐름들

프로문학 퇴조 이후 박용철(朴龍喆)과 이하윤(異河潤)을 중심으로 1930년에 『시문학(詩文學)』, 1931년에 『문예월간(文藝月刊)』, 1934년에 『문학(文學)』, 1938년에 『청색지(青色紙)』 등의 전문지가 발간되었다. 이와 함께 1930년대에 아름다운 서정시가 큰 비중으로 발표되었다.

박용철(1904-1938)은 사재를 넣어 잡지를 발행하고 서정시 운동을 전개했는데 강렬한 민족의식이 스민 그의 서정시는 사회성을 간직하였다.

떠나가는 배

나 두 야 간다.
나의 이 젊은 나이를
눈물로야 보낼 거냐
나 두 야 가련다.

아늑한 이 항구인들 손쉽게야 버릴 거냐.
안개같이 물 어린 눈에도 비치나니
골짜기마다 발에 익은 묏부리 모양

주름살도 눈에 익은 아-사랑하는 사람들.

버리고 가는 이도 못 잊는 마음
쫓겨가는 마음인들 무어 다를 거냐.
돌아다보는 구름에는 바람이 희살짓는다.
앞 대일 언덕인들 마련이나 있을 거냐.

나 두 야 가련다.
나의 이 젊은 나이를
눈물로야 보낼 거냐.
나 두 야 간다. (『시문학』 창간호, 1930)

눈은 내리네

이 겨울의 아침을
눈은 내리네

저 눈은 너무 희고
저 눈의 소리 또한 그윽하므로

내 이마를 숙이고 빌까 하노라
임이여 설운 빛이
그대의 입술을 물들이나니
그대 또한 저 눈을 사랑하는가

눈은 내리어
우리 함께 빌 때러라.

김영랑(金永郞, 1903-1950, 본명 金允植)도 이 시기에 주옥같은 서정시들을 발표하였다.

모란이 피기까지는

모란이 피기까지는,
나는 아직 나의 봄을 기다리고 있을 테요.
모란이 뚝뚝 떨어져 버린 날,
나는 비로소 봄을 여읜 설움에 잠길 테요.
오월 어느 날, 그 하루 무덥던 날,
떨어져 누운 꽃잎마저 시들어 버리고는
천지에 모란은 자취도 없어지고,
뻗쳐 오르던 내 보람 서운케 무너졌으니,
모란이 지고 말면 그뿐, 내 한 해는 다 가고 말아,
삼백예순 날 하냥 섭섭해 우옵내다.
모란이 피기까지는,

나는 아직 기다리고 있을 테요, 찬란한 슬픔의 봄을. (『문학』 제3호, 1934)

북

자네 소리 하게 내 북을 치지

진양조 중머리 중중머리
엇머리 잦아지다 휘몰아 보아

이렇게 숨결이 꼭 맞아서만 이룬 일이란

인생에 흔치 않아 어려운 일 시원한 일
소리를 떠나서야 북은 오직 가죽일 뿐
헛 때리는 만갑이도 숨을 고쳐 쉴밖에

장단을 친다는 말이 모자라오
연창(演唱)을 살리는 반주쯤은 지나고
북은 오히려 칸닥타아요

떠받는 명고(名鼓)인데 잔가락을 온통 잊으오
떡 궁! 동중정이오 소란 속에 고요 있어
인생이 가을같이 익어 가오

자네 소리 하게 내 북을 치지

양주동(梁柱東, 1903-1977)은 1920년대와 프로문학 시기에 극단적 계급주의를 비판하며 민족주의와의 절충을 주장하면서 신간회를 지지하고 민족주의적 서정시를 시도하더니, 1930년대에도 민족에 대한 사랑을 노래하였다.

나는 이 나랏 사람의 자손이외다

이 나랏 사람은
마음이 그의 옷보다 희고
술과 노래를
그의 안해와 같이 사랑합니다
나는 이 나랏 사람의 자손이외다

착하고 겸손하고
꿈 많고 울음 많으나
힘없고 피없는
이 나랏 사람-
아아 나는 이 나랏 사람의 자손이외다

이 나랏 사람은
마음이 그집보다 가난하고
평화와 자유를
그의 형제와 같이 사랑합니다
나는 이 나랏 사람의 자손이외다

외로웁고 쓸쓸하고
괴로움 많고 눈물 많으나
숨결있고 생명있는
이 나랏 사람-
아 나는 이 나랏 사람의 자손이외다 (『개벽』, 1924)

양주동은 시집 『조선의 맥박』(1932)을 내고, 일제 탄압이 가중된 일제강점 말기에는 향가를 비롯해 고전문학을 연구해서 『조선고가연구(朝鮮古歌硏究)』(1942)를 간행하였다.

정지용(鄭芝溶, 1902-1950)도 계속 주옥같은 서정시들을 발표하였다.

고향

고향에 고향에 돌아와도
그리던 고향은 아니러뇨.

산꿩이 알을 품고
뻐꾸기 제철에 울건만,
마음은 제 고향 지니지 않고
머언 항구로 떠도는 구름.

오늘도 뫼 끝에 홀로 오르니
흰 점 꽃이 인정스레 웃고,

어린 시절에 불던 풀피리 소리 아니 나고
메마른 입술에 쓰디쓰다.

고향에 고향에 돌아와도
그리던 하늘만이 높푸르구나. (『조선지광』, 1927)

이하윤(異河潤, 1906-1974)도 1930년대에는 민요풍의 서정시를 다수 발표하였다.

신석정(辛夕汀, 1907-1974)도 이 시기에 주옥같은 서정시들을 다수 발표하였다.

김상용(金尙鎔, 1902-1951)도 이 시기에 맑은 서정시들을 다수 발표하였다.

남으로 창을 내겠소

남으로 창을 내겠소.
밭이 한참 갈이
괭이로 파고

호미론 풀을 매지요.

구름이 꼬인다 갈 리 있소.
새 노래는 공으로 들으랴오.
강냉이가 익걸랑
함께 와 자셔도 좋소.

왜 사냐건
웃지요 (『문학』 2호, 1934)

유치환(柳致環, 1908-1967)도 이 시기에 사회성이 깃든 다수의 서정시들을 발표하였다.

여류시인 노천명(盧天命, 본명 盧基善, 1912-1957)은 주옥같은 탁월한 서정시들을 발표하여 이 시기 민족문학을 빛내었다.

장날

대추 밤을 돈사야 추석을 차렸다.
이십 리를 걸어 열하룻장을 보러 떠나는 새벽,
막내딸 이쁜이는 대추를 안 준다고 울었다.

송편 같은 반달이 싸리문 위에 돋고,
건너편 성황당 사시나무 그림자가 무시무시한 저녁,
나귀 방울에 지껄이는 소리가 고개를 넘어 가까워지면,
이쁜이보다 삽살개가 먼저 마중을 나갔다. (『여성』, 1939)

서정시 운동은 청년 시인들에게도 파급되어 후에 이른바 『청록집(青鹿

集)』(1946)을 내어 '청록파'라 불린 3인의 청년 시인 조지훈, 박목월, 박두진도 일제강점 말기에 등단하였다.

조지훈(趙芝薰, 본명 趙東卓, 1920-1968)은 민족적 정서가 짙은 주옥같은 서정시들을 발표하기 시작하였다.

박목월(朴木月, 본명 朴泳鍾, 1915-1978)도 민요풍의 맑은 서정시들을 다수 발표하기 시작하였다.

박두진(朴斗鎭, 1916-1998)도 자연을 아름답게 서정적으로 노래하기 시작하였다.

설악부(雪岳賦)

1

부여안은 치맛자락, 하얀 눈바람이 흩날린다. 골이고 봉우리고 모두 눈에 하얗게 뒤덮였다. 사뭇 무릎까지 빠진다. 나는 예가 어디 저 북극이나 남극 그런데로도 생각하며 걷는다.

파랗게 하늘이 얼었다. 하늘에 나는 후우 입김을 뿜어 본다. 스러지며 올라간다. 고요오하다. 너무 고요하여 외롭게 나는 태고(太古)! 태고에 놓여 있다.

2

왜 이렇게 나는 자꾸만 산만 찾아 나서는 걸까? - 내 영원한 어머니 …. 내가 죽으면 백골이 이런 양지 짝에 묻힌다. 외롭게 묻어라.

꽃이 피는 때, 내 푸른 무덤엔, 한 포기 하늘빛 도라지꽃이 피고, 거기 하나 하얀 산나비가 날라라. 한 마리 멧새도 와 울어라. 달밤엔 두견! 두견도 와 울어라.

언제 새로 다른 태양, 다른 태양이 솟는 날 아침에 내가 다시 무덤에서 부활할 것도 믿어 본다. (…) (『문장』, 1940)

이러한 청년시인들의 문예계 등단은 일제강점기 한국 서정시의 마지막 흐름이었다고 볼 수 있다.

이 밖에도 서정시 부문에서 김억(金億, 1896-?), 오상순(吳相淳, 1894-1963), 변영로(卞榮魯, 1898-1961), 남궁벽(南宮壁, 1894-1922), 노자영(盧子泳, 1901-1940), 백기만(白基萬, 1902-1967), 유엽(柳葉, 1902-1975), 조운(曺雲, 본명 曺柱鉉, 1898-?), 황석우(黃錫禹, 1895-1960), 김해강(金海剛, 본명 金大駿, 1903-1987), 주요한(朱耀翰, 1900-1979), 김창술(金昌述, 1903-1950), 이흡(李洽, 1908-?), 양운한(楊雲閒, ?-?), 오일도(吳一島, 1901-1946), 임학수(林學洙, 1911-1982), 윤곤강(尹崑崗, 1911-1950), 홍사용(洪思容, 1900-1947), 김광섭(金珖燮, 1905-1977), 유완희(柳完熙, 호 赤駒, 1901-1964), 김오남(金午男, 1906-1996), 김형원(金炯元, 1900-?), 홍양명(洪陽明, 1906-?), 이헌구(李軒求, 1905-1983), 허보(許保, 1907-?), 김동명(金東鳴, 1900-1968), 조벽암(趙碧岩, 본명 趙重洽, 1908-1985), 이일(李一, 1892-?), 모윤숙(毛允淑, 1910-1990), 주수원(朱壽元, 1910-2003), 김명순(金明淳, 일명 金彈實, 1896-1951), 백국희(白菊姬, ?-?), 장만영(張萬榮, 1914-1975), 서정주(徐廷柱, 1915-2000), 박남수(朴南秀, 1918-1994), 장서언(張瑞彦, 1912-1983), 조영출(趙靈出, 1913-1993), 이응수(李應洙, 1909-?), 이규원(李揆元, 1911-?), 이정구(李廷九, 1911-1976), 김병호(金炳昊, 1904-1959), 김달진(金達鎭, 1907-1989), 이용악(李庸岳, 1914-1971), 박노춘(朴魯春, 1912-1999), 여상현(呂尙玄, 1914-?), 함형수(咸亨洙, 1914-1946), 김철수(金哲洙, ?-?), 강홍운(康鴻運, ?-?) 등을 비롯하여 다수의 시인들이 등단하여 민족어로써 아름다운 서정시들을 노래하였다.

또한 1930-1940년대의 시조 부문에서도 1920년대와 같이 이병기(李秉岐, 1891-1968), 이은상(李殷相, 1903-1982), 이광수(李光洙), 여류시조작가 김오남(金午男) 등이 주옥같은 시조 작품을 발표하여 민족시 형식으로서의 시조 장르를 발전시켰다.

3) 모더니즘과 주지주의 문학

예술문학 대두 후인 20세기의 특징으로 모더니즘 문학과 주지주의 문학의 실험이 하나의 가느다란 흐름으로 전개되어 이 시기 문학을 다양하게 하였다.

모더니즘 문학은 김기림(金起林, 본명 金仁孫, 1908-?)이 중심이 되어 예술적 표현에 기교를 많이 넣고 서양 외래어를 사용해 가면서 현대적 멋을 부리는 경향을 통칭하였다. 김기림의 『기상도(氣像圖)』는 모더니즘 문학의 한 예시이다.

기상도

- 세계의 아침 -

비늘
돋힌
해협은
배암의 잔등
처럼 살아났고
아롱진 '아라비아'의 의상을 두른 젊은 산맥들.

바람은 바닷가에 '사라센'의 비단폭처럼 미끄러웁고
오만한 풍경은 바로 오전 7시의 절정(絶頂)에 가로누웠다.

헐떡이는 들위에
늙은 향수를 뿌리는

교당(教堂)의 녹슬은 종소리.

송아지들은 들로 돌아가려무나.

아가씨는 바다에 밀려가는 윤선(輪船)을 오늘도 바래 보냈다. (…)

(『중앙』, 1935)

김기림은 자기의 시보다 앞선 모더니즘 시로 정지용과 오장환의 시를 들었다. 정지용은 여러 가지 표현형식을 실험했으므로 모더니즘의 경향이 강한 시가 있었다.

오장환(吳章煥, 1918-1948)의 시에 김기림이 언급하는 모더니즘이 있는지는 의문이지만 표현의 기교는 참신하였다.

김기림과 함께 모더니즘 계열의 대표적 시인은 김광균(金光均, 1914-1993)이었다. 그들은 종래의 운율 중심의 시를 이국정취를 풍겨 가면서 마치 한 폭의 수채화를 보듯 시각과 색채 중심의 시로 변환시켜 융합하려고 시도하였다.

모더니즘 문학이 극단적으로 전개된 것이 주지주의 문학이다. 1930년대 한국에서 출현한 주지주의 시문학의 한 극단적 예가 이상(李箱, 본명 金海卿, 1910-1937)의 시이다.

오감도

시 제1호

13인의아해가도로로질주하오.

(길은막다른골목이적당하오.)

제1의아해가무섭다고그리오.

제2의아해가무섭다고그리오.

제3의아해가무섭다고그리오.

제4의아해가무섭다고그리오.

제5의아해가무섭다고그리오.

제6의아해가무섭다고그리오.

제7의아해가무섭다고그리오.

제8의아해가무섭다고그리오.

제9의아해가무섭다고그리오.

제10의아해가무섭다고그리오.

제11의아해가무섭다고그리오.

제12의아해가무섭다고그리오.

제13의아해가무섭다고그리오.

13인의아해는무서운아해와무서워하는아해와그렇게뿐이모였소. (다른사정은없는것이차라리나았소.)

그중에1인의아해가무서운아해라도좋소.

그중에2인의아해가무서운아해라도좋소.

그중에2인의아해가무서워하는아해라도좋소.

그중에1인의아해가무서워하는아해라도좋소.

(길은뚫린골목이라도적당하오.)

13인의아해가도로로질주하지아니하여도좋소.

(시 제2호부터 하략) (『조선중앙일보』, 1934. 7.)

명경

여기 한 페이지 거울이 있으니

잊은 계절에서는

얹은 머리가 폭포처럼 내리우고

울어도 젖지 않고
맞대고 웃어도 휘지 않고
장미처럼 착착 접힌
귀
들여다 보아도 들여다보아도
조용한 세상이 맑기만 하고
코로는 피로한 향기가 오지 않는다.

만적만적하는 대로 수심(愁心)이 평행하는
부러 그러는 것 같은 거절
우편으로 옮겨 앉은 심장일망정 고동이
없으란 법 없으니

설마 그러랴? 어디 촉진(觸診) …하고 손이 갈 때 지문이 지문을 가로막으며
섬뜩하는 차단뿐이다.

5월이면 하루 한 번이고
열 번이고 외출하고 싶어하더니
나갔던 길에 안 돌아오는 수도 있는 법

거울이 책장 같으면 한 장 넘겨서
맞섰던 계절을 만나련만
여기 있는 한 페이지
거울은 페이지의 그냥 표지 - (『여성』, 1936)

이상의 「오감도」는 종래의 시의 격식을 완전히 파괴하고, 식민지에서의 가해자(무서운 아해)와 피해자(무서워하는 아해)의 대립구조 속에서 절망

과 불안에 허덕이는 13도 조선인의 위상을 한 지식인으로서 초현실주의적으로 노래한 주지주의적인 시이다. 따라서 종래의 시 격식에 익숙한 독자들에게는 매우 난해한 시라고 할 수 있다. 이상의 시 작품은 다수가 매우 난해한 주지주의적 작품들이지만, 때로는 종래의 시 격식에 따른 시도 있다. 그러나 그 작품 내용은 역시 극도로 상징화되어 있고 난해하다.

모더니즘과 주지주의 시 작품의 대두는 이 시기 한국 시문학의 내용을 다양하고 풍성하게 만드는 데 일정한 기여를 하였다.

4) 저항과 기다림의 문학

일제가 중일전쟁과 태평양전쟁을 도발하고 한국인에 대한 야수적 탄압과 수탈을 강화한 1937-1945년의 칠흑같은 어둠의 시대에, 일부 문학예술가들은 일제의 총칼이 무서워 변절하여 애석하게도 침략전쟁 합리화 활동에 끌려다녔다. 그러나 상당수의 문학예술가들은 일제의 극악한 탄압에도 끝까지 굴복하지 않고 저항적 작품을 발표하거나 또는 시골로 숨어서 해방의 날을 기다리기도 하였다.

민족시인 심훈(沈熏, 본명 沈大燮, 1901-1936)은 일제강점기의 깊은 겨울밤을 탄식하면서, 해방의 그날이 오기를 기다리며 절규하였다.

밤

밤, 깊은 밤 바람이 뒤설레며
문풍지가 운다.
방, 텅 비인 방안에는
등잔불의 기름 조는 소리뿐 …

쥐가 천장을 모조리 써는데

어둠은 아직도 창 밖을 지키고
내 마음은 무거운 근심에 짓눌려
깊이 모를 연못 속에서 자맥질한다.

아아, 기나긴 겨울 밤에
가늘게 떨며 흐느끼는
고달픈 영혼의 울음소리 …
별 없는 하늘 밑에 들어 줄 사람 없구나!

그날이 오면

그날이 오면, 그날이 오면은
삼각산이 일어나 더덩실 춤이라도 추고
한강물이 뒤집혀 용솟음칠 그날이
이 목숨이 끊어지기 전에 와 주기만 할량이면
나는 밤하늘에 나는 까마귀와 같이
종로의 인경을 머리로 들이받아 울리오리다.
두개골은 깨어져 산산조각이 나도
기뻐서 죽사오매 오히려 무슨 한이 남으오리까.

그날이 와서, 오오 그날이 와서
육조(六曹) 앞 넓은 길을 울며 뛰며 뒹굴어도
그래도 넘치는 기쁨에 가슴이 미어질 듯하거든
드는 칼로 이몸의 가죽이라도 벗겨서
커다란 북을 만들어 들쳐메고는
여러분의 행렬에 앞장을 서오리다.
우렁찬 그 소리를 한 번이라도 듣기만 하면

그 자리에 거꾸러져도 눈을 감겠소이다. (시집 『그날이오면』, 1949)

민족시인 이상화(李相和, 1901-1943)는 일제 치하 조국의 현실에 「통곡」하면서도 일제에 타협하지 않은 희생적 항쟁의 시를 스스로 요청하였다. 그는 이러한 자신의 요청에 응해서 참되고 선구자 같은 시를 읊었다.

통곡

하늘을 우러러
울기는 하여도
하늘이 그리워 울음이 아니다
두 발을 못 뻗는 이 땅이 애달파
하늘을 흘기니
울음이 터진다.
해야 웃지 마라
달도 뜨지 마라. (『개벽』 68호, 1926. 4.)

선구자의 노래

나는 남 보기에 미친 사람이란다.
마는 내 알기엔 참된 사람이노라.

나를 아니꼽게 여길 이 세상에는
살려는 사람이 많기도 하여라.

오 두려워라 부끄러워라.
그들의 꽃다운 사리가 눈에 보인다.

행여나 내 목숨이 있기 때문에
그 살림을 못 살까 - 아 죄롭다.

내가 알음이 적은가 모름이 많은가
내가 너무나 어리석은가 슬기로운가.

아무래도 내 하고저움은 미친 짓뿐이라
남의 꿀 듣는 집을 문흘지 나도 모른다.

사람아 미친 내 뒤를 따라만 오너라
나는 미친 홍에 겨워 죽음도 뵈 줄 테다.

민족시인 한용운(韓龍雲, 1879-1944)은 일제 통치의 긴 밤을 베어 버릴 해방의 날의 도래를 확실하게 기약해 읊었다.

여름밤이 길어요

당신이 계실 때에는 겨울밤이 짧더니 당신이 가신 뒤에는 여름밤이 길어요.
책력의 내용이 그릇되었나 하였더니 개똥불이 흐르고 벌레가 웁니다.
긴 밤은 어디서 오고 어디로 가는 줄을 분명히 알았습니다.

(…)

그러나 당신이 오시면 나는 사랑의 칼을 가지고 긴 밤을 베어서 일천(一千) 도막을 내겠읍니다.

당신이 계실 때는 겨울밤이 짧더니 당신이 가신 뒤는 여름밤이 길어요.

최초의 님

맨첨에 만난 님과 님은 누구이며 어느 때인가요.
맨첨에 이별한 님과 님은 누구이며 어느 때인가요.

(…)

그러므로 만나지 않는 것도 님이 아니요, 이별이 없는 것도 님이 아닙니다.
님은 만날 때에 웃음을 주고 떠날 때에 눈물을 줍니다.
만날 때의 웃음보다 떠날 때의 눈물이 좋고, 떠날 때의 눈물보다 다시 만나는 웃음이 좋습니다.

아아 님이여, 우리의 다시 만나는 웃음은 어느 때에 있습니까.

민족시인 이육사(李陸史, 본명 李源祿, 1904-1944)는 온갖 고난 속에서도 오직 하나의 별, 오는 날의 민족의 해방을 노래하자고 읊었다. 이육사는 우리가 바라는 해방이 손님과 함께 반드시 찾아올 것을 기약하였다.

한 개의 별을 노래하자

한 개의 별을 노래하자. 꼭 한 개의 별을
십이성좌(十二星座) 그 숱한 별을 어찌나 노래하겠니

꼭 한 개의 별! 아침 날 때 보고 저녁 들 때도 보는 별
우리들과 아-주 친하고 그중 빛나는 별을 노래하자
아름다운 미래를 꾸며 볼 동방의 큰 별을 가지자

한 개의 별을 가지는 건 한 개의 지구를 갖는 것

아롱진 설움밖에 잃을 것도 없는 낡은 이 땅에서
한 개의 새로운 지구를 차지할 오는 날의 기쁜 노래를
목안에 핏대를 올려가며 마음껏 불러보자
(…) (출처: 검열, 잡지게재 불가)

청포도

내 고장 7월은
청포도가 익어가는 시절

이 마을 전설이 주절이주절이 열리고
먼 데 하늘이 꿈꾸며 알알이 들어와 박혀

하늘 밑 푸른 바다가 가슴을 열고
흰 돛단배가 곱게 밀려서 오면

내가 바라는 손님은 고달픈 몸으로
청포(靑袍)를 입고 찾아온다고 했으니

내 그를 맞아 이 포도를 따 먹으면
두 손을 함빡 적셔도 좋으련

아이야 우리 식탁엔 은쟁반에
하이얀 모시 수건을 마련해 두렴. (시집 『육사시집』, 1946)

신석정(辛夕汀, 1907-1974)은 「슬픈 구도」, 「봄을 기다리는 마음」과 같은 작품들에서 꽃 한송이 피어날 지구도 없는 칠흑같은 어둠뿐인 일제치하 조국의 현실에 괴로워하면서도 민족의 고운 핏줄을 타고 오는 봄을 기다리자고 노래하였다.

봄을 기다리는 마음

우수도
경칩도
머언 날씨에
그렇게 차가운 계절인데도
봄은 우리 고운 핏줄을 타고 오고
호흡은 가빠도 이토록 뜨거운가?

손에 손을 쥐고
볼에 볼을 문지르고
의지한 채 체온을 길이 간직하고픈 것은
꽃 피는 봄을 기다리는 탓이리라.

산은
산대로 첩첩 쌓이고
물은
물대로 모여 가듯이

나무는 나무끼리
짐승은 짐승끼리
우리도 우리끼리
봄을 기다리며 살아가는 것이다.

백석(白石, 1912-1996)은 일제와의 타협과 굴종을 거부하고 고향에 돌아가 「여우난곬족(族)」, 「나와 나타샤와 흰 당나귀」 등처럼 고향의 민속을 노래하며, 산골로 가는 것은 세상에 지는 것이 아니라 일제가 지배하는 세상을 버리는 것이라고 읊었다.

기다리던 조국 해방을 보지 못하고 일제 감옥에서 옥사한 윤동주(尹東柱, 1917-1945)는 순결한 젊은 시인의 서정으로 깨끗한 삶을 다짐하면서 일제 통치의 40년에 가까운 어둠의 밤이 너무 길고 많음을 통탄하였다.

서시(序詩)

죽는 날까지 하늘을 우러러
한 점 부끄럼이 없기를,
잎새에 이는 바람에도
나는 괴로워했다.
별을 노래하는 마음으로
모든 죽어 가는 것을 사랑해야지
그리고 나한테 주어진 길을
걸어가야겠다.

오늘 밤에도 별이 바람에 스치운다.

새벽이 올 때까지

다들 죽어가는 사람들에게
검은 옷을 입히시오.

다들 살아가는 사람들에게

흰 옷을 입히시오.

그리고 한 침대에
가지런이 잠을 재우시오.

다들 울거들랑
젖을 먹이시오.

이제 새벽이 오면
나팔소리 들려올 게외다.

윤동주는 길고 어두운 밤을 가면서도 슬픈 백의민족의 해방을 위하여 가진 바 씨앗을 뿌리면서 가노라면 새벽이 오고 나팔소리가 울리리라고 노래하였다.

나라 밖에 망명하여 독립운동에 참가한 한국 청년들은 싸우면서도 한편으로 일본 제국주의에 항쟁하는 시·가요·가곡을 좀 더 자유롭게 창작하였다. 일본군 보도반에 징집당했다가 탈출하여 조선의용군에 참가한 김사량(金史良, 본명 金時昌, 1914-1950)이 가사를 짓고 정율성(鄭律成, 1914-1976)이 곡을 붙인 『의용군 행진곡』은 그 대표적 예의 하나이다.

한국광복군에 참가한 박영만(朴英晩, 1914-1981)이 가사를 짓고 한유한(韓悠韓, 본명 韓亨錫, 1910-1996)이 곡을 붙인 『압록강 행진곡』 또한 그 대표적 예이다.

압록강 행진곡

(1)
우리는 한국독립군
조국을 찾는 용사로다
나가! 나가! 압록강 건너
백두산 넘어가자
진주 우리나라 지옥이 되어
모두 도탄에서 헤메고 있다.
동포는 기다린다.
어서 가자 조국에
우리는 한국독립군
조국을 찾는 용사로다.
나가! 나가! 압록강 건너
백두산 넘어가자

(2)
우리는 한국광복군
악마의 원수 처 물리자
나가! 나가! 압록강 건너
백두산 넘어가자
등잔 밑에 우는 형제가 있다.
원수한테 밟힌 꽃 포기 있다.
동포는 기다린다
어서 가자 고향에
우리는 한국광복군
조국을 찾는 용사로다

나가! 나가! 압록강 건너
백두산 넘어가자

이 밖에 최후의 시각까지 항일 독립투쟁을 전개한 청년 전사들과 문인들의 시가들이 이 시기에 다수 창작되어 자유해방을 위해 싸우는 동포들의 정서와 사기를 고양시켜 주었다.

구한말에는 물론이고, 1910-1920년대에 이어 1930-1940년대에도 한국 문학예술인들은 위에서 본 바와 같이 꾸준한 창작활동을 통해 우수한 작품들을 발표하여 민족문학예술을 발전시켰다. 그러나 이러한 근대문학의 성과는 당시 한국 문학예술가들이 일제의 가혹한 탄압을 받고 항일투쟁을 감행해 가면서 성취한 피와 고뇌와 땀의 성과였지, 일제 식민지정책으로 산출해 낸 성과는 전혀 아니었다. 도리어 일제 식민지정책은 한국민족 말살정책의 일환으로 한국말로 창작된 한국 근대문학의 창조·발전을 극도로 탄압하고 저지하였다. 그 증거는 일제에 의한 한국인 문학예술가들의 체포·투옥·감시와 검열로 말미암아 작품들이 흑색 사각활자로 지워지거나 X표로 지워진 부분들을 통해서 잘 확인할 수 있다.

일제강점기 한국 문학예술가들은 일제의 한국 근대문학예술 검열 탄압정책에도 불구하고, 이에 대항해 근대민족문학예술을 정립하고 발전시키려고 분투한 것이었다.

그러므로 일제강점기 한국 근대민족문학예술의 성립 발전은 일제의 식민지정책에 의한 것이 아니라 일제의 근대화 저지·검열·수탈 정책에도 불구하고 한국민족 문학예술인들이 저항하며 쟁취한 성과였다.

제8장(연속 제29장)

일제의 한국민족말살·황국신민화정책

1. 한국민족말살·'황국신민화'정책

일제는 1931년 만주 침략, 1937년의 중일전쟁, 1941년의 태평양전쟁 등 침략전쟁을 자행하면서 한국인을 전쟁에 동원하고 투입할 필요가 절실해지자, '황국신민화(皇國臣民化, 약칭 皇民化)정책', '내선일체(內鮮一體)정책' 등의 용어를 사용하면서 '한국민족말살정책'을 한층 더 폭압적으로 강화 자행하였다.[1] 일제의 소위 '황국신민화'정책은 한국민족말살 정책 중에서도 특히 한국인들이 일본 '천황(天皇)'과 일본 '제국'의 노예적 '신민(臣民)'임을 정신적으로 더욱 철저하게 주입시켜서 일제의 침략전쟁에 한국인을 동원·투입하여 일본의 총알받이로 사용하기 위한 정책이었다.

민족이란 "언어·지역·혈연·문화·정치·사회경제생활·역사의 공동을 객관적 요소로 하여 공고히 결합되고 그 기초 위에서 민족의식의 주관적 요소를 형성해 더욱 공고하게 결합된 역사적 범주의 인간공동체"[2]이므

---

1 변은진·장순순 편역, 『전시체제기 여론통제(1): 기본구상과 방향』, 동북아역사재단, 2021, pp. 458-535 참조.

2 신용하, ① 「民族形成의 理論」, 『한국사회학연구』 제7집, 1984.
② 『한국민족의 형성과 민족사회학』, 지식산업사, 2001, pp. 315-363.
③ 『민족의 사회학이론』, 경인문화사, 2023.

로, 일제는 '황국신민화'정책을 폭압적으로 자행하면서 이러한 민족 구성 요소들을 강제 소멸시킴으로써 한국민족을 말살하고 일제의 노예적 '황국신민'을 만들려고 한 것이었다.

일제는 이미 무력으로 한국민족의 지역(국토)을 침탈하고, 주권을 소멸시켰으며, 사회경제생활을 예속시켜 '수탈의 극대화'를 자행한 지 수십 년이 되었다. 그러므로 이제 남은 민족 구성의 요소들인 한국의 민족언어(한국어), 민족문자(한글), 민족문화, 민족역사, 민족의식을 소멸시켜서 한국민족말살정책을 더욱 강화한 뒤에, 일본 '천황'에 대한 노예적 신민의식을 강제 주입하고 식민지 노예를 만들어서 침략전쟁에 동원·투입하여 희생시키려고 획책한 것이었다.

일제는 이 목적으로 일본 군벌 가운데 탄압 모략전술로 악명 높은 육군 대장 미나미 지로(南次郎, 남차랑, 재임 1936. 9.-1942. 5.)를 1936년 8월 5일 제7대 조선총독으로 임명하였다. 미나미는 조선군 사령관, 일본국 육군대신, 관동군 사령관 등을 역임하면서 1931년 9·18 만주 침략, 10·18 일본 군사정변 시도, 1936년 2·26 일본 군사정변 등을 일으키는 음모와 공작에 앞장섰던 음험한 첩보 모략전술 전문가였다. 총독 미나미는 조선총독으로 부임하자 즉각 소위 '황국신민화'정책을 무단 폭압적 방법으로 대폭 강화하였다. 미나미는 "'황국신민화'는 조선인들이 '조선', '조선어', '조선민족'의 관념과 의식까지 완전히 버리고 '황국' 일본을 위하여 '순국'하겠다는 순국정신이 충만하도록 '내선일체(內鮮一體)'가 되어야 한다"라고 주장하면서 '내선일체'라는 용어를 애용하였다.[3] 일제는 이러한 정책을 강행하기 위해 탄압을 위한 각종 법령을 제정 공포하고, 이를 강제집

---

3 ① 宮田節子,『朝鮮民衆と'皇民化'政策』, 未來社, 1985.
② 공제욱·정근식 편, 『식민지의 일상, 지배와 균열』, 문화과학사, 2006.
③ 박명규·김백영, 「식민 지배와 헤게모니 경쟁」, 『사회와 역사』 제82집, 2009.
④ 유선영, 「'東亞' 트라우마, 제국의 지정학적 공간과 '이등신민'의 정치학」, 『사회와 역사』 제94집, 2012 참조.

행 하는 형식으로 수탈과 만행을 자행하였다.

일제 총독 미나미는 한국민족말살·황국신민화정책 실시를 강화하기 위해 총독부 행정조직, 일제 헌병대, 총독부 경찰 이외에 전국적 규모의 '국민정신총동원 조선연맹(國民精神總動員 朝鮮聯盟)'이란 것을 조직하였다.[4] 이것은 총독부 행정조직과 유사하게 중앙에 연맹본부, 도에는 도연맹, 부군도(府郡島)·읍면·정동리(町洞里)에는 각각 그 지방행정 수준의 지방연맹을 조직한 것이었다. 그뿐만 아니라 각 직장과 사회단체에 직장·단체별 국민정신총동원 조선연맹을 조직하도록 강요하였다.[5] 그리고 최저변에는 10호마다 '애국반(愛國班)'이란 것을 편성토록 하였다. 그러므로 총독부 행정조직과 강점 무력뿐만 아니라 국민정신총동원 조선연맹이 최저변까지 한국인을 조직 장악하도록 한 것이었다.[6] 일제는 중앙연맹 총재에는 조선군 사령관과 육군대신을 지낸 육군 대장 가와시마 요시유키(川島義之, 천도의지)를 앉히고, 임원에는 육군 장군들과 장교들을 배치했으며, 일부 조선인 친일파도 구색으로 배치하였다. 형식은 민간단체이나 내용은 완전히 일제 총독부의 군국주의 조직이었다. 일제 총독 미나미는 국민정신총동원 조선연맹의 '황국신민화' 실천운동에 대해 다음과 같이 명령하였다.

> 매일 아침 반드시 황거(皇居)를 향해 요배(遙拜)를 하고, 황국신민서사(皇國臣民誓詞)를 소리 내어 읽는다. 매월 1일에는 신사참배(神社參拜)를 한다. 제1, 제3 일요일에는 근로봉사(勤勞奉仕)를 한다. 오늘의 조선연맹은 애국반(愛國班) 31만 3,000여 개, 그 반원 425만여 명이다. 이 사람들이 매일 우리들의 반과 똑

---

4 南次郎, 「聯盟本來の使命, 窮極の目標は內鮮一體」, 『總動員』 第1卷 第2號(1939. 7.), pp. 47-60 참조.

5 김영희, 「국민정신총동원운동의 실시와 조직」, 『한국독립운동사연구』 제18집, 2002 참조.

6 「國民精神總動員朝鮮聯盟綱領·實踐要目·規約·組織大綱」, 『總動員』 創刊號(1939. 6.), pp. 38-45 참조.

같이 행동하고 있다. 국민정신총동원 조선연맹의 목표는 많아서 다 말할 수 없으나 궁극의 목표는 내선일체(內鮮一體)이다.[7]

일제는 1940년 10월 26일 '국민정신총동원 조선연맹'을 '국민총력연맹(國民總力聯盟)'으로 개칭하고 한국민족말살·황국신민화운동을 더욱 독촉하고 강화하였다.[8] 미나미는 한국민족말살·황국신민화정책만 강화한 것이 아니었다. 그는 한국인에 대한 탄압과 사회경제적 수탈도 대폭 강화했으며, 고등경찰의 정보·감시와 고문·학대 정책도 대폭 강화하였다. '군수공업총동원령', '공출제도', '지원병제도', '노무자징용제도', '징병제도', '여자정신대', '종군위안부 징발' 등 온갖 악랄한 제도도 일제가 미나미를 통해 만들어 강행한 것이었다.

일제는 1942년 5월 29일 제8대 조선총독으로 고이소 구니아키(小磯國昭, 소기국소)를 임명하였다. 고이소는 미나미 총독 시기에 조선군 사령군을 맡았었고 척무대신을 지낸 육군 대장으로서 미나미의 정책을 그대로 계승하면서 여기에 군사목적을 더욱 가중해 나갔다. 고이소는 항복 직전 1944년 7월 22일 일본 수상으로 전임되고 아베 노부유키(阿部信行, 아부신행)가 제9대 총독으로 부임하였다. 수탈정책과 한국민족말살정책은 갈수록 극렬화되었다.

이렇듯 1936-1945년 일제의 한국민족말살·황국신민화정책은 한국민족을 말살하여 차별받는 노예적 준일본인으로 만들고, 여기에 교육과 선전을 통해 일본과 일본 천황에 충성하는 '황국신민'을 만들어서 일제의 침략전쟁에 투입하여 일본인 대신 총알받이, 군사 노예로 희생시키려고 한 정책이었다. 이어서 1936-1945년의 한국민족말살·황국신민화정책의 몇 가지 주요 내용을 뽑아서 고찰하기로 한다.

---

7 綠旗日本化硏究所 編, 『朝鮮思想界槪觀』, 綠旗聯盟, 1939, pp. 37-38; 박경식, 『일본제국주의의 조선 지배』, 청아출판사, 1986, p. 377.

8 崔由利, 『日帝 末期 植民地 支配政策硏究』, 국학자료원, 1997, pp. 17-122 참조.

2. 한국어·한글 말살정책과 일본어 상용(常用) 강제

1) 1930년대 후반기 일제의 한국어 말살정책 강화

일제는 3·1운동의 영향으로 식민지 무단통치가 파탄되고, 한국의 민족문화운동이 치솟은 1920년대에는 한국어·한글 말살정책을 감히 강화하거나 추진하지 못하고 후퇴했었다. 일본어 보급도 강력하게 강행할 수 없었다. 그러나 1931년 만주 침략 이후에 일제는 한국어·한글에 맞서 일본어 보급 강화를 다시 추구했으며, 특히 1937년 중일전쟁 전후부터는 한국어·한글 완전 말살과 일본어 상용(常用) 강제를 권력에 의해 폭압적으로 추진하였다.[9]

일제 총독 미나미는 1936년 부임한 후, 한국인을 일제의 '황국신민'으로 만들기 위해서는 황국신민교육이 중요하다고 강조하고 1938년 3월 3일 '조선교육령'을 개정하였다. '제3차 조선교육령'은 한국의 각급 학생들을 일제의 '충량한 황국신민'으로 만들기 위해 특히 초·중등교육을 다음과 같은 특징을 가진 것으로 개정하였다.[10]

훌륭한 일본 군인을 내기 위해 일본어 생활을 실행하자는 조선총독부 선전 표어 (출처: 독립기념관)

9 허재영, 「일제 강점기 일본어 보급 정책 연구」, 『한말연구』 제14집, 2004 참조.
10 鄭在哲, 『日帝의 對韓國植民地教育政策史』, 一志社, 1985, pp. 422-423.

① 한국어의 과목을 초·중등학교에서 '수의과목(隨意科目)'으로 전락시킴과 동시에 수업시간을 대폭 감축시켰다. 수의과목이란 교장이 자의로 교수를 선택 지정할 수 있는 과목으로서, 당시 일제의 정책이 한국어 교수 폐지였기 때문에 이 방침에 따라 대부분의 교장이 한국어를 선택하지 않았다. 따라서 한국어 교수는 제3차 조선교육령 때부터 사실상 폐지된 것이나 다름이 없었다.

② '한국역사'와 '한국지리' 수업은 제2차 조선교육령 시행 시기처럼 초·중등교육에서 배제하였다.

③ 일본역사 및 일본지리 수업은 '국사(일본사)'와 '지리'라는 과목 이름 아래 초등학교의 고학년에서, '역사·지리'라는 과목 이름 아래 중학교에서 교육하도록 하였다.

④ '수신(修身)' 과목은 제2차 조선교육령 시행 시기와 마찬가지로 일본 문화와 일본 도덕을 중심으로 교육하도록 하였다.

⑤ '공민과(公民科)'라는 교과목을 중등학교 교육과정에 신설하여 중학교·고등여학교·사범학교 고학년에서 일본 문화와 일본 도덕을 집중 교육하며 황국신민교육을 강화하도록 하였다.[11]

제3차 조선교육령에 의한 과목별 주당 시간표는 [표 8-1]과 같았다.

[표 8-1]에서도 알 수 있는 바와 같이, 초·중등학교 수업의 가장 중심 과목은 일본어였다. 당시 초·중등학교 교장이 거의 모두 일본인이었으므로, 수의과목인 '조선어'는 형식상 교육령에 남아 있었을 뿐 실제로는 선택되어 교육되지 않았다. '조선어' 과목이 남아 있었던 것은 과목의 전면 폐지가 가져올 반발을 줄이기 위해 기만책으로서 이름만 남겨둔 것에 불

---

11 김성준, ①「日帝强占下 朝鮮語抹殺政策研究: 朝鮮教育令을 중심으로」, 『國史館論叢』 제105집, 2004.
②『일제강점기 조선어 교육과 조선어 말살정책 연구』, 경인문화사, 2010 참조.

[표 8-1] 초·중등학교 과목별 주당 시간 배정표(1938-1943)

각급 학교	교과목 / 학년	수신	일본어	조선어 (수의)	산술 (수학)	일본사	지리	이과	외국어	직업 (산업)	공민	가사재봉
소학교	1	2	10	4	5							
	2	2	12	3	5							
	3	2	12	3	6							
	4	2	12	2	6			2		2 (1)		(3)
	5	2	9	2	4	2	2	2		3 (1)		(4)
	6	2	9	2	4	2	2	2		3 (1)		(4)
소학교 (고등)	1	2	6	2	4	2	2	2		6 (2)		(6)
	2	2	6	2	4	2	2	2		6 (2)		(6)
중학교	1	2	7	2	3	3		3	5	2		
	2	2	7	2	3	3		3	5	2		
	3	2	6	1	5	3		3	6	2		
	4	1	5	1	5	3		4	5	2	2	
	5	1	5	1	4	3		4	5	3	2	
고등여학교	1	2	6	2	2	3		2	3	1		5
	2	2	6	2	2	3		2	3	1		5
	3	2	6	1	3	3		3	3	1		6
	4	1	5	1	2	3		3	2	1	1	7
	5	1	5	1	2	3		3	2	1	1	8

주: ( )는 여학생 대상 과목, 조선어는 선택과목.
자료: 朝鮮總督府學務局, 「朝鮮に於ける教育革新の全貌」 및 박경식, 『일본제국주의의 조선지배』, p. 396.

과하였다.

일제는 1941년 '초등학교 규정'(1941. 3. 31.)을 공포하여 국민학교 교과목에서 이름만 남아 있던 '조선어'를 완전히 폐지하였다. 이어서 1943년 '제4차 조선교육령'(1943. 3.)에서는 중등학교와 사범학교에서도 명칭만 남아 있던 '조선어' 과목을 이름마저 폐지하였다. 일제는 한국어 말살정책을 교육제도상 완결시킨 것이었다.

2) 일본어 상용(常用) 강제

일제는 그 대신 초·중등교육의 중심을 '일본어' 집중교육 강화에 두었다. 특히 초등학교 저학년 교육은 거의 일본어 교육이었다. 일제는 한국인의 '황국신민화'를 위한 첫째 과제는 철저한 일본어 교육이라고 강조하였다. 일제는 일본어 교육 안에 일본 역사·일본 문화·일본 도덕 내용을 넣어 어린 한국 학생들을 '황국신민'으로 만들고 일본숭배 사상을 주입하려고 획책하였다. 예컨대 1939년 총독부가 발행한 『소학국어(일본어) 독본』 11권을 보면 총 28개 단원 가운데 71.4%인 20개 단원이 직접 일본 역사·일본 문화·일본 도덕 일본 군국주의와 무사도(武士道)를 교육 선전하는 내용이었다.[12] 일제 총독 미나미의 교육보좌관으로서 제3차 조선교육령을 입안한 학무국장은 황국신민화·내선일체는 "조선인으로서 몸에 지니고 있는 조선의 전통·풍습·문자 등의 특색을 불식하고 태어나면서부터 일본인과 같이 일본의 전통·풍습·문화 등을 완전히 몸에 지닌 국민으로 동화하는 것이다."[13]라고 설명했는데, 이를 아예 국민학교 '일본어' 교과 안에 주입해 넣은 것이었다.

학교에서의 일본어 전용과 철저한 상용화는 전국 각급 학교에서 매우 폭압적인 방법으로 강제되었다. 예컨대 국민학교에서는 매주 초에 '국어표'(일본어표)라는 딱지를 학생들에게 나누어 주고 서로 감시하게 하다가 무의식중에 한국어를 한마디라도 사용하면 딱지를 한 장씩 뺏게 하여 주말이 되면 표를 많이 빼앗긴 학생에게 체벌을 가하였다. 이 밖에도 학생이 한국어를 사용하는 정도에 따라 구타·벌금·정학·퇴학 또는 낙제 등 온갖 수모를 다 주었다.[14] 일제는 특히 제4차 조선교육령 시기에는 초등학교의 명칭을 '국민학교'로 통일하고, 국민학교 1학년 교사는 반드시 일본

12 鄭在哲, 『日帝의 對韓國植民地教育政策史』, pp. 425-426 참조.

13 八木信雄(蔡洙岩 역), 『日本과 韓國』, 日韓文化協會, 1981, p. 243.

14 李明花, 「朝鮮總督府의 言語同化政策」, 『한국독립운동사연구』 제9집, 1995 참조.

인을 배정하도록 해서 처음부터 일본어만을 상용하는 국민학생들을 만들도록 하였다.[15]

일제의 일본어 상용 강제 정책은 학교 밖의 일반 사회에서도 강행되었다. 일제 총독 미나미와 조선군 사령관 고이소는 일제가 중일전쟁을 도발하자 침략전쟁에 한국 청년을 지원병·징병 등으로 참전시킬 준비로서 징병 대상자인 한국 청년들에게 사전에 일본어 교육을 강행하려 하였다. 당시 학교 교육에서 배제된 한국 청년들은 일본어를 알지 못하고 있었다.

일제는 1938년부터 전국에 '일본어 강습소'를 설치하여 매년 10만 명씩 4개년에 40만 명에게 일본어를 보급해 수료시킬 계획을 수립하였다. 일본어 강습소는 소학교와 간이학교 부설로 설치되었을 뿐 아니라, 전국 각지에 각종 단체·공장·상점 등 직장 단위로도 설치되었다.[16] 일제의 자료에 의하면 1938년의 경우 강습회가 3,660개소에서 열려 21만 373명이 수강하였다.[17] 그리하여 1943년까지 일본어 강습 총 수료자는 누계 670만 7,627명이었다.[18]

특히 일제는 1941년 12월 태평양전쟁을 도발한 뒤에는 한국 청년의 일본군 징병을 전제로 1942년 11월 1일 '조선청년특별연성소령(朝鮮青年特別錬成所令)'을 공포하여, 전국 각 부·읍·면에 훈련 단계에 따라 특별연성소, 군무예비훈련소, 청년훈련소, 청년훈련소별과, 청년별과합동훈련소 등 각종 훈련연성소를 설치하였다. 연성 기간은 약 1년으로 총교육시간 600시간 가운데 400시간이 학과 수업, 200시간이 교련 수업이었는데, 학과 시간은 일본 문화와 함께 국민학교 3·4학년 정도의 일본어 습득을 중심 목표로 하였다.[19] 일제는 재일 유학생들에게까지 조선어 사용을 금

15 이명화, 「일제 황민화교육과 국민학교제의 시행」, 『한국독립운동사연구』 제35집, 2010 참조.

16 「國語修得奬勵の通牒」, 『朝鮮』 제92호(1939. 9.), p. 102 참조.

17 『日本人の海外活動に關する歷史的調査』, 조선편 제3분책, p. 45 참조.

18 朝鮮總督府警務局, 「第86回帝國議會說明資料」(1944. 12.), p. 570 참조.

19 『日本人の海外活動に關する歷史的調査』, 조선편 제3분책, pp. 46-47 참조.

'국어'(일본어) 상용을 강요하면서
놋그릇을 공출 · 약탈하는 사진
(출처: 독립기념관)

지하고 일본어 상용을 강제하였다.[20] 일제는 여성에게도 일본어 상용을 강요하여 1944년 2월 10일 '조선여자청년연성소(朝鮮女子靑年鍊成所) 규정'을 공포하고, 여자 청년들에게도 같은 방식의 '황국신민화' 교육과 일본어 강습을 강제하였다.

1944년 8월부터 일본은 전국적 '일본어 상용전해(常用全解)운동'을 강제하였다. 관공서는 물론이고 상점·극장·운동장 등에서도 오직 일본어만 사용하고 방송하도록 하였다. 우체국에서는 일본어로 표기하지 않는 우편물의 접수를 거절하였다. 철도·운수·교통·통신에서도 일본어를 사용하지 않으면 매표와 통화를 금지시켰다. 각 가정에서도 한국어를 사용하지 말고 일본어를 상용하도록 강요하였다. 한국어 말살과 일본어 상용을 전 사회생활에 강제한 것이었다.

일제 측 자료에 의하면 1932년 당시 한국 인구 2,020만 5,591명 가운데서 일본어를 할 수 있는 한국인은 약 157만 8,131명에 불과하였다. 즉 한국인 총인구의 7.8%만이 일본어를 할 수 있었다.[21]

---

20 「朝鮮語問題に對する在京朝鮮人學生の策動」, 明石博隆·松浦總三 編, 『昭和特高彈壓史』 6, 太平出版社, 1975, pp. 248-251 참조.

21 朝鮮總督府學務局, 『朝鮮社會教育要覽』, 1941, p. 62 참조.

[표 8-2] 일본어를 해독하는 조선인 수

연도	인원(명)	총인구에 대한 비율(%)
1923	712,267	4.08
1928	1,290,241	6.91
1938	2,717,807	12.38
1939	3,069,032	13.89
1940	3,573,338	15.57
1941	3,972,094	16.61
1942	5,089,214	19.94
1943	5,722,448	22.15

주: 약간 해독하는 자, 보통 회화에 지장 없는 자.

자료: 近藤釼一 編, 『太平洋戰下終末期朝鮮の治政』(2), pp. 199-200.

일제가 식민지정책으로 일본어 강제 강습을 전국적으로 시행한 후인 1943년에도, 일본어를 사용할 수 있는 한국인의 비율은 [표 8-2]에서 볼 수 있는 바와 같이 약간 상승했으나 여전히 낮은 22.15%에 불과하였다. 약 78%는 일제 말기 1943년에도 조선어밖에 모르는 순정 조선인으로 남아 있었으므로, 일제의 일본어 상용 강제정책은 완전히 실패하였다. 그러나 일제의 조선어 말살정책과 일본어 상용 강제정책으로 말미암아 조선인들은 조선 땅에 태어나 살면서도 자기의 말을 하지 못하는 고통 속에 살도록 강제 탄압당한 것이었다.

일제의 한국어 말살정책은 민족구성의 본질적 요소인 민족언어를 완전히 말살하여 한국민족을 강제로 소멸시키고 일본의 영구적 노예로 만들려고 획책한 잔인무도한 식민지 정책이었으나, 실패한 것이었다.

3. 한국어 신문·잡지 폐간과 조선어학회 한글학자 투옥

1) 『동아일보』·『조선일보』·『조선중앙일보』 및 한국어 잡지의 정간과 폐간

일제는 한국어로 발행되는 『동아일보』·『조선일보』·『조선중앙일보』의 3대 일간지를 엄격히 통제하면서도 기회만 있으면 이를 폐간시키려고 획책하였다.[22] 1936년 『조선중앙일보』와 『동아일보』가 올림픽 마라톤 경기에서 우승한 손기정 선수의 시상식 사진에서 일장기를 지워 보도한 '일장기 말소 사건'이 일어나자, 일제는 『동아일보』와 『조선중앙일보』를 무기 정간시켰다.[23] 1937년 6월 2일 조건부로 복간이 허가되었으나, 『조선중앙일보』는 재정 사정으로 복간하지 못하고, 『동아일보』만 같은 날 복간되었다. 그리하여 조선에는 중앙지로서는 『동아일보』와 『조선일보』의 2개 한국어 일간지와 총독부 기관지로서 일본어 신문 『경성일보』 및 한국어 신문 『매일신보』만 남게 되었다.

1937년 7월 일제의 중일전쟁 도발 후 엄중한 탄압과 통제 아래서 『동아일보』와 『조선일보』는 총독부 정책에 비교적 순응하여 생존 유지를 모색하고 있었다. 따라서 『동아일보』와 『조선일보』는 상당히 변질되었고 총독부 한국어 신문 『매일신보』의 기사 내용과 거의 차이가 없었다. 그럼에도 불구하고 일제는 한국인이 한국어 신문인 『동아일보』와 『조선일보』를 운영하고 있는 것 자체가 일제의 한국민족말살정책에 저해되는 것이라고 보았다. 그 이유는 ① 한국어 전용 신문이고, ② 한국의 '민족지'로서의 상징성을 갖고 있으며, ③ 총독부의 감시 때문에 당장은 비자발적으로 협조하고 있다 할지라도 조선인이 조선어문의 신문을 발행한다는

---

22 崔由利, 『日帝末期 植民地 支配政策 硏究』, pp. 34-55 참조.

23 한국체육기자연맹 편저, 『李吉用: 日章旗 抹消義擧 記者』, 인물연구소, 1993, pp. 57-97 참조.

사실 그 자체가 민족의식을 유지하는 것이고, ④ 언제 조선인의 '민족의식'을 일깨우는 저항을 시도할지 모르기 때문이었다. 이에 일제는 사상통제와 함께 한국민족말살·황국신민화정책을 위해 『동아일보』와 『조선일보』의 폐간이 필요하다고 결정한 것이었다.[24]

일제는 이러한 이유로 처음에는 『동아일보』와 『조선일보』를 『매일신보』가 매수하여 '통합'하는 형식으로 폐간시키려고 하였다. 그러나 이것은 두 신문사가 응해 주어야 가능한 정책이었다. 일제는 1940년 1월 『동아일보』와 『조선일보』 두 신문사에게 매일신보사와 통합하여 자진 폐간할 것을 권고하였다.[25] 두 신문사는 이를 거절하였다. 특히 『동아일보』는 사람을 동경에 파견하여 요로에 총독부 폐간 방침의 부당성을 지적하고 구명운동을 시도했다가, "조선 통치에 반역의 필진을 벌리면서 독립을 책모하여 총독의 국책에 저항하는 국적(國賊) 『동아일보』에 단호히 강경수단을 채택하여 『동아일보』를 폐간하라."라는 일본 『동아일일신문(東亞日日新聞)』의 강경한 공격을 받았다.[26]

폐간 사태를 피할 수 없음을 안 『동아일보』와 『조선일보』는 1940년 8월 11일 자의 신문을 내고 '자진 정간'의 형식으로 폐간하였다.[27]

일제는 여기에 만족하지 않고 이어서 1941년에는 『문장(文章)』, 『인문평론(人文評論)』 등을 비롯해 기타 21개의 모든 각종 한국어·한글 사용 잡지들을 모두 폐간시켜 버렸다.

1941년 이후 한국에는 한국어, 한글을 사용하는 신문과 잡지는 하나

---

24 「諺文新聞統制ノ必要性」(東亞日報廢刊ニ對スル關屋氏ノ質疑要領), 『大野文書』 1248, 1939 및 「極秘諺文新聞統制案」, 『大野文書』 1248, p. 3; 崔由利, 『日帝末期 植民地 支配政策 硏究』, p. 41 참조.

25 『東亞日報社史』(1975) 제1권, p. 383 및 『東亞日報社史』(1990) 제1권, p. 371 참조.

26 「諺文新聞 東亞日報に對する內地新聞の主張」, 『思想彙報』 제22호(1940. 3.), pp. 165-166.

27 崔由利, 「일제말기 言論政策의 성격: 東亞·朝鮮日報의 廢刊을 중심으로」, 『梨花史學硏究』 제20·21합집, 1993 참조.

도 없게 되었다. 사회에서도 한국어는 공식적으로 사용할 수 없게 되어 한국인들은 입이 있어도 말할 수 없고 눈이 있어도 자기의 신문과 자기의 글을 읽을 수 없는 처지에 강제로 떨어지게 되었다.

2) 조선어학회 탄압과 한글학자 투옥

일제는 한국어 말살과 한국어문의 신문·잡지 폐간에 만족하지 아니하고 한국어문 연구단체인 조선어학회를 해체하고 한글학자들을 체포·투옥하여 한국언어와 문자의 연구 뿌리까지 뽑아 버리려고 하였다. 이를 위해 조작한 사건이 '조선어학회 사건'이었다.[28]

일제는 조선어학회를 중앙에서 탄압 해체하면 한국인의 반발과 저항이 클 것을 염려하여 '조선어학회 사건' 우연히 지방에서 발각된 독립운동 사건으로 보이게 하려고 획책하였다. 이것은 일제 총독부 경시국이 조선어학회 기관잡지 『한글』을 지방의 함경남도 홍원경찰서의 내사보다 2개월 앞선 1942년 3월에 폐간시킨 사실에서도 알 수 있다.

1942년 5월 함경남도 홍원읍에서 한 일본인 형사가 불심검문에 불손한 태도를 보이는 백(白) 모 청년의 가택을 수택하다 서적들 가운데 청년의 조카 백영옥(白永玉)의 일기장을 발견하여 조선인 형사 안전(安田)에게 조사하게 하였다. 일기장의 2년 전 일기에는 "국어(일본어)를 상용하는 학생을 처벌했다."라는 문구가 있었는데, 이것이 문제가 되었다. 다수 여학생들을 일주일 동안이나 구류하여 고문하면서 조사한 결과 이 문구는 백양이 반일감정에서 써넣은 것이고 실제로 일본어를 상용한 학생을 처벌한 교사는 없었다. 그러나 일제 형사는 학생들에게 민족의식을 은근히 불어넣은 교사로 공민 및 체육교사 김학준과 조선어 및 영어교사 정태진(丁泰鎭)을 주목하였다. 정태진은 연희전문학교를 졸업하고 미국 콜럼비아

28 한글학회 50돌 기념사업회 편, 『한글학회 50년사』, 1971, pp. 12-19 참조.

현충사(이순신 장군 사당)를 방문한 조선어학회 회원들(1935) (출처: 독립기념관)

대학에서 교육학을 전공한 후 귀국하여 영생여중학교에서 조선어와 영어를 교육하였다. 이 과목이 폐지되자 수학 및 수신을 담당하다가, 2년 전부터 서울 조선어학회에서 '조선말큰사전' 편찬사업에 참여하고 있었다. 일제는 조선어학회를 탄압하기 위해 1942년 9월 5일 정태진을 체포하여 잔혹한 고문을 가했고, 그 결과 조선어학회가 '민족주의자 집단'임에 동의하는 '자백'을 받아 내었다고 하였다.

일제는 조선어학회 해산과 회원 검거 투옥 작전을 시작하여 1942년 10월 1일 우선 조선말큰사전 편찬 작업을 하고 있던 이극로(李克魯), 정인승(鄭寅承), 이윤재(李允宰), 최현배(崔鉉培), 이희승(李熙昇), 장지영(張志映), 김윤경(金允經), 권승욱(權承昱), 한징(韓澄), 이중화(李重華), 이석린(李錫麟) 등 11명을 홍원경찰서 형사대로 구속하였다. 이어서 일제는 10월 21일 다시 이만규(李萬珪), 이강래(李康來), 김선기(金善琪), 이병기(李秉岐), 정열모(鄭烈模), 김법린(金法麟), 이우식(李祐植) 등 7명을 구속하였다. 일제는 이어서 제3차로 12월 23일 안재홍(安在鴻), 윤병호(尹炳浩), 서승효(徐承孝), 김양수(金良洙), 장현식(張鉉植), 이인(李仁), 이은상(李殷相), 정인섭(鄭寅燮) 등 8명을 구속하였다. 일제는 다시 1943년 3월 5일과 6일에는 김도연(金度演), 서민호(徐珉濠) 등 2명을 구속했으며, 3월 31일과 4월 1일에는 신윤국(申允局)과 김종철(金鍾哲) 2명을 구속하였다. 권덕규(權悳奎)와 안호상(安浩相)은 구속자 명단에는 들어 있었으나 병으로 불구속 심문을 받았다.[29]

일제는 구속한 조선어학회 회원들에게 잔혹하기 비할 데 없는 고문을 가하였다. 조선어학회가 '민족주의자 집단'이었음은 이미 모든 한국인들이 상식처럼 알고 있던 사실이었으므로, 일제는 이들이 더 직접적인 독립운동에 관여한 것으로 꾸미려고 획책하였다. 일제는 학자들을 목총으로 구타하고, 두 팔을 등 뒤로 묶어서 천장에 매달고 돌리는 '비행기 고문'을 가하기도 하며, 불에 달군 쇠꼬챙이와 끓는 물로 고문을 가하기도 하였다. 일제는 이윤재 등이 임시정부 요인 김두봉(金枓奉)을 만나 자금을 제공했다는 것, 김두봉을 통하여 사전편찬사업으로 위장하고 조선 독립을 추진한 것, 이극로를 대통령, 정인승을 내무장관으로 한 국내 임시정부를 수립하려 했다는 것 등을 자백하라고 강요하였다.[30] 이어서 일제는 조선어학회를 불온단체로 규정하고, 또한 10년간의 각고 끝에 만든 『조선말큰사전』의 원고 3만 2,000장(400자 원고지)과 20만 장에 달하는 어휘 카드를 모두 압수하여 한국어 사전 편찬을 원천적으로 불가능하게 탄압하였다.

일제는 구속한 조선어학회 회원들 가운데서 이극로, 이윤재, 최현배, 이희승, 정인승, 정태진, 김양수, 김도연, 이우식, 이중화, 김법린, 이인, 한징, 정열모, 장지영, 장현식 등 16명을 기소하였다. 기소 후에도 재판을

---

29 李熙昇, 「朝鮮語學會事件回想錄」(I·II), 『韓』 제6권 제9호.

30 崔鉉培, 「옥살이의 回想」 및 金允經, 「옥중생활 소감」 및 李熙昇, 「七佛堂」, 『한글』 제114호(1950. 10.), pp. 37-48 참조.

조선어학회 사건으로 옥고를 겪은 조선어학회 회원들(1949. 6.). 앞줄 왼쪽부터 김윤경, 정세권, 안재홍, 최현배, 이중화, 장지영, 김종현, 김법린, 권승욱, 이강래, 뒷줄 왼쪽부터 민영욱, 박혁규, 정인승, 정태진, 이석린 (출처: 한글학회 소장 자료)

하지 않고 극악한 조건의 감방에 투옥하여 고문과 심문을 거듭하던 중에 고문 후유증으로 이윤재(1943. 12.)와 한징(1944. 2.)이 옥사하였다.[31] 일제는 1945년 1월 16일 함흥지방법원에서 이들에게 '치안유지법 위반'을 적용하여 다음과 같이 판결 언도하였다.[32]

---

31 『한글』 제11권 제1호(1946. 4.), p. 65 참조.

32 일제는 판결문(「朝鮮語學會判決文」)에서 다음과 같이 썼다.
"본건 조선어학회는 —— 소화 6년(1931) 이래로 피고인 이극로(李克魯)를 중심으로 하여 문화운동 가운데 그 기초적 운동인 어문운동을 취하여 그 이념으로써 지도이념을 삼아 표면으로 문화운동의 가면 아래 조선 독립을 위한 실력양성단체로서, 본건이 검거되기까지 10여 년의 장기에 걸쳐 조선민족에 대해 조선어문운동을 전개하여 온 것으로서, 시종일관 진지하고 변함없는 그 운동은 조선어문에 쏠리는 조선 인심의 동향에 잘 맞아서 그 마음속에 깊이 파고들어, 조선어문에 대한 새로운 관심을 일으켜서 다년간에 걸쳐 편협한 민족관념을 배양했으며, 민족문화의 향상, 민족의식의 앙양 등 그 기도한 바 조선독립을 위한 실력 신장의 수단을 다하지 않은 바가 없었다.(…)" 金允經, 「조선어학회 수난기」, 『한글』 제11권 제1호(1946.

이극로(李克魯) …… 징역 6년

최현배(崔鉉培) …… 징역 4년

이희승(李熙昇) …… 징역 3년 6개월

정인승(鄭寅承) …… 징역 2년

정태진(丁泰鎭) …… 징역 2년

김양수(金良洙) …… 징역 2년 집행유예 4년

김도연(金度演) …… 징역 2년 집행유예 4년

이중화(李重華) …… 징역 2년 집행유예 4년

김법린(金法麟) …… 징역 2년 집행유예 4년

이인(李仁) …… 징역 2년 집행유예 4년

장현식(張鉉植) …… 무죄

일제에 의해 체형을 언도받은 5인 가운데서 정태진을 제외한 이극로·최현배·이희승·정인승 등 4인은 이 판결에 불복하여 항소했으나, 일제는 1945년 8월 13일 이를 기각하였다.[33] 이틀 후에 8·15 해방이 됨으로써 이들은 약 3년의 옥고를 치르고 자유의 몸이 되었다. 일제의 '조선어학회

4.), pp. 54-64.

33 ① 김계곤, 「'조선어 학회 수난'의 전말」, 『한힌샘 주시경연구』 제9집, 1996.
② 森川展昭, 「朝鮮語學會の語文運動」, むくげの會 編, 『朝鮮一九三○年代研究』, 三一書房, 1982, pp. 109-145.
③ 森ツ井崇, 「朝鮮語學會の朝鮮語規範化運動と朝鮮語學會事件」, 『東アジア研究』 제35집, 2002.
④ 박영신, 「조선어학회가 겪은 '수난'의 역사 사회학」, 『애산학보』 제32집, 2006.
⑤ 김호일, 「항일독립운동으로서 조선어학회의 수난」, 『애산학보』 제32집, 2006.
⑥ 고영근, 「조선어학회 수난과 민족어 수호 운동」, 『새국어생활』 제22권 제3호, 2012.
⑦ 박용규, 『조선어학회 항일투쟁사』, 한글학회, 2012.
⑧ 장신, 「조선어학회 사건의 발단과 민족서사의 탄생」, 『한국독립운동사연구』 제53집, 2016.
⑨ 정긍식, 「조선어학회 고등법원 판결 분석」, 『애산학보』 제44집, 2017 참조.

사건' 조작과 한글학자들에 대한 탄압 투옥은 일제의 극악한 한국민족말살정책과 그 일부로서의 한국어문 말살정책을 집행한 것이었다.

4. 한국역사의 왜곡·말살

1) 일제의 식민주의사관 정립 기관과 한국역사 왜곡 도서 간행

일제는 한국민족말살의 근본적 작업으로 1930년대 이후에는 한국역사의 왜곡과 말살을 한층 더 강화하였다. 일제는 박은식(朴殷植)의 『한국통사(韓國痛史)』 등 한국인의 민족주의사관에 의해 독립을 생각게 하는 역사서들에 대한 대책으로서, 1916년 '조선반도사편찬위원회'를 총독부 안에 설치하고 일제의 식민주의사관에 의거한 『조선반도사』 등을 편찬할 예정이었다. 일제는 3·1운동 후 한국 민족운동의 비약적 고양에 대비하여 1922년 『조선반도사』의 제호를 『조선사』로 바꾸고 37책 분량의 방대한 식민주의사관 역사서를 편찬하기로 계획을 대폭 확대·개편하였다. '조선반도사편찬위원회'도 '조선사편찬위원회'로 개칭했으며, 조선사편찬위원회 위원들을 간부로 한 외곽단체로서 '조선사학회(朝鮮史學會)'라는 어용 학술 단체를 조직하였다. 일제는 사업 도중에 1925년 조선사편찬위원회의 이름을 '조선사편수회(朝鮮史編修會)'로 개칭하였다.

일제의 조선사편수회는 정무총감을 위원장으로 하고, 고문에 이완용(李完用)·박영효(朴泳孝)·권중현(權重顯), 일본인 지도고문 격에 구로이타 가쓰미(黑板勝美, 흑판승미)·나이토 도라지로(內藤虎次郎, 내등호차랑), 위원에 이마니시 류(今西龍, 금서룡)·이나바 이와기찌(稻葉岩吉, 도엽암길)·정만조(鄭萬朝)·이능화(李能和)·어윤적(魚允迪)·홍희(洪憙) 등을 임명하였다. 그러나 조선인 편사위원·편사관은 구색으로 임명한 데 불과했으며, 이들의 의견은 거의 채택되지 않고 모든 기획과 결정이 일제 어용학자들의 독재와 독단에 의해 자행되었다.

일제의 조선사편수회는 1932년부터 『조선사(朝鮮史)』를 간행하기 시작했고, 『조선사의 길잡이(朝鮮史のしるべ)』(1936), 『조선사료집진(朝鮮史料集眞)』(3책), 『조선사료총간(朝鮮史料叢刊)』(21종)을 간행하였다. 이 중에서 『조선사』는 37책(1938년 완간)의 방대한 규모로 일제 조선총독부가 가장 역점을 둔 것이었고, 일제의 한국 병탄을 '은혜(恩惠)'로 알게 하며 사료집도 겸하도록 식민지정책에 유리한 것만 선택하고 불리한 것은 모두 빼어 한국역사를 일제의 통치에 적합하도록 근저에서 왜곡한 것이었다.[34] 『조선사의 길잡이』는 일제 조선총독부의 식민지통치 25주년을 기념하여 대중용 한국사 해설서로 편찬한 것으로서, 한국민족은 고대부터 중국과 일본의 식민지로 시작하여 언제나 타율적·사대적 역사를 가졌으며 일제 통감과 총독의 통치 아래서 처음으로 행복한 발전을 이루게 되었다고 해설한 역사서였다.

일제의 조선사학회(총재 정무총감 有吉忠一, 회장 小田省吾)는 한국인들에게 식민주의사관에 의거해 왜곡한 한국역사를 주입하기 위하여 조선사강습회를 개최하는 한편 그 교재로 『조선사강좌(朝鮮史講座)』(1923-1924)를 간행하였다. 이어서 이를 토대로 『조선사대계(朝鮮史大系)』(5책), 『조선분류사 강의(朝鮮分類史講義)』 등을 간행하였다.

이 밖에도 일제 식민주의사관에 입각한 일본인 역사가들의 개별적 저서(예컨대 三品彰英, 『朝鮮史概說』, 1940 등)와 『청구학총(青丘學叢)』 등 여러 학술잡지에 게재된 수많은 논문들이 한국역사의 왜곡에 참가하였다.

2) 일제 식민주의사관의 한국역사 날조·왜곡·말살

일제는 이러한 식민주의사관에 의거해 한국역사를 왜곡하고 날조하

---

34 金容燮, 「日本·韓國에 있어서의 韓國史敍述」, 『歷史學報』 제31집, 1966 참조.

였다.

일제는 한국민족사가 이미 기원전 24세기에 고대국가 '고조선(古朝鮮)'을 건국하여 독창적 민족문화를 찬란하게 창조·발전해 온 선진문명국가의 역사이며, 서양문명이 일본 열도에 찾아오기 전까지 선진 한국민족이 후진 일본민족에게 선진문명을 가르쳐 주고 전수해 준 은혜를 부정하고, 역으로 일본문명이 고대부터 한국에게 선진문명을 가르쳐 주고 한국을 정복하여 식민지로 지배했다고 날조하였다. 일제는 특히 다음과 같은 점을 강조하여 왜곡하고 날조했다.

첫째, 일제 어용사가들은 고조선과 단군(檀君)의 역사를 한사코 부정하였다. 고조선과 단군의 역사를 인정하면 한국이 유구한 역사를 가진 고대문명 독립국가로 출발했고, 헌국민족의 역사가 일본민족의 역사보다 두 배 이상 오래되었음을 증명해 주기 때문이었다. 그들은 고조선·단군조선은 사실에 없는 황당한 신화에 불과하며, 고려 시대 승려가 지어낸 가상의 이야기에 불과한 것이라고 주장하였다.[35]

둘째로, 일제 어용사가들은 한국민족사의 기원이 주변 국가의 식민지(콜로니)로 시작되었다고 날조하여 주장하였다. 그들은 한국역사가 기자조선(箕子朝鮮)에서 시작된다고 주장하기도 하고(林泰輔 등), 위만조선(衛滿朝鮮)에서 시작된다고 주장하기도 하고(小田省吾 등), 한(漢)의 식민지인 한사군(漢四郡)에서 시작된다고 주장하기도 하였다(稻葉岩吉 등). 그들은 한국민족의 고대사(고조선)가 북방민족의 식민지에서 출발했다고 날조하여 주장해서 한국인들이 독립심을 잃고 일제 식민지상태를 체념하여 받아들이도록 하기 위한 것이었다.

셋째, 일제 어용사가들은 일본의 신공황후(神功皇后)가 신라를 정벌하여 항복을 받아 냈다고 역사를 날조했으며, 소위 '임나일본부설(任那日本

35 愼鏞廈, 「韓國近現代史에 있어서 民族主義史觀의 展開와 植民主義史觀의 批判」, 『한국의 사회와 문화』 제22집, 1994 참조.

府說)'을 주장하며 일본이 4-6세기에 한반도 남부의 가라(加羅)지방에 '직할식민지'인 '임나일본부'를 설치하여 약 200년간 식민지로 직접 통치했으며, 신라·백제와 고구려까지도 '임나일본부'와 일본에 조공을 바쳤다고 허위사실을 날조하였다. 그리고 20세기 일제의 한반도 식민지통치는 고대 한반도 식민지통치의 '복구'라고 강조하였다.

넷째로, 그들은 한국역사의 특징을 타율성이라고 강조하였다. 그들은 한국역사가 고대 이래 최근세에 이르기까지 북으로는 강대한 북방민족과 중국, 남으로는 일본의 세력권과 영향권하에 있었으며, 따라서 한국역사는 외세에 의해 결정된 타율성의 역사를 면하지 못했다고 주장하였다. 그들은 한국역사의 부속성·주변성을 강조하여 소위 '만선사관(滿鮮史觀)'을 주장하면서 한국의 타율성을 주장하기도 하고(白鳥庫吉, 稻葉岩吉, 池內宏, 津田左右吉 등), 날조된 소위 '임나일본부설'에 의거하여 일본의 한국지배를 강조하기도 했으며(林泰輔, 末松保和, 小田省吾, 稻葉岩吉 등), 한국역사의 이러한 타율성은 한국의 '반도'라는 지리적 환경에서 나온 '반도적 성격'으로서 운명적인 것이라고 주장하기도 하였다(三品彰英, 小田省吾 등). 이러한 주장들이 날조되고 왜곡된 것이었음은 더 말할 필요도 없다.[36]

다섯째로, 그들은 한국역사의 타율성에서 나온 당연한 특징으로서 '사대성'을 매우 강조하였다. 한국민족은 주변의 강대국에 복종하고 그에 의존해서 국가와 생명을 유지해 온 '사대주의'의 역사를 가진 것이 특징이라고 주장하였다(瀨野馬熊, 小田省吾, 三品彰英 등).[37]

여섯째로, 그들은 한국역사에서 나타나는 문화는 독창성이 없고 종주국을 모방한 것에 불과한 '모방성'이 특징이라고 왜곡하여 주장하였다(三品彰英, 高橋亨, 關野貞, 今西龍, 萩山秀雄, 栢源昌三, 大源利武 등). 그들은 심지어

36 李基白, 「半島的 性格論 批判」, 『한국사 시민강좌』 제1집, 1987 참조.

37 李基白, 「事大主義論의 問題点」, 『新版 民族과 歷史』, 일조각, 1994, pp. 184-199 참조.

훈민정음의 창제까지도 몽골문자를 모방한 것이라고 주장하였다.[38]

일곱째로, 그들은 한국역사는 장기간 '정체성(停滯性)'이 지배하여 내부에 스스로 발전할 수 있는 능력·원동력과 요인을 결여한 것이 특징이라고 강조하였다. 그들은 심지어 19세기 말, 20세기 초 한국역사의 발전단계는 일본의 고대 말이나 10세기 후지와라(藤原)시대에 해당한다고 왜곡하여 주장하였다(福田德三, 稻葉岩吉, 河合弘民, 黑田巖, 森谷克己, 四方博 등).[39]

여덟째로, 그들은 한국역사가 고대 이래로 최근세까지 '당쟁'이 지배하고 '당파성'이 지배한 특징을 갖고 있다고 왜곡하여 주장하였다. 그들은 한국역사의 이 당파성이 사색(四色) 당쟁뿐만 아니라 사대성과 결합하여 친원파·친명파·친일파·친청파·친러파 등 파당을 지어 끊임없이 당쟁을 전개해 왔으며, 한 번도 제대로 단결해 보지 못한 역사였다고 왜곡하여 주장하였다(三品彰英, 小田省吾, 瀨野馬熊 등).[40]

아홉째로, 그들은 일제가 한국을 병탄하여 '동화(同化)'라는 이름의 한국민족말살정책을 실시해서 한국민족을 영구히 소멸시키고 일본민족에 예속된 천민층으로 편입하는 정책을 추진하자 이에 보조를 맞추어 한국민족은 원래 일본민족과 조상이 동일했다고 주장하면서 단군이 스사노오노 미코토(素盞嗚尊)의 아우라고 주장하기도 하고, 한국민족이 일본민족의 한 지류라고 주장하기도 하는 등 여러 형태의 '일선동조론(日鮮同祖論)'을 주장하였다(星野恒, 久米邦武, 小田省吾, 喜田貞吉, 金澤庄三郎 등).[41]

열째로, 그들은 여기에 그치지 않고 한국역사를 지배한 이러한 특징이 한국인의 일상생활·행동·사고에 침전하여 민족적 성격으로 고착되어

---

38 旗田巍(李基東 역), 「日本에 있어서의 韓國史 硏究의 傳統」, 『한국사 시민강좌』 제1집, 1987 참조.

39 姜晋哲, 「停滯性理論 비판」, 『한국사 시민강좌』 제1집, 1987 참조.

40 李泰鎭, 「黨派性論 비판」, 『한국사 시민강좌』 제1집, 1987 참조.

41 李萬烈, 『韓國近代歷史學의 理解』, 문학과지성사, 1981, pp. 263-264 참조.

서, 한국민족은 사대성·당파성·타율성·정체성·모방성 등 열악한 민족성을 갖게 되었다고 날조하고 왜곡해서 주장하였다(小田省吾, 三品彰英, 조선총독부와 조선사편수회, 조선사학회의 각종 간행물 등).

일제가 한국역사를 이와 같이 왜곡·말살·날조한 것은 한국인으로 하여금 민족의식을 버리고 일제의 식민지정책에 감사하면서 일제 침략전쟁에 나서서 일본제국주의와 일본 천황을 위하여 목숨을 바쳐 희생하도록 독려하기 위한 것이었다.[42] 일제는 극심하게 왜곡·말살·날조한 한국역사를 각급 학교의 교과서와 교육체계 안에 내용으로 넣어서 조직적으로 주입·교육시켰기 때문에 그 해독이 크고 뿌리 깊이 남게 되었다.

5. 한국성명 말살과 '창씨개명' 강제

1) '창씨개명(創氏改名)'의 목적과 제령(制令)에 의한 강제

일제는 한국민족말살정책의 일환으로 1939년 말부터 한국식 성명을

42 일제의 『초등국사』 6학년용 교재는 다음과 같이 결론을 맺고 있었다.
"조선의 정치는 역대 총독이 오로지 일시동인(一視同仁)의 성지(聖旨)를 넓히는 일에 힘썼기 때문에 불과 30년 사이에 크게 발전했습니다. 그리하여 세상은 평온해지고 산업은 개발되었으며, 그 가운데서도 농업과 광업이 뚜렷하게 발전되었고, 근년에 이르러 공업의 발전도 눈부신 바 있으며, 육해의 교통기관도 정비되고, 상업도 왕성하여 무역은 해마다 발전했습니다. (…) 특히 육군에서는 육군 지원병제도를 실시하게 되니 조선인들도 국방을 담당하게 되고, 이미 전쟁에 나가 용감하게 전사하여 야스쿠니신사(靖國神社)에 봉안되어 호국의 신이 되기도 하고, 일본식 성씨를 칭할 수 있게 허락되어 내지와 동일한 가문의 성씨를 붙일 수 있게 되었습니다. 오늘날 조선 지방 2,300만의 주민은 국민총력연맹을 조직하여 일제히 '황국신민의 서사'를 제창하며 신애협력하고 내선일체의 진심을 나타내어 충군애국의 지기에 불타 모두가 오로지 황국의 목표에 매진하고 있습니다." 朝鮮總督府, 『初等國史』 6학년용(1941), "東亞의 要諦"; 金興洙, 『韓國史敎育史』, 대한교과서주식회사, 1992, pp. 138-149 참조.

버리고 일본식 성명을 새로 지어 사용하도록 강요한 '창씨개명(創氏改名)' 정책을 본격적으로 강제 집행하였다.

창씨개명이란 종래의 한국식 '본관'과 '성'은 호적대장 구석에 기록으로만 남겨 놓고 새로이 일본식 '씨(氏)'를 만들어 일본어로 풀어 발음하고, 이름도 일본식으로 고치거나 일본식으로 풀어 발음하도록 바꾸는 것이었다.[43] 예컨대 한국 성명 '김일촌(金一村)'을 '金山一村'으로 '창씨'를 하고, 일본식 '가네야마 이치무라'로 호칭하도록 강제한 것이었다.

일본이 '창씨개명' 정책을 강행한 것은 한국식 성명을 말살함으로써 ① 일본인과 구별되는 한국인의 민족의식을 말살하고, ② 민족문화의 핵심 가운데 하나인 한국 성명문화를 말살하며, ③ 민족의식과 결합되어 있는 '관향', '종친' 의식을 말살하고, ④ 일본 가족제도를 이식하며, ⑤ 일본인 의식을 주입하여, ⑥ 한국인을 징용하여 침략전쟁에 강제 동원·투입하고, ⑦ 궁극적으로 한국 청년들에게 '징병제'를 강제로 실시하여 침략전쟁에 희생시키려고 목적한 것이었다.

한국의 민족문화는 성(姓)을 혈연공동체의 큰 단위로 매우 중시하였다. 예컨대 서약을 어길 경우 "성(姓)을 바꾸겠다"라고 하거나, 혹독한 욕설에 "성(姓)을 바꿀 사람" 등과 같은 표현이 사용되는 것도 그 단적인 예이다. 한국의 성은 조상의 발원지 또는 한국의 연고지 군현(郡縣)과 관련시켜 반드시 '관향(貫鄕)'을 갖고 있었다. 예컨대 광산 김(光山 金)씨, 김해 김(金海 金)씨와 같은 것이다. 이 관향(본관)은 국토애와 밀착되었고 관향이 없는 중국 성씨와는 큰 차이가 있는 것이었으며, 당시 한국의 '관향 + 성'은 민족의식과 뿌리 깊이 융합되어 있었다.

일제는 한국 청년들에 대한 징병제 실시를 준비하면서, 민족의식을 유발하는 한국 성명을 바꾸어 일본식 성명을 강제하고 '황국신민 의식'

43 金英達, 「創氏改名의 制度」, 정운현 편역, 『創氏改名』, 학민사, 1994, pp. 41-70 참조.

을 철저하게 주입시키지 않으면 침략전쟁에 투입되어 일본을 위해 싸우고 죽어 주지 않으리라고 예견했다. 따라서 이에 대한 대책으로 '창씨개명'을 강행하려 한 것이었다. 일제 총독 미나미는 '창씨개명'을 강제하기 위해 1939년 11월 7일 일본 내각회의의 결정과 '천황'의 재가를 받고,[44] 1939년 11월 10일 제령 제19호 '조선민사령 중 개정 건'과 제령 제20호 '조선인 씨명에 관한 건'을 공포하여 한국인의 소위 '창씨개명'을 명령하였다.[45]

일제는 조선총독의 명령을 '제령'이라 특칭하고 '법률'과 동격의 성격으로 규정을 했으므로, 소위 '창씨개명'은 일제 총독의 '제령'에 의해 처음부터 법령으로 강제된 것이었다. 다만 조선인의 저항을 무마하기 위해 조선인의 '자원'에 의한 것처럼 위장하려고 획책했을 뿐이었다.

2) '창씨개명'의 강제 실시

일제의 제령은 성(姓)과 씨(氏)를 구분하여 '성'은 본관과 함께 호적란 귀퉁이 난에 기록을 남겨 두고 '씨'를 호주별로 '창씨'한다고 설명했으나, 실제로는 한국 성(姓)을 말살하고 일본식 성(姓)으로 바꾼 것이었다.

---

44 水野直樹, 『創氏改名』, 岩波書店, 2008, pp. 44-47 참조.

45 제령 제19호의 '창씨개명'에 관해서는 제11호 단서에 "단, 씨(氏)에 관한 규정은 조선의 관습에 따르지 않고 내지(일본) 민법에 따른다. 씨는 호주가 정한다"라고 규정하고, 부칙 제2항과 제3항에서 다음과 같이 보다 명확히 규정하였다.

제19호의 부칙 제2항: 조선인 호주는 이 법령 시행 후 6개월(1940. 2. 11.-8. 10.) 이내에 새로운 씨(氏)를 정하여 부윤 또는 읍면장에게 신청할 것을 요한다.

제3항: 전항의 규정에 따라 (창씨계를) 제출하지 않았을 경우, 이 법령이 시행된 때(1940. 2. 11.) 당시의 호주의 성(姓)을 가지고 씨를 삼는다.

제령 제20호는 제1조에서 "어역대어휘(御歷代御諱) 또는 어명(御名, 역대 일본 천황의 이름)은 씨(氏) 또는 명(名)으로 사용할 수 없다. 자기 성(姓) 이외의 성(姓)은 씨(氏)로서 사용할 수 없다"라고 한 바와 같이 금지조항을 설정한 것이었다. 일제는 총독의 제령 제19호와 제20호에 의거하여 총독부령 제219호, 제220호, 제221호, 제222호 및 총독부 훈령 제77호를 발표하여 소위 '창씨개명'을 강행하였다.

일제는 1940년 2월 11일 소위 '기원절(일본 '神武천황'에 의한 개국기원절, 한국의 개천절에 해당)'을 기하여 조선인의 '창씨개명'을 시작하고, 6개월 후인 8월 10일 이를 종료토록 하였다.[46] 일제는 '창씨개명'을 '자원'으로 위장하기 위해 벌칙조항을 설정하지 않는 대신 명망 있는 조선인들을 내세워 이를 독려하도록 하였다.[47] 이에 이용된 대표적 인물이 소설가 이광수(李光洙), 문학평론가 김문집(金文輯) 등과 같은 유명한 문인들이었다. 예컨대 일제는 반도문단의 대표 격인 이광수가 '香山光郎(가야마 미쓰로)'라고 '창씨개명' 했음을 『경성일보(京城日報)』 1939년 12월 12일 자에 대대적으로 보도하고, 그 이후로도 한국인 명사들의 '창씨개명'을 대대적으로 소개하여 한국인 '자원' 참가의 동인으로 삼으려고 하였다.

일제는 행정력으로 초반 3개월 안에 한국인의 일본식 '창씨개명'을 대부분 '자원' 형식으로 수행할 계획이었다.[48] 그러나 한국인의 반응은 참으로 냉담하고 저항적이었다. '창씨개명' 신청 시작일인 2월 11일의 신청서 제출은 전국에서 겨우 48건, 이튿날은 겨우 39건에 불과하였다. 일제는 경악하였다. 일제가 아무리 선전 홍보를 해도 한국 민중은 냉담하였다. 신청 기한 절반을 넘은 5월 20일까지도 신청률은 총호수의 겨우 7.6%에 불과하였다. 그것도 각종 총독부 행정기관에 들어가 있거나 직결되어 있는 친일파뿐이었다. 일제의 '창씨개명'정책은 완전히 실패한 것이었다.

일제는 이에 '창씨개명'을 강제하기 위한 폭력적 억압을 사용하였다. 당시 일제 총독부의 '촉탁'으로 일했던 한국인은 일제 당국의 강제 압력 방법의 종류를 다음과 같이 기록하였다.

---

46 홍양희, 『조선총독부의 가족 정책: 식민주의와 가족·법·젠더』, 동북아역사재단, 2021, pp. 194-209 참조.

47 최재성, 「'창씨개명'과 친일 조선인의 협력」, 『한국독립운동사연구』 제37집, 2010 참조.

48 호사카 유지, 『日本帝國主義의 民族同化政策 分析』, 제이앤씨, 2002, pp. 181-210 참조.

① '창씨'를 하지 않은 사람의 자제에 대해서는 각급 학교로의 입학·진학을 거부한다.

② '창씨'를 하지 않은 아동은 일본인 교사가 이유 없이(창씨하지 않은 것을 이유로) 질책, 구타함으로써 아동의 호소에 의해 그 부모가 '창씨'하게 한다.

③ '창씨'를 하지 않은 사람은 공사를 불문하고 총독부 기관에 일체 채용하지 않는다. 또한 현직자도 점차 면직 조치를 취한다.

④ '창씨'를 하지 않는 사람에 대해서는 행정기관과 관련된 모든 사무를 취급하지 않는다.

⑤ '창씨'를 하지 않은 사람은 비국민 또는 불령선인(不逞鮮人)으로 단정하여, 경찰수첩에 등록하고 사찰·미행을 철저히 한다.

⑥ '창씨'를 하지 않은 사람은 우선적으로 노무징용의 대상자로 한다.

⑦ '창씨'를 하지 않은 사람은 식료 및 기타 물자배급 대상에서 제외한다.

⑧ '창씨'를 하지 않은 조선인의 이름이 붙어 있는 화물은 철도국 및 환성(丸星) 운송점이 취급하지 않는다.[49]

일제의 '창씨개명' 총동원 광고 (출처: 독립기념관)

49 文定昌, 『軍國日本朝鮮强占三十六年史』(하), 柏文堂, 1965, pp. 351-356.

일제는 총독부 행정기관에 이러한 탄압과 함께 면별로 실적 책임을 배당하였다. 이에 일제 각급 관리들은 '창씨개명'의 실적을 채우기 위해 적극 나서서 각 문중의 유력자를 협박·회유하기도 하고, 본인의 동의도 없이 자의로 '창씨'를 자행해 버리기도 하였다. 또한 일제가 조직한 친일 어용단체인 '국민정신총동원 조선연맹'의 전국 조직을 총동원하여 '창씨개명'을 독려케 하였다.

일제의 이러한 폭압 속에서 한국인들은 '창씨개명'을 피할 수 없는 여건에 떨어져 있음을 알게 되었다. 그것은 '창씨개명'을 신청하는 경우(設定 창씨개명)는 물론이고 신청하지 않는 경우에도 총독부 제령 제19호에 의해 창씨개명(法定 창씨개명)이 되어 옛 성명이 한자로만 남아 있더라도 공식적으로는 일본어 발음으로 호칭하도록 법정되었기 때문이었다.[50] 예컨대 '南忠一'은 '남충일'로 불리지 않고 이제는 강제로 창씨개명된 '미나미 다다이치'로 불렸다. '吳忠三'은 '오충삼'이 아니라 '구레 다다미츠'로 호칭하게 되었다. 뿐만 아니라 '창씨개명'을 하지 않는 사람은 우선적으로 노무징용 영장이 나와 군수시설 강제노역에 투입되면서 강제로 '창씨개명' 된다는 사실도 알려지게 되었다. 일제의 이러한 정책은 실제로 집행되었다. 예컨대 일본 미토(水戶) 탄광에 한국인 성명으로 징용된 한국인 노무자는 金·李·朴씨를 가리지 않고 그곳 일본인 관리자에 의해 一郎부터 十郎까지, 水戶一郎, 水戶二郎, 水戶三郎, … , 水戶十郎 등의 '창씨개명'을 강제당하였다.

또한 가족제도에서도 결혼한 부인은 본래 자기 친정의 성을 종신토록 갖는 것이 아니라 일본식으로 남편의 성을 따라 성을 바꾸게 되었다. 예컨대 '오충삼'의 부인 '金順伊'는 '김순이'가 아니라 '吳順伊'가 되어 '구레 쥰코'로 불리게 되었다. 한국의 동성 양자 제도도 부정되어 일본식 이성(異姓) 양자 제도로 바뀌었다. 전통적 가족·친족제도의 파괴에 의한 한국

50 水野直樹, 『創氏改名』, pp. 47-50 참조.

민족문화 말살정책과 민족의식 소멸정책이 동시에 강행된 것이었다.

이에 한국의 각 문중에서는 파(派)별로 뒤에 나라를 되찾으면 복원할 수 있는 방법의 '창씨'를 의논하게 되었다. 원래 '창씨'는 각 가정의 호주가 결정하도록 된 것이었는데 종문(宗門)이 결정했고, 일제는 오히려 이를 받아들여 독려하였다.[51] 그리하여 1940년『경성일보』에는 "유(柳) 성(姓)이 일제히 창씨", "1만 가구가 가와모토(河本) 성(姓)", "8만이나 되는 동성에 야나가와(梁川) 창씨의 격문"과 같이 일거에 수천·수만씩의 '창씨'가 이루어지는 것으로 보도되었다.[52] 그리고 이 방식이 지배적인 방법이 되었다.

이러한 일제의 각종 폭압적 강제에 의해 1940년 9월 20일(마감은 8월 30일, 그 후의 것도 인정) 당시 한국인 총호수 427만 7,385호의 79.3%에 해당하는 320만 116호가 대부분 강제로 '창씨개명'을 당하게 되었다.[53] 실제로 일제강점기에 '창씨개명'을 한 재일 동포에게 재일본 학자가 그 이유를 조사한 결과, "강제되어서"가 80.0%, "자발적"이 17.1%, "잘 모르겠

---

51 당시 '창씨개명'을 도둑질당한 사례의 하나를 들어보면 다음과 같다. "그 당시에는 창씨가 별로 성과를 거두지 못하고 있었어요.『조선일보』가 폐간된 이듬해인 1941년 나는 아이들 입학 관계로 호적등본을 떼오기 위해 고향인 철산에 내려갔습니다. 나는 창씨를 하지 않고 있었기 때문에 호적에 내 이름이 그대로 남아있으리라고 생각했었는데, 막상 면사무소에 가보니 성이 '香山'으로 바뀌어져 있지 않겠어요. 나는 흥분하여 면장에게 "누가 그랬느냐. 이렇게 하는 법이 어디 있느냐. 옛날 왕이 사성(賜姓)하는 법은 있으나 법이 완비된 나라가 법을 무시하니 망하고 말 것"이라고 항의했어요. 면장의 대답은 "본인이 아니더라도 친족간에 누가 해도 괜찮도록 되어있고, 누가 했는지는 모르겠다"는 거예요. 나는 우리 선조들이 선천 산면 향산동에 많이 살고 있으므로 그곳의 지명을 따서 면장이 자기 마음대로 고쳤을 것이라고 짐작했지요." 金東昊,「일제하의 創氏改名」, 정운현 편역,『創氏改名』, 학민사, 1994, p. 204.

52 梁泰昊,「創氏改名의 사상적 배경」, 정운현 편역,『創氏改名』, p. 123 참조.

53 宮田節子,「創氏改名의 실시과정」, 정운현 편역,『創氏改名』, p. 73 및『總動員』(1940. 6-7.) 및『高等外事月報』(1940. 9.).

다"가 2.9%의 결과가 나왔다.[54]

일제가 '창씨개명'을 시작한 3개월간은 총대상호수의 겨우 7.6%의 '창씨개명' 계출밖에 없었는데, 그 후 3개월간은 총대상호수의 79.3%의 계출을 만들어 냈으니 이 3개월간의 '창씨개명'을 만들어 내기 위한 일제의 행정적 폭압·강제가 얼마나 극심했는가를 충분히 알 수 있다.

3) '창씨개명'에 대한 한국인의 저항

(1) '자결'에 의한 저항

일제의 '창씨개명'정책에 한국인들은 다양한 방식으로 저항하였다.

일부 인사들은 '자결'을 감행하여 일제의 한국 성명 말살정책에 항의하였다. 예컨대 전라남도 곡성군 오곡면 지리의 유건영(柳健永)은 '창씨개명'에 반대하는 엄중한 항의서를 일제 총독과 중추원에 보낸 후 유서를 남기고 자결하여 일제를 규탄하였다.[55] 또한 전라북도 고창군 고창읍의 설진영(薛鎭永)은 '창씨'하지 않으면 자녀를 학교에서 퇴학시키겠다는 협박을 받아 결국 '창씨'해서 아이를 학교에 보낸 다음, 돌을 안고 우물에 뛰어들어 자결해서 조상에 사죄하고 일제에 항의하였다.[56]

---

54 梁泰昊, 「創氏改名의 사상적 배경」, 정운현 편역, 『創氏改名』, pp. 123-124 참조.

55 유건영의 유서 일부는 다음과 같다.
"슬프다. 유건영은 천년의 고족(古族)이다. 일찍 나라가 망할 때 죽지 못하고 30년간 치욕을 당할 때 저들의 패륜과 난륜은 귀로써 듣지 못하고 눈으로써 보지 못하겠더니, 이제 혈족의 성(姓)마저 빼앗으려 한다. (…) 이것은 금수의 도를 오천 년 문화민족에게 강요하는 것이니, 나 건영은 짐승이 되어 살기보다는 차라리 깨끗한 죽음을 택하노라." 金東昊, 「일제하의 創氏改名」, pp. 210-211.

56 金東昊, 「일제하의 創氏改名」, p. 211 참조.

(2) 투옥에 의한 저항

많은 사람들이 일제의 '창씨개명'정책을 공개적으로 비판했다가 투옥되면서도 이에 저항하였다. 문창수(文昌洙)는 일제의 '창씨개명'에 공개적으로 반대하다가 체포되자 법정투쟁 끝에 실형을 언도받고 투옥되었지만 끝까지 항거하였다.[57] 충북 충주군 김한규는 일제의 '창씨개명'정책을 공개 비판하면서 저항했다가 1년 징역, 충남 대덕군의 이기용은 8개월 징역의 실형을 언도받고 복역하였다.[58] 이 밖에 '창씨개명'을 공개 비판했다가 구류처분을 받은 사람은 상당히 많았다.

(3) 독립 후 한국 성으로의 복성(復姓)을 기약한 '창씨' 채택

'창씨개명'을 한 대부분의 경우 후일 한국이 주권을 회복하는 날이 오면 본래의 한국식 성으로 돌아가기 위해 쉬운 표시를 붙인 '창씨'로 대응하였다. 예컨대 '本', '原', '家' 등의 자들을 붙인 경우이다. '安本', '金本', '河本', '愼原', '康原', '李家' 등은 '본래 안', '본래 김', '본래 하', '본래 신', '본래 강', '이씨 집'의 뜻을 갖도록 해서, 뒷날 '창씨'를 바로 버릴 수 있게 대비하였다.

(4) 일제를 풍자 조롱한 '창씨' 채택

일본식으로 발음하면 조선어의 풍자가 되도록 '창씨'하여 일제를 조롱한 경우도 있었다. 예컨대, 농부 김병하(金柄夏)는 '田農柄夏(덴노 헤이카)'로 '창씨'하여 일본인들이 '덴노 헤이카'(천황폐하)라고 발음하도록 해

57 金東昊, 「일제하의 創氏改名」, p. 211 참조.
58 金東昊, 「일제하의 創氏改名」, p. 211 참조.

서 일제 정책을 조롱하였다. 엄이섭(嚴珥燮)은 성명 다음에 '也'('이다'의 뜻) 자만을 붙여 '嚴珥燮也'('엄이섭이다'의 뜻)라고 '창씨개명'해서 일제 정책을 조롱하였다.

'창씨개명' 강요에 시달린 강원도의 한 사람은 한국 민요가락으로 자기 이름을 '에하라 노하라'라고 발음되도록 '江原野原(에하라 노하라)'로 짓고, 자기 부인 이름은 '에하라 좋고'의 발음이 나오도록 '江原千代子(에하라 지요코)'라고 지어 일제를 조롱하였다. 어떤 사람은 '창씨 강요'에 시달리다가 이름을 '이누쿠소 쿠라에(犬糞食衛, '개똥 먹을 놈'의 뜻)'로 지어 일제를 풍자하였다.[59]

일제의 '창씨개명' 강제는 한국식 성명을 말살하여 한국의 민족문화와 민족의식을 소멸시키면서 일본식 이름을 강제로 부르는 동안 황국신민 의식을 주입하여 징병 등 일제의 침략전쟁에 동원하려 한 한국민족 말살 정책의 한 종류였다.

6. 황국신민의 서사와 궁성요배

1) 황국신민(皇國臣民)의 서사(誓詞) 강제

일제 총독부는 한국민족 말살과 일제의 노예적 '황국신민' 의식 주입을 위하여 1937년 10월 소위 '황국신민(皇國臣民)의 서사(誓詞)'라는 서약 구호를 만들어 강제로 암송하고 행사 때마다 복창하도록 하였다.

미나미 총독과 함께 소위 '황국신민의 서사'를 만들어 강제한 주역인 총독부 학무국장 시오하라 도키사부로(鹽原時三郎, 염원시삼랑)는 '황국신민'의 내용을 "천황을 중심으로 받들며 천황에 절대수순(絶對隨順)하는 도

59 金東昊, 「일제하의 創氏改名」, pp. 209-210 참조.

(道)이다. 절대수순이라 함은 나를 버리고 나를 떠나서 오직 천황에 봉사하는 것이다. 이 충성의 도를 행하는 것이 우리들 국민 유일의 사는 도이며 모든 힘의 원천이다. 그러면 천황을 위하여 몸과 마음을 다 바치는 것은 소위 자기희생이 아니라 '천황의 위광(御稜威)'에 살아서 국민으로서의 참 생명을 발양하는 것이다."[60]라고 설명하였다. 일제의 소위 '황국신민의 서사'는 아동용(I)과 중학교 이상의 학생 및 일반용(II)의 두 종류로 제정되었다.

'황국신민의 서사'(I)

① 나는 대일본제국의 신민(臣)입니다.

② 나는 마음을 합해 천황폐하께 충의를 다하겠습니다.

③ 나는 인고단련(忍苦鍛鍊)하여 훌륭하고 강한 국민이 되겠습니다.

'황국신민의 서사'(II)

① 우리는 황국신민이며 충성으로써 군국(君國)에 보답하자.

② 우리 황국신민은 서로 신애협력(信愛協力)하여 단결을 굳게 하자.

③ 우리 황국신민은 인고단련의 힘을 길러서 황도(皇道)를 선양하자.

일제는 이 '황국신민의 서사'를 모든 학교·단체·직장·모임에서 반드시 일본어로 암송하여 복창하도록 다음과 같이 규정하였다.

① 4대절(신년, 기원절, 천장절, 명치절), 축제일, 기타 모든 의식의 경우에는 국가 제창 후에 낭송하도록 할 것.

② 학교에서는 조회 때에 제창하도록 할 것.

---

60 「皇國臣民タルノ自覺徹底」, 『文教の朝鮮』(1938. 3.); 宮田節子, 「皇民化政策の構造」, 『朝鮮史研究會論文集』 제29집, 1991, pp. 43-44.

③ 학교 또는 단체의 여러 가지 집회, 개최행사 기타 적당한 기회에 적절하게 차례를 정하여 일제히 낭송시킬 것.

④ 정도를 달리하는 학교, 또는 구성원을 달리하는 단체가 동일 장소에서 낭송해야 할 경우에는, 학교에서는 정도가 낮은 학교로부터, 단체에서는 연소한 단체로부터 '서사' I과 II의 구별에 따라 모두 낭송시킬 것. 학교 단체와 청소년단 단체가 동일장소에 있는 경우에도 위의 구별에 따라 동시에 모두 낭송시킬 것.[61]

일제는 생활 속 거의 모든 공식 회합에서 매일 이것의 낭송과 복창을 요구했으므로 한국인 학생들과 백성들은 이 강제 의식과 암송·복창·굴욕에 매우 큰 정신적 고통을 받았다. 그러나 유구한 역사와 민족문화에서 유래한 한국민족의 민족의식은 강인한 것이어서, 한국인들에게 한국 민족의식은 '황국신민의 서사' 일본어 복창 따위로 소멸하고 일본 황국신민의식으로 바뀔 수 있는 것이 아니었다.

2) 궁성요배(宮城遙拜)

일제는 또한 한국 민족의식을 소멸시키고 일본 천황에 대한 충성심을 조장하기 위해 일본 천황이 있는 쪽을 향해 멀리서 허리를 90도로 꺾어 큰절을 하는 소위 '궁성요배(宮城遙拜)'라는 것을 공식 생활에서 거의 매일 강제하였다. '궁성요배'는 일본 동경에 있는 일본 천황을 향해 멀리서 예배하는 것이기 때문에, '동방요배(東方遙拜)' 또는 '황거요배(皇居遙拜)'라고도 불렸다. 이것은 수만 리 떨어진 조선에서 조선 사람들에게 일본 천황이 있는 동경 쪽을 향해 거의 매일 큰절을 시키는 우스꽝스러운 의식인 동시에 조선 사람들에게는 매우 굴욕적이며 고통스러운 의식이었다.

---

61 朝鮮總督府, 「彙報」, 『朝鮮』 제270호(1937. 11.).

일제는 '신사참배' 때에는 물론, 모든 의식과 학교 조회 등에서 '궁성요배'를 반드시 식순에 넣어 강제하였다. 그리고 이것을 조선 사람들이 민족의식을 버리고 일본 천황에 대한 충성을 서약하는 의식이라고 해설하였다. 이렇듯 '궁성요배'도 조선인들에게 상당한 정신적 고통을 주었다.

그러나 대부분의 한국인들은 자신의 조상들에게는 진심으로 큰절을 올리지만, 일본 궁성을 향한 요배는 총칼의 위협 때문에 동작하는 허례의식으로 치부하였다.

7. 신사참배 강제와 한국 민족종교 및 기독교 탄압

1) 신사참배(神社參拜)의 강제

일제는 한국 민족의식 말살과 일제 신민(臣民)의식 주입을 위해 한국인들에게 '신사참배'를 강제하였다. '신사(神社)'란 일본 민족종교인 신도(神道)가 숭배하는 신(神)을 모셔 제사를 지내는 건축 구조물이었다. 일본 '신도'는 일본민족이 '아마테라스 오미카미(天照大神)'의 자손이며, 일본 천황은 그 신손(神孫)으로서 살아 있는 현인신(現人神)이라고 믿는 일본 천황 숭배 종교였다. 조선 개항 후 신도 신앙을 가진 일본 거류민들은 거류지에 몇 개 신사들을 만들었고, 일제 강점 후 총독부는 1917년 3월 '신사에 관한 건'을 제정 공포하여 "신사(神社)가 아니면서 공중이 참배할 수 있도록 신지(神祇)를 봉사(奉祀)하는 곳을 신사(神祠)"라고 하고 신사(神社)와 신사(神祠)의 설치를 장려 후원하였다.[62] 총독부는 1925년 '아마테라스 오미카미'와 '명치(明治) 천황'을 제신(祭神)으로 하는 조선신궁(朝鮮神宮)을 서울 남산에 건축하였다. 그리하여 신궁(神宮) - 신사(神社) - 신사

62 성주현·고병철, 『일제강점기 종교 정책』, 동북아역사재단, 2021, pp. 435-452.

강요당해 신사참배하는 한국인들 (출처: 독립기념관)

(神祠, 일종의 간이 神社)의 위계조직으로 조선 전국에 신사를 지어 나갔다. 그러나 한국인은 이를 외면하였다. 신사참배는 전적으로 일본 거류민들의 행사에 불과하였다.

그러나 일제는 1931년 중일전쟁 도발 무렵부터는 각급 학교에서 한국인 학생들에게 신사참배를 강요하기 시작하였다. 이어서 1936년 8월 부임한 일제 총독 미나미는 '1읍면(邑面) 1신사(神社)주의'를 채택한다고 선언하고, 한국 2,346개의 모든 읍면에 신사를 1개씩 설치하기를 적극 강행함과 동시에 '국민정신총동원'을 위해 필요하다는 이유로 모든 한국인들의 '신사참배'를 강제하였다.[63]

일제는 1936년에는 '경성신사'(서울), '용두산신사'(부산) 등 57개 신사를 설치했으며, 1938년에는 고대의 '내선일체'를 현창한 천황이라 하여 '응신(應神)', '제명(齊明)', '천지(天智)' 천황들과 '신공황후'의 신령을 제사한다는 '부여신궁(扶餘神宮)'을 만들었다.[64] 일제는 그리하여 1945년 6월

63 韓晳曦, 「戰時下朝鮮の神社參拜强要とキリスト教の抵抗」, 『朝鮮史叢』 제5·6합병호, 1982 참조.

64 孫禎睦, 「일제하 扶餘神宮 造營과 소위 扶餘神都 건설」, 『韓國學報』 제13권 제4호, 1987 참조.

말까지 1,141개의 신사를 전국 각지 부·읍·면의 가장 위치 좋은 곳에 건립하였다.

일제는 1937년부터는 학교의 학생들뿐 아니라 회사·기업·단체 등의 모든 한국인들에게 집단적으로 '신사참배'를 강제하였다. 일제는 심지어 다른 종교의 신을 섬기는 것을 '우상숭배'라고 하여 신앙하지 않는 기독교 교회에 대해서도 '신사참배'를 강제하였다.[65] 일반 한국인들에게는 모두 '애국반'을 동원하여 집단적 '신사참배'를 강제하였다. 일제는 매달 6일을 '애국일'이라고 하여 반드시 전 한국인이 의무적으로 집단적 신사참배를 하도록 강제했으며, 그 밖에도 집단행사 때마다 '신사참배'를 강제하여 고통을 주었다.[66]

2) '가미다나(神棚)'의 설치 및 예배 강제

일제는 태평양전쟁을 도발한 이후에는 '아마테라스 오미카미' 등 일본 민족 조상신의 이름을 쓴 종이를 넣어 놓은 나무상자인 '가미다나(神棚)'를 각 가정에 강제로 판매·보급하여 이것을 집 안의 높은 곳에 모셔 놓고 아침마다 참배 기원하도록 강요하였다. 전쟁에서 부족한 힘을 일본 조상신의 신력(神力)의 도움을 받아 승리하겠다는 것이었다. 그 참배 방식은 일본 신도(神道)의 참배 방식대로 두 손바닥을 딱딱 소리 나게 마주치면서 일본의 승리를

일본 시조신을 모신 가미다나
(출처: 독립기념관)

65 山口公一, 「戰時朝鮮總督府の神社政策」, 『朝鮮史硏究會論文集』 제36집, 1998 참조.
66 박경식, 『일본제국주의의 조선 지배』, 청아출판사, 1986, pp. 374-409 참조.

기원하라는 것이었다. 또한 천조대신(天照大神)의 부적이라고 하면서 '오후다(大麻)'라는 미신 부적을 높은 가격으로 강매하여 가난한 조선인들에게 더욱 고통을 강제하였다.

일제 총독부는 일본의 패색이 나타난 1943년부터는 일제 경찰의 정탐꾼을 '애국반'별로 배치하여 조선인들이 매일 아침 '가미다나' 참배 기원을 하는지의 여부를 정탐하여 보고케 하였다. 그리고 '가미다나' 참배의 성적을 가호별로 보고하여 통제경제하 전시물자 배급 등에 반영하도록 하였다. 이러한 '가미다나' 참배의 미신 행위도 한국인들에게 많은 고통을 주었다.

3) 기독교도에 대한 '신사참배' 강제

기독교도에 대한 일제의 '신사참배' 강제는 당시 전국 50만 한국 기독교인들에게 참으로 큰 고통을 주었다. 왜냐하면 기독교는 신교·구교 모두 여호와를 유일신, 예수를 유일신의 독생자로 신앙하면서 다른 신의 숭배는 '우상숭배'라 하여 교리로서 엄격히 금지하고 있었고, 따라서 만일 교회와 기독교인이 '신사참배'를 하면 교리상 바로 우상숭배의 죄를 범하는 것이기 때문이었다.

(1) 기독교 학교에 대한 '신사참배' 강제

일제의 기독교도에 대한 '신사참배' 강제는 기독교 학교를 대상으로 먼저 시작되었다.

일제는 1932년 9월 평양에서 만주사변(1931. 9. 18.)의 일본군 전몰장병 위령제를 거행하면서 국내 각 학교의 '신사참배'를 요구했는데, 평양의 기독교 학교들은 이를 거부하였다. 이에 일제는 1932년부터 각급 학교 학생들의 집단적 '신사참배'를 가혹하게 강제하였다. 일제는 만주의 한국

인 기독교도들에게도 신사참배를 강요하였다.[67]

기독교 가운데서 천주교는 1932년 5월 26일 자로 로마 교황청으로부터 일본에 대해 '신사(神社)'는 국가 의식으로 충성과 애국심의 표명이므로 참배해도 좋다는 통첩이 내려졌고, 조선에도 1936년 5월 25일 자로 같은 내용의 통첩이 발송되었으므로 '신사참배'에 참가하였다.[68] 기독교 신교 가운데서 감리교도 신사는 종교가 아니고 국가 의무이므로 참배해도 좋다는 전달이 왔으므로 '신사참배'에 참가하였다. 그러나 장로교파와 안식교파는 "신사는 '신도(神道)'의 종교의식이므로 신사참배는 '우상숭배'이다"라는 원칙을 지켰기 때문에 일제의 '신사참배' 정책에 불응하였다.[69]

일제는 '신사참배' 불응 학교에 대해서는 극단적 탄압책으로 '폐교'를 시행하겠다고 협박하였다. 결국 1936년 1월 안식교 계통의 평남 순안 의명(義明)중학교는 굴복하여 '신사참배'에 응하였다. 그러나 장로교 계통의 학교는 '신사참배'에 끝까지 불응하였다. 일제는 미나미가 총독으로 취임한 직후 신사참배 불응을 이유로 1936년 8월 14일 평양 숭실전문학교(북장로교파)를 폐교시켰다.[70] 일제는 이어서 1938년 2월까지 북장로교파가 경영하는 1개 중학교 및 9개 초등학교의 폐교를 결정하였다.[71] 이러한 '신사참배' 불응을 이유로 한 일제의 '폐교' 강행은 야만적 탄압이었다.

일제는 또한 '신사참배'를 구실로 사립학교의 경영권을 강탈하였다.[72] 예컨대 일제는 1933년 9월 조선민족사상을 고취한다는 이유로 사립 모

67 「在滿鮮人の神社不參拜を目的とする宗教團體に關する件」, 『思想彙報』 제24호(1940. 9.), pp. 108-111 참조.

68 尹善子, 「일본 군국주의 종교정책과 조선 천주교회의 神社參拜」, 『韓國史研究』 제98집, 1997 참조.

69 韓晳曦, 『日本の朝鮮支配と宗教政策』, 未來社, 1988, pp. 156-231 참조.

70 金承台, 「1930년대 일제의 기독교계 학교에 대한 신사참배 강요와 폐교 전말」, 『한국 근현대사 연구』 제14집, 2000.

71 朝鮮總督府, 『最近朝鮮の治安狀況』, 1939, p. 389 참조.

72 韓晳曦, 「戰時下朝鮮の神社參拜强要とキリスト教の抵抗」 참조.

곡(车谷)학교 교장 남궁억(南宮檍)을 체포하고 학교 자체를 강탈하여 공립학교로 만들었다. 또한 1942년 9월 연희전문학교 교장 윤치호를 사임시키고 후임에 일본인을 임명하였다.[73] 오산학교의 교장은 강제로 일본인으로 교체시켰고, 원산 루시여자고등보통학교는 일본인이 강탈해 갔다.[74]

(2) 기독교단체에 대한 탄압

일제는 장로교 계통의 '신사참배'에 대한 완강한 저항이 기독교단체와 교회에 막강한 영향을 준다고 보고 이에 대한 탄압을 강행하였다. 일제가 기독교 계통 단체에 대한 탄압으로 자행한 대표적 사건이 '수양동우회 사건'과 '흥업구락부 사건'이었다.

일제는 1937년 6월 기독교도들의 '수양동우회 사건'을 조작하였다. 수양동우회는 인격 수양을 목적으로 하고 일제의 설립 허가를 얻은 합법적 공개단체였다. 그럼에도 불구하고, 일제는 흥사단 계통의 독립 추구 단체라 하여 '치안유지법' 위반으로 150명을 체포하고 이 중에서 이광수(李光洙), 조병옥(趙炳玉), 주요한(朱耀翰), 이대위(李大爲), 장이욱(張利郁), 최능진(崔能鎭), 정인과(鄭仁果), 김동원(金東元), 김윤경(金允經), 김성업(金性業), 이용설(李容卨) 등 42명을 송치하였다. 그러나 재판 결과 이 42명은 일제정책에 저항하지 않겠다는 약속을 하고 1941년 모두 무죄로 석방되었다. 이 가운데 상당수는 그 후 친일파로 변절하였다. 1932년 윤봉길 의거 때 일제가 상해에서 구속해 온 안창호(安昌浩)는 징역 4년 형을 부과받고 출옥 후 휴양 중이었는데, 일제의 회유를 끝까지 거부하고 '조선 독립'을 주장한다는 이유로 수양동우회 회원이 아닌데도 구속되어 심문을 받다가 병이 들었다. 옥사 직전에야 병원에 입원되었지만 결국 1938년 3월 순국

73 연세창립80주년기념사업위원회, 『연세대학교사: 1965』, 연세대학교출판부, 1969, p. 432 참조.

74 孫仁銖,『韓國近代敎育史』, 연세대학교출판부, 1971, pp. 259-260 참조.

하였다. 수양동우회 사건으로 전 한국에 20만 신도를 갖고 있던 북장로교파는 심대한 타격을 입었다.[75] '수양동우회 사건'은 일제의 정치적 목적의 탄압 사건이었던 것이다.[76]

일제는 이어서 1938년 2월 '흥업구락부 사건(일명 적극신앙단 사건, 청구구락부 사건)'을 조작하였다. 이것은 YMCA 총무 신흥우(申興雨) 등 기독교인 54명을 '치안유지법' 위반으로 체포한 사건이었다. 이들 역시 협조성명서를 발표하고, 그동안 모아 놓은 구락부 기금 2,400원을 일제 국방헌금으로 낸 뒤 일제에 의해 석방되었다. 이 사건으로 체포되었던 54명의 인사들도 그 후 상당수가 친일파로 변절하였다. '흥업구락부 사건'도 감리교파와 YMCA를 탄압하기 위해 정치적 목적으로 조작된 사건이었다.

(3) 기독교 교회에 대한 신사참배 강제와 탄압

일제는 1938년부터 한국의 모든 기독교 교회에 '신사참배'를 강제하였다. 총독 미나미는 이에 불응하는 경우 "황국신민의 근본정신에 배치되는 종교는 일본 국내에서는 절대로 그 존립을 허락할 수 없다"[77]라고 협박하였다.

일제의 교회 폐쇄 위협에 감리교파는 1938년 9월 3일 총리사 양주삼(梁柱三)의 이름으로 '신사참배'에 참가하라는 통첩을 돌리었다. 장로교회도 교회별로 붕괴하기 시작하였다. 1938년 2월 가장 교세가 강력했던 평북노회가 굴복하여 신사참배를 결의하였다.[78] 1938년 9월 9일 평양에서 개최된 第27회 조선예수교장로회 총회에서는 '수양동우회 사건' 당시 석

75 朝鮮總督府, 『最近朝鮮の治安狀況』, pp. 372-373 참조.

76 조배원, 「수양동우회 연구」, 『도산사상연구』 제6집, 2000 참조.

77 朝鮮總督府 官房文書課 編, 『諭告·訓示·演述總攬』, 1941, p. 707.

78 朝鮮總督府, 『最近朝鮮の治安狀況』, pp. 390-391 참조.

방된 인사들과 이승길(李承吉), 김일선(金一善) 등도 가세하여 총회 대표들에게 개별적으로 '신사참배'에 찬성하도록 설득하였다. 그 결과 총회 대표 홍택기(洪澤麒)의 이름으로 '신사참배'를 결의하는 성명서를 발표하고 평양신사를 참배하였다.[79]

그러나 일제의 기독교 탄압은 여기서 끝나지 않았다. 1943년 일제는 성결교회·안식교회·침례교회를 해산시켰으며, 1945년에는 각파 교회들을 모두 통합하여 '일본기독교 조선교단'으로 개편하였다. 이뿐만 아니라 '신사참배'에 반대하다가 체포되어 전향한 남기종(南基宗), 박규호(朴圭浩) 등으로 하여금 '기독교 황도선양연맹'을 결성케 하여 친일매국과 침략전쟁 찬양에 앞장서게 하였다. 3·1 독립선언서의 서명인이었던 박희도(朴熙道), 정춘수(鄭春洙), 수양동우회의 정인과 등도 일제에 굴복하여 친일로 전락하였다.

(4) 일제의 기독교도 학살계획

일제는 친일로 전향한 조선 기독교도들을 결코 신뢰하지 않았다. 일제는 1945년에 들어서 패전이 예견되자 미국군 또는 연합군이 한반도에 상륙하는 경우 맨 먼저 연합군에 협력할 세력이 기독교도들이라고 보고 기독교도 학살계획을 수립하였다. 일본 항복 후 총독부 비밀 자료를 읽은 블래어(W. N. Blair)는 "1945년 8월 중순경에 조선인 기독교도를 모조리 살해할 것을 계획하고 있었다."[80]라고 기록하였다. 모페트(S. H. Moffett)는 기독교도 처형일이 1945년 8월 18일로 예정되어 있었다고 기록하였다.[81]

79 金承台, 『韓國 基督教의 歷史的 反省』, 다산글방, 1994 참조.

80 W. N. Blair, *Gold in Korea*, Presbyterian Church in the U.S.A., 1946, p. 5; 韓晳曦, 「戰時下朝鮮の神社參拜强要とキリスト教の抵抗」.

81 S. H. Moffet, *The Christians of Korea*, Friendship Press, 1962, p. 76; 韓晳曦, 「戰時下朝鮮の神社參拜强要とキリスト教の抵抗」 참조.

그러나 당시 그들이 읽은 총독부 자료의 압수 부분이 아직 공개되지 않아서 그 정확한 규모와 상세한 계획을 지금은 알 수 없고, 앞으로의 연구과제로 남아 있다.

4) 한국 기독교도의 '신사참배'에 대한 저항

그러나 한국 기독교도들이 모두 일제의 위협과 탄압에 굴복한 것은 아니었다. 일제의 '신사참배' 강요에 대한 완강한 저항이 있었다.

한국 기독교도의 '신사참배' 거부는 1932년 기독교 세력이 강했던 평안남북도 학교들에서 시작되었다. 1935년 11월 평안남도 지사가 '평양신사 참배'를 명령하자, 숭실학교·숭의여학교·순안의 의명학교는 이를 거부하였다. 이에 일제는 1936년 1월 숭실학교 교장 매큔과 숭의여학교 교장 스눅을 해임하고, 1936년 8월에는 숭실전문학교를 폐교하였다. 일제의 이러한 가혹한 압력에 의명학교는 굴복했으나 숭실학교와 숭의여학교는 저항하였다.[82]

일제가 교회에도 '신사참배'를 강제하여 1938년 2월 평북노회가 이에 굴복하자, 이에 분개한 평양신학교 학생들이 단결하여 '신사참배' 반대운동을 전개하였다. 일제는 학생들을 배후에서 조종한 혐의로 박형룡(朴亨龍) 교수를 체포하였다.

평안남도에서는 목사 주기철(朱基徹)이 산정현교회를 중심으로 반대운동을 전개하였다. 주기철은 전후 네 차례나 체포·투옥되었다. 평안북도에서는 이기선(李基宣)이 중심이 되어 1939년부터 '신사참배' 반대의 신교

---

82 ① 김승태, 『신사참배 거부 항쟁자들의 증언: 어둠의 권세를 이긴 사람들』, 다산글방, 1993.
② 김수태, 「1930년대 평양교구의 신사참배 거부운동」, 『한국민족운동사연구』 제38집, 2004.
③ 정중호, 「경남 지역 신사참배 거부 운동과 남명학파」, 『한국기독교신학논총』 제49집, 2007 참조.

회 운동을 전개하였다. 이 운동은 평안도·경상도·만주의 일부 신도들 사이에서 호응을 얻어 확산되었다.[83] 경상남도에서는 한상동(韓尙東)이 중심이 되어 1938년부터 '신사참배' 반대운동을 전개하였다. 그는 경상남도를 5개 지역으로 구분하여 다양한 '신사참배' 반대운동을 전개하였다.

1940년에는 제3차 투옥에서 석방된 주기철을 중심으로 한상동, 이기선 등 20여 명이 평양의 채정민(蔡廷敏)의 집에서 모여 '신사불참배운동자연합회'를 결성하고, '신사참배'를 의결한 현 노회의 해체, 신사불참배 노회의 재건, 동지 획득을 위한 전력 경주, 전국총회로의 연합회 발전을 추진키로 결의하였다.[84]

그러나 일제는 1940년 6월 '신사참배' 반대운동자들을 일제히 체포하여 투옥하였다. 주기철도 1940년 8월에 다시 투옥되어 1944년 2월에 옥사하였다. 일제의 대탄압 이후에는 다수의 기독교 신도들이 신사참배 교회에 나가지 않고 개인적으로 각종 형태의 저항활동을 전개하였다.

5) 일제의 대종교(大倧教) 탄압

일제는 한국인의 민족종교인 '대종교(大倧教)'와 '천도교(天道教)'에 대해서는 더욱 가혹한 탄압을 자행하였다. 한국인의 민족의식을 말살하기 위해서는 한국인의 민족종교를 말살해야 한다고 본 것이었다.

대종교는 구한말 일제에게 국권을 빼앗기자 일찍이 한국민족의 국권회복을 위한 사상 중 하나로 부활한 단군 숭배사상을 종교화하여 1909년 1월 15일 '단군교'라는 이름으로 창립되었다. 단군교는 단군을 국조로 모시고 그의 가르침을 숭배하는 단군사상이 민족적 위기에 당하여 종교로 응결된 것이라고 볼 수 있다. 일제가 대한제국을 완전 식민지로 강점해

---

83 윤정란, 「일제의 '황국신민화' 정책에 대한 한국 기독교 여성들의 대응논리: 1937년에서 1945년까지를 중심으로」, 『한국민족운동사연구』 제17집, 1997 참조.

84 韓晳曦, 「戰時下朝鮮の神社參拜强要とキリスト教の抵抗」 참조.

오자 단군교는 '단군'이라는 이름을 교명에서 뺌으로써 일제의 탄압을 피해 보고자 1910년 7월 30일 이름을 '대종교'로 바꾸었다.[85] 이어서 대종교는 1914년 5월 13일 총본사를 만주의 북간도 청파호로 옮기고 서울에는 남도 본사를 두었다. 일제의 탄압으로 대종교 전체가 와해되는 것을 방지하기 위함이었다.

일제는 1915년 10월 1일 조선총독부령 제85호로 대종교를 불법화하여 해체를 명령하였다. 이에 대종교의 활동은 일제의 통치권이 미치지 않는 만주에서는 가능하지만 한반도 안에서는 불가능하게 되었다. 대종교 제1세 교주 나철이 급거 귀국하여 일제의 명령을 철회시키려고 노력했지만 아무 효과가 없었다. 나철은 이에 항의하여 구월산 삼성사에서 1916년 8월 15일 「순명3조」를 남기고 자결하였다.[86] 제2세 교주로는 나철의 유촉에 따라 김교헌이 취임하였다.

대종교는 1919년 국내에서 3·1운동이 일어나자 만주에서 3·1운동을 일으키는 데 적극적으로 활동하였다. 1919년 3월 18일 화룡현 삼도구, 3월 24일 장백현 십육도구, 3월 26일 백초구에서의 대규모 독립만세 시위를 비롯하여 대종교도들이 거주하는 만주 도처에서 독립만세 시위운동이 전개되었다.[87]

대종교의 독립운동 단체인 '중광단(重光團)'은 1919년 4월 무장투쟁을 위한 단체인 '대한정의단'으로 확대·개편되어 독립군 병사가 될 결사대원을 모집하였다. 대한정의단은 1919년 8월 김좌진(金佐鎭)을 초빙하여 군사 지휘권을 맡긴 다음 1919년 10월 다시 '대한군정부'로 개편하고 상해 임시정부에 그 산하 독립군 군사기관으로서의 공인을 신청하였다. 임시

---

85 대종교총본사 편, 『大倧教重光六十年史』, 대종교총본사, 1971, pp. 156-157 참조.

86 대종교총본사 편, 『弘巖神兄朝天記』, 대종교총본사, 1954, pp. 46-65 참조.

87 愼鏞廈, 「韓末·日帝時期의 檀君思想과 獨立運動」, 윤이흠 외, 『檀君: 그 이해와 자료』, 서울대학교출판부, 1994; 『한국 근대의 민족운동과 사회운동』, 문학과지성사, 2001 참조.

정부는 1919년 12월 '국무원 제205호'로 명칭을 '대한군정서(大韓軍政署)'로 변경할 것을 조건부로 하여 이를 승낙하였다. 대한군정서는 별칭으로 '북로군정서(北路軍政署)'라고 불렸으며, 이 명칭이 더 널리 알려지게 되었다.[88]

북로군정서는 전투 병력만도 약 1,100명으로서 당시 만주와 노령에서 편성되었던 30여 개 독립군 단체 중에서 가장 규모가 크고 잘 훈련된 최정예 독립군이었다. 또한 북로군정서는 대종교의 재정 지원 아래 소총뿐만 아니라 기관총과 박격포까지 갖춘 가장 잘 무장된 최강의 독립군이었다. 일본군이 1920년 10월 5개 사단에서 차출한 약 2만 5,000명의 대병력을 동원해서 독립군 토벌을 위해 간도 침입 작전을 자행했을 때, 북로군정서 독립군은 일본군 아즈마(東) 지대(약 5,000명)를 삼도구 청산리에서 공격하여 청산리 독립전쟁에서 승리하였다. 북로군정서 독립군의 승전 배경에는 대종교의 지원 활동이 강력하게 뒷받침되었다.

일제는 한국민족 독립운동을 근본적으로 탄압하기 위해 1925년 6월 만주 군벌과 소위 '삼시협정'을 체결했으며, 만주 군벌은 일제의 조종을 받고 이를 적용하여 1926년 12월 '대종교포교금지령'을 발포하였다. 대종교에서는 박찬익이 중국 중앙정부와 교섭하여 1929년 마침내 해금령을 얻어 내었다. 그러나 1931년 일제의 9·18 만주 침략과 뒤이은 괴뢰 만주국의 수립으로 만주가 중국 통치에서 분리되었기 때문에 해금령은 효과를 보지 못하였다.

대종교 제3세 교주 윤세복(尹世復)은 이에 합법적 포교를 위해 만주국과 교섭했다. 그 결과 1934년 3월 타협이 성립되어 만주에서의 합법적 포교를 재개하였다. 대종교는 이에 대종교 서적 7종 1만 4,500부를 간행하였고, 『교보』 발행을 재개하였다. 또한 '단군전(檀君殿)'을 발해의 옛 수도 동경성에 건립하기 위한 계획과 비용을 준비하였고, 동경성 부근에 발해

88 「大韓軍政署略史」, 『獨立新聞』, 1920년 4월 22일 자 참조.

농장을 건설하여 국내에서 토지를 잃고 만주로 유랑해 오는 한국인 농민들에게 경작시켜 자작농을 창설하는 사업을 시작하였다.[89]

대종교가 만주에서 포교를 재개하여 점차 세력을 공고히 해나가는 추세를 보이자 일제는 이에 대한 탄압을 획책하였다. 일제 경찰은 밀정을 파견하여 대종교의 조직과 동태를 정밀하게 파악한 다음, 국내에서 '조선어학회 사건'을 조작하여 민족어문 학자들을 체포·투옥함과 때를 같이해서 대종교 간부들도 체포·투옥하고자 하였다. 당시 조선어학회 간부이며 대종교 교도였던 이극로가 대종교 총본사의 요청을 받고 단군전 건립과 대종교 포교에 사용할 「널리 펴는 말」을 지어 보냈는데, 일제는 이 글 속의 '일어나라', '움직이라'는 글귀가 '독립을 위하여 봉기하라'는 뜻이라고 주장하면서 대종교 간부 구속의 구실로 삼았다. 이 「널리 펴는 말」은 대종교의 단군 사상을 이해하기 위해서도 중요한 문헌이므로 일부를 인용하면 다음과 같다.

널리 펴는 말

(…) 동방에는 밝은 빛이 비치었다. 이는 곧 대종교가 다시 밝아진 것이다. 한동안 밤이 되어 지나던 대종교가 먼동이 튼 지도 30여 년이 되었다. 아침 햇빛이 땅 위를 비치어 어둠을 물리치는 것과 같이 대종교의 큰 빛이 캄캄한 우리의 앞길을 비치어 준다.

어리석은 뭇사람은 제가 행하고도 모르며 또 모르고도 행한다. 직접으로는 만주 대륙과 조선 반도를 중심하여 여러 천만 사람이 대종교의 신앙을 저도 모르는 가운데 아니 믿는 사람이 없고, 간접으로는 이웃 겨레들도 이 종교의 덕화를 받지 아니한 이가 없다.

삼신이 점지하시므로 아이가 나며, 삼신이 도우시므로 아이가 자란다고 믿

89 대종교총본사 편, 『大倧教重光六十年史』, pp. 448-456 참조.

고 비는 일이 조선의 풍속으로 어디나 같다.

이 삼신은 곧 한임·한웅·한검이시다. 황해도 구월산에는 삼성사가 있고, 평양에는 숭령전이 있고, 강화도 마니산에는 제천단이 있다. 발해 시대에는 태백산에 보본단을 쌓고 해마다 제사를 지내었다.

이와 같이 삼신을 믿고 받들어 섬기는 마음은 여러 천 년 동안 깊이 굳어졌다. 시대와 곳을 따라 종교의 이름은 바뀌었으나, 한얼님을 섬기고 근본을 갚아 사람의 도리를 지키는 교리만은 다름이 없고 변함이 없다. (…)

그런데 이제는 때가 왔다. 우리는 모든 힘을 발휘하여 대교의 만년 대계를 세우고 나아가야 된다.

이 어찌 우연이랴! 오는 복을 받아들이지 아니하는 것도 큰 죄가 되는 것을 깊이 깨달아야 된다. 만나기 어려운 광명의 세계는 왔다. 반석 위에 천전과 교당을 짓자! 기름진 만주 벌판에 대종 학원을 세워서 억센 일꾼을 길러내자!

우리에게는 오직 희망과 광명이 있을 뿐이다.

일어나라! 움직이라!

한배검이 도우신다.

개천 4399년 9월 5일[90]

「널리 펴는 말」은 종교문헌이었으나, 일제는 대종교가 조선어학회의 불령선인과 연락해 가면서 독립운동을 기도한다고 하여 이 문건을 증거자료로 삼아서, 1942년 11월 만주와 국내에서 대종교 교주 윤세복 등 간부 25명을 검거 구속하였다.[91] 일제는 25명 중에서 교주 윤세복에게는 무기징역, 김영숙(金永肅)에게는 15년 형, 윤정현(尹珽鉉)·이용태(李容兌)·최

---

90 강천봉, 「대종교와 백산 선생: 종교 활동을 통한 구국 광복 운동」, 『나라사랑』 제19집, 1975, pp. 62-63.

91 ① 대종교총본사 편, 『(壬午十賢)殉教實錄』, 1971.
② 김동현, 「임오교변 배경으로서의 대종교의 정체성」, 『국학연구』 제26집, 2022.
③ 정영훈, 「임오교변과 대종교」, 『국학연구』 제26집, 2022 참조.

[표 8-3] 임오교변 때 피검된 대종교 간부들의 형량

번호	성명	피검일자	형량
1	윤세복(尹世復)	1942. 11. 19.	무기징역
2	김영숙(金永肅)	1942. 11. 19.	징역 15년
3	윤정현(尹珽鉉)	1942. 11. 19.	징역 8년
4	이용태(李容兌)	1942. 11. 19.	징역 8년
5	최관(崔冠)	1942. 11. 19.	징역 8년
6	이현익(李顯翼)	1943. 4. 3.	징역 7년
7	이재유(李在囿)	1942. 11. 19.	징역 5년, 옥사
8	권상익(權相益)	1942. 11. 19.	옥사
9	이정(李楨)	1942. 11. 19.	옥사
10	안희제(安熙濟)	1942. 11. 19.	옥사
11	나정련(羅正練)	1942. 11. 19.	옥사
12	김서종(金書鍾)	1942. 11. 19.	옥사
13	강철구(姜鐵求)	1942. 11. 19.	옥사
14	오근태(吳根泰)	1942. 11. 19.	옥사
15	나정문(羅正紋)	1942. 11. 19.	옥사
16	이창언(李昌彦)	1942. 11. 19.	옥사

자료: 대종교총본사 편, 『(壬午十賢)殉教實錄』에서 저자 재구성.

관(崔冠)에게는 8년 형, 이현익(李顯翼)에게는 7년 형, 이재유(李在囿)에게는 5년 형을 언도하였다. 그리고 오근태(吳根泰)·안희제(安熙濟)·강철구(姜鐵求)·김서종(金書鍾)·이창언(李昌彦)·이재유(李在囿)·나정련(羅正練)·나정문(羅正紋)·이정(李楨)·권상익(權相益) 등 10명은 일제의 가혹한 고문에 못 이겨 검거된 다음 해인 1943년 5월부터 1944년 1월 사이 옥중 혹은 병원에서 별세하였다. 이들이 대종교에서 '임오교변(壬午教變)'의 '순교십현(殉教十賢)'이라고 부르는 순교자들이다.[92]

일제가 대종교 관계자로 검거한 25명 중 10명이 일제의 잔혹하기 비

92 ① 장세윤, 「1942년 일제의 대종교 탄압과 치안유지법」, 『국학연구』 제26집, 2022.
② 이동민, 「임오교변 발단 배경과 일제의 탄압」, 『국학연구』 제26집, 2022.
③ 최윤수, 「고문 과정에서 완성된 윤세복 종사의 삼법(三法) 수행」, 『국학연구』 제26집, 2002 참조.

할 데 없는 야수적 고문으로 조사 과정에서 고문치사 당했으니, 일제의 고문이 얼마나 잔혹했던가를 미루어 알 수 있다. 대종교 간부들 중 투옥된 윤세복·김영숙·윤정현·이용태·최관·이현익·이재유 등은 복역 중에 1945년 8·15 광복 민족해방을 맞이하여 출옥 석방되었다.

6) 일제의 천도교(天道教) 탄압

(1) 일제의 천도교 분열정책

일제는 한국인의 민족종교 가운데 3·1운동을 주도했고 많은 민족적 사업을 수행하고 있는 '천도교'를 가장 두려워하여 밀정을 침투시켜서 철저히 감시하였다.[93] 일제는 천도교에 내부 헤게모니 경쟁만 있으면 이를 선동 지원하여 사분오열로 분열되게 하였다. 3·1운동으로 말미암은 재정난의 타개책으로 간부직 인원정리와 '교헌(教憲) 개정' 문제에서 내부 갈등이 보이자, 1920년 일제는 배후에서 적극 개입해 공작하여 결국 천도교를 신파(新派)와 구파(舊派)로 양분시키는 데 크게 작용하였다.[94] 그리하여 일제 비밀보고에 의하면 결국 1930년경에 천도교는 4개 파로 분열되었다.

제1파는 신파(新派) 천도교로서, 최린(崔麟)·정광조(鄭廣朝)·최석련(崔碩連)이 최고 간부로 주도하는 교파이고 전체 천도교도의 약 90%를 포용하였다. 일제가 최린과 밀착하여 그를 지원한 결과 최린파는 한국의 완전독립은 현실성이 없다고 단념하고 자치운동과 문화운동 및 사회개량운동으로 노선을 바꾸었다. 그러나 강대한 세력을 가진 신파 가운데서도

---

93 허수, ①「1920년대 "개벽"의 정치사상」, 『한국학』 제31권 제3호, 2008.
②「근대 전환기 '개벽'의 불온성과 개념화: 동학·천도교를 중심으로」, 『인문논총』 제78권 제4호, 2021 참조.

94 성주현·고병철, 『일제강점기 종교 정책』, pp. 208-236 참조.

청년층의 다수는 조선의 완전독립을 지향하였고 '천도교청년회(天道教青年會)', '천도교청우당(天道教青友黨)'을 조직하면서 활발한 청년운동을 전개하였다.

제2파는 구파(舊派) 천도교로서, 권동진(權東鎭)·최준모(崔俊模)·이종린(李鍾麟) 등이 최고 간부로 주도하였다. 이들은 완전독립을 목적했으나 일제의 공작으로 세력이 크게 약화되었다. 그러나 1926년 박내홍(朴來弘)이 6·10만세운동을 추진했고, 1927년에는 권동진·박내홍이 신간회 창립과 신간회 운동에 참가하는 등 고독한 투쟁을 계속 하였다.

제3파는 천도교연합회파(天道教聯合會派)로서, 오지영(吳知泳)·최동희(崔東曦, 국외) 등이 최고 간부로 주도하였다. 이들은 진보파로 국내의 형평사 운동을 성원하고, 국외의 정의부(正義府)·고려혁명당(高麗革命黨)과 연계하면서 이상적 독립국가의 회복을 추구했으나, 세력은 소수였다.

제4파는 육임파(六任派)로서, 최제우·최시형 시대로의 복구를 주장한 수구파였으며, 오영창(吳榮昌)이 주도하였다. 황해도에서만 약간의 교도 세력을 갖고 있었다.

일제는 각파의 갈등을 배후에서 끊임없이 선동하면서 분열을 더욱 격화시키는 공작을 전개하였다. 일제와 내통하여 독립운동을 포기한 최린의 신파는 지원해 주고, 구파 이하는 온갖 방법으로 탄압·분열시켰다.

일제는 구파 천도교를 탄압·분열시키고자 동학(東學) 계열 유사종교·종파의 발흥을 고취하고 공작하였다. 그 결과 1920-1940년 사이에 동학 계열 유사종교로서 이전의 시천교(侍天教)뿐만 아니라 제우교(濟愚教)·청림교(青林教, 일명 흠치교)·경천교(敬天教)·제세교(濟世教)·보천교(普天教)·태을교(太乙教)·선도교(仙道教) 등 온갖 명칭의 유사종교가 출현했고, 일제는 이를 고취하였다. 천도교 구파의 충원이 민중 수준에서 차단되도록 공작한 것이었다. 그리하여 1920-1940년 사이 일제강점기 조선에서 유사종교의 융성이라는 기이한 현상이 나타나게 되었다.

일제의 분열정책으로 천도교는 크게 약화되었으나, 청년교도들 사이에서는 여전히 '대한독립'을 모색하는 흐름이 도도히 이어지고 있었다.

(2) '오심당(吾心黨) 사건'에 의한 천도교 탄압

천도교 신파 계통인 천도교청년회의 중앙간부 일부는 1923년 '조선의 절대독립'을 목표로 하는 비밀조직으로 '불불당(不不黨)'을 결성했다가 1929년에 이름을 '오심당(吾心黨)'으로 개칭하였다. 이것은 청년회 내의 비밀조직으로 10년 이상 경력의 천도교 교도 가운데 1군에 2-3명씩만 간부 추천을 받아 조직한 비밀결사였다.[95]

일제는 1934년 '오심당' 조직을 찾아내어 서울·평양·강동·중화·성천·순천·강서·안주·맹산·진남포·선천·의주·정주·구성·영변·은산·곡산·경기도 지방에서 무려 230명의 당원을 일시에 체포하였다.[96] 일제는 이들을 3개월간 조사한 후 김기전(金起田)·조기간(趙基栞)·박내홍(朴來弘)·박사직(朴思稷)·김이국(金履國)·백세명(白世明) 등 71명을 불구속 기소하였다. 이들이 체포 당시와는 약간 달리 가볍게 다루어진 것은 그 직전에 최린이 중추원 의원으로 들어가 친일파가 됨으로써 천도교 신파 전체에 상당한 영향을 끼치기 시작한 시점이었기 때문이다. 즉, 천도교 신파를 포섭하기 위한 회유책이었다.[97] '오심당 사건' 이후 천도교 신파는 공식적으로는 일제에 저항하지 못하였다.

---

95 유준기, 「항일비밀결사독립운동단체 吾心黨에 대한 연구」, 『한국민족운동사연구』 제11집, 1995 참조.

96 申一澈, 「天道教의 民族運動」, 『韓國思想』 제21집, 1989.

97 ① 조규태, 「천도교청년동맹의 조직과 활동」, 『忠北史學』 제9집, 1997.
② 鄭用書, 「일제하 天道教青年黨의 운동노선과 정치사상」, 『韓國史硏究』 제105집, 1999 참조.

(3) '멸왜(滅倭)기도 사건'에 의한 탄압

일제는 1936년 '멸왜(滅倭)기도 사건'을 구실로 천주교 구파를 가혹하게 탄압하였다. 박인호(朴寅浩)는 1936년 8월 천도교 구파 지방대표들이 서울에 모였을 때, 최제우·최시형 시대 '안심가(安心歌)'에 있는 "개 같은 왜적놈을 한울님께 조화받아 일야간에 소멸하고"라는 구절에 맞춰 심고(기도)를 드린 전통에 따라, 독실한 교인들에게는 '안심가'의 이 구절을 외워 기도하도록 밀령하였다.[98] 이 지시를 충청도는 최준모(崔俊模), 경기도는 한순회(韓順會), 전라도는 김재계(金在桂), 황해도는 홍순의(洪順義) 등이 분담하여 전달하였다.

일제는 1938년 2월 이를 탐지하여 '멸왜기도'의 지령을 전달받고 실행한 4개 도의 교도들을 중앙의 최준모·한순회·김재계·홍순의·김경함 등과 함께 모두 체포하였다.[99] 일제가 조사 과정에서 가혹한 고문을 가하여 전라도의 김재계, 논산의 손필규(孫弼奎), 해남의 이강우(李强雨) 3인이 고문치사 당하였다.

일제는 여기에 그치지 않고 태평양전쟁을 일으킨 직후인 1943년에는 천도교를 불법화하고, 일본군을 통해 천도교 본부 교회를 접수하여 군복을 만드는 군수공장으로 만들었으며, 천도교의 각 지방 다수의 건물을 몰수하였다. 천도교에 대해서는 파를 가리지 않고 잔혹한 탄압을 가한 것이었다.[100]

98 오익제, 『天道敎要義』, 천도교중앙총부출판부, 1986, pp. 204-206 참조.

99 『東亞日報』, 1938년 5월 1일 자 참조.

100 姜渭祚(澤正彦·轟勇一 역), 『日本統治下朝鮮の宗教と政治』, 聖文舍, 1976, pp. 139-140 참조.

8. 일제의 '황국신민화' 한국민족말살 교육정책

1) 일제의 '황국신민화' 사상교육 강화와 제3차 개정 조선교육령

일제는 1930년대 후반부터 한국민족말살 식민지 교육정책을 더욱 강화하였다. 1936년 8월 총독 미나미는 그 이전의 '황민화정책'을 계승함과 동시에 특히 '내선일체(內鮮一體)'를 강조한다고 하면서 3대 교육방침으로서 ① 국체명징(國體明徵), ② 내선일체(內鮮一體), ③ 인고단련(忍苦鍛鍊)을 내세웠다.

'국체명징'이란 일본 '천황'을 '현인신(現人神)'으로 하여 만세일계(萬世一系)의 황통(皇統)을 절대부동의 중심으로 한 국체를 명백하게 밝혀서 조선인에게 '황국신민'의 교육을 철저히 하겠다는 것이었다. 나아가 조선에서 '황국신민'의 적인 한국 민족주의와 공산주의의 두 개 사상을 단호히 응징하고 뿌리 뽑겠다고 하였다.

'내선일체'란 일본(內)과 조선(鮮)이 신애협력(信愛協力)하여 한 몸이 되어서 다 함께 '대일본제국'이라는 국가에 자기를 헌신·봉사하는 정신을 배양하겠다는 것이었다. 조선에서 '내선일체'의 궁극적 목표는 조선인도 일본 내지인과 마찬가지로 일본 제국에 헌신하는 순국정신을 함양하는 것이라고 하였다.

'인고단련'이란 일본을 맹주로 한 대동아시아 건설과정에서 다가올 어떠한 간고(艱苦)에도 목적을 관철할 때까지 그치지 않고 실천하는, 일본에게 충량(忠良)하고 유위(有爲)한 국민을 양성한다는 것이었다. 조선에서는 전쟁에 대비하여 어떠한 어려움도 참고 견디면서 일본제국에 충성·헌신하는 교육을 실시할 것이라고 하였다.

일제는 이러한 목표로 1938년 3월 3일 '조선교육령'을 개정하여 '제3차 조선교육령'을 공포하고, 이어서 1938년 3월 15일 '소학교규정'·'중학교규정'·'고등여학교규정'·'사범학교규정'·'실업학교규정'을 총독부령으로 개정하였다. 제3차 조선교육령에 의한 초·중등학교 주요 교과에 대한 정책방향의 요점은 다음과 같은 것이었다.[101]

① '한국어' 교과목을 초·중등학교에서 수의(隨意)과목으로 전락시키는 동시에 수업 시간을 감축시켰다.
② '한국사'와 '한국지리' 수업은 제2차 조선교육령 시행기에서와 마찬가지로 초·중등학교에서 완전히 배제하였다.
③ '일본사' 및 '일본지리'는 소학교에서는 '국사'와 '지리'라는 교과목 이름 아래 고학년에서 교수했고, 중등학교에서는 '역사·지리'라는 교과목 이름 아래 일본사 및 일본지리를 위주로 교수하였다.
④ '수신' 교과는 제2차 조선교육령 시행기와 마찬가지로 일본 문화 및 일본 도덕을 중심으로 교수하였다.
⑤ '공민과'라는 교과목을 중등 교육과정에 신설하여 일본 문화 및 일본 도덕 교육을 더욱 강화하였다.

'일본사' 교육에는 한국사 일부를 날조 왜곡하여 넣었다. 그리하여 한국인 청소년 학생들에게 일본 국체의 존엄, 황통의 무궁, 역대 천황의 성덕, 일본 국민의 충성, 국운진전 등 '황국신민 의식'과 노예의식을 소위 '황국사관(皇國史觀)'을 통해 주입하고 심으려는 데 궁극적 목적이 있었다.[102]

---

101 ① 강명숙 외 편역, 『교육정책(1): 교육칙어와 조선교육령』, 동북아역사재단, 2021, pp. 403-589.
② 鄭在哲, 『日帝의 對韓國植民地教育政策史』, pp. 422-423.

102 예컨대 소학교 5·6학년용 '초등국사'의 한 예를 들면 다음과 같다.
① 옛날 조선에는 삼한(三韓)이라고 불리우는 고려(高麗)와 백제(百濟)와 신라(新羅)가 있었습니다. 신공황후(神功皇后)의 친정(親征)으로 모두 황실의 위세에 눌리게 되었습니다(5학년용, 제3과 「세상의 진전」).
② 특히 명치 43년에는 그 무렵에 한(韓)이라고 불리었던 조선을 병합했기 때문에

'수신'과 '공민'은 더욱 노골적이었다. 일본은 '신국(神國)'이고 '천황'은 '현인신(現人神)'이며, 일본은 이 국체를 영세토록 유지하며 아시아에, 나아가 세계에 일본의 신질서(八紘一宇)를 만들어야 한다고 역설하고, 조선인은 이 은혜를 입었으니 오로지 일본 천황·황국에 충성을 바치고 전장에서 전사함을 영예롭게 알아야 한다는 의식을 주입하려 하였다.[103]

2) 학생 '근로보국대' 강제 동원

일제는 제3차 조선교육령 개정에 이어서, '학교 근로보국대 실시요항'

이 지방도 한결같이 황실의 은혜(恩惠)를 입어 완전히 일체가 되었습니다(5학년용, 제24과「국체의 빛남」).

③ 조선의 정치는 역대의 총독이 오로지 일시동인(一視同仁)의 성지를 넓히는 일에 힘썼기 때문에 불과 30년 사이에 크게 발전했습니다. (…) 특히 육군에서는 '육군지원병제도'를 실시하게 되어 조선인들도 국방을 담당하게 되고 이미 전쟁에 나가 용감하게 전사(戰死)하여 야스쿠니신사(靖國神社)에 봉안되어 호국의 신(神)이 되기도 하고, 일본식 성씨를 칭할 수 있게 허락되어 내지와 동일한 가문의 성씨를 붙일 수 있게 되었습니다. 오늘날 조선지방 2,300만 주민은 '국민총력연맹'을 조직하여 일제히 '황국신민의 서사(誓詞)'를 제창하여 신애협력(信愛協力)하고 내선일체(內鮮一體)의 진심을 나타내어 충군애국의 지기에 불타 모두가 오로지 황국의 목표에 매진하고 있습니다(6학년용, 제25과「동아의 요체」). 鄭在哲,『日帝의 對韓國植民地教育政策史』, pp. 433-435.

103 일제의 서울·경기 공립중학교의 훈육을 방문 시찰한 대북제국대학 교수는 당시 경기중학교의 '황국신민화' 훈육 교육 실태를 다음과 같이 기록하였다. "학교는 항상 황국정신(皇國精神) 수련의 도장다운 분위기 속에 있게 하여 매일 아침 '궁성요배(宮城遙拜)' 및 '황국신민(皇國臣民)의 서사(誓詞)' 제창을 하도록 하고 매일 아침 1회씩 어제(御製)를 근청(謹聽)시키며, 강당의 정면에는 궁성의 사진을 봉게(奉揭)하고, 강당·직원실·무도관·독서관 등에는 '교육에 관한 칙어(勅語)' 및 청소년 학도에 하사한 칙어를 근사(謹寫)한 액면(額面)을 봉게하며, 교내 여러 곳에 성덕(聖德)에 관한 연액(椽額)을 게시하고, 기타의 각 교실에는 '황국신민의 서사'를 표시하여 정시 외에 수시 단체 또는 개인적으로 신사참배(神社參拜)를 시키는 등 일상의 생활을 통해서 황국신민다운 성격을 함양하는데 노력한다." 伊藤猷典,『朝滿の興亞教育』, 東京, 1942; 鄭在哲,『日帝의 對韓國植民地教育政策史』, pp. 412-413.

일제의 초등학교 학생들을 대상으로 한 목검 교련 교육 (출처: 독립기념관)

공포(1938. 6.), '조선학생 정신연맹' 결성(1939. 7), '학도정신대' 조직(1941. 3.)을 실시하였다.[104] 1941년 3월에는 '국민학교규정'을 공포하여 종래의 '소학교'를 '국민학교'로 개칭해서 어린이의 교육도 '국민'의 교육임을 강조하고 특히 조선의 어린이·초등학생들까지도 전쟁 준비에 동원할 체제를 만들었다. 일제는 이어서 '학교총력대' 결성(1941. 9.)을 실시하여 '국민학교(초등학교)' 학생까지 동원할 준비를 하고, 고학년은 목검 군사교육까지 시켰다.

일제의 태평양전쟁 도발 이후에는 초·중등학교에서 정규 수업은 거의 무시되었다. 대신 학생들은 일본군의 군사시설·도로·항만·방공호 및 기타 군대가 지정하는 공사에 '근로보국대'의 이름으로 강제 동원되었다.

104 水野直樹, 「治安狀況中의 學校報國隊의 活動狀況」, 水野直樹 編, 『戰時期植民地統治資料』 제7권, 柏書房, 1998, pp. 65-69 참조.

3) 조선 교육의 군사체제화와 강제 총동원

일제는 1941년 12월 8일 태평양전쟁을 도발한 뒤 1943년 2월 과달카날(Guadalcanal)섬 해전에서 패전하여 패색이 드러나자 교육체계 전체를 침략전쟁 수행의 도구로 전환하는 정책을 강행하였다. 일제는 1943년 3월 '제4차 조선교육령'을 개정하여 조선인 교육을 군사체제화해서 조선인 학생들을 침략전쟁의 도구로 만들기 위한 군사연성 및 군사동원 교육체제를 더욱 강화하였다. 일제의 제4차 조선교육령은 조선인 학생들의 황국신민화·한국민족 말살교육에 만족하지 않고 동시에 조선인 학생들을 일제 침략전쟁에 강제 '동원'까지 하려는 체제 확립의 일환으로 개정된 것이었다. 총독부는 이에 맞추어 1943년 3월 27일 '중학교규정', '고등여자학교규정', '실업학교규정', '실업보습학교규정', '사범학교규정' 등을 개정 공포하였다. 제4차 조선교육령 및 관련 규정 개정의 요점은 대체로 다음과 같은 것이었다.

① 순정한 일본어를 습득시켜서 그 사용을 정확하고 자재(自在)하게 함으로써 철저한 일본어 교육을 기하고 황국신민의 성격 함양을 철저히 한다.
② 일본어·일본 도덕·일본사·일본지리 등에 관한 교과는 '국민과(國民科)'로 통합시켜 더욱 강화한다.
③ 초등학교·중등학교·사범학교의 교과과정을 '국민과', '이수과(理數科)', '예능과', '체조과' 등으로 통합 조정하여 '황국신민의 육성'에 초점을 맞춘다.
④ 조선 학생의 일본 황국신민 의식을 철저히 함양·육성하고 대륙전진기지(大陸前進基地)로서의 조선의 지위와 사명을 확인시킨다.
⑤ 조선 학생들에게 '황국(皇國)의 도(道)'에 기초한 황국신민으로서의 연성교육(鍊成教育)을 한층 더 강화한다.

일제의 이러한 방침에 따라 한국의 각급 학교는 일본 군대의 하청기관으로 전락하였다. 모든 교육활동이 강건한 일본군 병사 양성에 초점이 맞추어졌고, 일본군 병사를 공급하기 위한 '일본어 교육'과 '군사교련'이 철저하게 강조되었다. 일제는 이를 직접 관장하기 위해 총독부 학무국 안에 '연성과(鍊成科)'를 신설하였다.

일제는 전쟁 수행을 위한 '학도 노력 동원 체제'도 더욱 강화하였다. 일제 총독 고이소 구니아키(小磯國昭, 소기국소)는 '학도동원체제 정비에 관한 훈령'(1944. 4.)을 발하여 "근로가 즉 교수이고 즉 훈련"이라는 궤변을 실시케 하고, 공부는 접어 두고 전쟁 수행 물자를 생산하는 노동에 학생들을 동원하였다. '고등교육기관의 수업연한 단축'(1941. 1. 10.), '학도전시 동원체제 확립요강'(1943. 6. 25.), '학도동원본부'의 설치(1944. 4.), '학도근로령' 공포(1944. 10.) 등은 모두 '학도 노력 동원 체제'의 법령들이었다.[105]

일제의 이러한 조치에 따라 중등·고등교육기관의 이공계 학교 학생들은 공부를 폐하고 각기 전문 공장에 동원·투입되어 노동하였다. 문과계 학교 및 사범학교 학생은 식량 증산과 비행장 등 전쟁 시설 건설에, 여학교 학생은 방직공장에 투입되어 '근로동원'이라는 이름 아래 육체노동을 강요받았다. 일제는 심지어 국민학교 학생들에게도 이러한 '근로동원'을 강요해서, 총독 고이소는 1943년 4월 도지사회의에서 국민학교 학생도 '근로동원' 할 것을 지시하였다.[106]

일제의 이러한 정책에 의해 1943년부터는 중등·고등교육기관의 학생들은 물론이고 국민학교 학생들까지도 공부는 하지 못하고 전쟁물자 생

105 辛珠柏,「일제의 教育政策과 學生의 勤勞動員(1943-1945)」,『歷史教育』 제78집, 2001 참조.

106 "금년은 기술한 바와 같이 전력을 다하여 식량증산을 필기(必期) 함에 있어 국민학교(國民學校) 이상 각종 학교의 학생 생도로 하여금 농업보국(農業報國)에 참가, 봉사시킬 방침을 취하고 있으니 (…) 한편으로는 증산(增産), 다른 한편으로는 연성(鍊成)의 효과를 올리도록 하라."『朝鮮總督府官報』, 1943년 4월 7일 자, p. 40; 鄭在哲,『日帝의 對韓國植民地教育政策史』, pp. 466-467.

산에 노동력으로 동원되었다.

4) 전문학교의 교육 정지 폐교와 전쟁 지원 군사체제화

일제는 1943년 10월 13일 '교육에 관한 전시비상조치 방책'을 만들어 전쟁 수행에 필요한 이공계 학교와 정원을 늘리고 인문·사회계 학교와 정원을 줄임과 동시에 한국인의 전문학교들에는 다음과 같은 탄압 조치를 자행하였다.

(1) 관립 전문학교인 '경성법학전문학교'와 '경성고등상업학교'는 모두 1944년도부터 학생 모집을 중지하고 새로 '경성경제전문학교'를 설립한다.
(2) 사립 전문학교인 '보성(普成)전문학교', '연희(延禧)전문학교' 및 '혜화(惠化)전문학교' 등 3개교는 1944년도부터 학생 모집을 중지하고, 새로이 '경성척식(拓植)경제전문학교' 및 '경성공업경영전문학교' 등의 2개교를 설립한다.
(3) '혜화전문학교'와 '명륜(明倫)전문학교'는 불교계 또는 유교계의 인재 양성을 목적으로 하는 교육기관이라는 실정을 감안하여 이에 수반된 선당적(禪堂的) 또는 학숙적(學塾的) 인재 양성기관을 별도로 구상한다.
(4) '숙명(淑明)여자전문학교'와 '이화(梨花)여자전문학교'는 '여자청년연성소(女子青年錬成所)'의 전임지도원 양성기관으로 개조한다.

일제의 이 정책에 따라 '명륜전문학교'는 1943년 9월 '명륜청년연성소(明倫青年錬成所)'로 전락하였다. 조선 왕조의 개창과 동시에 설립된 유구한 역사의 국립대학교 성균관(成均館)이 '명륜청년연성소'로 짓밟힌 것이었다. '이화여자전문학교'는 1943년 12월에 '이화여자전문학교 여자청년연성소 지도자 양성과'를 신설하게 되었다. '숙명여자전문학교'는 1944년 2월에 '숙명여자전문학교 여자청년연성소 지도자 양성과'를 신설하였다. 일제 정책에 따라 1944년 4월에 '보성전문학교'는 '경성척식경제전문학교'

로 개편당하였다. '연희전문학교'는 '경성공업경영전문학교'로 개편당하였다. '경성법학전문학교'와 '경성고등상업학교'는 합하여 '경성경제전문학교'로 교명과 체제가 개편당하였다. '혜화전문학교'와 '중앙보육학교'는 1944년 5월 강제로 폐쇄당하였다.[107]

일제는 '학도전시동원체제 확립요강'(1943. 6. 25.), '학도군사교육강화요강'(1944. 3. 18.), '학도동원비상조치요강'(1944. 3. 18.) 등을 제정함과 동시에 각급 학교와 전문학교·대학생까지 모든 학생들을 학문 수업은 버리고 군사교육과 근로에 총동원하면서 결전의 날에 대비하려고 전전긍긍하였다. 일제의 제3차 조선교육령과 제4차 조선교육령 시기(1938-1945)의 일제 식민지 교육은 '교육'이 아니라 일제 침략전쟁 수행을 위한 '인력 동원과 수탈'의 부문으로 전락해 버렸었다.

---

107 鄭在哲, 『日帝의 對韓國植民地教育政策史』, pp. 496-497 참조.

제9장(연속 제30장)

일제의 대륙침략 병참기지 확충과 군수산업

1. 일제의 대륙침략 병참기지 군수산업의 확충

일제는 만주 침략 이후 중일전쟁, 태평양전쟁 도발로 침략전쟁이 장기화되고 전선이 확대되자 조선의 대륙침략 병참기지를 확충하기 위해 일본 독점재벌들에게 일본 군부의 대륙침략전쟁 수행을 위해 조선에서의 일제의 군수산업 확충에 투자할 것을 종용하고, 막대한 식민지 초과이윤을 보장할 것을 약속하였다.[1] 이에 호응하여 신흥재벌 노구치(野口)와 기존재벌 미츠이(三井), 미츠비시(三菱), 닛산(日產), 닛데츠(日鐵), 동척(東拓) 기타 독점재벌들이 일본의 군수산업 설치에 투자하였다.

1942년까지 일본 군부의 요청에 호응하여 조선 병참기지에 투자한 군수공업 설비자본 투자액을 보면, [표 9-1]과 같이 일본 안에 본점을 둔 회사의 공업 투자 비중이 74.1%이고, 조선 안에 본점이 있는 자본 계통이 25.9%이다. 일본 안에 본점을 둔 회사 가운데는 노구치(野口)가 26.7%, 훨씬 떨어져서 다음이 닛산(日產)의 8.9%이고, 동척(東拓)[2]이 8.1%, 미츠

---

1 朝鮮殖產銀行調査部, 『殖銀調査月報』(1940. 6.), pp. 13-43 참조.

2 ① 김석준, 「동양척식주식회사의 사업전개 과정」, 『한국사회사연구회논문집』 제2집, 1986.

[표 9-1] 일본자본의 조선 내 군수공업 설비자본 투자액(1942)

본점	자본 제품	투자액(만 원)	총투자액에서의 비중(%)
일본 내	미츠이	8,600	3.0
	미츠비시	12,900	4.4
	스미토모	4,300	1.5
	일본질소	-	-
	노구치	77,400	26.7
	동척	23,650	8.1
	닛산	25,800	8.9
	가네부치방직	12,900	4.4
	대일본방직	4,300	1.5
	동양방직	4,300	1.5
	닛데츠	8,600	3.0
	기타 주요 산업자본	32,250	11.1
	소계	215,000	74.1
조선 내	특수회사(국가독점자본 기업체)	12,750	4.4
	조선식산은행	21,750	7.5
	기타 일본 개인 경영	36,000	12.4
	조선 사람 자본	4,500	1.6
	소계	75,000	25.9
총계		290,000	100

자료: 『日本人の海外活動に關する歷史的調査』, 통권 제11책, 조선편 제10분책.

비시(三菱)와 가네부치(鍾淵)가 각각 4.4%, 미츠이(三井)와 닛데츠(日鐵, 일본제철)가 각각 3.0%, 스미토모(住友)와 대일본방직과 동양방직이 각각 1.5%이다. 노구치 재벌의 가장 큰 비중을 확인할 수 있다. 조선 안에 본점을 둔 회사로서는 조선식산은행(朝鮮殖産銀行)이 7.5%, 일제의 특수회

② 신용하, 「동양척식주식회사의 대(對)한국 및 동북아시아 수탈경영」, 『한국근현대사회와 국제환경』, 나남, 2008 참조.

사가 4.4%, 기타 일본인 경영 회사들이 12.4%였다.

1942년 현재의 공업 설비자본 투자액을 민족별로 나누어 보면 일본인 자본이 98.4%이고, 한국인 자본은 겨우 1.6%로서, 일본자본이 거의 완벽히 독점했음을 알 수 있다. 이것은 군수공업의 통계이지만, 광산을 포함해도 마찬가지였다. 1931-1945년 조선에 설치된 '대륙침략 병참기지'로서의 군수산업은 일본 독점자본에 의해 직접 일본 경제에 직결된 것이었고, 조선 경제에는 주로 수탈을 수반한 것이었다.[3]

2. 일제의 통제경제정책과 책임생산제

일제는 대륙침략 군수공업단지를 조선 안에 설치하는 작업을 일본 독점자본에게 맡기면서, 이를 '시장경제'를 통해서가 아니라,[4] 일제의 직접적 '통제경제'정책을 통해서 실시하였다.[5] 일제는 일본 본토 내에서 1931년 8월 '중요산업통제법' 실시로 카르텔이 금지되어 폭리 획득에 제한을 받게 된 독점재벌에게, 조선에서의 대륙침략 병참기지 군수공업 설치에 투자하도록 끌어들이기 위해 조선총독부를 통해 조선에서 '식민지 초과이윤'의 폭리를 보장해 주기 위한 정책과 각종 법률·명령·규칙의 실시를 약속하였다.[6] 당시 일제는 조선에서는 일본 헌법을 적용하지 않고, 총독의 명령을 '제령(制令)'이라고 하여 총독의 전제적 파쇼통치를 자행하고 있었으므로, 조선에서는 총독의 명령으로 일본 독점재벌의 '식민지 초

3 신용하, 「일제의 식민지 공업정책과 한국사회경제, 1930-1945」, 신용하 외, 『식민지 근대화론에 대한 비판적 성찰』, 나남, 2009 참조.

4 『朝鮮總督府調査月報』(1941. 5.), pp. 1-15 및 『朝鮮總督府調査月報』(1941. 7.), pp. 47-60 참조.

5 김인호, 『태평양전쟁기 조선공업연구』, 신서원, 1998, pp. 37-157 참조.

6 「支那事變後に於ける朝鮮經濟の概況」, 『朝鮮經濟年報』(1939), pp. 381-398 참조.

과이윤'을 충분히 보장할 수 있었다.[7]

일제 총독부는 우선 군수공업단지 설치를 위한 한국인 토지를 일본 독점자본에게 극히 저렴한 가격으로 수용하도록 특혜를 주었다. 군수공업단지의 철도·도로·항만 등 사회간접자본 부설을 총독부가 재정적으로 지원하였다. 군수공업공장 설치에 필요한 자금 부족분에 대해서는 '임시자금조정법' 등 각종 법령과 규칙을 제정해 가면서 '보조금'을 지원하였다. 또한 군수공업을 중점 육성하기 위하여 '중점산업 금융지원'을 실행하였다. 군수산업 이외의 비군수산업과 조선인 중소기업에 대해서는 '기업정비'를 행정적으로 강제하다가, 1942년 아예 '기업정비령'을 제정 공포해서, 비군수공장을 군수공장화하고 민수용 조선인 중소기업을 폐쇄해 버렸다.[8]

노동력 측면에서도 일제는 자유로운 노동시장에서 노동력을 구입·공급한 것이 아니라, 총독부의 행정적 강제력에 의한 '알선'과 '강제동원'의 방법에 의거하였다. 노동자의 임금도 시장에서 형성된 것이 아니라, 행정적으로 '극히' 저렴하게 지정되었다. 예컨대 1941년 12월 조선토건협회의 전국 17개 공사장 조사 결과를 보면, 총사용인원 589만 9,834명 가운데서 '총독부 알선'이 212만 3,426명으로 46%에 달했고, 다음으로 보국대가 89만 449명으로 15%, 기타가 288만 5,959명으로 39%였다.[9]

일제는 군수산업 노동의 임금과 조건이 극히 열악하여 노동력 부족에 당면하자, 총독부가 직접 나서서 1939년 10월 '국민징용령'을 제정 공포하여 강제 징발된 노동력을 군수공장, 군수광산, 군수시설 등에 투입하였다.

---

7 이승일, 「조선총독부 공문서를 통해 본 식민지배의 양상」, 『사회와 역사』 제71집, 2006 참조.

8 김인호, 『식민지 조선경제의 종말』, 신서원, 2000, pp. 171-217 참조.

9 허수열, 「조선인 노동력의 강제동원의 실태」, 차기벽 편, 『일제의 한국 식민통치』, 정음사, 1985, p. 317 참조.

일제는 1939년 8월 '임금통제령'을 제정 발표하여 최저임금제로 조선인 노동자의 기아임금과 노동력 수탈을 법제화해서 일본 군수산업 재벌의 식민지 초과이윤을 더욱 튼튼히 보장하였다. 조선에 설치한 일제의 군수산업은 조선인 노동자 수탈로 확대된 것이었다. 1930년대 조선공업의 '생산액에 대한 임금비율(임금비중)'을 보면 1933년의 9.34%에서 1939년에는 4.3%로 급락하였다.[10] 일제의 조선인 노동자 수탈에 의한 식민지 초과이윤 증대와 공업의 생산액 증가를 바로 알 수 있다.

또한 일제는 식민지 초과이윤을 폭증시키기 위해 조선인 '유년 노동자'를 더욱 많이 투입하여 착취하였다. 1943년 6월 전체조선 노동자 가운데 15세 미만의 유년 노동자가 10.3%를 차지하고 있었으며, 그중에서도 일본인 소유 30인 이상 공장의 유년 노동자 비중은 남자 유년 노동자 12.1%, 여자 유년 노동자 50.8%, 합계 24.1%에 달하였다. 1931년을 기준으로 할 때 공장 노동자 수가 1943년까지 3.88배 증가한 것에 비하여, 유년 노동자 수는 무려 7.46배 증가하였다.[11] 일본 독점자본의 식민지 초과이윤 폭리가 조선인 노동자, 유년 노동자에 대한 가혹한 착취의 결과임을 알 수 있다.

일제는 일본 독점재벌이 조선에 설치한 군수공업을 위해 '원자재'가 비군수산업으로 공급되지 않도록 철저히 통제하였다. 일제는 1938년 9월 '수출입품 등 임시조치법'을 공포하여 철강 등 32개 품목을 군수산업(중점산업) 이외에 사용하는 것을 제한했으며,[12] 1939년 3월 이를 더욱 확대하여 군수공업에만 원자재가 특혜 공급되도록 하였다.[13]

일제는 그 이전부터 총독의 명령(제령)으로 운영해 오던 경제를

10 김인호, 『태평양전쟁기 조선공업연구』, p. 63 참조.

11 ① 곽건홍, 「1931-1945년 공장 유년노동자의 형성과 성격」, 『역사와 현실』 제20집, 1996, 표 31.
② 김인호, 『태평양전쟁기 조선공업연구』, pp. 242-243 참조.

12 『殖銀調査月報』(1939. 10.), pp. 33-46 참조.

13 김인호, 『식민지 조선경제의 종말』, pp. 335-368 참조.

1944년부터는 아예 '명령경제' 체제로 들어가 생산 부문에서 총독 명령에 의한 '군수공장 생산책임제'를 실시하였다. 민간 회사들에 대해서도 일제는 '군수회사법의 조선 및 대만 실시 건'(1944. 10.)을 적용하여, 철강·경금속·석탄·시멘트 등 27개 회사를 총독부가 접수해서 명령·관리하고, '군수회사 징용규칙'(1944. 12.)을 만들어 강제연행된 조선인 노동자를 투입해서 무상으로 사역하였다. 생산된 군수물자가 부족할 때에는 조선인들에게 '공출제도'를 실시해서 군수에 필요한 모든 물자를 강제로 빼앗아 갔다.

일제의 통제정책은 시장에서의 가격과 교환을 통한 자원의 합리적 배분을 추구하지 않았다.[14] 일제는 처음부터 '통제가격' 체제를 실시해서 처음에는 '지정가격제'를 시행하다가,[15] 그것이 어려워지자 단일단가제도의 '공정가격제'를 강행하였다.[16] 이때 책정된 '공정가격'은 조선 농민과 생산자의 생산비는 보상하지 않고 일본 군수산업 독점자본의 식민지 초과이윤만 충분히 보장하도록 책정되었다.[17] 일제의 이러한 통제가격제도 아래서 이중가격과 암거래가 성행하자, 일제는 '경제경찰', '경제판검사회의'라는 탄압 주체를 만들어 조선인들을 압박하였다.[18]

일제는 자원이 군수공업에 집중되어 생활필수품 생산이 부족하게 되자, 조선인의 내핍을 강요하면서 생활필수품 '배급증' 제도와 '배급통제제도'를 실시하였다.[19] 일제가 국민총력조선연맹 등 친일 어용단체를 통해 '배급증'을 발급하면, 배급증을 가진 조선인만이 배급조합이나 특약점

---

14 「事變と朝鮮に於ける市況及物價」, 『朝鮮經濟年報』(1939), pp. 409-419 참조.

15 『朝鮮總督府調査月報』(1941. 9.), pp. 1-17 및 『朝鮮總督府調査月報』(1941. 10.), pp. 9-25 참조.

16 『殖銀調査月報』(1943. 1.) 부록, pp. 1-34 참조.

17 『殖銀調査月報』(1940. 5.), pp. 17-88 참조.

18 김백영, 「제국의 스펙터클 효과와 식민지 대중의 도시경험」, 『사회와 역사』 제75집, 2007 참조.

19 『殖産調査月報』(1938. 6.), p. 23 참조.

(지정점)에 가서 생활필수품을 구입하는 제도였다.[20] 일본인은 각종 배급증을 충분히 받아 여유 있게 생활했으나 조선인은 친일파를 제외하고는 배급증을 거의 받지 못했으므로 생필품 부족과 기아선상에서 더욱 헤매게 되었다. 일제는 이러한 명령경제 체제와 통제경제 체제를 수많은 법령과 규칙을 제정 공포하면서 실시하였다. 그 법령 자체가 식민지 수탈과 탄압의 도구였고, 일제가 일방적으로 조선인을 노예처럼 부리기 위한 악법이었다.

그러므로 일제의 1930년대 이후의 소위 '공업화'는 시장경제를 통한 국민경제 순환·발전 속의 공업화가 아니라, 일본 제국주의 침략군의 대륙침략 병참기지를 조선 광산지대 부근에 설치하려는 '통제경제', '명령경제'를 통한 군수공업단지 설치에 불과했음에 주목할 필요가 있다.[21] 일제 대륙침략 병참기지의 군수공업은 일반 시장경제의 '공업화'와는 전혀 판이한 것이기 때문에, 이것을 갖고 당시 조선 사회의 '공업화'·'산업혁명'·'경제개발'·'근대화'를 운운하는 것은 당시의 역사 실제와는 전혀 다른 황당무계한 것이다. 당시 일제 군부나 어용학자까지 그 누구도 이 대륙침략 병참기지 설치를 놓고 '공업화'·'산업혁명'·'경제개발'·'근대화'라고는 감히 말하지 않았었다. 일제는 일본군의 대륙침략을 위한 군수물자 생산·공급기지를 '통제'와 '명령'으로 당시 조선에 만들었던 것이다.

20 「事變と朝鮮に於ける市況及物價」, 『朝鮮經濟年報』(1939), pp. 420-433 참조.

21 김윤미, 『중일전쟁과 한반도 병참기지화』, 역사공간, 2021 참조.

3. 광산자원의 대량 약탈

1) 금의 증산과 약탈

일제는 만주 침략 개시 후 세계 각국으로부터 군수품 수입이 급증함에 따라 국제화폐의 기능을 하는 국제적 지불수단인 금을 조선에서 획득하고자 했다. 이를 위해 총독 우가키가 1931년 부임 직후 '산금증산 5개년 계획'을 발표하고, 그 실행을 채찍질하고자 1932년 8월 '금채광 장려금 교부규칙'을 공포하여 금의 증산과 대대적 약탈을 자행한 사실은 앞에서 본 바와 같다.[22]

일제는 1937년 7월 중일전쟁을 도발함과 동시에 조선 금의 약탈을 강화하기 위해 1937년 9월 '조선산금령'을 공포하였다. 그 내용은 총독이 조선 금광의 생산을 명령하고 소비를 통제한다는 것이었다.[23] 즉 조선총독은 금의 증산을 위해 필요하다고 인정될 때에는 금 제련업자에게 제련설비의 확장·개량·공용 및 기타 필요한 사항을 명령할 수 있으며(제6조), 금광업자에게 탐광·채굴 또는 선광에 드는 설비의 신설·확장·개량·공용 및 기타 필요한 사항을 명령할 수 있게 하였다(제8조).[24] 또한 이 명령은 조선총독이 조선은행과 특정 금 제련업자에게 새 산금의 강제 매입에 의거한 금 집중, 산금사업의 관리와 조성, 미개발 금광의 강제 개발, 산금장려금 교부, 민간의 금 소비 통제를 명령할 수 있도록 규정하였다.

또한 이 '조선산금령'은 일제 조선총독부가 위의 명령을 이행하지 않는 금광업자에 대해 그 광업권을 조선총독이 지정한 자에게 양도하도록 명령할 수 있게 하여 광업권을 조선총독이 빼앗는 약탈적 통제권까지도

---

22 『朝鮮總督府調査月報』(1937. 9.), pp. 1-24 참조.

23 『殖銀調査月報』(1938. 12.), pp. 1-47 참조.

24 『朝鮮法令輯覽』 제17집, 1940, pp. 272-273 참조.

[표 9-2] 조선 산금량과 산금액(1937-1945)

연도	수량(kg)	액수(천 원)	일본 산금량(kg)
1937	19,813	73,308	23,010
1938	24,227	92,713	24,667
1939	25,759	99,175	25,926
1940	22,060	94,932	26,958
1941	21,487	82,727	25,000
1942	15,241	92,889	22,870
1943	5,342	58,677	12,089
1944	598	2,566	7,626
1945	-	2,302	2,627

자료: 朝鮮銀行調査部, 『朝鮮經濟年報』(1948).

설정하였다.[25]

일제는 또한 1938년 5월에는 국책회사로서 '일본산금진흥주식회사'를 설립하고 조선 지점을 서울에 두었다가, 1939년 7월에는 그 자회사로서 국책회사인 '조선금산개발주식회사'를 설립하여 조선의 금 증산을 담당하도록 하였다. 이들은 모두 일본 정부가 출자한 국책회사로서 납입 주식의 5배까지 산금장려채를 발행할 수 있는 특권을 부여하였다. 조선총독부는 거액의 예산을 편성하여 장려금과 보조금을 조성하였다.

일제의 이러한 산금정책으로 1937년 이후에 조선 산금의 수량과 액수는 [표 9-2]와 같이 상당 기간 증가하였다.

국제화폐의 기능을 하는 국제 지불수단인 금을 조선에서 채굴하여 약탈한 일제의 산금정책은 자유시장경제에 의거한 것이 아니었고, 조선인과 일본인 금광업자의 자유경쟁에 의거한 것도 아니었다. 그것은 일제가 처음부터 조선에서 금을 채굴해 약탈할 동기에서 계획을 세우고, 조선총독부의 보조금을 받아 일본자본이 이를 담당해서 채굴·증산하는 과정에

25 「朝鮮産金令」 제9조, 『朝鮮法令輯覽』 제17집, p. 272 참조.

서 막대한 식민지 초과이윤을 얻도록 보장·보조하고, 그 생산물을 일제가 모두 본국으로 약탈해 간 것이었다.

산금정책의 동기가 약탈이었고, 그 생산과정에서 조선인 노동자의 기아임금 및 조선인이 부담한 총독부 조세수입의 보조금으로 식민지 초과이윤을 수탈한 증산이며, 생산의 결과물인 산금을 모두 일본으로 약탈해 갔다는 사실에서 이것은 '개발'이 아니라 명백한 '수탈'인 것이다.

2) 군수용 광산자원의 약탈

(1) 주요 광물 증산

일제는 조선을 식민지로 강점한 직후부터 광산자원 약탈을 자행하다가 1937년 중일전쟁으로 군수공업용 광물원료의 수요가 폭증하자 1938년 5월 '조선중요광물증산령'을 공표하여 군수용 광산자원 약탈을 대폭 강화하였다.[26] 일제가 군수산업상 특히 중요하다고 규정한 중요 광물은 다음과 같은 금광·은광·동광·연(鉛)광·석(錫)광·안티몬광·수은광·아연광·선철·유화철광·망간광·크롬철광·망간광·텅스텐광·수연(水鉛)광·니켈광·코발트광·흑연·석탄·운모·명반석·중정석(重晶石)·형석·마그네사이트·사금 및 사철(砂鐵) 등 26종이었다.[27] 일제는 이러한 군수용 26종 광산에 조선총독부가 지불하는 각종 보조금과 특권을 제공하면서 일본 독점자본을 투입하여 광산자원을 조사·채굴·약탈해 갔다.[28]

일제는 이와 동시에 조선인 광산노동자를 희생하여 식민지 초과이윤

26 「朝鮮に於ける鑛業」, 『朝鮮經濟年報』(1939) 참조.

27 『殖銀調査月報』(1944. 7.), pp. 1-14 및 『殖銀調査月報』(1944. 8.), pp. 1-10 및 『殖銀調査月報』(1944. 9.), pp. 31-47 참조.

28 『朝鮮總督府調査月報』(1940. 8.), pp. 1-23 및 『朝鮮總督府調査月報』(1941. 1.), pp. 1-11 및 『朝鮮總督府調査月報』(1941. 4.), pp. 14-24 참조.

을 보장할 목적으로 1938년 '조선광업 경찰규칙'과 '조선광부 노무부조규칙'을 제정 공포하였다. 이것은 위의 중요 광물 채굴에 조선인을 광산노동자로 강제동원하여 극히 낮은 임금을 지불하거나, 필요하면 국책상 무상으로 묶어 둘 목적으로 제정된 것이었다.

또한 일제는 침략전쟁의 확대로 군수물자가 부족하자 1944년 '조선군수생산책임제'(4월)와 '군수회사법'(10월)을 공포하여 광산과 공장에서 일제가 지정 요구하는 수량을 책임 생산하도록 강제하였다.

(2) 철광 증산

철광은 한국에서 매우 오래된 광산인데, 이를 군수산업으로 중시한 일제는 독점해서 집중적으로 채굴해 일본에 반출하였다. 일본은 종래 말레이시아, 필리핀, 중국 등으로부터 해오던 철광석 수입이 어려워지자, 조선의 철광 채굴 및 반출을 강화하였다. 특히 1930년대 후반 무산철광이 발견되자 미츠비시 등 일본 독점재벌을 동원하여 이를 독점하고 철광의 채굴과 반출에 광분하였다.[29]

1935년 이후 철광 생산량은 1935년에 59만 8,000톤, 1936년에 62만 8,000톤, 1937년에 59만 3,000톤, 1938년에 89만 9,000톤, 1939년에 101만 7,000톤, 1940년에 125만 8,000톤, 1941년에 136만 톤, 1942년에 226만 4,000톤, 1943년에 236만 4,000톤, 1944년에 333만 1,000톤에 달하였다.[30] 일제는 다급해지자 1944년의 철광 생산 책임량을 478만 5,000톤으로, 1945년의 생산 목표량을 550만 톤으로 1943년의 2-3배로 계획해 약탈에 광분하다가 패망하였다.

일제는 철광산 부근의 항구에 제련소를 설치한 뒤 이렇게 채굴한 철

29 「朝鮮に於ける鑛業」, 『朝鮮經濟年報』(1940), pp. 215-217 참조.

30 『日本人海外活動に關する歷史的調查』, 통권 제6책, 조선편 제5분책, p. 84 참조.

광을 선철(銑鐵) 형태로 제련해서 일본으로 반출하였다.

일제의 통계에 의하면, 일제강점기에 철광 투자액은 총 약 7억 원이었는데, 민족별로는 일본인 자본이 99.6%였고, 조선인 자본은 약 0.4%였다.[31] 일제가 철광을 완전히 독점하여 채굴해서 일본으로 약탈해 간 것을 알 수 있다.

(3) 석탄 증산

석탄과 무연탄은 주로 일제의 군수용으로, 유연탄은 국내용으로 채굴되었다.[32]

일제는 1940년까지는 무연탄 채굴량의 약 50% 이상을 조선에서 일본으로 반출하다가 태평양전쟁으로 수송선박이 부족해지면서 1941년 이후 감소한 것이라고 설명하였다([표 9-3] 참조). 그러나 이뿐 아니라 대륙침

[표 9-3] 무연탄의 생산량과 일본으로의 반출량 및 반출비율(1935-1944)

연도	생산량(천 톤)	일본으로의 반출량(천 톤)	총생산량 중 일본으로의 반출비율(%)
1935	1,790,330	608,000	34.0
1936	1,051,853	638,000	60.6
1937	1,113,330	592,000	53.2
1938	1,723,290	943,000	54.7
1939	2,072,944	899,000	43.4
1940	2,609,037	1,444,000	55.3
1941	3,108,619	1,095,000	36.3
1942	3,898,285	833,000	21.4
1943	4,159,000	782,000	18.8
1944	4,500,000	248,000	5.5

자료: 『日本人海外活動に關する歷史的調査』, 통권 제6책, 조선편 제5분책에서 작성.

31 『日本人海外活動に關する歷史的調査』, 통권 제6책, 조선편 제5분책, p. 86 참조.

32 김은정, 「일제의 조선 석탄자원 지배방식」, 『백범과 민족운동 연구』 제6집, 2008 참조.

략 병참기지 설치와 관련하여 조선 내 일본 군수공업의 수요 격증도 동시에 관련되어 있었다.

유연탄은 함경북도에서 총생산량의 90% 이상이 채굴되고, 다음이 황해도 사리원과 평안남도 안주에서 채굴되었다. 함경북도 경흥의 아오지 탄광은 조선인 노무자를 탄광에 투입하여 노예노동을 강제한 대표적인 유연탄 탄광이었다.[33] 유연탄 생산량은 1935년에 91만 9,823톤, 1936년에 123만 140톤, 1937년에 131만 8,075톤, 1938년에 169만 6,061톤, 1939년에 190만 4,829톤, 1940년에 258만 7,765톤, 1941년에 263만 8,344톤, 1942년에 295만 8,409톤, 1943년에 243만 2,000톤, 1944년에 250만톤이었다.[34] 유연탄은 무연탄과는 달리 조선 내 일본 군수공업의 에너지 자원으로 모두 약탈 투입되었다.

조선은행 조사부가 조사한 일제강점기 말기 일본으로의 조선 광산물 총반출량의 일부를 보면 [표 9-4]와 같다.

[표 9-4] 일제강점기 말기의 광산물 반출량 (단위: 톤)

시기	광산물	총반출량	태평양전쟁 전후 시기 생산량
1934-1944년	철광	7,932,197	7,594,436
1936-1944년	흑연	817,259	695,070
1940-1944년	아연	91,621	50,337
1936-1945년	중석	11,145	39,898
1936-1944년	중정석	156,540	116,907
1936-1944년	명반석	661,760	487,263
1940-1944년	형석	211,204	241,220
1939-1944년	마그네사이트	554,357	591,172
1941-1944년	운모	1,887	2,003

자료: 朝鮮銀行調査部, 『朝鮮經濟年報』(1948).

33 『朝鮮總督府調査月報』(1944. 8-9.), pp. 46-56 참조.

34 『日本人海外活動に關する歷史的調査』, 통권 제6책, 조선편 제5분책, p. 93 참조.

(4) 희귀광물 채굴 약탈

일본 내에서 생산되지 않는 희귀광물이 조선 안에 다수 부존해 있으므로 일제는 군수용 희귀광물을 중심으로 채굴하여 모두 약탈해 갔다.[35] 조선 희귀광물로서 1943년도 일본 총생산량에서 높은 비중을 가져 약탈당한 광물과 그 비율을 보면 [표 9-5]와 같다.

일제의 조선 희귀광물 채굴·생산은 자본주의 시장경제의 원리에 따라 실행된 것이 아니라 일제의 식민지정책에 따라 조선총독의 명령에 의해 강제로 책임 생산되어 약탈해 간 것이었다. 일제는 1938년 5월 '조선중요광물증산령'을 공표하여 군수 중요광물에 대한 '증산'을 명령했으며,[36] 1944년 9월부터는 광산 사업장별로 '생산책임량'을 지시하여 그 강제 집행을 명령하고, 이 수행에 필요한 노무·식량·자재·수송 등의 총독부 지원을 강화하였다.

[표 9-5] 광산자원 조선의존율(1943) (단위: %)

광물	일본 총생산량 중 조선에 의존하는 비율	전년도 기대량에 대한 실적 비율
흑연	100	94
운모	100	65
코발트광	100	39
형석	91	96
텅스텐광	84	104
몰리브덴광	67	110
석면	62	91
납	52	85
납광석	51	84

자료: 朝鮮銀行調查部, 『大戰下の半島經濟』(1944).

35 「朝鮮に於ける鑛業」, 『朝鮮經濟年報』(1940), pp. 220-225 참조.

36 『殖銀調查月報』(1938. 6.), pp. 19-20 참조.

일제는 1944년 4월부터는 일본 육군과 해군의 지원 아래 일제 총독부, 각 도, 국민총력조선연맹, 조선광산연맹, 각도광산연맹의 주최 아래 '중요광물 생산책임완수 총궐기운동'을 전개하고 중앙·각 지방·광산 현장별로 총궐기위원회를 조직해, 노예노동에 시달리는 조선인 광산노동자의 노동 강화를 강제하고 저항을 탄압하였다.[37]

3) 민족별 광산회사와 조선인 광업노동자

물론 일제강점기에 조선인 자본가들도 광산채굴에 투자하고자 하였다. 이것은 [표 9-6]에서 볼 수 있는 바와 같이 조선인의 광산 설립 출원 건수와 비율을 통해서 확인할 수 있다. 그러나 일제 총독부는 광산에 대해 '허가제'를 고수해서, 조선인 자본가의 진출을 탄압하고, 일본 독점자본에게는 각종 특혜를 주면서 불러들여 광산자원을 채굴·약탈케 하였다.

그 결과 실제 조선인과 일본인의 투자에 의한 광산물 생산가액은 [표 9-7]에서 볼 수 있는 바와 같이 1941년에 일본인이 96.2%를 차지해 독

[표 9-6] 민족별 광산회사 출원표

연도	일본인		조선인		기타 외국인		합계	
	건수	비율(%)	건수	비율(%)	건수	비율(%)	건수	비율(%)
1910	436	42	560	54	35	4	1,031	100
1915	381	47	403	49	30	4	814	100
1920	1,086	96	46	4	-	-	1,132	100
1925	644	66	328	34	-	-	972	100
1930	765	55	627	45	-	-	1,392	100
1935	2,525	25	7,628	75	-	-	10,153	100
1938	4,730	30	10,991	70	-	-	15,721	100
1941	불명	불명	불명	불명	-	-	7,086	100

자료: 『日本人海外活動に關する歷史的調査』, 통권 제6책, 조선편 제5분책.

37 박경식, 『일본제국주의의 조선 지배』, 청아출판사, 1986, p. 431 참조.

[표 9-7] 민족별 광산 가액표

연도	일본인		조선인		기타 외국인		합계	1910년 지수
	금액 (천 원)	비율 (%)	금액 (천 원)	비율 (%)	금액 (천 원)	비율 (%)	금액 (천 원)	
1910	1,968	32.5	331	5.4	3,768	62.1	6,067	100
1915	2,820	26.8	384	3.7	7,311	69.5	10,515	173
1920	19,388	80.0	89	0.3	4,777	19.7	24,254	398
1925	15,619	74.8	1,869	9.0	3,388	16.2	20,876	344
1930	18,547	76.7	2,112	8.8	3,501	14.5	24,160	398
1935	68,892	80.5	11,438	13.4	5,249	6.1	85,579	1,411
1938	173,555	85.9	22,303	11.0	6,155	3.1	202,013	3,330
1941	395,060	96.2	15,660	3.8	-	-	410,720	6,770

자료: 『日本人海外活動に關する歷史的調査』, 통권 제6책, 조선편 제5분책.

점한 반면에 조선인은 3.8%를 차지한 데 불과하였다.

일제의 광산 채굴에 투입된 조선인 노동자의 실태는 참으로 비참하였다. [표 9-8]에서 볼 수 있듯이 한국인 광산노동자 수는 1933년에 8만 4,701명, 1935년에 14만 2,039명, 1938년에 22만 3,790명이었다. 한국인 광산노동자들의 노동임금은 [표 9-9]에서 보는 바와 같이 일본인 광산노동자들 임금의 약 3분의 1밖에 되지 못했으며, 최저로는 한국인 성인 노동자가 일본인 유소년 노동자의 3분의 1밖에 받지 못하였다. 이러한 민족차별 광산노동자 임금만 가지고도 일제의 광산에 투자한 독점자본은 막대한 식민지 초과이윤을 착취하였다.

조선인 광산노동자의 노동시간을 보면, 1931년의 광산 213개소 조사에서, 8시간 이내가 1.9%, 8-9시간이 9.9%, 9-10시간이 6.6%, 10-11시간이 21.1%, 11-12시간이 26.2%, 12시간 이상이 34.3%였고, 휴일이 없는 곳이 44.1%나 되었다.[38]

---

38 姬野實 編, 『朝鮮經濟圖表』, 1940; 박경식, 『일본제국주의의 조선 지배』, p. 485 참조.

[표 9-8] 조선인 노동자 수 증가 추세 (단위: 명)

연도	공장노동자	광산노동자	토목·건축노동자	계
1933	108,816	84,701	53,588	247,105
1935	153,546	142,039	83,215	378,800
1937	189,274	166,568	161,499	517,341
1938	272,693	223,790	193,237	689,720

자료: 細川嘉六, 『殖民史』, 1941.

[표 9-9] 1931년 광산노동자 임금 (단위: 원)

임금 수준	조선인				일본인			
	성년공		유년공		성년공		유년공	
	남	녀	남	녀	남	녀	남	녀
보통	0.54	0.29	0.33	0.23	1.64	0.57	0.40	-
최고	3.00	0.75	1.00	0.40	5.00	1.65	0.40	-
최저	0.15	0.13	0.13	0.07	0.31	0.31	0.40	-

주: 1일 평균 임금.
자료: 姬野實 編, 『朝鮮經濟圖表』, 1940.

광산의 노동조건이 매우 열악하고 생명의 위험이 높기 때문에 조선인 광산노동자들은 기회만 있으면 공장노동자나 토목·건축노동자로 전환하고 싶어 하였다. 일제는 부족한 광산노동력을 보충하면서 일본 독점재벌의 식민지 초과이윤을 극대화하기 위하여 1939년부터 '징용제'를 광산노동에 가장 많이 적용하였다. 일제는 1939년 '국민징용령'에 의하여 강제징발한 조선인 노동자들을 일제의 광산에 투입하여 매우 값싸고 극단적인 노예임금을 주거나 아예 무보수로 사역하였다. 조선인 노동자들에 대한 이러한 수탈과 착취로 일본 독점자본의 식민지 초과이윤은 더욱더 극대화되었다.

그뿐만 아니라 일본인의 광산에서는 이것을 '군용' 광산산업이라 하여 조선인 노동자의 이직이나 탈출을 엄금하였다. 조선인 광산노동자의 숙소는 철조망이 둘러쳐지고 일본군이나 일본 헌병 또는 일제 경찰관들에 의해 탈출을 막기 위한 경비가 세워졌다. 일제 광산에 투입된 조선인 노동자들은 노동력 재생산에 필요한 생존 유지의 음식만 공급받으면서 하루 12-13시간 강제노역에 혹사당하였다. 병들면 치료도 제대로 받지 못하고 버려졌다. 탈출을 시도하다 실패하면 가혹한 처벌을 받았다. 조선인 노동자들은 일제의 광산에서 굶주림에 시달리면서 생명의 위협을 직접적으로 받으며, 노동의 자유도 전혀 없이 이렇게 완전한 '노예노동'을 강요당하고 처참하게 수탈당하였다.[39] 당시 조선인들 사이에 '아오지 탄광에 끌려갔다'는 말은 노예노동에 끌려가서 죽어야 나온다는 의미로 사용되었다.

4. 전력 생산과 철도 부설

1) 전력 생산

일제가 흥남·함흥지역에 대륙침략 군수공업단지를 설치하기 위해서는 광물자원 채굴과 군수공장 설립에 절대적으로 필요한 동력인 전력(電力)의 확보가 선결문제였다.[40] 일제는 이에 장진강과 부전강에 댐을 막아 수력발전을 추진하였다. 일본 군부의 앞잡이 역할을 한 신흥재벌 노구치(野口)가 1926년 1월 부전강 유역의 수력발전을 목적으로 '조선수력전기주식회사'를 설립하고, 1930년에는 부전강발전소(20만 kW 능력)가 완공되었다. 이어서 1930년대에 장진강발전소(32만 6,500kW 능력), 허천강발전소(33만 8,800kW 능력), 부령강발전소(2만 8,000kW 능력)가 완공되어 송전

---

39 곽건홍, 『일제의 노동정책과 조선노동자: 1938-1945』, 신서원, 2001, pp. 191-225 참조.

40 「朝鮮に於ける電氣及瓦斯事業」, 『朝鮮經濟年報』(1939), pp. 232-250 참조.

[표 9-10] 전국 발전능력·발전량 조사표(1931-1944)

연도	발전능력(kW)	발전량(kWh)
1931	232,518	167,926
1932	249,596	189,014
1933	292,417	206,347
1934	309,604	1,444,055
1935	430,076	2,082,512
1936	524,684	2,339,442
1937	668,206	2,697,747
1938	680,432	2,959,810
1939	669,075	3,845,861
1940	986,884	4,860,164
1941	997,678	5,691,759
1942	1,240,038	5,691,759
1943	-	-
1944	-	5,761,356

자료: 朝鮮銀行調査部, 『朝鮮經濟年報』(1948).

을 시작하였다.[41] 그 후 함남수력, 압록강수력(수풍), 동양합동(청천강), 금강산수력, 한강수력(청평 등), 운암수력, 보성수력, 울릉도수력, 제주도수력 등이 이어서 설립되었다. 그 결과 전국의 발전능력은 1937년에는 66만 8,206 kW로, 1942년에는 124만 38 kW로 증가하였다. 1931-1944년의 발전능력은 [표 9-10]과 같다.

이렇게 증가한 발전능력은 조선인의 민수용이나 시장경제를 통한 민간공업용으로 공급된 것이 아니라, 전적으로 일본군의 군수공업용으로 공급되었다. 이 점은 몇 가지 사실에서 거듭 확인된다. 우선 [표 9-11]을 보면 1942년의 경우 이 발전력의 58%가 일제 군수공업용으로 설치된 흥남지구의 화학공업에 사용되었고, 10%가 광업에, 8%가 금속공업에 사용되었다. 그 밖의 공업부문 사용량은 극히 미미하였다. 조선인이 다수인

41 「朝鮮に於ける電氣及瓦斯事業」, 『朝鮮經濟年報』(1940), pp. 288-296 참조.

[표 9-11] 업종별 전력소비 비율(1942) (단위: %)

업종	전력소비 비율
방적공업	2
금속공업	8
기계기구공업	3
요업	1
화학공업	58
제재 및 목제품 공업	2
인쇄 및 제본업	1
식료품공업	7
잡공업	1
소계	83
광업	10
농업 및 수산업	1

자료: 朝鮮銀行調査部, 『朝鮮經濟年報』(1948).

농업 및 수산업의 전력소비 비율은 단 1%에 불과하였다. 1942년의 경우 일본 군부의 앞잡이 재벌인 노구치 한 개 계열의 군수공업이 사용한 전력이 전체의 58.5%에 달하였다.[42]

이것을 다시 1941-1944년의 용도별 배전량을 보면 [표 9-12]에서 볼 수 있는 바와 같이, 1941년의 경우 총 배전량의 61.2%를 사용한 노구치 계통의 흥남지구 군수공업을 비롯하여 전력의 대부분은 그 밖의 군수공업에 배전했음을 알 수 있다. 발전량의 증가에도 불구하고 1944년까지도 '자가용' 배전량은 미미하여 '손실'까지 포함한 '자가용 및 손실'은 1944년의 경우 10.3%에 불과하였다. 실제로 자가용 배전은 1944년까지 일본인 거류민이 사는 도시에까지만 한정했으며, 조선 농촌은 배전에서 제외되어 전등을 켜지 못하고 석유 호롱불에 의존하였다. 일제의 조선 내 전력 생산은 거의 전적으로 군수산업용이었던 것이다.

또한 이것은 당시의 발전시설이 일제의 군수공업이 배치된 북한에만

42 최윤규, 『근현대 조선경제사』, 갈무지, 1988, p. 378 참조.

[표 9-12] 용도별 배전량 비율(1941-1944) (단위: %)

연도	배전	제철제강	경금속	화학	노구치 계통 흥남지구	자가 및 손실	계
1941	25.4	3.4	0.3	3.2	61.2	6.5	100
1942	26.5	3.9	2.0	3.0	58.5	6.1	100
1943	25.2	4.7	6.1	4.1	52.3	7.6	100
1944	24.1	5.9	9.0	5.1	45.6	10.3	100

자료: 최윤규,『근현대 조선경제사』.

치우쳐 설치된 사실에서도 확인된다. 일제가 설치한 발전시설의 96.4%가 북한(38선 이북)지역에 설치되어 있었으며, 오직 3.6%만이 남한지역에 배치되어 있었다.

침략전쟁의 확대에 따라 그래도 전력이 부족하게 되자, 일제는 1943년 '조선전력관리령'을 제정 공포하여, 일제 총독부가 총독부 재정자금에서 전력생산에 보조금을 지급함과 동시에 조선인 민수공장으로의 전력공급을 제한하고 군수공업에 우선적으로 전력을 공급하도록 규제하였다.[43]

전력생산의 증가는 조선사회·경제가 아니라 전적으로 일제의 대륙침략 병참기지 군수산업에 종속된 것이었다.[44] 발전량의 증가는 조선인과 민간 산업경제의 발전 증가에 연결된 것이 아니라 일본군 군수산업과 침략의 팽창에 직접 연결된 것이었다.

그러나 주목할 것은 일본 독점자본의 군수공업용 발전시설 설치에 투입된 노동력은 강제 동원된 조선 노동자였다는 사실이다. 조선 노동자들은 일제 총독부의 명령으로 반노예적 기아임금을 받으며 산업재해 위험이 높은 발전소 댐 건설에 동원되었다.

예컨대 노구치 재벌의 부전강 댐 공사를 보면, 신흥군 동상면 원풍리의 약 2,000정보의 토지가 수몰당하게 되자 농민들은 터무니없는 가격(평

43 堀和生,「植民地朝鮮の電力業と統制政策: 1930年代以後を中心に」,『日本史研究』 제265집, 1984 참조.

44 「京仁工業地帯と電力」,『朝鮮經濟年報』(1941·1942), pp. 271-302 참조.

당 2-3전)으로 토지를 수용당하고, 민족차별적 노예임금(1일에 30전)으로 다른 조선인 노동자들과 함께 댐 공사에 동원되었다. 당시는 기계력 없이 인력으로 댐 공사를 했으므로 수갱 공사는 산업재해 위험률이 매우 높았다. 1927년 수로 제1터널 공사에서 갱도가 무너져 약 350명이 한꺼번에 사망했는데 노구치 재벌은 노동자의 희생은 무시하고 공사의 성공만을 운운하였다. 제3터널 수갱 공사에서 승강기가 떨어져 약 200명이 압사당하기도 하였다. 또한 제4호 수갱에서는 전기 발파로 120명이 사망하였다. 노구치는 이 공사 때문에 사망신고 용지를 수만 매 인쇄해 가지고 다녔다고 한다. 당시의 공사는 원시적인데 더해 중노동이어서 공사 도중에 사고로 콘크리트 속에 떨어져 그대로 매장된 사람도 많았다. 공사가 끝난 뒤 수로 터널의 개통식과 강색(鋼索)철도의 시운전에서도 조선인 노동자 수십 명이 희생되었다. 당시 부전강 댐 공사에서의 조선인 노동자 사망자는 4,000명을 넘었고, 그 밖에 많은 부상자를 내었다고 보도되었다.[45]

노구치 재벌의 장진강 수력발전소 댐 공사에서도 조선인 노동자의 희생은 참혹하였다. 장진강 수력발전소 댐 공사로 1930-1937년에 걸쳐 조선 농민 약 6만 명, 7,000호가 가옥과 토지를 극히 저렴하게 수용당하고, 다른 노동자들과 함께 댐 공사의 노동자로 투입되었다. 장진강 댐 공사는 난공사여서 조선인 노동자들은 하루 평균 12-14시간씩 사역당하였다. 안전시설이 거의 없었기에 이 노동과정에서 매일 수십 명의 재난 사상자가 발생하였다. 1930년부터 1937년까지 4개 수갱 공사에 조선인 노동자 5,000-6,000명의 사상자가 발생하였다. 이 경우 일제 정책에 따라 회사와 일본 의사가 결탁하여 사고사라고 흐지부지 장사 지내 버리는 경우가 많았다.[46]

45 박경식, 『일본제국주의의 조선 지배』, pp. 485-488 참조.

46 박경식, 『일본제국주의의 조선 지배』, pp. 488-489 참조.

2) 철도 부설

일제는 구한말 때부터 1945년 8·15 광복까지 철도 부설권을 독점·장악하여 한국 침략의 도구로 활동하였다. 원래 제국주의 시대에 철도는 큰 수익을 내면서도 철도 소유국에게 식민지 침략 획득의 기반을 닦아 주기 때문에 열강은 후진 지역에서 이권(利權, concession)으로서의 철도 부설권 침탈에 열중했었다.[47]

일제는 한국 침략의 이권 도구로 1899년 경부선 부설을 시작했고, 러일전쟁 군사용으로 1904년 경의선 부설을 시작했었다. 일제는 한국을 완전 식민지로 강점하자, 한국 지배와 원료·식량의 일본 수송을 위해 호남선, 경원선, 함경선을 부설하였다.[48] 또한 조선에 대륙침략 병참기지를 설치하게 되자 대륙침략 군수용 철도의 부설을 공공연히 추진하였다.[49]

일제는 간선철도인 경부선과 경의선은 ① 일본 → 대한해협 → 부산 → 서울 → 신의주 → 안동 → 봉천을 연결해서 일본 → 황해 → 대련 → 만주를 연결시키고, ② 일본 → 황해 → 대련 → 만주철도 본선에 연결시키는 루트 이외에, ③ 일본 관동군 사령부의 요청에 응해 제3의 루트로서 '북선(北鮮) 루트'를 만들어 대륙침략의 수송로를 만들려고 하였다. 그리하여 1933년에 함경북도 회령(會寧)과 만주 길림(吉林)을 연결하는 길회선(吉會線)을 부설하고, 함경북도 남양과 만주 도문(圖們)을 연결하는 '도문강교'를 설치하여, 일본 → 동해 → 나진·청진·웅기(北鮮 3항) → 함경선·도문선 → 길회선을 연결하는 '북선철도'를 완성하였다. 일제는 관동군 사령부의 요청에 따라 1933년 10월 '북선철도'를 만철(남만철도주식

47 김백영, 「철도제국주의와 관광식민주의: 제국 일본의 식민지 철도관광에 대한 이론적 검토」, 『사회와 역사』 제102집, 2014 참조.

48 「朝鮮に於ける陸上運輸」, 『朝鮮經濟年報』(1939), pp. 251-275 참조.

49 양지혜 외 편역, 『식민지 산업기반 침탈(1): 조선 철도 정책의 수립과 운영』, 동북아역사재단, 2021, pp. 339-678 참조.

[표 9-13] 주요 철도의 개황

선로명	건설 기간	운행 길이(지선 포함, km)
① 경부	1899-1905	580
② 경의	1904-1906	706
③ 호남	1910-1914	286
④ 경원	1910-1914	226
⑤ 함경	1914-1928	792
⑥ 도문	1927-1933	162
⑦ 전라	1929-1936	199
⑧ 혜산	1931-1937	142
⑨ 만포	1931-1939	342
⑩ 평원	1936-1941	213
⑪ 중앙	1936-1942	383

자료: 정재정, 『일제침략과 한국철도: 1892-1945』.

회사)에 위탁 경영케 하였다. 그리하여 함경선 중에서 수성-회령, 도문선(회령-웅기), 청진선 회령탄광선 등 329km의 철도를 만철의 위탁 경영에 넘기었다. 1945년 일제 패망 때까지 북선철도는 관동군 사령부의 지휘를 받으며 만철이 경영하였다. 이와 함께 나진·청진·웅기의 '북선 3항'도 1936년부터 1945년 해방 때까지 만철이 무료로 관리하였다.[50]

일제는 경부선·경의선이 함포 사격권 안에 든다는 이유로 대안으로서 '대륙침략 제2수송 기간선' 설치를 일본 군부가 요구하자, 1942년에 함포의 사정거리에서 벗어나는 청량리 → 양평 → 원주 → 제천 → 단양 → 영주 → 안동 → 의성 → 영천의 '중앙선'을 부설하였다.[51]

일제는 이와 같이 대륙침략 군사·군수용 철도를 한반도에서 X자 남북 종단선으로 부설하고, 조선 국내의 동서간의 단선은 사설(私設) 철도

50 『日本人の海外活動に關する歷史的調査』, 통권 제9책, 조선편 제8분책, pp. 1-56 참조.

51 정재정, 『일제침략과 한국철도: 1892-1945』, 서울대학교출판부, 1999, pp. 105-166 참조.

를 권장하여 부설하도록 정책화하였다.[52] 일제의 이러한 철도 부설 정책에 따라 1930-1940년대에 [표 9-14]와 같이, 조선 내 철도의 길이는 현저히 증가하였다. 또한 그에 병행하여 항만과 도로의 길이도 증가하였다. 그러나 이러한 철도 연장의 증가는 한국인의 시장경제·산업 발전에 관련된 것이 아니라 일제의 대륙침략용 일본군 병력·무기·군수물자의 수송과 광물자원·공업원료·농산물의 약탈·수송에 관련된 것이었다.[53]

일본의 소위 '식민지근대화론'자들은 이 시기 조선의 전력 발전량과 철도 연장의 총량 증가를 통계로 들면서, 마치 이것이 조선인의 산업경제와 복리의 발전과 연결된 것처럼 시사하며 '개발', '근대화', '혜택'이 되었다고 주장하는데, 이것은 역사적 진실이 아니다. 발전량과 철로 연장의 증가는 일제 침략의 범위 확대와 약탈의 증가를 나타내는 것이며, 한국인들의 수탈과 고통의 증가를 나타내는 것이었다.

[표 9-14] 철도연장 km 표

연도	국철(國鐵)		사철(私鐵)	
	영업 km	증감 km	영업 km	증감 km
1936	3,575.9	186.4	1,097.7	27.2
1937	3,737.6	161.7	1,149.7	52.0
1938	3,831.0	93.7	1,202.7	53.0
1939	4,089.5	258.5	1,417.4	214.7
1940	4,293.3	203.8	1,497.1	79.7
1941	4,463.4	170.1	1,528.3	31.2
1942	4,536.8	73.4	1,514.7	-13.6
1943	4,567.5	30.7	1,581.7	67.0
1944	5,012.5	445.0	1,281.3	-300.4

자료: 朝鮮銀行調査部, 『朝鮮經濟年報』(1948).

52 「朝鮮に於ける陸運」, 『朝鮮經濟年報』(1941·1942), pp. 180-191 참조.

53 「朝鮮に於ける水上運輸」, 『朝鮮經濟年報』(1939), pp. 276-285 참조.

5. 군수공업의 확장

1) 화학공업

일제가 한반도에 대륙침략 군수기지의 공업부문으로 설치하려던 업종을 일제 대장성 관리국과 시국대책 조사회의 보고서를 중심으로 보면, 제철(철강, 경금속 등), 유안(비료), 폭약, 기계기구, 항공기, 피혁에 더해 추가로 특수방직과 군수용 피복 등의 업종 설치가 특히 중점적으로 추진되었다.[54] 일제의 군수공업기지 설치 정책의 결과를 1937-1943년의 공업생산을 통해 보면 [표 9-15]와 같다.

공업생산에서 가장 비중이 큰 업종은 1943년의 경우 공업 총생산액의 29%를 차지한 화학공업(비료·화약·유지·고무·성냥·카바이트·피혁·연료·제지 등)이었다.[55] 이것은 일제 군부의 요청에 응해 노구치(野口) 등 독점재벌들이 흥남에 군수용 화학공장들을 설치했기 때문에 나타난 현상이었다.[56] 노구치 재벌은 1930년 흥남에 조선질소비료회사 흥남공장을 설립해 유산암모니아를 생산하기 시작하였다. 이어서 흥남에는 1933년 조선유지주식회사 청진공장, 1934년 일본마그네슘금속회사 흥남공장, 1935년에는 조선석탄공업주식회사(저온건류방법에 의한 석탄액화공장), 1936년에는 조선화약주식회사가 설립되어 일본군에 화약을 생산·공급하였다. 또한 미츠이(三井) 재벌이 1933년 북선제유주식회사, 1934년 조선 오노다(小野田)시멘트주식회사, 1935년에 북선제지화학공업회사 등을 설치하였다.[57] 이 밖에 다른 재벌들이 화학공업부문에서 조선유지주식회

---

54 『日本人の海外活動に關する歷史的調査』, 통권 제7책, 조선편 제6분책, pp. 9-32 참조.

55 『朝鮮總督府調査月報』(1936. 1.), pp. 1-21 참조.

56 「朝鮮に於ける工業」, 『朝鮮經濟年報』(1941·1942), pp. 137-169 참조.

57 『朝鮮總督府調査月報』(1944. 1.), pp. 1-13 참조.

[표 9-15] 조선 공업부문별 생산액 추이(1937-1943)

공업부문	1937		1939		1941		1943	
	생산액 (천 원)	비율 (%)	생산액 (천 원)	비율 (%)	생산액 (천 원)	비율 (%)	생산액 (천 원)	비율 (%)
금속공업	50,766	5	136,092	9	137,882	8	300,000	14
기계기구공업	16,564	2	53,225	4	110,629	6	115,000	6
화학공업	304,948	32	501,749	34	502,904	29	600,000	29
요업	25,071	3	43,337	3	68,163	4	90,000	4
가스 및 전기업	40,075	4	30,462	2	-	-	30,000	2
방적공업	141,153	14	201,358	13	282,089	16	345,000	17
식료품공업	238,023	25	328,352	22	438,314	25	400,000	19
제재 및 목제품공업	11,736	1	21,061	1	109,438	6	120,000	6
인쇄 및 제본업	16,304	2	19,373	2	24,995	2	24,000	1
기타공업	114,653	12	163,270	11	47,806	3	26,000	2
합계	959,293	100	1,498,279	100	1,722,220	100	2,050,000	100

자료: 조선산업노동조사소, 『産業勞動時報』 창간호, 1946; 박경식, 『일본 제국주의의 조선 지배』.

사, 가타쿠라(片倉)비료주식회사, 조선석유주식회사, 왕자제지 신의주공장, 조선석탄공업회사 등을 설립하여 생산을 시작하였다.

이 시기 화학공업의 특징은 조선에서의 식량 증산 약탈에 필요한 화학 비료를 생산하여 조선 농민에게 식민지 초과이윤과 독점가격 폭리를 붙여 판매함과 동시에 일본군의 군수물자로서 화약, 가스, 석탄액화, 시멘트, 정어리기름(유지) 등을 생산 공급하여 군부의 수요를 충당하기 위한 것이었다. 이 때문에 화학공업은 전체가 군수산업이 되어 일본 군부와 일제 총독부의 특혜와 특권적 보호를 받고 적극 육성되었으며, 식민지 초과이윤도 이례적으로 고율의 폭리였다.

예컨대, 노구치 재벌의 조선질소비료주식회사의 경우를 보면 설립 초기인 1930-1932년까지는 다른 일제 회사들의 식민지 초과이윤율과 비슷하게 이익률이 8-10%였는데, 1933년 하반기 이후부터는 이익률이 무려 20%를 초과하고, 1935년 하반기부터는 30%를 초과하는 고율의 폭리가

[표 9-16] 조선질소비료주식회사의 수지상황(1930-1936)

연도	수입금 (천 원)	지출금 (천 원)	이익금 (천 원)	납입자본 (천 원)	이익률 (%)	배당률 (%)
1930 上	1,433	1,379	54	30,000	-	-
下	3,989	2,543	1,446	30,000	9.6	5
1931 上	5,225	3,794	1,431	60,000	9.5	9
下	6,923	5,258	1,665	60,000	5.6	9
1932 上	10,144	7,691	2,453	60,000	8.2	6
下	9,776	7,128	2,648	60,000	8.8	5
1933 上	9,461	6,811	2,650	60,000	8.8	5
下	14,751	8,080	6,671	60,000	22.2	-
1934 上	16,232	10,206	6,026	60,000	20.1	-
下	17,200	9,796	7,404	60,000	24.7	-
1935 上	24,032	15,885	8,147	60,000	27.2	-
下	26,394	16,513	9,881	60,000	32.9	-
1936 上	32,248	22,323	9,925	60,000	33.1	-
下	33,127	23,637	9,490	62,500	30.2	-

주: 연도의 上·下는 영업기.
자료: 『日本窯業肥料大觀』; 박경식, 『일본제국주의의 조선 지배』.

연속되었다. 이것은 조선질소비료주식회사가 한편으로 조선인 노동자들을 기아임금과 무상임금으로 극단적으로 착취 수탈하고, 다른 한편으로는 조선 농민들에게 매우 높은 가격의 인조비료를 일제 총독부의 권력을 빌려(산미증식용으로) 강매해서[58] 나온, 가혹한 수탈의 결과였다.

조선 내의 화학공업은 이와 같이 화약·비료·유지 등 군수용 화학제품 생산에 치중하였다. 조선인의 수요가 큰 유기화학공업, 약품공업, 염료공업은 조선에 설치하지 않고 일본 본토에서 생산된 제품을 수입해서 사용하게 하였다.

58 南滿洲鐵道株式會社資料課, 『滿鐵調查月報』(1934. 1.), pp. 87-121 참조.

2) 금속공업과 제철·제련

금속공업(제철·제강 등)은 1943년 공업 총생산액의 14% 비중을 차지한 업종인데, 일제가 군수공업으로서 적극 추진한 업종이었다.[59] 금속공업은 제철, 제련, 경금속 생산으로 구성되었는데, 일본 군부의 요청에 응해 일본 독점재벌들이 처음부터 군수품 원자재를 생산하고 공급할 목적으로 한반도에 들어왔다.[60] 한반도에 들어온 제철·제련 부문의 주요 일본 재벌회사들은 다음과 같았다.[61]

제철공장

① 일본제철주식회사 겸이포제철소(선철·강철 일괄작업)

② 일본제철주식회사 청진제철소(선철)

③ 일본고주파중공업회사 성진공장(특수강)

④ 미츠비시(三菱)광업주식회사 청진광업소(입철, 粒鐵)

⑤ 조선질소비료주식회사 흥남제철(선철)

⑥ 조선광업주식회사 흥남공장

⑦ 조선제철주식회사(특수강, 단주강)

⑧ 미츠비시제강주식회사 평양공장(특수강)

⑨ 가네부치(鍾淵)공업주식회사 평양공장(선철)

⑩ 가네부치공업주식회사 인천공장(원철)

⑪ 가네부치공업주식회사 부령공장(원철)

⑫ 조선리켄(理硏)금속공업주식회사 인천공장(특수강)

⑬ 일본원철주식회사 청진공장

---

59 「朝鮮に於ける工業」, 『朝鮮經濟年報』(1941·1942), pp. 142-159 참조.

60 「朝鮮に於ける工業」, 『朝鮮經濟年報』(1940), pp. 261-265 참조.

61 ① 박경식, 『일본제국주의의 조선 지배』, pp. 444-456.
② 『朝鮮經濟年報』(1939), pp. 215-216 참조.

[표 9-17] 철강 생산 계획 및 실적(1944) (단위: 천 원)

구분	상반기 계획	상반기 실적	하반기 계획	하반기 예상
보통銑	377,800	310,062	392,200	374,980
보통강鋼塊	59,100	57,216	60,900	59,100
보통강鋼材	50,600	44,927	50,400	43,100
低燐銑	12,400	17,181	12,600	12,600
제강원철	35,900	29,979	45,100	36,700
특수강鋼材	10,000	10,619	15,000	15,000
합금철	5,193	5,442	7,507	5,595
보통강鍛鋼	835	1,415	3,165	1,830
보통강鑄鋼	7,030	7,581	7,970	7,890

자료: 『近藤釼一 編 太平洋戰下の朝鮮』 제5권, p. 23.

제련소

① 일본광업주식회사 진남포공장

② 조선광업개발주식회사 흥남공장

③ 조선제련주식회사 장항제련소

④ 스미토모(住友)합자회사 원산제련소

이러한 제철·제련회사의 1944년도 철강 생산액은 [표 9-17]과 같았다.

이 밖에 경금속공업 분야에서는 다음과 같은 일본 독점재벌이 군부의 요청에 응해 군수품 생산을 하였다.

경금속

① 일본마그네슘공업회사 흥남공장

② 일본마그네사이트화학공업회사 성진공장

③ 조선리켄(理硏)공업회사 진남포공장(알루미늄, 마그네사이트)

④ 미츠이(三井)경금속회사(알루미늄)

⑤ 조선경금속회사(알루미늄)

⑥ 조선질소비료회사 흥남공장(알루미늄)

1944년의 마그네슘 생산과 알루미늄 생산은 전적으로 군수용이었다.[62]

한반도 내 금속공업은 일본 군부와 결탁한 일본 독점재벌에 의해 전적으로 군수산업으로 설치되었을 뿐 아니라, 막대한 철광석 등을 채굴해 간 것에 비하면 그 생산력은 상대적으로 소액이었다. 그 이유는 광산물을 한반도 내에서 제련·가공한 것이 아니라 약간의 정제 후에 일본으로 실어 가 버렸기 때문이었다. 예컨대 제철공업을 보면, '선철 → 제강 → 강철 생산'까지의 일괄작업이 아니고, 철광석을 '선철'까지만 만든 뒤 일본으로 싣고 가는 반(半)제품 제철업이었다. 그리하여 선철 생산이 약 80%였고, 강철까지 생산하는 것은 20% 이내였다. 1944년의 경우 선철로 생산되어 일본으로 실어 간 것이 89.4%였고, 강철로 생산된 것은 10.6%에 불과하였다. 이 소부분의 강철도 다시 그 70%를 일본으로 싣고 가서 일본 기계공업의 원료가 되었다.[63]

결국 제철 등 조선의 금속공업은 일제가 광산자원을 약탈하는 과정에서 선철 등 반제품을 생산하여 일본으로 약탈해 가는 군수공업이었다. 이 선철은 일본에서 강철로 제강된 뒤 일본 기계공업의 원료로 공급되어서 각종 군수품을 제조하는 데 사용되었다.

한반도의 제철공장·제련소들이 철광산 부근에 설치되지 않고 모두 일본과의 해상 수송이 편리한 항구에 설치된 것은 조선 금속공업을 포함한 군수공업의 약탈성과 일본 산업과의 깊은 종속성에 관련된 것이었다.

62 『朝鮮總督府調査月報』(1943. 4.), pp. 1-18 참조.

63 『朝鮮經濟年報』(1948), pp. 1-103 참조.

3) 식료품공업

식료품공업(정미·제분·간장 및 된장 제조·양조 등)은 1943년 공업 총생산액의 19%를 차지했는데, 정미(精米)공장이 대종이었다. 식료품공업은 일제가 대륙침략 병참용 군수공업단지를 설치하기 이전, 한국을 식량공급기지로 개편하던 1910년대와 1920년대에는 가장 비중이 컸던 공업이었다. 예컨대 1930년 공업부문별 생산액 비중을 보면 식료품공업이 57.8%, 방적공업이 12.8%, 화학공업이 9.4%, 금속공업이 5.8%였다.[64]

식료품공업의 대종인 정미업은 두 계열이 있었다. 하나는 동양척식주식회사 등 일본인 대지주·대재벌들이 한국쌀을 도정(搗精)해서 일본으로 수송하고자 설치한 대규모 정미공장이었다.[65] 일본 회사 대지주들은 소작료로 거두어들이거나 매입한 한국쌀을 도정해서 일본으로 직송해 갈 수 있도록 인천, 군산, 목포, 강경 등지에 대규모 정미공장을 설치하였다. 이 계열 정미공장의 대부분은 1937년 이후부터는 일본군의 군량과 전시 수요를 공급하는 일에 종사하였다.

다른 하나는 한국인 소지주나 부농들이 운영한 소규모 정미공장이다.[66] 이러한 조선인의 소규모 정미공장은 1942년 일제가 '기업정비령'을 공포하여 정비한 후에는 '조선식량영단'의 통제를 받으며 일제 전시 수요 공급의 보조 수단으로 잔명을 보존하였다. 이 밖에 식료품공업으로는 일본 미츠이(三井)재벌의 조선맥주회사 등 맥주공장과 일본제분회사 조선공장 등의 제분공장, 일본 곡산공업회사의 전분공장 등이 있었다.

---

64 『朝鮮經濟年報』(1939), pp. 208-209 참조.

65 하지연, 「일제강점기 일본인 회사지주의 소작인 관리통제조직」, 『백범과 민족운동연구』 제6집, 2008 참조.

66 한도현, 「1930년대 농촌진흥운동의 성격」, 『한국사회사연구회논문집』 제2집, 1986 참조.

4) 방적공업

방적공업은 1943년에 공업 총생산액의 17%를 차지한 업종인데, 사실은 일본 독점재벌들이 식민지 초과이윤 수취를 위해 맨 처음 착안한 업종이었다.[67] 방적공업에 가장 적극적으로 나선 것은 일본 미츠이(三井) 재벌이었다. 미츠이는 1933년 동양방적주식회사 인천공장(방추 3만, 직기 960대)을 설립하고, 이어서 1935년 종연방적 광주공장(방추 3만, 직기 1,440대), 1936년 종연방적 경성공장(방추 4만, 직기 1,525대)을 설립한 이래, 계속해서 동양방적 인천공장(방추 3만 2,000, 직기 1,280대), 동양방적 영등포공장(방추 3만 2,000, 직기 1,400대), 종연방적 영등포공장(방추 5만, 직기 1,600대), 종연방적 대구공장(방추 3만, 직기 1,000대) 종연방적 평양공장(인견) 등 모두 8개 공장을 설치하였다. 조선 내 방적공업 생산액의 50% 이상을 미츠이 재벌이 독점하였다.[68] 이 밖에 일본인들의 조선방적(부산)과 대일본방적 영등포공장, 대일본방적 청진공장 등이 있었다.[69] 한국인 방적회사로서는 경성방직 영등포공장(방추 2만 1,000, 직기 896대)과 시흥공장이 있었으나 미츠이와 경쟁할 상태는 못 되었다.[70]

면방직공업에서는 일제 총독부가 면화의 값싼 원료 공급 정책으로 면화 재배를 강제했기에, 저렴하고 풍부한 목화의 공급과 극히 저렴한 조선 여성의 기아임금이 식민지 초과이윤의 기초가 되었다.[71] 일제는 조선 농민에게 목화 재배를 강제한 후 공동판매제도로 저렴하게 이를 수취하고,[72] 그 공급을 통제하여[73] 1941년의 경우 그 가운데 68%를 일본 내 공

---

67 『殖銀調査月報』(1942. 2.), pp. 1-21 참조.

68 박경식, 『일본제국주의의 조선 지배』, pp. 430-444 참조.

69 「朝鮮に於ける工業」, 『朝鮮經濟年報』(1939), pp. 212-215 참조.

70 『殖銀調査月報』(1943. 4.), pp. 1-9 참조.

71 『殖銀調査月報』(1939. 2.), pp. 1-63 참조.

72 『朝鮮總督府調査月報』(1943. 1.), pp. 1-9 참조.

73 『朝鮮總督府調査月報』(1942. 12.), pp. 1-26 참조.

업원료로 보내고 약 30%를 조선 내 면방직 공업용으로 남겼다. 일본 내 면사공장에서 면사를 생산해 다시 이를 고가로 조선에 수출하면 이 면사를 사용하여 조선 여성 노동자들과 여성 유년노동자들이 기아임금으로 면방직 노동을 하고,[74] 일본 대재벌 방적회사는 조선에서 막대한 식민지 초과이윤을 수탈해서 집적하였다.[75]

견직물 생산의 경우 일제 총독부가 조선 농민들에게 누에고치 생산을 강제하여,[76] 이를 대부분 일본으로 보내어 제사해서 조선으로 재수입하고,[77] 조선에서는 재수입한 견사로 일부 견직물을 생산하였다.[78] 즉 누에고치 등은 조선 농민들이 풍부하게 생산했으나, 일제가 공판제도를 통해 값싸게 수탈해서 일본에 실어서 견사 형태로 가공되어 일부를 재수입해서 조선 여성들의 저렴한 노동력으로 견직물이 생산된 것이다.[79] 이 때문에 누에고치 생산이 풍부해도, 견직물 등 직물들은 [표 9-18]에서 보는 바와 같이 자급률이 뚝 떨어지고 일본으로부터의 수입에 크게 의존하였다.[80]

[표 9-18]에서도 알 수 있는 바와 같이, 1941-1942년의 경우 견직물의 자급률은 8%, 일본에서의 수입비율(對일본의존율)이 92%, 마직물의 자급률이 47%, 일본에서의 수입비율이 53%, 모직물은 100% 전부를 일본

---

74 『朝鮮總督府調査月報』(1938. 6.), pp. 27-40 및 『朝鮮總督府調査月報』(1938. 7.), pp. 1-20 참조.

75 『殖銀調査月報』(1938. 10.), pp. 15-18 참조.

76 『朝鮮總督府調査月報』(1936. 12.), pp.1 -16 참조.

77 『朝鮮總督府調査月報』(1938. 12.), pp. 1-28 및 『朝鮮總督府調査月報』(1939. 1.), pp. 7-16 및 『朝鮮總督府調査月報』(1939. 2.), pp. 1-12 및 『朝鮮總督府調査月報』(1939. 5.), pp. 1-12 참조.

78 『日本人の海外活動に關する歷史的調査』, 통권 제5책, 조선편 제4분책, pp. 128-132 참조.

79 정근식, 「일제하 鍾淵紡績의 잠사업 지배」, 『한국사회사연구회논문집』 제2집, 1986 참조.

80 『朝鮮總督府調査月報』(1940. 5.), pp. 1-13 및 『朝鮮總督府調査月報』(1940. 7.), pp. 1-14 참조.

[표 9-18] 주요 직물의 일본 의존성 (단위: 1,000평방碼)

종목	1941년		1942년		1941-1942년 평균			
	조선산	일본에서 수입	조선산	일본에서 수입	조선산 (A)	일본에서 수입(B)	합계	합계에 대한 B의 비율(%)
견직물	1,365	48,118	8,671	67,367	5,018	57,742	62,760	92
견교직물	12,345	49,110	16,531	25,923	14,438	37,516	51,954	75
인견직물	23,296	23,960	19,395	31,220	21,345	27,590	48,935	56
스푸직물	-	6,757	-	3,851	-	5,304	5,304	100
면직물	137,143	2,928	79,495	4,778	108,319	3,853	112,172	3
마직물	3,376	3,792	6,413	7,557	4,894	5,674	10,568	53
모직물	-	6,119	-	7,671	-	6,895	6,895	100
기타교직물	3,216	-	3,441	-	3,328	-	3,328	0
기타직물	605	1,064	553	715	579	890	1,469	60
합계	181,346	141,848	134,499	149,082	157,921	145,464	303,385	-

자료: 朝鮮銀行調査部, 『朝鮮經濟年報』(1948).

에서의 수입에 의존하였다. 면직물만 조선 내 생산규모가 컸기 때문에 통계상 자급률이 97%에 달했을 뿐 아니라, 많은 부분이 일본 독점재벌들에 의해 군수용 면직물로 일본군에 납품되었다.

방적공업도 1930년대 이후에는 군수품 생산에 종속되었으며, 일본군 군수용품의 조달을 담당하여 생산량이 증가하였다.[81] 이 시기 조선 내 방적공업은 미츠이를 비롯한 일본 독점재벌이 일본 군부의 요청에 응해 직물을 공급하면서, 조선 여성 노동자들과 미성년 노동자들을 극히 저렴한 기아임금으로 수탈하고 착취하여 식민지 초과이윤을 창출한 악명 높은 대표적 업종이었다.

81 「朝鮮に於ける工業」, 『朝鮮經濟年報』(1941-1942), pp. 140-142 참조.

5) 기계기구공업

다음으로 기계기구공업은 정상적으로는 매우 중요하고 비중이 높아야 할 산업인데도 불구하고 1943년의 경우 6%의 비중을 차지함에 불과하였다.[82] 기술혁신과 공작기계·정밀 기계기구 생산으로 정상적인 공업화와 산업혁명을 수행한 나라는 기계기구공업이 공업의 중심이 되며 공업 총생산액에서의 비중이 매우 높은 것이 상례이다. 일본의 경우에는 1942년의 기계공업의 비중이 37.7%였다.[83] 그러나 일제강점기 조선에서는 일제의 식민지 공업정책으로 말미암아 기계기구공업 생산이 가장 높았던 전쟁 말기에도 겨우 6%밖에 되지 않았다. 그 이유는 일제의 식민지 공업정책이 조선을 원료와 반제품의 약탈지역으로 정하고 기계공업은 설치하지 않도록 정했기 때문이었다. 일제는 조선인의 기계공업 소유를 불허하고 탄압하였고,[84] 조선인들이 현대 공업기술을 습득하여 기계공업 부문을 발전시키는 것을 두려워하였다. 일제는 일본 기계공업 시설의 일부가 한반도에 이전되는 것도 엄금하였다. 기계공업이 파급되면 한반도에서 조선인의 공업화가 진전될 수 있었기에 정책적으로 차단한 것이었다.

그러므로 일제강점기 한반도의 기계기구공업은 대종이 일본에서 가져와 설치한 광산 설비나 군수공장 설비의 보완을 위한 몇 개 '수리공장'들이었다. 조선인의 기계공업도 몇 개의 주물공작소와 수리공장에 불과하였다. 몇 개 기계기구공업회사의 이름을 들면 다음과 같다.[85]

---

82 『殖銀調査月報』(1943. 11.), pp. 1-27; 『殖銀調査月報』(1943. 12.), pp. 1-26; 『殖銀調査月報』(1944. 1.), pp. 1-19; 『殖銀調査月報』(1944. 2.), pp. 1-21; 『殖銀調査月報』(1944. 3.), pp. 1-28; 『殖銀調査月報』(1944. 4.), pp. 1-23; 『殖銀調査月報』(1944. 5.), pp. 1-32; 『殖銀調査月報』(1944. 6.), pp. 1-24 참조.

83 東京大學社會科學研究所 編, 『戰時日本經濟』, 東京大學出版會, 1982, p. 218 참조.

84 최윤규, 『근현대 조선경제사』, pp. 370-373 참조.

85 박경식, 『일본제국주의의 조선 지배』, pp. 444-452 및 『朝鮮經濟年報』(1939),

기계기구공장

① 용산공작주식회사 영등포공장

② 조선기계제작소 인천공장

③ 일본차량주식회사 인천공장

④ 관동기계제작소

⑤ 히다치(日立)제작소 인천공장

⑥ 동경시바우라(芝浦)전기 신인천공장

⑦ 조선리켄(理研)금속회사 인천공장

일제는 연합군의 공습이 심하여 해상 수송이 어렵게 되자 평양 부근에 비행기 공장 조립장을 설치하려고 준비하다가 중단하였다.[86]

일제는 조선의 기계기구공업 발흥을 적극 억제했기 때문에, 조선 농민들은 심지어 대부분의 농기구까지도 일본 본토에서 제작된 것을 수입하여 사용해야만 했다.[87] 일제가 모든 기계기구공업은 일본 본토에만 설치하고, 조선에는 광산용 기계 등의 수리공장만 허용하여 조선의 기계기구공업을 자본의 출처를 막론하고 억압한 것은 조선의 산업화와 산업혁명을 근본적으로 억제하고 조선 공업이 일본에 예속되어 원료와 반제품 공급지역으로 정체되도록 구조화한 것이었다.

그러므로 일제강점기 조선 공업의 가장 큰 특징 중 하나는 기계기구공업의 결여였다. 1941년의 경우 기계기구공업부문의 자급률은 24.7%에 불과하였다. 1940년도 주요 기계기구의 조선 내 자급률은 [표 9-19]와 같다.

조선에서는 공작기계나 철도기관차는 아예 한 대도 생산하지 못하게 했으며, 오직 차량·선박·자동차의 부속품만 자급률 29.5%로 일부 생산되

pp. 216-217 참조.

86 『日本人の海外活動に關する歷史的調査』, 통권 제7책, 조선편 제6분책, p. 22 참조.

87 『殖銀調査月報』(1944. 3.), pp. 27-28 참조.

[표 9-19] 주요 기계기구의 국내 자급률(1940) (단위: %)

기관 및 동 부속품	3.7
원동기	7.1
공작기계	0
제조가공용 기계	19.6
철도기계차	0
시계, 학술품, 전신기	6.2
차량, 선박, 자동차 및 부속품	29.5

자료: 朝鮮銀行調査部, 『朝鮮經濟年報』(1948).

었다. 그러나 그 전신전화기·자전거 및 그 부속품의 자급률조차도 0.03%에 불과하였다.

이와 같이 조선에는 기계공업이 거의 결여되어 있었기 때문에 조선의 공업과 기술은 근본적으로 낙후될 수밖에 없었으며, 공업 내부에서 스스로 기술혁신도 일어날 수 없었다. 모든 기계와 그 부속품들은 일본 본토의 기계공업에서 공급되었으며, 고장 난 경우의 수리만이 조선에서 이루어지도록 규제된 것이었다. 그러므로 이와 같이 기계공업이 결여된 공업구조에서는 공업화니, 산업혁명이니, 식민지 근대화니 하는 것은 처음부터 아예 존재할 수 없는 어불성설의 것이었다.

1943년 공업 총생산액의 6%를 차지한 제재 및 목제품공업은 대표적 소비지공업으로서 주변 지역의 수요에 응하여 자생적으로 출현한 것이었다.[88] 따라서 큰 변동이 없는 업종이었다.

6) 요업 및 시멘트공업과 기타 공업

1943년 공업 총생산액의 4%를 차지한 요업(窯業)은 시멘트·도자기·유

88 「朝鮮に於ける工業」, 『朝鮮經濟年報』(1939), pp. 225-230 참조.

리·연필·벽돌 등을 생산하는 시멘트공업이 대종이었다.[89] 일제는 수력발전 댐과 군수시설 공사의 수요로 시멘트를 군수산업으로 간주하고 군수산업회사들에게 요업 공장 설치를 장려하여, 다음과 같은 요업공장들이 설립되었다.[90]

① 조선오노다(小野田)시멘트회사 승호리공장(32만 톤 생산능력), 천내리공장(48만 톤), 고무산공장(15만 톤), 삼척공장
② 조선아사노(淺野)시멘트회사 봉산공장(18만 톤)
③ 조선시멘트주식회사(일본 우베자본계통) 해주공장(54만 톤)
④ 압록강수력전기회사 부속공장(11만 톤)
⑤ 일본경질도기회사

시멘트공업은 모두 일본인 군수업자들이 설립·장악했으며, 조선인 회사는 하나도 없었다. 시멘트 공업은 완전히 일본 군수공업으로 시종하였다.[91]

도자기·유리·연필·벽돌 등은 중소기업에서 생산되다가 일제 말기에는 기업정비령에 의하여 군수산업에 편입되었다.

1943년 공급 총생산액의 2%를 차지하는 가스 및 전기업은 주로 변압기·전동기·전기계기·축전지·건전지·전선·소켓·전구·전신기·가스통 등을 생산하는 중소기업들이었다. 1944년의 공장 수는 20개였는데, 민족별로 보면 일본인 소유 공장이 14개, 조선인 소유 공장이 6개였다.[92]

가스 및 전기업은 거의 모두 일본 본토에 있었고, 한국에 설치된 것은 몇 개의 중소기업뿐이었기 때문에 큰 역할과 의미를 갖지 못하였다.

89 『朝鮮總督府調査月報』(1936. 5.), pp. 1-26 참조.
90 「朝鮮に於ける工業」, 『朝鮮經濟年報』(1939), pp. 217-218 참조.
91 「朝鮮に於ける工業」, 『朝鮮經濟年報』(1940), pp. 268-271 참조.
92 『朝鮮經濟年報』(1948), pp. 1-110 참조.

1943년 공급 총생산액의 겨우 1%를 차지하는 인쇄 및 제본업은 서울 등지의 지역 수요에 응하여 출현한 서적·인쇄·제본이 대부분이었다. 1940년도의 지역별 분포를 보면 조선 남부가 89%, 조선 북부가 11%에 해당했다.[93]

한국어 사용 서적은 출판이 거의 모두 금지되고 한자로 표기된 족보 등 특수서적만 제작되고 있었고, 일본어 사용 서적은 대부분 일본에서 제작되어 수입되었다. 그러므로 이러한 한국 민족문화의 탄압 속에서 인쇄 및 제본업은 거의 의미가 없었다.

7) 일제강점기 조선 군수공업의 특징

일제의 흥남지구 등 대륙침략 병참기지 군수공업을 별도로 제외해 보면, 일제강점기 조선 공업은 1931-1944년에 시민적 자본주의 공업화가 이루어지지 못했고, 군수공업을 포함해 보면 일본군의 대륙침략 군수공업기지 설치로 한반도가 가혹하게 수탈당했음을 바로 알 수 있게 된다.

일제는 이를 감추려고 조선총독부 통계연보에서 군수공업부문을 분리해 설정하지 않았다.[94] 이 때문에 이 시기 군수공업부문과 일반 공업부문을 분리해 통계적으로 정밀하게 고찰하는 것은 일제강점기 연구자들에게 주어진 앞으로의 과제이다. 그러나 이 작업이 아직 이루어지지 않았다고 해서, 일제강점기 '대륙침략 군수기지'의 군수공업을 일반공업으로 용해시켜 마치 자본주의 자유시장경제에서의 전후방 연관효과를 가진 민간경제인 것처럼 통계 처리하는 것은 일제 총독부의 날조된 통계 처리 홍보와 마찬가지로 역시 잘못된 방법인 것이다.

비대해진 특수 군수공업을 일반공업에 용해시켜 잘못 추계한 통계에

---

93 『朝鮮經濟年報』(1939), pp. 1-101 참조.

94 『殖銀調査月報』(1940. 12.), pp. 23-34 참조.

의거하더라도 이 시기 공업생산액은 농업생산액을 추월하지 못하였다.[95] 일제가 '생산력 확충'[96]을 선전하면서 강제 생산량 할당을 한 이후에도 마찬가지였다.

예컨대 [표 9-20]에서도 알 수 있는 바와 같이 이 시기 농업생산액과 공업생산액을 비교하면, 1936년에 농업생산액 52% 대 공업생산액 31%였으며, 1939년에 42% 대 39%, 1941년에 41% 대 37%였다.

1936년 이후는 일제의 통제경제정책으로 농산물과 공산물의 가격을 공정가격제에 의해 계산했다. 그렇기에 농산물 가격은 공정가격이 낮게 책정되고 공산물가격은 일제 군수공업 재벌을 위해 공정가격이 높게 책정되어 농·공산물 사이의 협상가격 차가 매우 컸다. 이 사실을 고려하면 일부 논자들이 식민지 경제 근대화가 실현되었다고 주장하는 1936-1945년에도 한국 사회는 여전히 공산물 생산액이 농산물 생산물을 능가하지 못하는 농업사회의 단계에 있었음을 알 수 있다.

이것은 당시 일본 군수공업을 포함한 조선 공업의 본토 일본공업에

[표 9-20] 산업별 생산액

산업	1936		1939		1941	
	생산액 (천 원)	비율 (%)	생산액 (천 원)	비율 (%)	생산액 (천 원)	비율 (%)
농산물	1,298,911	52	1,644,200	42	1,919,684	41
임산물	118,064	5	192,600	5	344,259	7
수산물	164,003	7	327,000	8	357,852	7
광산물	110,429	5	240,000*	6	380,593*	8
공산물	730,806	31	1,498,000	39	1,722,225	37
총계	2,422,213	100	3,901,800*	100	4,724,613*	100

주: *표시는 추정.
자료: 朝鮮銀行調査部, 『大戰下の半島經濟』.

95 『殖銀調査月報』(1939. 11.), pp. 53-94 참조.
96 近藤釼一 編, 『太平洋戰下の朝鮮』 제3권, pp. 1-88 참조.

[표 9-21] 일본 공업에 대한 조선 공업의 비율 (단위: %)

	1934	1937	1938	1939
공장 수	6.5	6.5	5.8	5.0
직공 수	5.7	5.7	5.6	5.6
공산액	3.5	3.9	4.0	3.8

자료: 朝鮮銀行調査部, 『朝鮮經濟年報』(1939).

대한 비율에서도 확인된다.[97] 1939년의 경우 조선 총인구는 일본 총인구의 약 절반이었는데, [표 9-21]에서 볼 수 있는 바와 같이 1939년의 일본 공업에 대한 조선 공업의 비율은 공장 수에서 겨우 5.0%, 직공 수에서 겨우 5.6%, 생산액에서 겨우 3.8%에 불과하였다. 1939년 당시 일본 도 공업사회에 들어가기 이전이라고 주장하는 일본 학자도 있는데, 하물며 당시 한반도의 '공업화', '산업혁명', '공업사회' 실현 주장은 논의할 여지도 없는 거짓인 것이다.

이상에서 볼 수 있는 바와 같이 1945년 8·15 해방 때까지 일제강점기에 조선 사회는 시민적 자본주의 공업사회로 들어가기 훨씬 이전의 농업사회에 있었던 것이 명확하다. 또한 일제강점기 '공업화'와 '산업혁명'이 이루어졌다는 주장도 허구임이 명백한 것이다.

6. 민족별 공업 구성과 한국인 노동자의 실태

1) 민족별 공업자본의 구성

일제강점기의 한반도 내 공업부문에서 엄격하게 준별해 고찰해야 할 것은 '민족별' 공업의 실태이다. 한반도 내 한국인 소유의 공장·공업자본

97 「朝鮮に於ける工業」, 『朝鮮經濟年報』(1941-1942), pp. 160-168 참조.

만이 진정한 한국인의 공업이며 민족공업이고, 일본인의 공장·공업자본은 일제의 공장·공업자본이며, 한국이 민족해방·광복을 성취하여 이들을 접수해야만 한국인의 공장·공업자본이 될 수 있는 것이었다.

한반도 내의 공장·공업자본은 압도적 다수가 일제의 정책적 엄호를 받는 일본인의 자본이었고, 한국인의 소유는 극소의 것으로서, 그나마도 일제의 정책적 탄압을 받아 중규모의 자본은 일제의 예속자본으로 전락하고, 소규모의 자본은 위축·소멸되어 가고 있었다.[98]

예컨대 1940년도 공업부문의 민족별 공칭자본 통계를 보면, [표 9-22]에서 알 수 있는 바와 같이, 비중이 큰 화학공업, 가스전기공업, 요업은 아예 일본자본이 100% 독점하고, 한국인 자본은 없었다. 금속공업(철·경금속 등)에서도 일본인 자본이 무려 98%이고, 한국인 자본은 단지 2%에 불과하였다. 심지어 정미업이 주종인 식료품공업에서도 일본인 공장이 93%였고 한국인 공장은 7%에 불과하였다.

오직 자급률이 매우 낮고 일본에 극도로 종속된 소규모 공업부문에서만 한국인 자본 비중이 이보다 약간 높았다.[99] 한국인 중소공업은 생산액에서 상대적으로 계속 몰락하고 있었다.[100] 예컨대, 한국인 자본 비중이 43%인 인쇄제본업은 자급률이 겨우 7.8%인 업종으로서 수요의 92.2%를 일본 본토로부터의 수입에 의존하는 종속적 업종이었다. 조선인 자본 비중이 42%인 기계기구공업은 자급률이 24.7%에 불과한 종속적 업종으로서 일본으로부터 수입한 기계의 수리 등을 한국인 자본과 일본인 자본이

98 『殖銀調査月報』(1940. 1.), pp. 25-64 참조.

99 ① 정진상, 「일제하 한국인 토착 자본의 성격」, 『한국사회사연구회논문집』 제2집, 1986.
② 서문석, 「일제의 산업정책과 조선인자본의 형성」, 『동양학』 제41집, 2007.
③ 김경남, 「일제하 식민도시 개발과 조선인 자본가형성의 특징」, 『영남학』 제30호, 2016 참조.

100 『朝鮮總督府調査月報』(1943. 6.), pp. 1-16 및 『朝鮮總督府調査月報』(1943. 7.), pp. 1-28 참조.

[표 9-22] 공업부문의 민족별 공칭자본 통계(1940)

공업부문	조선인		일본인	
	금액(천 원)	비율(%)	금액(천 원)	비율(%)
인쇄제본	1,500	43	2,000	57
금속공업	6,100	2	373,000	98
기계기구공업	61,500	42	85,050	58
화학공업	1,000	0	276,250	100
가스전기공업	-	0	553,030	100
요업	-	0	53,245	100
방적공업	14,000	15	76,600	85
제재목제품공업	5,500	10	47,000	90
식료품공업	5,250	7	73,800	93
기타	7,000	8	83,500	92
합계	101,850	6	1,623,475	94

주: 자본금 100만 원 이상에 한함.
자료: 朝鮮銀行調査部,『朝鮮經濟年報』(1948).

분담하는 업종이었다.

한국인 자본이 상당히 투자했던 것으로 보이는 방적공업의 한국인 자본 비중도 15%에 불과하였다. 방적공업의 자급률도 55.9%에 불과해서, 일본 재벌들이 한반도 내에 방적공장을 설치해 독점적으로 판매했음에도 불구하고 생산량이 부족하여 조선은 수요의 무려 44.1%를 일본 본토로부터 수입해 판매하는 일본 독점자본의 시장으로 되어 있었음을 알 수 있다.

한국인 자본이 진출해도 무방한 자급률 높은 식료품공업마저도 한국인 자본은 겨우 7%에 불과했고 일제의 독점자본이 무려 93%에 달하였다. 한반도 내에서 도정업을 중심으로 한 식료품공업까지도 일본 자본이 독점하고 있었던 것이다.[101]

101 朝鮮殖産銀行調査課,『朝鮮に於ける工業會社の資本構成調査』, 1934, pp. 101-128 참조.

1940년도에 한반도의 공업은 민족별 공칭자료에서 볼 때 일본자본이 무려 94%였고, 한국인 자본은 겨우 6%로서, 그나마도 일제의 통제정책으로 한국인 자본은 축소되어 가고 있는 추세에 있었다.

일제 총독부는 여기서 그치지 않고 1942년 5월 소위 '기업정비령'을 공포해서 집행하였다. 이 법령은 군수물자 증산을 위해 조선인 소유의 중소기업·설비의 소유권과 경영권을 일제가 지정하는 군수산업 대기업에 강제로 넘겨주는 법령이었다. 일제의 이 정책으로 한국인 중소기업은 1942-1945년에 대부분 몰락하고, 오직 일제에 적극 협력하는 극소수 중소기업만 잔명을 보존하게 되었다.[102]

그러므로 일제강점기 한국민족의 사회·경제는 일제가 소위 '공업개발'을 달성했다고 주장하는 1931-1944년에도 '공업화'가 전혀 달성되지 않았으며 오히려 저지·탄압당했다. 일본인의 공업자본을 포함해 보아도 한국사회는 '공업사회'의 범주에 들어가기는커녕 아직 '농업사회'에 머물러 있었음을 알 수 있다. 단지 흥남을 중심으로 한 함경남도 일대에 침략전쟁 목적의 군수공업기지만이 한국 사회·경제에 연관효과 없이 설치 확장되고 있었을 뿐이다.

2) 민족별 공업기술자의 구성

일제강점기 민족별 공업기술자를 보면, 1944년의 경우 [표 9-23]에서 볼 수 있는 바와 같이, 일본인 기술자들이 고급기술을 독점하고 조선인 기술자들은 기술자 총수에서도 1,632명으로 20%에 불과했을 뿐만 아니라 최하급 기술직에만 종사했다. 예컨대 조선인 기술자의 비중은 금속공업에서는 11%, 화학공업에서는 12%에 불과하고, 일본 기술자가 각각

102 김인호, 「일제 말 조선에서의 '군수회사법' 실시에 관한 연구」, 『한국 근현대사 연구』 제9집, 1998 참조.

[표 9-23] 민족별 공업부문 기술자 수(1944)

공업부문	총인원(A)	조선인 수(B)	B/A(%)
금속공업	1,214	133	11
기계기구공업	609	150	25
화학공업	2,004	222	12
가스전기수도	991	190	20
요업·토석	245	48	19
방직공업	484	132	27
제재·목제품	99	32	65
식료품공업	336	121	36
인쇄제본	56	24	43
토목건축	2,347	551	24
기타	91	29	32
합계	8,476	1,632	20

자료: 朝鮮銀行調査部, 『朝鮮經濟年報』(1948).

89%와 88%를 차지하였다.

특히 일제는 현대적 대공장이나 군수공업에서 필요한 고급기술에 대해서는 조선인의 접근을 금지했으므로, 일본인 기술자의 기술 독점은 특정 부문에서는 거의 완벽했다고 볼 수 있다. 8·15 해방 직후 일본인 기술자가 철수한 뒤 상당 기간 기술자가 부족하여 공장을 가동하지 못했고, 기관차를 운용하지 못한 것은 일제강점기 공업부문 기술자 정책의 결과였다.

3) 민족별 공업노동자와 조선인 노동자의 상태

일제강점기 공업부문 중에서, 자본부문과는 전혀 달리, 노동부문에서는 압도적 다수가 조선인 노동자로 구성되어 있었다.[103] 한 통계에 의하

103 ① 김경일, 『일제하 노동운동사』, 창작과비평사, 1992.
② 김준, 「1920-30년대 노동 운동에서의 민족 문제와 계급 문제」, 『한국사회사연구회논문집』 제25집, 1990.

[표 9-24] 조선인 노동자 수(1944-1945)

산업별	노동자 수(명)	비율(%)	조사 연월
공장노동자	591,494	27.9	1945년 1월
토건노동자	437,752	20.6	1944년 10월
운수노동자(육상)	179,544	8.5	1944년 10월
임업노동자	205,911	9.7	1944년 10월
수산노동자	211,520	10.0	1944년 10월
광산노동자	273,863	12.9	1944년 9월
탄광노동자	72,561	3.4	1944년 9월
농업노동자	130,377	6.1	1943년 말
해상운수노동자	19,352	0.9	1943년 말
합계	2,122,374	100	

자료: 조선산업노동조사소, 『産業勞動時報(1-2)』(1946); 『朝鮮經濟年報』(1948).

면 [표 9-24]에서 볼 수 있는 바와 같이, 1944-1945년의 경우 조선 내 조선인 노동자 총 약 212만 명 가운데서 공장노동자는 59만 1,494명으로 기록되어 있다. 1944-1945년의 경우는 징용제에 의해 강제연행되어 투입된 노동자도 포함되어 있는 것으로 보인다.[104]

또 다른 통계에 의하면, [표 9-25]에서 볼 수 있는 바와 같이, 1943년 조선인 공장노동자 36만 2,953명 가운데서 남성 노동자가 75.4%에 해당하는 27만 3,768명이고, 24.6%에 해당하는 8만 9,185명이 여성 노동자였다. 조선인 여성 노동자 가운데서는 방적공업 여성 노동자가 그 59.3%에 해당하는 5만 2,905명이었다.

조선인 공장노동자 총 36만 2,953명을 공업부문별로 나누어 보면, 방

③ 서형실, 「식민지 시대 여성 노동 운동에 관한 연구」, 『한국사회사연구회논문집』 제25집, 1990.

④ 이은진, 「일제하 노동 운동은 민족 독립 운동인가?」, 『한국사회사연구회논문집』 제30집, 1991 참조.

104 ① 정혜경, 『일제 말기 조선인 강제연행의 역사』, 경인문화사, 2003.

② 지영임, 「구술을 통해 본 일제하 제주도내 강제동원의 실태와 특징」, 『사회와 역사』 제72집, 2006 참조.

[표 9-25] 조선 공장노동자 구성(1943. 6.)

공업부문	사업체 수 (개)	노동자 수 (명)	남성 노동자 수(명)	여성 노동자 수(명)	공업부문별 종사자 비율(%)
금속공업	654	41,504	39,680	1,824	11.4
기계기구공업	1,354	47,821	46,367	1,454	13.2
화학공업	927	63,718	50,695	13,023	17.6
가스·전기·수도업	123	6,921	6,676	245	1.9
요업 및 토석공업	1,818	36,920	32,775	4,145	10.2
방적공업	2,605	79,763	26,858	52,905	22.0
제재 및 목제품공업	2,005	28,417	26,809	1,608	7.8
식료품공업	2,002	31,758	24,247	7,511	8.7
인쇄 및 제본업	606	10,053	9,377	676	2.8
기타공업	871	16,078	10,284	5,794	4.4
합계	12,965	362,953	273,768	89,185	100

자료: 조선산업노동조사소, 『産業勞動時報』(1946).

적공업이 22.0%, 화학공업이 17.6%, 기계기구공업이 13.2%, 금속공업이 11.4%, 요업 및 토석공업이 10.2%, 식료품공업이 8.7%, 제재 및 목재품공업이 7.8%, 인쇄 및 제본업이 2.8%, 가스·전기·수도업이 1.9%, 기타공업이 4.4%의 비중으로 분포되어 있었다.

일제는 조선에서 군수공업을 확장함에 따라 값싼 노동력 부족에 당면하게 되었다.[105] 이에 일제는 16세 미만의 미성년 노동자도 대규모로 동원하였다.[106] 1932년에는 미성년 노동자가 약 6,000명이었으나, 1940년에는 약 3만 명으로 증가하였다. 특히 방적공업 부문에서는 조선 미성년 여성 노동자가 매우 많았다.[107] 조선 미성년 노동자들의 임금은 조선 성

105 『殖銀調査月報』(1941. 1.), pp. 37-65 참조.

106 『殖銀調査月報』(1942. 7.), pp. 1-24 참조.

107 이정옥, 「일제하 한국의 경제활동에서의 민족별 차이와 성별 차이」, 『한국사회사연구회논문집』 제20집, 1990 참조.

년 노동자들의 임금의 약 50%밖에 되지 않았다. 이것은 일본인 성년 노동자들 임금의 약 25%에 불과한 것이었으므로, 일제는 조선 미성년 노동자들을 착취하여 식민지 초과이윤을 대폭 증가시켰다.[108] 일제의 조선 미성년 노동자에 대한 수탈은 조선 내 일본인 방적공장에서 가장 참혹하게 자행되었다. 예컨대 일본인 가타구라(片倉)제사공장에서는 일부러 조선 미성년 여성 노동자를 고용하여 '견습'이라는 딱지를 붙이고 성년 여성 노동자의 임금의 3분의 1만 지급하여 착취하였다.[109]

일제는 엄격한 민족차별임금제를 강행하여 조선인 노동자에게는 일반적으로 일본인 노동자 임금의 약 50%밖에 지불하지 않았다.[110] 예컨대 조선인 노동자에 대한 임금체계를 보면, [표 9-26]에서 볼 수 있는 바와 같이, 일제는 평균적으로 조선인 남성 노동자의 임금을 일본인 남성 노동자의 약 50%밖에 지불하지 않았으며, 조선인 여성 노동자의 임금은 다시 조선인 남성 노동자의 약 50%에 불과했다. 이 기아임금마저도 현금으로 모두 지불하지 않고 각종 세금, 전쟁원호금, 강제저축 등을 공제한 뒤 식비 정도만 남겨서 공장과 광산에서 이탈하지 못하도록 묶어 두었다. 조선인 노동자들은 남성 노동자나 여성 노동자나 미성년 노동자나 모두 동류 일본인 노동자 임금의 약 50% 밖에 받지 못하였다.

이것은 일제가 동일한 시간과 동일한 장소에서 동일한 질과 양의 노동을 했음에도 조선인 노동자의 임금을 일본인 노동자의 평균 약

108 김경일, 『한국 근대 노동사와 노동 운동』, 문학과지성사, 2004, pp. 97-298 참조.

109 가타구라(片倉)제사공장 여공의 예를 들면 다음과 같다. "(…) 그 회사에서는 견습이라는 명분으로 매일 11시간 노동에 임금은 겨우 5전을 지불한다. 게다가 외출은 일체 금지하고 심지어는 친척이 면회 와도 거절한다고 한다. 그곳에 취업하고 있는 수백 명의 여공들은 식사에 대한 불평과 감독에 대한 불평, 기타 불평으로 견디지 못하여, 야밤에 도망하는 여공도 많다고 한다. (…)" 『朝鮮中央日報』, 1936년 7월 9일 자; 박경식, 『일본제국주의의 조선 지배』, p. 486 참조.

110 이준식, 「일제침략기 영흥 지방의 노동 운동」, 『한국사회사학회논문집』 제34집, 1992 참조.

[표 9-26] 민족별·성별 노동임금표(1933-1937) (단위: 원)

연도	조선인(A)				일본인(B)				A/B(%)			
	성년공		유년공		성년공		유년공		성년공		유년공	
	남	여	남	여	남	여	남	여	남	여	남	여
1933	0.92	0.50	0.46	0.28	1.94	0.96	0.77	0.53	47.4	52.1	59.7	52.8
1934	0.90	0.51	0.36	0.31	1.83	0.88	0.83	0.67	49.2	57.9	43.4	46.3
1935	0.90	0.49	0.49	0.30	1.83	1.06	0.81	0.43	49.2	46.2	60.5	69.7
1937	0.95	0.42	0.48	0.32	1.88	0.98	0.85	0.78	50.5	42.9	56.5	41.0

주: 총독부 조사, 50인 이상 직공 사용 공장의 1일 평균 임금.
자료: 姬野實 編, 『朝鮮經濟圖表』(1940)에서 작성.

50%([표 9-26]의 A/B)밖에 지불하지 않았다는 점에서 전적으로 '민족차별임금'이었다.[111] 이러한 '민족차별임금'제도는 일제가 애용한 식민지 착취 제도로서, 전 조선의 모든 부문에서 자행된 제도였다.

노동시간을 보면, 1937년 조선인 공장노동시간의 경우 '9시간 30분 노동'이 6%, '12시간 노동'이 41%를 차지하였다. 그러나 군수공장에서는 '14-16시간 노동'이 많았다. 노동시간에서도 조선인 노동자의 노동시간이 일본인 노동자의 그것보다 길었다.[112] 일제는 태평양전쟁을 일으킨 이후에는 1943년 6월 '공장취업시간제한령'을 폐지하고 '12시간 노동'을 일반화하였다.

조선인 공업노동자의 노동조건은 극악하였다. 노동시간은 12시간에서 정례적으로 끝나는 것이 아니라, 전시라는 이유로 수시로 철야 장시간 연장 노동을 강요받았다. 숙소는 명칭만 기숙사일 뿐 실제는 수용소나 다름없는 것이었다. 식사는 극도로 열악하여 조선인 노동자들은 영양실조에 걸린 상태였다.[113] 예컨대 함흥에서는 1934년 16명의 여공들이 영양실조와 조악한 식사를 견디지 못해서 숙소를 탈출했다가 함흥경찰서에

111 김준, 「1920-30년대 노동운동에서의 민족문제와 계급문제」 참조.
112 박경식, 『일본제국주의의 조선 지배』, pp. 483-485 참조.
113 「片倉製糸職工今朝 일제히 파업」, 『조선일보』, 1934년 10월 12일 자 참조.

검거된 사례도 있었다. 노동보호시설이나 노동보호법도 없어서 조선인 노동자들은 산업재해와 생명의 위협에 항상 노출되어 있었다.[114] 예컨대, 1938년 조선질소비료회사의 흥남 비료공장에서 조선인 노동자들은 저임금(조선인 노동자는 일본인 노동자의 약 절반 액수로, 남자 직공 일급 1원 16전, 여자 80전, 인부는 55-80전)으로 유독가스가 가득한 공장 내에서 12-16시간의 중노동을 하였다. 이 때문에 이 공장 조선인 노동자의 80-90%가 폐결핵, 기관지염, 간장병, 안질 등의 질병에 걸리고, 많은 사상자가 발생했다. 조선인 직공이 작업운반차와 충돌하여 참사를 당하자, 회사 측은 고향의 친지에게도 알리지 않고 한 사람도 입회시키지 않은 채, 마치 개나 고양이 시체를 버리듯이 사체를 흙속에 묻어 버리거나, 노동자가 현장에서 기계에 걸려 사망했을 경우 병원에 집어넣고 입원 치료 중 사망했다고 하여 가족에게는 한 푼의 위로금도 주지 않은 등의 예가 무수히 많았다. 일제가 흥남·함흥지방에 대륙침략 병참기지를 설치하는 공사를 할 때부터, 조선인 노동자를 노예처럼 동원하여 참혹하게 착취 학대한 것이었다.

일제가 1939년 '징용령'을 공포하여 조선인들을 강제징용해서 군수산업에 투입할 때부터는 상태가 더 악화되었다.[115] 일제의 조선인 노동력 강제동원은 1939-1945년 사이에 조선 내에 투입한 것만도, '관알선'식의 동원 수가 약 40만 명, 징용식 동원 수가 약 30만 명, 그 밖에 도별 동원 수가 약 400만 명으로, 합계 약 470만 명에 이르렀다.[116] 강제연행된 조선인 노무자들은 거의 모두가 군수광산, 군수공장, 군수시설에 투입되어 일본군 감시하에 노예노동을 강요당하였다.[117]

조선인 노동자에 대한 일제의 가혹한 탄압에도 불구하고 조선인 노

114 곽건홍, 『일제의 노동정책과 조선노동자: 1938-1945』, 신서원, 2001, pp. 229-343 참조.

115 김민영, 『일제의 조선인 노동력 수탈 연구』, 한울, 1995, pp. 67-213 참조.

116 박경식, 『일본제국주의의 조선 지배』, p. 479 참조.

117 김민영, 『일제의 조선인노동력 수탈 연구』, pp. 214-241 참조.

동자들은 기회가 있을 때마다 노동쟁의를 일으켜 저항 투쟁을 전개하였다.[118] [표 9-27]에서 볼 수 있는 바와 같이, 1930년대에도 조선인 노동자의 노동쟁의는 완강하게 전개되었다.

일제가 보고한 노동쟁의의 원인을 보면, 1933년의 경우 ① 임금인상 요구가 28.3%, ② 임금인하 반대가 25.4%, ③ 대우 개선이 11.4%, ④ 기타가 34.8%로 되어 있다.[119] 기타에 속하는 중요 요구조건으로는 8시간 노동제 실시, 기숙사의 식사 개선, 직공에 대한 벌금제 철폐, 무조건 해고 절대 반대, 악질 경무계원의 추방, 취업 중 부상자에 대한 위자료 지불, 구타 반대, 갱내 위험노동 반대, 노동조합운동 허용, 단체교섭권 및 단체계약권 수립 등과 같은 것이었다. 물론 조선인 노동자들의 노동쟁의는 1938년의 경우 일제의 가혹한 탄압으로 실패한 것이 42%, 일제와 타협한 것이 26%였고, 성공한 것은 22%에 불과하였다.[120]

1930년대 이후 일제의 대륙침략 병참기지 설치에 따른 군수공업 설치

[표 9-27] 노동쟁의(1930-1938)

연도	건수	인원(명)
1930	160	18,972
1931	201	17,114
1932	152	14,824
1933	176	13,835
1934	199	13,098
1935	170	12,187
1936	138	8,248
1937	99	9,146
1938	90	6,929

자료: 朝鮮總督府, 『最近に於ける朝鮮治安狀況』(1938).

118 김경일, 『한국근대노동사와 노동운동』, pp. 301-439 참조.

119 朝鮮總督府, 『最近に於ける朝鮮治安狀況』, 1938, p. 152 참조.

120 朝鮮總督府, 『最近に於ける朝鮮治安狀況』, pp. 88-95 참조.

와 확장은 일제 군국주의자들과 일본 독점자본들이 군사 무력과 폭력으로 조선인 노동자들을 강제동원하여 그들을 수탈하고 가혹하게 착취하면서 이루어진 것이었다.

4) 일제의 식민지 군수공업정책과 한국 공업의 특징

지금까지의 고찰에서 명백히 알 수 있는 1930-1940년대 일제의 식민지 공업정책과 이 시기 한국 공업의 특징을 다음과 같이 간단히 정리할 수 있을 것이다.

첫째, 1930-1940년대 일제의 조선에 대한 공업정책은 '대륙침략 병참기지'를 조선 내의 유리한 입지에 설치하여 일본군의 군수품을 생산 공급하는 것에 집중되었다. 그 결과 조선의 함남 흥남지구 일대 등(여기에 더해 서부조선 항구 일대와 영등포·인천지구 일대)에 군수공업을 설치하게 되었다. 일제의 함남 흥남지구와 경인지구 군수공업 설치 사실은 도별 공업생산액 비교로도 간접적으로 확인된다. 예컨대, [표 9-28]에서 볼 수 있는 바와 같이, 1939년의 경우 함경남도가 공업 총생산액의 22.4%, 경기도가 20.4%를 차지했고, 다른 도는 모두 미미하였다.

또한 1940년 공산액의 조선 남부와 북부의 비율을 보면, [표 9-29]에서 알 수 있는 바와 같이, 조선 북부는 화학공업의 82%, 금속공업의 90%, 기계공업의 28%를 점유하여 중공업의 79%를 점유하고 있으며, 조선 남부의 비율은 21%였다. 반면에 조선 남부는 방적공업의 85%, 식료품공업의 65% 경공업의 70%를 점유하고 있으며, 북조선의 비율은 30%였다. 일제의 군수공업을 제외하면, 주민의 시장경제와 직결된 공업은 미미했음을 거듭 확인할 수 있는 것이다.

둘째, 일제의 군수공업은 동기부터 조선의 풍부한 광물자원 약탈에 관련되어 있었다. 일제는 국제화폐의 기능을 가진 금의 채굴과 약탈에 광분했을 뿐 아니라. 무기와 장비 제조의 원료가 되는 철광을 비롯한 각종 광

[표 9-28] 도별 공업생산액과 비율

도	1936년		1939년	
	공업생산액 (천 원)	비율(%)	공업생산액 (천 원)	비율(%)
경기도	144,597	20	305,659	20.4
충청북도	7,569	1	11,820	0.8
충청남도	20,875	3	23,431	1.6
전라북도	13,595	2	31,461	2.1
전라남도	50,641	7	70,082	4.7
경상북도	51,005	7	81,356	5.4
경상남도	80,714	11	139,691	9.3
황해도	49,850	7	126,109	8.4
평안남도	62,580	9	121,687	8.1
평안북도	30,584	4	46,925	3.1
강원도	24,578	3	45,928	3.1
함경남도	143,942	20	334,745	22.4
함경북도	40,271	6	159,378	10.6
합계	720,801	100	1,498,272	100.0

자료: 『朝鮮經濟年報』(1941-1942).

[표 9-29] 지역별 업종별 공산액 표(1940)

구분	공업부문	조선 남부		조선 북부		공업생산액 합계 (천 원)
		공업생산액 (천 원)	비율(%)	공업생산액 (천 원)	비율(%)	
중공업	화학	91,172	18	410,578	82	501,750
	금속	13,602	10	123,490	90	137,092
	기계	38,406	72	14,820	28	53,226
	소계	143,180	21	548,888	79	692,068
경공업	방적	170,986	85	30,356	15	201,342
	요업	7,966	21	31,276	79	39,242
	목제품	13,749	65	7,312	35	21,061
	인쇄제본	17,246	89	2,127	11	19,373
	식료품	213,628	65	114,724	35	328,352
	가스전기	11,097	36	19,366	64	30,463
	기타	127,474	78	35,794	22	163,268
	소계	562,146	70	240,955	30	803,101
합계		705,326	47	789,843	53	1,495,169

자료: 朝鮮銀行調査部, 『朝鮮經濟年報』(1948)에서 작성.

물을 채굴하여 일본으로 약탈해 가는 일에 집중하였다. 그리하여 무산철광과 기타 각종 채굴된 광물을 반제품 형태로 만들기 위한 제철공장들이 설치되었다. 또한 화약 등 각종 군수품 생산과 군량미 증식정책을 지원하면서 조선 농민을 수탈한 비료공장들이 군수공업단지 안에 설치되었다. 일제의 광산자원 채굴은 양적으로 비약적 증가를 보였는데, 이 증가는 조선 주민의 경제 및 복지와는 무관한 공업원료 '약탈의 증가'였다.

셋째, 일제 군수공업의 설치는 일본 독점자본을 한반도에 끌어들여 일본 독점자본에 의해 설치되었으며, 조선인 자본은 거의 결여되어 있었다. 군수공업의 대종을 이루는 화학공업, 가스·전기공업, 요업 등에는 100% 모두 일본자본뿐이었으며, 금속공업에는 일본자본이 98%였고, 한국인 자본은 단지 2%뿐이었다. 심지어 정미업을 대종으로 하는 식료품공업에서도 이것이 군량미 공급으로 편입되자 일본자본이 93%를 점했고, 조선인 자본은 단지 7%에 불과하였다. 1941년의 경우 공업자본의 민족별 구성은 일본인 자본이 94%였고 조선인 자본은 단지 6%에 불과하였다.

일본 독점자본은 저렴한 노동임금에 의한 식민지 초과이윤을 획득하기 위해 일본 군부가 요청하는 군수산업에 투자했고, 일본 군부와 일제 총독부는 일본 독점자본의 식민지 초과이윤을 보장하고 이윤 증대를 위해 조선인 노동임금을 최대로 억제·억압하였다. 일본 독점자본은 일본 군부와 총독부의 지원을 받으며, 조선인 노동자들을 여성 노동자, 미성년 노동자까지 총동원하고, 심지어 '징용'에 의한 강제동원까지 하면서 노예임금으로 최대한 착취하고 수탈하였다. 일제의 무력 탄압으로 고율의 '식민지 초과이윤'을 착출한 것이었다.

넷째, 한반도에서 일제의 군수공업 설치는 정상적인 자본주의 시장경제에서의 경제원리와 경제순환에 의해 형성된 것이 아니라 일본 군부의 '통제'와 '명령'에 의해 형성된 것이었다. 일제는 1930-1940년대 조선에서 군수공업을 설치하기 위해 정상적 자본주의 자유시장경제를 활용한 것이 아니라 이를 배척하고, 일제의 계획과 명령을 집행하는 '통제경제'·

'명령경제'의 방법을 택하였다. 일제는 이를 위해 '시장경제'를 파괴하고 '통제경제'를 실시하는 수많은 명령과 규칙을 공포하여 강제집행하였다. 그러므로 1930-1940년대 한반도에서 일제의 군수공업 설치를 자유시장 경제의 '공업화'나 '공업화 통계'로만 계량적으로 설명하고 다루는 것은 결코 올바른 과학적 방법이 아니다. 일제의 군수공업은 경제를 군사에 종속시켜 '통제경제'와 '명령경제'로 설치한 것이었다.

다섯째, 일제는 한반도에서의 군수자원 약탈을 목적으로 했기 때문에 군수공업을 모두 일본 본토의 공업에 직접 예속시켰다. 예컨대 제철공업은 '선철 → 강철 생산'의 일관작업으로 완제품을 조선에서 생산하지 않고, 철광석을 '선철' 형태로만 일차 가공하여 일본으로 싣고 간 뒤 일본에서 '강철'을 제조하여 각종 군사장비를 제조케 하였다. 다른 군수산업 생산품도 유사하였다. 즉 일제는 풍부한 조선 광산을 약탈해 가고, 조선공업은 일본공업의 원료 또는 반제품 공급 부문으로 한정해 예속시킨 것이다. 그러므로 1930-1940년대 일제가 생산한 군수공업 생산물은 당시 조선 경제의 순환이나 조선 경제에 대한 전후방 연관효과가 없었고, 일본 경제에 직결된 것이었다. 이것을 마치 조선 경제의 순환체계에 포함된 것으로 다루고 설명하는 것은 사실과 다른 것이다.

여섯째, 일제는 조선 군수공업을 일본 본토의 공업에 직접 예속시키기 위해 조선에서 '기계공업'을 극도로 억제·억압하였다. 이는 기계공업이 본질적으로 기술혁신의 중심축이며 산업혁명의 업종이기 때문에, 조선의 공업화와 공업 발전을 억압하려면 기계공업을 결여시켜야 하기 때문이었다. 일제의 이러한 정책 때문에 군수공업으로서의 화학공업, 금속공업, 시멘트공업, 전기공업 등이 설치되었음에도 불구하고 공작기계와 정밀기계는 모두 일본 본토에서만 생산했고 조선에 들여와서는 조립만 하도록 하였다. 조선에서 허용된 것은 고장난 기계에 대한 현지 수리공장 뿐이었다. 일제의 조선 기계공업 결여·억압정책은 일제강점기 조선의 공업화·산업 발전을 근본적으로 저지한 것이었으며, 일제 식민지정책이 '산업혁명'·'산업화'를 추진했다는 주장의 허구성을 증명해 주는 것이다.

일곱째, 일제가 조선에 군수공업을 설치한 목적은 원료와 반제품을 일본 본토로 약탈해 가려는 것이었기 때문에 일제는 군수공업의 입지를 일본과의 항해가 편리한 '항구'에만 설치하였다. 원래 조선의 국민경제와 순환되려면 그것은 당연히 광산 부근 또는 조선의 중요도시 내에 설치되었어야 하는데, 그러한 입지는 하나도 없었다. 이것은 일제의 '군수공업'이 조선의 경제자원을 약탈하여 조선 경제와 관련시키지 않고 일본 경제의 발전과 직접 연계시킨 식민지정책에서 결과한 것이었다.

여덟째, 일제의 군수공업은 조선인 노동자들을 수탈하여 형성된 것이었다. 일제는 동일한 군수공장에서 동일한 시간과 질의 노동을 했음에도 조선인 노동자에게는 일본인 노동자의 약 50%밖에 임금을 지불하지 않았으며, 조선인 여성 노동자에게는 다시 그 절반인 25%밖에 지불하지 않았고, 미성년 노동자에게는 다시 그 절반 이하만을 지불하였다. 참으로 경악하지 않을 수 없는 기아임금, 노예임금이었다. 또한 일제는 1939년 '징용령' 공포 이후에는 조선인 징용 노동자들을 군수공업에 강제연행한 뒤 거의 무보수 무상노동을 강제하였다. 일제의 이러한 노동정책은 조선인 노동자에 대한 참혹한 수탈이었다. 일제는 조선인 노동자들을 각종 방법으로 수탈하고 또 수탈하여 군수공업에 투자한 일본 독점자본의 높은 식민지 초과이윤을 보장한 것이었다. 그러므로 일제하 조선 군수공업이 양적으로 팽창하여 통계상 생산량이 증가하면 증가할수록 조선인 노동자들에 대한 착취와 수탈이 증가하였다.

아홉째, 일제의 군수공업은 조선인 노동자들을 수탈하여 형성되었기 때문에 기술이 크게 후진되어 있었다. 조선 내의 일제 군수공업은 선진 자본주의 국가의 동종 공업의 기술 수준에 비교해서뿐만 아니라 일본 본토 내의 군수공업에 비해서도 기술의 후진성이 지배적이었다. 왜냐하면 일제의 군사력으로 조선인 노동자를 극히 저렴한 임금으로, 또는 거의 무상으로 강제 투입 사역할 수 있었기 때문에 일본 독점재벌들은 조선에서 기술혁신에 의거하기보다는 조선인 노동자를 더 투입하는 방법으로 생산량을 증대시키려 했기 때문이었다. 조선 내 일제 군수공업의 생산성은 일본 내 동종 공업의 생산성보다 현저히 낮고 낙후된 것이었다.

열째, 일제는 이러한 군수공업의 기술도 일본인 기술자에게만 독점하도록 하고, 조선인들은 극히 저급 기술이나 기술이 아닌 저급 기능만 가질 수 있도록 경계하고 억제하였다. 특히 군수공업은 군사 기밀이라 하여 일본인만 중요한 기술에 접근시키고, 조선인은 대부분 군수산업 기술에서 제외시켰다. 그러므로 1930-1940년대 조선에 군수공업이 설치되었음에도 불구하고, 일본인의 기술독점과 조선인의 기술 배제 때문에, '조선인 기술자'들은 형성되지 못했으며, 몇 사람 기술자들도 최말단의 낮은 기술·기능을 습득한 데 불과하였다.

열한째, 조선 내 일제의 1930-1940년대 공업과 군수공업은 일본 독점자본의 몇 개 군수공장을 제외하고는 규모도 작았고 생산성도 낮았다. 이것은 이 시기 조선 공업의 영세성과도 직결된 것이었다.

[표 9-30]에서 볼 수 있는 바와 같이, 노동자 100명 이상 대공장의 수는 전체의 4.7%이고, 직공 수는 전체의 51.6%이며, 공산액은 전체의 69.0%를 생산한 데 비하여, 100명 미만의 중소공장은 전체 공장 수의 95.3%에 달했으며, 전체 노동자 수의 48.4%를 점하였고, 전체 공산액의 31.0%를 생산하였다. 그나마도 노동자 100명 이상의 당시 대기업은 거의 모두 일본 독점자본의 소유였고, 조선인 소유 공장은 거의 모두 30명 미만의 영세공장들이었다.

[표 9-30] 공장 규모별 비중 (단위: %)

공장 규모	공장 비중	직공 비중	공산액 비중
대공장(노동자 100명 이상)	4.7	51.6	69.0
중공장(노동자 100 미만)	13.6	22.3	14.5
소공장(노동자 30명 미만)	81.7	26.1	16.5

자료: 朝鮮銀行調査部, 『朝鮮經濟年報』(1948).

열두째, 일제의 1930-1940년대 군수공업에서 일한 노동자는 거의 대부분 조선인 노동자였고, 그들의 노동조건과 생활상태는 참으로 비참하였다. 임금은 극히 저렴한 기아임금이나 거의 무급노동이었고, 식사마저 부족하여 항상 굶주렸으며, 노동조건은 극히 열악하여 노예처럼 하루 12-16시간씩 강제 사역당했다. 재해 보호도 전혀 없어 수시로 목숨을 잃거나, 부상당해도 치료조차 받지 못하였다. 군수공업에 투입된 조선인 노동자나 1939년 '징용령'에 의해 강제연행된 조선인 노동자는 강제 사역에서 탈출하지도 못하였다. 군수공업은 군사기밀이라 하여 작업장 주위를 일본 군인들이 경비하고, 노동자들은 탈출하다가 체포되면 투옥 또는 극심한 구타로 징벌당하였다. 군수공업의 조선인 노동자들은 노예노동을 강제당한 것이었다.

열셋째, 일제 식민지 공업정책의 내용을 들여다보면, 일제가 조선을 '공업화'·'개발'·'근대화'시켰다고 떠드는 1930-1940년 시기의 '공업화'·'개발'·'근대화'는 일제의 선전문구였다. 그 실체는 조선인과 조선 노동자와 조선의 자원을 수탈하고 약탈한 '대륙침략 군수공업'의 설치에 불과한 것이었다. 그것은 조선인 경제의 개발·근대화가 아니라 일제의 조선인과 조선 사회경제에 대한 수탈과 착취의 증가일 뿐이었다. 당시 일본 군부는 일제의 흥남지구 '대륙침략 병참기지'를 차마 '개발'·'근대화'·'공업화'라고 떠들지 못하였다. 그것이 군사작전의 일부임을 잘 알고 있었기 때문이다. 이것이 진실이어서 일제 항복 후 북한에 진주한 소련군은 흥남지구의 '대륙침략 병참기지' 군수시설을 일반 경제의 공업시설로 간주하지 않고 군사시설 전리품으로 간주하여 모두 소련으로 뜯어 가 버렸다. 오직 일제 총독부 관리들만 당시에 내용을 알면서도 조선인을 기만하는 홍보용으로 '공업화'·'개발'·'근대화'를 조선인들에게 떠들어 대었다.

이처럼 이른바 식민지 근대화론은 오늘날 일본의 신군국주의 책동자들, 군국주의 부활론자들이 조선 침략과 조선인 수탈의 죄악을 감추기 위하여 과거 총독부 관리들의 홍보 문구를 찾아와 재활용하는 것이다. 만일 한국 내에 이에 동조하는 논자가 있다면 진실을 모르는 어리석은 주장인 것이다.

제10장(연속 제31장)

일제 공출정책의 물자 강탈과 조선인의 생활상태

1. 일제의 공출정책

1) 일제의 공출(供出)정책의 특징

일제는 1937년 중일전쟁과 1941년 태평양전쟁 도발 후 군수물자가 절실하게 부족하자 조선 민중에 대하여 소위 '공출(供出)정책'을 실시하였다.

여기서 '공출정책'이란 일제 조선총독부가 총독의 명령으로 조선 민중에게 특정 품목을 책임생산하여 의무적으로 헌납하게 강제하거나 자기의 사유물을 총독부에 의무적으로 헌납하게 강제하는 정책을 가리킨다. 이때 총독부는 명목상 대가를 지불하는 것으로 되어 있으나, 시장가격이 아니라 그보다 훨씬 낮은 총독부의 지정가격으로 지불하고, 현금 지불이 아니라 많은 부분을 금융조합에 계정상 '애국 저축예금' 등으로 저축을 강제하여, 실제로는 헌납자는 거의 대가를 받지 못하고 물품을 빼앗기는 제도와 정책이었다. 조선 민중이 총독의 '공출' 명령에 저항하거나 회피하는 경우에는 일제 경찰과 헌병이 연행해 가서 가혹한 고문과 처벌을 가하였다.

[표 10-1] 중일전쟁-태평양전쟁 시기 일제가 강행한 공출 품목

분 류	품 목
농산품	백미, 소맥, 태맥, 대두, 소두, 녹두, 깨[荏子], 조[粟], 피마자(蓖麻子, 아주까리), 낙화생(落花生), 감자(甘藷), 고구마, 배추(白菜), 무(蕪), 사과[苹果], 배[梨], 밤[栗], 감[柿], 복숭아[桃], 면화, 누에고치[蠶繭], 대마, 아마[亞麻], 닥[楮], 칡[葛], 완초[莞草], 마초[馬草], 호초[芦草], 가마니[叺], 대자리[筵], 새끼[繩], 짚[藁]
축산품	소[牛], 돼지[豚], 닭[鷄], 토끼가죽[兎皮], 소가죽[牛皮], 돼지털[豚毛], 계란[鷄卵]
임산품	목재(木材), 장작(長斫), 송지(松枝), 목탄(木炭), 산채(山菜), 송실(松實), 송탄유(松炭油), 관솔, 칠(漆)
해산품	생선(生鮮), 건어(乾魚), 천초(天草), 해태(海苔)
섬유품	면포(綿布), 마포(麻布), 견포(絹布), 인견포(人絹布), 조선지(朝鮮紙)
금속품	백금, 금, 은, 비녀, 가락지, 동(銅), 진유(眞鍮), 유기(鍮器)
철광품	철, 광석, 석탄, 연탄, 고철물
약초	박하(薄荷), 반하(半夏), 생강(生薑), 창걸(蒼杰), 구기자(枸杞子), 오미자(五味子), 호도(胡桃), 천궁(天芎), 백술(白朮), 당귀(唐歸)
기타	걸레(兵舍掃除用), 잡초(雜草)

자료: 文定昌, 『朝鮮農村團體史』, 1942, 제52표.

그러므로 일제의 '공출' 정책은 형식상으로는 '국민 총동원령' '공출용 생산 책임령', '물자 통제령' 등의 법령 형식을 갖추었을지라도, 그러한 법령 자체가 식민지 수탈 법령이었을 뿐 아니라, 일제 총독부가 날강도가 되어 백주에 조선 민중의 소유물을 강제로 빼앗아 가고 조금이라도 저항하면 난폭하게 처벌하는 물자 강탈정책이었다.

공출의 대상은 1937년 처음에는 '쌀'(미곡)로 시작했다. 태평양전쟁을 일으킨 1941년부터는 조선총독부 촉탁으로서 일제의 공출을 직접 목격한 문정창(文定昌) 씨가 작성한 [표 10-1]에서 볼 수 있는 바와 같이, 농산품·임산품에서 철광품·약초에 이르기까지 일제가 필요한 모든 부문에 걸쳐 광범위하였다.

[표 10-1]에서는 농산품 32종, 축산품 7종, 해산품 4종, 임산품 9종, 섬유품 5종, 금속품 8종, 철광품 5종, 약초 10종, 기타 2종을 들고 있다.

여기서는 이 가운데서 이제 연구가 시작되어 그 내용을 약간 파악할 수 있는 몇 가지 사례만을 보기로 한다.

2) 쌀(米)과 농산물의 공출

일제는 일본 본토의 일본인과 광범위한 침략 전장의 일본군에 쌀 공급이 부족하게 되자, 식민지 조선에서 '쌀'을 공출 등으로 최대한 거두어 가고, 조선인의 식량은 만주에서 대두박(大豆粕, 콩깻묵, 콩에서 기름을 짜고 남은 사료용 찌꺼기) 등을 수입해서 배급하여 대체하도록 정책화하였다. 이 때문에 조선 민중은 태평양전쟁 기간에 모두 영양실조에 걸려 대두박과 초근목피로 연명하는 참혹한 상태에 떨어지게 되었다.

일제 총독부는 쌀 공출을 극대화하기 위하여 쌀 생산량 추계를 처음부터 실제 생산량보다 과도하게 계측하고, 그에 따라 과도한 쌀 공출량을 책정해서 각 도에 배당했다. 자연히 각 도는 다시 군·면·부락별로 과도한 공출량을 조선 농가에 배당하게 되었다. 조선 농민은 관혼상제에 반드시 쌀이 필요하므로 약간이라도 감추어 저장해 두면, 일제는 경찰(또는 헌병)·면서기·이장 등의 수색조를 편성하여 부락과 농가를 급습해서 볏짚더미·부엌 바닥·헛간 바닥까지 파보며 쌀을 찾아내 강탈해 가고, 그 농민을 경찰관서에 연행하여 가혹하게 매질하였다.

쌀 공출량은 정확한 통계가 발표되어 있지 않다. 일제에 의해 낮게 추계된 공출량이라도 보면, [표 10-2]와 같이 1941-1945년의 5년간에만도

[표 10-2] 일제의 쌀(정곡) 공출량(1941-1945)

구분	1941	1942	1943	1944	1945
쌀 공출량(만 석)	920.8	1,125.5	875.0	1,195.7	963.4
총생산량에 대한 비율(%)	43.1	45.2	55.7	63.8	60.0

자료: ① 조선식량영단 발표자료, 『일제의 조선경제침략사』 제2권, 1996, p. 305.
② 최윤규, 『근현대 조선경제사』, p. 407.

쌀 총생산량의 43.1-63.8%에 해당하는 약 5,080만 4,000석을 공출로 강탈해 갔다.

일제 총독 미나미는 쌀 공출량을 증대시키기 위하여 1936년의 쌀 수확량부터 계산 방법을 변경하였다. 1936년의 실제 조선 쌀 수확량은 1,455만 8,000석이었는데, 미나미는 조사 방법을 바꾸어 1,941만 1,000석으로 추계하였다. 공출량을 증대시키고 자신의 업적을 과장하기 위한 것으로, 475만 3,000석이 허수로 들어가 사실보다 부풀려진 통계였다. 그 이후 조선총독부의 쌀 생산 통계는 약 25%가 부풀려지고,[1] 그에 따라 쌀 공출의 배당량도 과중하게 배당되어 조선 농민은 자기의 식량도 남김없이 모두 털어서 일제 총독부에 공출로 헌납하게 되었다. 특히 1939년 한발에 의한 대흉작과 1942-1944년의 연이은 흉작으로 쌀 생산은 평년작을 훨씬 하회했음에도 불구하고, 일제의 '공출량'은 과다하여 조선 농촌은 쌀을 생산하고서도 쌀이 남아 있지 않게 되었다.[2]

일제는 쌀 이외에도 콩·팥·녹두·밀·보리·깨 등 잡곡도 '공출'로 약탈해 갔다. 1936년에서 1940년까지 잡곡을 해마다 100만-150만 석 공출해 간 기록이 있다.[3]

이러한 사실을 직접 관찰한 문정창 씨는 부락민들이 상의하여 약간의 양곡을 임간·산중·토굴 등에 매장해 놓았다가 일제 경찰 수색대원에게 습격·수거당하여, 마을의 부녀자들은 통곡하고 경찰서와 군청으로 끌려간 남정네들은 심한 매를 맞고 돌아와 신음한 참상을 증언으로 기록하였다.[4]

일제는 양곡 이외에 농산물로서 '목화'도 '공출'해 갔다. 일제는 군복의

---

1 文定昌, 『軍國日本朝鮮强占三十六年史』(하), 柏文堂, 1967, pp. 398-414 참조.

2 정덕기, 「일제의 한국농촌 수탈사 연구: 1940년대 농산물 공출제도를 중심으로」, 『경희사학』 제14집, 1987 참조.

3 최윤규, 『근현대 조선경제사』, 갈무지, 1988, p. 407 참조.

4 文定昌, 『軍國日本朝鮮强占三十六年史』(하), pp. 418-419 참조.

원료로 군수용 목면이 필요하자 총독부를 통하여 '책임생산량'을 조선 농민들에게 강제 배당하였다. 일제의 강요로 목화 재배 면적은 일제강점 말기에 25만 3,000정보에 달했고 목화 약 2억 1,000만 근을 생산해서 그 가운데 약 80%를 공출케 하여 약탈하였다. 대가는 '공판제'를 거친다는 미명으로 국제 시장가격의 18%에 불과한 가격으로 지불했고 대금은 금융조합에 강제 저축시켜 지불하는 형식을 취하였다.[5]

또한 일제는 '누에고치'도 강제로 양잠하게 해서 '공출'해 갔다. 일제의 책임생산 강제 배당으로, 1940년의 양잠농가는 84만 호가 73만 석의 누에고치를 생산했는데, 일제는 목화와 같은 방식으로 누에고치도 '공출'해 갔다.

일제는 군수용 기름이 부족하자 조선 농민에게 피마자(아주까리)를 강제로 책임생산 배당하여 재배시켜 모두 '공출'해 갔다. 또한 군수용 밧줄의 원자재가 필요하다고 하여 대마(삼)를 책임생산 배당하여 강제로 재배시켜서, 대마 껍질을 벗기게 한 뒤 모두 '공출'해 갔다. 이 밖에 일본 군대에 필요하다고 일본 정부가 요구하는 각종 농산물 및 기타 품목은 즉각 조선총독에게 통보되고, 식민지 조선의 각 도·군·면·리·가정에 배당 명령되어 강제로 책임생산케 해서 생산물을 즉각 '공출'해 갔다.[6] 일본군 주둔 병영에 근접하거나 교통이 뚫린 지역에서는 조선 농경에 필수적이어서 농민이 아끼는 '소'를 강제로 '공출'해 가버려서, 소 대신 인력으로 밭갈이하는 사태가 벌어지기도 하였다.

---

5 『日本人の海外活動に關する歷史的調査』, 통권 제5책, 조선편 제4분책, pp. 119-120; 최윤규, 『근현대 조선경제사』, p. 407.

6 이송순·노성룡·이대열 편역, 『농업·임업정책(1): 일제 식민농정-식량관련 생산 및 유통·공출 정책』, 동북아역사재단, 2021 참조.

3) 임산물과 송진(松脂)·송피(松皮)의 공출

일제 총독부는 1937년 중일전쟁 무렵 군수용으로 조선 목재를 남벌해 가다가, 1942년 6월 18일에는 특히 '조선목재통제령(朝鮮木材統制令)'을 제정하여 민유림에서도 목재 공출을 강요하고, 목재의 과벌과 남벌을 자행하였다. 일제는 두만강 상류와 압록강 상류의 울창한 삼림에서 아름드리 나무들을 군수용 목재로 남벌하여 '공출'해 갔다. 모두 일본군의 군수를 충당하기 위한 것이었다.[7] 마을의 신목(神木)이나 사유림(寺有林)의 아름드리나무도 베어 '공출'해 갔다.[8] 경상남도 합천 해인사, 양산 통도사, 동래 범어사, 충청북도 속리산 법주사, 전라북도 구례 화엄사 주변에 승려들이 정성껏 가꾸어 온 수백 년 수령의 아름다운 자연보호 문화재급 관상목들도 일제의 '공출' 요구로 베어져 일본군의 군수용으로 약탈당하였다.

일제는 중일전쟁 도발 이후 특히 태평양전쟁 기간에 군수용으로서 항공기용 목재, 선박용 목재, 침목, 전주, 갱목, 토건용 목재, 펄프용재, 차량용재 등의 수요가 폭증하자, 국유림과 함께 민유림에 대해서도 '조선 목재생산 책임제도'를 시행해서 책임생산량을 각 도·군에 배당하였고, 이 배당된 책임생산량을 채우고자 목재 등을 과잉 채벌하여 '공출'로 약탈해 간 것이었다. 예컨대 조선 목재의 생산을 가격으로 환산한 추이를 보면, [표 10-3]과 같이, 1930년을 100으로 할 때, 1937년에는 지수 167, 1941년에는 지수 1,541, 1943년에는 지수 1,705로 폭증하였다. 1941년부터의 폭증은 전적으로 군수용 목재를 '공출'로 약탈해 간 것을 사후 계산한 것이다.

---

7 姜英心, 「일제시기 戰時(1937년-1945년) 林政하에서의 삼림수탈」, 『한국사연구』 제102집, 1998 참조.

8 최병택, 「일제하 전시체제기(1937-1945) 임업동원책과 삼림자원 공출」, 『한국사학보』 제32호, 2008 참조.

[표 10-3] 조선의 연도별 목재 생산액 추이(1930-1943) (단위: 천 원)

연도	1930	1936	1937	1938	1939	1941	1943
생산액	7,037	19,230	11,736	15,050	21,061	109,438	120,000
지수	100	273	167	214	299	1,541	1,705

자료: ① 『朝鮮』 1940년 8월호, pp. 80-81 및 1941년 1월호, pp. 105-106.
② 姜英心, 「일제시기 戰時(1937년-1945년) 林政하에서의 삼림수탈」.

여기서 [표 10-3]에 없는 1944년의 경우를 보면, 군수용 벌목이 극심하여, 민유림 1,094만 정보 총 축척 1억 1,375만 m^3(3억 4,058만 척체) 중 연간 1,057만 m^3(3,804만 척체)를 벌채하여 벌채율이 11%에 이르러서 실질 연 생장량인 560만 m^3(2,020만 척체)보다 무려 2배나 되는 1,057만 m^3를 과벌하였다.[9] 일제는 이렇게 과벌한 목재를 '공출'로 약탈해 갔다. 일제의 1937-1945년의 목재 과벌과 '공출'로 조선의 삼림은 모두 황폐해져 버리고 말았다.

일제는 또한 연합국의 석유 공급 봉쇄·차단으로 유류 공급이 부족하자 트럭 등을 휘발유나 경유가 아니라 '목탄(木炭)'으로 굴리며 싸우려 했다. 이 목탄을 조선 삼림에서 벌채하고 생산하여 '공출'로 보급하려 했으니, 조선 민중과 삼림이 견딜 수가 없는 것이었다.

또한 일제의 임산물 수탈은 목재나 목탄에 그치지 않고, 연합군의 해상 수송로 차단으로 군수용 석유 공급에 차질이 일자 송탄유(松炭油)·송근유(松根油)·송지(松脂) 등 임산유원(林産油源)의 자재를 '공출'시켜 약탈해 갔다. 군수용기나 전파용기에 필요한 탄닌이나 주석산을 함유한 수피(樹皮), 심지어 산머루까지도 '공출'케 하였다. 일제는 1943년 6월부터 '송탄유 긴급생산 2개년 계획'을 세워 이를 조선 산림의 소나무에서 짜내려고 하였다. 이에 일제는 1943년 6월 1만 5,000톤의 송탄유를 '공출'하도록 지방 도·군에 배당하였고, 군·면·리별로 소나무 뿌리·가지·옹어리에

9 姜英心, 「일제시기 戰時(1937년-1945년) 林政하에서의 삼림수탈」 참조.

[표 10-4] 연도별 송지(松脂) · 수피(樹皮) 생산량(1936-1942) (단위: 貫)

연도	송지 생산량	수피 생산량
1936	-	1,656,656
1937	564	2,624,702
1938	18,107	1,313,013
1939	126,422	1,207,022
1940	176,798	1,206,960
1941	245,553	3,322,202
1942	492,024	3,536,278

자료: 『朝鮮總督府統計年報』(1942).

서 송탄유를 짜내려고 소나무 뿌리를 캐내고 껍질을 벗기며 송지(松脂) 채취에 전국 '애국반'원과 각종 학교의 학동들까지 총동원하였다.[10] 일제 총독부의 '공출'에 의한 1937-1942년의 송지·수피 생산(및 공출)량은 [표 10-4]와 같다.

통계가 발표되지 않은 1943-1945년의 송지와 수피의 공출이 더 많았음은 명백한 것이다. 일제의 목재·송지·수피 공출과 임산물 공출정책으로 조선 농민과 학동들이 수백만 명 강제동원되어 산에 올라가서 소나무 뿌리와 껍질을 벗겼다. 일제의 이 정책으로 조선 삼림은 목재로 잘리고 껍질이 벗겨지고 뿌리가 잘린 소나무들이 죽어 조선 임야가 황폐해져 버리고 말았다.

4) 고철(古鐵)과 철제품의 공출

일제는 중일전쟁과 태평양전쟁 도발 이후 무기와 군수품 제조에 철 등 금속의 수요가 급증하자, 조선 내에서 '철강공작물 축조 제한령', '철주

10 ① 古賀明, 「松炭油雜感」, 『朝鮮』 1944년 4월호.
② 姜英心, 「일제시기 戰時(1937년-1945년) 林政하에서의 삼림수탈」 참조.

조물의 제조 제한령', '주석·아연·연 등의 사용 제한령', '백금사용 제한령', '금 사용 제한령' 등을 제정 발포하여 군수품 이외에 철 등 금속의 소비를 극도로 억제하였다. 이어서 조선총독부는 1940년 12월 조선에서의 철제품 제조를 금지시켰다. 그 결과 조선에서는 철제품 대기근이 일어나서 부엌칼·솥·농기구 등이 크게 부족하여 일상생활과 농업 경작에 큰 불편과 지장이 초래되는 기현상이 일어났다.[11] 일제는 조선인의 금속류 사용 제한만으로는 일본군 수요의 급증을 다 충당하지 못하자, 1941년부터 조선에서 철·동을 비롯한 금속류의 '공출'을 '회수'라는 용어로 합리화하면서 다음과 같이 단계적으로 강화해 나갔다.[12]

(1) 일제는 1941년 8월 29일 '금속회수령'을 공포했고, 조선에도 9월 30일 시행세칙을 제정하여 90종에 달하는 금속물자 회수를 독려하였다.[13] 이것은 민간과 민간회사들이 고철과 폐품을 적극적으로 수집하여 총독부에 지정가격으로 판매토록 하는 정책이었다. 그러나 이 정책은 별 성과를 내지 못하였다.

(2) 일제는 1942년 9월 8일 금속에 대한 특별회수와 강제 양도명령을 한 달간 실시하였다.[14] 실제로 (이 명령은) 그 직전에도 실시되어 왔는데, 이때부터 총독부가 지정하는 철제물 등 금속품을 '공출'이라는 이름으로 총독부에 강제 양도하는 정책을 제도화한 것이었다. 이에 금속제품이 우선 철 물건과 동 물건으로 나뉘어서 '공출'되었다. 예컨대, 침대·다리·다리의 난간·스토브·도어·자물쇠·선풍기·화로·동상·교회와 사찰의 종 등과 같은 것이 공출당하였다.

1942년 2월부터 교회 종 헌납운동이 강요되었다. 1942년 9월에는 경

---

11 文定昌, 『軍國日本朝鮮强占三十六年史』(하), pp. 420-421.

12 김인호, 「태평양전쟁 시기 조선에서 금속회수운동의 전개와 실적」, 『한국민족운동사연구』 제62집, 2010 참조.

13 「今一日朝鮮에도 金屬回收令實施」, 『每日申報』, 1941년 10월 11일 자 참조.

14 「불철저한 金屬回收 8일까지 양도신청하라」, 『每日申報』, 1942년 12월 2일 자 참조.

남 마산 교회 산하 18개 교회에서 교회 종을 강제 헌납(공출)하였다.[15] 1942년 10월 15일까지 당시 전국적으로 공출된 교회 종은 장로교회만 1,540개에 달했다고 보도되었다.[16]

사찰의 종도 예외가 아니었다. 경주 봉덕사 신종이나 상원사 동종과 같이 보물로 지정된 종을 제외하고는 전국 사찰의 종들이 '회수'라는 용어로 공출당하였다.[17]

관공서의 철제 울타리는 물론이고, 각 지방 철제 다리, 철제 난간도 뜯어서 '공출'하였다. 일제가 경상도 구포(龜浦) 낙동교의 길이 1,000미터의 철제 난간을 뜯어서 '공출'해 가버려, 다리를 건너던 사람과 말이 깊은 강물에 떨어져서 죽는 참사가 발생하기도 하였다.[18] 일제는 시범을 보인다고 선전하면서 1943년 2월 24일 총독부 건물 주변의 울타리로 세운 철책도 뜯어내어 '헌납'(공출)하였다.[19]

(3) 일제 동경 중앙정부는 1943년 5월 5일 다음과 같은 「금속류 회수 실시요강」을 작성하여 조선총독부에 즉각 실시하도록 통첩하고, 총독부는 이를 철저히 강화 실시하였다.[20]

> **1. 철(鐵)로 된 물건**
>
> (1) 전리품 및 기념보존물(국민교화상 절대로 필요로 하는 것과 각군(各軍)에서 특히 존치를 희망하는 것을 제외함.)

---

15 김인호, 「태평양전쟁 시기 조선에서 금속회수운동의 전개와 실적」 참조.

16 김인호, 「태평양전쟁 시기 조선에서 금속회수운동의 전개와 실적」 참조.

17 손정목, 『일제강점기 도시사회상연구』, 일지사, 1996, p. 223.

18 文定昌, 『軍國日本朝鮮强占三十六年史』(하), p. 421 참조.

19 『每日申報』, 1943년 2월 25일 자 참조.

20 ① 『每日申報』, 1943년 5월 12일 자 기사.
② 손정목, 『일제강점기 도시사회상연구』, pp. 221-222.

(2) 교량의 난간, 조명장치 금속물(다만 보안상 절대로 필요로 하는 것을 제외함.)

(3) 경기장, 이에 속하는 시설의 상층 스탠드 등

(4) 궤조(軌條) 및 철궤(鐵軌)공작물의 일부

(5) 승강기(다만, 아래에 기재하는 것은 제외)

가. 인용(人用)의 것으로서 5층 이상의 것, 다만 5층 이상의 것이라도 필요한 최소한도의 것을 남기고 회수함.

나. 화물운반용의 것

다. 병원, 기타 시설의 성질상 그 존치를 필요로 하는 것

(6) 가로등(다만 보안 및 방공상(防空上) 필요한 것(잔치등(殘置燈)을 포함함)을 제외함.)

(7) 간판 및 광고판

(8) 냉방장치(다만, 병원, 기타시설의 성질상 절대로 필요한 것을 제외함.)

2. 동(銅)으로 된 물건(동합금(銅合金)제품 포함)

(1) 동상(별도 책정에 의함)

(2) 신사(神社) 불각(佛閣) 경내의 시설물

(3) 교량의 당금의보주(唐金擬寶珠)

(4) 차량부속 금속류(단, 보안상 절대로 필요한 것을 제외함.)

(5) 날염(捺染)롤

(6) 수세식 변소 조정기 일부

3. 납(鉛)으로 된 물건(연합금(鉛合金)제품 포함)

(1) 유체설비(遊體設備)의 연판(鉛版)

(2) 수세식 변소 조정기의 일부

(3) 문진(文鎭) 및 깔개, 누르개 등

이것은 금속류를 ① 철, ② 동(銅), ③ 연(鉛, 납)으로 3분류하여 전쟁 수행의 기능적 필수품 이외에는 모두 '공출'(회수)하라는 지령을 실시한 것이었다. 이 지령에 따라 조선에 있는 모든 금속제 장식, 동상, 철제 난간, 가로등, 철제 간판 및 기타 금속류가 모두 공출(회수)당하였다. 세브란스 의학전문학교 설립자 에비슨(O. R. Avison)의 동상과 연희전문학교 설립자 언더우드(H. G. Underwood)의 동상이 공출(회수)당한 것도 이 무렵이다.[21]

일제는 일본군의 군사작전에 직접 필요한 것 이외의 조선 사회에 있는 금속류 제품은 모두 '공출'로 강탈하여 무기 제조의 원료로 사용케 한 것이었다.

(4) 일제는 1943년 9월 '금속회수령 개정령'을 공포하여 "지방장관이 회수 지정 물건을 철거하거나 인수할 때 본래의 소유자나 점유자는 거부할 수 없다"라는 조항을 명문으로 설정해서 금속의 '공출' 강탈을 강화하였다. 일제가 구태여 이 강탈 조항을 명문으로 설정한 것은 조선 내의 조선인 중소기업들을 소위 '기업정비'라는 이름으로 정리해서 일부 강제 폐쇄시키고, 그 철제 기계·기구들을 '공출'(회수)하기 위한 것이었다.

이 단계에서 일제는 '특별회수'라 하여 조선의 각 지방 조선인 중소기업들 가운데 일본 군수품 조달에 편입되지 않은 모든 기업과 공장의 철제 기계·기구들을 일본군 무기 제조를 위한 고철로 평가하여 강제로 회수(공출)하였다. 그 정확한 양은 앞으로의 학계의 연구과제이다.

일제는 또한 군수용 철의 '공출'에 충당하려고, 철도 가운데서 토해선(土海線, 토성-해주 간), 광주선(光州線, 광주-담양 간), 경북선(김천-안동 간)의 점촌-예천-안동 간 철로, 동해선(안변-양양-삼척)의 양양-북평 간 철로 94km를 긴요·긴급하지 않다고 철거하여 무기 제조용 고철로 '공출'(회

21 ①『每日申報』, 1943년 3월 26일 자.
② 손정목, 『일제강점기 도시사회상연구』, pp. 222-223 참조.

수)하였다.[22] 일제가 무기 제조용 철의 부족으로 얼마나 철의 공출과 강탈에 혈안이 되었는가를 알 수 있다.

5) 놋그릇 등 유기(鍮器) 공출

일제는 조선인들이 놋그릇 등 유기(鍮器)물을 애용하는 관습이 있어서 모든 가정의 제기(祭器)·식기·수저·대야·쟁반·촛대·화로·일용품이 유기제품임에 착안하여 이를 모두 '공출'로 약탈하기로 결정하였다. 이 유기물은 바로 일본군의 대포·기관총·소총 등 무기와 탄피 등의 원료로 재활용될 수 있기 때문이었다.

일제는 '여자청년대(女子青年隊)'라는 단체를 조직하여 각군 경찰서장의 관리하에 두고, 여자청년대 대원을 앞잡이로 내세워 모든 조선인 가정의 유기물 소유 정보와 실태를 파악한 후, 유기물의 '공출'을 강요하였다. 귀중한 유기제품 제기를 감춘 조선인이 있는 경우에는 형사를 급파하여 가택 수색까지 하며 이를 강탈하였다. 이 때문에 지정된 유기 공출일에는 군청과 면사무소의 앞뜰에 공출당한 각종 유기들이 동산처럼 쌓이기도 하였다.

일제는 이러한 유기제품들을 명목상 극소액의 대금을 주어 기록으로만 남기고 실제로는 거의 모두 무상으로 강탈하였다. 때때로 특정 가정에서 엄청난 유기물을 공출한 경우에는 '공출보국(供出報國)'이라는 글씨를 넣은 사기(沙器) '밥사발'을 보상으로 주는 경우도 있었다. 일제의 각종 유기물 공출 약탈로 밥그릇과 수저까지 빼앗긴 빈한한 조선 농촌 가정들은 아이들까지 목기와 나무젓가락으로 음식을 먹는 처지가 되었다.[23]

일제가 침략전쟁의 탄피용 자재 등으로 한국인의 생활필수품 놋그릇·

---

22 손정목, 『일제강점기 도시사회상연구』, p. 223 참조.

23 文定昌, 『軍國日本朝鮮强占三十六年史』(하), pp. 421-422 참조.

놋그릇 공출 (출처: 독립기념관)

수저 등을 수량적으로 얼마나 강탈해 갔는지 정밀하고 정확한 통계는 아직 조사·연구·보고되어 있지 않다. 오직 당시 한국인이 소유하고 있던 유기제품은 거의 모두 공출로 빼앗겼던 것으로 증언되어 있다. 지금 풍성한 놋그릇들은 거의 모두 광복 후에 제조한 것들이다.

간접적으로 '유기 공출'량을 추정해 보면, 매년 공출받은 금속류는 이듬해 연초에 군수공장 등으로 수송해 버리고 새해마다 다시 공출을 강요했기 때문에, 1945년 1월부터 일제가 패망한 그해 8월 15일까지의 공출분은 아직 군수공장 등에 보내지 못하고 전국 창고에 남아 있었다. 광복 후 조선은행 조사부에서 그 양을 조사했더니, [표 10-5]에서 볼 수 있는 바와 같이, 조선 남부의 창고에만 약 7,000톤의 동전 및 유기 공출(회수)품이 남아 있었다. 옛 동전은 그다지 많지 않았고, 이것은 대부분 유기제품이었다. 유의할 것은 이것이 38선 분단 때문에 조선 남부 창고에 보관된 것에 불과하고, 군수공장이 있었던 조선 북부 창고에도 이와 비슷한 무게의 유기제품 공출분이 보관되어 있었을 것이라는 점이다. 또한 이

[표 10-5] 해방 직전의 조선 남부 재고 금속품량(1945. 8.) (단위: 톤)

품목	수량	품목	수량
선철(銑鐵)	120,000	연(鉛)	900
강재(鋼材)	50,000	알루미늄 원괴(原塊)	1,400
전기동(電氣銅)	5,000	알루미늄 폐품 및 비행기 폐기체	1,200
동전 및 유기(鍮器) 회수품	7,000	합금철(合金鐵)	1,800
아연(亞鉛)	1,100		

자료: 朝鮮銀行倖調査部, 『朝鮮經濟年報』(1948), pp. 1-103.

것은 1945년 1월부터 8월 초순까지의 조선 남부 공출분이다. 유기품 공출을 강요한 1941년부터 1944년 말까지의 조선 전국의 공출분을 합하면 일제가 '공출'로 강탈한 유기품의 규모를 추정해 볼 수 있을 것이다.

일제는 1945년 위에서 든 유기 공출(회수)품 7,000톤 이외에도, 선철 12만 톤, 강재 5만 톤, 전기동(電氣銅) 5,000톤, 아연 1,100톤, 연(鉛) 900톤, 알루미늄 원괴 1,400톤, 알루미늄 폐품 및 비행기 폐기체 1,200톤, 합금철 1,800톤을 미처 무기로 만들지 못하고 남조선 공장에 쌓아 놓은 채 항복하였다.[24]

일본 제국주의는 처음부터 감당하기 벅찬 침략전쟁을 도발해 놓고서 부족한 모든 물자와 인적 자원을 조선에서 총칼로 위협하여 '공출'로 강탈해서 조달하다가 패망한 것이었다.

6) '국방헌금', '비행기' 헌납 및 '금패물 헌납운동'

일제는 가난한 조선 민중만 군수물자 '공출'로 강탈한 것이 아니라 친일 부호들도 조사하여 착취하였다. 총독 우가키는 조선의 '금' 약탈을 위

24 朝鮮銀行倖調査部, 『朝鮮經濟年報』(1948), pp. 1-103 참조.

한 '산금장려정책'과 함께 금광을 발견해서 부호가 된 문명기(文明琦), 최창학(崔昌學) 등에게 1932년 '애국기(愛國機) 헌납운동'을 일으키도록 요구하였다. 문명기가 이에 10만 원을 내어 전투기 2대를 일본군에 헌납하자 일제는 비행기에 '문명기호'라는 이름을 붙이고 '국방헌금'을 요구하였다. 박흥식(朴興植)도 즉각 이에 호응하여 부호들의 '국방헌금'을 선동하였다.

총독 미나미는 1936년 조선총독에 취임하자 바로 '애국기 헌납운동'을 다시 일으켜서 이번에는 광산주만이 아니라 조선인 지주·양조업자·상인 및 기타 모든 부자들에게 '애국기 헌납금'을 강요하였다. 미나미는 1936년 12월 8일부터 1937년 1월 31일까지 약 50일간 헌납 금액 430만 원, 헌납 비행기 71대를 뜯어내었다.[25]

이뿐만 아니라 총독 미나미는 조선인 부호의 부인들이 금비녀·금반지·금단추 등 금·은 귀금속 패물들을 다량 간직하는 풍습에 주목해서 이를 약탈하기 위해 '애국금채회(愛國金釵會)'라는 것을 조직케 하여 '금패물 헌납운동'을 전국적으로 일으키도록 하였다. 이 운동에 전국 경찰서가 동원되어 길 가는 부인들의 금반지까지 빼앗을 정도로 강압적이었으므로, 당시 조선 부호들의 장롱에 깊이 간직해 둔 금붙이들이 거의 모두 일제에게 '헌납'되어 강탈당하였다.[26]

2. 조선인의 생활상태

1) 식생활의 기아상태

일제강점기, 특히 일제가 침략전쟁을 위한 군수공업을 설치해 광분하

---

25 ① 京城日報社 編, 『朝鮮年鑑』, 1939, p. 59.
② 文定昌, 『軍國日本朝鮮强占三十六年史』(하), p. 423 참조.

26 文定昌, 『軍國日本朝鮮强占三十六年史』(하), p. 418 참조.

던 시기에 조선인의 생활상태는 일제의 수탈·착취로 말미암아 참으로 비참하였다.

우선 일제가 쌀(미곡)과 주요 잡곡을 공출 등 각종 방법으로 빼앗아 가버려서, 극소수의 친일 부호를 제외하고는 거의 모든 조선인이 기아상태에 떨어지게 되었다.[27] 예컨대 1인당 쌀 소비량을 보면, [표 10-6]에서 볼 수 있는 바와 같이, 1938년에 0.769석이었던 것이 1944년에는 0.557석으로 감소하였다. 심지어 잡곡 소비량도 1938년의 0.886석으로부터 1944년에는 0.501석으로 감소하였다.

일제는 조선 농민이 생산한 쌀과 주요 잡곡은 지주제도의 소작료와 공출 등의 방법으로 약탈 징수하여 조선 내 일본 거류민에게 배급하고, 일본 본토에 실어다가 주로 군수용으로 사용하였다. 조선인에게는 만주로부터 '대두박'·조·옥수수를 수입하여 대체 식료로 사용케 하였다. 그러므로 조선인은, 극소수의 친일적 부호를 제외하고는, 거의 모두 영양실조로 얼굴이 붓고 피골이 상접해 가는 비참한 기아상태에 있었다.

일제 총독부 일본인 촉탁 오구레 야스치카(小暮泰用)는 1944년 7월 31일 작성한 비공개 '복명서'에서 조선 농민들이 식량을 전부 '공출'로 바

[표 10-6] 1인당 곡물 소비량(1938-1944) (단위: 석)

연도	쌀	잡곡	합계
1938	0.769	0.886	1.655
1939	0.610	0.819	1.429
1940	0.720	0.717	1.437
1941	0.736	0.733	1.469
1942	0.578	0.494	1.072
1943	0.552	0.683	1.235
1944	0.557	0.501	1.058

자료: 『朝鮮總督府統計年報』 각 년도; 박경식, 『일본제국주의의 조선 지배』.

27 이철호, 「일제강점기의 수탈과 한국인의 식량·영양 상태」, 『식품과학과 산업』 제55권 제2호, 2022 참조.

치고 초근목피로 연명하는 참상과 공출감독자의 수색 폭거를 다음과 같이 보고하였다.

> 그러므로 농민으로서 아침에 밥 한 그릇 저녁에 국 한 그릇 먹을 수 있어도 좋은 편에 속하고, 대부분은 굶주림에 힘겨워하면서도 자기가 생산한 식량은 공출로 내다 바치고 콩이나 팥, 풀이나 초근목피로 겨우 목숨을 연명하여 얼굴이 부어오르니 그야말로 죽은 사람과 같은 참상이고, 굶다 보니 누워있는 사람도 적지 않은 상태이다.
>
> 이처럼 조선 농촌의 식량사정은 농민이 식량을 생산해도 자기가 먹을 수 없으니 농촌에서 식량 증산의 의욕은커녕 오히려 농사를 꺼리는 풍조가 상당히 만연하고, 생산물을 은닉하려는 경향이 강하다.
>
> 이에 공출감독자는 농가나 주변을 수색하고, 밥을 지을 때 불시에 들이닥쳐 가마솥이나 식기를 검사하고, 면 주재소 등으로 호출하여 심문하는 등 완전히 조선에서만 볼 수 있는 이상한 현상이 여기저기에서 벌어지고 있다.[28]

조선 농민들은 춘궁기에 절량상태에 빠진 것은 물론이오, 거의 전 기간을 초근목피로 연명하는 상태에 있었다. 농민뿐만 아니라 거의 모든 조선인이 식량 부족과 영양실조로 기아상태에서 피골이 상접하여 환자와 같은 상태에서 신음하면서 일제의 패망을 기다리고 있었다.

2) 민족차별제도와 민족차별임금

일제는 조선인을 식민지인이라 하여 모든 제도와 활동에서 민족차별을 적용하였다. 물론 일제의 민족차별정책은 봉급과 임금에도 적용되었

---

28 小暮泰用, 『復命書』(1944. 7. 31.); 오일환 편역, 『전시 노동력 동원 번역자료집(1)』, 동북아역사재단, 2021, p. 339.

[표 10-7] 서울의 민족별 노동자 평균 임금표(1941. 1.) (단위: 원)

구분	조선인 임금(A)	일본인 임금(B)	A/B(%)
면사방적 여공	0.47	1.44	32.6
주조공	2.35	6.86	34.3
선반공	1.94	3.49	55.6
맥주양조공	0.88	2.32	37.9
활판식자공	2.59	3.46	74.9

주: 조선은행조사, 일급액.
자료: 鈴本武雄, 『朝鮮統治の性格と實績』, 外務省調査局, 1946에서 작성.

다. 일제의 민족차별정책으로 말미암아 조선인은 동일한 직장에서 동일한 작업을 동일한 시간 수행해도 봉급과 임금은 일본인의 약 50%밖에 지급받지 못하였다. 예컨대 1941년 서울(경성)에서 조선인 면사방적 여공은, [표 10-7]에서 볼 수 있는 바와 같이, 일본인 여공 임금의 32.6%밖에 받지 못하였다. 조선인 선반공의 임금은 일본인 선반공의 약 55.6%에 불과하였다.

이뿐만 아니라, 모든 공업부문에서 조선인 노동자들의 임금은 일본인 노동자들의 임금의 약 50% 이하였다. 이러한 민족차별적 저임금의 실질임금마저도 1936년에 비해 1945년까지 계속 낮아지고 있었다.

3) 무권리와 무자유

일제강점기에 조선인에게는 인간의 기본권인 신체와 생명의 자유권, 재산의 자유권, 언론·집회·결사·출판·저항의 자유권이 박탈당하여 부여되지 않았다. 일제는 일본 헌법을 조선에는 적용하지 않고, 일제가 파견하는 총독의 명령인 '제령'에 의거해 통치한다고 명백히 규정하였다. 그러므로 일제강점하의 조선에서 조선인은 완전히 '무권리' '무자유'의 상태에 있었다. 일제는 그들이 필요하면 언제나 합법적으로 조선인을 구금하여 고문할 수 있었고, '공출' 정책으로 재산을 약탈할 수 있었으며, 언론·

출판을 검열·처분할 수 있었고, 집회·결사를 금지시킬 수 있었으며, 저항자를 투옥시킬 수 있었다.

일제의 식민지 통치가 이러한 대전제에서 강행되었기 때문에 일제가 제정 공포한 각종 식민지 법령은 무권리·무자유한 조선인을 그들의 목적과 필요에 따라 수탈할 절차의 강제적 규정에 불과한 것이었다. 즉 그것은 '법치'가 아니고 '수탈 절차 규정'에 불과한 것이었다. 상징적으로 표현하면 일제강점하의 조선은 일종의 보이지 않는 '일본군 병영 감옥' 같은 것이었으며, 그 속에서의 조선인은 보이지 않는 쇠사슬에 발을 묶인 무권리하고 무자유한 사람들이었다.

조선인이 이 '병영 감옥'에서 벗어나 자유 해방되어 기본권을 가진 인류가 되기 위해서는 일제를 타도하고 민족해방·광복을 성취하는 길밖에 없었다.

4) 민족언어(한국어)와 민족문자(한글)의 박탈

일제의 한국민족소멸·말살정책은 한반도 거주 조선인들에게 자기의 말인 조선어 사용을 엄금하고 일본어만을 상용하도록 강요하였다. 일본어를 사용하지 않으면 기차표도 팔지 않았고, 우편소에서 편지도 받아주지 않았다. 일제 총독부가 일본어 강습소 등으로 조선인들에게 일본어 보급을 아무리 강제하여도, 1943년 일본어를 알아듣고 말할 줄 아는 조선인은 전체 조선인의 약 22%에 불과하였다. 나머지 약 78%의 조선인은 입이 있어도 공식적으로 말을 못하는 처지가 되도록 강제당하였다.

일본말을 모르는 전체 78%의 조선인은 가족과 작은 마을 안에서만 조선말을 사용하면서 언젠가 조선 땅 어디서나 조선말을 자유롭게 사용해도 되는 세상이 올 날을 기다리면서 겨우 연명하고 있었다.

5) 생활필수품 사용 제한과 물자 결핍

일제는 중일전쟁 도발 이후 군수물자 공급을 위해 조선인들에게 각종 생활필수품 생산과 사용 제한령을 발표 집행하여 조선인들의 물자 결핍을 극도로 심화시켰다.

예컨대 '금 사용 절감령'(1938. 1. 4.), '백금 사용 제한령'(1938. 1. 8.), '휘발유 및 중유 판매 취체령'(1938. 6. 13.), '수철 제한령'(1938. 7. 2.), '목재·가솔린 소비공사 중지령'(1938. 7. 7.), '강(鋼)제품 제조 제한령'(1938. 8. 4.), '동(銅) 사용 제한령'(1938. 8. 11.), '연(鉛)·아연·주석 사용 제한령'(1938. 8. 23.), '고무 사용 제한령'(1938. 11. 5.), '피혁 배급 통제령'(1939. 3. 15.), '조선 백미(쌀) 취체규칙'(1939. 10. 9.), '석유 배급 통제규칙'(1940. 3. 1.), '사탕 배급증제 실시'(1940. 6. 2.), '잡곡 배급 통제규칙'(1940. 7. 20.), '사치품 등 제조판매 제한규칙'(1940. 7. 24.), '목탄 배급 통제규칙'(1940. 7. 26.), '생활필수물자 통제령'(1941. 4. 1.), '조선우(牛)출입 통제규칙'(1941. 4. 28.), '조선 고무 배급 통제규칙'(1941. 7. 20.), '타월(수건) 배급제 실시'(1941. 8. 1.), '철제품 제조 제한규칙'(1941. 12. 22.), '철강 통제 규칙'(1942. 4. 1.), '조선염(소금) 전매령'(1942. 5. 20.), '조선목재 통제령 시행규칙'(1942. 9. 8.), '금속 특별회수의 강제양도 명령'(1942. 9.), '조선전력 관리령'(1943. 3. 30.), '조선석유 전매령'(1943. 4. 23.), '조선석탄배급 통제령'(1943. 6. 29.), '조선식량관리령'(1943. 8. 2.), '전국금융통제령'(1944. 3. 3.) 외에 기타 다수의 총독부 법령·규칙을 발표하여 일상생활 필수품의 생산과 소비를 일제 총독부가 통제하였다.

일제의 생활필수품 생산과 소비에 대한 통제로 말미암아 물자의 결핍이 극도로 심화되었다. 예컨대 일제의 '고무 사용 제한령'은 23종의 고무제품 제조를 금지하고 사용을 제한했는데, 이에 당시 조선인들의 대표적 일상 신발인 '고무신'이 포함되어 바로 고무신 품귀사태가 나타났다. 이에 고무신을 신던 조선인들은 짚신이나 나막신을 신게 되었다. 경상북도 학무과가 학동들에게 나막신이나 짚신을 신고 등교하도록 지시한 것도 이 무렵이었다.[29] 강철·철제 농기구와 가정 일용품이 품귀하게 되었다. 면포도 일제의 통제품이 되어 버렸다. 각종 피혁(가죽) 제품도 사라졌다. 성냥·종이도 농촌에서는 구하기 어렵게 되었다. 심지어 소금도 총독부 전매품이 되어 버렸고, 간장·된장도 품귀하게 되었다.

일제 조선총독부는 생활필수품의 생산과 소비를 무력으로 통제하면서 생활필수품의 배급제(전표제)를 실시하였다. 그러나 배급은 서울(경성) 등 부(府)급 도시에서만 실행되었고, 물자 부족으로 광범위한 농촌은 배제되었다.[30] 도시에서도 일본인과 친일파 특권층에만 배급이 실행되고 일반 시민 대상으로는 물자가 들어올 때만 간헐적으로 시행되었을 뿐, 대부분의 도시 조선인에게는 돌아가지 않았다. 조선인들은 겨울에도 겨울옷을 착용하지 못하였다.[31] 극도의 기한(飢寒)에 떨게 된 것이다.

일제의 통제경제정책은 생활필수품 가격의 폭등을 가져왔다. 일제는 가격통제령을 내려 '1939년 9월 18일의 가격'을 법정 '공정가격'으로 정하고 거래하도록 명령하였다. 그러나 물가가 총독부 명령에 복종하지 않았다. 바로 공정가격보다 수 배, 때로는 수십 배 높은 '암(闇, 야미)거래 가격'이 형성되었다. 1939-1945년의 조선 사회는 '야미가격'이 지배하는 사회가 되었다.

일제는 당황하여 '경제경찰' 제도를 만들었다. 1939년 10월 '가격통제령'을 선포하고, 각도 경찰부에 '경제경찰과', 각군읍 경찰서에 '경제경찰계'를 설치했다. '경제경찰'은 조선인이 '야미가격'으로라도 생활필수품을 거래하면 구속하여 가혹하게 처벌했기 때문에 그나마 품귀한 생활필수

29 ① 『동아일보』, 1938년 8월 14일 자 기사.
② 손정목, 『일제강점기 도시사회상연구』, p. 213 참조.

30 김백영, 『지배와 공간: 식민지도시 경성과 제국 일본』, 문학과지성사, 2009, pp. 497-522 참조.

31 송규진, 「일제의 중일전쟁 도발과 조선민중의 경제생활」, 『사총』 제94집, 2018 참조.

품 물자도 사라지게 되었다. 경제경찰의 암거래 감시는 조선인 일상생활의 바닥까지 세부적으로 감시케 하여 더욱 탄압했다.

일제강점기에 조선인들은 시간이 가면 갈수록 생활필수품 물자마저 더욱 결핍되어 굶주리고 기한에 떨면서 일제 패망의 날을 기다리게 되었다.

6) '유언비어' 투옥 위협

일제는 침략전쟁의 전세가 불리하게 되어 가자 조선 안의 조선인들 사이에서 조선말로라도 '일본군이 패전했다', '조선이 해방될 수 있다'는 유의 말을 꺼낸 사람들을 스파이를 동원해 찾아내서 투옥하여 '불온언동', '유언비어' 유포죄로 가혹하게 처벌하였다.[32] 1940년대에는 예컨대 "일본 해군이 미드웨이에서 미국 해군에 패전했다더라"라는 한 마디 발설에 유언비어 유포죄로 체포되어 가혹한 고문을 받고 1-2년 실형을 받은 경우도 매우 많았다.[33]

7) '징용' 및 '징병' 강제연행 위협

15년 침략전쟁 기간 일제강점 아래 조선인은 가족 구성원 가운데 장년 남성은 '징용'으로, 청년 아들은 '징병'으로 일제에게 끌려가서, 노인 부부와 며느리, 어린애만 남게 되는 위협 속에서 전전긍긍하며 사는 가족이 대부분이었다. 일제에 '징용', '징병'으로 강제연행된 이들은 '사지(死地)'로 가는 것으로 생각하여 온 가족이 통곡하고 마을 사람들이 함께 슬

32 정병욱·김연옥 편역, 『유언비어(1): 아시아태평양전쟁 발발과 '불온 언동'』, 동북아역사재단, 2021 참조.

33 변은진·장순순 편역, 『전시체제기 여론통제(1): 기본 구상과 방향』, 동북아역사재단, 2021, pp. 158-452 참조.

펴하였다.

당시 목격자의 증언으로 자식들은 '징용'으로 강제연행당하고, '소'는 '공출'로 빼앗겨서, 늙은 농부가 늙은 처와 며느리를 앞세워 쟁기를 끌게 해서 밭갈이하는 참상을 묘사한 기록이 있다.[34]

8) '여자정신대' 징발 위협

일제강점기 15년 침략전쟁 기간에 딸을 가진 조선인 가족들은 일제가 딸을 '정신대(데이신타이)'로 강제연행해 가지 않을까 전전긍긍하였다.[35] 일제의 '여자정신대' 강제연행 대상 연령은 '배우자 없는 만 12세 이상 40세 미만의 여성'이었다.

이에 이 시기 조선에서는 '조혼(早婚)' 풍습이 성행하기 시작하였다. 딸을 가진 가족은 만 12세가 넘으면 일제의 여자정신대로 딸을 징발당할 위험이 크고, 아들을 가진 가족은 '징용', '징병'으로 아들을 징발당하여 자손(子孫)이 끊어질 위험이 크므로, 일찍 결혼시켜 손(孫)을 받아서 대(代)를 잇게 하겠다는 관행이 생기게 된 것이다.[36]

9) '불령선인' 낙인 위협

일제는 처음에 독립운동가 가족만을 '불령선인(不逞鮮人, 후데이센진)'으로 낙인찍어 고립시키고 감시하였다. 후에 그 범위를 점차 넓혀 가더니 15년 침략전쟁 기간에는 일제의 각종 명령이나 지시에 순종하지 않는 모든 조선인에게 '불령선인'의 낙인을 찍고 박해를 가하였다. 심지어 일본

---

34 文定昌, 『軍國日本朝鮮强占三十六年史』(하), pp. 419-420.

35 동북아역사재단 편, 『식민지 조선과 일본군'위안부' 문제 자료집(III): 전시체제기 유언비어 통제 관계』, 동북아역사재단, 2021 참조.

36 文定昌, 『軍國日本朝鮮强占三十六年史』(하), p. 543 참조.

어 사용을 하지 않는 자, 또는 일제의 '공출' 강탈에 불만이 있는 자도 모두 '불령선인'으로 낙인찍어 박해하였다.

조선인 성인들은 자신이 '불령선인'으로 박해받는 것은 두려워하지 않았으나, 일본인 교사가 국민학교(초등학교)에 보낸 어린 자손을 '불령선인'이라고 낙인찍어 학동들 사이에서 조롱하고 고립시키는 것을 가슴 아파하였다.

10) 주요 인사에 대한 감시·검속·학살계획

(1) 중앙정보위원회 설치 및 임시보안령 실시와 한국인 탄압

일제는 제7대 총독 미나미가 취임하자 식민지 통치에 일본군 특무대의 점령지 정보 사찰 통치방식을 도입하였다. 독립의식 또는 민족의식을 가진 한국민족 간부급 인사들을 사찰 정보망으로 일거수일투족을 철저히 감시하고, 일제 침략전쟁 합리화 선전에 강제동원하며, 필요하면 '예비검속'을 단행하여 '학살'할 체제를 만들려고 한 것이다.[37]

일제는 정보 사찰 통치의 사령부를 만들기 위해 1937년 7월 22일 총독부령 제51호로 '조선중앙정보위원회(朝鮮中央情報委員會)'를 설치하고, 각 도(道)에는 '도정보위원회'를 설치하였다. 이것이 한국인의 감시 및 사찰·조사정책 기획을 담당하는 사령부였다. 중앙정보위원회와 도정보위원회에서는 '고등경찰'의 활동을 대폭 강화하여 한국인 민족주의자 및 공산주의자 등의 소위 '사상범'은 물론이고, 일반 한국인 유지와 명성 있는 인사들이라면 모두 신변·주변·가정·교우·자산·약점에 관한 정보를 철저히 수집하여 정리해서 침략전쟁과 식민지 통치에 이용하도록 하였다. 그

37 정근식, 「일본 식민주의의 정보통제와 시각적 선전」, 『사회와 역사』 제82집, 2009 참조.

리하여 한국민족 가운데 영향력을 가진 유지들은 모두 일제 정보망으로 철저히 파악하여 일제의 침략전쟁·식민지정책·선전에 동원할 수 있도록 사찰하고 다른 활동은 철저히 감시하는 체제를 만들었다.

일제는 또한 1937년 12월 26일 총독 훈령 제34호로서 '조선임시보안령(朝鮮臨時保安令)'을 제정 공포하였다. 이것은 한국인 민족간부는 물론이고 일반 민중의 활동을 철저히 감시 사찰 탄압하기 위한 것이었다. '임시보안령'의 내용은 ① '집회'에 관한 단속을 한층 더 강화하여 엄중히 사찰 단속하고, ② 필요한 경우에는 '신문', '잡지'의 발행 금지와 그 판매 금지·출판 금지를 폭넓게 효율적으로 처분 자행하도록 하며, ③ 일반 민중의 유언비어 또는 민심교란 발언 등도 철저히 사찰하여 엄벌에 처하도록 한 것이었다.[38] 한국 민중이 일제의 침략·수탈정책에 한 마디라도 불평하거나 조롱한 것이 알려지면 즉각 경찰서나 헌병대에 끌려가 가혹한 처벌을 받도록 제도화하였다.

일제 총독의 이러한 정보 사찰 통치에 의하여 한국의 일부 명사들이 일제의 중일전쟁 도발, 중국 침략의 정당성 선전에 총동원되었다.[39] 일제 총독 미나미는 ① 조선 민중들 사이에서 신망과 명성이 있다고 알려진 인물들과, ② 일제의 '조선귀족'이 된 자 및 친일분자들의 두 집단을 각각 초청하여 일본의 중일전쟁 수행에 협조적인 강연이나 간담회의 참가를 위협적으로 요구하였다. 그리고 강연회·간담회 때에는 이 두 집단을 뒤섞어 편성해서, 지조를 지키던 명사들과 친일분자들을 혼성시켰다.[40]

중일전쟁 선전 홍보의 '전국순회 강연회'에는 1937년 7월 20일부터 9월 17일까지 강사 57명이 동원되어 350개소에서 17만여 명의 청중이 참석

---

38 홍선영 외 편역, 『사상통제(1): 사상통제 관련 법규와 통제 주체』, 동북아역사재단, 2021, pp. 282-417 참조.

39 변은진·박한용·이용창, 『일제강점기 친일세력 연구: 조선귀족·중추원·친일단체(1910-1937)를 중심으로』, 동북아역사재단, 2022 참조.

40 김봉식·박수현, 『전시 동원체제와 전쟁협력: 총동원 계획과 관제운동』, 동북아역사재단, 2022 참조.

하였다.[41] 또한 '시국간담회'는 일제 식민지정책과 침략전쟁 후원 찬성이 주 내용이었는데, 1937년 9월부터 1940년 1월 사이에 개최 횟수가 30만 8,751회, 참가인원이 1,606만 402인이었다.[42]

일제의 이러한 '전국순회 강연회'와 '시국간담회'는 청중에 대한 홍보·선전 효과보다도 지조를 지키던 한국민족 명사와 유지들을 대중 앞에서 '친일적 인사'나 '친일파'로 인식게 하여 대중에 대한 영향력을 상실케 분리하고, 결국 한국민족을 간부가 없는 민족으로 만드는 정보정치공작의 효과가 있었다고 볼 수 있다. 이를 관찰한 문정창 씨는 "군국 일본의 침략전에 협력하자고 외치게 하는 남차랑(南次郎)의 강연 요청에, 아들과 손자·친척 등 계루(係累)가 많은 조선인 고사(高士)들은, 남차랑의 무소불위의 다면적인 위협·박해하에서 나서지 않을 수 없었으며, 오직 한사람 몽양 여운형(呂運亨)이 불응하다가 철편(鐵鞭)에 머리를 얻어맞아 수년간 정신 몽롱증에 걸렸던 것이다."[43]라고 기록하였다.

일제는 1941년 태평양전쟁 도발 후에는 한국인 명사·지식인·문학예술가·종교지도자 등을 침략전쟁 정당화 홍보 선전에 동원하고자 더욱 협박하고 강요하였다. 일제의 공작은 먼저 일제 당국자 및 친일파로 친일단체와 그 최상층 간부들을 조직해 놓고 명사·지식인·문학예술가 등에게 회원으로 가입만 해두면 신변 안전이 보장된다고 꾀어 넣은 다음에 조직적으로 강제동원하는 방식이어서 그 그물망을 벗어나기가 쉽지 않았다.[44] 녹기연맹(綠旗聯盟, 이사장 진전영(津田榮)), 조선문예회(朝鮮文藝會, 회장 고목시지조(高木市之助)), 애국금차회(愛國金釵會, 회장 김복완(金福緩), 윤덕영(尹德榮)의 처), 조선임전보국단(朝鮮臨戰報國團, 단장 崔麟), 국민총력조선연맹(國

41 朝鮮總督府, 『施政三十年史』, 1940, p. 816 참조.

42 朝鮮總督府, 『施政三十年史』, p. 498 참조.

43 文定昌, 『軍國日本朝鮮强占三十六年史』(하), pp. 367-368.

44 李明花, 「일제의 轉向工作과 민족주의자들의 變節」, 『한국독립운동사연구』 제10집, 1996 참조.

民總力朝鮮聯盟, 총재 南次郎), 대의당(大義黨, 당수 朴春琴) 등이 대표적 친일 단체들이었다.[45] 친일파 매국노들은 물론이고, 종래 지조를 지키며 살던 명사들도 그들의 그물망에 한번 걸려들면 벗어나지 못하고 친일 논설·강연·작품을 강요당하여 지조를 잃고 민중으로부터 외면당하는 처지에 떨어지고 말았다.

(2) '조선사상범 보호관찰령'과 민족간부들에 대한 감시관찰단체 조직

일제는 총독 미나미가 취임하자 식민지 통치에 일본군 특무대의 정보사찰 공작 방식을 도입하여 민족 독립의식을 가진 한국민족 간부급 인사들을 정보망으로 철저히 감시하고 필요하면 '예비검속'을 단행하며, '학살'할 체제를 만들려고 하였다.

일제는 1936년 12월 12일 총독 제령 제16호로서 '조선사상범 보호관찰령'을 제정하고, 총독부령 제128호로 동 '시행규칙'을 제정 공포하였다. 이것은 한국민족의 신망 있는 인사나 애국자들 가운데 일제가 검거·투옥한 적이 있거나 감시할 필요가 있다고 판단되는 인사들의 주소·거주지를 지정하고 감시하며, 필요하면 '보호관찰'이라는 이름 아래 활동을 제한 또는 금지시키는 악질적 법령이었다. 이 '사상범 보호관찰령'으로 국내에 거주하는 한국민족 간부의 다수가 '감시의 쇠사슬'에 얽매이게 되었다.[46]

일제는 1937년 2월에는 고시 제34호로서 각 형무소 소재지마다 '보호관찰단체'를 조직하여 일제가 감시대상으로 지명한 한국 민족간부들을 강제로 가입시켜서 그들의 행동 상황을 의무적으로 정기 보고하게 하

45 ① 이승엽, 「내선일체운동과 녹기연맹」, 『역사비평』 제50호, 2000.
② 鄭惠瓊·李昇燁, 「일제하 綠旗聯盟의 활동」, 『한국 근현대사 연구』 제10집, 1999.
③ 朴成鎭, 「일제말기 綠旗聯盟의 內鮮一體論」, 『한국 근현대사 연구』 제10집, 1999 참조.

46 황민호, 「전시통제기 조선총독부의 사상범 문제에 대한 인식과 통제」, 『사학연구』 제79호, 2005.

[표 10-8] 일제의 보호관찰 실황(1941)

지역	단체 이름	단체 형식	피감시자 수(명)
경성	구호회(救護會)		1,252
인천	구호회(救護會)		325
개성	대성회(大成會)		349
춘천	동포회(同胞會)		151
공주	관업원(慣業院)		180
대전	자강회(自彊會)		326
충북	유린회(有隣會)		119
청진	제성회(濟成會)		196
진남포	장선원(獎善院)		88
평양	유항회(有恒會)		473
서흥	보전회(保全會)		133
해주	제미회(濟美會)		1,014
금산포	선린회(善隣會)		170
신의주	자제회(自制會)	재단법인	683
안동	신유회(辛酉會)		223
대구	상성회(常成會)		587
김천	상선회(常善會)		399
부산	보성회(輔成會)		290
진주	항양회(向陽會)		214
마산	곡생회(曲生會)		83
광주	유린회(有隣會)		325
목포	성미회(成美會)		766
전주	유종회(有終會)		257
군산	성지회(誠之會)		352
원산	양보회(陽報會)		267
청진	제성회(濟成會)		196
함흥	전인회(傳仁會)		603
계			10,021

자료: 『朝鮮總督府統計年報』(1941).

였다. 그리고 필요하면 '예비검속령'을 발동하여 범법행위가 없어도 '보호'(실제는 구금)를 위해 예비검속할 수 있도록 준비하였다. 한국 민족간부급 인사들을 철저히 감시하고 관찰하다가 사전에 민족적 행동을 철저히 봉쇄하고 탄압하는 체제를 만들려 한 것이었다. 1941년 일제가 조직한 '보호관찰단체'와 그들이 강제 가입시킨 피감시자 수는 [표 10-8]과 같았다.[47]

즉 전국에서 10,021명의 애국자·민족간부의 일부가 일제의 '보호관찰단체'의 쇠사슬에 얽매여 일제가 필요하면 즉각 예비검속이 되고, 또 일제에 의해 '학살'당할 처지에 놓여 있게 된 것이었다.

(3) '조선사상범 예비검속령'의 실시

일제는 태평양전쟁 도발을 앞두고 1941년 3월 '조선사상범 예비검속령'을 제정 실시하였다.[48] 침략전쟁에 조선 청년 학생들과 조선인을 동원하기 위해서는 항일 민족주의자나 공산주의자들의 일제 비판을 침묵·소멸시켜야 하는데 도저히 이를 달성할 수 없으므로 아예 필요할 때 그들을 미리 '예비검속'하여 고문·학대하면서 침묵시키고, 한국 민중으로부터 민족 간부들을 분리시키도록 한 것이었다.[49]

이 때문에 국내의 한국민족 간부급 인사들은 범법행위가 없었음에도 불구하고 수시로 헌병대나 경찰서에 임의 구속되어 심문·고문당하는 고통을 겪었다. [표 10-9]와 [표 10-10]은 '예비검속'이 아닌 '실제사건 검속'의 내용이다.

이러한 '실제사건 검속'이 있을 때마다 소위 '보호관찰' 대상 인사들은 항상 철저한 감시와 '예비검속'을 당했고, 학살의 위험에 직면하였다.

---

47 文定昌, 『軍國日本朝鮮强占三十六年史』(하), pp. 363-365.

48 荻野富士夫, 『特高警察體制史』, 高麗書林, 1989, pp. 361-416 참조.

49 金圭承, 『日本の植民地法制の研究』, 社會評論社, 1987, pp. 93-124 참조.

[표 10-9] '사상범' 검거 상황 (1930-1938)

연도	건수(건)	인원(명)	송치(명)	기소(명)
1930	397	4,025	2,105	1,107
1931	436	3,659	1,842	1,106
1932	345	4,989	2,132	1,414
1933	213	2,641	1,108	705
1934	183	2,389	796	561
1935	172	1,740	538	407
1936	167	2,762	859	419
1937	134	1,637	1,521	893
1938	145	1,344	1,212	511
합계	2,192	25,186	12,113	7,123

자료: ① 朝鮮總督府, 『最近に於ける朝鮮治安狀況』, 1938, pp. 15-17.
② 박경식, 『일본제국주의의 조선 지배』, p. 523.

[표 10-10] '사상범' 검거 상황(1939-1944)

연도	민족주의자		공산주의자		학생	
	건수(건)	인원(명)	건수(건)	인원(명)	건수(건)	인원(명)
1939	36	256	28	646	6	26
1940	29	72	21	668	16	121
1941	73	176	20	158	48	203
1942	33	237	25	141	57	409
1943	46	204	23	151	46	198
1944 (상반기)	51	140	2	12	16	42
합계	268	1,085	119	1,776	189	999

연도	종교		기타		합계	
	건수(건)	인원(명)	건수(건)	인원(명)	건수(건)	인원(명)
1939	18	105	7	9	95	1,042
1940	24	329	3	3	93	1,193
1941	34	206	57	118	232	861
1942	34	317	34	38	183	1,142
1943	58	211	149	238	322	1,002
1944 (상반기)	8	56	55	87	132	337
합계	176	1,224	305	493	1,057	5,577

주: 기타는 보안법 위반, 민족적 불온언동, 낙서 등에 의한 검거.
자료: 近藤一釼 編, 『太平洋戰終末期朝鮮の治政』 제1권, pp. 67-68.

(4) 한국민족 간부급 인사 학살계획

태평양전쟁에서 일본이 패전을 거듭하여 연합군이 오키나와에 접근해 오자 일제는 한반도에도 제주도·부산·인천 등지에 연합군이 상륙하면 이 때에는 한국 내 민족주의자·공산주의자 등 민족 간부들이 연합군을 환영하여 항일전선에 가담할 것이라고 보고 1945년 늦은 봄 이들에 대한 '학살'계획을 수립하였다. 대상은 5등급으로 나누되, 제1등급은 위에서 든 '보호관찰' 대상자 약 9,000명, 2-5등급은 예비검속 대상자를 위험도에 따라 등급을 나누어 총계 약 5만 명이 학살 대상으로 작성되었다.[50] 학살 방법은 방공호를 가장한 '굴'을 파서 예비검속된 한국민족 간부·애국자들을 굴속에 넣어 신속히 집단학살한다는 것이었다.

이 정보가 종로경찰서 조선인 형사들에 의해 새어 나와서 도피한 인사들이 나오기 시작하였다. 해방 후 북한에서 영변군 치안대가 일본인 고등계 형사의 자백을 듣고 현장을 확인한 바에 의하면, 영변군 영변읍 외산곡(外山谷)에 약 20평 넓이의 굴을 팠는데, 2시간에 20명씩 학살할 계획이었으며, 학살 방법은 굴 안에 넣어 곧 질식하면 일본 군인이 죽창 또는 일본도로 확인 살해하는 방법이었고, 살해 예정자는 일대 총 2만 7,000명이라고 하였다.[51]

해방 후 미군정의 요구에 의해 일제 총독부 행정요원 일부가 약 3개월간 행정사무를 연장 수행해 미군정을 보조하면서 일제강점기 극비 문서자료들을 모두 소각 파기해 버렸기 때문에 현 단계에서는 더 이상 정확한 사실을 추적하기가 어렵다. 그러나 다른 자료에도 일제의 이러한 '학살' 계획이 있었음은 확인된다.

이만규의 『여운형선생 투쟁사』에 의하면, 1945년 8월 4일 이른 새벽

---

50 文定昌, 『軍國日本朝鮮强占三十六年史』(하), pp. 549-550.

51 金鎭宇·韓徽永, 『制憲國會史』, 新潮出版社, 1954, pp. 24-25; 文定昌, 『軍國日本朝鮮强占三十六年史』(하), p. 550 참조.

일제가 건국동맹 맹원인 이걸소(李傑笑), 황운(黃雲), 이석구(李錫玖), 조동호(趙東祜) 등과 지방간부들을 예비검속하자, 여운형은 대대적 검거가 이어질 것을 예견하고 건국동맹 간부진을 긴급히 개편하고 있었다. 그는 일제 패망 직전의 대대적 예비검속과 애국자 학살에 기민하게 대응했던 것으로 보인다.

> 8월 4일 조조(早朝)에 관철정(町) 회소에서 이걸소(李傑笑), 황운(黃雲), 이석구(李錫玖), 조동호(趙東祜) 등이 체포되고, 일부 간부는 피신하였었다. 전격적 검거풍이 전국에 뻗혀서 지방간부들이 다수 체포되니 7만여 맹원은 실로 위기일발에 처하였다. 이때에 몽양은 요행히 금을 면하였으나 감시가 심하였었다. 그러나 일본의 항복이 시각으로 가까워 오는 것을 간파한 몽양은 최근우(崔謹愚), 김세웅(金世鎔), 이여성(李如星), 이상백(李相白), 김기용(金騏鎔), 이만규(李萬珪)와 함께 중앙부를 재건하였다. 그런데 재건된 중앙간부는 전의 간부의 일은 전연 몰랐었다. 그리고 이 재건위원에게도 몽양이 사무만을 떼어 맡기고 위원의 이름을 알리지 않아서 서로 몰랐던 이가 있었다. 이여성·김세용에게 국호·국기 제정을 맡기고 이만규에게 독립선언서 제작을 맡겼으나 그 사람끼리는 서로 몰랐었다.[52]

일제는 패전 직전에 국내 한국민족 간부급 주요 인사들을 전원 집단학살하려는 계획을 세우고 실행 준비를 해둔 것이었다.

일제의 잔혹한 식민지 탄압 아래서 조선인들은 초근목피로 생활하고 혹사당하면서도 대부분이 완강히 '민족의식'을 갖고 일본인에 '동화'되지 않았다. 일제가 아무리 강요하고 탄압할지라도 조선인들은 가족 안에서와 마을 안에서는 조선말을 사용하면서 '민족적 생활양식'을 준행하였다. 일제는 전 조선을 정보망으로 들씌워 감시·관찰하고 민족 간부급 주요

52 李萬珪,『呂運亨先生 鬪爭史』, 民主文化社, 1947, pp. 177-178.

인사들은 항상 예비검속의 상태 아래 두고 학살 계획까지 세워 두고 있었다. 한반도 안에서는 숨쉬기도 어려울 만큼 일제의 탄압과 감시가 가혹했지만, 해외 중국·미주·기타 등지에서는 한민족의 애국자들과 애국단체들이 동포들을 잊지 않고 조국의 자유·해방·광복을 위하여 혈투를 전개하고 있음을 알고 있었으며, 비밀리에 건국동맹 및 기타 다수의 서클들을 조직하면서 해방·광복의 그날이 다가오기를 기다리며 인내 분투하고 있었다.

제11장(연속 제32장)

일제의 조선인 '징용'·'징병'정책과 강제연행

1. 일제의 조선인 '징용'과 강제연행

1) 일본으로의 조선인 '징용'과 강제연행

일제는 1937년 7월 중일전쟁 및 1941년 12월 태평양전쟁 도발과 확전에 따라, 일본 국내 산업에서 극심한 노동력 부족과 임금 상승에 직면하게 되었다. 일본 청장년들을 거의 모두 '일본군'으로 징집하여 각지 전선에 보냈기 때문이었다. 노동력 부족으로 말미암아 일본 산업체에 남은 일본 노동자들의 임금은 현저히 상승하였다. 이것은 군부에 매우 협조적인 일본 독점자본에게도 큰 위협이 되었다.

일제는 일본 내의 노동력 부족을 해결하고자 식민지 조선에서 청장년들을 징발하여 일본에 보내는 정책을 채택하였다. 조선인을 노무자로 강제징발하여 노동자가 필요한 각종 부문 산업에 투입하면 부족한 노동력이 보충될 뿐 아니라, 민족차별 저임금을 지급하면 일본 노동자의 상승하는 임금수준도 끌어내릴 수 있기 때문이었다.

일제는 이러한 목적으로 1938년 '국가총동원령'을 발포하여 조선에 적용하고, 1939년 7월에는 '국민징용령'을 공포하여 공공연히 조선인(주로 농민)을 각종 방법으로 '강제연행'해서 일본으로 데려가 노동력이 필요한 업종과 부문에 노동자로 투입하였다. 이 시기 일제의 조선인 강제연행에 대해서는 재일 사학자 박경식(朴慶植) 씨가 일찍부터 깊이 조사·연구하여 큰 업적을 내었는바, 그 연구를 빌려 보면 그 기본 내용을 알 수 있다.[1]

일제의 1939-1945년 조선인 강제연행을 ① 일본으로의 강제연행과 ② 조선 국내의 강제연행으로 나누어서, 먼저 일본으로의 강제연행 총계를 「제국의회 설명자료」에 의거해 보면 [표 11-1]과 같다.

즉 [표 11-1]을 통해 알 수 있듯, 1939년 '국민징용령'에 의해 3만 8,800명의 조선인이 징용당했고, 그 수는 매년 증가하다가 1945년에는 8개월 동안에만 무려 32만 9,889명이 징용당했으며, 1939년부터 1945년 8월 15일까지 무려 112만 8,032명이 징용당해 조선에서 일본으로 수송된 것이다.

한편 일제 정보기관의 보고서 『특고월보(特高月報)』에는 일본으로 징용해 간 조선 노무자 통계가 1939년에는 없고, 1940년에 8만 1,119명, 1941년에 12만 6,092명, 1942년에 24만 8,521명, 1943년에 36만 6,464명의 통계가 있으며([표 11-2] 참고), 1944년과 1945년은 통계가 없다. 『특고월보』는 일제 정보기관의 내부 비밀 자료였기 때문에 더 정밀하고 정확한 것으로 간주되고 있는데, 1940년부터 1943년까지 4년간 무려 82만 2,196명의 조선인을 '징용'으로 일본에 강제연행해 갔음을 알 수 있다. 빈 연도를 채우기 위하여 여기에 통계가 없는 1939년, 1944년, 1945년의 3년

---

1 박경식(朴慶植)의 저서로는
① 『朝鮮人 強制連行の記録』, 未來社, 1965.
② 『日本帝國主義の朝鮮支配』(上·下), 春木書店, 1973.(한국어판은 박경식, 『일본 제국주의의 조선 지배』, 청아출판사, 1986.)
③ 『在日朝鮮人·强制連行·民族問題』, 三一書房, 1976.
자료집으로는
① 『在日朝鮮人関係資料集成』(全5巻), 三一書房, 1976.
② 『朝鮮問題資料叢書』(全13巻), アジア問題研究所, 1981-1990 등이 있다.

[표 11-1] 조선인 노동자 일본 연행 수(부문별) (단위: 명)

연도	석탄광산	금속광산	토건	항만하역	공장/기타	계
1939	24,279	5,042	9,479	-	-	38,800
1940	35,441	8,069	9,898	-	1,546	54,954
1941	32,415	8,942	9,563	-	2,672	53,592
1942	78,660	9,240	18,130	-	15,290	121,320
1943	77,850	17,075	35,350	-	19,455	149,730
1944	108,350	30,900	64,827	23,820	151,850	379,747
1945	136,810	34,060	29,642	15,333	114,044	329,889
합계	493,805	113,328	176,889	39,153	304,857	1,128,032

자료: ①「제85, 86제국의회 설명자료」; 김문식 외,『日帝의 經濟侵奪史』, 현음사, 1982.
② 金洸鎭,『1920-1930年代의 朝鮮社會經濟狀態와 階級關係』.
③ 박경식,『일본제국주의의 조선 지배』.

[표 11-2] 조선인 노동자 일본 연행 수(자료별) (단위: 명)

연도	제국의회 설명자료	내무성·외무성	『특고월보』
1939	53,120	53,000	-
1940	59,398	-	81,119
1941	67,098	-	126,092
1942	119,851	126,060	248,521
1943	128,354	170,000	366,464
1944	286,432	290,000	-
1945	10,622	-	-
합계	724,825	-	-

자료: 박경식,『일본제국주의의 조선 지배』.

징용자 수를 [표 11-1]의 그 3년 통계(합계 74만 8,436명)를 빌려 합산해 보면, 무려 157만 632명의 조선인을 '징용'으로 강제연행하여 간 것을 알 수 있다.

이 징용당한 조선인 노무자들은 일제를 위하여 일본, 만주, 중국 본토, 남양군도, 사할린 등 일본군이 있는 모든 곳에서 석탄광산, 금속광산, 토건, 항만시설, 공장, 도로운수, 군사시설 등 일제가 지시하는 모든 일에 강제 사역되었다.

2) 조선 내 배치를 위한 조선인 '징용'과 강제연행

조선을 '대륙침략 병참기지'로 사용하는 일제의 정책은 군수산업 노동력 공급에 큰 문제를 동반하였다. 일제는 대륙 침략을 위한 군수산업 기지를 광산자원 부존지에 근접한 입지이면서 장진호·부천호의 발전시설을 사용하기 편리한 함경남도 등 조선 북부에 설치했는데, 당시 한국의 노동력은 전라도·경상도 등 조선 남부에 많았고, 정작 '대륙침략 병참기지' 부근의 조선 북부는 인구와 노동력이 부족했기 때문이었다. 이에 일제는 조선 내에서도 조선 남부의 노무자를 강제연행하여 북부의 일본군 병참기지와 군사시설에 투입·배치하였다.

박경식 씨는, [표 11-3]에서 볼 수 있는 바와 같이, 총독부가 조선인 노동자를 강제연행하여 조선 내에 배치한 노동자 수를 약 480만 명으로

[표 11-3] 조선 내 강제연행 노동자 수 (단위: 명)

연도	업종						기타	도내 동원
	토건	광산	교통운수	군수산업	공장	합계		
1934-1938	38,601	1,225	34	-	-	39,860	-	(1,938년) 74,194
1939	41,907	2,735	647	-	-	45,289	-	113,096
1940	57,912	2,714	901	-	-	61,527	-	170,644
1941	43,662	1,494	646	1,085	-	46,887	-	313,731
1942	42,086	4,993	278	1,723	-	49,080	90	333,976
1943	40,150	11,944	186	1,330	5,316	58,926	648	685,733
1944	54,394	11,989	-	4,020	3,214	76,617	19,655 (153,850)	2,454,724
1945	-	-	-	-	-	44,263	23,286 (106,295)	-

주: ( )는 현원징수로 外書이다.

자료: ① 大蔵省, 『日本人の海外活動に関する歴史的調査』, 조선편 제9분책.

② 金洸鎭, 『1920-1930年代의 朝鮮社會經濟狀態와 階級關係』.

③ 박경식, 『朝鮮人强制連行の記錄』.

[표 11-4] 조선총독부 알선 서북조선행 노동자 공출 수(전라북도, 1942. 3.) (단위: 명)

지역	예정 인원수	수송 인원수			초과 수송된 노동자 수
		노동자	가족	합계	
완주(完州)	700	657	60	717	-43
진안(鎭安)	470	473	47	520	3
금산(錦山)	400	373	30	403	-27
무주(茂朱)	190	176	14	190	-14
장수(長水)	300	222	16	238	-78
임실(任實)	475	402	24	426	-73
남원(南原)	525	782	80	862	257
순창(淳昌)	100	142	17	159	42
정읍(井邑)	1,840	1,972	322	2,294	132
고창(高敞)	700	742	78	820	42
부안(扶安)	440	496	57	553	56
김제(金堤)	1,260	1,411	198	1,609	151
옥구(沃溝)	595	561	19	580	-34
익산(益山)	700	702	49	751	2
계	8,695	9,111	1,011	10,122	416

자료: ① 「勤勞報國隊强化方計」(전라북도, 1942. 4.), 정부기록보존소 소장문서 노무관계서류철.
② 허수열, 「조선인 노동력의 강제동원의 실태」.

추산하였다.[2]

현재 지방의 노동력 강제동원 사례 자료들이 단편적으로 남아 있는데,[3] 그 가운데 1942년 3월 말 전라북도가 총독부 '알선'(강제 배당)으로 조선 서북부에 수송해 보낸 노무자와 그 가족의 '공출'(강제 헌납) 숫자를 1만 122명으로 기록하고 있다([표 11-4] 참조).

국내에 1942년 3월 강제 공출·수송된 전라북도 노동자들은, [표 11-5]에서 볼 수 있는 바와 같이 주로 대륙침략 병참기지의 군수 토목공사와 군수공장에 투입되었다. 그들이 투입된 군수시설의 일본자본 계통을 보

2 박경식, 『일본제국주의의 조선 지배』, p. 360 참조.
3 노영종, 「일제강점기 노무자원 조사와 충남지역 강제연행」, 『한국 근현대사 연구』 제78집, 2016 참조.

[표 11-5] 관알선 노동자의 행선지(전라북도, 1942. 3.) (단위: 명)

공사 종류	자본 계통	공사명 및 알선 인원수			
공장건설 공사	日窒	조선질소 本宮공장	399	일질淸水공장	216
		일질해군연료 本宮공장	415		
	東拓	조선제철 평남공장	200		
	三菱	무산광산 선광장공사	53		(소계 1,283)
水電공사	日窒	압록강수전	765	허천강수전	1,615
	東拓	강계수전	1,586		
	殖銀	한강수전	474		(소계 4,440)
철도공사	日窒	조선인조석유 전용철도	673	조선마그네사이트 전용철도	447
	東拓	西鮮중앙철도	236		
		진남포역 개축공사	302	원산철도건설	50
		경의선 복선공사	100	백무선공사	104
		강덕-수성 간 철도공사	206	평양정거장공사	23
	滿鐵	만철 北鮮線 개량공사	477		(소계 2,618)
기타 토목공사	日鐵	일철황주천 付替공사	52	단천방파제공사	70
		보통강 개수공사	33	해남염전공사	47
		청수염전공사	49	다사도항구 개수공사	64
		영흥부두공사	314	청진운하 개설공사	66
		웅상어항 개수공사	39		
		원산 軍部공사	36		(소계 770)

자료: ①「本府斡旋西北鮮行勞動者供出數調」(전라북도), 정부기록보존소 소장문서.
② 허수열,「조선인 노동력의 강제동원의 실태」.

면, 일본질소비료(日窒)계가 44.8%, 동척(東拓)계가 27.1%, 기타 일본제철(日鐵)·미츠비시(三菱)·식산은행(殖銀)계가 6.4%를 각각 차지하고 있다. 이는 일제 총독부의 조선인 노동력 공출과 알선이 일본 독점자본의 군수산업시설과 결합되어 있음을 알려 준다.[4]

일제의 이러한 국내 조선인 노동자 강제공출 및 강제이송에 대하여

4 허수열,「조선인 노동력의 강제동원의 실태」, 차기벽 편,『일제의 한국식민통치』, 정음사, 1985, pp. 324-326 참조.

[표 11-6] 흥남 본궁(本宮)공장 관알선 노동자의 도주율(1943. 12. 15.) (단위: 명)

구분	1개월 전 부임	2개월 전 부임
할당 수	280	320
부임자 수(비율)	176(100%)	157(100%)
현재 수(비율)	84(48%)	32(20%)
도망자 수(비율)	92(52%)	125(80%)

자료: ① 井上晴丸·宇佐美誠次郎, 『危機における日本資本主義の構造』, 岩波書店, 1951, p. 90.
② 허수열, 「조선인 노동력의 강제동원의 실태」, p. 346.

조선인 노동자들은 완강히 저항하였다. 그 형태는 '도망'이었다. 함경남도 흥남 조선질소 본궁(本宮)공장의 1943년 12월 15일 당시의 상태를 보면, [표 11-6]에서 볼 수 있는 바와 같이 조선인 노동자들은 공장에 강제 도착된 후 2개월 이내에 약 80%가 도망해 버렸음을 알 수 있다.[5]

또한 일제는 전 조선에 '근로보국대'라는 무상 노동력 강제동원체제를 편성하여 조선인을 '도(道)'내 각종 작업에 동원했는데, 1944년에는 강제 동원된 노동자 수가 245만 명에 달하였다([표 11-3] 참조).

그러므로 도내 동원된 근로보국대를 제외하고도, 일제가 1939-1945년 일본으로 강제연행한 조선인 노동자는 약 160만 명, 조선 내 타 지역으로 강제연행해 간 것이 480만 명, 합계 약 640만 명이 된다.

일본으로 강제연행된 160만 조선인 노동자는 광복 후 여러 가지 사정으로 귀국하지 못해 일본에 체류하기도 했고, 그 사람들이 후에 '재일동포'의 대부분을 이루었다.[6]

5 허수열, 「조선인 노동력의 강제동원의 실태」, p. 346 및 pp. 289-349 참조.

6 ① 이준식, 「'단일민족' 속의 이민족: '재일'조선인의 사회사」, 『한국사회사연구』(화양신용하교수 정년기념논총I), 나남, 2003.
② 정진성, 『재일동포』, 서울대학교출판문화원, 2018, pp. 43-76 참조.

3) 일제의 조선인 강제동원 방법

일제는 조선인 노동자 강제동원 방법을 ① 모집, ② 관알선(官斡旋), ③ 징용 등 세 가지로 나누어 설명하였다.

① 모집은 일본 정부 또는 조선총독부가 조직했거나 지정한 어용 민간회사들이 조선총독부 직업소개소에 조선인 노무자 동원 신청을 하면, 조선총독부 보안과와 경찰과에서 이를 수집하여 총독부 행정체계의 부·군·면에 배분한 뒤 총독부 지방행정 공무원이 행정력을 동원하여 '모집'해서, 총독부 행정요원 입회 아래 청원회사와 응모 조선인 사이에 임금과 계약 기간을 정하는 방식이었다. 따라서 이것은 자유시장에서의 노동자 '모집'이 아니고, 총독부 행정관의 알선과 지원 아래 행해지는 '관알선'과 이름만 다르지 내용은 거의 같은 것이었다.

② 관알선은 일본에서 민간회사 또는 기관이 일본 행정기관에 조선인 노무자 동원을 신청하면, 일본의 현지사가 수합하여 일본 후생성에 제출하고, 후생성이 이것을 다시 조선총독부에 보내면, 총독부는 이를 분류하여 도·군을 거쳐서 면사무소에 보내고, 면에서 조선인 노무자를 권유 또는 지정하여 동의서를 받아서 동원하는 것이었다.

③ 징용은 일본 민간회사 또는 기관이 조선인 노무자 동원을 후생성에 신청하면 후생성은 조선인 노무자 보급 요구를 조선총독부에 보내고, 총독부는 조선인 노무자 신청을 도·부·군·면에 보내어 노무자를 지명해서 '징용명령서'를 발급하여 노무자를 동원하는 방식이었다.

형식상 동원 속박의 강도는 ① 모집 〈 ② 관알선 〈 ③ 징용으로 보이지만, 세 방식 모두 식민지 무단통치에서 '국민징용령'(1939)에 의거하여 자행된 것이었으므로, 최하층 조선 농민들에게는 모두 무거운 강제성을 가진 것이었다.

4) 조선인 노동자의 노동조건

일제는 강제연행된 조선인 노동자들을 소위 '산업보국 부대조직'을 만들어서, 군대와 유사한 조직체계 아래 두었다. 예컨대, '부대장-중대장-소대장-분대장-반장', '소대-구대(區隊)-지대(支隊)-부대' 또는 '지부장-분회장-반장-부반장-조장(組長)-조원' 등의 위계조직을 만들었다. 지휘자는 반드시 일본인으로 하고 부지휘자는 조선어를 아는 일본인으로 하며, 그 다음부터는 조선인 노무자 중에서 선발하였다. 이러한 노동조직 때문에 강제연행된 조선인 노동자들은 준감옥 또는 포로수용소에 갇힌 반노예적 노동을 하며 일본의 조직적인 군대식 통제 아래서 수탈당하였다.

강제연행된 조선인 노무자(징용자)는 여러 군수산업시설 중 노동력이 부족한 부문에 투입되었지만, 그중에서도 주로 일본과 사할린의 탄광 및 제강공업부문에 가장 많이 투입되었다.

[표 11-7] 작업장별 조선인 노동자의 배치 비율 (단위: %)

제철소		탄광	
제강조로작업	28.6	운반부	20.4
정정작업	24.1	채탄부	52.8
압연	10.8	충전부	6.3
소재	6.8	지주부	7.2
사상	4.6	공작부	1.3
주물	2.0	잡역부	2.6
주유	1.5	기타	9.4
축조	1.3		
기중기기관차	10.0		
작업연결수	0		
잡작업	10.0		
기타	0.3		
합계	100	합계	100

자료: 勞動科學研究所, 『半島勞務者 勤勞狀況に關する調査報告』(1943).

탄광의 작업장 배치를 보면, 일본인 광부들은 주로 갱외작업에 투입되었고 조선인 광부들(징용자)은 갱내의 가장 위험하고 고된 작업에 투입되었다. 1943년 5월 일본 내 14개 광산 조사에서 조선인 광부의 갱내 투입 비율은 최저가 66%, 최고는 97.6%에 달하였다.[7] 조선인 광부들은 갱내에서도 일본인 광부들이 가장 싫어하는 막장, 가스 발생이나 낙반사고가 빈번한 곳 등 항상 산업재해의 위험에 노출되는 곳에 배치되었다.[8] [표 11-7]에서 볼 수 있는 바와 같이, 산업재해율이 가장 높은 채탄부(52.8%)와 운반부(20.4%)에 배치된 조선인 광부의 비중이 73.2%에 달하였다. 약칭 I광업소(탄광)의 경우 1937년과 1940년 조선인 노무자의 96.0%를 가장 힘들고 산재율이 높은 '채탄' 작업에 투입하였다.[9] 일제는 조선인 노무자를 사할린 탄광 채탄에 투입했다가 필요하면 북해도 탄광에 강제로 이동시켜 투입하는 등 자의로 사역하였다.[10]

또한 제철소에서는 조선인 노무자들을 작업조건이 나빠서 일본인 노동자들이 꺼려하는 부문인 제강조로작업(28.6%), 정정작업(24.1%), 압연(10.8%) 등에 투입하여 조선인 노동자들의 63.5%가 가장 고된 작업에 배치되었다.

조선인 노동자의 노동시간은 하루 평균 10-12시간이었으며, 임금은 민족차별임금을 적용받아 일본인 노동자의 약 절반을 정액 일급제로 월별로 수령하였다. 일제의 '임금통제령'에 의하여 일본과 조선 노동자의 임금 자체가 저임금이었는데, 그에 더해 조선 노동자는 다시 민족차별임

---

7 김민영, 『일제의 조선인노동력수탈 연구』, 한울, 1995, p. 110 참조.

8 ① 하야시 에이다이(신정식 역), 『일제의 조선인노동력강제수탈사』, 비봉출판사, 1982, p. 96.
② 김민영, 『일제의 조선인노동력수탈 연구』, pp. 113-114 참조.

9 勞動科學硏究所, 『半島勞務者·勤勞狀況に關する調査報告』(1943); 오일환·김봉식 편역, 『전시 노동력 동원 번역자료집(2)』, 동북아역사재단, 2021, p. 101 참조.

10 장석홍, 「사할린 한인 '이중징용'의 배경과 강제성」, 『한국학논총』 제29집, 2007 참조.

[표 11-8] 조선인과 일본인의 월수입 비교(1943. 12.) (단위: 명)

구분	30원 미만	30-50원	50-70원	70-90원	90-110원	110원 이상
일본인	32 (3.7%)	123 (14.0%)	187 (21.3%)	194 (22.1%)	181 (20.6%)	160 (18.3%)
조선인	117 (36.1)	126 (38.9%)	40 (12.3%)	22 (6.8%)	7 (2.2%)	12 (3.7%)

자료: ① 勞動科學研究所, 『半島勞務者勤勞狀況に關する調査報告』(1943).
② 김민영, 『일제의 조선인노동력수탈 연구』, p. 141.

금을 수령했기 때문에 동일 직종의 노동자일지라도 일본인과 조선인의 월 수령액은 큰 차이가 있었다.

즉 1943년 12월 월 수령액이 50원 이하인 조선인 노동자는 전체 조선인 노동자의 75%에 달하는 데 비하여, 일본인 노동자는 전체 일본인 노동자의 17.7%에 불과하였다. 반면에 월 50원 이상 수령자는 일본인 노동자가 전체 일본인 노동자의 82.3%에 달했는데, 조선인 노동자는 전체 조선인 노동자의 25%에 불과하였다. 특히 월 90원 이상의 임금을 수령하는 일본인 노동자는 전체 일본인 노동자의 38.9%에 달하는 데 비하여 조선인 노동자는 전체 조선인 노동자의 5.9%에 불과하였다.

당시 광산과 공장의 일본인 노동자들도 '저임금'이라고 아우성이 높았는데, 강제연행된 조선인 노동자들은 산업재해율이 높은 가장 위험한 작업에 투입되고서도 민족차별임금의 적용으로 더욱 '노예임금'으로 착취당했음을 알 수 있다.

조선인 노동자들에게는 이 '노예임금'에서 또 '강제저금'이 강요되어 공제되었다. 일제는 조선인 노동자의 '기아임금'에서 '강제저금'을 뺀 후에, 회사를 통해 식비, 이불대, 공중목욕탕비, 이발료 등을 공제하였다. 그러므로 강제연행된 조선 노동자들은 자기들이 한번도 보지 못한 강제저금통장의 기록만 귀로 들었을 뿐, 현금은 극소액만 받거나 거의 받지 못하였다. 도망하려 해도 차비를 마련할 수조차 없었다. 이 '강제저금'은 조선 노동자들의 도망을 방지하기 위한 일제의 정책이었다.

식사는 하루에 1인당 쌀 3홉 6작 8을 기준으로 하였다. 기준량이 너무 적어 대용식으로 감자·무·호박·콩이 준비되었다. 그러나 중노동 후의 식사량으로는 너무 적어 영양부족으로 체력은 쇠약해 갔다. 강제연행된 한 조선 노동자는 "밥이라는 것은 분량이 작은 공기 그릇으로 하나밖에 되지 않았다. 밥은 콩기름을 짜고 난 콩깻묵이 절반, 옥수수 가루가 3할, 그리고 쌀은 2할가량 들어 있었다. (…) 그러나 점점 식사는 나빠지기 시작하여 쌀은 셀 수 있을 정도밖에 섞여 있지 않았다. (…) 점점 허기가 쌓이자 그 형편없는 깻묵밥이라도 좀 많이 나와 주었으면 하고 바랐다."라고 증언하였다.[11]

강제연행된 조선인 노동자의 숙소는 회사가 만들었음에도 마치 병영처럼 만들어져 있었다.[12] 통제를 용이하게 하고 도망을 감시하기 위해 출입통로는 하나만 만들고, 방은 일렬로 배치되어 있었다. 방 하나에 평균 4-5명씩 합숙시켰다. 외출은 '허가제'로서 외출증을 교부받아야 가능하였다.

조선인 노동자들은 오전 5시 30분에 기상하고, 밤에는 오후 8시에 반드시 점호를 하였다. 오후 5시 30분에 식사를 한 후 숙소에 돌아올 때까지 약 2시간만이 자유시간으로 주어졌다.

강제연행된 조선인 노무자들의 극도로 열악한 노동조건 때문에 출근율은 평균 약 80%였다. 결근 내용은 사상(私傷) 10%, 공상(公傷) 5%, '직장변경 주장' 5%로 되어 있었다.[13] 여기서 사상과 공상은 일제 회사 측의 부상자 치료비 지급 수준에 관한 구분이었고, 실제는 모두 위험한 작업에 투입되었다가 재해를 입어 결근한 것이었다. 조선인 노동자의 15%가 각종 산업재해로 신음한 것이었다. '직장변경 주장'은 다른 곳에 보내달라고 요구하다가 위험한 작업에 투입을 거부하여 저항 결근한 것이었다.

---

11 김민영, 『일제의 조선인노동력수탈 연구』, p. 148.

12 김민영, 『일제의 조선인노동력수탈 연구』, pp. 120-152 참조.

13 김민영, 『일제의 조선인노동력수탈 연구』, p. 122 참조.

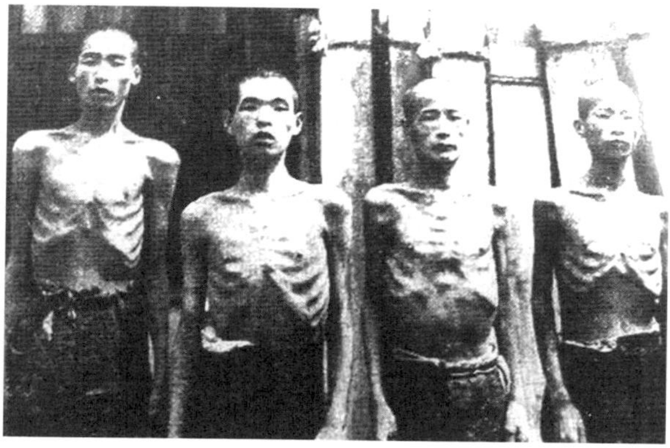

일본에 강제연행되어 탄광에 투입된 조선인 노무자 (출처: 독립기념관)

5) 조선인 노동자의 저항

조선인 노동자들은 강제동원 당시 일제 측의 설명과 실제 노동조건이 너무 현격한 차이가 있고, 임금의 잔여부분마저 강제저축되어 지급되는 현금이 너무 미미하므로 크게 실망하여 분쟁이 자주 일어났다. 일제는 조선인 노무자들의 분쟁에는 반드시 '민족의식'이 있는지 사상검증을 하고 경찰과 기관에 연락하여 가혹하게 다루었다. 조선인 노무자들의 저항 방식은 도주와 집단적 요구 등이었다. 이 가운데서 가장 빈번한 것이 개인별 '도주'였다.

일제는 조선인 노무자의 도주를 방지하기 위해 매우 큰 노력을 하였다. 그중에서도 '현금'을 갖지 못하도록 임금의 잔여부분을 거의 모두 강제저금시키는 조치는 불법적이고 가혹하였다. 도주할 '차비'조차 남겨주지 않는 것이었기 때문이다. 이러한 억압 속에서도, [표 11-10]에서 보는 바와 같이, 도주율은 약 35.6%에 달하였다.

[표 11-9] 전시 노무 동원된 조선인 노동자의 도주 상황 추이 (단위: 명, %)

연도	동원 수	도주자 수	발견자 수	비고
1939	19,135	429(2.2)	56(13.1)	
1940	86,765	16,268(18.7)		발견자 불명
1941	126,092	43,031(34.1)	6,956(16.2)	
1942	157,664	60,441(38.3)	〈2,693〉	'모집' 노동자
	90,897	19,003(20.9)	〈250〉	'알선' 노동자
1943	146,938	58,598(39.9)	〈2,639〉	'모집' 노동자
	219,526	60,137(27.4)	〈795〉	'알선' 노동자

주: 〈 〉 내의 발견자 수는 송환된 자만 해당됨.

자료: ① 1939-1942년은 『社會運動の狀況』, 1943년은 『特高月報』(1944. 2.)에 의함. 각 년도 말의 수임.

② 김민영, 『일제의 조선인노동력수탈 연구』, p. 158에서 재인용.

[표 11-10] 조선인 노동자의 행로(1942. 10.) (단위: %)

지방별	도주	질병송환	만기귀선	사망	기타
복강	44.0	3.5	3.4	0.5	6.9
상반	34.2	9.6	11.6	0.8	2.8
	15.6	4.5	15.8	2.1	2.5
합계	35.6	4.3	7.3	0.9	2.5

자료: 본 조사는 1939년 10월 이후부터 1942년 10월에 이르는 석탄광업의 이입 총수에 의한 것임. 김민영, 『일제의 조선인노동력수탈연구』, p. 159에서 재인용.

강제연행된 조선인 노동자 가운데, 약간의 '민족의식'이 있는 경우에는 '집단적' 저항이 일어났다. [표 11-11]에서 볼 수 있는 바와 같이 삼엄한 전시임에도 불구하고 강제연행된 조선인 노무자의 집단적 저항과 분쟁은 1942년부터 1943년까지 건수와 참가자 수에서 증가하였다.

[표 11-11] 조선인 노동자의 노동분쟁 추이

연도	총수		파업		태업		직접행동		기타	
	건수 (건)	참가자 (명)	건수 (건)	참가자 (명)	건수 (건)	참가자 (명)	건수 (건)	참가자 (명)	건수 (건)	참가자 (명)
1939	32	4,140	14	1,456	3	255			14	2,025
1940	184	12,518	60	4,512	48	3,122			76	4,883
1941	48	3,140	14	1,204	11	855			23	1,081
1942	203	12,617	48	3,031	68	3,515	35	2,091	52	3,980
1943	235	13,481	36	2,651	41	2,755	80	4,532	78	3,543
1944	157	10,838	32	1,745	35	1,926	37	3,181	53	3,986

주: 자료의 집계에 의문이 있을 때는 형태별 수에 의함. 1939년의 총수는 『社會運動の狀況』, p. 1001에서, 형태별 수는 pp. 1003-1008의 일람표에 의함. 총수와는 일치하지 않음. 1942-1943년은 「募集」, 「斡旋」 노동자의 합. 1944년은 11월 警報局 도착분까지임.

자료: 1939-1942년은 『社會運動の狀況』, 1943~1944년은 『特高月報』(1943. 8.) 및 『特高月報』(1944. 2.)에 의함; 김민영, 『일제의 조선인노동력수탈연구』, p. 160에서 재인용.

2. 일제의 조선인 만주 집단이주정책

일제는 1931년 만주 침략과 1932년 '만주국' 수립 후 영구한 만주 지배를 위하여 1936년 5월부터 약 20년간 일본인 100만 호(500만 명)를 이주시킬 계획을 발표했으나 뜻대로 되지 않았다. 생활조건이 너무 열악했기 때문이었다. 이에 일제는 먼저 1937년부터 10-15년간 총독부를 통해 조선 농촌 '과잉인구' 지역의 농민 약 30만 호(150만 명)를 만주로 '집단이주'시켜 그들로 하여금 만주 일대를 개척해서 조선인 집단부락과 안전농촌을 만들게 하고, 성과가 있는 지역에 다음으로 일본인 이민을 이주시켜 만주 지배를 강화하는 정책을 취하였다.[14]

---

14 ① 김기훈, 「일제의 조선인 만주이주정책 논쟁; 1932-1934」, 『한국민족운동사연구』 제20집, 1998.
② 김주용, 「만주 지역 한인 '안전농촌' 연구」, 『한국 근현대사 연구』 제38집, 2006.
③ 김윤미, 「일제의 '만주개척' 정책과 조선인 동원」, 『한일민족문제연구』 제17집,

조선인의 만주 이민에는 세 가지 형태가 있게 되었다. 첫째는 조선에서 몰락한 농민이 남부여대하여 개별적으로 만주를 찾아가서 토지를 개척하여 중국인 지주의 소작농 또는 자작농이 되는 경우였다. 일제는 이를 '분산개척민'이라고 하였다. 이 유형의 개척민에는 항일의식을 가진 농민이 많았다.

다음 형태는 일제 조선총독부가 1936년 9월 제령 제7호로 설립한 '선만척식회사(鮮滿拓殖會社)'에서 5개년 계획으로 조선 농민을 '모집'하여 집합이주시켜서 목적하는 사업에 투입하는 것이었다.[15] 일제는 이를 '집합개척민'이라고 하였다. 이 유형의 개척민은 일제 관동군의 철저한 통제를 받았다.

또한 일제가 1941년 전쟁 확대에 의해 노동력 수요가 폭증하자 설립한 '개척흥농회(開拓興農會)'에서 만주 '협화회(協和會)'의 알선을 받으면서 제2기 5개년 계획에 따라 조선 농민을 집단이주시킨 경우도 있다. 일제는 이를 '집단개척민'이라고 하였다. 이 개척민은 일제와 만주국으로부터 이중의 통제를 받았다. '집합개척민'과 '집단개척민'은 일제의 대행회사·단체가 달랐으나 내용은 비슷하였고, 일제의 보조금을 받는 대신 더 엄격한 통제를 받았다.

일제의 조선인 만주 이민정책은 조선 농민의 기피로 계획대로 성공하

2009.

④ 유필규, 「1930년대 연변지역 韓人 '집단부락'의 설치와 통제적 생활상」, 『한국독립운동사연구』 제30집, 2008.

⑤ 조정우, 「조선총독부 만주이민정책의 이면」, 『사회와 역사』 제103집, 2014.

⑥ 유필규, 「1940년대 조선총독부 만주개척민지원자훈련소의 설치와 성격」, 『한국독립운동사연구』 제48집, 2014.

⑦ 김주용, 「중국 연변(延邊)지역 전라북도(全羅北道) 사람들의 강제이주와 정착」, 『한국학연구』 제57집, 2020 참조.

15 조정우, ① 「만주사변전후 "척식"사업기구의 변화: 동아권업(주)의 기업지배구조를 중심으로」, 『사회와 역사』 제92집, 2011.
② 「조선총독부 만주이민정책의 이면」, 『사회와 역사』 제103집, 2014 참조.

[표 11-12] 만주 개척 조선인 이민 상황

구분	분산개척민		집합개척민		집단개척민	
	호수	인구수	호수	인구수	호수	인구수
1937	-	-	2,336	12,160	-	-
1938	4,455	14,010	2,799	14,171	-	-
1939	2,614	9,770	4,971	25,159	588	588
1940	1,833	7,159	1,305	6,854	2,707	7,534
1941	2,869	10,313	591	2,463	1,095	5,004
1942	-	-	443	2,093	1,344	6,483

자료: ① 만주제국협화회, 『國內に於ける鮮系國民の實態』
② 박경식, 『일본제국주의의 조선 지배』, p. 370.

지 못하였다. 1937-1942년의 조선 농민의 만주 이민은 [표 11-12]와 같았다.

'만주국' 수립 이후 만주의 풍부한 광산자원 수탈과 그 수송을 위한 철도 공사 등에 일제의 노동력 수요가 급증했다. 이 때문에 조선인 개척민들은 개척농민으로서만이 아니라, 관동군의 감시를 받으며 철도 공사 등에 노동자로서 각종 사업장에 투입되었다.

조선인의 만주 이주는 일찍이 구한말부터 시작되었고, 일제강점 초기에는 국권 회복을 위해 망명한 애국지사 가족들을 포함해 이미 광범위한 이민이 정착되어 있었다. 1936년에 조선인 이주민 인구수는 이미 91만 5,930명에 달하였다. 그 후 여기에 일제의 만주 영구 지배와 전쟁 수행 목적의 조선인 집단이주가 첨가된 것이었다. 이를 모두 보면, 조선인 만주 이주민은 [표 11-13]과 같이 1943년에 154만 583명에 달하였다.

[표 11-13] 조선인 만주 이주민 총수 (단위: 명)

1933	1935	1936	1938	1940	1943
673,794	약 810,000	915,930	1,048,212	1,313,879	1,540,583

자료: ① 만주제국협화회, 『國內に於ける鮮系國民の實態』.
② 박경식, 『일본제국주의의 조선 지배』, p. 372.

이 조선인 만주 이주민들은 속인주의 원칙이 적용되어 조선총독부의 통제를 받다가 후에 만주국의 통제도 받아 이중의 고통을 겪었다. 이들이 광복 후 재중국 '조선족'의 모태가 되었다.

3. 일제의 조선 청년 '지원병' 및 '징병' 강제동원과 희생

1) 일제의 조선 청년 '지원병' 강제 동원

(1) 육군 '특별지원병' 제도의 채택 이유

일제는 원래 1931년 만주 침략 직후 일본 군대는 일본인들로만 편성하고, 조선인들은 모두 노무자로만 동원하여 전쟁 수행에 활용할 계획이었다. 조선 청년들에게 총을 쥐여 주었다가 민족의식과 독립사상 때문에 돌변하여 총부리를 일제에게 겨누게 되면 이는 조선 '독립군'을 양성해 주는 것과 마찬가지인 위험한 일이기 때문이었다. 1931년 만주 침략 직후 만주에서는 '한국독립군'(사령관 이청천)과 '조선혁명군'(사령관 양세봉) 등 조선민족 독립군부대들이 중국인 항일군과 연합하여 항일 독립전쟁을 벌이고 있었다.

그러나 1937년 7월 7일 일제가 중일전쟁을 도발한 이후 전선이 급속히 확대되고 일본군 사상자가 급증함에 따라 사정이 급변하였다. 특히 1941년 12월 8일 태평양전쟁을 도발하여 전선이 동남아시아와 태평양 지역으로 확대되자 일본군 사상자는 급증하는 데 비해 일본 본토 내에서 충원된 병사들은 고갈되어 갔으므로 일본의 병역령을 적용한 조선 청년의 징병 문제가 일본 육군성에서 검토되었다.

일본 육군 수뇌부는 중일전쟁 후 예견되는 '장기전'에서 일본민족의 인적자원 소모를 최소화하여 전후에도 슬라브민족 및 중국민족을 능가하여 건재하도록 유지해야 하는데 일본 청년들만 모두 징집하여 광대한 전선에서 사상자가 급증하므로 미래 일본민족의 위기를 예측한 것이었다. 이에 일본민족의 인력 소모를 극력 회피하고 '외지 민족의 활용'[16]을 적극 검토하게 되었다. 즉 일제가 도발한 침략전쟁의 전선에서 일본 청년 병사들을 대신해 죽어 주고 부상당해 줄 보충 병력으로 조선 청년 징집이 검토된 것이었다.

일본 육군성은 1937년 6월 조선군 사령관에게 '조선인의 징병'에 대한 조선군의 의견 제출을 요구하였다. 이에 대해 조선군 사령부는 다음 달인 1937년 7월 2일 자로 '조선인 지원병제도에 관한 의견'을 제출하였다. 그 요지는 조선인 징용문제의 전면적 해결을 위해 먼저 시험적·과도적 제도로 '지원'에 의해 조선인 청년들을 현역에 복무시키는 '조선인 특별지원병 제도'를 실시하는 것이 적당하다는 의견이었다. 일제 조선군 사령부는 육군성의 요구에 '전면적 징병'으로 응답할 수 없는 다음의 깊은 고민이 있었다.

① 조선인은 오랜 역사에서 형성된 강인한 '민족문화'와 '민족의식'을 갖고 있어서 당장 '징병'하여 일본군에 편입시키면 일본군 내에 '항일' 요소를 내포한 비일본인을 포함시켜 일본군 전체가 질적으로 약화되거나 위험해질 요소가 강하였다.

② 만주에서처럼 중대별로 '조선인 중대'를 별도로 편성하면 민족의식이 강한 조선인 중대 전체가 일본군에서 이탈하여 독립군으로 돌변할 위험도 있었다. 만주국에서 '오족공화(五族共和)'를 내세우며 조선인 중대를 편성했더니 1935년 여름 동녕현(東寧縣)에서 조선인 중대 하나가 일본 측의 민족차별 대우에 불만을 품고 이탈하여 소련 영내로 들어가 버린 경

16 ① 「(極祕)大東亞戰爭ニ伴フ我カ人的國力ノ檢討」(1942. 1. 20.), 陸軍省兵備課(高崎隆治 編), 『十五年戦争極秘資料集』 第1集, 1942.
② 宮田節子, 『朝鮮民衆と'皇民化'政策』, 未來社, 1985, p. 21 및 p. 129.

험이 있었다.[17]

③ 조선인 청년들을 징병하여 개별적으로 일본군에 투입할 수밖에 없는데, 이들은 대부분 일본어와 일본 문화를 모르며 일본 천황에 대한 충성심도 없어서 이것은 조선군사령부에게는 완전히 시기상조로 판단되었다.

이에 조선군사령부는 육군성의 요구대로 당장 '징병제'를 실시하고 싶지만, 조선인의 민족문화에 뿌리를 둔 완강한 민족의식과 저항의식 때문에 이것이 전혀 불가능하므로, 앞으로 15년 후 또는 20년 후 언젠가 실행해야 할 '징병제' 이전의 과도적 시험제도로서 '특별지원병' 제도를 채택할 것을 건의하게 되었다. 이 건의가 육군성에서 수용되어, 조선에 주둔한 일본군 사령부인 '조선군사령부'의 주도하에 조선에서 육군 '특별지원병' 제도가 시행된 것이었다.[18]

(2) 육군 '특별지원병' 제도의 시행

일제는 이에 1938년 2월 26일 칙령 제95호 '육군특별지원병령', 3월 3일 '육군특별지원병령 시행세칙', 4월 2일 조선총독부령 제70호 '훈련소 규정' 및 제71호 '지원자 생도채용규칙'을 발포하여 육군 특별지원병 제도를 만들어서 육군 지원병을 모집하였다. 조선군사령부가 주도하여 만든 이 육군 특별지원병 제도는 ① 연령 만 17세, 키 160cm 이상의 신체검사 합격자로서, ② 사상이 견고하고 소학교 졸업 또는 동등 이상의 학력자로, ③ 품행이 단정하고 금고 이상의 형을 받은 일이 없으며, ④ 입소와 복무 중에 가족의 생계 및 가사에 지장이 없는 자를 자원으로 모집하

---

17 『滿洲國ニ於ケル朝鮮人軍隊ノ槪況』, p. 1; 宮田節子, 『朝鮮民衆と'皇民化'政策』, p. 72 참조.

18 宮田節子, 「志願兵制度の展開とその意義」, 『朝鮮民衆と'皇民化'政策』, pp. 50-93 참조.

[표 11-14] 육군 특별지원병 현황(1938-1943) (단위: 명)

연도	지원병 지원자 수	훈련소 입소자 수	일본군 입대자 수			비고
			현역	제1보충역	합계	
1938	2,946	406	300	100	400	
1939	12,348	613	250	350	600	
1940	84,443	3,060	900	2,100	3,000	4, 8, 12월 입소
1941	144,743	3,208	1,000	2,000	3,000	
1942	254,273	4,077	2,250	2,250	4,500	제2훈련소 증설
1943	303,294	6,300	3,200	2,130	5,330	
합계	802,047	17,664	7,900	8,930	16,830	

자료: ① 近藤釼一, 『太平洋戦下の朝鮮及び台湾』, 内務省作製, 1944, p. 13.
② 宮田節子, 『朝鮮民衆と'皇民化'政策』, pp. 62-63.
③ 崔由利, 『日帝 末期 植民地 支配政策硏究』, 國學資料院, 1977.
④ 표영수, 「일제강점기 육군특별지원병제도와 조선인 강제동원」.

여 6개월간 훈련소에서 교육한 후 일본 군대에 복무시킨다는 것이었다.

조선군사령부와 조선총독부는 만일 지원자가 부족하면 일본 중앙정부 등과 세상에 큰 망신이므로 도별로 지원병 응모자 수를 할당하였다. 각 도는 부·군·면별로 응모자 수를 배분하여 지원을 책임지고 독려하도록 하였다. 그러므로 이것은 용어만 '지원'이지 실제는 '강제'와 다름이 없었다. 또한 총독부는 지원자의 가족들에게 각종 특별원조를 약속하고 일제의 어용 신문과 잡지들에 '지원병'의 사기성 짙은 홍보 선전을 내보냈다. 일제 총독부는 행정력으로 수 배의 충분한 지원자를 확보하여, 그 가운데서 철저한 사상검증을 해서, 일본제국에 충성할 수 있다고 판단되는 소수 지원병을 선발할 작전이었다. 그 결과 1938부터 1943년까지, [표 11-14]에서 볼 수 있는 바와 같이, 6년간 모두 80만 2,047명이 응모하여, 이 가운데 1만 7,664명이 뽑혀서 지원병 훈련소에 입소하였다. 지원병이 다수였던 것은 다음과 같은 이유 때문이었다.

첫째, 조선총독부가 처음부터 각 도에 지원자를 과도하게 다수 배당하였고, 각 부·군·면은 온갖 감언이설로 이를 '강제'와 다름없이 철저하게 집행했기 때문이었다.

둘째, 당시 조선 농촌의 영세소작농은 극빈상태로 더욱 떨어져 청소년들이 결식상태였으므로, 식사라도 주는 일본군에 입대하여 우선 밥을 먹고 가족이라도 부양할 수 있는 생계 후원을 받으려 했기 때문이었다.

셋째, 조선군사령부가 조선인의 강인한 '민족의식'과 독립사상을 불신하여 훈련 후에도 중국 전선이 아니라 후방인 조선 국내에 배치한다는 사실(또는 소문)을 알았기 때문이었다.

넷째, 일부 조선 청년들은 장래 지원병을 역용하여 군인이 된 후 기회가 오면 조국 조선을 위하여 총을 잡을 수도 있다는 기대를 갖고 있었기 때문이었다. 예컨대 일제 고등경찰의 『특고월보』에는, 일반 조선인 가운데는 "조선인을 지원병으로 하는 일은 매우 좋은 일이다. 즉 우리들은 장래 지원병을 역용하면 좋게 된다. (…) 그들은 반드시 조국(조선)을 위하여 총을 잡고 일어설 것이다."라고 기대했던 이들이 있었다는 심문기록이 있다.[19]

그러나 일제는 나름대로 엄격하게 지원병을 검증 선발하였다. 일제 도지사는 우선 부·읍·면 행정관리와 경찰을 통해 입소 지원자에게 필기 시험과 구두시험을 보게 했다. 필기시험은 학과시험으로 ① 국어(일본어), ② 국사(일본사), ③ 산술 과목 시험을 보게 했다. 한편 구두시험은 지원자의 사상, 태도, 일본어 말솜씨 등을 면접 시험하였다. 다음으로 고등경찰로 하여금 지원자 본인과 가족의 철저한 신원조사를 하고, 부·읍·면장의 신원보증서까지 붙이게 하였다. 항일의식·조선민족의식의 혐의가 있는 지원자를 제외하기 위한 조치였다.

이렇게 엄선한 입소 예정자를 도지사가 추천하여 '육군 지원병 훈련소'에 보내어 6개월간의 군사훈련을 시켰다. 그러나 그 훈련 내용을 보

---

19 ① 内務省警保局保安課, 『特高月報』(1943. 11.), pp. 78-80.
② 宮田節子, 『朝鮮民衆と'皇民化'政策』, p. 61.

면, 3분의 2가 황국신민화 교육·조선적인 것의 폐기 교육·일본어의 교육이었고, 나머지 3분의 1이 군사훈련이었다. 조선군사령부는 '황국신민화'가 되기 이전의 조선 청년에게 무기를 주는 것이 얼마나 위험한지를 일본 육군성보다 잘 알고 군사훈련 시간을 3분의 2나 떼어 내어 황국신민화 교육을 시킨 것이었다.

이렇게 해서, [표 11-14]와 같이, 1938년부터 7년간 80만 2,047명의 지원자를 접수하여, 그 가운데 1만 7,664명을 선발해서 6개월간 훈련소에서 군사훈련을 시킨 후에 1만 6,830명을 일부(7,900명)는 현역병으로, 일부는 제1보충역으로 배치하였다.

일제의 조선 육군 지원병 배치 지역을 보면, [표 11-15]에서 볼 수 있는 바와 같이, 배치병력 1만 4,700명 가운데 64%에 해당하는 9,410명을 조선군사령부가 지휘하는 '조선군' 안에 배치하였다. 특히 1938년과 1939년에는 모두 조선군의 19사단(사단본부 하남)과 20사단(사단본부 서울, 용산)에만 배치하였다. 관동군에는 1940년의 요청으로 1,000명을 보내기 시작하여 1943년까지 모두 3,080명을 보냈다. 북지파견군에는 북지전선에서 일본군이 고전하기 시작한 1942년에 970명, 1943년에 730명을 보

[표 11-15] 육군 특별지원병의 배치 상황 (단위: 명)

구분	배치 지역	1938년	1939년	1940년	1941년	1942년	1943년	합계
조선군	19사단	250	375	990	840	1,380	450	4,285
	20사단	150	225	1,010	820	1,345	420	3,970
	30사단	-	-	-	-	-	160	160
	조선군	-	-	-	190	230	-	420
	조선군직할	-	-	-	250	175	150	575
그 외	관동군	-	-	1,000	900	400	780	3,080
	북지파견군	-	-	-	-	970	730	1,700
	동부군	-	-	-	-	-	210	210
	중부군	-	-	-	-	-	150	150
	서부군	-	-	-	-	-	150	150
합계		400	600	3,000	3,000	4,500	3,200	14,700

자료: 표영수,「일제강점기 육군특별지원병제도와 조선인 강제동원」.

냈다.[20] 조선군사령부가 조선인 육군 특별지원병을 주로 조선 식민지통치 강화에 사용하려 한 것을 알 수 있다.

(3) 해군 '특별지원병' 제도의 실시

일제 해군성은 육군성과 달리 함선 근무의 특수성을 들어서 민족의식이 강한 조선인의 특별지원병 제도 채택을 추진하지 않았었다. 그러나 1942년 6월 미드웨이 해전의 참패로 전세가 불리하게 되자 총리대신 주도 아래 내각회의에서 1943년 5월 11일 조선에 '해군 특별지원병 제도' 실시를 결정하였다. 이에 일제는 1943년 7월 27일 칙령 제608호로 '해군특별지원병령', 이튿날 해군성령 제30호로 '해군특병지원병제 시행규칙'을 공표하고 1943년 8월 1일부터 조선과 대만에 해군 특별지원병 제도를 실시하기 시작하였다.

이에 일본 해군성은 만 16-21세의 조선 청년과 대만 청년을 해군대신이 정하는 전형을 거쳐 해군 특별지원병으로 채용하여 일본 해군을 보충하게 되었다. 원계획은 조선에서 6개월마다 1기에 1,000명씩 지원자를 선발하여 진해에 설치하는 '조선총독부 해군지원자 훈련소'에서 6개월 훈련을 거쳐서 해병단에 편입하는 것이었다. 그러나 1944년 8월 1일 진해훈련소를 폐지하고 제2기부터는 해병단에서 직접 훈련시켰다.

광복 후 명부를 확인하며 조사한바 실제로 실행된 것을 보면, 1943년부터 1945년까지 2년 10개월간 해군 특별지원병으로 동원된 조선인은 1만 2,166명이었고, 해군 징병으로 동원된 조선인은 6,352명이었다. 그리고 해군 특별지원병으로 동원된 조선인 가운데 292명이 동원 중 사망한 것으로 확인되었다.[21]

---

20 표영수, 「일제강점기 육군특별지원병제도와 조선인 강제동원」, 『한국민족운동사연구』 제79집, 2014 참조.

21 표영수, 「해군특별지원병제도와 조선인 강제동원」, 『한국민족운동사연구』 제59집,

(4) 학도 '특별지원병' 제도의 실시

일제는 전세가 밀리어 다급해지자 조선 청년들을 모두 싹쓸이해서 침략전쟁의 최전선에 투입할 계획으로 1942년 5월 8일 내각회의에서 조선에 '징병제'를 실시하기로 결정하였다. 일제는 이에 1943년 법제와 호적대장 및 병적대장 등을 준비하고, 1944년 9월 만 20세 청년을 기준연령으로 '징병제'를 실시할 계획이었다.

여기서 일제는 전장에 투입하고 싶지만 이미 징집기준연령(1923년 9월 이전 출생자, 즉 만 20세를 초과)을 넘어선 청년들 가운데 대학·전문학교·고등학교에 재학하여 일본어를 완벽하게 구사하는 영민한 조선 청년들에 주목하였다. 이에 일제 육군성은 이들을 일본 군대로 쓸어 가기 위하여 1943년 10월 20일 육군성령 제48호로 '육군특별지원병 임시채용규칙'을 발표하였다. 그 내용은 조선인과 대만인 중 1923년 12월 1일 이전에 출생한 자로서 대학·전문학교·고등학교 등의 문과계열에 재학 중인 자 또는 재학생 징집연기 중인 자는 지원을 받아 훈련소 과정을 거치지 않고 바로 현역으로 편입시킨다는 것이었다.[22]

조선총독부는 육군성의 규칙에 따라 이 법령 공표 후 5일째인 10월 25일부터 11월 20일까지 1개월 내에 지원서를 접수하고, 12월 11일부터 10일간 적성검사를 거친 후, 다음 해인 1944년 1월 20일 입대시킨다는 일정을 발표하였다. 일제 총독부와 어용단체 조선장학회는 대상자(조선인 대학·전문학교·고등학교 문과계열 학생 약 1,000명, 일본 유학생으로서 조선에 귀국해 있는 자 약 1,300명, 일본에 재류하고 있는 자 약 1,400명, 졸업생 약 1,300명 등)가 약 5,000명이라고 추산하였다.[23]

2009 참조.

22 「昭和18年10月20日 陸軍省令第48號 昭和18年度陸軍特別志願兵 臨時採用規則」, 『朝鮮總督府官報』(1943. 11. 6.) 참조.

23 「半島의入營適格者 五千名」, 『京城日報』, 1943년 11월 5일 자 및 「成績燦然學從特

일제는 이 고등교육을 받은 조선 청년 5,000명을 전선에 투입하려고 욕심을 내었으나, 조선 청년들은 냉담하였다. 일제의 침략전쟁에서 총알받이가 되는 것에 지원할 리가 없었다. 다급해진 조선총독부는 총독 이하 일제 행정관리들을 총동원하고, 조선 내 전문학교 교장들, 사회 명망가, 문인 등 그들의 요구를 받아들인 저명인사들도 강연 등에 총동원하여 '학도 특별지원병'에 지원하도록 조선 청년들을 설득하고 독려하였다. 『매일신보(每日申報)』, 『경성일보(京城日報)』 등 일제 기관지에는 '학도 특별지원병'에 지원하여 '황국신민'이 다 된 것을 증명하자는 홍보 선전기사가 연일 넘쳐흘렀다. 그럼에도 대상자들의 호응이 없자, 일제는 경찰과 관리들을 동원하여 대상자의 부모·조부모를 위협해서 지원서를 제출하게 하였다. 거의 강제적이었다. 그 결과 결국 약 3,366명이 지원서를 제출했고, 그중 약 3,017명이 적성검사를 받은 후 채용되어 일본군에 편입되었다.[24]

일본군에 끌려가 편입된 학도지원병들은 국내 조선군에 배치되거나 중국 전선의 일본군에 편입되더라도 기회가 있을 때마다 탈출을 시도하였다. 1944년 6월의 '함흥 보병부대 탈출사건'과 1944년 11월의 '평양사단 탈출사건'[25] 및 1944년 8월의 '대구 24부대 탈출사건'은 그 사례의 일부였다.[26] 이에 중경의 대한민국 임시정부는 광복군사령부를 설치한 후 이 일본군 탈출병들을 수합하고자 '한국광복군 제3지대'(지대장 김학규)를 편성하고 지대 본부를 일본군 후방 부양(阜陽)에 두어 탈출하는 학도병들을 광복군에 편입시켰다.[27]

別志願兵」, 『每日新報』, 1943년 11월 22일 자 참조.

24 박경식, 『일본제국주의의 조선 지배』, p. 354, [표 2] 참조.

25 정세현, 『항일 학생민족운동사 연구』, 일지사, 1975 참조.

26 김도형, 「일제말기 대구24부대 학병 탈출의거」, 『軍史』 제65호, 2007 참조.

27 조건, 「일제 말기 한인 학병들의 중국지역 일본군 부대 탈출과 항일 투쟁」, 『한국독립운동사연구』 제56집, 2016 참조.

(5) 학도지원병 거부자 대상 '학도징용' 실시

일제는 총독부의 온갖 협박과 노력에도 불구하고 학도지원병 대상자 약 5,000명 중에서 1,500여 명이 산간벽지로의 도피, 친척·친지 집으로의 은닉 등 여러 가지 방법으로 지원을 회피하거나 거부하여 지원자가 3,366명에 그치게 되자, 지원 거부자를 '노무자'로 강제징용하여 조선 내 각종 군수산업에 투입하는 탄압정책을 집행하였다. 당시 이것을 통칭 '학도징용(學徒徵用)' 또는 '응징학도(膺懲學徒)'라고 불렀다.[28]

일제 조선총독과 학무국장은 학도병에 지원하지 않는 자는 '징용'할 것이며, 이들은 '황국신민'으로서의 수련이 부족한 자들이므로 '노무제공' 뿐만 아니라 '황국신민 재연성'을 시행할 것이라고 하였다.[29] 일제 총독의 명령을 받은 각 도지사들은 학도병 지원 거부자들에게 1943년 11월 28일자로 '징용령서(徵用令書)'를 발부하였다.

일제 조선총독부는 제1차로 징병 지원을 거부한 125명의 학도를 '징용'하여 약 2주간의 군사훈련과 동일한 '연성'을 강행하고, 징용기간을 2개년으로 하여, 오노다시멘트공장, 총독부 교통국 원산철도공장 등을 비롯하여 각지의 군수공장에 분산 배치하여 징용 노무자로 사역하였다. 이러한 '학도징용'이 광복 때까지 세 차례 있었던 것으로 파악된다.[30]

징용당한 징병 거부 학도들은 대부분 징용 만기 2년 전인 1945년 '광복'을 맞아 귀가하게 되었다.

---

28 이상의, 「태평양전쟁기 조선인 전문학생·대학생의 학도지원병 동원 거부와 '학도징용'」, 『역사교육』 제141집, 2017 참조.

29 「全適格學徒願確信 似而非觀念斷乎排除」, 『每日申報』, 1941년 11월 11일 자 및 「比志願者는 徵用, 皇民으로 再鍊成」, 『京城日報』, 1943년 11월 22일 자; 이상의, 「태평양전쟁기 조선인 전문학생·대학생의 학도지원병 동원 거부와 '학도징용'」 참조.

30 이상의, 「태평양전쟁기 조선인 전문학생·대학생의 학도지원병 동원 거부와 '학도징용'」 참조.

(6) 소년지원병 제도 실시

일제는 전선이 확대되면서 전투 인력이 부족하자, 1943년 소년지원병 제도를 실시하였다. 소년지원병 제도는 징집연령에 미달하는 일본과 조선의 소년 가운데 육·해군 및 비행병은 14세, 전차·통신·포병은 15세 이상의 어린 소년들을 지원병으로 선발하여 전선에 투입하는 악랄한 반인륜적 제도였다.

일제의 '가미카제(神風) 특공대'는 다수의 일본 소년지원병과 극소수의 조선 소년지원병을 사용하였다. 이것은 처음부터 회항할 연료를 주지 않고 함선이나 군사시설을 특공하여 폭파하게 시키는 것이므로 '자살'을 강요한 잔인무도한 전투방식이었다.

(7) 군속(군요원)의 징발과 강제동원

일제는 중일전쟁의 도발과 전선 고착 시기부터 일본군 병력의 절대부족을 절감하자 일본인들은 모두 군대로 편성하고 그에 부속하는 잡일은 조선인을 '군속'이라는 이름으로 강제 징발하여 사용하였다. 1939년부터 징발된 '군속'들은 주로 취사부요원, 수송부요원, 미·영 포로병 감시, 교량 건설, 비행장 건설 등 기타 최전선의 각종 업무와 노역에 투입되었다.

현재까지 발굴·발표된 1939-1945년의 군속 강제동원 수는 14만 5,110명으로 집계되어 있다. 일제는 이들을 일본뿐만 아니라, 조선, 만주, 중국 본토, 남양군도 등 일본군이 가는 곳에는 어디든지 끌고 다니면서 온갖 궂은일에 사역하였다.[31] 1945년도에 군속(군요원) 투입이 가장 많았던 남방제도(태평양제도)의 통계는 누락되어 있다. 박경식 씨는 남방의 합

31 정혜경, 「일제 말기 조선인 군노무자의 실태 및 귀환」, 『한국독립운동사연구』 제20집, 2003 참조.

[표 11-16] 군속 연행 노동자 수(1939-1945) (단위: 명)

연도	조선	일본	만주	중국 본토	남방	계
1939	-	-	145	-	-	145
1940	-	65	656	25	-	746
1941	1,085	5,396 (4,895)	284	13	9,249	16,027 (4,895)
1942	1,813 (90)	4,171 (3,871)	293	50	16,159 (135)	22,486 (4,096)
1943	1,976 (648)	4,691 (2,341)	390	16	5,242	12,315 (2,989)
1944	13,575 (9,555)	24,071 (21,071)	1,617	294	5,885	45,442 (30,626)
1945	15,532 (11,220)	31,603 (30,606)	467	347	-	47,949 (41,826)
합계	69,997 (21,513)	33,861 (62,784)	3,852	745	**326,535(오식)** (135)	145,110 (84,432)

주: ( )는 '징용'으로 內書이다.
자료: 「제85회 제국의회설명자료」, 『日本人の海外活動に関する歴史的調査』, 조선편 제9분책; 박경식, 『일본제국주의의 조선 지배』.

계 32만 6,535명의 군속 강제동원 숫자는 오식이 아니라 사실일지도 모른다고 쓰고 있다.[32]

2) 일제의 조선 청년 '징병' 강제동원

(1) 일제의 조선인 '징병' 실시 과정

일제는 태평양전쟁까지 도발하여 전장이 동남아시아와 태평양 지역으로 매우 넓게 확대되자 병사가 부족하여 일본 청년들을 총동원하였다. 일제는 침략지역에 대한 기만적 사전 '선전'을 위해 1940년 소위 '대동아

32 박경식, 『일본제국주의의 조선 지배』, p. 361 참조.

공영권(大東亞共榮圈)' 구상을 공표하였다. 그러나 일본군의 사상자 폭증으로 장기전이 지속되면 일본군의 청장년이 전쟁에서 소모되어 일본민족의 대위기가 도래할 것임을 예견하였다. 이에 일제는, 강인한 민족의식 때문에 조선인을 신뢰할 수는 없지만, 원체 다급하므로 식민지 조선 청년들을 모두 징집하여 일본 청년 대신 최전선에 투입할 정책을 수립 집행하게 되었다.

이에 육군성 군무국이 입안하여 1942년 5월 8일 내각회의에서 조선에 '징병제' 시행을 결정하고, 1944년부터 징집을 실시할 수 있도록 준비시키기로 결정하였다. 그러나 조선총독부에서는 조선인의 유구한 민족문화와 강인한 민족의식으로 '황국신민화'가 잘 진행되지 않아서 '징병제' 실시는 '시기상조'이고, 15-20년 후에나 안심하고 조선 청년을 '일본군'에 편입시킬 수 있다고 보는 여론이 많았다.[33] 신임 총독 고이소 구니아키(小磯國昭, 재임 1942-1944)는 이 간격을 즉각 메꾸고 일본 정부의 결정을 실행하기 위해 1942년 5월 '징병제 시행 준비위원회'를 조직하고 다음과 같은 선행 준비를 실시하였다.

첫째, 제1차 징병적령자(1923. 12. 1.-1924. 11. 30. 출생자)의 계출 등록을 1942년 9월 30일까지 실시하였다. 이를 위해 기류(寄留)제도(본적을 떠나 90일 이상 특정 지역에 거주하는 자의 등록제도)까지 실시하면서 호적조사를 다시 시행하였다.[34] 호적대장에 의거하면 징병적령자는 26만 6,643명이었다. 그러나 징병적령계를 제출한 자는 25만 4,753명이었다.[35] 누락된 소재불명자는 1942년 12월 1일 기준 9,769명이나 되었다. 일제는 이들을 기피자로 간주하고 색출해 내기 위해 조사활동을 강행하였다. 전국 도처

---

33 宮田節子, 「徵兵制度の展開」, 『朝鮮民衆と'皇民化'政策』, pp. 94-147 참조.

34 이명종, 「일제말기 조선인 징병을 위한 기류(寄留)제도의 시행 및 호적조사」, 『사회와 역사』 제74집, 2007 참조.

35 近藤釼一, 「太平洋戰爭下終末期朝鮮の治政」, 近藤釼一 編, 『朝鮮近代史料集成』 제2권, 友邦協會, 1959, pp. 142-143 참조.

에서 조선인의 징병 거부 투쟁이 산발적으로 일어났다.[36]

둘째, 1942년 10월 1일 '조선청년특별연성령(朝鮮青年特別錬成令)'을 제정 공표하여 학생을 제외한 17-21세의 조선 청년을 의무적으로 소집하여 6개월간 예비훈련을 시켰다. 1942년 12월 1일 전국 121개소에서 청년특별연성소 입소식이 있었고, 1943년 4월 1일 2,698개 연성소(주로 국민학교)에서 10만 3,611명이 훈련을 받았다.[37] 소집당한 청년의 약 80%가 일본어를 구사하지 못했으므로 연성과목은 '일본어'가 3분의 2, '황국 신민화'를 위한 훈육과 교련이 3분의 1이었다. 훈육은 '궁성요배', '일본국기의 해설', '일본국가의 해설', '국민서사의 암송', 천황을 위하여 태어나고 천황을 위하여 싸우고 천황을 위하여 죽는다는 '일본군인의 정신교육' 등이었다. 교련은 목총을 든 제식훈련 등이었다.

셋째, 당시 징병대상자의 약 20%만 일본어를 알고 약 80%는 일본어(소위 '국어')를 말하지 못하였다.[38] 일제는 징병당해 일본군에 분산 편입된 조선 청년이 일본어를 모르면 '일본황군'이 될 수 없다고 하여 일본어 교육에 총력을 기울였다. 연성 중에는 일본어만 상용하고 조선어와 조선문자의 사용을 엄금했으며, 일본어 이외에는 가족과의 통신도 완전히 단절시켰다. 일본어(국어)가 '교실 국어'가 아니라 '생활 국어'가 되어야 한다고 강조하고, "국어(일본어)는 전력(戰力)이다"라는 구호를 복창시키면서 일본어 단기 요해 운동을 강행하였다.

넷째, 중등학교 학생들도 '징병'하기 위한 준비로서, 1943년 10월 조선학생의 징병연기조치를 폐지하였다. 학도들을 신속히 일본군에 편입할 수 있도록 중등학교 이상에 일본군의 배속장교를 파견하여 필수로 군사교련을 시켰다.

---

36 장성욱, 「일제 말기 慶山 '決心隊'의 강제동원 거부투쟁」, 『한국독립운동사연구』 제47집, 2014 참조.

37 『朝鮮年鑑』(1944), pp. 454-465.

38 『文教朝鮮』 第224號, p. 3 참조.

다섯째, 1943년 12월 24일 자로 '징병적령(徵兵適齡)'을 1년 낮추어 만 16세로 인하해서 징병대상자를 증가시켰다.

여섯째, 조선인의 오랜 민족문화와 강인한 민족의식 때문에 '황국신민화'가 덜 되고 '일본황군'이 될 의식이 부족하다고 하여, '동조동근(同祖同根)', '내선일체(內鮮一體)', '천황의 적자(赤子)' 등 구호를 복창시키면서 '일본인 의식'을 주입하려고 진력하였다. 일제의 아시아·태평양 침략전쟁을 '대동아공영권' 건설을 위한 '성전(聖戰)'이라고 합리화하면서, 이 '성전'에 참가하는 것은 '의무'이고 '영광'이라고 교련시켰다.[39]

일곱째, 일제는 1944년 4월 1일부터 8월 20일까지 연성을 거친 조선 청년들에게 제1회 징병검사를 실시하였다. 수검자의 94.2%에 해당하는 20만 6,057명이 합격(갑종합격 33.5%, 을종합격 66.5%)하여 일본 군대로 편입되었다. 1945년 1월부터 5월에 걸쳐 제2회 징병검사가 실시되었다. 재만주 조선 청년의 징병검사는 관동군이 실시하여 약 1만 3,000명을 일본군에 편입시켰다. 전쟁이 계속되면 매년 징병이 계속되어 조선 청년은 남김없이 일본군에 편입당하게 되어 있었다.

여덟째, 일제는 태평양전선의 전세가 패전의 연속으로 불리하게 되자 미군 상륙도 전제하여 조선 여자청년의 동원도 계획하였다. 조선총독부는 1944년 2월 10일 '조선여자청년연성소 규정'을 제정하여 조선 여성 청년들에게도 군사교련을 시작하였다.

(2) 강제징병당한 조선인의 희생

위와 같이 강제징집당해 일본군에 편입된 조선인 병사는 제1회(1944. 4. 1.-8. 20.) 약 20만 6,057명이었다. 제2회(1945. 1.-5.)도 제 1회와 같은 숫

39 ① 宮田節子, 『朝鮮民衆と'皇民化'政策』, pp. 94-118.
② 강유인화, 「식민지 조선과 병역 의무의 정치학: 일제의 징병제 시행과 '국민됨'에 대한 담론을 중심으로」, 『사회와 역사』 제109집, 2016 참조.

[표 11-17] 제1회 '의무병역' 징병 수(1945. 8.) (단위: 명)

육군	186,980
해군	22,299
합계	209,279

자료: 坪江仙二, 『在日朝鮮人の概況』; 박경식, 『일본제국주의의 조선 지배』, p. 354에서 재인용.

자의 청년이 수검 후에 일본군에 편입되었으나, 그 정확한 숫자는 일본군 패전 후 은닉되어 밝혀져 있지 않다.

현재 일제 측의 공식 자료에는 제1회 수검 합격 후 일본 군대에 편입한 조선인 징병자만, [표 11-17]과 같이, 육군 18만 6,980명, 해군 2만 2,299명으로 발표되어 있다.

제1회 징병자 조선 청년 20만 9,000여 명은 일제에 의해 최전선에 배치되어 일제 침략전쟁에서 방패용 '총알받이'로 거의 모두 희생당하였다. 제2회 징병자 조선 청년 약 20만여 명은 전선에 배치되던 도중에 1945년 8·15 광복이 되었으므로 약간의 희생이 있었고 다수가 귀환하였다. 이 때문인지 일본 측 통계는 제2회 징집·수검·편입자는 제외하고 있다.

일제는 일본군에 편입된 조선 병사들을 모든 전선에서 가장 위험한 지역에 소모품으로 투입한 경우가 많았다. 전쟁을 실제 체험한 제1증언자의 증언 기록을 보면, 일본군은 최전선의 가장 위험·위급한 곳에 '자살 특공대'를 투입하는 경우 조선 출신 사병을 투입하였다. 관동군의 경우를 보면 1945년 8월 10일 소련군이 탱크를 앞세우고 만주로 진입해 들어오자 일본 관동군의 ○○부대 제5중대는 중대원 200명 중 조선 청년만 12명을 선발하여 가마솥 뚜껑처럼 둥그런 '압력지뢰'를 혼자서는 풀지 못하도록 등에 묶은 뒤 소련 전차 밑으로 기어들어 가 폭발하여 전차와 함께 자살하도록 하였다.[40]

---

40 ① 허영선 구술증언, 「특공대의 지뢰를 등에 지고」, 강용권, 『강제 징병자와 종군위안부의 증언』, 해와달, 2000, p. 288.
② 서대호 구술증언, 「사망신고」, 강용권, 『강제 징병자와 종군위안부의 증언』, p. 293.

일본군의 이러한 전술은 동남아전선에서도 동일하였다. 미얀마 임팔 전선에서 영국군의 보병은 언제나 탱크를 앞세우고 들어오는 데 비해 일본군은 '반(反)탱크 지뢰'를 등에 지고 영국군 전차의 무한궤도 밑으로 기어들어 가는 특공작전으로 응대하여 손실이 매우 컸다. 미얀마 파견군 모리 8554부대에는 조선 청년 사병이 200여 명이었는데, 돌아올 때는 절반밖에 남지 않았다.[41]

일본 해군도 이러한 특공작전을 사용하였다. 어뢰정 하나에 두 사람씩을 태우고, 싸울 때까지의 기름만 주고 돌아올 때의 기름은 주지 않아서 미국 군함 밑에 기어들어 가 '자살 특공'하게 만들었다. 조선 청년 사병 5명이 특공대로 선발되어 희생당하는 것을 목격한 증언이 있다.[42]

만일 제2차 세계대전의 태평양전쟁이 계속되었더라면 조선인 강제 징병자 40만여 명은 일제 침략전쟁의 방패용 총알받이로 거의 모두 희생당했을 것이다.

3) 일본군 731부대의 생체실험과 세균전·화학전

(1) 731부대의 설치

일제는 아시아 침략에서 세균전·화학전 실행을 위해 칙령과 대본영에 의해 특수부대로서 만주 하얼빈지역에 731부대를 설치하였다.[43] 일제는

③ 조희석 구술증언, 「인생비극」, 강용권, 『강제 징병자와 종군위안부의 증언』, p. 306 참조.

41 한경득 구술증언, 「미얀마 파견군 모리 8554」, 강용권, 『강제 징병자와 종군위안부의 증언』, p. 177 참조.

42 함복만 구술증언, 「일본 해군 특공대」, 강용권, 『강제 징병자와 종군위안부의 증언』, p. 145 참조.

43 서이종, 「제국일본군 731부대의 생체실험 실험대상자의 충원과정과 생명윤리」, 『국제회의 제국일본군의 세균전과 생명윤리 발표문』(2013. 10. 30.) 참조.

1933년 6월 하얼빈 지역 핑팡(平房)에 대외 공식명칭 '관동군 방역급수부(關東軍 防疫給水部)'라는 이름으로 대내 명칭 '만주 731부대'를 설치하여 1945년 8월 일본의 항복 때까지 활동하게 하였다. '731부대'는 창설자의 이름에 따라 '이시이(石井) 부대'라고 불리기도 하였다.

731부대는 8개 부로 구성되어 있었다. 제1부는 세균연구부, 제2부는 세균실험부, 제3부는 방역급수부, 제4부는 세균생산부, 제5부는 총무부, 제6부는 훈련교육부, 제7부는 기자재공급부, 제8부는 진료부였다.[44] 이 부서 가운데 제1부는 731부대 세균연구의 핵심부서로 14개 연구팀으로 구성되어 이 부대의 두뇌로 활동하였다.[45]

731부대의 규모는 1939년에 약 400명이었던 것이, 1942년에는 1,000여 명, 1945년에는 3,000여 명으로 급증하였다. 일본군이 세균전·화학전 사용으로 급속히 이행하고 있었음을 알 수 있다.

731부대의 지휘관은 1945년 1월 당시 이 부대 창설자이며 군의관 출신 육군 중장 이시이 시로(石井四郎)였다.[46] 이 밖에 고급장교로서 육군 소장 3명(그중 군의관 2명), 대좌 3명(군의관 2명), 중좌 4명(군의관 1명), 소좌 6명(군의관 3명), 그 외 장교 발령을 받기 전에 사망한 군의관 1명을 포함하여 총 18명의 영관급 이상 의생명분야의 전문 고급장교가 부대를 운영하였다.[47]

---

44 金成民, 「歷史와 現實: 日本關東軍 第731部隊의 戰時犯罪와 戰後影響」, 『국제회의 제국일본군의 세균전과 생명윤리 발표문』, p. 40.

45 서이종, 「제국일본군 731부대의 생체실험 실험대상자의 충원과정과 생명윤리」, p. 83 참조.

46 731부대장 이시이 시로(石井四郎)는 패전 후 귀국해서 1955년 12월 교토대학 의학부 때의 지도교수였던 기요노 겐지의 기념 논문집 『故清野謙次先生紀念論文集』 제3권(1955)에서 자기의 업적으로 731부대 활동 기간에 만주와 중국 각 도시에 무려 324곳의 연구소를 만들었다고 회고하였다. 731부대는 중국과 만주에 당시로서는 세계 최대의 세균전 생체 실험실을 지휘체계 안에 만들었다가 패망한 것을 알 수 있다.

47 서이종, 「제국일본군 731부대의 생체실험 실험대상자의 충원과정과 생명윤리」,

당시 세균전과 화학전은 전쟁범죄로서 국제법이 금지하고 있었으므로, 일제는 이를 대외적으로 철저히 비밀에 부쳤었다. 그러나 패전 후 포로들 가운데서 731부대의 존재가 발각되고, 소련이 1949년 12월 25일부터 30일까지의 하바로프스크 전범재판에서 12명의 세균전범을 공개재판하여 세상에 731부대의 존재와 그 세균전이 알려졌다. 이후 재판기록이 1950년 영어와 중국어로 번역 출간되어 전 세계에 널리 알려지게 되었다.[48] 한국에도 물론 알려졌다.[49] 그 후 가장 피해가 컸던 중국 현지에서 일본군의 극비문서들이 발굴됨으로써, 731부대의 존재와 전쟁범죄는 더욱 명백하게 실증되었다. 현재도 중국에서는 증거자료들이 계속 발굴되고 있는 중이다.[50]

(2) 731부대의 세균전

일제는 1939년 6-9월 몽골을 침략하여 몽골(및 소련군)과 노몬한(諾門罕, Nomonhan)전쟁을 하던 중에 731부대를 투입하여 세균전을 자행하였

---

p. 82 참조.

48 *Materials on the Trial of Former Servicemen of the Japanese Army Charged with Manufacturing and Employing Bacterilogical Weapons*, Moscow: Foreign Language Press, 1950 참조. 이 책이 하바로프스크 세균전 전범재판 기록의 영문판이다.

49 한국에서는 그 후 특히 731부대의 전쟁범죄를 그린 홍콩영화 '흑태양731(黑太陽731, Men Behind the Sun, 1988 개봉)'이 '마루타'라는 제목으로 1990년 2월 상영되어 큰 충격을 주고, 국민들이 731의 범죄를 알게 되었다. 이어서 정현웅의 실화소설 『731 마루타』(전5권)가 2014년 간행되어 731부대의 전쟁범죄를 전 국민이 널리 알게 되었다.

50 미군도 일본 패전 후 731부대와 부대의 생체실험 및 세균전 자행을 알았으나, 731부대 부대장 등 고급장교들이 패전 때 일본으로 가져간 생체실험 보고서들의 사용가치에 주목하여 731부대 고급장교 집단과 거래하였다. 1945년 10월 731부대장과 그 부하들을 심문한 샌더스 중령은 1947년 12월 12일 미 국방부에 제출한 보고서에서 이 거래의 이익을 설명하였고, 그 결과 미국 측은 731부대의 전쟁범죄를 연합국 동경 전범재판에 회부하지 않고 덮어 버렸다.

다. 일본군의 세균무기 사용으로 몽골군과 이를 지원하러 온 소련군의 사망자가 많았다.[51]

일제는 1942년 절강성 이우(义乌)와 취저우(衢州市) 지역에서도 세균전을 자행하여, 피해자 수가 최소 2만 명에 달하였다.[52] 일제는 호남성 장사(長沙)와 상덕(常德) 등지에서도 세균전을 자행하였다. 현재 호남문리학원(湖南文理學院)이 그 증거를 발견하고 '일본군 세균전 연구소'를 설립하여 이 문제를 조사 연구하고 있다.[53]

(3) 731부대의 생체실험

731부대에서 조장과 간부후보생을 맡았던 야마시다 노보루의 1943년 증언에 의하면, 731부대는 세균무기의 개발과 생산을 위해 중국인, 조선인, 러시아인, 몽골인 등 감옥에 있는 사람들을 데려다 살아 있는 상태에서 페스트균, 장티푸스균, 디프테리아균 등 각종 병균을 강제로 먹이거나 피하조직에 주사하는 등의 생체실험을 하였다. 피실험자 가운데 어떤 사람은 3일 후에 죽었고 어떤 사람은 7일 후에 죽었다. 세균의 독성이 달랐기 때문에 죽지 않은 사람도 있었다. 이 경우에는 다시 감옥으로 돌려보냈다가 다른 실험에 사용하였다. 실험으로 죽은 사람은 화장했는데, 어떤 때는 숨이 붙어 있는 사람도 끌어다가 화장하였다. 외과에서는 해부를 진행하였다. 군의관들은 실험으로 산 사람의 머리, 어깻죽지, 넓적다리를 분해하고 다시 분해하여 해부를 진행하고 세균의 작용을 연구하였다. 731부대에서는 죽은 사람, 산 사람을 모두 해부하였다.[54]

---

51 金成民,「歷史와 現實: 日本關東軍 第731部隊의 戰時犯罪와 戰後影響」, pp. 51-56 참조.

52 金成民,「歷史와 現實: 日本關東軍 第731部隊의 戰時犯罪와 戰後影響」, pp. 57-58 참조.

53 金成民,「歷史와 現實: 日本關東軍 第731部隊의 戰時犯罪와 戰後影響」, p. 59 참조.

54 서이종,「제국일본군 731부대의 생체실험 실험대상자의 충원과정과 생명윤리」,

731부대의 생체실험으로 죽어 간 사람의 수에 대해, 1941년 9월부터 1944년 8월까지 관동군 헌병대 사령부 제3과장과 사령관 부관을 맡아 특수이송을 결재했던 요시후사 도라오(吉房虎雄) 중좌는 최소 5,000명 이상이 생체실험의 대상자로 희생되었다고 증언하였다.[55] 다른 일본인은 최소 3,000명에 이른다고 증언하였다. 1939년 4월부터 1943년 3월까지 731부대 본부의 제1·3·4부와 총무부장을 맡았던 가와시마 기요시(川島清) 소장은 하바로프스크 재판에서 연간 500-600명이 특별이송·실험으로 희생되었다고 증언하였다.[56] 여기에 731부대 활동기간 6년을 곱하면, 생체실험 희생자는 3,000-3,600명이 된다. 이 증언들을 종합하면 생체실험의 6년간 희생자는 3,000-3,600명에 달했다고 볼 수 있다.[57]

일제 관동군 헌병대는 만주 각지 감옥에 수감된 사람들 가운데서 전쟁포로뿐만 아니라 항일유격대원, 첩자혐의자, 반만항일(反滿抗日)의 민족해방 투쟁가, 사상가, 일반인들을 소위 '특별이송'이라는 이름으로 뽑아 731부대에 이송한 뒤 '생체실험'을 하여 희생시켰다. 생명윤리 개념이 전혀 없는 그들은 지역공동체 전체 또한 생체실험의 대상으로 삼기도 하였다.[58] 731부대가 주민들 몰래 각 도시들에서 자행한 생체실험은 현재 중국 연구자들이 조사 중이다.

731부대 생체실험 담당 일본군이 대상자들은 중국인, 조선인, 러시아인, 몽골인 등이라고 했으니, 한국인들이 희생된 것은 명백하다. 그러나 3,000-3,600명의 희생자들 가운데 조선인이 몇 명이었는지는 아직 밝혀

pp. 77-78 참조.

55 金成民(하성금 역), 『일본군 세균전』, 청문각, 2010, p. 796.

56 *Materials on the Trials of Former Servicemen of the Japanese Army Charged with Manufacturing and Employing Bacteriological Weapons*, p. 116.

57 서이종, 「제국일본군 731부대의 생체실험 실험대상자의 충원과정과 생명윤리」, p. 78 참조.

58 서이종, 「제국일본군 731부대의 생체실험 실험대상자의 충원과정과 생명윤리」, pp. 115-116 참조.

지지 못하고, 연구 과제로 남아 있다.[59]

59 1997년 5월 18일과 25일에 방영된, KBS 다큐멘터리 '일요스페셜'은 미국 국회도서관 미군 정보문서에서 찾아낸 것이라고 하여 독립운동가 등 조선인 40명의 생체실험을 보도했었다. 미군은 731부대의 전체 희생자를 민족별로 통계조사한 일이 없으니, 이 조선인 40명은 전체 조선인 생체실험 희생자의 일부일 것이다.

제12장(연속 第33장)

일제의 조선여자근로정신대와 일본군 '위안부' 강제연행

1. 일제의 조선 여성노동력 수탈과 조선여자근로정신대

1) 일제의 조선 여성노동력 수탈

한국 농촌사회는 전통적 관습으로 농업노동에서 남녀의 역할을 분화해서 답작농업노동과 야외노동은 남성이, 전작농업노동은 남성과 함께 여성이 담당해 왔다. 일제는 1931년 9·18 만주 침략 이후 조선의 일본 대륙침략 병참기지화 정책이 시작되어 함경남도 등 북부지방에 군수공업단지가 설치되고 답작농경을 담당하던 남부 농촌의 남성들이 이동해 가기 시작하자 여성노동력을 답작농업에도 동원하려는 정책을 입안하기 시작하였다.

일제가 1937년 7월 중일전쟁을 도발하고 1938년 5월 국가총동원법을 발포함과 함께 일제 총독부는 1938년 7월 '국민정신총동원 조선연맹'을 부·군·면·리 단위까지 결성케 하고, 최저변에서 10호씩 소위 '애국반'을 조직하여 조선 전국을 '애국반'으로 조직하게 하였다. 1940년 10월에는 국민정신총동원 조선연맹을 '국민총력 조선연맹'으로 개편하여 조선인을 정신과 육체의 모든 면에서 강제동원하기 위한 체제를 만들었다.

일제의 여성노동력 동원은 '근로보국대'에 여성을 포함시킴으로써 본격적으로 시작되었다.[1] 1938년 6월 '학도근로보국대 실시요강'에서 보이는 바와 같이 남학생은 토목공사에, 여학생은 신사 청소와 군용품 봉제 작업에 강제동원되었다. 여학생뿐 아니라 25세 미만의 여성은 근로보국대에 강제로 참가시켜서 일제가 필요할 때마다 여성노동력을 무임금으로 수탈하였다.

일제가 1941년 태평양전쟁을 도발한 이후에는 근로보국대를 거치지 않고 학교 부근의 군수공장에 여학생을 하루 몇 시간씩 강제로 근무시키거나 위문대 만들기, 군복 빨기 등에 강제동원하였다.

또한 일제의 '국민총력 조선연맹' 지방연맹은 국민학교 졸업 이상 학력을 가진 20-30세의 여성들을 뽑아 읍·면 단위로 소위 '여자추진대'를 편성하였다. 이들은 조선 여성들을 선도하면서 여성노동 장려운동과 '황국신민화'정책 집행 등에 투입되었다.[2]

일제 조선총독부는 태평양전쟁 시기인 1944년 4월에는 전국에 '조선여자특별연성소'를 설치하였다. 경기도에만도 250여 개의 여자특별연성소가 설치되었다. 이 조직은 16세 미만의 조선 여성을 뽑아 일본인 유력 여성 또는 교원이 정신훈련과 노동방식을 연성시켜 전쟁에 강제동원하기 위한 준비를 한 것이었다.[3]

---

1 정진성, ①「일본 군 '위안부' 정책의 본질」, 『한국사회사학회논문집』 제42집, 1994.
②「여자근로정신대의 실상」, 『일본군 성노예제』, 서울대학교출판부, 2004, pp. 373-394 참조.

2 정진성, 「여자근로정신대의 실상」, p. 381 참조.

3 ①『每日申報』, 1944년 4월 19일 자.
②樋口雄一, 「朝鮮人少女の日本への強制連行について」, 在日朝鮮人運動史硏究會, 『在日朝鮮人硏究』, 1990, p. 3.
③ 정진성, 「여자근로정신대의 실상」, p. 381 참조.

2) 조선여자근로정신대

일제 조선총독부는 '조선여자근로정신령'(1944. 8. 26.)을 발표하기 약 1년 전부터 일본 군수산업의 노동력 부족 문제를 해결하기 위해 '국민총력 조선연맹'을 동원해서 12-40세의 배우자 없는 조선 여성을 '관알선(官斡旋, 총독부 알선)'으로 동원하여 일본의 군수공장들에 보내기 시작하였다. 일제는 이 시기에 이미 이를 '여자근로정신대'로 호칭하고 있었다. 예컨대 총독부 기관지 『매일신보』의 1943년 9월 21일 자에서 조선총독부는 "새로이 여자근로정신대 제도를 자주적으로 결성시켜 (…) 단체적으로 장기간 출근시키는 제도"를 소개하고, 이 여자근로정신대의 동원 방침을 조선 실정을 충분히 참작하여 시행하겠다고 발표하였다.[4]

『매일신보』의 보도에 의하면, 1944년 3월 20일에 '평양여자근로정신대'의 제1대가, 4월 3일에는 제2대가 평양지역의 일본 군수공장에 여자근로정신대로서는 처음으로 집단 동원 투입되었다. 이어서 1944년 5월 9일 경상북도 포항과 대구에서 '여자근로정신대'가 일본의 후지코시 공장으로 집단 이송 투입되었다. 1944년 5월에는 전라남도 여수와 목포로부터 약 300명의 조선여자근로정신대 소녀들이 바다 건너 미츠비시 중공업의 나고야 항공기제작소 미치도쿠 공장으로 이송·투입되었다고 보도되었다. 일제는 1944년 6월 서울(경성) 시내의 각 국민학교를 통해 여자근로정신대 소녀들을 모집한 뒤, 이들을 집단 동원하여 1944년 7월 6일에는 바다 건너 일본 후지코시 공장에 투입하였다.

일제 총독부에서는 정무총감 등 고위 관리들이 적극 나서 홍보하면서 여자근로정신대 응모를 요구했지만, 당시 조선의 관습으로 인해 이에 응하여 12세 이상 21세 미만의 처녀들을 자발적으로 여자근로정신대에 내

---

4 ① 정진성, 「여자근로정신대의 실상」, p. 384.
② 『每日申報』, 1943년 9월 23일 자.

놓는 부모는 거의 없었다.

이에 결국 일제 조선총독부는 1944년 8월 23일 '조선여자정신대근무령(朝鮮女子挺身隊勤務令)'을 제정 발포하였다. 이 법령은 만 12세 이상 40세 미만의 배우자가 없는 조선 여성을 조선총독의 명령으로 강제징발하여 일본과 기타 지역의 일본 군수공장에 강제로 동원 투입한다는 식민지 수탈법령이었다. 일제의 '조선여자정신대근무령' 발표 후 동원 주체는 조선총독부 지방행정관과 경찰서가 되었다. 총독부가 상층에서 먼저 필요한 여성인력의 수를 정하여 지방 도·부·군·면에 배정하면, 지방 행정기관에서는 배정받은 인원을 강제 동원하였다.

일제는 저항하는 조선 농민과 가정들을 설득하기 위하여 '국민총력 조선연맹'의 애국반, 어용부인단체들을 동원했을 뿐만 아니라 악랄하게 '학교'도 동원하였다. 일제는 교장과 교사로 하여금 사회경제적으로 취약한 가정의 소녀들을 사전에 조사하게 한 다음에 학교 담임교사를 가정에 파견하여 '정신대'에 나갈 것을 종용케 하였다. 이미 인적사항을 조사한 후의 종용이므로 거절하면 경찰서의 순사가 찾아올 것이기 때문에 부모가 거절하지 못한 경우가 매우 많았다.

이러한 절차에도 당사자와 부모들의 저항이 완강하여 정신대의 배당된 숫자를 채우지 못할 경우, 일제는 행정관리와 경찰에 의해 어떠한 절차도 거치지 않고 농촌 곳곳에서 소녀들을 납치해 강제로 동원하기도 하였다.

'조선여자정신대근무령' 발표 후 1944-1945년 일제 조선총독부의 조선 여성 '정신대' 동원은 간접적이든 직접적이든 실상 모두가 '강제동원'이고 '강제연행'이었다.

강제동원된 여자정신대 소녀들은 일본 방직공장 등 노동집약적 군수공장에 투입되었다. 하루 노동시간은 평균 10-12시간이었다. 엄격한 통제 아래 노동강도가 매우 높아서 부상자와 사망자가 속출하였다.[5] 임금은 매우 낮은 데다가 현금으로 지불하지 않고 모두 '강제저금' 시켜서 저금 통장으로 일제가 보관하였다.

후지코시 공장의 경우 숙소는 한 방에 12명씩 들어갔고, 중대장 등이 군대식으로 감시했으며, 투입된 정신대 소녀들 가운데서 분대장과 소대장을 뽑아 동료들을 감시하게 하였다. 엄격하게 짜여진 일정에서 벗어나면 혹독한 벌이 가해졌다. 식사는 선전과는 전혀 달리 조악하고 너무 소량이어서 언제나 몹시 배가 고팠다는 증언 기록이 전부이다.[6] 일제의 군수공장에 강제연행된 '조선정신대' 소녀들은 '반(半)노예 노동'을 강제당한 것이었다.

3) '군위안부' 징발을 위한 '여자정신대' 징발 이용

일제의 1944년 '조선여자정신대근무령'의 강제집행은 같은 시기의 일본군 '위안부'의 강제동원에 악용되었다. 일본군 '위안부' 모집은 여자정신대와는 별도로 별개의 일본군과 일본 행정부서가 담당했는데, 처음에는 일본군이 지휘하는 일본 민간조직을 이용하여 실행되는 경우가 많았다. 일본군 지휘하의 일본 민간조직과 개인은 일본군 '위안부'를 모집할 때 거의 모두 '방직공장' 등 일본 내 군수공장 취업을 미끼로 하는 '공장취업 사기'로 유인 동원하였다. 이 '공장취업 사기'의 내용은 일본군 지휘하의 일본 민간조직이나 조선총독부 행정관이나 거의 같았다. 그러므로 조선 농민들은 '여자정신대'와 '군위안부'를 혼동하는 경우가 많았다.[7]

---

5 『每日申報』, 1944년 12월 7일 자, 12월 20일 자 및 1945년 6월 7일 자; 정진성, 「여자근로정신대의 실상」, p. 393 참조.

6 정진성, 「여자근로정신대의 실상」, pp. 392-393 참조.

7 ① 박정애, 「총동원체제기 식민지 조선에서 정신대와 위안부 개념의 착종 연구」, 『아시아여성연구』 제59권 제2호, 2020.
② 박광준, 『여자정신대, 그 기억과 진실』, 뿌리와이파리, 2022 참조.

일제가 1941년 12월 태평양전쟁을 도발한 후에는 전선이 크게 확대되고 교착됨에 따라 일본군의 징집이 재향군인에게까지 확대되어 노인과 특수인력을 제외한 거의 모든 일본 남성들이 일본 군대에 들어가게 되었다. 일제는 그들의 '군위안소' 제도에 따라 '군위안부'의 동원 필요가 급증하자 '조선여자정신대'에 동원된 조선 소녀들의 일부를 강제 등 여러 방법으로 '군위안부'로 만들었다. 그렇게 강제전환된 비율이 조선여자근로정신대의 약 10%로 추정되고 있다.

그뿐만 아니라, 1944-1945년 조선총독부 행정관 및 경찰이 '조선여자정신대'를 때로는 '납치' 등의 방식으로 절차 없이 강제동원하였다. 같은 시기에 일본군 및 그의 민간조직도 '군위안부'를 납치 등 절차 없이 강제동원하였다.

이 때문에 조선 농민들은 '데이신타이(정신대)'에 강제연행되는 것은 '딸을 일본에 빼앗겨 잃는 것'이라는 생각을 갖게 되었다. 이에 일제 말기 조선 농촌에서는 딸이 12세가 되기 전에 화급하게 결혼시키는 '조혼' 풍습이 형성되었다. 딸들을 '정신대'나 '군위안부'에 강제동원당하지 않기 위함이었다.

2. 일본군 '위안부'의 강제연행

1) 일본군 '위안부' 제도의 시작

일본군 '위안부'는 "일제가 상해사변·중일전쟁·태평양전쟁을 일으킨 시기(1932-1945)에 일본군에 부속된 일본군 '위안소'에서 일본군의 성노예로 일한 여성들"을 가리킨다.

일본군 '위안부'는 일제가 중국 침략을 위해 1932년 1월 28일 상해사변을 도발한 시기에 상해 파견군 사령관 일본군 육군 대장 시라카와(白川

義則)에 의하여 제도적으로 처음 실시되었다.[8] 시라카와는 1932년 일본군이 상해를 점령하여 주둔하게 되자, 전년에 상해 주둔 일본 해군 사령부가 상해의 일본 민간인 유흥업소 몇 곳을 지정하여 해군 장병의 성병 감염을 방지한 것을 참조하여,[9] 상해 주둔 시기에 아예 일본군 전용의 '군위안소'를 설치하였다. 이렇듯 침략전쟁을 지휘하고 일본군 '위안소'를 설치한 전범이었던 시라카와는 1932년 4월 29일 조선 청년 윤봉길의 상해 의거 특공작전으로 폭탄을 맞고 중상으로 병원에 입원했다가 사망하였다.

상해를 점령한 일본군은 '상해정전협정' 체결에 따라 일단 철수했으나, 이때 일본군이 만든 '군위안소' 제도는 동북지방(만주)을 점령 지배하고 있던 일본 '관동군'에 전파되어 존속되었다. 그 후 1937년 7월 7일 일본군이 중일전쟁을 도발하여 전선이 확대되고, 총 80만 명의 일본군이 중일전쟁에 투입되자 중국전선의 전 일본군 파견군에 처음부터 '군위안소'가 부속시설로 설치되어 널리 보급되었다.

---

8 吉見義明·林博史, 『共同研究日本軍慰安婦』, 大月書店, 1995, pp. 3-4 참조.

9 소지량 교수 등은 일본군 '위안소'가 상해 파견 일본 해군이 상해 거류 일본인이 소유·경영하는 유흥음식점 '大一沙龍'·'小松亭'·'三好館'·'永樂館'의 네 곳을 1931년 11월 '해군특별위안소'로 지정한 데서 시작된다고 보고 있다. 그러나 이 네 곳의 유흥음식점은 일반인에게 음식을 판매하면서 매춘부를 두어 매춘도 겸하고, 일반인의 매춘도 허용하고 있었으므로 일본군 전속 일본군 '위안소'와는 다른 것이어서, 이것은 1932년의 일본군 '위안소'의 전 단계의 것이라고 볼 수 있다. 장석흥, 「"상해 일본군 慰安所 실록" 해제」, 蘇智良·陳麗菲·姚霏(손염홍 역), 『상해 일본군 慰安所 실록』, 동북아역사재단, 2005, pp. 1-8 참조.

정진성 교수는 일본군 '위안소'의 원초적 형태로서 1894년 청일전쟁부터 1905년 러일전쟁 시기의 '위안소'에 출입한 병사들의 회고담과 일본 연구자의 기록을 들고 있으나, 이것 역시 그의 지적대로 '원초적 형태'에 불과한 것이다(정진성, 『일본군 성노예제』, pp. 33-34). 일본은 공창제도를 인정한 나라여서 일본군의 대규모 주둔지에 일본 민간인 소유·관리의 유흥음식점과 유흥위안소가 있어 일본군에게 매춘 행위를 한 경우가 있었다.

여기서는 일본군 '위안소'와 일본군 '위안부'의 개념을 엄격히 하여 위의 전 단계 위안소는 제외하고, 일본군이 직접 또는 간접 관리하면서 일본군만 전용하는 일본군 '위안소'와 여기에 속한 일본군 '위안부'를 다루기로 한다.

일본 정부가 국가 수준에서 '군위안소'를 일본군의 부속시설로 완전히 제도화한 것은 1938년 2-3월이었다. 일본 정부 내무성은 1938년 2월 23일 일본 국내 '위안부' 모집에 적용할 통첩으로서 '지나도항부녀의 취급에 관한 건(支那渡航婦女ノ取扱ニ關スル件)'을 통보하여 일본 내에서의 '군위안부' 모집 대상을 21세 이상의 매춘 경험을 가진 여성으로 제한하였다.[10] 이것은 일본 국내에서의 '위안부' 모집 대상 연령이 일본군의 '군위안소' 설치 제도와 동반하여 21세 이하의 소녀들에게까지 내려가는 것을 방지하기 위한 조치였다. 그러나 이 통첩은 식민지(조선·대만·관동주)에는 적용되지 않고 일본 국내에만 적용되는 '내무성' 통첩이었다.

이어서 일본 정부 육군성은 1938년 3월 4일 '군위안소 종업부 모집에 관한 건(軍慰安所從業婦募集ニ關スル件)'을 발표하였다. 이 육군성 통첩은 일본군의 식민지·점령지 등 해외 파견군의 지역에 적용하는 통첩이었다. 이 통첩 내용의 요지는 다음과 같았다.[11]

(1) 파견군이 선정한 업자가 유괴 비슷한 방법으로 일본 내지에서 '군위안부'의 징집을 하고 있음을 알고 있다.

(2) 일본군에 대한 신뢰가 붕괴됨을 막기 위하여, 각 파견군(현지군)이 징집 업무를 통제하고, 업자의 선정을 더욱 엄격히 할 것을 지시한다.

(3) ('군위안부') 징집 때에는 업자와 경찰·헌병과의 연대제휴(連携)를 밀접히 할 것을 지시한다.

---

10 일본도 가입한 1921년의 「부인 및 아동의 매매금지에 관한 국제조약」은 "만 21세 이하의 여성의 인신매매 또는 성매매는 권유·유인·협박·폭행·권력남용 및 기타 일체의 강제수단에 의하여 본인의 승낙을 얻은 경우에도 처벌한다."라는 것이었다. 따라서 일본 정부는 국제법을 고려해서 일본 국내 여성의 '군위안부' 모집에는 "21세 이상의 '매춘' 경험을 가진 여성"으로 한정한 것이었다. 일제는 식민지 조선과 대만에는 이를 적용하지 않았다.

11 吉見義明·林博史, 『共同研究日本軍慰安婦』, pp. 20-21.

즉 육군성 통첩은 ① 일본 본토 내에서도 때때로 유괴 비슷한 무리한 방법으로 '군위안부' 징집을 해왔음을 알고 있는바, ② 각 파견군(현지군)에게는 내무성의 일본 국내용 통첩인 '21세 이상의 매춘 경험이 있는 여성'에 한정한다는 금지 조항을 삭제한 후 통첩해서, 징집 대상의 연령을 21세 이하의 여성에게까지 확대하고, 매춘 경험이 없는 여성도 징집 가능하게 하였다. 그리고 각 파견군이 '군위안부' 징집 업무를 통제하고, 업자의 선정을 엄격히 하도록 통지하였다. ③ 육군성 통첩 문구의 '군위안부 징집 업무'에서 '징집'은 병사의 '징집'처럼 '의무·강제'의 뜻이 내포된 용어인데, '군위안부'를 '징집'할 때에는 업자가 경찰·헌병과의 연대제휴를 밀접히 하라고 지시했으니, 이것을 파견군이 주둔한 식민지와 점령지에 적용하면 업자와 현지(총독부) 경찰과 파견 일본군 헌병이 긴밀히 제휴하여 강제연행(징집)할 것을 시사한 것으로 해석될 수 있는 것이었다.[12]

일본 정부 육군성은 이어서 주로 초급장교용 지침서로서 육군성 교육총감부가 편찬한 『전시복무제요(戰時服務提要)』를 1938년 5월 25일 발행하여 일본군 해외 파견군에 보냈다. 당시 일본군 파견군은 육군대신과 참모총장의 예하에 ① 조선군(사령부, 서울), ② 대만군(사령부, 대북), ③ 관동군(1942년 사령부, 장춘), ④ 지나(중국) 파견군(1942년 사령부, 남경), ⑤ 남방군(사령부, 사이공, 후에 싱가포르)이 있었는데, 모두 위의 육군성 '통첩'에 따라서 일본군 주둔지 부근에 일본군 '위안소'를 설치하고 『전시복무제요』에 따라서 '군위안소'를 운영하였다. 후에 일본 해군도 육군에 뒤이어 '군위안소'를 설치 운영하였다. 『전시복무제요』의 '군위안부' 관련 지침에는

12 요시미 요시아키(吉見義明) 교수에 의하면 이 통첩 문서를 발송한 일본 육군성 부관은 쿠시부치 세니치(櫛淵鎗一) 대좌이며, 결재한 자는 우메즈 요시지로(梅津美治郎) 육군 차관(항복 때의 참모총장으로서 미주리함에서 항복문서에 서명한 자)이었다. 이 통첩은 육군 대신 스기야마 하지메(杉山元)의 위임을 받아서 만들어 통첩한 '의명통첩(依命通牒, 명에 의한 통첩)'이었다. 따라서 일본군의 '군위안부' 강제연행의 책임은 '일본 정부'에 있었다. 吉見義明·林博史, 『共同研究日本軍慰安婦』, p. 21 참조.

성병 예방법과 '위안부' 토착민과의 접촉 금지를 가장 역점을 두어 규정하고 있었다.[13]

그러므로 일본군 '위안소', 일본군 '위안부' 제도가 일본 정부(내무성과 육군성)에 의하여 1938년 공식적으로 일본군 부속으로 제도화된 것이라는 점은 명백하다. 따라서 1932년 및 1938년부터 1945년 8월까지 일본군 '위안소'·일본군 '위안부'의 모든 공식적 국제법적 책임은 일본 국가와 일본 정부에 있었다.

인류 역사상 정규군의 부속제도로 '군위안소'와 '군위안부'를 설치하고 제도화해서 여성을 성노예로 착취한 것은 1932-1945년의 일본 군국주의 군대뿐이었다.

일본군은 육군성의 '통첩'에 따라 모든 점령지에 일본군 '위안소'를 설치했지만, 그 운영은 일본군이 선정한 '업자'를 지명해 위탁하기도 했고,[14] 그것이 어려운 곳에서는 일본군이 직접 운영하기도 하였다. 후에 연합군에 생포된 관련 일본군 포로는 "이 위안소(brothels)는 일본 정부에 의해 운영되었으며, 수익의 60%를 정부가, 40%를 '위안부'들이 가져갔다."라고 증언한 심문 기록이 있다.[15]

일본 육군성의 정책 통첩에 따라, 당시 일본의 식민지였지만 최전선은 아니었던 조선은 주로 일본군 '위안부'를 징집해 가는 대상 지역이 되었다. 이 경우 일본 파견군은 일본 정부 육군성 또는 '조선총독부'나 (일본군의) '조선군사령부'에 직접 '군위안부' 징집을 요청했고, 조선총독부나 조선군사령부가 이를 집행하였다.

조선총독부는 중국 각지에 총독부 '사무관'을 파견하여 조선인(일본군

13 윤명숙(최민순 역), 『조선인 군위안부와 일본군 위안소제도』, 이학사, 2015, pp. 100-102 참조.

14 정진성, 「일제 말 강제동원기의 기업 위안부에 관한 연구」, 『사회와 역사』 제63집, 2003 참조.

15 MIS CPMB Extract of Interrogation 183, RG 165, Entry P 179D, Box 763; 정진성 편저, 『일본군 '위안부' 관계 미국 자료 I』, 선인, 2018, pp. 687-690 참조.

'위안부' 포함)의 이동상황을 조사했으며, 조선에서의 일본군 '위안부' 송출을 촉진하거나 조절하는 등 통제하였다.[16] 예컨대 일본 관동군 후방 담당 참모인 원혈량에 의하면, 1941년 8월 관동군은 육군참모본부를 통하여 조선총독부에 8,000명의 '군위안부' 징집을 의뢰하고, 총독부는 도지사·부윤·면장에게 명령하여 "황금과 같은 일이 있다. 나라를 위한 일이다."라고 하며 강제적으로 '위안부'를 끌어모았다고 증언하였다.[17] 이러한 일본군 고위당국의 결정에 의하여 식민지 조선에서 소녀들이 강제연행된 것이었다.

2) 일본군 '위안부'의 수와 규모

일제 조선총독부가 광복직전에 일본군 '위안부' 징집과 관련된 자료를 모두 소각 또는 파쇄해 버렸기 때문에, 일본군 '위안부'에 징집된 조선 여성의 숫자와 규모는 현재 자료가 부족하여 정확하게는 알 수 없다. 모두 단편적으로 발견되는 자료를 갖고 대략 추정해 볼 뿐이다.

현재까지 발견된 자료들과 여러 연구자들의 연구를 종합하여, 필자는 1932-1945년의 일본군 '위안부'는 약 10만-20만 명이라고 추정하고 있다. 그러나 연구자들마다 추정치가 다르고, 계속 새로운 간접 자료들이 발견되고 있어서 이 추정은 약간 수정될 수 있다.[18]

---

16 일본의 전쟁책임 자료센터 편(강혜정 역), 『일본의 군 '위안부' 연구』, 동북아역사재단, 2011, pp. 210-219 참조.

17 千田俊彦, 「日本陸軍慰安婦」, 『週刊新潮』(1960. 6. 27.); 박경식, 『일본제국주의의 조선 지배』, 청아출판사, 1986.

18 김경일 교수의 조사에 의하면, 일본군 '위안부' 피해자의 수와 관련한 문제에서는 연구자의 입장이나 소속 민족에 따라 의견이 엇갈린다. 일본의 하타 이쿠히코(秦郁彦)는 초기에는 9만 명으로 추산했다가 7년 후에는 2만 명으로 줄어든 수치를 제시하였는데, 이는 기존 연구 중에서 가장 작은 수치이다. 반면 요시미 요시아키(吉見義明)는 4만 5,000명에서 20만 명 정도로 추산했다. 가와다 야스요(川田泰代)는 요시미 요시아키와 비슷하게 20만 명 정도로 추정했고, 센다 가고(千田夏光)는 이보

강제연행된 조선인 일본군 '위안부' (출처: 독립기념관)

일본군의 전선이 확대됨에 따라, 일본군 '위안부'에 징발된 여성은 조선인, 중국인, 일본인으로부터 점령지의 인도네시아인, 네덜란드인, 필리핀인, 말레이시아인, 싱가포르인, 버마인, 태국인, 인도인, 동부 뉴기니인 등으로 확대되었다.

이 가운데서 조선인의 비중이 가장 컸다는 사실에는 모든 연구자의 견해가 일치하고 있다. 그러나 그 비중이 정확히 얼마나 되었는지는 알

다 적은 8만-10만 명의 수치를 제시했다.
이에 반해 중국에서는 36만-41만 명에 이르는 수치를 제시했으며, 한국의 김일면은 조선인만으로도 17만-20만 명에 이른다고 추산했다. 마지막으로 아시아여성인권위원회의 보고서는 1942-1945년에 걸쳐 일본군 '위안부'로 징집된 아시아 여성의 수를 10만-20만 명 정도로 추정하는데, 1942년 이전의 시기를 더하면 이 수치는 훨씬 늘어난다. 이상에서 미루어 짐작건대 적어도 20만 명 이상의 아시아 여성들이 일본군 '위안부'로 징집되었다고 할 수 있다. 김경일 외, 『동아시아 일본군 '위안부' 연구』, 한국학중앙연구원출판부, 2017 참조.

수 없다. 자료들이 모두 소각되거나 감추어져 있기 때문이다. 필자는 아시아 '위안부' 약 20만 명 중에서 약 80%는 강제징발된 조선 여성이었다고 추정하고 있다. 조선 여성의 비중을 더 높게 80-90%로 추정한 견해도 있다.[19]

인도-버마 전선에서 영국군에 생포된 일본군 포로 육군 오장은 자기 부대의 일본군 '위안소' '군위안부'의 국적에 대하여 "일본인 군인을 위한 '위안부'는 모두 조선인이다(The comfort women for the Japanese are all Koreans)."[20]라고 심문에 응답하였다.

3) 일본군 '위안부'의 연행 방법과 시기

일제는 일본군 '위안부'를 ① 취업사기, ② 협박 및 폭력, ③ 근로정신대를 통한 동원 등의 방법으로 주로 모집했다.[21]

(1) 취업사기

일본군은 '군위안부' 징발을 조선인 및 일본인 민간인에 의뢰하여 간접적으로 시행하는 경우가 많았다. 조선인 및 일본인 민간 일본군 '위안소' 관리자(또는 업자)들은 조선 농촌의 사회경제적으로 취약한 가정의 소녀에게 일본 또는 만주의 '공장', '좋은 일자리'에 취업시켜 주겠다고 '사기'하여 데리고 간 뒤 일본군 '위안소'에 넘기었다. 소녀들이 그때야 사기당한 것을 알고 저항하면 일본 군인들이 강제로 이들을 억압 감금하였다.

---

19 金一勉, 「軍隊慰安婦の實態」, 『軍隊慰安婦: 戦争と人間の記録』, 現代史出版会, 1977, p. 69 참조.

20 Outpost Report WDC-406, RG 208, Entry NC 148 6J, Box 16; 정진성 외, 『일본군 '위안부' 관계 미국 자료 II』, 선인, 2018, pp. 356-379.

21 정진성 편저, 『일본군 '위안부' 관계 미국 자료 II』, pp. 67-75 참조.

그러므로 '취업사기'도 실제는 강제연행과 다름이 없는 것이었다.

예컨대 1941년 8월 일본 육군참모본부가 조선인 여성 약 8,000명을 조선총독부를 통하여 강제로 징발해 간 증언을 기억할 필요가 있다. 이 경우 강제로 징발한 방법 가운데 하나가 '취업사기'였다. 강제로 징발당한 여성들의 몇 가지 증언사례를 들어 볼 수 있다.[22]

한국보건복지부에 신고한 175명의 일본군 '위안부'에 대한 연구는 표본은 적지만 연구자 심층면접과 검증을 통한 질적 분석에서 신뢰성이 높다. [표 12-1]과 같이, 연행 방식에서 취업사기가 전체의 46.9%에 달하였다.

인도-버마 전구(戰區) 미 육군 소속 심리전 팀은 일본군 포로들을 심문한 후 총괄 결론에서 약 800명의 조선인 '위안부'들이 일본인 포주들과 함께 1942년 8월경 버마 랑군에 상륙했는데, 가난과 부채 때문에 취업·일자리를 준다는 '사기(false representation)'에 속아서 실려 와 '군위안부'가 되었다고 기록하였다.[23]

22 이 증언 조사자료에 의하면, 평양 출생 김순옥은 18세 때 다른 7명의 소녀들과 방직공장에 취직시켜 준다는 취업사기에 속아 만주 동녕현 일본군 '위안소'에 끌려갔다가 1945년 8·15 광복 때 풀려났다. 경북 경주 출생 지돌이는 22세 때 남편은 일본 군대에 징집당해 가고 그녀는 다른 2명의 소녀와 함께 만주 방직공장에 취업시켜 준다는 사람 모집꾼에 속아서 실려가 보니 일본군 '위안소'였다. 부산 출생 박서운은 22세 때 '여공'을 모집한다기에 응모했더니 실려간 곳은 일본군 '위안소'였다. 평남 숙천군 출생 이수단은 다른 소녀 3명과 함께 방직공장 여공을 모집한다기에 따라나섰더니, 만주 아성역 부근 일본군 위안소에 감금되어 '군위안부'가 되었다. 부산에서 이광자는 16세 때 임금 많이 주는 방직공장에 취직시켜 준다는 말에 속아서 따라나섰다가 일본군 장교 전용 '위안소'에 감금당해 비밀 '위안부'가 되었다. 전남 광양군 출생 문명금은 18세 때 다른 소녀 5명과 함께 좋은 일자리에 취업시켜 준다는 데 속아서 끌려왔다가 관동군 제4군 제123사단 사령부 소속 군인회관 2층에 있는 장교 전용 일본군 '위안소'에 투입되어 '군위안부'가 되었다. 강용권, 『강제 징병자와 종군위안부의 증언』, 해와달, 2000, pp. 325-395 참조.

23 OWI PWT, Interrogation Report No.49, RG 208, Entry NC148 378, Box 445; 정진성 편저, 『일본군 '위안부' 관계 미국 자료 II』, pp. 507-522 참조.

[표 12-1] 시기별 '군위안부' 연행 방식 (단위: 건)

연행 시기 / 연행 방식	1932-1936	1937-1941	1942-1945	합계	백분율(%)
취업사기	9	45	28	82	46.9
협박 및 폭력	7	32	23	62	35.4
인신매매	0	4	0	4	2.3
유괴·납치	0	3	2	5	2.9
근로정신대	0	0	6	6	3.4
근로정신대 도망	0	0	2	2	1.1
공출·봉사대·근로대·기타	0	6	8	14	8.0
합계	16	90	69	175	100.0

자료: 정진성, 『일본군 성노예제』에서 작성.

이 취업사기 모집 방법은 사기당한 소녀들이 도중에 사기임을 알아차리고 저항해도 일본군이 강제로 일본군 '위안소'에 투입하여 '군위안부'를 만들었기 때문에 사실은 모두 강제연행이었다.

(2) 협박 및 폭력

'협박 및 폭력'은 일제 경찰과 일본군이 배당받은 '군위안부' 동원을 충당하기 위해 미리 조사한 후 지명된 소녀들을 강제로 트럭에 실어서 '군위안소'에 보낸 방식이었다. [표 12-1]에서 보면, 전체의 35.4%가 이 방식으로 강제연행되었다.

이 밖에 길거리 또는 시장에서 유괴·납치된 비율이 2.9%인데, 이것은 지명되지 않았음에도 우연히 부딪힌 소녀들을 유괴·납치하여 강제연행한 결과였다. 이것은 협박 및 폭력과 동일한 것이므로 이 두 방법을 합하면 일제 경찰과 군인이 직접 납치하여 일본군 '위안소'에 보낸 방법의 비율은 전체의 38.3%에 달한다. 이것은 '취업사기'의 다음으로 높은 강제연행 방식이었다.

예컨대, 문옥주는 대구 출생으로 16세 때 친구 집에 놀러 갔다 돌아오다가 일본인 헌병·조선인 헌병·조선인 형사에게 납치당해서 북만주 동안성(東安省)의 일본군 '위안소'에 강제연행되어 '군위안부'가 되었다. 1년 만에 탈출하여 집으로 돌아왔지만, 다시 1년 후에 마츠 도모라는 일본인 업자에게 연행되어 1942년 7월 10일 '위안부'로 동원된 700여 명의 다른 여성들 및 '위안소' 관계자들과 함께 부산에서 버마 전선에 투입되어 버마타테 8400부대 소속 군위안소 성노예로 착취당하다가 일본의 항복과 광복으로 귀국하였다.[24] 노수복은 안동 출생으로 17세였던 1942년 가을 빨래터에서 빨래하다가 일본군에게 납치되어 17-25세가량의 다른 여성 5-6명과 함께 부산으로 보내졌다. 그들은 40여 일의 항해 끝에 남방군 '군위안소'에 투입되어 일본군 부대와 함께 말레이시아와 태국을 전전하면서 성노예로 착취당하였다. 1945년 8월 광복을 맞아 영국군의 태국 칸차나부리 포로수용소에 수용되었다가 송환되어 귀국하였다.[25] 홍강림은 경상북도 김천 출생으로 집안이 가난하여 12세부터 일본인 집의 아이를 보았다. 1938년 홍강림이 17세 때 일본인 집의 나이든 여성(50세가량)이 납치하여 만주 봉천의 일본군 '위안소'에 넘겨 버렸다. 그 후 중국 관내 각지 일본군 '위안소'에 끌려다니다가 1945년 광복을 맞았으나 귀국하지 못하고 1999년 중국 우한에서 작고하였다.[26]

1937년 일본군이 중일전쟁 도발 후 남경을 점령하던 시기에는 일본군 부참모 겸 남경 특무기관장 오니시(大西)와 중국인 부역자 왕승전(王承田) 등이 두 차례에 걸쳐 각각 약 200명과 약 300명의 중국인 부녀를 강제로 징발하여 일본군 '위안소'에 보내어 일본군 '위안부'로 사역시킨 사례

24 서울대 인권센터 정진성 연구팀, 『끌려가다, 버려지다, 우리 앞에 서다 1』, 푸른역사, 2018, pp.103-142 참조.

25 서울대 인권센터 정진성 연구팀, 『끌려가다, 버려지다, 우리 앞에 서다 2』, 푸른역사, 2018, pp. 16-46 참조.

26 서울대 인권센터 정진성 연구팀, 『끌려가다, 버려지다, 우리 앞에 서다 2』, pp. 134-154.

가 보고되어 있다.[27] 식민지 조선에서도 일제가 협박과 폭력으로 조선 소녀들을 강제 징발했음은 직접 경험하고 목격한 이들의 증언으로 재확인된다.

(3) 근로정신대를 통한 동원

조선여자근로정신대 제도는 일제가 군수공업의 노동력 부족을 충당하기 위해 법령을 의무적으로 발표해 가면서 12-40세의 배우자 없는 조선 여성을 강제동원하는 제도였다. 그러나 일제는 여자근로정신대로 강제로 소집해 간 소녀 일부를 실제로는 일본군 '위안부'로 집단 투입하여 강제로 '군위안부'를 만든 범죄행위를 자행하였다.

1944년 당시 조선의 국민학교에서 근무했던 일본인 교사 가와오카는 자신이 권유하여 여자근로정신대로 갔던 학생 8명이 모두 '군위안부'가 되었다고 증언하였다.[28] 이케다라는 교사도 자신의 학교에서 여자근로정신대로 나갔던 학생 수와 일본 공장에서 일하게 된 여학생의 숫자가 일치하지 않았다고 하여, 그 숫자만큼 '군위안소'로 갔을 것이라고 시사하였다.[29] 1944년 흑룡강성 부금(富錦)에서 통신교육대로 있던 한 일본 군인은 '관동군전시특별정신대'로 연행되어 온 조선 여성 '위안부'를 만났다고 증언하였다.[30]

[표 12-1]에서 보면 근로정신대로 징발되어 갔다가 강제로 '군위안부'에 투입당한 비율이 3.4%, 근로정신대에서 도망했다가 잡혀서 '군위안부'

27 김정현, 「중국 南京의 일본군 위안소의 설치 유형과 '위안부' 피해 실태」, 『일본군 위안부문제 해결을 위한 역사적 과제, 국제학술회의 논문집』, 동북아역사재단, 2019, pp. 87-107 참조.

28 『한국일보』 1992년 1월 17일 자; 정진성, 『일본군 성노예제』, p. 70 참조.

29 『동아일보』 1992년 1월 15일 자; 정진성, 『일본군 성노예제』, p. 70 참조.

30 從軍慰安婦110番編集委員會 編, 『從軍慰安婦 110番』, 明石書店, 1992, pp. 44-45, 정진성, 『일본군 성노예제』, p. 70.

[표 12-2] '군위안부' 연행 시기

연행 연도	피해자 신고인원(명)	백분율(%)
1932-1936	16	9.1
1937-1941	90	51.5
1942-1945	69	39.4
합계	175	100

자료: 정진성, 『일본군 성노예제』에서 작성.

에 투입당한 비율이 1.1%였다. 당시 조선 농민들은 근로정신대를 여자 공출, 봉사대, 근로대 등 여러 가지 이름으로 불렀으므로 이 항목의 8.0%도 그 내용은 근로정신대 징발과 같은 것으로 볼 수 있다. 이 세 항목의 비율을 합하면 근로정신대를 통한 '군위안부' 강제징발의 비중은 전체의 12.5%가 된다. 이것은 세 번째로 높은 비율의 일본군 '위안부' 강제연행 방법이다.

그 밖에 '인신매매'는 전체의 2.3%에 불과하였다. 이 '인신매매'도 자발적이었는지 강제적이었는지 구별이 명료치 않다.

그러므로 일제의 일본군 '위안부' 동원방법은 외형이 '취업사기', '협박 및 폭력', '근로정신대를 통한 동원' 중 어느 형태였든지 간에, 내용은 모두 협박과 공권력에 의한 강제연행이었음은 명백한 것이다.

일제의 일본군 '위안부' 강제연행 시기는 [표 12-2]에서 보는 바와 같이, 상해사변 직후(1932-1936)가 9.1%이고, 중일전쟁 시기(1937-1941)가 51.5%로 가장 많으며, 태평양전쟁 시기(1942-1945)가 39.4%로서 그 다음이다.

또한 [표 12-3]을 보면 일본군 '위안부'로 강제연행된 당시 조선 여성의 나이는 14-16세가 42.9%로 가장 많고, 다음이 17세-19세의 34.9%이며, 다음이 20-22세가 9.7%였다. 23세 이상은 4.5%이고, 11-13세의 어린 소녀들도 전체의 8.0%에 달하였다.

[표 12-3] 연행 시기별 '군위안부' 피해자 나이 (단위: 명)

연행 나이(세)	연행 시기			합계	백분율(%)
	1932-1936	1937-1941	1942-1945		
11-13세	0	7	7	14	8.0
14-16세	12	33	30	75	42.9
17-19세	4	37	20	61	34.9
20-22세	0	7	10	17	9.7
23세 이상	0	6	2	8	4.5
합계	16	90	69	175	100

자료: 정진성, 『일본군 성노예제』에서 작성.

4) 일본군 '위안부'의 생활조건

일제에게 강제연행된 일본군 '위안부'의 생활조건은 참으로 비참하였다.[31]

첫째, 일본군 '위안부'는 외출이 철저하게 금지되었다. 그들은 매우 좁은 '군위안소' 안에서만 생활하도록 강요당하였다. 예외로 1개월 1회 정도 외출할 경우에는 반드시 사전 허가를 받고 군인(또는 군의관)을 동반하도록 하였다. 부모·친지에게 편지를 보내는 것도 금지되었다.[32] 일본군 위안소는 일본군 '위안부'에게 하나의 '감옥'이었다.

둘째, '위안부'는 1일 평균 약 15-20명을 상대하도록 강요당했다. 주말 또는 휴일에는 40-50명에 달하기도 하였다.

셋째, 하루 노동시간은 평균 약 15시간이었고, 휴일은 전무하였다.

넷째, 보수는 '위안부'가 받지 않았다. 일본군 직영의 경우는 군 당국의 경리자 혹은 관리자가 받았으며, 민간 경영자의 경우에는 경영자가 받았다. 그러므로 일본군 '위안부'는 장부상으로만 보수를 받은 것으로 기록

31 윤명숙(최민순 역), 『조선인 군위안부와 일본군 위안소 제도』, pp. 162-171의 [표 2-2] 및 [표 2-3] 참조.

32 金一勉, 「軍隊慰安婦の實態」, p. 71 참조.

되었지 실제로 보수를 받지 못하였다. 1944년 8월 버마 전선에서 생포된 20명의 조선인 '군위안부'를 심문한 보고에 의하면, '군위안소'를 이용하고자 하는 일본 군인은 30분 기준의 제한 시간에 병졸은 1.5엔, 하사관은 3.0엔, 장교는 5.0엔의 지정가격을 군표 또는 현금으로 군 경영자 또는 민간 경영자에게 지불하였다.[33]

다섯째, 성병은 주 1회 군의관이 와서 항상 검진하였다. 반드시 콘돔을 준비하였다.

여섯째, 일본군 '위안부'는 수시로 군인과 경영자로부터 폭행당하였다. 군인의 폭행은 주로 술 취한 경우와 상대를 거부한 경우였고, 경영자의 폭행은 주로 술 마신 군인에 '위안부'가 반항한 경우였다.

일곱째, '군위안부'는 성병 이외에 흉부질환(폐결핵), 유방병, 정신이상, 신체쇠약, 불면증, 신경쇠약 등 각종 질병에 시달렸다. 일본군은 성병만 '606호 주사' 등으로 치료해 주었고 다른 질병은 치료해 주지 않았다.

여덟째, '군위안부'는 성노동 외에도 일본군이 필요한 때에는 부상병 간호, 간호 보조, 군복 세탁 등에 강제동원되었다.

아홉째, '군위안부'의 주거공간은 전선 부근에서는 가설 건물의 작은 칸막이 방이었고, 후방 도시에서는 민간 또는 공용 건물을 개조한 작은 칸막이 방이었다.

열째, 식사와 의복과 화장품은 일본군 또는 경영자가 조달했는데, 그 대가는 장부상의 '보수'에서 공제한다고 하였다. 주거공간의 대가도 '보수'에서 공제하였다.

즉 일본군 '위안부'는 일본군 '위안소'라는 작은 공간의 '감옥'에 갇혀서 제도상 강제로 1일 평균 15-20명, 많을 때에는 40-50명의 일본군에게 성착취를 당한 '성노예'였다.

---

33 마치나에서는 마루야마 대좌가 위의 평균 요금을 거의 절반으로 깎았다고 보고되어 있다. OWI PWT, Interrogation Report No.49, RG 208, Entry NC148 378, Box 445; 정진성 외, 『일본군 '위안부' 관계 미국 자료 II』, p. 510 및 p. 517 참조.

일본군 '위안부'의 생활조건이 위와 같이 비참했기 때문에, '군위안부' 중에는 정신이상자·자살자·자살미수자가 속출하였다. 그들의 육체적 고통과 정신적 고통은 필설로는 다 표현하기 어려운 것이었다.

일본군이 1945년 봄·여름 동남아 전선과 남태평양 전선에서 패전에 임박했을 때는 일본군 '군위안소' 제도를 감추기 위해 일본군이 강제연행한 조선 여성 '군위안부' 등을 참호 안에 가두어 넣고 수류탄으로 폭살시키거나 일본군과 함께 '옥쇄'시켜서 다수 희생시켰다.[34] 버마 전선과 남양군도에 끌려간 조선 여성 일본군 '위안부'는 광복 후 극소수를 제외하고는 귀환하지 못하였다.

일본 군국주의자들은 1932-1945년의 침략전쟁 기간에 꽃다운 조선 소녀들을 공권력으로 강제연행하여 성노예로 온갖 착취를 하다가 희생시킨 인류 역사상 최악의 반인간적 범죄행위를 자행한 것이었다.

34 金一勉, 「軍隊慰安婦の實態」, pp. 211-224 참조.

제13장(연속 제34장)

중국 관내에서의 독립운동과 조선의용대 및 한국광복군의 창설

1. 민족혁명당의 창립과 조선의용대의 창설 및 활동

1) 의열단의 '조선혁명 군사정치간부학교' 설치

상해 임시정부 '한인애국단'의 '이봉창 의거'와 '윤봉길 의거'의 한 성과로, 종래 한국 독립운동에 사실상 냉담했던 중국국민당 정부가 한국 독립운동 '지원'으로 정책을 전환하자, 이를 맨 먼저 포착하여 중국 측 지원을 받으며 군사간부 양성사업을 시작한 것은 김원봉(金元鳳)의 의열단(義烈團)이었다.[1]

의열단은 일제가 1931년 9·18 만주 침략·점령에 이어 1932년 1·28 상해사변을 일으켜서 상해를 점령하고, 이어서 1932년 3월 1일에는 괴뢰 '만주국'을 수립하여 중국 동북지방인 만주를 중화민국으로부터 분리 지

---

1 ① 김영범, 「1930년대 義烈團의 抗日靑年鬪士 양성에 관한 연구」, 『한국독립운동사 연구』 제3집, 1989.
② 한상도, 「1930년대 전반기 김원봉의 항일 운동과 기반」, 『韓國獨立運動과 中國軍官學校』, 문학과지성사, 1994, pp. 193-296.
③ 김영범, 「1930년대 전반기 義烈團의 민족혁명운동」, 『한국 근대민족운동과 의열단』, 창작과비평사, 1997, pp. 284-351 참조.

배하자, '동북탈환'이 최대급무가 된 중국국민당 정부와의 합작 성사 가능성이 있다고 보았다. 이에 1932년 3월 초순 국민당 정부 군사위원장 장개석(蔣介石)에게 의열단에의 원조 제공에 의한 합작을 '삼민주의역행사(三民主義力行社, 일명 藍衣社, 중국국민당군 특무기관)' 서기 등걸(滕傑)을 통하여 제의하였다.[2] 장개석은 이때 명백한 반응을 보이지 않았었다. 그러나 한 달 반 이후 1932년 4월 29일 한인애국단 윤봉길이 상해 홍구공원에서 상해점령 일본군 사령부의 사령관 시라카와 이하 군·정 수뇌 7명을 섬멸하여 '일본군 사령부 섬멸'의 대전과를 내자 한국 독립운동의 능력과 위력에 경탄하여 상해 방어에 투입된 중국군 30만 명이 해내지 못한 일을 한국 청년 윤봉길 한 명이 해냈다고 감탄하였다. 한국 독립운동의 의열투쟁 효과를 확실하게 인정한 것이었다. 그리하여 장개석은 1932년 6월경 의열단 김원봉의 '한·중합작제의'를 승낙하고[3] 황포동학회와 삼민주의역행사 서기 등걸 등에게 구체적 사업 추진을 지시하였다.[4]

이에 의열단 단장 김원봉, 삼민주의역행사 서기 등걸, 동방민족부흥운동위원회 주임위원 간국훈(干國勳) 등 3인이 회합하여 김원봉의 제의대로 1932년 8월 의열단의 '조선혁명 군사정치간부학교(朝鮮革命軍事政治幹部學校, 이하 '간부학교'로 약칭)'를 설치하게 되었다. 당시 중국 측에 대한 일제의 군사적·외교적 압력이 거셌기 때문에 '간부학교'의 설치는 극비사항이

---

2 김원봉은 황포군관학교 4기 졸업생이었으며, 김원봉 재학 시에 장개석은 그 교장이었다. 또한 중국국민당 정부 군사계통의 요직과 군사위원장 장개석의 군사 측근에는 황포군관학교 출신들이 많았다. 김원봉은 1932년 5월에 다시 '중·한합작에 관한 건의', '조선 의열단의 정치결의안'을 중국 당국에 제출하여 합작과 지원을 요청하였다. 장개석의 군사 측근인 국민군 제25사단장 겸 진포로(津浦路) 정비사령관 관린징(關麟徵, 황포군관학교 1기 졸업생)과 삼민주의역행사 서기 등걸(滕傑, 황포군관학교 4기 졸업생)이 김원봉을 도와주었다. 특히 등걸은 중국국민당군 정보책임자로 활동하면서 동기생 김원봉의 의열단과의 한·중합작 제의와 지원 요청도 군사위원장 장개석에게 잘 설명하였다.

3 金正柱 편, 『朝鮮統治史料』 제10권, 韓国史料研究所, 1971, p. 705 참조.

4 胡春惠, 『韓國獨立運動在中國』, 中華民國史料研究中心, 1976, p. 50 참조.

었다. '간부학교'는 대외적으로는 '중국국민정부 군사위원회 간부훈련반 제6대'라는 명칭으로 위장하였다.[5]

'간부학교'의 설립 목적은 '한국의 절대독립'과 '동북 3성(만주)의 탈환'이었다. 이를 위해 의열투사를 양성하려 한 것이었다. 간부학교 졸업생의 활동 방침은 ① 일본·만주 요인의 암살, ② 재만 항일단체와의 제휴, ③ 국내 및 만주지역 노동자·농민층에 대한 혁명적 준비 공작, ④ 만주경제의 교란, ⑤ 특무활동에 의한 물자 획득 등이었다.[6]

'간부학교'의 훈련장소로는 보안을 위해 남경 교외의 사찰이 선정되었다. 이곳은 중국국민당 군사위원회 간부훈련반 통신대의 관리하에 있었다.[7] 간부훈련반은 6개 대로 편제되어 제5대까지는 중국인들이 수용되었고, 제6대가 '간부학교'였다. 의열단의 '간부학교'는 1932년 7월부터 1935년 9월까지 만 3년간 존속하면서, 3기에 걸쳐 125명의 독립군 간부 겸 항일투사를 양성·배출하였다. 그러나 일제의 감시와 추적을 피하기 위해 기수마다 교육훈련 장소를 다음의 [표 13-1]과 같이 이동하였다.

[표 13-1] '간부학교'의 기수별 운영 상황

기수	수업 기간	학교 위치	교육인원(명)	비고
제1기	1932. 10. 20. -1933. 4. 20.	남경 교외(郊外) 탕산(湯山) 동쪽 선수암(善壽庵)	26 (26)	
제2기	1933. 9. 16. -1934. 4. 20.	강소성(江蘇省) 강녕현(康寧縣) 강녕진(康寧鎭) 증조사(曾祖寺)	55 (35)	20명은 졸업 직전 중앙군교 및 낙양분교로 전교.
제3기	1935. 4. 1. -1935. 9. 30.	강소성 강녕현 상방진(上方鎭) 천녕사(天寧寺)	44 (36)	8명은 1935년 8-9월경에 중도 퇴교.

주: '교육인원'의 ( ) 속 인원은 최종 졸업인원임.
자료: 김영범, 『한국 근대민족운동과 의열단』, p. 301.

5 김영범, 『한국 근대민족운동과 의열단』, p. 299 참조.
6 『思想彙報』 제4호(1935. 9.), p. 130 참조.
7 國會圖書館 편, 『韓國民族運動史料: 중국편』, 국회도서관, 1976, p. 810 참조.

'간부학교'의 경비와 무기·물자는 전부 중국 측이 조달했지만, 운영은 다음과 같은 조직으로 의열단이 자율적으로 관리 운영하였다.[8]

교장(주임): 김원봉(金元鳳)
비서 겸 교관: 왕현지(王現之)
군사조: 이동화(李東華)·김종(金鍾)·권준(權晙)
정치조: 김정우(金政友)·왕현지·한일래(韓一來)
총무조: 이집중(李集中)·필성초(畢性初, 중국인)
대부실(隊附室): 신악(申岳)·노을룡(盧乙龍)·이철호(李哲浩)
의관실(醫官室): 대모(戴某, 중국인)
외교주임: 김원봉(겸임)

'간부학교'의 기수별 교육훈련 과목은 다음과 같았다.[9]

제1기

정치과: 정치학, 경제학, 사회학, 철학, 조직방법, 비밀공작법
군사과: 보병조전(步兵操典), 진중요무령(陣中要務令), 사격교범, 측도(測圖), 축성학, 폭탄제조법, 부대교련, 기관총조법, 폭탄사용법, 실탄사격
과외과목: 중국어

제2기(*로 표시된 것은 1기에 없던 신설과목임)

정치과: 철학, 유물사관*, 변증법*, 경제학, 정보학*, 중국혁명사*, 삼민주의*, 사회과학(사회학), 의열단사*, 조선정세*, 세계정세*, 조선운동*, 각국혁명사*, 당조직문제*

---

8 朝鮮總督府警務局, 「軍官學校事件ノ眞相」(1934. 12.), 한홍구·이재화 편, 『韓國民族解放運動史資料叢書』, 경원문화사, 1988, pp. 150-151.

9 김영범, 『한국 근대민족운동과 의열단』, p. 302.

군사과: 전술학*, 진중요무령, 기관총학*, 사격교범, 간이측량학*, 축성학, 교통교범*, 야간연습*, 보병조전, 폭파교범*

제3기(*로 표시된 것은 1, 2기에 없던 신설과목임)

정치과: 당조직과 선전(또는 당적 훈련), 세계경제지리*, 유물론 철학*, 사회학, 경제학, 정보학(또는 특무공작 및 비밀통신연락법), 각국혁명사(영·미·한·프·러), 중국혁명사, 유물사관, 한글*, 한국역사*, 정치학

군사과: 보병조전, 군대내무와 육군예식*, 사격교범, 지형학*, 축성학, 기관총학, 전술학, 진중요무령, 군제학*, 기관총해부학(또는 병기학)*, 도상전술(圖上戰術)*, 야간교육, 야외연습*, 군사간이측도, 유격전술*, 대외근무*, 야간근무*

자연과학과: 대수, 기하, 물리, 화학, 한국지리, 만주지리

'간부학교'의 기수별 교관진의 구성과 담당 과목은 다음과 같았다.[10]

제1기

진국빈(陳國斌=김원봉): 철학

김정우(金政友=박건웅): 사회학, 조직방법

왕현지(王現之=이영준): 경제학

한모(韓某): 정치학

이동화(李東華): 진중요무령, 측도, 폭탄제조 및 사용법, 기관총조법, 실탄사격

김종(金宗=金鍾): 사격교범

권준(權畯): 축성학

신악(申岳): 보병조전, 부대교련

---

10 김영범, 『한국 근대민족운동과 의열단』, pp. 304-306 및 한상도, 『韓國獨立運動과 中國軍官學校』, pp. 265-266 참조.

노을룡(盧乙龍=盧一龍): 부대교련

김거문(金巨文=李哲浩=李檢雲=李銘煥): 부대교련

이집중(李集中=李仁洪): 위생학

협중용(協中庸, 중국인 강사): 비밀공작법

곽종령(郭鍾靈, 중국인 강사): 중국어 이상 13명

제2기

김약산(金若山=김원봉): 조선정세

왕현지: 경제학, 세계정세, 당조직문제

석정(石正=윤세주): 유물사관, 각국혁명사, 중국혁명사, 조선운동사, 의열단사, 당조직문제

조모(曺某=曺斌): 정보학

김준(金俊=김종): 전술학

신약: 보병조전

이상지(李相之=李遠=李復源): 간이측도, 사격, 축성학

양진곤(楊振崑=楊民山): 진중요무령, 폭탄제조 및 사용법

김세일(金世一): 야간연습, 기관총학

진유일(陳唯一=李昌河): (담당과목 미상)

유모(劉某, 중국인 강사): 삼민주의 이상 11명

제3기

왕현지: 경제학, 물리, 화학

석정: 유물론 철학, 사회학, 세계경제지리

양민산: 정치학, 당조직과 선전

이명선(李明善=文鍾三): 정치경제학

반해량(潘海亮=이춘암): 정보학, 중국혁명사

김두봉(金枓奉): 유물사관, 한국역사, 한국지리

김두환(金枓煥): 한글 철자법

김영주(金營珠=金令洲=金尙德): 만주지리, 각국혁명사

김준: 사격교범, 전술학, 도상전술

신악: 군제학

김세일: 보병조전, 기관총해부학, 야외연습

오균(吳均=吳周鳳?): 진중요무령, 실과교련

하진동(河振東): 야간교육

이모(李某=이상지?): 군대내무와 육군예식, 지형학, 축성학, 기관총학, 군사간이 측도, 기하

방모(方某): 대수 이상 15명

간부학교 1기생으로는 1932년 10월 20일 20명이 입교하고, 후에 6명이 개별 입교하여 총 26명이 교육과 훈련을 받았다. 6개월 후인 1933년 4월 20일 1기생 26명은 전원 졸업하였다.[11] 2기생은 1933년 9월 16일 45명이 입교했고, 후에 10명이 추가 입교하여 총 55명이었다. 2기생은 의열단 가입이 입교 조건이었기 때문에 대부분 입교 전에 이미 의열단에 가입되어 있었다. 2기생의 교육 도중에 김구(金九)가 중국 중앙육군군관학교 낙양분교에 '한인특별반'을 설치한 뒤 '간부학교'를 시찰하러 왔다가 김원봉에게 학생을 보내 달라고 요청했다. 이에 졸업식을 10여 일 남겨둔 1934년 4월 중순 15명을 선발하여 파송한 결과 입학한 지 7개월 후인 1934년 4월 20일 졸업식 때에는 40명이 졸업하게 되었다.[12] 3기생은 1935년 4월 1일 28명이 입교했는데, 후에 16명이 개별 입교하여 총 44명이 되었다. 3기생은 교육 도중 8명이 먼저 퇴교하여 김구와 이청천(李靑天)이 낙양분교 '한인특별반' 제1기 졸업생으로 편성한 '군정부 학병대(軍

11 朝鮮總督府警務局, 「軍官學校事件ノ眞相」(1934. 12.), pp. 412-413 참조.

12 『思想彙報』 제7호(1936. 6.), p. 155 참조.

政府學兵隊)'에 먼저 입대하였고, 나머지 36명은 1936년 10월 4일 전원이 졸업하였다.[13]

간부학교 생도들은 중국 측으로부터 군관학교 생도의 대우를 받았으며, 매우 집중적이고 강한 교육과 훈련을 받았기 때문에 졸업하면 정규군의 소대장 내지 소위의 자질을 갖춘 것으로 간주되었다.[14]

간부학교의 졸업생들은 의열단에서 국내와 만주 지역에 밀파되어 무장투쟁 사전 준비, 의열단 조직 확충, 군관학교 입교생 모집, 군자금 모금, 독립사상 선전 등의 활동을 하였다. 중국 측은 간부학교 졸업생을 동북(만주)지방에 파견하여 '반만항일' 투쟁에 투입할 것을 희망했지만, 졸업생의 대부분은 국내 활동을 희망하여 의열단 지도부에 국내 파견을 요청하였다.[15] 이에 의열단 지도부는 융통성 있게 국내 파견, 만주 지역 파견, 관내 파견, 잔류 등을 적절히 배합하였다. 3기에 걸친 97명의 졸업생 가운데서 88명이 국내 등 각지에 특파공작원으로 파견되었다. 국내 파견단원에는 희생자가 많았다.

특파단원의 임무는 일반임무와 특별임무로 구분되었는데, 일반임무는 다음과 같은 것이었다.

① 동지를 획득하여 의열단 지부를 조직할 것
② 노동자·농민·학생층을 기본체로 삼아 하층에서부터 상층으로 대중을 규합하고 기설조직을 확대·강화함으로써 사상통일과 실력양성을 기하며 민중동원을 준비할 것
③ 차기생을 모집하여 도항·입학의 편의를 제공할 것[16]

13 『思想彙報』 제7호(1936. 6.), pp. 156-157 참조.
14 김영범, 『한국 근대민족운동과 의열단』, p. 316 참조.
15 『眞相』, p. 185; 김영범, 『한국 근대민족운동과 의열단』, p. 331 참조.
16 朝鮮總督府警務局, 「軍官學校事件ノ眞相」(1934. 12.), p. 158.

특별임무는 각자의 소질·경력·공작지 환경에 적응하여 융통성 있게 농민·학생 속으로 들어가 운동을 전개하는 임무였다.

제2기 졸업생의 특파 때에는 장차 다가올 무장투쟁의 중심조직체로서 전진대(戰進隊)의 조직이 임무로 부여되었다. 전진대는 18세 이상의 남자를 대원으로 한 전국적 조직으로, '최고지도부(남경의 의열단 본부)→중앙통신부(서울)→4개 지방부→구(區)지부→반(班)'의 지휘계통을 갖도록 되어 있었다. 최하부의 기초 조직단위인 반은 3-5명의 인원으로 구성하고, 3-5개 반이 하나의 지부를 구성하며, 다시 3-5개 지부가 하나의 구를 구성하는 조직체계였다. 다만 서울·평양·신의주의 전진대는 중앙통신부 직할의 시위원회가 관장하는 특별조직체로 하여 기동성을 높였다. 또한 광산·공장지대 및 대도시의 전진대는 대일(對日) 결전의 비상시기에는 곧바로 군사조직체인 '유격대'로 개편하도록 준비케 하였다.[17]

일제 측 피검자 심문 자료에 의하면, 2기생들이 국내에 특파될 때 김원봉과 윤세주(尹世胄)가 강연과 지침을 주었는데, 국내에서는 융통성 있게 활동하되 지도를 받을 필요가 있을 경우에는 『조선중앙일보』 사장 여운형(呂運亨)과 기자 배성룡(裵成龍)의 지도를 받도록 지시받았다고 하였다.[18] 간부학교 졸업생의 국내특파활동은 극비사항이어서 피체된 경우가 아니면 그 내용은 알 수 없다. 몇 가지 예를 들면 1기생 이육사(李陸史)는 1934년 서울에서 체포되었다. 2기생 김영렬(金永烈, 일명 金華)은 평북 용천의 불이서선농장(不二西鮮農場)에 잠입하여 농민조합을 결성하였다.[19] 1934-1935년 국내 신문들에 크게 보도된 이른바 '남경군관학교 사건'도 '간부학교' 졸업생 국내 특파원들이 일으킨 활동이었다. 졸업생들 가운데 희생당하지 않은 특파원과 잔여 졸업생들은 그 후 '조선민족혁명당'의 중

17 朝鮮總督府警務局, 「軍官學校事件ノ眞相」(1934. 12.), pp. 227-238 참조.

18 ① 朝鮮總督府警務局, 「軍官學校事件ノ眞相」(1934. 12.), p. 267.
② 김영범, 『한국 근대민족운동과 의열단』, pp. 339-342 및 p. 348 참조.

19 추헌수 편, 『자료한국독립운동』 제3권, 연세대학교출판부, 1971, p. 25 참조.

견당원, '조선의용대'의 간부로서 독립운동 전선에서 크게 활약하였다.

2) 의열단의 독립운동단체 통일 추구와 민족혁명당 창립

(1) 대일전선통일동맹(對日戰線統一同盟)의 성립

일제의 만주 침략 이후 의열단과 상해 한국독립당을 비롯하여 모든 한국민족 독립운동계는 민족유일당 운동이 코민테른 10월 테제의 지시와 영향으로 좌파가 이탈하여 실패한 것을 깊이 성찰하면서, 다시 한번 독립운동 단체들의 대통합에 의한 항일 전선의 통일과 대연합을 추구하고 있었다. 1931년 봄 안창호(安昌浩)·이동녕(李東寧)·최동오(崔東旿) 등이 상해에서 결성한 '독립전선 통일동맹'이 그것이었다. 이듬해 1932년 1월 28일 일제의 상해사변 도발과 4월 29일 윤봉길의 상해 의거로 안창호가 일제에게 체포되고 독립운동가들이 활동 근거지를 남경으로 옮긴 후에도 민족유일당 추구 노력은 계속되어, 1932년 10월 남경에서 의열단(義烈團)은 조선혁명당(朝鮮革命黨) 제1지부, 상해 한국독립당(韓國獨立黨), 한국혁명당(韓國革命黨), 한국광복동지회(韓國光復同志會) 등 5개 정당·단체를 연합하여 '대일전선통일동맹(對日戰線統一同盟)'의 연합전선체 결성에 성공하였다.

1933년부터 1934년 초 사이에 대일전선통일동맹에는 미주의 '대한독립당', '뉴욕 대한인교민단', '하와이 대한인국민회', '하와이 대한인동지회', '대한인국민회 중앙총회' 등 미주의 5개 단체가 추가 가맹하여 민족 유일당의 범위를 확대하였다.

그러나 대일전선통일동맹은 지리적으로 분산되어 있는 단체들이 가입한 느슨한 연합체여서 통일적 조직체로서 효율성이 낮았다. 이에 효율적인 단일대정당의 결성이 추구되었다.

(2) 민족혁명당과 조선민족전선연맹의 창립

① 민족혁명당의 창립

이에 1935년 6월 20일 남경에서 대일전선통일동맹에 가입한 단체·당을 중심으로 9개 독립운동단체의 대표들이 모여 민족독립혁명 쟁취의 단일대당 결성을 논의하였다. 그 결과 기존 단체의 무조건 해소와 단일대당에의 개인별 입당을 합의한 상해 한국독립당, 의열단, 신한독립당, 조선혁명당, 대한독립당의 5개 당이 당을 해소하고 민족단일대당으로서의 '민족혁명당(民族革命黨)'을 창립하게 되었다.[20]

민족혁명당이 민족단일대당으로 창립되면서 임시정부의 받침 정당인 상해 한국독립당이 해소하며 참가했으므로 민족혁명당 측은 자신들이 임시정부를 대체하는 성격을 갖는 것으로 해석하였다. 이에 한국독립당 당원으로서 임시정부 고수를 주장한 송병조(宋秉祚)·조완구(趙琬九)·차리석(車利錫) 등은 민족혁명당에 참여하지 않고 별도로 김구와 연합하여 임시정부 고수를 기치로 내걸고 1935년 11월 '한국국민당(韓國國民黨)'을 창당하였다.

민족혁명당은 5개 정당이 해소하여 창립된 민족단일대당이었으므로 초기 당원이 2,200여 명에 달하는 거대 정당이었다. 초기에는 통합이 비교적 순조로웠다. 그러나 김원봉 등이 국내에서 공산주의 운동으로 일제에 투옥되었다가 복역을 마치고 망명해 온 한빈(韓斌)·최창익(崔昌益)·허정숙(許貞淑) 등을 민족대통합의 원칙을 지킨다고 입당시키며 좌파 비중이 증대하자, 조소앙·이청천·홍진·조성환 등 민족주의 세력이 반발하였다. 이후 1937년 1월 민족혁명당 제2차 전당대표회의에서 총서기로 선출되어 실권을 장악한 김원봉은 당명을 자기의 주장대로 '조선민족혁명당

20 당명으로 '조선민족혁명당'과 '한국민족혁명당'의 2개 안이 나와 합의가 되지 않아서, 김두봉의 제의에 따라 '민족혁명당'으로 명칭을 정하였다.

(朝鮮民族革命黨)'으로 고치고 좌파 중심의 운영을 하였다. 이에 이청천 등은 1937년 3월 29일 '한국민족혁명당 비상대회 선언'을 발표하여 김원봉 등 37명을 민족혁명당에서 제명할 것을 주장하였다. 이에 김원봉 측은 중앙집행위원회 임시회의를 열어 이청천·최동오·김학규 등 우파 11명을 제명하였다. 제명된 이청천 등은 1937년 4월 '조선혁명당(朝鮮革命黨)'을 조직하였다. 이 파동으로 김원봉 중심의 조선민족혁명당은 단일대당의 성격이 약화되고 민족주의 좌파 통일정당의 성격을 갖게 되었다.[21]

② 조선민족전선연맹의 결성

조선민족혁명당의 김원봉 등은 약화된 통일연합전선을 보강하기 위해 1937년 11월 12일 남경에서 '조선민족해방동맹(朝鮮民族解放同盟, 대표 김성숙)'과 무정부주의 단체인 '조선혁명자연맹(朝鮮革命者聯盟, 대표 유림)'과 연합하여 '조선민족전선연맹(朝鮮民族戰線聯盟, 대표 김원봉)'을 결성하였다. 그들은 창립 선언에서 그들의 목표가 '계급전선'이 아니라 민족의 자주독립을 쟁취하는 '민족전선'이며, 한·중 연합전선의 형성, 중국 항일전에서 중국 측에의 지원 참전임을 밝혔다.[22]

---

21 ① 강만길, 『조선민족혁명당과 통일전선』, 화평사, 1991.
② 한시준, 「조선민족혁명당의 성립과 변천과정」, 『한국독립운동사의 인식』(백산박성수교수 화갑기념논총), 백산박성수교수화갑기념논총간행위원회, 1992.
③ 김영범, 「국공대결기(1928-1935) 중국에서의 한인 민족전선 통일운동 연구」, 한국사회사연구회 편, 『한말 일제하의 사회 사상과 사회 운동』, 문학과지성사, 1994.
④ 김영범, 『혁명과 의열: 한국독립운동의 내면』, 경인문화사, 2010 참조.

22 김영범, 「독립운동전선의 혁명이념과 신국가건설 비전: 민족혁명론을 중심으로」, 『한국민족운동사연구』(화양신용하교수 정년기념논총III), 나남, 2003 참조.

3) 조선의용대의 창설

김원봉 등은 일제의 중일전쟁 도발 1주년이 되는 1938년 7월 7일 중국에서 조선 독립을 목표로 하여 중국군을 지원하는 조선민족전선연맹의 항일무력으로서 '조선의용군(朝鮮義勇軍)' 창설을 중국국민당 군사위원회에 요청하였다. 독립운동을 하는 지역이 중국이므로 이것은 반드시 중국 당국의 승인이 필요한 일이었고, 또한 조선민족전선연맹은 무기와 물자가 결핍되어 있었으므로 원조를 얻기 위해서는 당연한 과정이었다.

당시 중국 측 군사위원장 장개석은 항일전에서 한 명이라도 전투력이 보충되면 바람직한데 황포군관학교 교장 시절 졸업생인 김원봉 등 20여 명이나 연맹을 주도하고 있고, 황포군관학교 동창조직인 황포동학회(黃埔同學會)의 4기 졸업생 등걸(滕傑), 강택(康澤) 등이 군사위원장의 측근에서 적극 성원해 주었으므로, 두 개의 조건을 붙여서 창설을 승인했다.[23] 첫째는 '군(軍)'은 거대부대일 때 사용하는 용어이므로 조선의용'대(隊)'로 명칭을 규모에 맞출 것, 둘째는 조선의용대를 중국 군사위원회 정치부의 관할 아래 둔다는 것이었다. 이 조건과 경비·조직 방식에 더해 조선민족전선연맹 이사 4명(김원봉, 김규광, 이자명, 최창익)과 중국 군사위원회 정치부 5명이 10월 1일부터 연일 실무회의를 열어 합의에 도달하였다.

이에 조선민족전선연맹 산하의 조선 독립군으로 1938년 10월 10일 중국 한구(漢口)에서 '조선의용대(朝鮮義勇隊)'가 창설되었다.

조선의용대의 편제는 창립 당시에는 2개 구대(區隊), 약 100명 규모였고, 대원이 140여 명으로 증가하자 1939년에 제3구대를 편성하여 모두 3개 구대가 되었다. 조선의용대의 초창기 편성 내역은 다음과 같았다.[24]

---

23 김영범, 『혁명과 의열: 한국독립운동의 내면』, p. 201 참조.

24 ① 김영범, 「조선의용대 연구」, 『한국독립운동사연구』 제2집, 1988.
② 염인호, 「조선의용대의 창설과 한·중 연대」, 『한국 근현대사 연구』 제11집, 1999.
③ 김명섭, 「조선의용대(군)의 항일음악 창작과 문화활동」, 『한국 근현대사 연구』

조선의용대 창설 기념사진, 앞줄 깃발 뒤 중앙의 군복 착용 장교는 대장 김원봉
(출처: 독립기념관)

총대부(13명)

대장: 김원봉

기요참모: 신악(申岳)

정치조장: 김규광

총무조장: 이집중(李集中)

부원: 이형래(李瀅來), 주세민(周世敏), 이춘암(李春岩), 석성재, 김인철, 한지성(韓志成), 윤세주, 진일평, 김석낙(金錫洛)

제1구대(지대) (43명)

구대장: 박효삼(朴孝三)

대부(隊附): 김세일(金世日) 정치공작원: 왕통(王通)

제1분대장: 최경수(崔敬洙) 대부: 장중광(張重光)

제97집, 2021.

④ 김명섭, 「"朝鮮義勇隊(通訊)"의 발간과 주도세력 분석」, 『한국 근현대사 연구』 제99집, 2021.

⑤ 박동환, 「조선의용대의 항일노선연구: 기관지 "朝鮮義勇隊(通訊)"을 중심으로」, 『한국독립운동사연구』 제79집, 2022.

제2분대장: 조열광(趙烈光) 대부: 이해명(李海鳴)
제3분대장: 섭홍덕(葉鴻德) 대부: 이지강(李志剛)
대원: 34명

제2구대(지대) (41명)

구대장: 이익성(李益星)
대부: 진원중(陳元仲) 정치지도원: 김학무
제1분대장: 이세영(李世榮) 대부: 장중진(張重鎭)
제2분대장: 강진세 대부: 호철명(胡哲明)
제3분대장: 이영신(李永新) 대부: 한득지(韓得志)
대원: 32명

제3구대(지대) (41명)

구대장: 김세일(金世日)
정치지도원: 양민산(陽民山)
대원: 약 40명

그 후 대원이 약간 증가한 1940년 2월 조선의용대 본부에서 작성 발표한 본부의 편성과 지대의 편성 내용은 [표 13-2]와 같다.[25]

조선의용대 본부가 발표한 이 표에 의하면, 1940년 2월 조선의용대 대원의 수는 본부에 총대장 김원봉 등 88명, 제1지대 78명, 제2지대 75명, 제3지대 63명, 총계 304명이었다.

조선의용대의 특징은 매우 우수한 고급 군대였다는 점이다. 모든 대원이 조선 독립을 위하여 자발적으로 항일운동에 뛰어들어서 상당 기간 활

25 ① 김영범, 「조선의용대 연구」.
② 金正明, 「朝鮮義勇隊各單位人事統計表」, 金正明 編, 『朝鮮獨立運動』 제2권, 原書房, 1967, pp. 685-688 참조.

[표 13-2] 조선의용대의 편성(1940. 2.)

(1) 本部

부서명	인원	직책	성명	연령	출신배경	당파소속 및 직위	비고(필자 주)
	1	總隊長	金若山	42	황포군교 4기	민혁 총서기	
機要組	9	조장	申岳	50	황포군교 5기	민혁 중앙검사위원	
		문서주임	荀季昭	26	중앙군교 특훈반		
		인사주임	藩海亮	35	황포군교 5기	민혁 중앙집행위원	李春岩
		조사주임	李貞培	30	광동 中山大學	민혁 중앙위후보위원	李貞浩의 오식인 듯
		설계주임	金俊	42	황포군교 4기	민혁 중앙검사위원	이명 金鍾
		조원	4인				
정치조	9	조장	金學武	28	북평 평민대학	청맹 중앙위원	副隊長 겸임
		훈련주임	石正	38	일본 慶應大學	민혁 중앙위원	尹世胄
		선전주임	韓志成	28	중앙 정치학교 5기	청맹 중앙간부	
		자료실주임	李達	31	북평 평민대학	혁맹 중앙위원	
		조원	6인	30			
		선전활동 주임	金昌濟		광동 중산대학·의열단간부학교	청맹 중앙간부	金昌滿의 오식인 듯
		대원	12인				
총무조	5	조장	李集中	47	황포군교 4기	민혁 중앙검사위원	
		서무주임	李海鳴	40	중앙군교 특훈반 6기(=성자분교)	민혁 중앙검사위원	
		회계주임	陳德心	22	광동 順農中學		女
		조원	2인				
편집 위원회	13	주임	李斗山	47	의열단간부학교		
		韓文刊 主編	석정	38			정치조 훈련 주임 겸
		위원	金科奉	50	培材中學	민혁 중앙위원	
		위원	李英駿	40	광동 중산대학	민혁 중앙위원	이명 王現之
		위원	金南德	45	일본 早稻田大學	민혁 중앙위원	金尙德의 오식인 듯
		中文刊 主編	한지성	28			정치조 선전 주임 겸
		위원	柳子明	46	水原高農	혁맹 중앙위원	
		위원	金奎光	42	광동 중산대학	해맹 중앙위원	

[표 13-2] 계속

부서명	인원	직책	성명	연령	출신배경	당파소속 및 직위	비고(필자 주)
편집 위원회	13	위원 위원 위원 위원 위원	이달 韓一來 구계소 王繼賢 尹爲和	31 46 26 22 22	 중국 廈門大學 중앙군교 특훈반 중앙군교 특훈반	해맹 간부	정치조 자료 실주임 겸 기요조 문서 주임 겸
훈련소		주임	김약산				
부녀 복무단	22	단장 단원	林哲山 21인	30	東萊 日新女中		林哲愛(=김약산 부인 朴次貞)의 오식
3·1 소년단	24	단장 단원	崔東宣 23인	17	重慶 중학 재학		
의무실	2	주임 의관	韓錦源 1인	35	東京 의학전문교		
통신처		桂林주임 宜昌주임 洛陽주임	宋旭東 于自强 王克强	38 36 38	중앙군교 낙양분교 3기 성자분교	민혁 당원 민혁 당원 청맹 맹원	

주: 민혁: 조선민족혁명당, 청맹: 조선청년전위동맹, 혁맹: 조선혁명자연맹, 해맹: 조선민족해방운동자동맹

(2) 支隊部

부서명	인원	직책	성명	연령	출신배경	당파소속 및 직위	비고(필자 주)
제1지대	78	대장 정치지도원	朴孝三 王通	34 28	황포군교 4기 성자분교	민혁 중앙위원 민혁 중앙위원	副隊長 겸임 의열단간부학교 3기
제2지대	75	대장 정치지도원	李益星 林平	28 31	중앙군교 10기 성자분교	청맹 간부 청맹 간부	
제3지대	63	대장 정치지도원	金世日 楊	29 27	중앙군교 특훈반 북평 華北大學	민혁 중앙위원 민혁 중앙위원	의열단간부학교 1기

자료: 김영범, 「조선의용대 연구」.

동했으므로 항일전에서 불굴의 투지로 전사할 때까지 싸우는 완벽하게 정신 무장된 군대였다. 또한 여러 가지 학교 등에서 사관교육을 마친 대원이 대부분이어서 마치 장교부대와 같은 군대였다. 중국 군대처럼 병사

만 충분히 충원되면 하루아침에 300명의 군대가 5,000명의 대규모 군단이 될 수 있는 군대였다. 거의 모든 대원이 한국어·중국어·일본어를 자유자재로 구사할 수 있는 군대였다. 이러한 특징 때문에 중국군은 조선의용대를 내심 매우 반기고 사실은 매우 귀중하게 생각하였다.

4) 조선의용대의 활동

조선의용대의 탁월성 때문에 중국군에서는 조선의용대 대원들을 심리전에 투입하고자 중국군 전구(戰區)별 분산 배치를 희망하였다. 당시 중국은 전국 항일전선을 10개 전구로 나누어 싸우고 있었다. 중국군에는 일본군과의 접전지역에서 일본어를 자유자재로 구사해 심리전과 포로 심문을 담당할 수 있는 인적자원이 절실하게 필요했으므로 조선의용대에 심리전 요원을 요청하였다. 중국군은 이 목적으로 조선의용대에 소총과 권총만 보급하고 대포와 기관총 등의 중무기는 보급해 주지 않았다. 조선의용대는 원래 구대(지대)별로 중무장하여 최전선의 직접 전투에서 일본군을 격멸하고 싶었으나, 무기 보급권을 갖고 있는 중국 측의 심리전 요원 파견 요청에 타협하지 않을 수 없었다. 이 때문에 조선의용대는 지대별로 중무장하여 최전선의 전투에 참가하지 못하고, 심리전에 주로 참가하게 되었다.[26] 때때로 전투에도 참가했으나, 심리전 도중에 일본군의 공격을 조우하여 이에 반격한 경우였다. 조선의용대는 중국군 각 전구에 분산 배치되어 다음과 같은 활동에서 큰 전과를 내었다.

(1) 대적(對敵) 선전 공작

최전선에서 일본군에게 염전사상이 담긴 항복 권유 전단·표어·만화

26 박동환, 「조선의용대의 항일노선연구: 기관지 "朝鮮義勇隊(通訊)"을 중심으로」 참조.

등을 제작하여 살포해서 사기를 떨어뜨리고 전투 의욕을 약화시키는 심리전 공작을 전투 수행 중에 적진이나 적후방에 잠입하여 수행하였다. 특히 조선의용대의 선전공작은 무한(武漢) 전투, 악북(鄂北)·악서(鄂西) 전선(제2구대), 상북(湘北)·계남(桂南) 전선(제1구대)의 강남(江南) 전선에서 큰 성과를 내어 중국인들의 상찬 대상이 되었다.

(2) 대적(對敵) 선전 문건 등의 작성과 공급

일본어와 한국어로 소책자·전단·표어·통행증(중국군에 투항할 때 일본군 병사가 사용할 신변보호용) 등을 작성하여 제작해서 일본군과의 전투지역·최전선에 공급 살포하였다. 처음 2년간 만든 소책자가 5만여 권, 전단이 5만여 장, 표어가 40만여 개, 통행증이 1만여 장에 달하였다.[27]

(3) 중국군 심리전 요원 교육·훈련

조선의용대는 중국군 정치부와 협조하여 중국군 사병을 선발한 뒤 대적 선전대 훈련반 또는 단기 일본어 훈련반을 편성하여 교육해서 중국군 초급 대적 선전 요원을 양성하였다. 조선의용대가 2년간 양성한 초·중급 대적 선전 요원이 6만여 명에 달하였고, 교수 시간은 4천여 시간에 달하였다.[28]

---

27 ① 김영범, 「조선의용대 연구」.
② 韓志成, 「朝鮮義勇隊三年來工作的總結」, 『朝鮮義勇隊』 第40期, p. 78 참조.

28 ① 김영범, 「조선의용대 연구」.
② 樸(朴)孝三, 「兩年來本隊工作的總結」, 『朝鮮義勇隊』 第37期, p. 50 및 p. 55 참조.

(4) 일본군 포로의 심문 및 교도

일본어가 능통한 조선의용대 대원이 파견되어 중국군에 생포된 일본군 포로들을 심문하고, 포로들을 끈질기게 교도하여 귀순시켰다.

(5) 정보수집·분석활동

각 전구 사령부 및 예하 정치부에 배치된 조선의용대 대원들은 일본군의 무선통신, 방송, 중국군이 압수한 일본군 문건들을 번역하고 분석하여 항일전 작전에 유용한 정보를 수집·분석하였다. 조선의용대가 창설 후 2년간 중국군 제1전구와 제5전구 두 지역에서 유용한 정보를 번역한 문건의 양만도 95만여 자에 달하였다.[29]

(6) 조선 동포 흡수 활동

조선의용대는 최전선에서 심리전 활동 도중에 적진의 조선 동포 또는 중국군에서 인도받은 조선인 일본군 포로를 설득·교화시켜 2년 동안에 약 50여 명을 조선의용대 대원으로 편입시켰다.[30]

(7) 제1구대의 호남성 북부 전투

조선의용대 제1구대는 1939년 3월부터 5월까지 호남성 북부에서 벌

---

29 ① 김영범, 「조선의용대 연구」.
② 韓志成, 「朝鮮義勇隊三年來工作的總結」 참조.

30 ① 김영범, 「조선의용대 연구」.
② 韓志成, 「朝鮮義勇隊三年來工作的總結」.
③ 樸(朴)孝三, 「兩年來本隊工作的總結」 참조.

어진 수차례 전투에서 중국군과 함께 전투원으로 참가하여, 습격전에 14차례, 매복공격에 10차례 참전했고, 적 통신시설과 교량을 5-6차례 파괴하고, 중국군과 함께 적 탱크를 40-50차례 파괴하는 전과를 내었다. 특히 1939년 3월 23일 매복 공격전에서는 일본군 탱크 2량과 자동차 8량을 불태우고 일본군 30-40명을 사살하는 전과를 올렸다.[31]

(8) 제2구대의 악북(鄂北) 전투 등

조선의용대 제2구대는 중국군 제5전구에서 1939년부터 1940년 사이에 3차에 걸쳐 벌어진 악북 전투에 전투원으로 참가하였다.[32] 1940년 2월에는 하남성 북부의 신향(新鄕) 일대에서 일본군의 통신망과 철로 파괴공작을 감행하였다.[33]

(9) 제3구대의 건주가(乾州街) 습격전 등

조선의용대 제3구대는 1939년 12월 강서성 건주가의 일본군 습격전에도 중국군과 함께 참가하였고, 남창 부근 서산(西山)에서의 유격전에도 참가하였다. 1940년 2월 만산(萬山) 전투와 항주(杭州)성의 일본군 시설 파괴공작에도 참가하였다.[34]

---

31 「朝鮮義勇隊的工作, 對陣宣傳淤擊殺敵」, 『大公報』, 1939년 4월 13일 자; 추헌수 편, 『자료한국독립운동』 제3권, 1971, p. 44 참조.

32 韓志成, 「朝鮮義勇隊三年來工作的總結」, p. 78 참조.

33 「朝鮮義勇隊, 協助抗敵瘻秦膚功」, 『中央日報』, 1940년 2월 8일 자; 추헌수 편, 『자료한국독립운동』 제3권, pp. 45-46 참조.

34 ① 韓志成, 「朝鮮義勇隊三年來工作的總結」, p. 78.
② 樸(朴)孝三, 「兩年來本隊工作的總結」, p. 55 참조.

5) 조선의용대 화북지대의 성립과 활동

(1) 조선의용대 화북지대의 성립

조선의용대 대원들은 창설 2주년이 가까워 오자 매우 광대한 중국군 전구에 소집단으로 분산되어 중국군 지휘 아래 주로 심리전 공작만 하는 활동에 회의와 불만을 갖게 되었다. 왜냐하면 그들의 원래 목표는 전체 부대가 중무장하여 어느 한 지역 전선에서 항일전투를 전개하면서 대원을 초모한 뒤 강력한 대규모 군대가 되고서 결국은 동북을 거쳐 국내에 진입하는 것이었기 때문이다. 이 목표를 달성하기 위해서는 약 20만 명의 조선인이 있는 화북지방과 약 100만 명이 거주하는 동북(만주)지방으로 들어가서 대오를 거대화하여 일본군과 치열한 전투를 전개해야 하는데, 광범위한 중국군 전구에 분산되어 소총과 권총만 들고 중국군의 심리전만 돕다가는 조국해방의 독립전쟁을 기약하는 날이 너무 멀다고 생각한 것이었다. 이에 조선의용대는 1940년 11월 4일 중경의 본부에서 분대장까지 참석한 확대간부회의를 열고, 다음 사항을 결정하였다.[35]

① 조선 동포가 다수 거주하는 지역으로의 진출
② 대(隊)의 자체 무장화를 통한 항일무장대의 강화
③ 종래의 분산적 정치선전 공작으로부터 근거지 건립에 기반한 집중적 전투공작으로의 중점 변경
④ 중국군 지원활동은 선전간부 훈련에 치중

즉 조선 동포가 다수 거주하는 화북 또는 동북(만주)지역으로 진출하

---

35 ① 김영범, 「조선의용대 연구」 및 『혁명과 의열: 한국독립운동의 내면』, p. 235.
② 韓志成, 「朝鮮義勇隊三年來工作的總結」, p. 80.

여 근거지를 만들고, 자체 비용으로 조달한 무기로 중무장해서 항일전투 공작을 주로 하며, 종래의 중국군 지원 방식인 심리전 활동은 의용대 본부와 소수 대원이 중국군의 대일 선전간부를 '훈련'시켜 주는 일에 치중한다는 것이었다.

이에 조선의용대는 군대를 두 부분으로 나누게 되었다. 의용대 본부와 대원의 선택에 따라 일부 병력은 종래대로 중경과 중국군 전구에 그대로 남아 주로 심리전 참전을 주로 하고, 다른 부분은 구대(지대)별로 황하를 건너 화북지역으로 들어가서 중국국민당 정부군의 지휘를 받지 않는 독자적 조선의용대 독립군 전투부대가 되어 일본군과의 전투를 담당하게 된 것이었다.

조선의용대는 대원의 선택에 따라 4개 집단으로 나뉘어 1941년 봄·여름에 황하를 건너 화북지방에 도착하였다. 박효삼(朴孝三) 구대장 등 일부는 동삼성정진군 사령관 마점산(馬占山) 휘하로 들어가서 조선 동포 청년들을 초모할 계획으로 만주(동북 3성)까지 진출하려고 하였다. 그러나 화북지방을 사실상 통치하고 있던 팔로군(八路軍)의 간부장교 김무정(金武亭)이 조선의용대를 거쳐서 일찍 홍군 지역에 들어간 최창익(崔昌益) 등의 조선인 집단을 통하여, 황하를 건너온 조선의용대 대원들이 화북지방에서 활동하면 무기 등 각종 원조를 주겠다고 약속했으므로 대원들은 모두 화북지방에 주둔해 활동하기로 하였다.

이에 황하를 건너 화북지방으로 들어온 조선의용대 대원으로 1941년 7월에 '조선의용대 화북지대(華北支隊)'를 편성하고, 본부를 산서성 요현(遼縣) 동곡(銅谷)에 두었다. 처음 대원은 약 100명이었으며, 처음 편성은 다음과 같았다.[36]

---

36 김영범, 「조선의용대 연구」 및 『혁명과 의열: 한국독립운동의 내면』, p. 247.

조선의용대 화북지대(1941. 7.)

지대장: 박효삼(朴孝三)

부지대장: 이익세(李益世)

정치지도원: 김학무(金學武)

제1대

대장: 이익성(李益星)

정치지도원: 진한중(陳漢中)

제1분대장: 하진동(河振東)

제2분대장: 이지강(李志剛)

대원 18명

제2대

대장: 김세광(金世光)

정치지도원: 빙중천(馮中天)

제1분대장: 조열광(趙烈光)

제2분대장: 손일봉(孫一峰)

대원 19명

제3대

대장: 왕자인(王子仁)

정치지도원: 박무(朴茂)

제1분대장: 한경(韓慶)

제2분대장: 관건(關建)

대원 11명

유수대(留守隊)

대장: 여운길(呂運吉)

대원: 최창익·한빈·이달·양민산 등 22명

조선의용대 화북지대는 팔로군 지역에서 성립되었다 할지라도, 중경의 조선의용대 본부(대장 김원봉)의 명목상 지휘를 받으며 긴밀하게 연락하였다. 또한 무정·최창익 등이 조직한 '화북 조선청년 연합회(華北朝鮮青年聯合會)'와도 긴밀하게 연합하였다.

(2) 조선의용대 화북지대의 활동

① 적 후방 첩보공작과 대원 초모활동

조선의용군 화북지대는 일본군 후방에 4명 1조의 공작대원을 파견하여 일본군의 상태를 파악하고, 습격전과 매복전에 필요한 일본군 관련 정보수집활동을 전개하였다. 또한 조선 동포 거주지역에 대원을 파견하여 애국청년들을 초모해서 대원 확보에 노력하였다.

② 호가장(胡家莊) 전투

화북지대 제2대(대장 김세광)의 무장선전대 30명이 1941년 12월 26일 하북성 원씨현(元氏縣) 호가장(胡家莊)에서 민중대회를 끝내고 근거지로 돌아오려는 때에 일본군 약 500-800명의 삼면 포위 기습을 받았다. 제2대는 잘 무장되어 있었으므로 즉각 반격했고, 7시간 동안의 치열한 격전 끝에 일본군 약 100명을 사살하고 격퇴시켰으며 다수의 전리품을 노획하는 큰 승리를 전취하였다. 의용대의 피해는 분대장 손일봉 및 대원 3명의 전사와 대원 김학철의 피체, 대장 김세광의 부상에 그쳤다.

호가장 전투에서 조선의용대 화북지대 제2대 대원들이 수행한 참으로 영웅적이고 용감한 전투와 승리는 화북에 있던 중국공산당에게도 경외심을 주었고, 중국공산당은 모든 중국인들이 호가장 전투의 경과를 학습하도록 소학교 교과서에 실어서 교육하였다.[37]

조선의용대 화북지대의 호가장 전투는 중일전쟁 이후 중국 관내에서 조선독립군이 쟁취한 가장 큰 승전이었다.

---

37 ① 김영범, 『혁명과 의열: 한국독립운동의 내면』, pp. 250-251.
② 貞浩, 「光榮的 勝利和壯烈的犧牲」, 『朝鮮義勇隊』 第41期, 卷頭面, 1942.
③ 貞浩, 「朝鮮義勇隊, 迭在華北的殲敵」, 『大公報』, 1942년 2월 20일 자; 추헌수 편, 『자료한국독립운동』 제3권, p. 100.
④ 徐丙坤, 「胡家莊戰鬪」, 『新天地』, 1946년 3월호.
⑤ 金學鐵, 「아아, 胡家莊」, 『新天地』, 1946년 3월호 참조.

③ 읍성(邑城) 전투

읍성(邑城) 전투는 1942년 5월 조선의용군 화북지대 제3대가 대장 왕자인(王子仁)의 지휘 아래 읍성 동쪽의 마을에서 무장선전활동을 하고 있던 중 일본군과 편의대(便衣隊, 사복을 입은 일본군 및 중국인 친일 협조자) 60명의 기습공격을 받고 맞받아 싸운 전투였다. 일본군의 병력이 3배 정도밖에 많지 않았기 때문에 치열한 전투 끝에 일본군을 물리치는 데 성공했으며, 의용대의 피해는 경상 1명뿐이었다.[38]

④ 태행산맥 마전(馬田) 전투

중일전쟁 도중에 일본군 북지 방면 파견군은 40만 명의 병력 가운데서 2만 명을 떼어 내서 중국공산당 팔로군 본부를 섬멸할 목적으로 1942년 5월 팔로군 근거지인 태행산맥 마전(馬田)을 포위해 기습공격해 왔다. 당시 팔로군의 주력 전투부대들은 다른 최전선에 나가 전투 중이었고, 마전에는 비무장 단원이 많은 팔로군 본부와 조선의용대 화북지대 등 4,000-5,000명만이 병력이 주둔해 있다가 일본군이 10여 배의 압도적 병력으로 포위하고 공격해 왔으므로 팔로군 본부는 정면 대결할 수도 없었고 매우 큰 위험에 처해 있었다.

팔로군 본부는 용맹한 조선의용대에 요청하여 탈출로를 뚫기로 결정하고, 그 임무를 위탁하였다. 지대장 박효삼의 지휘 아래 조선의용대 화북지대는 마전 양측 산자락의 일본군을 향해 야간에 날카로운 기습공격을 가하여 그 사이에 탈출로를 뚫어서 포위당한 팔로군 수뇌부를 구출해 철수시키고 후위를 지켜 주었다. 이어서 조선의용대는 역포위작전으로 일본군을 공격하여 일본군에 큰 타격을 주었다.

팔로군 본부는 구해 내었지만, 조선의용대는 이 전투에서 윤세주(尹世

---

38 『朝鮮義勇軍華北支隊總決』, p. 21 및 염인호, 『조선의용군의 독립운동』, 나남, 2001, p. 133 참조.

冑)·김창화(金昌華)·호유백(胡維伯) 등 10여 명의 대원이 전사하는 손실을 입었다. 팔로군 측도 사령부 참모장 좌권(左權) 등이 전사하였다. 일본군 북지 파견군의 2만 명을 동원한 소위 '팔로군 본부 소탕전'은 조선의용대의 용감무쌍한 작전과 야습 공격으로 실패하였다.[39]

중공 당국이 중일전쟁 발발 60주년에 간행한 『국제우인과 항일전쟁(國際友人與抗日戰爭)』(1997)에서는 중국에 큰 도움을 준 외국인 우인으로서 조선의용군을 들면서 1942년 5월 "2만 명의 일본군이 팔로군 총부(總部)를 포위했을 때 조선의용군(대) 30여 명은 팽덕회(彭德懷)와 관련 인원의 철퇴를 엄호하였고, 조선 동지 진광화(陳光華, 김창화), 석정(石鼎, 윤세주) 등이 영용하게 희생되었다."[40]라고 하여 팔로군 총사령부가 최악의 위기에서 조선의용대의 항일엄호전으로 큰 도움과 구제를 받았음을 상찬하고 기록하였다.

조선의용대 화북지대는 중경에 있는 본부와 대원들이 1942년 5월 대한민국 임시정부의 한국광복군 제1지대로 통합되었다는 소식을 받은 후에, 1942년 8월 15일 '화북 조선독립동맹(朝鮮獨立同盟)'이 결성되고, 그 산하에 '조선의용군(朝鮮義勇軍)'을 두게 되자 이에 주력으로 참가하여 발전적으로 해소되었다.

---

39 徐丙坤, 「一九四二年五月反掃蕩戰」, 『新天地』, 1946년 3월호 참조.

40 張注洪, 『國際友人與抗日戰爭』, 北京燕山出版社, 1997, p. 16; 염인호, 『조선의용군의 독립운동』, p. 134 참조.

2. 임시정부의 독립군 간부 양성과 한국 청년전지공작대 및 한국광복군 창설

1) 임시정부의 중국 중앙육군군관학교 '한인특별반'과 군사간부 양성

상해 임시정부 한인애국단 단원 윤봉길의 상해 의거는 종래 한국 독립운동에 냉담하였던 중국국민당으로 하여금 정책을 급선회하여 한국 독립운동을 지원하는 정책을 채택하게 하였다. 이에 대한민국 임시정부 측의 박찬익(朴贊翊)과 중국국민당 측의 소정(蕭錚)이 한·중 협조를 위한 실무협의를 시작하였고, 마침내 1933년 봄에는 남경의 중국 중앙군관학교에서 비밀리에 김구·장개석 회담이 열리게 되었다. 이 자리에서 김구는 한국인의 독자적 항일투쟁 기반인 독립군 편성을 위한 재정적·물적(시설상) 지원을 요청하였고, 장개석은 이에 동의하여 측근 진과부(陳果夫)에게 지원 실행을 지시하였다.[41] 그 결과 성립된 것이 중국 중앙육군군관학교 낙양분교 안에 '한인특별반'을 설치하여 이에 입학하는 한국 청년들에게 '독립군 장교'의 사관교육과 훈련을 시킨다는 것이었다. 한인특별반은 일제 측의 추적을 피하기 위해 비밀리에 실행되었으며, 대외적으로 위장하기 위한 공식명칭은 중국 중앙육군군관학교 낙양분교 제2총대(總隊) 제4대대 육군군관훈련반(陸軍軍官訓練班)이었다.[42]

임시정부는 훈련교관 책임자로 만주 한국독립당의 '한국독립군(韓國獨立軍)' 사령관으로서 중국 항일구국군 등과 연합해서 항일무장투쟁을 하다가 중국군의 투항으로 고립되어 난관에 처해 있는 이청천(李青天)과 만주독립군 장교들을 초빙하였다. 이에 총교도관에 이청천, 교관에 오광선

---

41 金九, 『白凡逸志』(백범학술원 총서2), 나남, 2002, pp. 360-361 참조.

42 韓相禱, 「金九의 中國陸軍軍官學校 韓人特別班 운영과 청년투사 양성」, 『백범과 민족운동 연구』 제1집, 2003 참조.

(吳光鮮)·이범석(李範奭)·조경한(趙擎韓)·윤경천(尹敬天)·한헌(韓憲) 등이 선임되었다.

김구·이청천·김원봉 등 독립운동가들은 독립군 장교가 될 만한 18-35세의 청년들을 각지에서 모집하여 추천해서 학생으로 입교시켰다.[43] 1934년 2월 개교 때의 학생 수는 92명이었다. 교육기간은 중국 군관학교 학제처럼 3년을 예정했으나 독립군 창설의 시급성과 재정 사정으로 1년으로 단축해서 강훈련을 시키기로 하였다.

교육내용은 학과와 술과로 나누었다. 학과교육으로는 지형학·축성학·전술학·병기학·통신학·중병기학·정치학·각국 혁명사를 교육하였다. 술과교육은 기본적인 군사훈련과 함께 특히 각종 포와 기관총의 조작법을 가르쳤다. 군마 40필을 배치하여 기마훈련도 실시하였고, 체육·체조·무술·검술·야간연습·야영연습·보병조전·사격 등도 교육하였다. 학생들에게는 피복 등 군수품과 함께 매월 12원의 학비가 지급되었다. 이 가운데 식비 6원, 국민당 당비 2원 40전을 공제한 나머지가 실수령액이었다. 또 비밀유지와 일제의 간첩 침투 방지를 위해 학생들의 일상생활은 엄격히 통제되었다.[44]

한인특별반은 일반운영과 교육훈련이 엄격히 구분되었다. 일반운영은 김구가 고문 자격으로 안공근(安恭根)·안경근(安敬根)·노종균(盧鍾均)을 지휘하여 직접 관장하였고, 교육훈련은 이청천과 교관들이 직접 관장하였다.

그러나 한인특별반의 독립군 장교 양성은 일제 첩보기관에 탐지되어 일본 정부로부터 중국국민당 정부에 매우 강격한 항의와 압력이 가해졌다. 중국 측은 한인특별반을 해체하고자 했으므로, 김구는 학생들을 '중

---

43 김영범, 『한국 근대민족운동과 의열단』, pp. 333-334 참조.

44 ① 『思想彙報』 제7호(1936. 6.), p. 163.
② 國會圖書館 편, 『韓國民族運動史料: 중국편』, p. 840.
③ 金正明 편, 『朝鮮獨立運動』 제2권, p. 581 참조.

국 이름'을 갖도록 해서 남경의 중국 중앙육군군관학교 및 중국인 입교생 대대에 분산시켰다. 결국 생도 중 일부는 남경 중앙육군군관학교 제10·11기로 학업을 계속하거나 '한국특무대독립군'에 입대했고, 낙양분교의 한인특별반에서는 1935년 4월 9일 62명이 졸업하였다.[45] 이들은 그 후 관내 한국민족 독립운동와 독립군의 한 근간이 되었다.

2) '한국특무대독립군(韓國特務隊獨立軍)'의 조직

임시정부의 김구는 남경 중앙육군군관학교 제10·11기로 재학 중인 사관후보생들과 한인특별반 졸업생들로 1934년 12월 하순 남경에서 '한국특무대독립군(韓國特務隊獨立軍)'을 조직하였다. 이것은 독립군 중에서 정규전뿐만 아니라, 특공작전과 특무공작에도 종사할 수 있는 특수부대를 편성한 것이었다.

한국특무대독립군은 한인애국단을 직접 계승한 것으로서, 본부를 남경성 내 고강리(高崗里) 1호에 두었는바, 그 간부의 조직은 다음과 같았다.

대장: 김구(金九)
참모: 안공근(安恭根)
비서: 오면직(吳冕稙)
조사부장: 노종균(盧鍾均)
부원: 안경근(安敬根)
제1소대장: 왕종호(王鍾浩)
제2소대장: 이국화(李國華)
학생부원: 노태연(盧泰然)

---

45 한상도, 『韓國獨立運動과 中國軍官學校』, pp. 322-323 참조.

한국특무대독립군의 조직 목적은 다음과 같았다.

1. 본 조직은 '한국특무대독립군'이라 칭하고 군사적 무장 수양을 목적으로 한다.
2. 조직 목적 또는 수령의 명령을 배반하고 타 당파와 통교하여 자기 동지를 적에게 파는 경우에는 혁명 반역자로서 처단한다.
3. 우리는 한국 혁명을 위해 전원 무장하고 일본제국주의와 그 정책을 파괴하는 것을 목적으로 하고, 군사적 조직체로 완성시킨다.[46]

한국특무대독립군을 정탐한 내용을 담고 있는 일제 자료는, 대원들이 『도왜실기(屠倭實記)』를 구독하거나, 3·1운동 때 일제의 한국인 학살 사진과 태극기를 배경으로 촬영한 이봉창·윤봉길 의사 사진을 회람시키며 반만항일(反滿抗日)의 결의를 고취했다고 하였다.[47] 이로써 보면, 김구는 '한국특무대독립군'을 독립군의 정규전 활동은 물론이고 필요하면 이봉창·윤봉길 의거와 같은 특공작전도 담당하는 특수 독립군으로 조직했다고 볼 수 있다. 즉 김구는 '한인애국단'과 '한국특무대독립군'을 본질적으로 동일한 성격의 특수 독립군으로 편성한 것이었다. 한국특무대독립군에 가입한 대원으로서는 현재 29명이 밝혀져 있다.[48]

3) '학생훈련소'의 설치

김구는 1935년 2월 중국 남경에 '학생훈련소(學生訓練所)'라는 기관을 설치하였다. 이 기관은 '특무대예비훈련소(特務隊豫備訓練所)'라고도 불리

46 『思想彙報』 제7호(1936. 6.), p. 35 및 독립운동사편찬위원회 편, 『독립운동사』 제4권(임시정부사), 1971, p. 769.

47 朝鮮總督府警務局, 「金九一味, 動靜二關スル件」(1933-1935), 金正柱 편, 『朝鮮統治史料』 제8권, 韓国史料研究所, 1971, p. 503 참조.

48 韓相禱, 「金九의 中國陸軍軍官學校 韓人特別班 운영과 청년투사 양성」 참조.

었다.[49] 이 조직은 각지에서 모집해 온 애국청년들을 비밀리에 일정 기간 미리 교육·훈련시켜 남경의 중국 중앙육군군관학교와 한국특무대독립군에 입대시키기 위해 설치한 기관이었다.

1935년 10월경 학생훈련소에 입소한 대원은 약 30명이었는데, 그중 11명이 만주에서 입소를 권유받고 남경까지 찾아온 청년들이었다.[50] 이를 보면 김구는 독립군 군사간부 양성을 위해 만주 등지에도 특무대독립군 대원을 파견하여 애국 청년들을 모집한 것을 알 수 있다.

남경 학생훈련소의 초기 책임자는 노종균이었고, 김국의 장남 김인(金仁)과 하응무(賀應武)가 감독으로 일하면서 대원들의 일상생활을 지도하였다. 학생훈련소의 설치는 극비사항이어서, 한국특무대독립군 대원이기도 한 중앙육군군관학교 학도들의 출입도 금지되었으며, 학생훈련소 대원 역시 그들과의 내왕이 금지되었다. 그들에게는 엄격한 행동요령이 부과되고 애국교육이 실시되었다.

그럼에도 불구하고 학생훈련소가 일제 정탐에게 노출되자 김구는 1935년 6월 학생훈련소를 강소성 의흥현(宜興縣) 장저진(張渚鎭)의 용지산(龍池山) 기슭에 있는 징광사(澄光寺)로 옮기었다. 이 시기에는 책임자가 엄항섭(嚴恒燮)이었다.

징광사에서의 학생훈련소는 약 30명의 대원들에게 중국 중앙육군군관학교 입교에 필요한 소양교육뿐 아니라, 한국 독립혁명운동에 필요한 군사교육과 군사훈련도 실시했다. 교육은 오전 7시 기상으로 시작되어 오후 10시 취침으로 종료되었다.[51]

'학생훈련소'에 입대한 북간도 명동촌 출신 송몽규(宋夢奎)와 나사행

---

49 朝鮮總督府警務局, 「金九一味, 動靜二關スル件」(1933-1935), pp. 482-483 참조.

50 司法省刑事局, 『思想情勢視察報告集』 제2집, 1936, pp. 387-390 및 韓相禱, 「金九의 中國陸軍軍官學校 韓人特別班 운영과 청년투사 양성」 참조.

51 「愛國團, 狀況」(「軍官學校生徒募集二關スル件」 別紙); 韓相禱, 「金九의 中國陸軍軍官學校 韓人特別班 운영과 청년투사 양성」 참조.

(羅士行)의 기록이 남아 있어 이 조직의 실상을 알려준다. 1935년 7월 김구가 징광사를 방문하여 대원들을 격려했으며,[52] 문학적 재능이 있는 송몽규가 대원들의 잡지를 만들자 『신민(新民)』이라는 잡지 제호를 지어 주었다고 한다.[53]

징광사의 학생훈련소도 일제 정탐에게 노출되자, 김구는 다시 극비리에 학생훈련소를 1935년 10월 남경성 내 남기가(藍旗街) 8호로 옮기었다. 그러나 일제가 중국국민당 정부에 강력한 항의와 압력을 가했기 때문에, 국민당 정부의 거절로 김구는 학생훈련소 대원을 더 이상 남경 중앙육군군관학교에 입교시키지 못하게 되었다.[54]

이에 김구는 차선책으로 대원들을 중국기술학교 등에 입학시키기도 하고, '한국특무대독립군'에 바로 입대시켜 조선·만주·일본 등 각지에 특무활동을 하도록 파견하기도 했다. 일제 정보자료에 의하면, 김구는 1935년 9월 말부터 11월 중순 사이에 11차례에 걸쳐 19명의 대원을 상해·간도·국내에 파견했다고 하였다.[55]

4) '한국광복진선청년공작대(韓國光復陳線青年工作隊)'의 창설

일제가 1937년 7월 7일 중일전쟁을 도발하여 처음에 물밀듯이 진격해 오자, 대한민국 임시정부는 진강(鎭江)과 남경(南京)을 떠나 피난길에 올라서 장사(長沙), 광주(廣州), 유주(柳州), 기강(綦江) 등을 거쳐서 1940년 9월 중경(重慶)에 도착하였다. 이 피난 도중에 임시정부는 약화되어 민족

52 司法省刑事局, 『思想情勢視察報告集』 제2집, p. 228 및 韓相禱, 「金九의 中國陸軍軍官學校 韓人特別班 운영과 청년투사 양성」 참조.

53 宋友惠, 『尹東柱評傳』, 열음사, 1989, p. 132 참조.

54 司法省刑事局, 『思想情勢視察報告集』 제2집, p. 230 및 韓相禱, 「金九의 中國陸軍軍官學校 韓人特別班 운영과 청년투사 양성」 참조.

55 司法省刑事局, 『思想情勢視察報告集』 제2집, p. 274 및 韓相禱, 「金九의 中國陸軍軍官學校 韓人特別班 운영과 청년투사 양성」 참조.

혁명당과 같은 독립군 편성활동을 활발히 할 수 없었다.

1938년 10월 중국국민당 정부의 승인을 받고 한구(漢口)에서 '조선의용대'가 편성되고 1개월여 후, 1938년 11월 말 임시정부가 유주에 도착한 직후 임시정부를 따르던 청년들과 임시정부 요인의 자제들은 피란길 도중에도 항일군사활동의 필요성을 절감하고 독립군부대 창설을 추진하였다.

이에 1939년 2월 유주에서 '한국광복진선청년공작대(韓國光復陳線青年工作隊)'가 창설되었다. 대장은 고운기(高雲起)가 맡고, 대원은 33명의 남녀 청년들로 구성되었다. 대원의 대부분은 '한국광복운동단체연합회(韓國光復運動團體聯合會)'에 참가한 3개 당 당원의 자녀들과 임시정부가 육성한 낙양분교 한인특별반 졸업생들이었다.[56]

한국광복진선청년공작대는 무기가 없었으므로 무장은 하지 못하고, 주로 유주 부근의 중소도시와 중국인 촌락에 나아가 항일전의 전선공작을 전개하였다. 임시정부는 청년공작대 대장 고운기와 일부 대원들로 임시정부 '군사특파단'을 편성하여 서안(西安)에 파견하기도 하였다.

임시정부가 중경에 도착하자 한국광복진선청년공작대는 중국군에 복무하고 있던 나월환(羅月煥) 등을 맞아서 '한국청년전지공작대'를 창설하게 되어, 이에 참가해서 발전적으로 해소되었다.

5) '한국청년전지공작대(韓國青年戰地工作隊)'의 창설

대한민국 임시정부 일행이 중국의 임시수도 중경 부근에 도착하자, 이

56 ① 독립운동사편찬위원회 편, 『독립운동사』 제6권(독립군전투사 하), 1971.
② 조범래, 「한국독립당 연구(1929~1945)」, 『한국민족운동사연구』 제2집, 1988.
③ 한시준, 『한국광복군연구』, 일조각, 1993.
④ 오은나, 「한국광복진선청년공작대의 결성과 항일공연예술 활동」, 『한국 근현대사 연구』 제87집, 2018 참조.

전에 무정부주의 독립운동단체인 '남화한인청년연맹(南華韓人青年聯盟)'에서 활동하다가 중국군 장교로 근무하고 있던 나월환(羅月煥) 등이 임시정부 주석 김구를 찾아와서 군사조직을 만들어 전선에 나아가서 활동할 뜻을 피력하였다. 이에 1939년 11월 11일 중경에서 '남화한인청년연맹'의 단원들과 임시정부를 따라 중경에 도착한 '한국광복진선청년공작대'를 대원들의 자유 선택에 따라 통합해서 '한국청년전지공작대(韓國青年戰地工作隊)'를 새로 창설하였다.[57] 처음 대원은 약 30-40명이었다. 한국청년전지공작대의 간부는 다음과 같았다.

대장: 나월환(羅月煥)

부대장: 김동수(金東洙)

정치조장: 이하유(李何有)

군사조장: 박기성(朴基成)

선전조장: 이해평(李海平)

한국청년전지공작대는 나월환의 지휘 아래 서안(西安)으로 가서, 일본군 점령지역에 들어가 한국인 청년의 초모에 집중하였다. 1940년 5월에는 일본군 제36사단이 주둔하고 있는 심양(瀋陽)과 초주(焦州) 사이의 철도 연변에 김동수·이해평·김천성(金天成) 조를 투입해서 초모활동을 전개하여 약 60명의 한인 청년을 모집하는 데 성공하였다. 모집된 청년들은 서안에 설치한 '한국청년훈련반(韓國青年訓鍊班)'에서 군사훈련을 받은 다음 한국청년전지공작대의 대원으로 편입되었다. 그 결과 1940년 12월 말

57 ① 한시준, 『한국광복군연구』, pp. 68-72.
② 김영범, 「한국 청년전지공작대」, 『혁명과 의열: 한국독립운동의 내면』, pp. 286-288.
③ 한상도, 「나월환의 독립운동 역정과 피살 사건의 파장」, 『한국독립운동사연구』 제50집, 2015 참조.

한국청년전지공작대 창설 기념사진 (출처: 독립기념관)

한국청년전지공작대 대원은 100여 명에 달하게 되었다.

1940년 9월 17일 중경에서 대한민국 임시정부가 '한국광복군'을 창설하게 되자, 한국청년전지공작대는 서안에 주둔한 채 1941년 1월 1일 자로 한국광복군 '제5지대'로 편제되었다.

6) 임시정부의 중경 도착과 중경 '한국독립당'

임시정부는 1932년 윤봉길 상해 의거의 성과로 중국국민당 정부와 중국인들의 지원을 얻게 되었지만 일제의 추격으로 급히 상해를 떠나 가흥(嘉興)을 거쳐서 항주(杭州)에 이동했다가 다시 남경 부근의 진강(鎮江)으로 이동했다. 일본이 1937년 중일전쟁을 도발하여 남경으로 진격해 오자 임시정부는 피란길에 들어서서 진강을 떠나 장사(長沙), 광주(廣州), 유주(柳州), 기강(綦江)을 거쳐서 1940년 9월 중국국민당 정부가 전시 수도로 정한 중경(重慶)에 도착하여 자리를 잡았다.[58]

그동안 임시정부는 국무령을 수반으로 한 집단지도제를 택하여 조소앙(趙素昻)·김철(金澈) 등 국무위원들이 윤번제로 국무령을 맡으면서 피란길에 큰 활동을 하지 못하고 있었다. 특히 1935년 7월 의열단·상해 한국독립당·조선혁명당·신한독립당·대한독립당 등 5개 정당이 당을 해소하고 민족단일대당으로서 '민족혁명당'을 창립했을 때에는 임시정부의 받침 정당인 상해 한국독립당도 해소되고, 김규식·조소앙·양기탁·유동열·최동오 등 5명이 임시정부 국무위원직을 사임하여 민족혁명당에 참가했으므로 임시정부는 극히 약화되었다. 이뿐만 아니라 민족혁명당에서는 임시정부 해소론이 대두하고 있었다.

임시정부 해소론에 반대하여 임시정부 고수를 주장하면서 민족혁명당을 탈당한 송병조·차리석·조완구 등은 임시정부를 중시하여 민족단일대당 창립에 반대했던 김구와 연락하여 1935년 10월 궐석인 국무위원 50인을 선출해서 임시정부를 보완하고, 앞서 쓴 바와 같이 1935년 11월 김구를 중심으로 하여 한인애국단과 한국독립군 특무대를 기반으로 '한

---

58 ① 이현희, 『대한민국임시정부사』, 집문당, 1982.
② 조범래, 「한국독립당연구(1929~1945)」.
③ 한시준, 「'중경한국독립당'의 성립배경 및 과정」, 『삼균주의연구논집』 제12집, 1992.
④ 김희곤 외, 『대한민국임시정부의 좌우합작운동』, 한울, 1995.
⑤ 추헌수, 『한민족의 독립운동과 임시정부의 위상』, 연세대학교출판부, 1995.
⑥ 김희곤, 『중국관내 한국 독립운동단체 연구』, 지식산업사, 1995.
⑦ 노경채, 『한국 독립당 연구』, 신서원, 1996.
⑧ 한국근현대사학회 편, 『대한민국임시정부수립 80주년기념논문집』(상·하), 국가보훈처, 1999.
⑨ 이연복, 『대한민국 임시정부 30년사』, 국학자료원, 1999.
⑩ 황묘희, 『중경 대한민국임시정부사』, 경인문화사, 2002.
⑪ 조범래, 「"중경" 한국독립당의 결성과 활동에 대하여」, 『충북사학』 제25집, 2010.
⑫ 한시준, 「대한민국 임시정부와 민주주의」, 『사학지』 제59집, 2019.
⑬ 한상도, 「독립운동기 중국사회의 대한민국임시정부 인식과 평가」, 『한국독립운동사연구』 제69집, 2020 참조.

국국민당(韓國國民黨)'을 창당하였다. 이 무렵 민족혁명당에 참가했다가 탈당한 조소앙·홍진 등은 1935년 9월 상해 한국독립당을 재건하였다. 뒤이어 민족혁명당을 탈당한 이청천 등은 1937년 4월 '조선혁명당(朝鮮革命黨)'을 창립하였다. 일제가 1937년 7월 7일 중일전쟁을 도발한 직후 한국국민당(이사장 김구), 재건 한국독립당(이사장 조소앙), 조선혁명당(이사장 이청천)과 미주의 대한인국민회, 동지회, 대한인애국당 등이 연합하여 1937년 8월 남경에서 '한국광복운동단체연합회(韓國光復運動團體聯合會)'를 결성하였다.

이에 중국 관내 독립운동은 1937년 8월 민족주의 우파 연합인 '한국광복운동단체연합회(별칭 韓國光復陣線, 대표 김구)'와 민족주의 좌파 연합인 '조선민족전선연맹(대표 김원봉)'으로 양분되어 각각 뭉치게 되었다. 양측을 모두 후원하던 장개석의 권고도 있고 해서 김구와 김원봉은 1939년 8월 27일 '7당 통일회의'를 개최하였다. 양측은 조소앙의 삼균주의(三均主義)에 입각한 독립혁명과 민주국가 건설에 합의하였다. 그러나 통일 방식을 두고 양측 극단주의자들 사이의 통일방식의 의견차이로 통합에 성공하지 못하였다.

이에 민족주의 우파 정당인 한국국민당, 재건 한국독립당, 조선혁명당은 1940년 5월 9일 통합하여 중경 '한국독립당'을 창당하고, 김구를 이사장으로 선출했으며, 이당치국(以黨治國)의 원칙으로 대한민국 임시정부를 지도하도록 하였다. 김구는 한편으로는 광복군 창군을 준비하면서, 다른 한편으로는 제4차 개헌을 하여 종래 임시정부의 집단지도 국무령제를 단일지도 주석제(主席制)로 바꾸었다. 임시정부 의정원은 김구를 주석으로 선출하였고, 1940년 9월부터 대한민국 임시정부는 중경에서 본격적 활동을 전개하게 되었다.

7) 한국광복군의 창설

(1) '한국광복군총사령부(韓國光復軍總司令部)'의 성립

임시정부는 1932년 이후 각지를 전전하다가 1940년 중경(重慶)에 정착하게 되자, 그동안 추구해 오던 임시정부 직속 독립군 창건 사업을 시작하여 1940년 9월 17일 '한국광복군(韓國光復軍, 약칭 광복군)'을 창군하게 되었다. 원래 1940년 5월 민족주의 계통의 3대 정당인 한국국민당·재건 한국독립당·조선혁명당이 합당하여 임시정부의 주체세력 겸 여당으로서 새로운 중경 한국독립당(韓國獨立黨)을 창당할 때에는 광복군을 당군(黨軍)으로서 창군할 계획이었다. 그러나 그 후 대한민국 임시정부를 명실상부한 '임시정부'로 확대 개편·강화하고 민족주의 좌파 독립운동 정당·단체도 포용하여 연립정부로서의 임시정부로 발전시켜 건국을 준비해야 할 필요성을 절감함에 따라, 대한민국 건국강령(大韓民國建國綱領)을 준비

한국광복군총사령부 성립 기념사진 (출처: 독립기념관)

함과 동시에 광복군도 대한민국 임시정부의 '국군(國軍)'이 될 것을 표방하면서 광복군의 성격이 바뀌게 되었다.

광복군은 먼저 위로부터 조직을 시작하여 1940년 9월 17일 중경에서 '한국광복군총사령부(韓國光復軍總司令部, The Headquarters of Korean Independence Army)'를 설치함으로써 성립되었다. 이날 임시정부 국무위원들과 중국 측 요인들이 참석한 가운데에서 성립 예전을 거행함과 동시에 편성된 한국광복군총사령부의 부서와 구성원은 다음과 같았다.[59]

총사령: 이청천(李青天, 본명 池大亨)

참모장: 이범석(李範奭)

참모: 이복원(李復源), 김학규(金學奎), 고운기(高雲起, 본명 公震遠),
유해준(兪海濬), 이준식(李俊植)

부관장: 황학수(黃學秀)

부관: 조시원(趙時元)

주계장: 안훈(安勳, 본명 趙擎韓)

주계: 이달수(李達洙, 본명 池達洙), 왕중량(王仲良, 본명 羅泰燮),
민영구(閔泳玖), 김의한(金毅漢)

임시정부는 광복군총사령부의 성립 직후에 그동안 준비하던 제4차 개헌을 단행하였고 임시의정원은 5장 42조로 된 임시약헌을 제정 공포하였다. 종래의 국무령제를 폐지하고 '주석제'와 국무위원제를 채택하여 김구를 주석에 선출하고, 국무위원으로 이시영(李始榮)·조성환(曺成煥)·조완구(趙琬九)·조소앙(趙素昂)·홍진(洪震)·이청천(李青天)·차리석(車利錫)·유동열(柳東說) 등을 선출하였다. 이것은 백범 김구의 리더십을 확립하여 임시정

---

59 ① 한시준, 『한국광복군연구』.
② 염인호, 「중일전쟁기 한국광복군 창설에 관한 일 연구」, 『한국독립운동사연구』 제76집, 2021.

부를 개편한 것이었다. 임시정부는 주석제 개편이 이루어지자 바로 뒤이어 1940년 11월 1일 '대한민국임시정부 임시통수부관제(臨時統帥府官制)'를 제정, 공포하고 '통수부(統帥府, 일명 大元帥府)'를 설치하였다. 통수부의 구성은 다음과 같았다.[60]

주석: (임시정부 주석) 김구(金九)
막료: (참모총장) 유동열(柳東說)
(군무부장) 조성환(曺成煥)
(내무부장) 조완구(趙琬九)

이 통수부의 조직에 의하여 임시정부 주석 김구는 광복군의 최고통수권자가 되고 김구(임시정부 주석)-이청천(광복군 총사령관)으로 이어지는 지휘·명령체계가 확립되었으며, 한국광복군은 대한민국 임시정부의 직할 국군으로서의 편제가 확립된 것이었다.

또한 광복군총사령부는 중국군의 제도를 참조하여 '광복군총사령부 조직조례'를 제정하고 총사령부에 ① 비서처, ② 참모처, ③ 부관처, ④ 정훈처, ⑤ 관리처, ⑥ 편련처(編練處), ⑦ 포공병처(砲工兵處), ⑧ 경리처, ⑨ 군법처, ⑩ 위생처의 10개 부서를 두었으며, 다음과 같이 총사령부의 간부진을 개편하였다.[61]

총사령: 이청천(李青天, 본명 池大亨)
참모장: 이범석(李範奭)
총무처장: 최창석(崔滄石, 본명 崔用德)
참모처장: 채형세(蔡衡世, 본명 蔡元凱)

---

60 『大韓民國臨時政府公報』(1940. 10. 9.); 독립운동사편찬위원회 편, 『독립운동사』 제6권(독립군전투사 하), p. 199 참조.

61 독립운동사편찬위원회 편, 『독립운동사』 제6권(독립군전투사 하), pp. 200-201.

부관처장: 황학수(黃學秀)

경리처장: 안훈(安勳, 본명 趙擎韓)

정훈처장: 안훈(겸임)

편련처장: 송호(宋虎, 본명 宋虎聲)

군의(위생)처장: 유진동(劉振東)

이어서 광복군총사령부는 우선 시급한 당면전략으로서 다음과 같은 4개 항을 채택하였다.[62]

① 군의 경비 및 기재 장비는 외국 원조로 충당한다.

② 대량으로 군사간부를 단기 훈련으로 양성하는 한편, 국내·만주·남북중국에 전원을 파견하여 동포 사병을 초모 훈련한다.

③ 군 창립 1개년 후에는 최소한 3개 사단을 편성하여 중·미·영 등 연합군에 교전 단체로 참가하여 전투를 전개한다.

④ 선전전을 실시하여 밖으로 종전의 투쟁역사와 현재의 분투 상황을 소개하는 동시에 우리 민족의 독립 자격이 충분함을 천명 선양하며, 안으로는 적 후방의 동포를 고무·격동하여 총궐기하게 해서 폭동을 일으킬 것과 군사행동에 향응 협력하도록 촉진한다.

(2) 한국광복군의 편제

여기서 주목할 것은 광복군총사령부가 원래 중국의 재정·무기 등의 원조를 받아 1년 내에 3개 사단을 편성하려 계획했다는 사실이다. 광복군이 처음 3개 지대를 편성한 것은 각각의 지대를 사단으로 발전시킬 것을 전제로 한 것이었다고 볼 수 있다. 광복군을 3개 사단의 규모로 편성·

---

62 愛國同志援護會 編, 『韓國獨立運動史』, 1956, p. 358.

강화하는 것은 동포들이 거주하지 않고 전선이 멀리 떨어진 곳인 중경에서는 불가능하므로, 임시정부 국무회의는 광복군총사령부를 서안(西安)으로 이전할 것을 결정하였다. 이에 중경에는 총사령 이청천과 참모장 이범석 외에 필요한 간부 수 명만을 남기고 1940년 11월 광복군총사령부를 전선에 가까운 요지인 서안으로 옮긴 다음 총사령부의 잠정부서를 다음과 같이 정하였다.[63]

총사령 대리: 황학수(黃學秀)
참모장 대리: 김학규(金學奎)
총무처장 대리: 안훈(安勳, 본명 趙擎韓)
참모처장 대리: 김학규(金學奎)
부관처장 대리: 조시원(趙時元)
참모: 고운기(高雲起), 이복원(李復源)
경리: 민영구(閔泳玖), 지달수(池達洙)
기타 간부: 전태산(全泰山), 조인제(趙仁濟), 이건우(李建祐), 유해준(兪海濬), 이준식(李俊植), 나태섭(羅泰燮), 김광(金光, 일명 高永喜), 고일명(高一鳴), 노복선(盧福善), 오광심(吳光心), 이복영(李復榮), 조순제(趙順濟)

서안의 광복군총사령부는 임시정부가 전년에 파견했던 군사특파단을 해체하여 총사령부에 통합한 후, 다음과 같이 3개 지대를 편성하고 그 근거지와 활동구역을 분담시켰다.[64]

63 독립운동사편찬위원회 편, 『독립운동사』 제6권(독립군전투사 하), pp. 205-206.
64 愛國同志援護會 編, 『韓國獨立運動史』, p. 357.

제1지대

지대장: 이준식(李俊植)

간부: 노태준(盧泰俊)·안춘생(安椿生)·노복선(盧福善)·이석화(李錫華)·김자동(金紫東)·이건우(李建祐)

근거지: 산동성(山東省) 대동(大同)

활동구역: 산서성(山西省) 및 하남성(河南省)

제2지대

지대장: 고운기(高雲起, 본명 公震遠)

간부: 나태섭(羅泰燮, 일명 王仲良)·고시복(高時福, 일명 高一鳴)·이달수(李達洙)·유해준(兪海濬)

근거지: 수원성(綏遠省) 포두(包頭)

활동구역: 찰합아성(察哈兒省) 및 하북성(河北省)

제3지대

지대장: 김학규(金學奎)

간부: 오광심(吳光心)·신송식(申松植, 일명 陳敬誠)·신규섭(申奎燮)·김광산(金光山)·오영희(吳英姬)·이복영(李復榮)

근거지: 안휘성(安徽省) 부양(阜陽)

활동구역: 안휘성(安徽省)·강소성(江蘇省)·산동성(山東省) 일부

서안의 광복군총사령부가 처음 획득한 큰 성과 중 하나는 1939년 4월부터 중국군 제1전구 사령 호종남(胡宗南)과 합작하여 서안에서 맹활약을 하여 대원을 100여 명 확보하고 있던 나월환(羅月煥) 지휘하의 '한국청년전지공작대(韓國青年戰地工作隊)'를 광복군으로 흡수해서 제5지대를 편성한 사실이었다.

제5지대

지대장: 나월환(羅月煥)

간부: 김동수(金東洙)·박기성(朴基成)·이하유(李何有)·한유한(韓悠韓, 본명 韓亨錫)·이해평(李海平)·김부성(金夫成)·김용주(金容珠)

근거지: 섬서성(陝西省) 서안(西安)

활동구역: 섬서성(陝西省)·하북성(河北省)·낙양(洛陽)·정주(鄭州)

임시정부는 또한 초모사업을 강화하기 위하여 제1지대장 이준식(李俊植)을 제1징모분처 주임으로, 제2지대장 고운기(高雲起)를 제2징모분처 주임으로, 김문호(金文鎬)를 제3징모분처 주임으로, 제5지대장 나월환(羅月煥)을 제5징모분처 주임으로 임명하여 사병의 초모를 독려하였다.

임시정부 주석 김구와 광복군 사령관 이청천 (출처: 독립기념관)

광복군 각 지대 대원들은 자기의 활동구역에서 ① 사병의 초모사업, ② 선전공작과 적 정보수집, ③ 반정(反正)공작 및 유격전 등을 맹렬히 전개했으나, 제5지대를 제외하고는 약간의 성과밖에 낼 수 없었다. 따라서 처음 1년 안에 3개 사단 병력의 초모를 하려던 계획은 처음부터 실현될 수 없었다. 그 근본 이유는 ① 중국 측이나 임시정부에서 공작비용이 거의 공급되지 않았고, ② 중국군의 협조가 전연 없었기 때문이었다. 심지어 중국 군사위원회로부터는 한때 각 전선에서 공작하고 있는 한국광복군을 지원해 주지 말라는 지령이 각 전구의 사령관에게 시달되었다. 이로 인하여 광복군은 각 전구 책임자들로부터 냉담한 대우까지 받게 되었다.[65] 광복군이 중국 영토 내에서 군사활동을 하는 한 중국 측의 협조 정도가 그 발전에 매우 큰 결정적 요인으로 작용했던 것이다. 그러나 각 지대의 활동 결과로 광복군은 총사령부 창설 후 약 200명의 병사를 가진 군대로 확립되었다.

(3) 한국광복군과 9개 항 행동준승(行動準繩)

광복군 발전의 제2단계는 광복군이 중국 측의 재정 원조를 얻기 위하여 '한국광복군 9개 항 행동준승(行動準繩)'을 승인하고 그 질곡하에서도 군대를 발전시키려고 투쟁한 단계이다.

한국광복군총사령부가 성립하기 이전에 임시정부 주석 김구와 중화민국 총통 장개석 사이에 사전 양해와 협조 약속이 있었음에도 불구하고, 중국 군사위원회는 오래도록 광복군 지원방안을 제시하지도 않았을 뿐 아니라 광복군이 창군되어 전선에서 활동을 전개하는 도중에 이를 금지하도록 하라는 지시를 내려 광복군의 활동을 저해하기도 하였다. 광복군은 1941년 9월부터 활동의 성과로 일선 지구에서 입대하는 병사가 급증하는데도, 겨울을 앞두고 무기는커녕 피복과 식량의 공급도 안 되었으므로 매우 초조해했다. 이에 임시정부와 광복군 대표들이 중국국민당과 군사 당국에 극적 교섭을 하였다.[66]

중국 측은 광복군총사령부가 성립한 지 1년 2개월이 경과한 1941년 11월 15일에야 중국 군사위원회 판공청(辦公廳)이 지원조건으로 광복군 행동에 대한 다음과 같은 문제의 9개 항 준승(準繩)을 통고해 왔다.

---

65 독립운동사편찬위원회 편, 『독립운동사』 제6권(독립군전투사 하), p. 218 참조.

66 손염홍, 「한국광복군의 자주권 확보와 한중교섭」, 『한국 근현대사 연구』 제95집, 2020 참조.

① 한국광복군은 중국의 항일작전 중에 있어서는 중국 군사위원회에 직속하고 참모총장에 의하여 장악 운용된다.

② 한국광복군이 중국 군사위원회의 총괄 지휘를 받아 중국에서 항전을 계속하는 기간 및 한국독립당 임시정부가 한국 경내(境內)로 진행하기 전에는 어떤 다른 정치적 견제를 접수할 수 없다. 한국독립당 임시정부와의 관계는 중국군령을 받은 기간 내에는 고유의 명의관계를 보류한다.

③ 중국 군사위원회에서 한국광복군이 한국 내지 및 한국 변경 접근지역을 향하여 활동함을 원조하되 중국항전공작을 배합함을 원칙으로 하며, 한국 경내로 진입하기 전에는 한인(韓人)이 흡수할 수 있는 지방을 활동구역으로 삼는다. 군대의 편성기간 중에는 특별히 중국 전구(戰區) 제일선 부근에서 조직 훈련하되 당지 최고군사장관의 절제(節制)를 받아야 한다.

④ 전구 제일선 이후 지구에서는 전구장관(戰區長官) 소재지 및 중국 군사위원회 소재지에서만 연락·통신기관을 설립하되 부대를 초모 편성하여 임의로 두류(逗留)하거나 혹은 기타 활동을 할 수 없다.

⑤ 해군(該軍, 광복군) 총사령부 소재지는 중국 군사위원회에서 지정한다.

⑥ 해군은 함락구(陷落區) 및 전구 후방에서를 물론하고 중국 국적의 사병을 초모 수합하거나 임의로 행정관리를 설치할 수 없고, 화문(華文)의 문화공작이나 기술인원을 사용하려고 하는 경우에는 이를 군사위원회에서 파견한다.

⑦ 해군의 지휘 명령에 관한 것이나 문서와 무기의 청구 수령 등에 관한 것은 중국 군사위원회에서 판공청(辦公廳) 군사처(軍事處)에 지정하여 책임지고 연락 제공한다.

⑧ 중일전쟁이 종결되기 전에 한국독립당 임시정부가 이미 한국 경내에 진입하였을 때는 해군과 임시정부의 관계는 따로이 명령규정을 의정(議定)하되 종전대로 중국 군사위원회의 군령을 계속 접수하여 작전에 주력한다.

⑨ 중일전쟁이 종결되었을 때에도 임시정부가 한국 경내에 진입하지 못하였을 경우 광복군을 그 후 어떻게 운용할 것인가는 중국 군사위원회의 일관된 정

책에 의하여 당시의 정황을 보아서 책임지고 처리한다.[67]

위의 '광복군 9개 항 행동준승'은 그 내용에서 드러나는 바와 같이 중국 측이 광복군을 지원하기 위한 규정이라기보다는 오히려 재정 지원을 미끼로 하여 광복군의 행동을 속박하고 통수권을 빼앗아 가기 위한 규정의 성격을 가진 것이었다. 중국 영토 내의 항일전에서 한국광복군이 중국 군사위원회 소속 중국군 참모총장의 전체 작전범위에 연합하여 그 틀 내에서 항전을 한다는 것은 있을 수 있는 일이었지만, 그 통수권을 완전히 박탈해 가고 활동범위를 극도로 제한한 것은 매우 불공평한 처사였다.

'9개 항 행동준승'의 문제점은 다음과 같았다.

첫째, 광복군이 중국최고통수부(中國最高統帥部)의 군령(軍令)만을 접수하고 다른 군사령이나 정치적 견제를 접수할 수 없다고 한 제2항은 임시정부와 광복군의 관계를 명의로만 남기고서는, 광복군을 의도적으로 임시정부로부터 떼어 내어 통수권을 완전히 빼앗아서 중국 군사위원회에 예속시킨 조치였다.

둘째, 중국군 전구장관 소재지 및 중국 군사위원회 소재지에만 광복군의 통신·연락기관을 설립할 수 있고, 광복군이 임의로 부대를 초모 편성하고 주둔하거나 기타 활동을 할 수 없게 한 제4항은 광복군의 활동과 발전을 처음부터 제한 속박해 버린 것이었다.

셋째, 제6항을 설정하여 참모장·정훈처장·경리처장 등 처장들에까지 중국군 장교들을 임명 배치한 것은 광복군의 작전부문뿐 아니라 행정부문까지 중국군이 장악하려 한 것이었다.

넷째, 중일전쟁이 종결되기 전에 광복군이 한국 영토 안에 진입한 경우에도 광복군이 임시정부의 명령을 받은 것이 아니라 중국 군사위원회의 군령만을 접수하도록 한 제8항이나, 중일전쟁이 종결되었을 때에도

67 國史編纂委員會 編, 『韓國獨立運動史 資料1』(臨政篇1), 史編纂委員會, 1970, p. 452.

광복군이 한국 영토 내에 진입하지 못한 경우에는 광복군의 운용을 임시정부가 아니라 중국 군사위원회가 처리하도록 규정한 제9항은 광복군을 임시정부의 군대가 아니라 중국 군사위원회에 예속된 군대로서 다른 매우 침해적이고 굴욕적인 조항이었다.

당시 대한민국 임시정부와 광복군은 군대를 편성해 놓고도 중국 측의 재정 지원이 없으면 활동은커녕 생계도 어려운 형편이었다. 그러므로 갑론을박의 격론 끝에 결국 이 굴욕적 9개 항 준승이라도 받아들여 난관을 타개할 수밖에 없다고 결론짓고, 1941년 10월 19일 대한민국 임시정부 국무회의는 '한국광복군 9개 항 행동준승'을 승인하게 되었다.

그러나 중국 측이 강요한 이 '한국광복군 9개 항 행동준승'은 그 후 한국광복군의 발전에 가장 큰 질곡이 되어 광복군이 계획대로 발전하지 못하게 저해한 가장 큰 요인이 되었다.

(4) 한국광복군 공약과 한국광복군 서약문

그 후 중국 군사위원회는 중국군 장교들을 광복군총사령부에 대거 파견하여 광복군의 활동을 일일이 간섭하고 규제하였다. 그러나 임시정부와 광복군은 이에 절망하지 아니하고, 9개 항 행동준승을 언젠가는 수정 또는 폐기할 것을 다짐하면서 대한민국 임시정부의 직할 군대로서 한국광복군의 발전을 꾸준히 추구하였다. 그 단적인 것이 9개 항 행동준승 승인 직후 1941년 11월 25일 임시정부 국무회의에서 의결된 '한국광복군 공약(韓國光復軍公約)'과 '서약문'이다.

한국광복군 공약

제1조 무장적 행동으로써 적의 침탈세력을 박멸하려는 한국 남녀는 그 주의사상의 여하를 막론하고 한국광복군의 군인될 의무와 권리가 유함.

제2조 한국광복군의 군인 된 자는 대한민국 건국강령과 한국광복군 지휘정신

에 위반되는 주위를 군내외에 선전하고 조직함을 부득함.

제3조 대한민국 건국강령과 한국광복군 지휘정신에 부합되는 당의(黨義), 당강(黨綱), 당책(黨策)을 가진 당은 군내에 선전하고 조직함을 득함.

제4조 한국광복군의 정신과 행동을 통일하기 위하여 군내에 1종 이상의 정치조직을 치(置)함을 불허함.

한국광복군 서약문

본인은 적성(赤誠)으로써 좌례각항을 준수하옵고 만일 배서(背誓)하는 행위가 유하면 군의 엄중한 처분을 감수할 것을 자에 선서하나이다.

1. 조국 광복을 위하여 헌신하고 일체를 희생하겠음.
2. 대한민국 건국강령을 절실히 추행(推行)하겠음.
3. 임시정부를 적극 옹호하고 법령을 절대 준수하겠음.
4. 광복군 공약과 기율을 엄수하고 상관 명령에 절대복종하겠음.
5. 건국강령과 지도정신에 위배되는 선전이나 정치조직을 군내외에서 행치 않겠음.[68]

위의 두 개 문건은 내부적으로 ① 한국광복군을 임시정부의 국군으로서 발전시키고, ② 대한민국 건국강령을 이념으로 한 독립군으로 편성하며, ③ 한국독립당의 조직을 군내에 심은 민족주의 독립군으로 발전시키려는 임시정부의 확고한 결의를 보인 것이었다.

임시정부와 광복군은 9개 항 행동준승의 제약하에서 광복군총사령부잠행조직조례(暫行組織條例)를 제정하여 잠행편제(暫行編制)로 중국군 장교들을 대폭 받아들였다. 이렇듯 임시정부는 중국군의 심한 간섭을 받는 중에서도 꾸준히 활동을 강화해서 그동안 제정하여 심의해 오던 '대한민국 건국강령'을 의정원에서 통과시키고 1941년 11월 25일 이를 정식으로

68 國史編纂委員會 編, 『韓國獨立運動史 資料1』(臨政篇1), pp. 456-457.

공포하였다. 이 건국강령은 조소앙의 삼균주의(三均主義)를 채택하여 정치·경제·교육의 균등을 골간으로 한 건국의 정치이념을 정립했다. 이와 동시에 특히 경제 평등의 부문에서 민주사회주의 이념을 일부 수용하여 민족주의 좌파 계통과의 연합전선 형성의 기초를 마련하고, 독립전쟁에 의거한 복국(復國)의 3단계 전략을 정립했다는 점에서 획기적인 것이었다. 이에 기초하여 민족주의 좌파 계통의 독립운동단체인 '조선민족해방동맹(朝鮮民族解放同盟)'이 1941년 12월 1일 대한민국 임시정부에 대한 옹호 선언을 발표하고 임시정부에의 참가를 공포하였다.

임시정부는 일제가 1941년 12월 8일 하와이 진주만을 기습하여 태평양전쟁을 도발하면서 제2차 세계대전이 전 세계로 확전되자 이틀날인 12월 10일 '대(對)일본 선전포고'를 다시 발표하였다.[69] 이것은 상당한 정치적 의미를 가진 것이었다. 이에 중국국민당 정부는 12월 26일부터 한국광복군에 대한 재정 원조를 시작하였다.

광복군은 활동을 강화하기 위하여 우선 1942년 2월 제6징모분처를 편성하고 제6분처 주임에 김학규(金學奎)를 임명하여 적지 안에 있는 부양(阜陽)에 특파단을 인솔케 하여 파견해서 적 후방에서 초모사업과 선전공작을 전개하도록 하였다.[70] 또한 임시정부는 중국·미국·영국·소련 등에 대한민국 임시정부의 승인을 요구하면서 정부 안에 외교연구위원회를 설치하여 외교활동의 강화를 추구했으며, 건국강령을 기초로 민족주의 좌파 계통 독립운동단체의 임시정부 참가를 추진하였다.

---

69 중국도 1937년 이래 5년간 선전포고 없는 중일전쟁을 수행하다가 이날에야 정식으로 대(對)일본 선전포고를 하였다.

70 ① 조건, 「일제 말기 한인 학병들의 중국지역 일본군 부대 탈출과 항일투쟁」, 『한국독립운동사연구』 제56집, 2016.
② 황선익, 「한국광복군의 병력 증강과 편제 개편」, 『한국 근현대사 연구』 제95집, 2020 참조.

제14장(연속 제35장)

대한민국 임시정부의 '연합정부'로의 개편과 활동

1. '대한민국 건국강령'의 공포와 대(對)일본 선전포고

1) '대한민국 건국강령'의 제정 공포

대한민국 임시정부는 제2차 세계대전에 독일·이탈리아와 동맹한 일본 제국주의의 패망을 내다보고, 1941년 10월 26일부터 4차에 걸친 의정원(국회)의 심의 후, 1941년 11월 28일 '대한민국 건국강령'을 제정 공포하였다.

임시정부가 이때 '대한민국 건국강령'을 공포한 내적 동기는 크게 두 가지였다고 해석된다. 하나는 우파 민족주의 독립운동 세력으로만 구성된 대한민국 임시정부에 민족주의 좌파 세력과 무정부주의 세력 등 모든 독립운동 세력을 자발적으로 참여시키는 원칙을 제정 공포한 것이었다. 다른 하나는 일제 패망과 광복 후 국내에서 즉각 이루어질 대한민국 건국의 기본 원칙을 강령으로 미리 제정 공포하여 분열을 사전에 방지하고 민족 대단결을 성취하려는 것이었다.

대한민국 건국강령은 임시정부 외교부장 조소앙의 '삼균주의(三均主義)' 원칙을 임시정부가 채택하여 심의·수정한 것이었다. 대한민국 건국강령의 요점은 건국과정을 '광복기(光復期)'와 '건국기(建國期)'로 나누고, 다시 이를 각각 3단계로 나누어 정치·경제·교육의 균등한 민주주의 체제로 건국할 것을 강령적으로 선언한 것이었다.[1]

광복기

① 복국의 제1기: 대한민국 임시정부를 수립하여 주로 국외에서 일제와의 독립 혈전을 전개하는 시기.

② 복국의 제2기: 일부 국토를 회복하고 당(黨)·정(政)·군(軍)의 기구가 국내로 옮기어 국제적 지위를 본질적으로 획득하기 위한 조건을 충족하고 성숙하는 시기.

③ 복국의 제3기: 일제의 세력에 포위된 국토와 포로된 국민과 침점(侵占)된 정치·경제와 말살된 교육·문화 등을 완전히 탈환하고 평등 지위와 자유의지로써 각국 정부와 조약을 체결하는 복국의 완성기.

이 강령은 또한 복국기의 특징으로서 ① 복국기의 국가 주권은 '광복운동자 전체가 대표'하고, ② 광복군이 연합군과 항일 동맹의 구체적 행동을 전개하는 것을 들었다.[2]

한편, 건국기의 특징은 아래와 같다.

건국기

① 건국의 제1기: 국내에서 일제의 모든 통치기구를 완전히 박멸하고 중앙정부와 중앙의회의 정식 활동으로 주권을 행사하여 선거와 입법과 임관과 군사·

---

1 「大韓民國建國綱領」, 國史編纂委員會 編, 『韓國獨立運動史 資料1』(臨政篇1), 國史編纂委員會, 1970, pp. 360-365.

2 愼鏞廈, ① 「韓國分斷의 原因과 解放전후 韓國人의 역사의식: 統一獨立國家建國문제를 중심으로」, 『신동아』, 1986년 11월호; 『韓國現代史와 民族問題』, 문학과지성사, 1990, pp. 293-320.
② 「조소앙의 사회사상과 삼균주의」, 『한국학보』 제27권 제3호, 2001 참조.

외교·경제 등에 관한 국가정령(國家政令)이 자유로 행사되어 다음에서 밝히는 삼균주의의 강령과 정책이 집행되기 시작하는 시기.

② 건국의 제2기: 삼균제도를 골자로 한 헌법을 시행하여 정치·경제·교육의 민주적 시설로 실제상 균형을 도모하며, 전국의 토지와 대생산기관의 국유화가 완성되고, 전국 학령 아동의 전수가 고등교육의 면비수학(免費修學)이 완성되며, 보통선거 제도가 구속 없이 완전히 실시되어 전국 각 동·리·촌과 면·읍과 도(島)·군·부(府)와 도(道)의 자치조직과 행정조직과 민중단체와 민중조직이 완비되고, 경향 각층의 극빈 계급에도 생활 정도와 문화수준이 보장되는 시기.

③ 건국의 제3기: 건국에 관한 일체의 기초적 시설, 즉 군사·교육·행정·생산·위생·경찰·농공상·외교 등 모든 부문의 건설기구와 건국사업의 성적의 예정 계획의 과반이 성취되는 건국의 완성기.

또한 '대한민국 건국강령'은 주로 조소앙의 삼균주의를 채택하여 건국기 국민의 권리와 의무, 건국기의 정치, 건국기의 경제, 건국기의 교육과 정책 골자를 강령으로 정립하였다.[3]

건국기의 인민의 기본 권리와 의무

건국기의 헌법에서는 인민의 기본 권리와 의무는 다음과 같은 원칙에 의거하여 넣고 이를 법률로써 제정하여 실행함.

① [국민은] 노동권·휴식권·피면제권·피보험권·피면비수학권(被免費修學權)·참정권·선거권·피선거권·파면권·입법권·사회 각종 조직에 가입하는 권리가 있음.

---

3 ① 韓詩俊, 「대한민국임시정부의 光復후 民族國家 建設論」, 『한국독립운동사연구』 제3집, 1989.
② 김용달, 「광복 전후 좌·우파 독립운동세력의 국가건설론」, 『한국독립운동사연구』 제46집, 2013.

② 부녀는 경제와 국가와 문화와 사회 생활상 남자와 평등 권리가 있음.

③ 신체의 자유와 거주·언론·저작·출판·신앙·집회·결사·여행·시위운동·통신 비밀 등의 자유가 있음.

④ 보통 선거에는 만 18세 이상 남녀로 선거권을 행사하되 신앙·교육·거주 연수·사회 출신·재산 상황 및 과거 행동을 분별치 아니하며, 선거권을 가진 만 23세 이상의 남녀는 피선거권을 갖되 매 개인이 평등과 비밀과 직접으로 함.

⑤ 인민은 법률을 지키며, 세금을 납부하고, 병역에 응하며, 공무에 복하고, 조국을 건설 보위하며, 사회를 시설 지지하는 의무가 있음.

⑥ 일제[敵]에 부화(附和)한 자와 독립운동을 방해한 자와 건국강령을 반대한 자와 정신이 결함된 자와 범죄 판결을 받은 자는 선거권과 피선거권이 없음.

건국기의 정치기구

건국기의 헌법상 중앙 및 지방의 정치기관은 다음과 같은 원칙에 의함.

① 중앙정부는 건국 제1기에 국내에서 총선거한 중앙의회에서 통과한 헌법에 의하여 조직한 국무회의의 결의로 국무를 집행하는 전국적 최고 행정기관임. 분담할 부(部)는 내무부·외무부·군무부·재무부·교통부·실업부·교육부 등 각 부로 함.

② 지방에는 도(道)에 도(道) 정부, 부(府)·군·도(島)에 부(府)·군·도(島) 정부를 두고, 또한 도(道)에 도(道) 의회, 부(府)·군·도(島)에 부(府)·군·도(島) 의회를 둠.

건국기의 경제체제

건국기의 헌법상 경제체제는 국민 각자의 균등생활을 확보함과 민족 전체의 발전 및 국가를 건립 보위함에 연환(連環)관계를 갖게 하되 다음과 같은 기본 원칙에 의하여 경제 정책을 추진하고 실행함.

① 대생산기관의 공구(工具) 및 수단을 국유로 하고 토지와 어장·광산·농림·수리·소택(沼澤)과 수상·공중·육상의 운수사업과 은행·전신·교통 등과 대규모

의 농·공·상기업과 성시(城市) 공업구역의 공용적 주요 생산은 국유로 하고, 소규모 기업 혹은 중규모 기업은 사영으로 함.

② 일제[敵]의 침점(侵占) 혹은 시설한 관·공·사유토지와 어장·광산·농림·은행·회사·공장·철도·학교·교회·사찰·병원·공원 등 방산(房産)과 기지(基址)와 기타 경제·정치·군사·문화·교육·종교·위생에 관한 일체의 사유자본과 부적자(附敵者)의 일체 소유 자본 및 부동산을 몰수하여 국유로 함.

③ 몰수한 재산은 빈공·빈농 및 일체 무산자의 이익을 위한 국영 혹은 공영의 집단 생산기관에 충공(充供)함을 원칙으로 함.

④ 토지의 상속·매매·저압(抵押)·전양(典讓)·유증(遺贈)·전조차(轉租借)의 금지와, 고리대금업과 사인(私人)의 고용농업제도(雇傭農業制度)의 금지를 원칙으로 하고, 두레 농장, 국영 공장, 생산·소비 및 무역의 합작 기구를 조직 확대하여 농공대중의 물질상 및 정신상 생활 정도와 문화 수준을 제고함.

⑤ 국제 무역·전기·자래수(自來水)와 대규모의 인쇄·출판·전영(電影, 영화) 극장 등을 국유 국영으로 함.

⑥ 노공(老工)·유공(幼工)·여공(女工)의 야간 노동과 연령·지대(地帶)·시간의 불합리한 노동을 금지함.

⑦ 공인 및 농인의 면비의료(免費醫療)를 보시(普施)하여 질병 소멸 및 건강 보장을 여행(勵行)함.

⑧ 토지는 자력자경인(自力自耕人)에 분급(分給)함을 원칙으로 하되, 원래의 고용농·소작농·자작농·소지주농·중지주농 등 농인지위(農人地位)를 보아 저급(低級)에게부터 우선권을 줌.

건국기의 교육제도

건국기의 헌법상 교육의 기본 원칙은 국민 각개의 과학적 지식을 보편적으로 균등화하기 위하여 다음의 원칙에 의하여 교육 정책을 추진하고 실행함.

① 교육 종지는 삼균제도로 원칙을 삼아 혁명공리(革命公理)의 민족정기를 배합 발양하여 국민 도덕과 생활 지능과 자치 능력을 양성하여 완전한 국민을

조성함에 둠.

② 6세부터 12세까지의 초등 기본교육과 12세 이상의 고등 기본교육에 관한 일체의 비용은 국가가 부담하고 의무로 시행케 함.

③ 학령이 초과되고 초등 혹은 고등의 기본교육을 받지 못한 인민에게 일률로 면비보습교육을 시행하고, 빈한한 자제로 의식을 자공하지 못하는 자는 국가에서 제공함.

④ 지방의 교통·문화·경제 등 정형을 따라 일정한 균형적 비례로 교육기관을 설립하되 최저한도로 매 1읍 1면에 5개 소학과 2개 중학, 매 1군 1도(島) 1부(府)에 2개 전문학교, 매 1도(道)에 1개 대학을 설치함.

⑤ 교과서의 편집과 인쇄·발행을 국영으로 하고 학생에게 무가(無價) 분급함.

⑥ 국민병(國民兵)과 상용병(常傭兵)의 기본 지식에 관한 교육은 전문훈련으로 하는 이외에 매 중학 및 전문학교의 필수 과목으로 함.

⑦ 공·사립학교는 일률로 국가의 감독을 받고 국가의 규정한 교육정책을 준수케 하며, 한교(韓僑)의 교육에 대하여는 국가에서 교육 정책을 추진하고 실행함.

임시정부 '건국강령'의 특징은 정치·경제·교육의 균등을 원칙으로 하되, 정치·교육부문에서는 선진적 자유민주주의체제를 원칙으로 하고, 경제부문에서는 사회민주주의 원칙을 일부 도입하여 민족주의 좌파 및 사회주의 독립운동 정당·사회단체들의 강령과 정책을 수용한 것이었다.[4] 임시정부는 민족주의자들이었음에도 불구하고 독립운동에 민족주의 노선과 사회주의 노선의 분화가 있음에 유의하여 해방 후에는 '통일' 독립국가를 건설하기 위한 준비로 사회주의자들을 통합한 연합전선을 형성하려고 일부러 경제 부문에 사회민주주의적 요소를 도입한 것이었다. 그 결과 임시정부의 건국강령은 정치·교육 부문에서는 자유민주주의가 지

4 愼鏞廈, 「조소앙의 사회사상과 삼균주의」 참조.

배하고 경제 부문에서는 사회민주주의를 일부분 도입한 강령이 되었다.

민족주의 좌파 독립운동단체 중에서 맨 먼저 조선민족해방동맹(대표 金星淑)이 1941년 12월 1일 '한국 임시정부 옹호선언'을 발표하여 임시정부 참가 의사를 공표하였다.[5] 뒤이어 다른 사회주의 계통과 무정부주의 계통의 독립운동단체들도 움직이기 시작하였다.

2) 임시정부의 '대일선전성명서(對日宣戰聲明書)' 재공표

일제는 대한민국 임시정부가 건국강령을 제정 공포한 10일 후인 1941년 12월 8일 하와이 진주만을 기습하여 태평양전쟁을 도발해서 제2차 세계대전을 전 지구상으로 확대했다. 임시정부는 1941년 12월 10일 '대일선전성명서(對日宣戰聲明書)'를 발표하여 두세 차례 일본과의 혈전을 세계에 공표하고 연합국의 일원으로 참가할 것을 요구하였다.[6]

대일선전성명서(對日宣戰聲明書)

우리들은 3천만 한국인과 정부를 대표하여 삼가 중·영·미·가·호·화·오 기타 제국의 대일선전이 일본을 격파케 하고 동아를 재건하는 가장 유효한 수단이 됨을 축하하여 자에 특히 다음과 같이 성명하노라.

1. 한국 전 인민이 현재 이미 반침략전선에 참가하였으니 한 개의 전투단위로서 추축국(樞軸國)에 선전(宣戰)한다.
2. 1910년의 합방조약 및 일체 불평등조약의 무효를 거듭 선포하며, 아울러 반침략 국가의 한국에서의 합리적 기득권익을 존중한다.
3. 한국, 중국 및 태평양으로부터 왜구를 완전히 구축하기 위하여 최후의 승리를 얻을 때까지 혈전한다.

---

5 朝鮮民族解放同盟 中央書記局, 「擁護韓國臨時政府宣言」, 國史編纂委員會 編, 『韓國獨立運動史 資料3』(臨政篇3), 國史編纂委員會, 1973, pp. 530-534 참조.

6 국회도서관 편, 『大韓民國臨時政府議政院文書』, 국회도서관, 1974, p. 767.

4. 일본 세력하에 조성된 장춘 및 남경정권을 절대 승인치 않는다.
5. 루스벨트·처칠의 선언의 각조를 견결히 주장하여 한국 독립 실현에 이것을 적용하며 민주진영의 최후 승리를 미리 축하한다.

대한민국 23년 12월 10일

대한민국임시정부

주 석 김 구

외무부장 조소앙

임시정부의 '대일선전성명서'는 연합국들의 주목을 받았을 뿐 아니라, 민족주의 좌파 및 사회주의 독립운동단체들에게도 임시정부를 달리 보도록 하였다. 대표적 좌파 독립운동단체인 '조선민족혁명당(朝鮮民族革命黨)'도 같은 날인 1941년 12월 10일 제6차 전당대표대회에서 ① 민족혁명당은 임시정부에 참가할 것을 결정하여 지지를 보냄과 동시에, ② 임시정부가 조선민족 전체 기구를 훌륭히 대표할 수 있도록 임시정부를 확대할 것을 주장하였다.[7] 이어서 다음 해인 1942년 3·1절을 맞아 조선의용대도 대한민국 임시정부가 "해외 조선혁명의 최고통일기구, 최고지휘부"가 되어야 한다고 재중국 동포들에게 성명하였다.[8] 이에 민족주의 좌파 독립운동세력과 사회주의 독립운동세력의 대한민국 임시정부로의 연합과 통일이 급속히 추진되었다.

7 朝鮮民族解放同盟 中央書記局, 「擁護韓國臨時政府宣言」, pp. 530-534 참조.

8 「朝鮮義勇隊爲紀念三·一革命二十三週年敬告中國同胞書」, 추헌수 편, 『자료한국독립운동』 제3권, 연세대학교출판부, 1971, pp. 110-112.

2. 통일 '연합정부'로의 임시정부 개편 성공

1) 임시정부 광복군으로의 군사통일 성공

연합정부로의 임시정부 개편과 통일에 대해서는 임시정부의 여당인 한국독립당과 임시정부에 참가하려는 조선민족혁명당 사이에 의견이 일치했다. 그러나 그 방법과 순서에 대해서는 두 당의 견해차가 상당했다.[9] 민족혁명당은 먼저 '정치통일'을 선행하고 이어서 '군사통일'을 실현하자고 하였다. 이때 민족혁명당의 '정치통일' 실현 방법은 임시의정원 의석의 일정 수를 민족혁명당 등에 할양하는 것이었다. 또한 '군사통일'은 광복군과 조선의용대의 합병에 의해 '조선민족혁명군'이라는 새 명칭을 가진 군대를 편성하는 것이었다.[10] 한편 한국독립당은 먼저 '군사통일'을 선행하고 그 결과에 따라서 '정치통일'을 실현하자고 하였다. 또한 '군사통일'의 방식도 광복군이 통일의 중심축이 되어 조선의용대가 광복군에 합편(合編)되는 것이고, 따라서 군대의 명칭도 '한국광복군'을 그대로 지키자고 주장했다.[11]

1942년 3월 1일 광복군 제5지대장 나월환(羅月煥)을 대원 박동운(朴東雲)이 암살하는 사건이 일어났다.[12] 임시정부 주석이며 광복군 통수권자인 김구는, 이 문제의 수습을 계기로 1942년 4월 1일 종래의 광복군 제1·2·5지대를 통합하여 제2지대로 편성하고 참모장 이범석(李範奭)을 제2지대장에 임명하였다. 이때 '제1지대'를 비워 둔 것은 1938년에 창설된 조

---

9 ① 金榮範, 「重慶臨時政府下 1942년의 軍事統一」, 『백범과 민족운동연구』 제1집, pp. 163-195.
② 김광재, 「조선의용군과 한국광복군의 비교연구」, 『사학연구』 제84호, 2006 참조.

10 「朝鮮義勇隊 改編宣言」, 國史編纂委員會 編, 『韓國獨立運動史 資料3』(臨政篇3), pp. 523-525 참조.

11 金榮範, 「重慶臨時政府下 1942년의 軍事統一」 참조.

12 한시준, 『한국광복군연구』, 일조각, 1993, pp. 160-161 참조.

선의용대가 1940년에 창군된 광복군보다 먼저 창설되었으므로, '군사통일'에 조선의용대를 '제1지대'로 예우하여 합편하려는 의도를 조선의용대 측에 보인 것이었다.

임시정부는 이때 1942년 4월 20일 제28차 국무회의에서 "조선의용대를 한국광복군으로 합편하여 군을 통일케 하기로" 결의하였다.[13] 물론 이것은 아직 조선의용대의 동의를 받은 것은 아니었다. 조선의용대 대장 김원봉(金元鳳)은 광복군으로의 합편 조건으로 광복군에 '부사령'직을 만들어 조선의용대 측에 줄 것을 요구하였다. 중국 군사위원회도 중재하여 이 요구의 수용 의견을 제시하였다.[14]

임시정부는 5월 13일 제30차 국무회의에서 "한국광복군에 부사령 1직을 증설하여 총사령을 보좌하며 총사령 유고시 그를 대리케 하기로" 결의하였다.[15] 그리고 이 결의와 함께 부사령에 조선의용대 대장 김원봉을 임명할 뜻을 조선의용대와 중국 군사위원회에 통보하였다. 조선의용대의 통수권을 가진 중국 군사위원회도 이에 동의하여 김약산(金若山, 김원봉)을 광복군의 부사령으로, 조선의용대를 광복군 제1지대로 편입하는 데 동의 결정을 통보해 왔다.[16] 임시정부는 이에 5월 18일 김원봉을 광복군 부사령으로 임명하고, 조선의용대를 광복군 제1지대로 합편하는 작업을 수행하도록 하였다.[17] 김원봉이 이 작업을 실행하여 1942년 7월에는 '조선의용대 개편선언'이 발표되었다.[18]

---

13 國史編纂委員會 編, 『韓國獨立運動史 資料1』(臨政篇1), p. 448.

14 白凡金九先生全集編纂委員會 編, 『白凡金九全集』 제6권, 대한매일신보사, 1999, p. 398 참조.

15 國史編纂委員會 編, 『韓國獨立運動史 資料1』(臨政篇1), p. 448.

16 「國民政府軍事委員會辦公廳 軍事處來函(金九에게)」, 白凡金九先生全集編纂委員會 編, 『白凡金九全集』 제6권, pp. 401-402 참조.

17 愼鏞廈, 「白凡金九의 韓國光復軍 창군」, 『白凡金九의 思想과 獨立運動』, 서울대학교출판부, 2003, pp. 152-159 참조.

18 한상도, 「제2차 세계대전기 김원봉의 임시정부 참여와 통합임정 체제 내의 동향」, 『한국독립운동사연구』 제44집, 2013 참조.

> 우리들은 우리의 정확한 주장이 실현되지 못한 점에 대하여 약간 유감이 없다고 할 수 없으나, 여간 통일(統一)은 우리들의 기본 주장인 이상 금번 군사통일(軍事統一)에 대하여 무한한 기쁨과 경행(慶幸)을 표시할 뿐 아니라, 또 진일보하여 관내(關內) 우리 혁명운동(革命運動)은 금번 군사통일을 통해서 장차 획기적 중대한 발전이 있으리라고 확신한다.
>
> 본대(本隊) 전체 동지는 금후부터 전후방을 물론하고 원광복군(原光復軍) 동지와 정성 단결하여 진정한 일심일체가 되도록 노력할 것이며, (…) 광대한 군중 기초 위에서 금후 광복군(光復軍)을 확대 발전시키기에 노력할 것을 언명한다.[19]

김원봉은 조선의용대(중경 부근 대원 약 80명과 화북지대 약 100명, 도합 약 180명)를 광복군 제1지대로 개편하고, 1942년 12월 5일 광복군 부사령 겸 제1지대장으로 취임하였다.[20] 임시정부의 군사통일이 마침내 성공한 것이었다. 임시정부는 1942년 5월 김학규(金學奎)를 제3지대장 겸 제6징모분처 주임에 임명하여 적구(일본군 점령지) 후방에 들어가서 장정을 징모하고 일본군 안의 한적사병(韓籍士兵)을 탈출 훈련시켜 제3지대를 편성 활동케 하였다. 이에 군사통일을 완성한 임시정부 산하 한국광복군은 1943년 당시 다음과 같은 최고사령체제를 갖춘 통일 군대가 되었다.

> 광복군 통수부 주석: 김구(金九)
>
> 총사령: 이청천(李青天)
>
> 부사령: 김원봉(金元鳳)
>
> 참모장: 김홍일(金弘壹)
>
> 제1지대장: 김원봉(겸임)

---

19 「朝鮮義勇隊改編宣言」, 國史編纂委員會 編, 『韓國獨立運動史 資料3』(臨政篇3), p. 523.

20 金榮範, 「重慶臨時政府下 1942년의 軍事統一」 참조.

제2지대장: 이범석(李範奭)

제3지대장: 김학규(金學奎)

1940년 광복군 창군 준비 때에는 '한국광복군'을 영문으로 'Korean Independence Army'라고 표기했었다. 그러나 이제는 군사통일을 달성하여 한국광복군이 임시정부의 사실상 '국군(國軍)'이 되었으므로, 그 후부터는 한국광복군을 영문으로 'Korean National Army'라고 표기하였다.[21] 임시정부의 군사통일 성공은 획기적인 것이었으며 광복군의 실제 군사력을 증강시켰을 뿐 아니라 임시정부의 국제적 위상을 강화하고 연합국에 대한 대외교섭력을 크게 강화하였다.

2) 임시정부의 의회통일 성공

임시정부의 군사통일 다음에는 우선 '의회통일'의 형태로 '정치통일'이 급속히 추진되었다. 원래 조선의용대는 정치통일을 군사통일보다 선행할 것을 주장했으므로, 1942년 7월 임시정부와 김구의 요구에 응하여 광복군으로의 합편에 의한 군사통일을 수용하는 '조선의용대 개편선언'을 공표할 때에 동시에 '정치통일'의 즉각 실행을 강력하게 요구하였다.[22] 즉

21 愼鏞廈, 「韓國光復軍 창군과 그 역사적 의의」, 『3·1운동과 독립운동의 사회사』, 서울대학교출판부, 2001, p. 537 참조.

22 "군사통일은 정치통일의 기초 위에 성립되어야 한다. 지금까지 우리 정치통일이 완성되지 못한 한에 있어서 광복군(光復軍)의 발전 전도에 각종 저애(沮礙)가 없으리라고 단언할 수 없다. 그러므로 우리들은 우리 혁명운동의 발전을 위하여 또 광복군의 확대 공고를 위하여 정치적(政治的) 통일(統一)의 구체적 방법으로 과거부터 우리들이 주장해 오던 臨時議會(임시의정원—인용자) 소집과 결액의원(缺額議員) 보선(補選)을 계속 요구하며, 또 당 통일 파열에 대한 구조 방법으로 각혁명집단연합회를 성립하게 제의한다. 우리들은 진정한 혁명 성의와 또 동지적 입장으로 임시정부(臨時政府) 당국과 한국독립당(韓國獨立黨) 방면에서 우리의 건의를 찬동하기 심절히 바란다." 「朝鮮義勇隊改編宣言」, p. 525.

민족혁명당과 조선의용대의 요청은 임시의정원 의원의 보선(補選)을 실시하여 민족혁명당 등 좌파 정당·단체원들의 임시의정원 의원으로의 참여를 실행하라는 것이었다.

임시정부 주석이며 한국독립당 위원장인 김구는 즉시 이를 기꺼이 수용하였다. 임시정부는 1942년 8월 '임시의정원 의원 선거규정'을 개정하여 한국독립당 이외의 좌파 인사들도 의정원 의원에 선출될 수 있도록 만들었다. 이어 1942년 10월 20일부터 23일까지 의정원 의원 23명의 보선을 실시하였다. 그 결과 조선민족혁명당 9명, 조선민족해방동맹 2명, 조선혁명자연맹 2명 등 13명의 좌파 정당·단체 의원과 그 밖의 무소속 의원들이 선출되었다.[23]

마침내 1942년 10월 25일 '통일의회(統一議會)'로서 제34차 의정원 회의가 개최되었다. 오랫동안 각계가 희망하던 '의회통일', '정치통일'이 실현된 것이다. '통일의회'의 개회는 의정원 구성과 운영에 대변화를 가져왔다. 종래 23명이던 의원 수가 두 배인 46명으로 증원되었으며, 한국독립당의 '일당' 체제가 좌파 정당·단체가 참여한 '다당' 체제로 변화했다. 전체 의원 46명 중 한국독립당이 29명으로 62%를, 조선민족혁명당을 비롯한 좌파가 17명으로 38%를 차지하게 되었다.[24]

의회통일 달성 이후 임시의정원의 구성은 대체로 민족주의 우파 정당인 한국독립당이 의석의 약 3분의 2를 가진 여당으로, 민족주의 좌파 및 사회민주주의 정당인 조선민족혁명당·조선민족해방동맹·조선혁명자연맹 및 기타 무소속 등이 의석의 약 3분의 1을 가진 야당으로 통일의회를

---

23 ① 독립운동사편찬위원회 편, 『독립운동사』 제4권(임시정부사), 2003, pp. 963-964.
② 이현주, 「1942년 조선민족혁명당의 임시의정원 참여와 노선투쟁」, 『한국독립운동사연구』 제33집, 2009 참조.

24 ① 안준섭, 「대한민국 임시 정부하의 후기 좌우합작」, 『한국사회사연구회논문집』 제1집, 1986.
② 韓詩俊, 「白凡 金九와 重慶 臨時政府」, 『백범과 민족운동 연구』 제1집, 2003, pp. 133-163 참조.

성립하여 민족독립운동을 의회주의적으로 전개하게 되었다.

3) 임시정부의 연합정부로의 개편 성공

군사통일과 의회통일 다음에는 임시정부의 행정부에도 좌파 정당·단체들을 참여시켜 임시정부를 '연합정부(聯合政府)'로 개편해서 '정치통일'을 완성하는 문제가 제기되었다.[25]

중경 임시정부는 1940년 10월의 제4차 개헌에 의한 '대한민국 임시약헌(大韓民國臨時約憲)' 체제로 정착되었었다. 이제 이를 연합정부로 개편하려면 먼저 부주석제(副主席制)를 신설하고 정부조직 개편을 위한 개헌을 선행해야 하기 때문에 약간의 시일이 더 소요되었다. '대한민국 임시약헌'에 의한 정부조직은 주석과 국무위원 임기가 3년으로, 1943년 10월로 임기가 만료되게 되어 있었다. 임시의정원은 1943년 10월에 개최된 제35차 의정원 회의에서 제5차 개헌을 실현 통과시킬 예정이었다. 그러나 이때에는 여야 합의가 이루어지지 않아서 개헌이 실현되지 않았다.

제5차 개헌인 '대한민국 임시헌장(大韓民國臨時憲章)'은 1944년 4월 20일 개회된 제36차 의정원 회의에서 통과되었다. 이때 통과된 '대한민국 임시헌장'은 전문과 7장 62개조로 구성된 매우 방대하고 정치한 헌법이었다. 이 헌법에서는 주석 외에 부주석을 신설하고, 행정부를 국무위원회와 행정연락회의로 구분했으며, 국무위원 수를 종전의 6-10인에서 8-14인으로 증원했고, 행정부 부서도 종래의 5개 부를 7개 부로 증설하였다.[26]

제36차 의정원 회의에서는 '대한민국 임시헌장'에 의거하여 주석에 한

25 한시준, 「대한민국임시정부의 통일전선운동」, 김영범 외, 『한국민족운동사연구』(화양신용하교수 정년기념논총III), 나남, 2003 참조.

26 「제36회 臨時議政院議事錄」 및 『大韓民國臨時政府公報』 제81호(1944. 6. 6.); 한시준, 「대한민국임시정부의 통일전선운동」 참조.

국독립당 위원장 김구를 재선하고, 신설된 부주석에는 조선민족혁명당 위원장 김규식(金奎植)을 선출하였다. 이어서 14명의 국무위원에는 다음과 같이 한국독립당 9명, 조선민족혁명당 3명, 조선민족해방동맹 1명,[27] 무정부주의자총연맹 1명의 국무위원을 선출하였다.[28]

연합정부의 국무위원

① 한국독립당: 이시영(李始榮)·조소앙(趙素昻)·조성환(曺成煥)·황학수(黃學秀)·조완구(趙琬九)·차리석(車利錫)·박찬익(朴贊翊)·김붕준(金朋濬)·안훈(安勳, 본명 趙擎韓)

② 조선민족혁명당: 김원봉(金元鳳)·장건상(張建相)·성주식(成周寔)

③ 조선민족해방동맹: 김성숙(金星淑)

④ 조선무정부주의자총연맹: 유림(柳林)

대한민국 임시정부는 종전의 행정부 5개 부서(내무·외무·군무·법무·재무)에 추가된 신설 2개 부서(문화·선전)의 장관을 다음과 같이 임명하여 '연합정부'의 행정부 체제를 갖추었다.

주석: 김구(金九, 한국독립당)

부주석: 김규식(金奎植, 조선민족혁명당)

내무부장: 신익희(申翼熙, 한국독립당)

외무부장: 조소앙(趙素昻, 한국독립당)

군무부장: 김원봉(金元鳳, 민족혁명당)

법무부장: 최동오(崔東旿, 한국독립당)

재무부장: 조완구(趙琬九, 한국독립당)

27 양영석, 「조선민족해방동맹의 노선과 활동」, 『한국독립운동사연구』 제4집, 1990 참조.

28 「임시정부 연합내각 조직」, 『新韓民報』, 1944년 5월 4일 자 및 한시준, 「대한민국임시정부의 통일전선운동」 참조.

선전부장: 엄항섭(嚴恒燮, 한국독립당)

문화부장: 최석순(崔錫淳, 조선민족혁명당)

위의 '연합정부'의 구성을 보면, 국무위원은 14명 중 64%인 9명이 한국독립당이고, 36%인 5명이 민족혁명당 등으로서, 민족주의 우파 정당인 한국독립당이 약 3분의 2석, 민족혁명당 등 좌파 정당이 약 3분의 1석을 차지하고 있음을 알 수 있다.

또한 주석·부주석을 포함한 정부 장관들의 구성을 보면, 한국독립당이 주석 김구를 비롯한 6명, 민족혁명당이 부주석 김규식을 비롯한 3명으로, 정확하게 한국독립당이 3분의 2석, 민족혁명당이 3분의 1석을 차지하였다. 막강한 권력의 주석에는 한국독립당의 김구가 선출되었지만, 부주석에 김규식, 특히 군무부장에 김원봉이 임명된 것을 주목할 필요가 있다. 즉 1944년 최후의 임시정부는 김구 주석의 지휘 아래 민족주의 우파 정당인 한국독립당이 약 3분의 2, 민족주의 좌파 정당인 민족혁명당 등이 약 3분의 1의 비율로 '연합정부'를 완성하여 중국 관내 민족독립운동세력의 '통일'을 이루고 강력한 독립운동을 전개했음을 알 수 있다.[29]

3. 독립동맹 및 조선의용군의 임시정부 봉대와 독립운동

1) 화북조선독립동맹(華北朝鮮獨立同盟) 및 조선의용군(朝鮮義勇軍)의 성립과 연합정부로 된 대한민국 임시정부에의 호응

중국 화북지방의 중국공산당 활동 지역에서 항일 독립운동을 하고 있

29 김희곤, 「대한민국임시정부의 독립운동방략」, 김영범 외, 『한국민족운동사연구』(화양신용하교수 정년기념논총III) 참조.

던 '화북조선청년연합회(華北朝鮮青年聯合會)'와 '조선의용대 화북지대(華北支隊)'는 급변하는 세계정세와 제2차 세계대전의 태평양지역 확전에 대응하여 1942년 7월 10일 화북조선청년연합회를 '화북조선독립동맹(華北朝鮮獨立同盟)'이라고 개칭하고 개편하였다. 이와 동시에 조선의용대 화북지대도 '조선의용군(朝鮮義勇軍)'으로 개칭 개편하였다.

원래 이 독립운동 세력의 모체인 조선의용대는 1938년 10월 10일 국민당 지구인 호북성(湖北省) 한구(漢口)에서 김원봉의 지휘 아래 중국국민당의 적극적 지원을 받으며 창설되었다. 그러나 부대 창설 직후 한구가 일본군에 함락당하자, 의용대 간부 가운데 최창익(崔昌益)은 중국공산당의 지원을 기대하고 그를 따르는 20여 명의 대원과 함께 1939년 전반기에 중국공산당 팔로군(八路軍)의 활동지구인 연안(延安)을 찾아갔다. 팔로군에는 김무정(金武亭)을 비롯하여 한국인이 일부 참가하고 있었는데, 최창익 일행이 도착하자 1941년 1월에 두 집단을 통합하여 화북지방의 한국인 민족해방운동단체로서 '화북조선청년연합회'를 창립하였다. 창립 당시 조선청년연합회의 회장에는 김무정이 추대되었다.

이어서 조선의용대 제1·2·5지대의 대원 일부인 약 100명이 국민당 지구를 떠나 박효삼(朴孝三)의 인솔하에 중공 팔로군 지구에 1941년 6월 도착해서 화북조선청년연합회와 협조하자, 이를 '조선의용대 화북지대'로 개칭하였음은 앞서 기술한 바와 같다.

원래 화북조선청년연합회를 화북조선독립동맹으로, 조선의용대 화북지대를 조선의용군으로 개편하는 작업은 3·1절인 1942년 3월 1일을 기하여 조선청년연합회 제2차 대표회의를 개최하고 이 자리에서 결의될 예정이었다. 그러나 화북지방을 침략한 일본군이 대대적으로 중공 팔로군 소탕전을 전개했으므로 대표회의를 두 차례나 연기하지 않을 수 없었다. 마침내 1942년 7월 10일 중국 진동남(晋東南) 태행산(太行山) 지구에서 화북조선청년연합회 제2차 대회를 개최하여, 조선청년연합회를 개칭해서 '화북조선독립동맹'을 창립하고, 조선의용대 화북지대를 '조선의용군'으

로 개칭하여 조선독립동맹의 무력단체로 활동할 것을 의결하였다.[30]

이 시기는 앞서 중경의 대한민국 임시정부에서 1941년 11월 28일 '대한민국 건국강령'이 제정 공포되고 중국 관내 전체 한국 독립운동의 통일연합전선 결성이 중경 임시정부 주도로 적극 추진되던 시기였으므로, 조선독립동맹의 창립은 이에 호응하여 독립운동 노선을 조정하고 개방한 것이었다.[31] 1942년 7월 10일 창립 때 조선독립동맹은 건국강령을 포함하여 다음과 같은 '조선독립동맹 강령'을 발표하였다.[32]

i) 본 동맹은 일본 제국주의의 조선에 있어서의 지배를 전복하고, 독립 자유의 조선민주공화국을 건립함을 목적으로 하여, 다음의 임무를 실현하기 위하여 투쟁한다.

① 전 국민의 보통 선거에 의한 민주 정권의 건립.

② 언론·출판·집회·신앙·사상·태업의 자유의 확보.

③ 국민 인권을 존중하는 사회 제도의 실현.

④ 법률상 및 사회 생활상의 남녀평등의 실현.

⑤ 자주 원칙하에 세계 각국 및 각 민족과 우호 관계의 건립.

⑥ 일본 제국주의자의 조선에 있어서의 일체의 자산 및 토지를 몰수하고, 일본 제국주의와 밀접한 관계를 가진 대기업을 국영에 귀속시키며, 토지 분배의

30 ① 森川展昭, 「朝鮮獨立同盟の成立と活動について」, 『朝鮮民族運動史研究』 第1輯, 1984.
② 韓洪九, 「華北朝鮮獨立同盟의 조직과 활동」 프린트, 1988.
③ 金榮範, 「朝鮮義勇隊 研究」, 『한국독립운동사연구』 제2집, 1988.
④ 張世胤, 「"解放日報"에 보도된 華北朝鮮獨立同盟의 활동」, 오송이공범교수정년퇴임기념동양사논총간행위원회 편, 『이공범교수정년기념동양사논총』, 지식산업사, 1993.
⑤ 염인호, 『朝鮮義勇軍의 독립운동』, 나남, 2001.
⑥ 韓相禱, 「화북조선독립동맹과 중국공산당」, 『역사학보』 제174집, 2002 참조.

31 愼鏞廈, 『韓國現代史와 民族問題』, pp. 301-304 참조.

32 「華北朝鮮獨立同盟綱領」, 金正明 編, 『韓國獨立運動』 제5권, p. 992.

실행.

⑦ 8시간 노동제의 실시와 사회 노동 보험의 실시.

⑧ 인민에 대한 무역 및 잡세의 폐지와 통일 누진세 제도의 수립.

⑨ 국민의 의무 교육 제도의 실시와 그 경비의 국가 부담.

⑩ 조선 문화의 연구와 국민 문화의 보급.

ii) 본 동맹은 조선독립을 쟁취하기 위한 일 지방단체로서, 조선 혁명운동에 적극 참가하여 다음의 임무를 위해서 분투한다.

① 대중의 생활 개선과 혁명세력을 증가시키기 위하여 대중의 일상 투쟁에 적극적으로 참가하고 이것을 영도한다.

② 대중 혁명을 위하여 훈련과 조직의 발전에 노력한다.

③ 중국, 특히 화북 각지의 조선 동포를 위하여 정치·경제·문화의 면에서 분투한다.

④ 전 조선민족의 반일 통일전선을 확대하고 강고케 하기 위하여 노력한다.

⑤ 전 조선민중의 반일 투쟁을 전개시키기 위하여 혁명 무장대의 건립에 노력한다.

⑥ 일본 파시스트의 중국 침략에 반대하고 중국의 항일 전쟁에 적극적으로 참가한다.

⑦ 동방 각 피압박 민족운동 및 일본 인민 반전운동에 협조하며, 세계의 파시스트에 반대하는 정의의 전쟁을 지지한다.

위의 조선독립동맹 강령 중에서 i) 부분은 '건국강령'에 해당되는 것이고, ii) 부분은 이 목적의 실현을 위한 '투쟁강령'에 해당되는 것이라고 할 수 있다.

조선독립동맹의 강령에서 주목할 것은 그들이 자기 단체를 독립운동을 대표하는 단체라고 주장하지 않고 스스로 "조선독립을 쟁취하기 위한 일 지방단체(一 地方團體)"라고 규정하고 있다는 사실이다. 이것은 스스로 독립운동을 대표하는 기관이라고 언제나 자부해 온 임시정부의 주장과는 대비되는 것이다. 조선독립동맹은 일제의 태평양전쟁 도발 후 제2차 세계대전의 급진전에 대응하고 대한민국 임시정부가 '대한민국 건국강령'을 제정 발표한 후에 창립되어 강령을 제정 발표했다. 그러므로 그들의 이러한 탄력적 대응과 두 개 강령의 일치 및 '일 지방단체'임을 천명한 것 등을 종합적으로 볼 때 조선독립동맹과 강령은 '건국'에 임하여 대한민국 임시정부와의 '연합'을 대전제로 한 것이라고 볼 수 있다. 독립동맹이 창립과 동시에 전 맹원과 동맹의 무력단체인 조선의용군 병사들에게 매일 3시간씩 '연합정부론'을 강의하고 학습하게 한 사실은 그들이 대한민국 임시정부와의 '연합'에 의한 건국을 추진했음을 방증해 준다.

여기서 또한 주목할 것은 조선독립동맹이 사회주의·공산주의자들을 주로 하여 창립된 독립운동단체이면서도 해방 후의 '건국'에 있어서는 사회주의 국가를 건설하려고 한 것이 아니라 시민 민주주의적 '민주공화국' 건설을 내세우고 있다는 사실이다.

이것은 조선독립동맹의 창립 때 내세운 다음의 슬로건에서도 보완하여 인지된다.[33]

① 각 당 각파를 망라하여 항일 애국 세력은 총단결하자.

② 지금까지 친일파였을지라도 자기의 과오를 청산하여 진정한 조선인이 된 사람은 이를 허락하여 전취하자.

조선독립동맹은 이때 "계급의 구별을 하지 않으며, 주의·신앙의 차이를 묻지 않고, 민족 해방과 독립을 위하여 모든 단체, 모든 당파, 모든 혁명가, 모든 애국자의 총단결"[34]을 주장하고 목표로 하였다.

---

33 『新天地』, 1946년 3월호, p. 201.

34 『新天地』, 1946년 3월호, p. 201.

또한 조선독립동맹의 건국강령 부분에서 주목할 것은 그들의 건국 강령이 비록 간단하고 소략하기는 하지만 대한민국 임시정부의 '대한민국 건국강령'과 그 내용이 거의 완전히 일치하고 있으며, 임시정부의 건국강령보다 급진적인 것이 아니라 약간 더 온건한 요소가 있다는 사실이다. 대한민국 임시정부의 건국강령과 조선독립동맹의 건국강령 대부분이 거의 일치하고 있다는 사실은 참으로 주목할 필요가 있는 점이다.

조선독립동맹의 창립대회에서는 본부(중앙)집행위원으로 다음과 같이 주임집행위원과 집행위원들을 선출하였다.[35]

주임집행위원(대표): 김두봉(金枓奉)

집행위원: 김두봉, 무정(武亭), 최창익(崔昌益), 박효삼(朴孝三), 김학무(金學武), 채야화(蔡野火, 본명 蔡國藩), 김창만(金昌滿), 왕지연(王志延, 본명 韓斌), 이유민(李維民), 진한중(陳漢中), 이춘암(李春岩) 등 11명.

정확한 일자는 불명이지만 조선독립동맹은 창립 후 중앙집행위원회 안에 중앙상무위원회를 두고, 상무위원으로는 최창익, 이유민, 김학무, 박효삼, 김창만, 무정 등 6명을 선출하고, 중앙상무위원회 안에 6부를 두어 업무를 분담하였다.[36]

조선독립동맹 중앙상무위원회

① 서기부: 책임자 최창익

② 조직부: 책임자 이유민

③ 선전부: 책임자 김학무

④ 군사부: 책임자 박효삼

---

35 『解放日報』, 1942년 8월 29일 자; 국가보훈처 편, 『海外의 韓國獨立運動史料』 제5권(중국편1), 1992, p. 253.

36 沈之淵, 『朝鮮新民黨 研究』, 동녘, 1988, pp. 38-39.

⑤ 경제부: 책임자 김창만

⑥ 윤함구(淪陷區) 공작위원회: 책임자 무정

조선독립동맹은 이와 동시에 조선의용대 화북지대를 조선의용군 화북지대로 개칭 확대하여 그의 무력단체로 활동하게 했다.

2) 조선독립동맹 및 조선의용군의 발전과 대한민국 임시정부 봉대

조선청년연합회가 창립되고 조선의용대 화북지대가 성립된 직후 중국공산당은 산하에 '동방각민족반파시스트대동맹(東方各民族反파시스트大同盟)'을 창설하여 동방 각 민족단체들을 이에 가입시키고 이를 통하여 아시아 각 민족운동 단체들을 지휘하려는 계획이 있었던 것으로 보인다. 1941년 9월 16일 중국공산당 중앙당 정치국원 겸 팔로군 총사령 주덕(朱德)은 연안(延安)에 체류 중인 동방 각 민족단체 대표들에게 동방 각 민족이 단결하여 반(反)파시스트·반(反)침략 공동투쟁을 위한 좌담회를 개최하자고 초청하였다. 이에 응하여 조선, 일본, 대만, 타이, 인도, 베트남, 몽골, 티베트, 이족·회족·묘족 대표와 연안 문화인 50여 명이 참석하였다. 이 모임에서 '동방각민족반파시스트대동맹' 창립을 결의하고 이를 위한 '동방각민족반파시스트대표회의'가 10월에 개최되었다. 조선 대표로는 조선청년연합회 회장인 무정(武亭)이 참가하였고, 10월 31일에는 무정이 폐회사를 하였다. 이 대회에서는 대동맹의 모든 일을 결정하는 37명의 집행위원회를 선출했는데, 무정이 그중 하나였다. 제1회 중앙집행위원회에서는 13명의 상무위원을 선임하여 모든 결정을 위임했는데 주덕이 주석으로 선출되고, 무정은 상무위원의 하나로 선임되었다.[37] 그리하여 '동

---

37 安井三吉, 「延安に於ける東方各民族反ファッショ代表大會(1941年)について」, 『歷史評論』 第327號, 1977 및 염인호, 『朝鮮義勇軍의 독립운동』, pp. 198-200 참조.

방각민족반파시스트대동맹' 주석 주덕은 이 대동맹의 조직을 빌려 상무위원 무정을 통해서 조선청년연합회(후에 '조선독립동맹')와 조선의용대 화북지대(후에 '조선의용군 화북지대')에 대한 지휘권을 사실상 장악하였다.

이때 연안에서 개최된 1941년 10월의 '동방각민족반파시스트대회'에서는 스탈린, 루스벨트, 디미트로프, 장개석, 모택동(毛澤東), 주덕과 함께 대한민국 임시정부 주석 김구를 대회 명예주석으로 추대하였다.[38] 중국공산당도 대연합의 대상으로서 조선민족 대표인 임시정부 주석 김구를 각국 원수 및 지도자처럼 대표로 추대했던 것이다.

'조선의용군 화북지대'로 명칭을 변경하기 이전 시기에 조선의용대 화북지대는 중공당의 요청과 배합하여 주로 중국인과 일본군을 향한 무장선전활동을 하였다. 이 무장선전활동 도중에 일본군의 공격에 대응하여 과감한 전투도 전개했는데, 그 대표적인 것이 ① 호가장(胡家莊) 전투, ② 읍성(邑城) 전투, ③ 태행산맥 마전(馬田) 전투 등이었음은 제13장에서 서술하였다.

1941년 7월 10일 조선독립동맹을 창립할 때 조선의용대 화북지대는 '조선의용군'으로 개칭하고 조선독립동맹의 독립군이 되었다. 창립 당시 조선의용군의 병력은 150-200명이었다. 조선의용군은 이를 3개 대로 나누어 제1대는 산동(山東)지구, 제2대는 진찰기(晋察冀)지구, 제3대는 진기노예(晋冀魯豫)지구에서 활동하도록 하였다.[39]

조선독립동맹은 창립 후 주로 화북지방의 평한선(平漢線, 북경-우한 간 철도) 연변을 중심으로 각지에 분맹(分盟, 지부)을 설치하면서 발전하였다. 일제의 정보자료는 조선독립동맹이 본부를 태행산(太行山)지구로부터 연안(延安)으로 옮긴 직후인 1944년 3월 조선독립동맹 11개 지부와 그 책임

38 『解放日報』, 1941년 10월 27일 자; 국가보훈처 편, 『海外의 韓國獨立運動史料』 제5권(중국편1), p. 555 참조.

39 『晋察冀日報』, 1942년 9월 3일자; 국가보훈처 편, 『海外의 韓國獨立運動史料』 제5권(중국편1), p. 448 참조.

자를 다음과 같이 정리하고 있다.[40]

① 화중(華中)지부: 지부장 송원주(宋元周)

② 기서(冀西)지부: 서기 허정숙(許貞淑)

③ 진동남(晋東南)지부: 서기 박무(朴茂)

④ 진기노예(晋冀魯豫) 변구지부: 주석 유등(劉登)

⑤ 진서북(晋西北)지부: 주임 김세광(金世光)

⑥ 기예(冀豫)지부

⑦ 산동(山東)지부: 서기 장해운(張海雲)

⑧ 태행(太行)지부: 지부장 안창순(安創順)

⑨ 태악(太岳)지부: 지부장 장백운(張伯雲)

⑩ 진찰기(晋察冀)지부: 서기 신억(申億)

⑪ 연안(延安)지부: 주석 김두봉(金枓奉)

하나의 예로 조선독립동맹 진서북지부의 설립을 보면, 1942년 11월 13일 흥현(興縣)에서 김세광을 분맹 책임자로, 문명철(文明哲)을 조직위원으로 하고, 당시 중공이 추진하던 화북일본인반전동맹 진서북지부 창립과 동시에 함께 창립식을 개최하였다. 중국공산당 기관지 『해방일보(解放日報)』는 이를 다음과 같이 보도하였다.

오랫동안 준비하여 온 화북조선독립동맹 진서북분맹과 화북일본인반전동맹 진서북지부가 13일에 참의회 강당에서 창립대회를 가졌다. 대회에는 독립동맹 진서북분맹과 반전동맹 진서북지부의 전체 조선 동지들과 일본 동지들 그리고 돌아가지 않고 남아 있던 참의원 및 각계 대표 도합 수백 명이 참가하였다. 그리고 림풍 동지, 주 참모장이 몸소 대회에 참가하였다. 대회의 분위기는 자못 열

40 『外事月報』(1944. 3.); 염인호, 『朝鮮義勇軍의 독립운동』, p. 149 참조.

렬하였다.

회장 3면 벽에는 각계에서 드린 축기들이 걸려 있고, 중국문 조선문 일본문으로 쓰인 표어들이 수두룩이 붙어 있었다. 주석대 뒤 벽에는 손중산 선생, 장 위원장, 모택동 동지, 일본 혁명 선열 가다야마 센(片山潛), 조선 혁명 수령 김구 선생 등 여러 분의 거폭의 초상들이 걸려 있었다.

회의가 시작되자 일본, 조선 동지들이 각기 자기 나라의 혁명 가곡들을 불렀다. 이어서 군구의 하룡, 속법정, 관향응, 감사기 등 책임자들이 연안에서 보낸 축전이 낭독되었다. 그 다음 대회 토론이 있었고 각계의 축사와 두 단체의 강령이 낭독되었다. 대회는 모 주석 및 반전동맹 본부, 독립동맹 총부에 드리는 전보문을 일치하게 통과시켰다.[41]

여기서 주목할 것은 주석대 뒤 벽에 손문(孫文)·장개석·모택동의 사진과 함께 대한민국 임시정부 주석 백범 김구의 사진을 걸어 놓고 창립대회를 열었다는 사실이다. 일본 공산당 수령 가다야마 센(片山潛)의 사진이 함께 걸린 것은 화북일본인반전동맹 진서북지부 창립식을 함께 개최했기 때문이었다.

조선독립동맹과 관련하여 한국인으로서는 유일하게 임시정부 주석 김구의 대형 초상화를 걸었으며, 『해방일보』의 보도에는 '조선 혁명 수령 김구 선생'이라고 표현하였다. 이 사실은 독립동맹이 창립대회의 강령에서 "본 동맹은 조선독립을 쟁취하기 위한 일 지방단체로서 조선혁명운동에 적극 참가하여"[42]라고 한 것에도 비추어 보아 중경의 대한민국 임시정부를 중앙정부로 봉대하고 독립동맹은 화북지방의 일 지방단체로서 임시정부와 연합전선을 형성하여 독립투쟁을 전개하게 되었음을 나타내는 것이다. 이 때문에 임시정부 주석 김구를 독립동맹이 참가하는 조선혁

41 『解放日報』, 1942년 11월 21일 자; 『중국의 광활한 대지 위에서』, 연길: 연변인민출판사, 1987, pp. 695-696.

42 「華北朝鮮獨立同盟綱領」, 金政明 編, 『朝鮮獨立運動』 제5권, p. 992.

조선의용군의 선전 표어를 쓰고 있는 병사 (출처: 독립기념관)

명운동(조선독립운동)의 수령으로서 추대하여 손문·장개석·모택동과 함께 대형 사진을 붙인 것이었다고 볼 수 있다. 이 무렵의 독립동맹은 명확하게 중경 임시정부와의 연합과 통일을 존중하여 활동하고 있었다.

독립동맹은 조선의용군을 확대 강화하기 위해 11월 1일 진기노예(晋冀魯豫) 변구(邊區) 섭현(涉縣) 곡원촌에 '화북조선청년혁명학교(華北朝鮮青年革命學校)'를 개설하였다.[43] 교장은 무정이었고, 교무주임은 김학무였다.[44] 이 학교에서는 일본 점령지에서 탈출해 오는 한국 청년들, 적구(敵區)에서 공작하는 의용군 공작대원들이 보내온 한국 청년들을 교육시켜 조선의용군 대원으로 편입하였다.

---

43 ① 『解放日報』, 1942년 11월 27일 자; 국가보훈처 편, 『海外의 韓國獨立運動史料』 제5권(중국편1), p. 477.
② 『解放日報』, 1944년 2월 13일 자; 『중국의 광활한 대지 위에서』, p. 797.
③ 염인호, 『朝鮮義勇軍의 독립운동』, p. 167 참조.

44 『解放日報』, 1942년 11월 21일 자; 『중국의 광활한 대지 위에서』, p. 698.

3) 조선의용군 영도권(領導權)의 중국 팔로군 이동 문제

조선의용군은 1943년에 들어오자 영도권(領導權)을 조선독립동맹으로부터 분리 이동시켜 중국공산당 팔로군의 장악하에 두려는 움직임에 직면하였다.

원래 조선의용군은 1942년 7월 10일 창립 당시 조선독립동맹의 영도를 받는 독립군으로 창건되었다. 그런데 1943년 1월 6일 팔로군 출신 무정(武亭)은 독립동맹이 가입해 있는 동방각민족반파시스트동맹 대표 자격으로, 조선의용군의 영도권을 조선독립동맹에서 분리해 버리는 결정을 통보하였다.[45] 이 통보는 무정이 동방각민족반파시스트대동맹 대표이고 조선독립동맹은 이에 가입한 산하기관이므로 상급기관 대표인 무정의 결의를 존중하여 무조건 접수하라고 하였다. 그 내용인즉 1943년 1월 6일자로 조선독립동맹은 군중단체로서 무장대오인 조선의용군을 영도할 수 없고, 조선의용군은 조선독립동맹의 행동부대가 아니라고 통보했음을 잘 알려 주고 있다. 그리고 조선의용군 간부 가운데 지도원 김창만(金昌萬)과

---

45 이 문제의 결정 통보 원문은 다음과 같다.
"1943년 1월 6일에 무정(武亭) 동지가 동방각민족반파시스트대동맹 대표 자격으로 조맹 상무회(朝盟常務會)에 제의한 조건에 의하여 조맹(朝盟)과 조선의용군 화북지대(朝鮮義勇軍 華北支隊)의 관계는 다음과 같이 개변되었다. (1) 화북조선독립동맹(華北朝鮮獨立同盟)은 군중단체인 점에서 무장대오를 영도할 수 없으므로 조맹은 조선의용군 화북지대를 영도할 수 없다. - 조선의용군 화북지대는 조맹의 행동부대가 될 수 없다는 것. (2) 조선의용군 화북지대(朝鮮義勇軍 華北支隊)의 간부는 장차 반파시스트대동맹 대표가 지정한다는 것을 전제하고 재래 조선의용군 화북지대의 간부 중 지도원(指導員) 김창만(金昌萬), 부지대장(副支隊長) 이익성(李益星), 좌기(左記) 양 동지의 현직을 취소하고 지대장 박효삼(朴孝三) 동지 일인만 존속하게 된 것. (3) 이상의 제의는 반파시스트대동맹 대표 무정 동지의 의견에 의하면 반파시스트대동맹의 결의라 하므로 당시 조맹은 상급기관의 결의를 존중한다는 의미에서 무조건적으로 접수한 것. (4) 이래로 금일까지 조선의용군 화북지대는 영도기구가 구성되지 못하고 온 것." 『朝盟草報告案』, pp. 504-505; 염인호, 『朝鮮義勇軍의 독립운동』, p. 219.

부지대장 이익성(李益星)을 해임시키고, 지대장 박효삼(朴孝三)만 남겨 두었으며, 조선의용군의 간부는 장차 반파시스트대동맹 대표인 무정이 지정한다는 것이었다.

이것은 조선독립동맹이 '군중단체'라는 이유를 들어 조선의용대의 영도권을 반파시스트대동맹 대표 무정이 빼앗은 것이었다. 그러나 반파시스트대동맹도 '군중단체'였으므로 그 대표 자격으로 무정이 영도권을 갖는 것은 논리상 모순이었다. 그 때문인지 그 후 1년간 조선의용군의 영도기구가 결정되지 못하였다. 무정은 실제로는 중국공산당 팔로군 간부 출신으로, 조선의용군 간부와 반파시스트대동맹의 대표였을 때도 사실상 팔로군의 지휘를 받는 위치에 있었다. 따라서 반파시스트대동맹 대표 무정의 이 결정 통보는 조선의용군의 영도권을 사실상 중공 팔로군과 무정이 장악했음을 의미한 것이었다.

그러나 독립동맹과 조선의용군 대원들은 이 결정에 승복하지 않고 큰 불만을 가졌던 것 같다. 1년 동안이나 영도기관과 간부를 공식적으로 공표하지 못한 사실이 이를 방증해 준다. 무정이 최창익·이익성 등을 배제하고 실제로 조선의용군을 직접 지휘하게 된 것은 1944년 1월부터였다. 무정은 조선의용군을 재교육하여 공산주의 군대로 만들고 팔로군의 지휘권을 강화함과 동시에 전투부대로서의 능력을 강화하려 하였다.[46]

---

46 무정은 우선 1944년 1월 태행산(太行山)에 있는 화북조선청년혁명학교와 그 학생 대원들을 중국공산당 중앙과 팔로군 총사령부가 있는 연안(延安)으로 이동케 하였다. 조선의용군 화북지대장 박효삼(朴孝三)의 인솔 아래 학생들은 2,000여 리 행군한 끝에 1944년 4월 7일 연안에 도착하였다. 이들은 연안에서 신설된 조선혁명군정학교(朝鮮革命軍政學校)에 들어갔다. 이 학교의 교장은 김두봉(金枓奉)이었으나 실권은 박일우(朴一禹)가 행사하였다. 독립동맹 총본부는 1944년 2월 2일 태행산(太行山)을 출발하여 연안(延安)으로 향하였다. 1944년 9월 9일에는 태행산에 화북조선청년군사정치간부학교, 1944년 10월 1일에는 산동군구(山東軍區)에 조선혁명군정학교 산동분교(山東分校, 교장 李明, 본명 나중민)를 개교하여 한국 청년들을 조선의용군에 편입시키기 위한 교육을 실시하였다. 산동분교 개교식에는 오직 무정(武亭)의 초상화를 걸어 놓고 개교식을 거행할 정도로 무정(武亭)은 조선의용

군정학교 설립과 교육 강화 진행 도중에 무정은 독립동맹과 조선의용군 간부들에 대한 심사를 실시하였다. 김두봉을 비롯한 연안 조선인 200여 명에 대한 심사 총책임은 군정학교 부교장 겸 조직교육과장 박일우(朴一禹)가 담당하였다.[47]

이러한 과정을 통하여 중국공산당과 무정은 조선의용군의 지휘체계와 노선을 정비하여 그들의 지휘체계 안에 포함시켰다.

4. 임시정부의 외교활동 강화와 연합국의 카이로 선언

1) 임시정부의 외교활동 강화

중경의 대한민국 임시정부는 1941년 12월 10일 대(對)일본 선전포고를 한 후 이듬해 1월부터는 연합국에 대한 외교활동을 더욱 강화하였다.[48]

이 시기 미국이 1942년 1월 1일 연합국을 확대 편성하기 위해 개최한 '워싱턴 회의'에는 미국·영국·중국 등 26개국이 참가하여 추축국에 대한 개별협상을 하지 않고 군사활동으로 승리할 때까지 공동행동을 취하기로 합의하였다. 연합국 진영이 확고하게 편성된 것이었다.

대한민국 임시정부는 이러한 세계정세의 변동에 기민하게 반응하여

군 조직을 장악해 나갔다. 그러나 군정학교는 재정이 잘 조달되지 않았으므로 학도들은 교사도 스스로 건축하고 토지를 개간하여 생산활동을 해서 식량과 경비를 스스로 조달해야만 하였다.

47 염인호, 『朝鮮義勇軍의 독립운동』, p. 304 참조.

48 ① 한시준, 「중경시기 대한민국 임시정부의 외교활동」, 『한국독립운동사연구』 제53집, 2016.
② 최정준, 「아시아·태평양전쟁 시기 대한민국 임시정부의 전시 외교활동 분석」, 『한국동북아논총』 제27권 제1호, 2022 참조.

1942년 1월 '임시정부포고문'을 발표해서, 모든 동포들이 임시정부 중심으로 굳게 뭉쳐 적 일본을 향해 진공할 계획과 역량을 모두 임시정부에 제공해서 최후의 승리를 공동전취하자고 호소하였다.[49] 또한 임시정부 주석 김구는 1942년 1월 30일 중국 측에게 '관어승인한국임시정부지절략(關於承認韓國臨時政府之節畧)'이라는 공문을 보내어, 중국의 한국 임시정부 승인을 요구하였다.[50]

임시정부는 1942년 3월 1일 3·1절 23주년이 오자 두 곳에서 대규모 기념대회를 개최하였다. 하나는 중국 중경에서 개최된 기념대회였다. 주목할 것은 이 대회가 국제적 관심을 받아 중국 정부와 국민당 대표뿐만 아니라 당시 중경에 있던 미국·영국·소련의 인사들이 참석했으며, 서양 각국의 주요 통신사와 신문사 기자들이 참석하여 대회를 취재했다는 사실이다. 이 3·1절 23주년 기념대회에서는 ① 한국의 독립, ② 대한민국 임시정부의 승인, ③ 한국의 27번째 참전국으로의 인정과 함께 워싱턴 대한인자유대회 지지, 중국의 항일전선 장병 위문 및 경의 표시 등이 결의되었다.[51] 이 결의는 전 세계에 타전되었고, 특히 중국과 인도에서는

---

49 「關於承認韓國臨時政府之節畧」, 白凡金九先生全集編纂委員會 編, 『白凡金九全集』 제5권, 대한매일신보사, 1991, p. 120 참조.

50 임시정부는 이 공문에서, ① 양국의 역사적 정치도의적 긴밀한 관계와 함께 목전의 이해득실의 중대함을 설명하고, ② 1920년 손문(孫文, 일명 中山)이 황주(廣州)에서 대통령의 일을 볼 때 한국 임시정부가 외교총장 신규식(申圭植)을 파견하자 정식으로 국서(國書)를 접수하고 국사(國使)로 대우했으며 중국 외교총장 오정방(伍廷芳)에게 한국 광복을 위한 원조 방법을 협의하도록 명령했던 사실을 지적하면서, ③ 중국은 이미 세계 4강의 하나로서 세계에 공인받고 있으므로 손문 시대와 같이 솔선하여 한국 임시정부를 승인한 다음에, ④ 또한 각 동맹국들에게 한국 임시정부의 일치 승인을 제청하면 중국은 국제적 지위를 제고하고 한국은 구토 광복(光復)의 목적을 달성하게 되어, ⑤ 전체 한국민중이 환호하고 세계 우방들이 또한 찬성 지지할 것이라고 한국 독립과 임시정부 승인에 대한 선도적 활동을 요청하였다. 「關於承認韓國臨時政府之節畧」, 白凡金九先生全集編纂委員會 編, 『白凡金九全集』 제5권, pp. 115-119 참조.

51 「韓國獨立宣言 23週年紀念大會」, 白凡金九先生全集編纂委員會 編, 『白凡金九全集』

적극적인 호응이 일어났다.[52]

다른 하나는 임시정부의 지지 아래 1942년 2월 27일부터 3월 1일까지 미국 워싱턴에서 개최된 '대한인자유대회'였다. 이 대회는 임시정부 주미 외교위원부, 재미한족연합회 및 한미협회가 공동주최한 것이었다. 이 대회에서는 한미협회에 참가한 다수의 미국인들이 참석하여 이채를 띠었다.[53] 이 대회에서는 ① 1919년 독립선언의 재확인과 자유·자주를 쟁취할 최후 순간까지의 투쟁, ② 중경에 현존하는 대한민국 임시정부의 봉대, ③ 1942년 1월 1일 미국 워싱턴에서 26개국이 조인한 '연합국선언서'에 대한 찬성, ④ 미국 대통령에게 대한민국 임시정부 승인 및 '연합국선언서'의 일원으로 활동할 자격권 부여 요청, ⑤ 대한민국 임시정부 승인건의 미국 국회에의 요청 등 5개 항을 결의하였다.[54]

임시정부의 이러한 활동에 대하여 미국과 영국은 침묵하면서도 민감하게 주목하고 있었다. 미국과 영국은 일본이 태평양전쟁을 도발하여 자기들을 공격하기 이전까지는 언제나 친일적이었고 일본의 한국 식민지배에 협조적이었으며, 한국의 독립은 인정하지 않아 왔다. 그러나 1942년부터는 상황이 판이하게 달라졌다. 영국이 태평양에서 일본군에게 밀리고 있으므로 승리를 위해서 미국은 중국이 더 적극적으로 잘 싸워 일본군을 중국 대륙에 묶어 두고, 소련이 참전하여 일본군의 주력 중 하나를 만주에 더 묶어 두는 것이 절실히 필요하였다. 그 결과 중국과 소련의 국제적 영향력이 더욱 증대하게 되었다. 이러한 상황에서 대한민국 임시정부가 일본에 대한 참전을 자원하여 요구하므로, 미국과 영국으로

제5권, p. 121 참조.

52 "Letters from Chungking", 白凡金九先生全集編纂委員會 編, 『白凡金九全集』 제5권, pp. 122-124 참조.

53 「대한인자유대회 報告2」, 『新韓民報』, 1942년 3월 26일 자; 國史編纂委員會 編, 『韓國獨立運動史 資料3』(臨政篇3), pp. 624-631 참조.

54 「대한인자유대회 報告1」, 『新韓民報』, 1942년 3월 12일 자; 國史編纂委員會 編, 『韓國獨立運動史 資料3』(臨政篇3), p. 622 참조.

서는 작은 힘이라도 일본에 대한 전쟁에서 활용할 수 있을지를 재검토하게 되었다.

중국은 임시정부의 외교활동에 적극적인 반응을 보였다. 한 가지 예시는 중국 국민정부 입법원장 손과(孫科)가 3월 22일 중국 『중앙일보(中央日報)』와의 기자회견에서 미국 대통령 루스벨트와 영국 수상 처칠을 향하여 ① 연합국의 인도·베트남·한국·필리핀 독립 승인과 ② 중경 한국 임시정부의 신속한 승인을 요구한 것이었다.[55] 이 기사는 『유나이티드 프레스(*United Press*)』가 전 세계에 타전하였다. 대한민국 임시정부 외교부장 조소앙은 3월 22일 중국의 국민외교협회·동방문화협회·국제반침략회 중국지회가 공동주최한 강연회에서 한국 독립 승인 요구를 강연하였다. 손과는 이 자리에서도 ① 한국의 독립을 적극 지지하고 한국 임시정부의 승인을 요구하며, ② 중국은 그동안 임시정부에 대해 구체적 원조를 못 했지만 최근 한국 독립혁명을 원조하기로 결심했고, ③ 한국을 중국과 공동 항일하는 형제 국가로 간주한다고 강연하였다. 주중국 중경 미국대사관은 손과의 강연 원문 전문을 '한국 독립에 대한 손과의 연설'이라는 제목으로 영어로 번역하여 두 부는 항공편으로, 세 부는 파우치로 미국 국무부에 보고하였다.[56] 미국 측이 한국 독립문제를 매우 중시하기 시작했음을 알 수 있다.

중국 국민정부 입법원장 손과의 이러한 중국 측 입장 천명에 임시정부 주석 김구를 비롯한 한국 독립운동가들은 환호하였다. 김구는 3월 25일 이 사실을 임시정부 주미 외교위원부장 이승만에게 전보로 알리었

---

55 ① 胡春惠, 『韓國獨立運動在中國』, 中華民國史料研究中心出版, 1976, p. 295. ②「韓國臨時政府 승인을 중국 요인 孫科가 주장」, 『新韓民報』, 1942년 3월 26일자; 國史編纂委員會 編, 『韓國獨立運動史 資料3』(臨政篇3), p. 266 참조.

56 *Subject: Speech by SUN FO on Independence for Korea(from C. E. Gauss to the Secretary of State, Washington, D.C.)*, U. S. Archives, M1642, Roll 66, No. 355, Chungking, April 8, 1942.

다.[57]

임시정부 주석 김구로부터 이 전보를 받은 이승만은 두 곳에 전보를 쳤다. 하나는 재미한족연합회 집행부에 이 소식을 알리는 전보이다.[58] 다른 하나는 중국 국민정부 입법원장 손과에게 보낸 감사의 전보이다.[59]

대한민국 임시정부는 그 후 주석 김구와 외교부장 조소앙을 중심으로 외교활동을 대폭 강화하였다. 예컨대 외교부장 조소앙은 1942년 6월 12일 중경에서 중국 정부요인들의 집회에 참석하여 한국의 28번째 연합국 참가와 임시정부 승인을 요청하는 강연을 하였다.[60] 또한 주석 김구는 인도와의 연대적 공동투쟁의 강화를 위해 인도 국민회의파 영수 간디에게 1942년 6월 초 전보를 보냈다.[61]

---

57 전보의 내용은 다음과 같다.
"중국 국민정부 입법원장 손과(孫科) 씨는 군중이 모인 대회 석상에서 선포하기를 한국(韓國)은 절대 독립해야 하고 중국은 한국 임시정부를 승인하는 것이 당연하다고 하였고, 한국 임시정부 외교부장 조소앙(趙素昻) 씨는 같은 모임에서 말하기를 한국은 다시 건설할 책략이 있다고 하였다. 런던·모스크바·워싱턴·중경에서는 속히 한국 임시정부를 승인하기 바란다. 한국이 만일 승인을 얻게 되면 응분의 역량을 다하여 연합국과 같이 일본을 공격할 수 있는 것이다. 3월 25일 김구." 「김구 선생의 래전」, 『新韓民報』, 1942년 4월 2일 자; 國史編纂委員會 編, 『韓國獨立運動史 資料3』(臨政篇3), p. 267.

58 「임시정부 주미 외교위원부의 전보」, 『新韓民報』, 1942년 3월 26일 자; 國史編纂委員會 編, 『韓國獨立運動史 資料3』(臨政篇3), p. 267.

59 「이승만 박사의 보낸 전보」, 『新韓民報』, 1942년 4월 2일 자; 國史編纂委員會 編, 『韓國獨立運動史 資料3』(臨政篇3), p. 268.

60 「한국 임정 승인을 요구, 외교부장 조소앙의 발표」, 『新韓民報』, 1942년 6월 25일 자; 國史編纂委員會 編, 『韓國獨立運動史 資料3』(臨政篇3), pp. 268-269 참조.

61 전보의 내용은 다음과 같다.
"인도와 한국은 2,000년간 종교적 문화적 관계가 있을 뿐 아니라 전쟁 후 아시아 피압박민족 해방에 관해서도 일치할 깊은 관계가 있습니다. 3,000만을 대표한 한국 독립당원들은 당신의 용감스러운 영도하에 인도는 영광스러운 승리를 얻기를 축원하오며, 더욱 인도의 정의를 위하여 분투하는 당신의 건강을 비나이다." 「김구 주석이 인도 깐디에게 보낸 전보」, 『新韓民報』, 1942년 8월 6일 자; 國史編纂委員會 編, 『韓國獨立運動史 資料3』(臨政篇3), p. 269.

임시정부 주석 김구가 장개석 위원장을 비롯한 중국 국민정부 요직에 열강의 한국 완전독립 승인 및 임시정부 승인, 외교활동 협조를 요청하는 활동을 벌인 것은 더 말할 것도 없다. 임시정부의 이러한 맹렬한 외교활동에 응하여 중국 국민정부는 한국의 독립은 물론이고, 임시정부도 승인하려고 하였다. 중국 국민정부 행정원 정무처장(총리) 장정불(蔣廷黻)은 1942년 8월 기자회견에서 "중국은 전후 한국의 독립을 지지한다."라고 발표하였다.[62] 또한 신임 외교부장 송자문(宋子文)은 1942년 11월 3일 기자회견에서 "중국은 전후 한국의 독립을 전폭적으로 지지하며, 이것은 중국의 일종의 국제적 의무"라고 성명하였다.[63] 임시정부의 외교활동은 중국국민당 정부에 대해서는 일부 성공한 것이었다.

2) 연합국의 신탁통치론(信託統治論) 대두와 임시정부의 반대활동

그러나 영국과 미국의 반응은 단순치 않았다. 전후 한국의 독립을 반대하는 강력한 세력이 도사리고 있었다. 영국은 제2차 세계대전 종결 후에도 인도의 독립을 승인할 의도가 전혀 없었다. 따라서 전후 한국의 독립도 인도의 독립을 고취할 것이므로 반대하였다. 영국 수상 처칠(Winston Leonard Spencer-Churchill)은 1942년 11월에 영국은 제2차 세계대전 종전 후에도 '기존의 권익을 고수'할 것이라고 성명하였다.[64] 이어서 주미 영국대사 핼리팩스(Lord Halifax)는 1943년 2월 전후 연합국의 세계평화정책을 미국에 제의하면서 일부 식민지 주민들에게 완전 독립을 승인하는 것은 시기상조이므로 그 전에 '자치와 국제적 지도'를 주는 것이

---

62 胡春惠, 『韓國獨立運動在中國』, p. 301.

63 『中央日報』, 1942년 11월 4일 자; 胡春惠, 『韓國獨立運動在中國』.

64 Herbert Feis, *Churchill, Roosevelt, Stalin: The War They Waged and The Peace They Sought*, Princeton University Press, 2015, pp. 214-215 참조.

합당하다고 주장하였다.[65]

미국 국무부의 경우는 약간 더 심각한 측면이 있었다. 국무부 내 한국 대상 정책의 입안 책임자인 랭던(William R. Langdon)은 친일파로서 일본의 진주만 습격 이전까지는 일본의 한국 식민지통치를 지지하고 독립운동에 반대하던 인물이었다. 랭던은 일본의 진주만 습격 후에는 친일적 발언은 하지 못하게 되었지만 전후 한국의 독립에 대해서는 단호히 반대했다. 그는 한국은 미개하고 가난한 후진국으로서 자치 능력이 없기 때문에 전후에도 '강대국들에 의한 보호와 지도'를 받아야 한다고 주장하였다. 그는 한국 임시정부와 같은 단체는 '명목적 조직(shadow organization)'에 불과하므로 '성급한 승인'을 피해야 한다고 주장하였다.[66] 랭던은 1942년 2월 27일부터 3월 1일까지 3일간 워싱턴에서 개최된 '한인자유대회(Korean Liberty Conference)'에 참관한 후 이를 '선전수작'에 불과하다고 일축하는 보고를 하였다.[67]

미국 국무부의 국무 차관 웰스(Sumner Welles)도 전후 한국 독립에 대한 미국의 약속은 시기상조라는 입장을 견지했다. 국무장관 헐(Cordell Hull)도 같은 입장이었다. 미국 국무부 극동국장 혼벡(Stanley K. Hornbeck)은 랭던의 견해를 지지하였다. 주중국 미국대사 가우스(Clarence E. Gauss)는 한국 임시정부가 장개석의 영향을 너무 많이 받고 있다고 보고하였다.[68] 미국 국무부의 극동 관련 고급관리들은 전후 한국의 독립이나 임시

---

65 마트레이(James Irving Matray, 구대열 역), 『한반도의 분단과 미국: 미국의 대한정책, 1941-1950』, 을유문화사, 1989, p. 81 참조.

66 William R. Langdon, *Memoirs 2*, p. 20 참조.

67 ① William R. Langdon, "Korean Liberty Conference", p. 3; 마트레이(James Irving Matray, 구대열 역), 『한반도의 분단과 미국: 미국의 대한정책, 1941-1950』, p. 23.
② 김지민, 「해방 전후 랭던의 한국문제인식과 미국의 정부수립정책」, 『한국사연구』 제119집, 2002 참조.

68 마트레이(James Irving Matray, 구대열 역), 『한반도의 분단과 미국: 미국의 대한정책, 1941-1950』, p. 26 참조.

정부 승인에 대부분 부정적 견해를 갖고 있었던 것이다.

이러한 상태에서 1943년 3월 미국을 방문한 영국 외상 이든(Anthony Eden)은 충분히 개화되지 못한 식민지 지역에 대해 연합국이 전후의 '신탁통치국가'들을 지명하자고 제안하였다. 이것은 인도를 비롯한 식민지 민족들의 완전 독립을 사전에 방지하기 위한 것이었다. 이든은 미국 대통령 루스벨트(Franklin D. Roosevelt), 국무차관 웰스, 대통령 보좌관 홉킨스(Harry Hopkins) 등을 만나 영국의 입장과 제안을 설명하였다. 이어서 3월 27일 이든은 직접 미국 대통령 루스벨트를 다시 만나 영국의 제안을 설명하고 미국의 동의를 구하였다. 루스벨트는 헐 국무장관의 견해를 지지한다고 설명했는데, "한국은 중국·미국 및 한두 국가가 참가하는 국제적 신탁통치 아래 둘 것"[69]이라는 미국의 계획을 알려 주었다. 루스벨트와 이든은 이날 '한국에 대한 신탁통치'에 합의한 후, 소련과의 협의를 거치기로 하였다.

여기서 주목해 두어야 할 것은 영국과 미국 사이에 이미 1943년 3월 27일에 전후 한국의 완전 독립을 승인하지 않고 '신탁통치'를 거치기로 합의가 이루어졌다는 사실이다. 영국 외상 이든과 미국 대통령 루스벨트 사이의 '한국 신탁통치'에 대한 합의는 이든이 영국으로 귀국하여 회담 성과를 보도하는 과정에서 언론에 누출되었다. 미국과 영국의 언론들은 전후 '한국에 대한 국제적 신탁통치(International Guardship)'를 지지하여 보도하였다. 중국 중경에서는 『중앙일보(中央日報)』가 미국의 시카고에서 발행되는 『시카고 선(*The Chicago Sun*)』지 런던 특파원의 기사를 번역 후 전재해서 영국 외상과 미국 대통령 사이에서 전후 한국의 독립은 연기되고 잠정적으로 '국제적 신탁통치'를 하기로 합의되었다고 1943년 4월 29일 자에 보도하였다.

---

69 U.S. Department of State, *Foreign Relations of the United States: 1943(III)*, Washington, D.C.: U.S. Government Printing Office, 1956, p. 37.

대한민국 임시정부에서는 즉각 4월 29일 당일 국무위원회의를 열어 이를 단호하게 반대 결의하였다.[70] 한국 독립운동단체들도 이에 반발하고 신탁통치를 단호하게 반대하였다. 1943년 5월 10일에는 한국독립당·조선민족혁명당·조선민족해방동맹·조선무정부주의자총연맹·대한민국애국부인회·한국청년회 등 독립운동단체들이 모여 '재중국 한인자유대회(在中國 韓人自由大會)'를 개최하였다. 이 대회에서는 일본 패전 후 한국 완전 독립 요구와 국제 공동관리 반대를 성명하는 '전세계 반(反)침략 각국 정부 및 인민에게 보내는 선언'을 채택하여 발표하였다.[71] 이 선언서는 영국·미국을 비롯한 열강과 전 세계 약소민족 독립운동단체들에게 우송되었다. 또 대한민국 임시정부에서는 조소앙 등이 중국 언론기관에 논문을 게재해서 영국·미국의 신탁통치 합의 반대활동을 전개하였다.[72]

---

70 임시정부의 국제 신탁통치 반대 결의는 다음과 같았다.

"1) 우리 외무부에 중국 외교부에 향하여 그 사실의 유무를 질문하고 아울러 반대(反對) 의사를 표시할 것.

2) 미·영·러 각국 원수에 반대하는 전보를 보내고, 중국에서는 당국자에 향하여 정식으로 그리고 신문지상에 반대성명서를 발표하도록 요구할 것.

3) 선전부에서는 우리 측 간행물과 외국 간행물을 이용하여 반대하는 논문을 발표하고 아울러 반대하는 의사를 널리 알릴 것.

4) 정치·경제·군사 각 수뇌자를 소집하여 그 진상을 보고하고 대책을 연구할 것."

『大韓民國臨時政府 公報』 제78호 및 「臨時政府 국무위원회 중요기사」, 『新韓民報』, 1943년 10월 31일 자; 國史編纂委員會 編, 『韓國獨立運動史 資料3』(臨政篇3), p. 238.

71 이 선언서의 요점은 ① 한국인들은 마땅히 한국의 완전 독립과 자유를 강력히 요구하며 어떠한 국제간섭과 공동관리(共同管理)도 반대하고, ② 한국은 충분한 건국(建國)의 조건을 갖고 있으며, 전후에 동맹국이 평등·호혜의 대우를 해주면 한국은 즉시 강력한 국가가 될 수 있고, ③ 한국인들에게 '독립'을 보증해 줌으로써 한국인들의 반일투쟁 분위기를 격려해 주면 동맹국의 승리에 도움을 주며, ④ 전후 한국의 완전 독립은 아시아의 평화를 보장할 수 있다는 것이었다. 胡春惠, 『韓國獨立運動在中國』, pp. 295-296 참조.

72 이재호, 「대한민국 임시정부의 국제공동관리안 반대운동, 1942-1943」, 『한국독립운동사연구』 제48집, 2014 참조.

3) 카이로 회담 준비와 장개석(蔣介石)의 1943년 7월 26일 임시정부에 대한 약속

미국 대통령 루스벨트는 영국 외상 이든과 전후에 한국을 '국제 공동의 신탁통치'하에 두고 만주와 대만은 중국에 돌려주기로 합의한 직후, 중국의 장개석(蔣介石)과 회담하여 미국의 전략에 대한 동의와 협력을 얻어야 할 필요에 직면하게 되었다.[73] 루스벨트는 1943년 5월 장개석에게 양국의 전쟁역량 문제를 협의하기 위해 양국 수도의 중간지점에서 가을 중에 수뇌 회담을 가질 것을 제의했다.

중국 측도 미군의 병기 보급과 공군 지원이 절대적으로 필요한데, 영국과는 달리 미국은 중국을 동열로 우대했으므로 장개석은 이에 찬성하여 회담 준비는 급진전되었다. 이렇게 하여 1943년 11월에 '카이로 회담'이 열리게 된 것이다. 중국은 한국 문제에 대한 대한민국 임시정부의 계속된 요청을 받고, 카이로 회담에서 전후 '한국의 독립'을 미국으로부터 보장받아 성명하려고 하였다. 반면에 미국은 카이로 회담에서 한국 문제에 대해서 완전 독립이 아니라 '신탁통치'를 중국과 합의하려고 하였다.

---

73 미국과 영국은 1943년 5월 8일 런던에서 합동참모회의를 개최하여 일본군이 버마를 점령한 후 미군이 싸우고 있는 남태평양 전선으로 승승장구 남하하는 추세에 대응할 전략을 수립하였다. 그 요지는 미국·중국·영국이 연합하여 버마 주둔 일본군을 공격하고, 중국으로 가는 버마 경유 육로를 재개통하여 병기와 보급물자를 공급해서 중국 관내에서 일본군과 싸우고 있는 중국군의 전투력을 대폭 강화하여 일본군의 병력을 묶어둠으로써 일본군의 인도 점령과 오스트레일리아·뉴질랜드로의 남하를 불가능하게 한다는 것이었다. 이를 위해서 중국은 5개 사단을 새로 더 편성하거나 차출하여 버마의 일본군을 공격해야 하는데, 이미 지쳐 있는 중국을 설득하기란 용이한 일이 아니었다. 왜냐하면 일찍이 1941년 12월 23일 처칠이 워싱턴을 방문하여 루스벨트를 설득해서 미국은 우선 독일의 패배에 주력하고 그 다음에 일본 패배에 전력을 투입하기로 합의한 결과, 미국의 군수 보급이 중국과 태평양 전선에는 불충분하게 공급되어 중국군도 일본군에 밀리고 맥아더의 미군도 일본군에게 밀리는 경험을 했기 때문이었다. 루스벨트는 장개석이 처칠과 루스벨트의 유럽 우선 정책에 내심 불쾌감을 갖고 있음을 알고 있었다.

영국은 한국에 대해서는 '신탁통치'를 적극 지지하되 성명문에서는 식민지 민족들에 대해 일체 언급이 없도록 해서 인도·버마 등 영국 식민지의 민족주의자들을 자극하지 않으려고 하였다.

카이로 회담의 준비 기간에 중경에 있던 임시정부는 중국국민당 정부의 요인들에게 전후 한국의 '완전 독립' 보장과 '임시정부'의 승인을 요구하면서 미국·영국 등 연합국 열강에게도 중국이 나서서 이 목표를 관철시켜 주도록 협력을 요청하였다. 대한민국 임시정부와 요인들의 요청에 응하여 중국국민당 정부 수뇌 장개석은 1943년 7월 26일 임시정부 요인들을 회견하였다. 장개석이 초청한 임시정부 요인은 주석 김구(金九), 외무부장 조소앙(趙素昻), 선전부장 김규식(金奎植), 의정원 의장 홍진(洪震), 광복군 사령 이청천(李青天), 군무부장 겸 광복군 부사령 김원봉(金元鳳) 등 6인이었다.[74] 이 중에서 의정원 의장 홍진은 사정상 회견 때에는 참석하지 못하였다.[75] 이 회견의 내용에 대해 오 비서장이 교열한 중국 측 문서의 기록을 요약하면 다음과 같다.[76]

장개석은 먼저 중국 혁명의 최후 목적은 '조선의 완전 독립'을 돕는 데 있으며, 이 사업은 힘들고 큰 사업이므로 한국 혁명동지들은 한 마음으

---

74 ① 愼鏞廈, 「대한민국임시정부와 카이로선언」, 『대한민국 임시정부 수립80주년기념논문집』(하), 1999.
② 박명희, 「카이로회담에서의 한국문제에 대한 중화민국정부의 태도」, 『동양학』 제47호, 2010.
③ 韓詩俊, 「카이로선언과 대한민국 임시정부」, 『한국 근현대사 연구』 제71집, 2014 참조.

75 장개석(蔣介石)의 회견은 1943년 7월 26일 오전 9시에 중국 군사위원회 2층 회객실(會客室)에서 개최되었다. 중국 측은 군사위원장(총재) 장개석과 비서장 오철성(吳鐵城)이 참석하였다. 대한민국 임시정부 측은 김구(金九), 조소앙(趙素昻), 김규식(金奎植), 이청천(李青天), 김약산(金若山) 등과 통역으로 안원생(安原生)이 참석하였다. 「韓國臨時政府領袖 金九等 會見總裁」, 白凡金九先生全集編纂委員會 編, 『白凡金九全集』 제5권, p. 253 참조.

76 「總裁接見韓國領袖談話紀要」(1943. 7. 26.), 白凡金九先生全集編纂委員會 編, 『白凡金九全集』 제5권, pp. 251-253 참조.

로 단결하여 노력 분투해서 복국운동을 완성할 것을 희망한다고 인사말을 하였다. 이에 대하여 한국 측에서 김구·조소앙이, 영국과 미국은 조선의 장래의 지위에 대하여 국제공관(國際共管) 방식을 채용하자는 주장이 자못 있는데 중국 측은 이에 현혹되지 말고 한국 완전 독립 주장의 지지를 관철해 주기를 바란다고 요청하였다. 이에 대하여 장개석은 "영국과 미국 측은 이(한국에 대한 국제공관) 논조를 확실하게 갖고 있으므로, 장래 쟁집(爭執)이 반드시 매우 많을 것이다. 그러므로 한국 내부의 정성 통일과 공작표현이 반드시 필요하다. 중국은 역쟁(力爭)하겠다."[77]라고 약속하였다.

즉 중국 장개석과 한국 임시정부 주석 김구 등 요인들과의 1943년 7월 26일 회견에서, 김구·조소앙 등 한국 임시정부 측이 전후 한국의 장래에 대해 영국과 미국이 일정 기간 국제 공동 관리의 신탁통치를 실시하려는 데에 중국 측은 현혹되지 말고 완전 독립을 주장하는 한국의 요구를 지지 관철해 달라고 요청하자, 장개석은 중국은 한국 측의 완전 독립을 지지 관철하기 위해서 영국·미국 측의 국제공관 주장에 대해 역쟁(힘써 싸움)하겠으며, 곧 이러한 역쟁에 착수하겠다고 약속한 것이었다. 이때는 바로 장개석이 미국 대통령 루스벨트로부터 '카이로 회담'을 제의받고 합의했던 때이므로, 장개석이 "바야흐로 역쟁(力爭)에 착수하겠다"라고 약속한 것은 '카이로 회담'에서 자기는 영국·미국의 한국 신탁통치안에 반대하고 완전 독립을 보장받기 위하여 역쟁하겠음을 약속한 역사적이고 획기적인 것이었다.

또한 이 자리에서 장개석은 대한민국 임시정부 요인들에게 "한국은 전후에 독립될 것이며 이것은 중국 정부의 결정된 정책"[78]이라고 약속하

---

77 「總裁接見韓國領袖談話紀要」(1943. 7. 26.), 白凡金九先生全集編纂委員會 編, 『白凡金九全集』 제5권, p. 252.

78 中國國民黨黨史會藏, 「1943年 8月 5日 '韓國臨時政府宣傳部長 金奎植對旅美韓僑廣播講詞' 副本」; 胡春惠, 『韓國獨立運動在中國』, p. 236.

였다. 중화민국 영수 장개석의 이러한 역사적 '약속'이 있자, 대한민국 임시정부 측 조선민족혁명당 위원장인 김규식은 중경에서 1943년 8월 5일 하와이와 미국 본토에 있는 한국 교포 및 조선민족혁명당 당원들에게 이 사실을 영어방송으로 상세히 알리고 독립운동과 조직의 강화를 고취하였다.[79] 또한 이 영어방송은 중국어로도 번역되었다.[80]

4) 연합국의 카이로 회담과 '카이로 선언'

카이로 회담에 1개월 앞서 1943년 10월에는 연합국 외상회담이 모스크바에서 개최되었다. 미국 대통령 루스벨트는 외상회담에 참석하는 국무장관 헐에게 미국이 제안한 바인 식민지 민족들에게 '신탁통치를 광범위하게 적용하는 문제'에 대해 연합국 사이에 명확한 합의에 도달하도록 훈령하였다.[81] 훈령에 따라 헐은 1943년 10월 29일 영국과 소련 외상에게 이 문제를 제기했으나, 영국 외상 이든은 이 제안에 반대한다는 입장을 명백히 했다. 영국은 자기의 식민지들에 대해 연합국의 어떠한 국제 공동의 신탁통치에도 반대하고 있었고, 영국의 단독 위임통치 또는 다른 형태의 지배관계를 구상하고 있었다. 한편 소련 외상 몰로토프(V. M. Molotov)는 미국 측 제안을 지지했다. 신탁통치 문제는 카이로 회담으로 넘겨졌다.

1943년 11월 22일 개최된 카이로 회담에서 미국 대통령 루스벨트는

---

79 "Radio Broadcast Message to the Korean National Revolutionary Party in Hawaii and the Mainland U.S.A. 1943. 8. 5.", 白凡金九先生全集編纂委員會 編, 『白凡金九全集』 제5권, pp. 266-268 참조.

80 「韓國宣傳部長 金奎植 對旅美韓僑廣播 全文, 1943. 8. 5.」, 白凡金九先生全集編纂委員會 編, 『白凡金九全集』 제5권, pp. 254-265 참조.

81 Cordell Hull, *Memoirs 2*, 1943, pp. 1304-1305; U.S. Department of State, *Foreign Relations of the United States: 1943(I)*, Washington, D.C.: U.S. Government Printing Office, 1956, pp. 542-543 참조.

전후 식민지에 국제 공동의 신탁통치 문제를 거론하되, 한국에 대해서는 미국·중국·소련 3개국에 의한 국제 공동의 신탁통치안을 중국의 장개석과 영국의 처칠에게 제안하여 동의를 얻을 작정이었으며, 중국의 동의 획득에는 자신이 있다고 예측하였다.[82]

그러나 중국의 장개석이 11월 23일 루스벨트에게 제안한 것은 한국의 독립을 약속하는 성명을 카이로 회담에서 즉각 발표하자는 것이었다. 대한민국 임시정부의 요청에 응해서 1943년 7월 26일 임시정부 주석 등 요인들에게 약속한 사항을 실천한 것이었다.[83] 장개석은 한국의 독립이 일본과 기타 세력의 중국 대륙 침략을 차단하는 구조가 된다고 보는 입장이었다.

한편 영국의 처칠은 미국의 국제 공동의 신탁통치안에도 반대했을 뿐 아니라, 장개석의 한국 독립 보장에는 더욱 반대하였다. 영국의 외무차관 카도건(Alexander Cadogan)은 카이로 선언에 한국 독립에 관한 보증 성명을 넣는 것도 적극 반대하였다.[84] 영국 측은 일본의 한국 지배를 계속 허용하는 것이 일본과 강화협정 체결을 용이하게 할 것이라고 보았기 때문이었다.[85] 또한 한국의 독립 보장은 인도의 독립운동을 직접 고무할 것이었기 때문이었다고도 볼 수 있다.

카이로에서 3국 수뇌의 의견 차이를 조정하는 과정에서 장개석은 완강하게 영국 측 입장에 반대하고, 한국의 독립을 보장하는 성명을 회담 선언문에 넣자는 중국의 제안을 루스벨트가 지지해 주도록 각별히 노력

---

82 "The Conference at Cairo and Tehran", U.S. Department of State, *Foreign Relations of the United States: 1943*, p. 257 참조.

83 愼鏞廈, 「대한민국임시정부와 카이로선언」 참조.

84 Chi-yun Chang, *Record of the Cairo Conference,* Taipei: China Culture Publishing Foundation, 1953, pp. 4-10 참조.

85 Soon Sung Cho, *Korea in World Politics, 1940-1950,* Berkeley: University of California Press, 1967, p. 18 참조.

하였다.[86] 미국은 카이로 회담에서 중국의 비중을 매우 높이 두었으므로, 중국 측 주장과 미국 측 제안을 모두 포용하고자 하였다. 영국은 한국에는 직접 이해관계가 없다고 보아 미국의 제안에 결국 동의하였다. 그 결과 카이로 회담에서는, 다음과 같은 카이로 회담 선언이 1943년 11월 27일(추후 공식일자로는 12월 1일) 채택 공포되었다.

각군 사절단은 일본국에 대한 장래의 군사작전을 협정하였다. 3대 연합군은 해로·육로·공로로써 야만적인 적군에 대하여 가차 없는 압력을 가할 결의를 표명했다. 이 압력은 이미 증대되어 가고 있다. 3대 연합국은 일본국의 침략을 제지하고 일본국의 침략을 징벌하기 위하여 현재의 전쟁을 수행하고 있는 바이다. 위 연합국은 자기 자신들을 위해서 이득을 요구하고 있는 것이 아니며 또한 영토 확장의 의도도 없다. 위 연합국의 목적은 일본국으로부터 1914년 제1차 세계대전 개시 이후에 일본국이 장악 또는 점령한 태평양의 모든 도서들을 박탈할 것과, 아울러 만주·대만·팽호도 등 일본국이 중국인들로부터 절취한 일체의 지역을 중화민국에 반환함에 있다. 또한 일본국은 그가 폭력과 탐욕에 의하여 약취한 모든 다른 지역으로부터도 축출될 것이다. 위의 3대국은 한국 민중의 노예 상태에 유의하여 적당한 시기에 한국이 자유롭게 되고 독립하게 될 것을 결의하였다(The Aforesaid three great powers, mindful of the enslavement of the people of Korea, are determined that in due course Korea shall become free and independent).

이러한 목적으로 위의 3대 연합국은 일본과 교전 중인 여러 연합국들과 협조하여 일본의 무조건 항복을 촉진하는 데 필요한 엄중하고도 장기적인 작전을 계속할 것이다.[87]

---

86 Chi-yun Chang, *Record of the Cairo Conference*, p. 6 참조.

87 U.S. Department of State, *In Quest of Peace and Security: Selected Document on American Foreign Policy, 1941-1951*, Washington, D.C.: U.S. Government Printing Office, 1951, p. 10.

위의 '카이로 선언'에서 한국과 관련된 부분은, "위의 3대국은 한국민중의 노예상태에 유의하여 ① 적당한 시기에(in due course) ② 한국이 자유롭게 되고 독립하게 될 것(Korea shall become free and independent)을 결의했다"라는 부분이다. 이 중에서 ② "한국이 자유 독립하게 될 것"이라는 부분은 중국 장개석의 제안을 채택한 것이고, ① "적당한 시기에"는 미국 루스벨트의 제안을 채택한 것임을 알 수 있다.

카이로 선언의 공표를 보는 세계 약소민족들의 반응은 다양하였다. 인도 독립운동의 지도자 네루(Jawaharlal Nehru)는 연합국이 한국에게 자유 독립국이 될 것임을 보장한 반면 인도는 계속 영국의 위임통치(British tutelage)하에 놓이게 될 것이라는 소식을 들었다고, 한국의 처지를 부러워하면서 인도를 이렇게 다루고 있는 나라들을 비판하고 개탄하였다.[88] 반면에 한국의 임시정부와 독립운동가들은 '한국의 독립' 보장에는 환호했지만, 'in due course('적당한 시기' 또는 '적당한 절차')'에 대해서는 거세게 항의 비판하였다.

미국 대통령 루스벨트는 카이로 선언에 대한 소련의 동의를 구하기 위해 1943년 11월 28일 바로 테헤란으로 가서 소련의 스탈린(Joseph V. Stalin)과 회담하였다. 영국의 처칠도 참석하였다. 테헤란에서의 1943년 12월 28일 제1차 공식회담에서 루스벨트는 미국의 필리핀 식민통치가 필리핀 사람들에게 독립을 준비하는 데 도움을 주었다고 설명한 후에 "한국은 완전 독립을 획득하기 전에 약 40년간의 훈련기간을 거칠 필요가 있다."[89]라고 하면서 '40년간의 신탁통치안'을 제안하였다. 즉 '적당한 시기(in due course)'의 내용을 루스벨트는 '40년간의 신탁통치'로 만들어 스탈린에게 제의한 것이었다. 스탈린은 이에 대하여 미군 주둔하에 40년인지 철수 후에 40년인지를 물었고, 미군 철수 후라는 답변을 들은 뒤

---

88 Jawaharlal Nehru(Dorothy Horman ed.), *Nehru, The First Sixty Years,* New York: John Day Company, 1965, pp. 101-102 참조.

89 Harry S. Truman, *Years of Trial and Hope*, New York: Doubleday, 1955.

'40년 신탁통치안'에 찬동하였다.[90] 테헤란 회담에서 미국·소련·영국 3대국 수뇌 사이에 합의된 'in due course'의 '40년 신탁통치'로의 내용 합의는 밀약이었기 때문에 물론 세상에 공표되지는 않았다.

5) 임시정부의 한국 독립 보장 환영과 신탁통치안 반대

카이로 선언이 1943년 12월 1일 세계에 공식 발표되자 중국의 통신들은 'in due course'를 '당연한 순서'라고 번역하여 신문과 라디오 등에서 보도하였다.

임시정부는 이미 이해 봄 영국 외상 이든이 미국 방문 때 미·영 간에 합의한 한국 '신탁통치'에 반대해 경계를 하고 있었으므로, 'in due course'가 '당연한 순서'라고 번역되었을지라도 그 내용은 '신탁통치'임을 즉각 간취하였다. 임시정부는 카이로 선언의 한국 독립 보장은 환영하지만 'in due course(당연한 순서)'에는 반대하기로 결의하고, 주석 김구는 1943년 12월 5일 한국 측은 "'당연한 순서'가 어떻게 해석되든지 간에 이 표현을 반대하며 일본이 패전하면 한국은 즉시 독립되어야지 그렇지 않을 때는 상대가 누구든지 역사적인 독립전쟁을 계속하겠다."라는 요지의 성명을 발표하였다.[91]

또한 미국에서도 임시정부의 입장을 지지한 『신한민보』는 12월 9일자의 「카이로선언과 한국문제」라는 논설에서 '당연한 순서'라는 표현은 피차 해석을 달리할 수 있는 것이라고 지적 비판하면서, 한국은 잠시일지라도 '어떤 순서'를 거칠 필요가 없이 바로 독립되어야 한다고 발표하였다.[92]

---

90 "The Conference at Cairo and Tehran", p. 869 참조.

91 「카이로회의 발표에 대한 김구 씨의 성명」, 『新韓民報』, 1943년 12월 9일 자; 國史編纂委員會 編, 『韓國獨立運動史 資料3』(臨政篇3), p. 239.

92 「카이로회의 발표에 대한 김구 씨의 성명」, pp. 239-240.

대한민국 임시정부는 그 이후에도 광복 때까지 계속하여 연합국의 신탁통치에는 단호한 반대 입장을 천명하고 반대운동을 꾸준히 전개하였다.[93]

5. 미주·하와이 등지의 독립운동과 임시정부에의 연합

1) 재미 한족연합위원회의 활동

(1) 중한민중동맹단(中韓民衆同盟團)의 출현

미주·하와이에서는 안창호 등이 조직한 '대한인국민회'와 이승만 등이 조직한 '동지회' 등 단체들이 협력 또는 경쟁하면서 한인의 권익을 위해 활동하는 가운데, 1932년 4월 29일 윤봉길 의사의 상해 홍구공원 의거에 고무되어 새로운 단체가 출현하기 시작하였다. 하와이 국민회 선전부에서 활동하고 있던 한길수(韓吉洙)가 1933년 3월 초에 하와이 육군 정보당국에 하와이 국민회장 이정근(李正根)과 정두옥(鄭斗玉)의 공동명의로 된 '하와이 일본인 여론조사'라는 보고서를 비밀리에 제출하였다. 이 보고서는 일본 해군이 선전포고 없이 하와이와 필리핀의 미 해군기지를 공격하려 하고 있으며, 하와이 내 일본인의 절반 이상이 미국이 아니라 일본에 충성하고 있고, 일본군의 하와이 기습 때 호응할 수 있는 특공대를 포함해 3종의 일본 지하조직이 있으며, 한국인과 일본인은 다른 민족이므로 한국인은 일본에 대항하여 미국 편에 있다는 요지였다.[94]

---

93 이재호, 「대한민국 임시정부의 국제공동관리안 반대운동(1942-1943)」 참조.

94 이때 한길수가 하와이 육군 정보당국에 제출한 보고서의 요지는 다음과 같다.
1) 하와이 일본인들은 일·미전쟁이 불가피하다고 생각하며, 일본의 필승을 믿고 있다.

이어서 한길수와 이용직(李容稷)은 연명 'W.K. Lyhan(William Lee Yongchik & Kenneth Haan)'으로 1933년 4월 20일 미국 육군장관에게 40장에 달하는 '한국의 호소(Korea's Appeal)'라는 문건을 우편으로 전달하였다. 이 문건의 내용은 하와이 육군 정보당국에 제출한 보고서를 더 자세히 설명하면서, 앞으로 일본의 선전포고 없는 기습에 의한 미일전쟁은 불가피한 것이니, 반일 성향이 있는 재미 한국인을 미군과 함께 활용해서 전쟁에 대비할 것을 촉구한 것이었다.[95] 하와이 한국인의 이러한 활동에 미국 정보당국과 연방수사국이 주목하여 조사했음은 물론이다.

한길수 등은 이 무렵 한국 독립운동의 지하 서클을 조직했던 것으로 보인다. 그들은 중국 내의 한국인 비밀결사와 연결되자 공식적으로 1935년 2월 15일 '중한민중동맹단(中韓民衆同盟團, 통칭 한중동맹단)'을 창단하였다.[96] 이때에도 비밀결사의 체제를 간직하여 회원과 조직은 공개하지 않았다. 명칭에 '中'과 함께 '韓'으로 한민족을 상징한 것과 미국 국방·방첩계통과 소통을 추구한 것을 보면, 이 단체는 중국 내 한국 독립운동 비밀결사와 연결된 하와이 한국인 민족주의 계통 청년들의 항일 비밀결사로 추정된다.[97]

---

2) 하와이 일본인은 남자 50%, 여자 80%가 일본에게 충성하고 있다.
3) 일본 해군은 선전포고 없이 기습으로 하와이와 필리핀의 미국 기지에 대타격을 가하려 하고 있다.
4) 하와이에는 특공대를 포함한 3종의 일본 지하조직이 있다.
5) 한인(韓人)은 일본인이 아니다.
① 방선주, 「1930년대 재미한인 독립운동」, 국사편찬위원회 편, 『한민족독립운동사』 제8권, 국사편찬위원회, 1990, p. 450.
② 미 육군 정보국(MID), 1766-S-146철 제2번 문서.
③ 홍선표, 『자주독립과 통일정부 수립을 위한 재미한인의 꿈과 도전』, 연세대학교출판부, 2011 참조.

95 방선주, 「1930년대 재미한인 독립운동」, pp. 449-450 참조.
96 김영범, 「혼백(Hornbeck)문서군 속의 韓吉洙 서한과 조선의용대·조선민족혁명당 사진」, 『한국 근현대사 연구』 제96집, 2021 참조.
97 고정휴, 「하와이 중한민중동맹단(1938-1945) 연구」, 『한국 근현대사 연구』 제34집,

일제가 1937년 중일전쟁을 도발하자 한길수는 미주 본토로 활동범위를 넓혀서 중한민중동맹단 워싱턴 대표의 자격으로 미국 법무부에 단체 등록을 하면서 중한민중동맹단의 목적을 공식적으로 처음 표기하였다. 그 목적은 ① 하와이와 미국 및 극동에서의 일본인 이민자들과 미국계 일본인들의 반미활동을 폭로하는 방첩활동, ② 극동에 있는 비밀요원들과의 접촉, ③ 이들의 보고를 정리하여 미국 정부의 담당 부서에 제출하는 것, ④ 순회 강연과 미국계 한국인 및 중국인 무관들과의 접촉, ⑤ 잡지와 신문에의 기사 제공 등이었다.[98] 이 단체는 항일 비밀결사로 실제 맹렬히 활동하는 회원들은 한길수 외에는 거의 공개되지 않았다. 하와이 한중동맹단의 회원은 약 30-50명이었던 것으로 추정되고 있다. 『신한민보』는 1939년 2월 16일 '하와이 한중동맹단'의 표면상의 임원을 처음으로 다음과 같이 공개하였다.

하와이 중한민중동맹단 임원

단장: 차신호

부단장: 최선주

서기: 최창덕

재무: 서정근

이사장: 민찬호

이사원: 권도인·정봉관·이태성·김백수·김경준·오창익[99]

2005 참조.

98 ① "Kilsos Haan in Washington", *The Korean Student Bulletin,* 1939년 3·4월 및 "Korean Testifies Before the House Foreign Affairs Commitee in Washington", *The Korean Student Bulletin*, 1939년 5·6월.
② 홍선표, 『자주독립과 통일정부 수립을 위한 재미한인의 꿈과 도전』, pp. 147-149 참조.

99 「한중동맹단 조직, 하와이에서」, 『新韓民報』, 1939년 2월 16일 자.

한길수는 중한민중동맹단 워싱턴 대표의 자격으로 미국 본토에서 미국 정부와 미국 국민들에게 일본의 침략전쟁 음모와 미국 기습을 예고하는 강연활동과 외교활동을 활발하게 전개하였다. 한길수는 1941년 3월 『삼국동맹과 미일전쟁』의 영어본을 작성하여 미국 국무성과 전쟁성에 보내어 일본의 기습 침략에 의한 미일전쟁 발발을 예고하고, 미국 국민들에게도 잡지와 강연을 통하여 이를 홍보 선전하였다.

일제가 1941년 12월 8일 하와이 진주만을 기습하여 미일전쟁을 도발해서 한길수의 예고가 적중하자, 미국 정부와 미국 국민들은 한길수의 주장을 경청하게 되어 그의 영향력은 미국 사회에서 크게 증대되었다. 미국 정부가 1942년 2월 19일 일본계 미국인의 강제수용법을 제정 집행하여 약 12만 명의 일본인을 수용소에 분리 수용해서 1944년 12월 19일까지 미국 사회에서 격리시킨 데에는 한길수의 활동의 영향이 가장 컸다는 일본 학자의 연구가 있다.[100]

(2) '중국후원회'와 '조선의용대후원회'

일제가 1937년 중일전쟁을 도발하자 중국 승전·일본 패전의 날 한국 독립이 가능하게 되리라고 보고 하와이와 미주 각지에서 '중국후원회'들이 자발적으로 조직되어 중국 측에 전쟁 비용 후원이 시작되었다. 샌프란시스코 한국인들은 1937년 7월 21일 시국문제 토론회를 개최하여 중국 항일전쟁 후원금의 자발적 모집을 결의하고, 대한인국민회에 중국과 대한민국 임시정부에 대한 후원활동 재개를 요청하였다. 이튿날인 7월 22일에는 오클랜드에서도 샌프란시스코 한국인들과 같이 중국 후원금 모금을 시작하였다.[101] 대표적 미주 한국인단체인 대한인국민회는

---

100 稻葉强, 「太平洋戰爭中の在美朝鮮人運動: 特に韓吉洙の活動を中心に」, 『朝鮮民族運動史硏究』 第7輯, 1991 참조.

101 「잡보(상항동포의 항일전쟁 특연개시)」, 『新韓民報』, 1937년 8월 26일 자 참조.

1937년 9월 초 비축금 3,000달러 가운데 1,000달러를 '중국항일동점금(중국 항일전쟁 후원금)'으로 떼어 송금하기로 결의하였다.[102]

뉴욕 한국인들은 1937년 9월 12일 '뉴욕한인연합 중국후원회'를 조직하고 후원금 모집을 시작했을 뿐 아니라, 9월 17일 한국 학생과 중국 학생 500-600명이 피켓을 들고 일본 총영사관 앞에 모여 일제의 침략정책을 규탄하는 대대적 시위를 벌였다.[103]

뒤이어 로스앤젤레스에서도 1938년 1월 '로스앤젤레스 한인연합중국후원회'가 조직되어 후원금 모집과 일본 상품 배척운동을 전개하면서 일제를 규탄하였다.[104] 이에 뉴욕·샌프란시스코·로스앤젤레스의 중국후원회를 중심으로 미주 각지 한국인 사이에 중국 측 승리를 위해 중국 후원 활동이 전개되고, 모집된 후원금이 중국 측(주로 중국 피난민 구제 담당 송미령 측)에 송금되었다.[105]

재미 한국인들은 중국후원회 활동 도중 중국 한구에서 1938년 10월 한국 청년들이 공식적으로 '조선의용대(朝鮮義勇隊)'를 편성하여 중국군과 함께 항일전쟁을 전개하게 되었다는 매우 기쁘고 반가운 뉴스를 『新韓民報』에서 읽게 되었다.[106] 재미 한국인들은 기쁨에 넘쳐 1939년 1월부터 종래의 중국후원회를 '조선의용대후원회(朝鮮義勇隊後援會)'로 개편하기 시작하였다.

'조선의용대'는 앞장에서 쓴 바와 같이 의열단 단백 출신 김원봉(金元鳳)이 1938년 10월 중국 하북성 한구에서 창설한 한국인 무장 독립군인데, 중국국민당과 정부로부터 공식 승인을 받고 중국 국민군과 공동항일작전을 하게 된 독립군이었다.[107] 이 때문에 재미동포들은 이를 '한인국

---

102 「국민회 제4게 중앙집행위원회 결의안」, 『新韓民報』, 1937년 9월 9일 자 등 참조.
103 「잡보(뉴욕 재류동포의 활동)」, 『新韓民報』, 1937년 9월 23일 자 참조.
104 「잡보(변준호씨 뉴욕 도착)」, 『新韓民報』, 1938년 5월 5일 자 참조.
105 「잡보」, 『新韓民報』, 1938년 2월 17일 자, 5월 12일 자 및 6월 23일 자 참조.
106 「한구에서 조선의용대 정식 성립」, 『新韓民報』, 1938년 11월 3일 자 참조.
107 金榮範, 「朝鮮義勇隊 研究」 참조.

제군(韓人國際軍)'이라고 호칭하면서 후원금을 모집하고 후원하기도 하였다.[108] 조선의용대는 중일전쟁 이후 중국 관내의 최초 한국인 독립군이었기 때문에 미주와 하와이에서는 국민회와 동지회, 종교와 당파를 초월하여 애국심 강한 재미 한국인들이 모두 이를 적극 후원하고 후원금 모집에 참가하였다.

로스앤젤레스, 뉴욕, 시카고 등 대도시에서는 1939년 4월 날씨가 풀리자 중국후원회를 조선의용대후원회로 개편하면서 수백 명의 한국인들이 일본영사관 앞에 집합하여 "한국을 돌려달라", "일본군은 중국에서 물러가라" 등이 쓰인 피켓을 들고 구호를 외치며 격렬한 시위운동을 전개하였다. 특히 재미 한국인들이 가장 많이 거주하는 로스앤젤레스에서는 1939년 8월 27일 안석중(安奭中), 변준호(卞俊鎬) 등 60여 명이 종래의 미주 내 중국후원회를 해소하고 '조선의용대후원회'를 성립한다는 선언문을 발표하였다.[109] 그들은 이어서 10월 7일 '조선의용대미주후원회연합회(朝鮮義勇隊美洲後援會聯合會, The League to Aid Korean Volunteers in China)'를 결성하고, 이에 동조하는 중국인 및 미국인들과 함께 로스앤젤레스 일본영사관 앞에 진출하여 한국 독립과 일본침략군 철수를 요구하는 격렬한 피켓 시위를 전개하였다.[110] 뉴욕과 시카고 등 각지 조선의용대후원회들도 조선의용대미주후원회연합회에 가입하여 이 단체는 상당히 큰 미주 독립운동 세력이 되었다.[111]

조선의용대미주후원회연합회는 자신들의 회관으로 로스앤젤레스에 '의용관(義勇館)'을 설치하고, 『의용보(義勇報)』라는 자체 소식지를 발행하였다. 그들은 한국 독립을 요구하고 일제의 침략전쟁을 규탄하는 홍보활

108 홍선표, 『자주독립과 통일정부 수립을 위한 재미한인의 꿈과 도전』, pp. 163-169.

109 「조선의용대후원회 성립선언」, 『朝鮮義勇隊通訊』 제28기(1939. 11.) 참조.

110 「잡보(조선의용대후원회의 나성 왜영사관에 피케팅)」, 『新韓民報』, 1939년 1월 12일 자 참조.

111 「사업성적서」 및 「연합회소식」, 『의용보』, 1941년 1월호 참조.

동과 시위운동을 맹렬히 전개하였다. 특히 1941년 3·1절에는 로스앤젤레스 일본영사관 앞에 집합하여 대규모 집회를 열고 일제 침략을 규탄하면서 한국 독립을 절규하였다.[112]

1942년 5월 조선의용대가 중국에서 임시정부의 한국광복군 제1지대로 합동 편입되자 미주 조선의용대미주후원회연합회는 해소했고, 이를 1942년 6월 '조선민족혁명당 미주총지부(朝鮮民族革命黨 美洲總支部, The North American Branch of Korean National Revolutionary Party)'로 확대 개편하여 활동하였다.

(3) '한국광복군후원회'

일제의 중일전쟁 도발과 중국 동해안 점령으로 대한민국 임시정부는 피란길에 올라 중국 주요 도시를 지나던 중 1940년 중경 부근에서 임시정부의 국군으로 한국광복군(韓國光復軍) 창군을 준비하였다. 1940년 1월 22일 임시정부 재무총장의 명의로 광복군 창군 계획 공함과 후원 요청을 받자 북미 대한인국민회는 『新韓民報』를 통해 이 사실을 동포에게 널리 알리고 후원활동을 시작하였다.[113] 이어서 임시정부 주석 김구는 1940년 5월 23일 자 공함으로 임시정부 광복군 조직 진행 과정을 재미동포에게 알렸고,[114] 1940년 9월 2일 자 공함에서는 광복군 창군 일자를 '9월 17일'이라며 광복군 총사령부 성립일자까지 알리면서 후원을 요청하였다.[115]

북미국민회와 하와이국민회는 1940년 6월 17일 재미 한국인 동포들에게 '포고문'을 발표하여 임시정부의 광복군 창군을 후원하는 성금 모금

112 최기영, 「조선의용대와 미주한인사회」, 『한국 근현대사 연구』 제11집, 1999 참조.
113 「임시정부의 광복군 조직」, 『新韓民報』, 1940년 2월 15일 자 참조.
114 「임시정부 독립광복군 조직」, 『新韓民報』, 1940년 6월 13일 자 참조.
115 「광복군 성립을 비준」, 『태평양주보』, 1940년 10월 12일 자 및 「국민회총회 중요결의」, 『新韓民報』, 1940년 10월 10일 자 참조.

에 적극 참여해 줄 것을 요청하였다. 국민회는 로스앤젤레스 라디오 방송국과 미국 영자 신문에도 광고 홍보하여 중경 임시정부의 광복군 소식을 널리 알리고 동포들의 동참을 호소하였다. 국민회의 이러한 활동은 큰 성과를 내어 각지에 광복군후원회가 조직되는 등 활발한 모금 활동이 일어나서 당시로서는 거액의 광복군 후원금이 모집되어 임시정부에 송금되었다. 이 광복군 후원금 모집에는 국민회뿐만 아니라 동지회도 참가하였다.

임시정부 주석 김구는 『백범일지』에서 "나는 임시정부에서 이청천(李青天)을 총사령관으로 임명하고, 미국 하와이 동포들로부터 원조받은 3-4만 원(달러를 의미-필자) 등 가진 역량을 다하여 중국과 서양 인사들을 초청하며, 우리 한인을 총동원하여 중경 가릉빈관(嘉陵賓館)에서 광복군 성립 전례식을 거행하였다."[116]라고 기록하였다. 즉 임시정부의 한국광복군 창군에 중국국민당 정부의 원조는 없었고, 전적으로 미주와 하와이 동포들의 광복군 후원금 3-4만 달러로 임시정부의 한국광복군이 창군된 것이었다.

총사령부 성립 전례식의 개최 성료로 마침내 임시정부의 한국광복군이 그 지휘부부터 창설되었다는 주석 김구의 전보를 받자, 북미 대한인국민회는 축전을 보냄과 함께 1940년 10월 20일 '광복군 성립 축하식'을 로스앤젤레스·샌프란시스코·뉴욕·오클랜드·메리다·딜레노 등지에서 큰 규모로 거행하여 광복군 후원의 제고를 다짐하였다.[117] 특히 주목할 것은 그간 때때로 대립 경쟁해 오던 하와이 국민회와 동지회의 한국인들이 1941년 3.1절에는 협동하여 연합경축식을 열고 광복군후원회를 합동 조직하기로 결의하였다는 사실이다. 그 결과 하와이의 1941년 3·1절 경축식은 호놀룰루뿐만 아니라 각 섬들에서 국민회와 동지회가 단결 연합하

116 金九, 『白凡逸志』(백범학술원 총서2), 나남, 2002, p. 389.

117 「각 지방의 광복군 축하식」, 『新韓民報』, 1940년 10월 13일 자 참조.

여 거행되었고,[118] 그 자리에서 모집된 성금만도 무려 2,000여 달러가 되었다.[119] 그 결과 하와이에서는 국민회와 동지회가 연합하여 1941년 3월 13일 '대한광복군후원금 관리위원회'가 조직되었다.[120] 이때 하와이 대한광복군후원금 관리위원회(통칭 '한국광복군위원회')의 조직은 다음과 같았다.[121]

위원장: 안원규(국민회)
재무: 손승운(동지회)·조병요(국민회)
위원: 김원용(국민회)·도진호(동지회)

(4) 재미한족연합회의 결성

1941년 3·1절 연합경축식이 대성공을 이루자, 그 이전부터 제기되어 오던 작은 서클들로 분산된 미주 한국민족이 대동단결하여 하나의 연합체를 결성해서 보다 효율적으로 독립운동을 전개하자는 여론이 미주 한인사회에서 다시금 비등하게 되었다. 이에 1941년 4월 20일부터 29일까지 하와이 호놀룰루에서 '해외한족대회(海外韓族大會, The All-Korean Overseas Convention)'가 개최되었다. 이 대회에는 다음과 같이 북미의 2개 단체와 하와이의 6개 단체, 모두 8개 단체의 대표 15명이 참가하였다.

118 「한국 독립광복군, 하와이 6천동포의 힘있는 후원」, 『新韓民報』, 1941년 3월 27일 자 참조.
119 「대한광복군후원금 청연」, 『태평양주보』, 1941년 3월 29일 자 참조.
120 홍선표, 『자주독립과 통일정부 수립을 위한 재미한인의 꿈과 도전』, pp. 152-154 참조.
121 「대한광복군후원금 청연」 및 「한국광복군후원회 조직」, 『新韓民報』, 1941년 4월 3일 자.

북미 국민회: 한시대, 김호, 송종익
동지회: 안현경, 이원순, 도진호
하와이 국민회: 안원규, 김현구, 김원용
중한민중동맹단: 차신호
대조선독립단: 강상호
한국독립당 하와이총지부: 임성우
조선의용대 미주후원회 연합회: 권도인
하와이 대한부인구제회: 민함나, 심영신[122]

해외한족대회는 8일간의 회의 끝에 1941년 4월 29일 다음과 같은 요지의 '해외한족대회결의안'을 합의 발표하였다.

① 독립전선의 통일: 주의와 이론을 초월하고 모든 신문·잡지의 논조를 통일하여 온갖 역량을 항일전선에 집중한다.
② 임시정부의 봉대: 모든 민족단체들은 임시정부를 절대 신뢰하고 물질과 정신을 다해 희생 봉사하며, 임시정부로부터 발표되는 모든 명령을 준행한다.
③ 군사운동: 우리 국민 전체가 광복군 된 인식을 하여 전선 출동에 대한 준비 훈련을 행하기로 한다. 아울러 한국광복군과 조선의용대는 무조건 임시정부 통제하에 합작하여 대일항전을 전개할 것을 요청하기로 한다.
④ 외교운동: 외교기관으로 주미외교위원부(駐美外交委員部)를 워싱턴 D.C.에 설치하되, 외교위원 한 사람을 두어 전무(專務)하게 하고, 시국의 전개와 사무의 증가에 따라 인원을 보충하기로 한다. 주미외교위원부의 소요경비는 재미동포가 부담하되, 대미외교의 대표는 이승만(李承晩)으로 택정하기로 하였다.[123]

122 홍선표, 『자주독립과 통일정부 수립을 위한 재미한인의 꿈과 도전』, p. 183.
123 ① 유영익, 『이승만의 삶과 꿈』, 중앙일보사, 1996.
② 유영익 편, 『이승만 연구』, 연세대학교출판부, 2000.

⑤ 미국 국방공작의 원조: 봉사원 1인을 선정하되 그 경비는 재미한인이 부담한다. 미국 국방공작 봉사원은 한길수(韓吉洙)로 택정하였다.

⑥ 재정방침: 종래 각 단체에서 시행하던 각종 독립의견금을 폐지하고 '독립금'이라는 이름으로 수합하되, 연 예산은 2만 달러로 책정하였다. 이 가운데 3분의 2는 임시정부에 상납하고, 3분의 1은 외교비와 국방공작 원조에 사용하기로 하였다.

⑦ '재미한족연합위원회' 설치: 독립운동 추진을 위해 '재미한족연합위원회'라는 연합기관을 설치하기로 하였다. 재미한족연합위원회는 '의사부'와 '집행부'로 구성하되 의사부는 하와이에, 집행부는 북미에 두기로 하였다. 설립 목적은 조국의 독립운동과 그 전선을 통일하여 항전 승리를 획득하며, 미주 한인 동포사회의 발전과 향상을 위하여 연락 협조하는 데 두었다. 또한 참가 단체는 재미 한족의 정치단체로 한정하고, 체제는 위원제로 하되 위원은 해외한족대회 출석 대표 전부와 하와이의 국민회·동지회 및 북미의 국민회 수석으로 선출하기로 하였다. 재미한족연합위원회는 미국 국방공작의 후원 사무를 관리하도록 하였다.[124]

해외한족대회 결의의 초점은 '재미한족연합회'를 설치하여 이를 총본부로 해서 대동단결하여 임시정부를 후원하면서 미국과의 외교와 국방공작을 후원하되, 하와이와 북미가 지리상 멀리 떨어져 있으므로 하와이에는 '의사부'를 두고 북미(로스앤젤레스)에는 '집행부'를 두는 분업과 협업체제로 조직하며, 각 단체의 의연금 모금은 재미한족연합회의 '독립금'

---

③ 고정휴, 『이승만과 한국독립운동』, 연세대학교출판부, 2004.
④ 정병준, 『우남 이승만 연구』, 역사비평사, 2005.
⑤ 홍선표, 『자주독립과 통일정부 수립을 위한 재미한인의 꿈과 도전』.
⑥ 손세일, 『이승만과 김구』(전7권), 조선뉴스프레스, 2015 참조.

124 ① 홍선표, 『자주독립과 통일정부 수립을 위한 재미한인의 꿈과 도전』, pp. 187-189.
② 민주주의민족전선, 『해방조선』, 과학과사상, 1988, pp. 153-156.

모금으로 통일하여 관리한다는 것이었다. 즉 재미한족연합회가 총본부가 되어 '독립금' 모금과 관리를 통일하며, 하와이의 '의사부'에서는 한길수를 중심으로 독립운동 정책의 결정과 미 국방공작 후원을 담당하고, 북미의 '집행부'에서는 이승만을 중심으로 독립운동 외교활동을 한다는 체제였다.

해외한족대회의 결의에 따라, 하와이에서 1941년 4월 29일 재미 한국인의 대동단결 연합체로서 '재미한족연합위원회'가 결성되었다. 하와이에 설치된 재미한족연합위원회 '의사부'의 결성 당시 간부는 다음과 같았다.

위원장: 이원순(동지회)

부위원장: 안원규(국민회)

비서위원: 국문서기 도진호(동지회), 영문서기 김원용(국민회)

재무: 조병요(국민회), 손승운(동지회)

국방위원: 김현구(국민회)

검사위원: 차신호(중한민중동맹단)

의사위원: 강상호(대조선독립단), 민함라(하와이 대한부인구제회, 동지회), 심영신(하와이 대한부인구제회, 국민회)

또한 로스앤젤레스에 설치된 재미한족연합위원회 '집행부'의 결성 당시 간부는 다음과 같았다.

위원장: 김호(국민회)

서기: 이경선(중한민중동맹단), 신두식(조선의용대 미주후원회)

재무: 송종익(국민회), 송철(동지회)

위원: 한시대(국민회), 김병연(국민회)

재미한족연합위원회의 '의사부' 및 '집행부' 간부들은 2년 임기제였으므로 그 후 다수가 교체되었고, 지방별로 지회들이 설치되어 조직도 크게 분화 발전하였다. 특히 집행부 위원 이승만은 워싱턴 D.C.에 '워싱턴 사무소'를 설치하여 활동해서 집행부의 외교 활동은 워싱턴 D.C.를 중심으로 전개되었다.

(5) 독립운동자금 지원활동

재미한족연합위원회 결성 후 '독립금' 모집활동은 재미 한국인들의 경제 조건에 비추어 볼 때 상당히 성공적이었다. 연합위원회 출범 후 '의사부'뿐만 아니라 '집행부'도 자금을 모집하여 상당한 금액의 독립금이 모집되었다. 이 가운데서 임시정부에 송금된 금액은, [표 14-1]에서 보는 바와 같이, 결성 직후부터 1945년 8월 광복까지 총 5만 7,724달러였다.

독립금 모금이 성공적이었는데도 불구하고 임시정부 송금액이 처음의 3분의 2가 되지 못하고 훨씬 적어진 이유는 다음 이유들 때문이었다. 첫째, 광복군의 군사운동 지원금은 광복군이 항일전에 들어간 군사운동 때부터 송금하도록 규정했는데, 광복군이 군사훈련만 하고 아직 항일전에 들어가지 않았으므로 군사운동 지원금을 비축해 두었기 때문이었다. 둘째, 미주와 하와이 지역 내에서 독립운동이 활발하게 되어 소요 경비가 대폭 증가했기 때문이었다. 셋째, 미주 집행부와 이승만의 워싱턴 사무소

[표 14-1] 연합위원회의 임시정부 재정지원 상황 (단위: 미국 달러)

구분	1941. 5.-1942. 12.	1943	1944	1945	합계
집행부	9,200	4,561	2,988	0	16,749
의사부	20,420	16,410	2,925	1,220	40,975
합계	29,620	20,971	5,913	1,220	57,724

자료: 홍선표, 『자주독립과 통일정부 수립을 위한 재미한인의 꿈과 도전』, p. 249.

가 모집된 독립금을 독자적으로 지출하고 임시정부에는 적게 송금했으며 특히 1945년부터는 전혀 송금하지 않았기 때문이었다.

그러나 독립금 헌납이 조국 독립에 도움이 되는 길이라는 생각에, 하와이와 미주뿐만 아니라 멕시코, 쿠바 등지의 한국인까지도 가난한 생활 속에서도 성금을 헌납해서 이 시기 한국 독립운동에 큰 도움을 주었다.

(6) 한인 경위대(맹호군)의 편성

일제가 1941년 12월 8일 하와이 진주만을 기습하여 태평양전쟁이 일어나자, 미국 국방부는 재미한족연합회에 협조를 요청했다. 이에 재미한족연합회는 로스앤젤레스와 샌프란시스코에 '캘리포니아 한인 경위대(California Korean Reserves)'를 편성하고, 하와이에도 '하와이 한인 경위대(Hawaii Korean Reserves)'를 편성하였다.

미국의 캘리포니아주 국방경위군(The California National Guard Army)은 주내 거주 한국인·중국인·필리핀인을 무장시켜 국방 강화에 협조를 얻으려 했는데, 재미한족연합회가 협조에 나선 것이다. '로스앤젤레스 한인 경위대'는 1941년 12월 22일과 1942년 1월 4일 2차에 걸친 모집 광고에 응한 78명의 한국인 대원으로 편성되었다.[125] 이들은 미국 캘리포니아주 국방경위군 소속 2개 소대로 편성되어 미군 교관 셰리(J. Sherry) 대위로부터 매주 한 차례씩 군사훈련을 받았다.[126] 한국인 장교는 사령관 김용성, 기밀부 부위(중위) 김병연, 부위 김인, 한아더(Arther Hahn), 주계와 참위(소위) 전봉운, 김탁, 안필선, 최조셉(Joseph Choi) 등이었다.[127]

---

125 ① 홍선표, 『자주독립과 통일정부 수립을 위한 재미한인의 꿈과 도전』, pp. 286-303.
② 「재미한족연합위원회 집행부 국방과 포고 제2호」, 『新韓民報』, 1941년 7월 25일 자 및 「가주나성의 한인 경위군」, 『新韓民報』, 1942년 2월 26일 자 참조.

126 「잡보(가주경위군 복무의 규정)」, 『新韓民報』, 1942년 1월 22일 자 참조.

127 「한인 경위대의 사관」, 『新韓民報』, 1942년 3월 5일 자 참조.

재미한족연합회 집행부는 1942년 3·1절 기념행사 때 '로스앤젤레스 한인 경위대'의 관병식을 병행하였다. 또 1942년 4월 5일 캘리포니아주 국방경위군 4,500명의 제1차 관병식에서는 '로스앤젤레스 한인 경위대'가 캘리포니아주 지사로부터 가장 높은 평가 점수를 받았다.[128] 재미한족연합회 집행부가 한인 경위대를 독립운동 군사조직으로 추진코자 중경 임시정부에 관리권을 요청하자, 임시정부는 1942년 3월 31일 자로 이 요청을 인허하였다.[129] 임시정부와 재미한족연합회는 한인 경위대를 광복군 소속의 미주 소재 군사조직으로 간주한 것이었다.

로스앤젤레스 한인 경위대는 1942년 4월 26일 제2차 관병식 때 캘리포니아주 정부로부터 정식 인가증을 받고 미국 캘리포니아주 경위군 부속 군대로 정식 편입되었다. 이때 맹호 휘장의 연대기를 받았기 때문에, 한국인 경호군을 통칭 '맹호군(猛虎軍, The Tiger Brigade)'이라고 부르게 되었다.

한편 '샌프란시스코 한인 경위대'는 임병직(林炳稷)의 주선으로 1942년 5월 30일 샌프란시스코와 오클랜드 재류 한국인 20여 명으로 편성되어 훈련을 시작하였다.[130] 이때부터 샌프란시스코 한인 경위대와 로스앤젤레스 한인 경위대를 합하여 '캘리포니아 한인 경위대'라고 불렀다.

하와이에서도 재미한족연합회 의사부의 노력으로 1942년 7월 한국인 80여 명으로 '하와이 한인 경위대'가 창설되었다. 간부는 군위관 강영복을 중심으로 하여, 참모부 전경무·김영기, 군목 이명우, 군수조달 서기문, 소대장 김성구 등으로 구성하였다.[131] 하와이 한인 경위대는 1943년 1월 24일 하와이 경위군 관병식에 참여하는 등 경위군으로서 활동하였다.[132]

---

128 「가주 총독 올손은 한인경위군을 가장」, 『新韓民報』, 1942년 4월 16일 자 참조.

129 「광복군사령부 보고」 및 「맹호군인」, 『新韓民報』, 1942년 10월 1일 자 참조.

130 「재미한인 경위대 맹호군인」, 『新韓民報』, 1943년 6월 10일 자 참조.

131 「맹호군인」, 『新韓民報』, 1942년 9월 23일 자 참조.

132 「하와이경위군의 관병식」, 『국민보-태평양주보』, 1943년 1월 27일 자 참조.

로스앤젤레스, 샌프란시스코, 하와이 세 곳의 한인 경위대 가운데서 군대로서 가장 위상을 뚜렷이 부각시킨 것은 '로스앤젤레스 한인 경위대(맹호군)'였다. 맹호군은 1942년 6월 28일 10만 명이 모인 '미국전쟁영웅 환영회'에 미주 한인의 대표로 참석하여 한인 항일 군사활동의 의지를 과시하였다. 맹호군은 또한 1942년 8월 29일에는 종래 한인단체들이 실시해 오던 국치기념일을 폐지하고 로스앤젤레스 시청 앞 광장에서 '태극기'를 게양하는 '현기식(懸旗式, The Korean National Flag Day)'을 성대하게 개최하여 한국민족의 독립의지를 널리 알렸다.[133]

그러나 미국 국방부는 미주 내에서 독립을 추구하는 외국계 주민의 무력 군사조직 발전에 부담을 느꼈는지, 1943년 6월 재미 한인 경위대를 다른 모든 외국인계 경위대와 함께 해체시켜서, 애석하게도 미주 한국인 경위대는 해산하게 되었다.[134]

(7) 선전방송활동

특기할 것은 재미한족연합위원회가 제2차 세계대전 중에 샌프란시스코에서 일본군 패망과 한국 독립을 고취하는 '한국어방송'을 실행했다는 사실이다. 한국 독립을 주장해 오던 유명한 동양학자 오언 래티모어(Owen Lattimore, 후에 존스홉킨스대학 및 리즈대학 교수)는 1943년 샌프란시스코에 설치된 미국 전쟁정보처(OWI, The Office of War Information) 태평양방면 작전부장으로 임명되어 온 뒤, 항일전 수행을 위해 '미국의 소리(VOA, Voice of America)' 단파 라디오 방송국에서 한국부를 일본부로부터 독립하여 별도로 설치하고자, 1943년 3월 31일 재미한족연합위원회 위원장 김호에게 공문을 보내어 왔다. 이에 샌프란시스코 한인 경위대를 동

133 「재미한인 경위대 맹호군인」, 『新韓民報』, 1943년 4월 1일 자 참조.
134 「재미한인 경위대 맹호군인」, 『新韓民報』, 1943년 6월 17일 자 참조.

원하기로 하여, VOA 한국부가 설치되었다. VOA 한국부에서 일한 한국인은 이진묵, 김하태, 민덕순, 신두식, 황사용, 이동진, 이용준, 양주은, 최봉윤, 신달윤, 이창순, 김지혜, 김창수 등이었고, 미국인은 쿤스 박사(전 서울경신중학교 교장), 밀러 목사(전 연희전문학교 교수), 헨더슨(전 대구계성중학교 교장) 등이었다.[135]

VOA 한국부의 단파 라디오 한국어방송은 1943년 5월 22일 첫 방송을 시작하여,[136] 1945년 8월 15일까지, 매주 1회씩 한국어를 아는 한국 국내와 일본·중국·시베리아·하와이 등 기타 국외 모든 한국인들에게 국제정세의 진실, 일본의 패전상황, 한국인들의 독립운동 상황을 알리면서 한국인들에게 해방 독립의 날이 가까워져 오고 있음을 알렸다. 일제가 태평양전쟁에서 패전하면서도 언론을 통제하여 연속 승전하고 있다고 허위 선전을 하던 환경 속에서 한국인들에게 큰 희망과 분발을 고취해 주었다.

한국 국내에서는 경성방송국 한국인 직원들이 VOA 한국어방송을 청취하여 일본 패전의 소식을 주위에 알린 '단파방송 청취사건'이 있었다. 일제는 일본군 패전 소식을 말하면 '유언비어' 유포로 가혹하게 처벌하였다.

2) 주미외교위원부의 활동

(1) 대한민국 임시정부 승인 획득 활동

하와이에서 결성된 재미한족연합위원회가 1941년 4월 29일 미국 대상 한국민족 외교 대표를 이승만(李承晩)으로 지정하자, 이 소식을 받은

135 ① 최봉윤, 『떠도는 영혼의 노래: 민족통일의 꿈을 안고』, 동광출판사, 1986, p. 88.
② 홍선표, 『자주독립과 통일정부 수립을 위한 재미한인의 꿈과 도전』, p. 292 참조.

136 「상항한인 경위대 라디오방송」, 『新韓民報』, 1943년 5월 27일 자 참조.

중경의 대한민국 임시정부는 이승만을 1941년 6월 4일 임시정부의 '주차 워싱턴 전권대표(駐箚華盛頓 全權代表)'로 임명하였다. 이승만은 이에 재미 동포들뿐 아니라 임시정부의 워싱턴 주재 한국 외교 대표로서 미국 정부와 독립운동 외교 교섭을 전담하는 위치에 서게 되었다.

이승만은 1941년 7월에 미국인 독자들을 대상으로 『일본내막기: 오늘의 도전(*Japan Inside Out: The Challenge of Today*)』이라는 저서를 출판하였다. 일본의 군국주의적 침략성을 폭로하고 머지않아 일본군이 미국도 침략하며 미일전쟁이 발발할 것이므로 미국은 경계하라는 요지의 책이었다. 이승만은 이 책을 미국 대통령과 그 부인, 국무장관, 육군장관, 국무부 극동국장 및 기타 정치계 요인들에게 폭넓게 증정하였다. 바로 그해 1941년 12월 8일 일본군이 하와이 진주만을 선전포고도 없이 기습하여 미일전쟁을 도발했기 때문에, 미국 상류 정치계에서 이승만은 그의 프린스턴대학 박사학위 학력과 함께 통찰력을 가진 중요한 한국 독립운동가로 주목받았다.

임시정부는 주미 전권대표 이승만에게 주로 '임시정부에 대한 미국정부의 승인'과 '임시정부 및 한국인에 대한 군사원조 확보'를 당면 과제로 요청하였다. 임시정부는 가난했기 때문에 이 과제 수행을 위한 재정자금을 공급하지 못했고, 자금은 재미한족연합위원회가 조달하도록 하였다. 재미한족연합위원회는 자금만 조달하고 이승만의 워싱턴 대표부의 정책과 인사에 관여할 수 없는 구조 때문에 때때로 이승만·임시정부와 약간의 갈등을 일으킨 경우도 있었으나, 이승만은 자기의 강력한 독자적 지위를 유지하면서 대미 외교를 수행하였다. 최근 연구에 의하면 이승만의 미국 정부에 대한 임시정부 승인 획득 외교는 네 단계로 진전되었다.[137]

제1단계는 이승만이 김구·조소앙의 명의로 된 임시정부의 '신임장'을

137 ① 고정휴, 『이승만과 한국독립운동』, pp. 425-477.
② 한서영, 「미일전쟁 시기 이승만의 연설활동과 공공외교, 1941-1945」, 『국제정치논총』 제61집 제3호, 2021 참조.

이승만 (출처: 독립기념관)

미국 국무부에 제출하고 직접 미국 국무장관 헐 및 극동국 고위 행정관들과 접촉한 단계였다. 미 국무부는 이승만의 임시정부 승인 요청에 대하여 주중국 미국대사 가우스(Clarence E. Gauss)에게 한국 임시정부의 실상을 묻고, 또한 동맹국인 영국 측의 의견도 물었다. 가우스는 중경 거주 한국인은 약 200명 정도이며, 한인 무장부대도 소규모이고, 중국국민당 정부도 임시정부 승인에는 열의가 없는 것으로 보고하였다. 영국 측은 인도 등 영국 식민지들의 독립운동을 자극하는 것을 염려하여 한국인 단체들이 접근해 오더라도 '동정'을 확인해 주는 수준에서 그칠 것을 요구하였다. 이에 미국 국무부는 이승만에게 '신임장'을 돌려주면서 임시정부 승인은 언급하지 않았다. 이렇게 이승만의 제1단계 임시정부 승인 획득 외교는 실패하였다.

제2단계는 1942년 3·1절을 기념한 '한인자유대회(Korean Liberty Conference)'에 미 국무부 고관들을 참석시켜 임시정부 승인 획득에 도움을 얻으려 노력한 것이었다. 이승만 등 주미외교위원부는 1942년 2월 27일부터 3월 1일까지 워싱턴 D.C.의 백악관 근처 라파예트 호텔에서 미주 각지 한국인 대표 100여 명과 워싱턴 정계의 유명한 미국인들을 초청하여 '한인자유대회'를 개최하였다. 참석자들은 한국 독립을 지지 성원하는 특별 강연과 자유토론을 한 후 ① 한국의 자유와 해방을 성취할 때까지 투쟁할 것, ② 한국 임시정부를 정성을 다하여 지원하고 유지할 것, ③ 한국 임시정부가 연합국의 일원이 될 수 있도록 미 국무부에 요청할 것, ④ 한국 임시정부의 승인을 요구하는 청원서를 미국 대통령과 의회에 제출할 것 등을 결의하였다. 이 대회는 성공적으로 개최되었고 열의가 넘쳤음에도 불구하고, 대회 마지막 날인 3월 1일 대회를 방청한 미 국무부 정치 담당 고문 혼벡(Stanley K. Hornbeck)과 랭던(William K. Langdon)은 한국인들이 과거 이야기만 하고 독립에 관한 계획이 없다고 부정적으로 평가 보고하였다.

제3단계는 이승만 등 재미한족연합위원회와 주미외교위원부가 전략상 전면에 나서지 않고, 이승만 등이 조직한 미국인 후원 조직인 '한미협회(The Korean American Council)'와 '기독교 한인친우회(The Christian Friends of Korea)'의 미국인 간부들이 전면에 나서서 미국 국무부와 적극적으로 접촉하고 교섭한 단계였다.[138] 한미협회 회장 크롬웰(James H. R. Cromwell)은 여러 차례 미국 국무장관 헐에게 편지를 보내어 한국 임시정부의 승인을 요구하였다. 그러나 헐은 국무부의 조사에 의하면 한국 임시정부는 한국의 여러 독립운동단체의 하나로 보고 있으며, 또한 한국 임시정부 승인 문제는 중국·영국 등 연합국의 의사를 들어야 하는 사항임을 지적하면서 승인을 거부하였다.

제4단계는 이승만 등 주미외교위원부가 미군인 친우들과 함께 활동하여 미국 '의회'에서 한국 임시정부를 먼저 승인하게 한 뒤 미국 국무부에 임시정부를 승인하도록 압력을 가하려는 운동이었다. 이에 주미외교위원부는 1943년 3·1절을 맞아 두 가지 운동을 추진하였다. 하나는 3월 1일 국무부 앞에 집합하여 피켓 시위를 하는 것이었다. 다른 하나는 미국 상하 양원 의원들에게 '편지 쓰기' 운동을 전개하는 것이었다. 편지 쓰기 운동에는 '기독교 한인친우회' 회원들이 지원하여 동참하였다. '한미협회'가 정치인들 중심의 단체여서 친한 미국 기독교인들이 참가를 꺼리므로, 이승만이 배후에서 활동하여 한국에 선교사 또는 선교활동으로 다

138 박명수, 「태평양전쟁 시기 기독교인친한회(基督教人親韓會)의 대한민국 임시정부 승인 운동」, 『한국독립운동사연구』 제65집, 2019 참조.

녀온 미국인들을 조직화한 기독교인 단체가 '기독교 한인친우회'였다. 이들의 활동 결과, 1943년 3월 31일 미시간주 출신 오브라이언(O'Brien) 의원이 미국 하원에 한국 임시정부 승인 촉구 결의안을 제출하였다.[139] 또한 1943년 4월 22일에는 와일리(Wiley) 의원이 상원에 한국 임시정부 승인 촉구 결의안을 제출하였다.[140] 그러나 두 개 결의안 모두 국무부의 의견을 물었을 때 국무장관 헐이 반대 의견의 답신을 보내와서 분과위원회에서 부결되고 본회의에 상정되지 못하였다. 이승만 등 주미외교위원부의 다방면에 걸친 열성적 노력에도 불구하고 임시정부 승인 획득 외교는 모두 실패로 귀결된 것이었다.[141]

이승만 등 주미위원부의 임시정부 승인 외교가 실패한 이유에 대해 임시정부 측의 여러 가지 요인을 드는 경우도 있지만, 사실 가장 큰 요인은 미국 측에 있었다. 미국 대통령 루스벨트는 이미 한국을 필리핀처럼 일정 기간(약 40년) 신탁통치를 거쳐서 '독립'시킬 생각이었고, 후에 1943년 3월 영국 외상 이든이 미국을 방문하여 전후 문제를 협의했을 때 영국과의 사이에서 한국은 '일정 기간의 신탁통치'를 거쳐서 '독립'한다는 정책에 합의해 버렸다. 그러므로 일본 패전 후 한국의 즉각 독립을 위해 투쟁하는 한국 임시정부를 미국 국무부가 승인하지 않게 된 것이었다.

(2) 군사 원조 획득 외교

한국 임시정부 승인에 냉담했던 미국 국무부와는 달리, 미국 군부와 정보기관에서는 한국 독립운동가들의 활동에 호의적이었다. 미

139 『주미외교위원부 통신』 제32호(1943. 4. 15.) 참조.

140 『주미외교위원부 통신』 제33호(1943. 4. 28.) 참조.

141 고정휴, ①「태평양전쟁기 미국의 대한민국임시정부에 대한 인식과 불승인정책」, 『한국 근현대사 연구』 제25집, 2003.
②「중경시기 대한민국임시정부의 승인외교 실패원인에 대한 검토」, 『한국독립운동사연구』 제33집, 2009 참조.

국 정보조정국(COI, Coordination of Information)이 1941년 7월에 설립되었다가 1942년 6월 13일 합동참모부 산하 전략첩보국(OSS, Office of Strategic Service)으로 확대 개편되자, 이승만은 부국장 굿펠로우(Preston Goodfellow)에게 1942년 10월 '미국 군사당국에 한국인 군사자원의 제공(Offer of Korean Millitary Resources to U.S. Military Authorities)'이라는 공문을 보내어 합동참모부의 승인을 받아 달라고 두 가지 협조방안을 제의하였다. 하나는 미국 내 한인 청년과 유학생들로 '자유한인부대(Free Korean Legion)'를 편성해 달라는 것이었다. 다른 하나는 중국에 있는 임시정부의 광복군을 미국이 지원하여 미군 지휘체계 안에 포함해서 항일전쟁을 수행케 하자는 것이었다.

이승만은 미국 육군 차관 맥클로이(John J. McCloy)에게도 전보를 보내어 "한국인은 일본어를 잘하고 모습도 일본인과 구별하기 어려울 정도로 비슷한데 세계에서 일본을 가장 미워하는 민족이므로 한국인으로 미군 안에 '한인 대대'를 편성해 주면 연합군의 극동전력에 큰 도움이 될 것"이라고 설명하였다.

미국 합동참모본부는 표면상으로는 이승만의 제안을 거절하였다. 미국 안에 외국인 무장부대를 법적으로 설치할 수 없다는 구실이었다. 그러나 실제로는 이 제안을 채택하여 별도로 실행하였다. OSS는 미국 안의 한국 청년과 유학생으로 한 개 부대를 설치하는 일을 '납코 작전(Napko Project)'이라는 이름으로 추진했는데, 한국 청년 50명을 개별 모집해서 특수작전을 훈련시키는 계획을 추진하였다. 이승만은 1942년 9월 임병직을 '무관보'로 임명하고, 10월에는 재미한족연합위원회에서 수집한 50명의 지원서를 OSS에 보내었다. 이 가운데서 12명이 선발되어 훈련을 받고 아시아 전선에 파견되어 특수작전에 투입되었다.

또한 OSS는 '독수리 작전(Eagle Project)'이라는 이름으로 한국 임시정부의 광복군에서 처음 58명을 선발하여 훈련을 시켰으나 이들은 일본의 예상보다 빠른 항복으로 특수 작전에 투입되지는 않았다. 한국광복군의

OSS 훈련은 주미외교위원부의 활동과 관련이 있었다.

3) '얄타밀약설'의 유포

1945년에 들어서자 재미 한국인들은 일본 패망의 정보를 명료하게 인지했다. 이제 한국민족의 해방과 독립이 다가오고 있었던 것이다. 미국 등은 일본 패전 후의 세계평화와 안전보장 등 새로운 세계질서 수립을 위한 50여 개 연합국의 국제회의를 1945년 4월 25일 샌프란시스코에서 개최할 예정임을 발표하면서, 참가국을 1945년 3월 1일 추축국과 교전한 국가에 한정하였다. 임시정부는 국제회의에 한국 대표단을 참가시키기 위해 급히 1945년 2월 28일 독일에 '선전포고'를 하였다. 3월 5일에는 임시정부 주석 김구의 명의로 미국 등 주관국 수반들에게 한국 대표단의 참가를 요청하고, 3월 8일에는 한국 대표로 임시정부 부주석 김규식과 외교부장 조소앙을 선임하였다.

임시정부 주미외교위원부 대표 이승만은 1945년 3월 8일 미국 국무부에 한국 대표의 참가를 신청하였으나, 미국 국무부는 이를 거절하였다. 이때 미국이 한국 대표의 참가를 거절한 것은 한국을 신탁통치 지역에 포함시키도록 예정했기 때문이라는 연구가 있다.[142]

이승만은 샌프란시스코 연합국회의 개최 직후 갑자기 비밀 정탐원의 보고라고 하면서 "미국과 영국이 얄타 회담(1945. 2. 4.-1945. 2. 11.)에서 한국을 소련 세력범위 안에 머물러 있도록 소련에 동의하였다."라는 요지의 '얄타밀약설'을 발표하였다. 이 폭로는 1945년 5월 21일 자 『로스앤젤레스 이그재미너(*The Los Angeles Examiner*)』지, 『시카고 트리뷴(*The Chicago Tribune*)』지 등에 동시에 대서특필되었다.

142 마트레이(James Irving Matray, 구대열 역), 『한반도의 분단과 미국: 미국의 대한정책, 1941-1950』, p. 48 참조.

그러나 이 '얄타밀약설'의 내용은 사실이 아니었고, 전적으로 이승만의 추정에 의거한 것이었다. 전후 밝혀진 얄타밀약의 내용은 미국(루스벨트)·영국(처칠)·소련(스탈린) 등 3대 연합국 수뇌가 1945년 2월 얄타 회담에서 일본 패망 후 한국에 대해 '연합국이 일정 기간 신탁통치'를 하기로 합의하고, 신탁통치 실시 전에 먼저(소련의 대일본전 참전을 전제로 하여) 미국·소련 등 연합군에 의해 일정 기간 한반도 전체에 단일 '군정(軍政)'을 실시하고, 그 후 연합군이 철수한 상태에서 연합국(미국·영국·소련)의 20-30년간의 '신탁통치'를 거친 후에 한국을 '완전 독립'을 시킨다는 비밀 약속이었다. 이것은 소련이 대일본전에 참전하는 경우 소련과 지리상 근접한 한반도 전체가 소련군의 단독 군사점령하에 들어갈 가능성에 대비하여 미국 측이 제안한 것이었고, 영국과 소련이 동의한 것이었다.[143] 이것은 소련이 참전하는 경우에도 미국 주도의 연합국 신탁통치를 유지하고 한국에 대한 미국의 영향력을 담보하여 국가이익을 확보하려는 미국의 제안에 따른 밀약이었다.

미국 국무부는 얄타밀약의 실제 내용과 이승만의 '얄타밀약설'의 내용이 크게 달랐기에, 매우 당황하여 이승만이 주장하는 '얄타밀약설'이 사실과 다르다는 성명서를 발표하였다. 그러나 이승만과 주미한족연합위원회 및 한미협회는 이승만의 '얄타밀약설'을 계속 유포하면서 미국 측을 압박하였다. 이승만의 '얄타밀약설'은 사실과 크게 다른 것이었지만, 당시 미국 정치계는 물론이고 모든 재외 한국인들을 긴장시켰다. 미국 정계의 합리주의적 중도파들은 이승만을 선동정치가로 의심했지만, 이승만의 강렬한 '반소반공' 경계심에 대해 미국 정계의 우파와 미국 군부(특히 미국 태평양지역 사령관 맥아더 등)와 미국 정보전략계통의 인사들은 이승만을 미래의 동반자로 낙점하여 신뢰하게 되었다.

---

143 신용하, 「한국 남북분단의 원인과 포츠담 밀약설」, 『한국사회사연구회논문집』 제13집, 1988 및 신용하, 『한국근현대사회와 국제환경』, 나남, 2008, pp. 501-558 참조.

태평양전쟁 시기에 이승만 및 주미외교위원부와는 별도로 미주에서 김용중(金龍中)이 '한국사정연구소(Korean Affairs Institute)'를 설립해 활동했으며, 유일한(柳一韓)이 『한국경제잡지(*Korean Economic Digest*)』, 장세운(張世雲)이 『한국연구휘보(*Korean Research Bulletin*)』를 발행하여, 개별적으로 독립운동을 전개하였다.

종장(終章)

한국민족의 해방·광복

1. 대한민국 임시정부의 연합군과의 합작과 국내진입작전 총동원 계획

1) 대한민국 임시정부와 연합군의 합작과 광복군 공작대의 인도·버마 전선 파견

대한민국 임시정부는 주석 김구의 주도하에 광복군을 연합군의 일원으로 참전케 하고 궁극적으로는 연합군이 한반도에 상륙하는 조국 해방의 날에 그 일원으로 선봉대로 상륙해서 조국 해방작전의 전위대가 되는 것을 추구하였다.

이에 광복군은 먼저 영국군과 합작하여 사관 공작대를 인도·버마 전선에 파견하고 미군과의 합작도 모색하면서, 중국과의 '한국광복군 9개항 행동준승'을 폐기하였다. 광복군 3개 지대가 중국 항일전선의 최전방과 적 후방에서의 선전전·심리전 활동에 성과를 내기 시작하자, 연합국 참모들은 이를 특히 높이 평가하였다. 이에 한국광복군 총사령부와 주(駐)인도 영국군 동남아전구 사령부가 합작하여 광복군의 심리전 공작대를 인도·버마 전선에 파견하기로 하고, 1943년 5월 광복군 부사령(조선민족혁명당 대표) 김원봉과 인도 주재 영국군 동남아전구 사령관 대리 매켄지(Colin McKenzie) 사이에 협정이 체결되었다.[1] 이 협정에 의거하여 제1차로 인도에 파견된 공작대의 대원은 다음과 같았다.[2]

대장: 한지성(韓志成, 제1지대 출신)[3]

부대장: 문응국(文應國, 제2지대 출신)

대원: 안원생(安原生, 총사령부 출신), 이영수(李英秀, 제1지대 출신), 최봉진(崔奉鎭), 송철(宋哲), 박영진(朴永晋), 김상준(金尙俊), 나동규(羅東奎), 김성호(金成浩, 이상 제2지대 출신)

한국광복군 공작대는 영문명 'Korean National Army Liaison Unit'으로 1943년 8월 인도에 도착하여, 주인도 영국군 제201부대와 함께 최전선인 임팔(Imphal) 전선에 파견되었다. 광복군 공작대는 일본군에 대한 대적방송, 적 문서 번역, 전단 작성, 포로 심문 등 심리전 활동을 전개하여 큰 성과를 내었으며, 1945년 9월 10일까지 영국군과 합작하여 매우 성공적으로 활동하였다.[4] 광복군 공작대의 규모는 크지 않았지만 그 성과는 커서 영국군은 광복군 공작대의 증파를 요청하였다. 미군도 그 성과

---

1 ① 추헌수 편, 『자료한국독립운동』 제2권, 연세대학교출판부, 1971, pp. 222-223.
② 國史編纂委員會 編, 『韓國獨立運動史 資料1』(臨政篇1), 國史編纂委員會, 1970, pp. 385-386.
③ 金承學, 『韓國獨立史』, 統一問題硏究會, 1972, p. 303 참조.

2 독립운동사편찬위원회 편, 『독립운동사』 제6권(독립군전투사 하), pp. 477-478.

3 김영범, 『(한국광복군 인면전구공작대장) 한지성의 독립운동 자료집』, 선인, 2022 참조.

4 ① 박민영, 「한국광복군 印緬戰區工作隊 연구」, 『한국독립운동사연구』 제33집, 2009.
② 류동연, 「韓志成의 생애와 민족운동」, 『한국 근현대사 연구』 제74집, 2015.
③ 류동연, 「한국광복군 인면전구공작대의 파견 배경과 성격」, 『한국 근현대사 연구』 제95집, 2020.
④ 한승훈, 「태평양 전쟁기 영국의 한국 독립운동진영의 주목 계기와 그 인식」, 『한국독립운동사연구』 제79집, 2022 참조.

인도·버마전선에 파견된 광복군 공작대 사진 (출처: 독립기념관)

에 주목하여 미군 OSS(Office of Strategic Service, 정보전략처)와 광복군의 합작이 추진되었다. 이것은 광복군의 활동 반경을 넓히는 중요한 계기가 되었다.

특히 주목할 것은 광복군이 중국 공군과 미 공군에서 복무하고 있는 다수의 한국인 공군 장교들을 차출하여 광복군의 '공군' 건설 계획을 세우고 1943년 8월 19일 임시정부 안에 공군설계위원회를 설치하여 공군 창설을 추진했다는 사실이다.[5]

2) 대한민국 임시정부 광복군의 국내진입을 위한 민족독립운동 총동원계획

또한 광복군 총사령부는 장차 광복군이 국내에 진입할 날에 대비해 전력을 증강하고자 1943년 10월 19일에 이청천(李青天)·김원봉(金元鳳)·이복원(李復源) 세 의원의 이름으로 군사정책에 관한 다음의 건의안을 임

---

5 國史編纂委員會 編, 『韓國獨立運動史 資料1』(臨政篇1), p. 491 참조.

시의정원에 제출하여 통과되었다.

군사정책(軍事政策)에 관한 제안

광복군(光復軍) 병액(兵額)의 표준을 30만 명으로 정하고 이를 편련(編練)하기 위하여 조속한 기간 내에 하기(下記) 각항 공작의 착수 실천을 요함.

① 황하 이북에 주재한 제1지대 박효삼부대(朴孝三部隊, 조선의용군)에 파원(派員)하여, 이를 개편하고 통일적 공작노선 및 방침의 지시를 부여할 것.

② 재만(在滿) 현유(現有) 한인무장대대(韓人武裝大隊)에 대표를 파견하여 이와 절실한 연결을 취하고, 가능한 범위의 원조를 주며, 통일적 작전노선과 공작방침을 지시할 것.

③ 국내와 만주 및 일본에 공작원을 밀파하여, 민중 특히 학생 및 노공층(勞工層) 조직에 주력하여 군사간부 후보의 조송(調送)과 장래 군사행동에 배합 궐기할 군중폭동을 예비하게 할 것.

④ 중·영·미·소 등 동맹국에 군사 대표를 파견하여 군비 및 군화의 조차(租借) 등을 주제로 교섭할 것.

⑤ 재미대표단을 확대 조직하되 각파의 유력한 활동 인물을 망라하여 통일적 외교를 전개하고, 군자금 및 군화 조차와 각종 군사특별기술 등 교섭에 전력하게 할 것.

⑥ 모스코바에 정부 대표를 파견해서, 그 지방 유력한 한인을 망라하여 대표단을 조직해서 한인 군대 특히 군사특별기술 인재양성과 군자금 및 군화 조차 등을 주제로 교섭하게 할 것.

⑦ 군사간부 훈련을 위하여 동맹국의 각종 군사학교를 획양(劃量) 이용하는 외에 우리 독영(獨營)의 군사간부양성소를 설립할 것.

⑧ 영·미·소 등 맹국(盟國)에 대하여 상당한 액수의 군사차관(軍事借款)을 교섭할 것.[6]

---

6 「提案審查報告書」(2), 國史編纂委員會 編, 『韓國獨立運動史 資料1』(臨政篇1),

이 제안을 보면 광복군 총사령부는 창립 초기에는 3개 사단으로의 발전 목표를 설정했다가, 조선의용대의 편입에 의한 군사통일로 광복군이 국군(National Army)이 되었다고 자신하게 되자 국내진입 이전에 국외의 모든 동포 청년들을 총동원해 최대 30만 명으로의 거대한 발전을 정책 목표로 확대하고 있음을 알 수 있다. 광복군은 연안의 조선의용군은 물론이고 만주의 한인무장대도 당연히 국군으로서의 광복군에 포함하여 계산하였다. 이 군사정책 실천을 위하여 1944년 3-4월에 제정한 '공작계획'과 '공작사항'을 보면 광복군의 병원(兵員)을 보충하기 위하여 만주의 200만 동포는 물론이고, 1937년 러시아령 연해주에서 중앙아시아로 강제이주당한 한국인 동포들로부터도 병력을 초모하기 위하여 이란에 대표를 파견할 계획을 세웠다.[7] 그러나 이 군사정책 목표는 당시의 임시정부와 광복군의 실력으로서는 너무 과대한 것이었다고 볼 수 있다.

또한 임시정부와 광복군은 이 시기에 광복군의 발전을 위하여 중국 측에 '한국광복군 9개 항 행동준승'의 폐기를 수차례 요구하고, 임시의정원은 1943년 12월 1일 본회의에서 '광복군 9개 준승 취소안'을 상정하여 만장일치로 통과시켰다. 중국 측은 회답을 지연할 수 있는 데까지 지연하다가 1944년 8월 23일 마침내 중국 군사위원회가 '광복군 9개 준승 폐지'를 통지해 왔다. 이로써 한국광복군의 발전에 질곡이 되어 오던 중국 측의 간섭과 굴레가 벗겨지게 되었다.

한편 임시정부는 광복군의 군사정책을 지원하기 위하여 1944년 3월 정부 안에 국내공작특파위원회(위원장 金九, 위원 曺成煥, 成周寔)와 군사외교단(단장 李靑天)을 설치하여 활동을 시작하였다.[8] 또한 그동안 휴간되었던 『독립신문』을 속간하여 임시정부는 1919년 9월 통합임시정부 수립 직후와 같은 성황과 활기를 되찾게 되었다. 각 정당 단체들은 4월 24일 연

---

pp. 563-564.

7 추헌수 편, 『자료한국독립운동』 제1권, 연세대학교출판부, 1971, p. 174 참조.

8 國史編纂委員會 編, 『韓國獨立運動史 資料1』(臨政篇1), pp. 168-173 참조.

합정부를 지지 옹호하는 성명을 내었다.

1944년 6월에는 프랑스 망명정부와 폴란드 망명정부가 대한민국 임시정부를 승인한다고 통보해 왔다.

2. 독립동맹과 조선의용군의 국내진입로 준비

한편 연안의 조선의용군은 실제로 무정의 지휘 아래 1944년 2월부터 적구(敵區, 일본군 점령지) 공작을 강화하였다.[9] 조선의용군은 약 40명의 공작인원을 배출하여 파견해서 1944년 6월 개봉(開封), 신향(新鄉), 순덕(順德), 북경(北京), 천진(天津) 등에 거점을 설치하였다. 1944년 9월에는 독립동맹 태행분맹(太行分盟)의 지도하에 북경의 독립동맹 소조를 독립동맹 북경분맹(北京分盟)으로 발전시켜 개편하였다.[10] 또한 천진에서는 1945년 1월 7명의 맹원을 확보하여 독립동맹 천진분맹(天津分盟)을 편성하였다. 이들은 모두 국내 독립운동 경력을 가진 애국적 진보세력이었으며, 위장성 상업을 경영하고 있었다.[11] 독립동맹은 북경·천진 이외에도 1945년 5월 화북지방 개봉, 서주(徐州), 제남(濟南), 민권(民權), 승덕(承德), 임방(臨汸), 유차(榆次), 곽현(霍縣), 태원(太原), 석가장(石家庄), 순덕, 신향 등지에

---

9 武亭, 「華北朝鮮獨立同盟一九四四至一九四五年工作經過報告」, 楊昭全 等 編, 『關內地區朝鮮人反日獨立運動資料彙編』(下), 遼寧民族出版社, 1987, pp. 1129-1130 참조.

10 북경분맹은 맹원 약 100명으로 발전했으므로 1945년 5월 당시 4개 소조로 나누어서, 제1조(맹원 55명), 제2조(맹원 30명), 제3조(맹원 12명), 제4조(맹원 7명)로 편성했는데, 제1·2조 맹원은 모두 대학 및 중학교 학생이었고, 제3조 맹원은 일제의 각종 기관 복무자였으며, 제4조 맹원은 무직자였다. 이들은 약 300명의 '진보군중'을 장악하여 활동 중이었다. 武亭, 「華北朝鮮獨立同盟一九四四至一九四五年工作經過報告」, p. 1133 참조.

11 武亭, 「華北朝鮮獨立同盟一九四四至一九四五年工作經過報告」, p. 1133 참조.

3-4명씩 공작원을 파견하여 독립동맹의 거점을 설치하였다.[12]

독립동맹의 김두봉은 임시정부와의 연계를 위해 1945년 3월 김학무(金學武)를 중경에 파견하였고, 임시정부에서는 김구가 1945년 5월 임시의정원의 동의를 받아 장건상(張建相)을 연안에 파견해서 상호 연락·협조를 긴밀히 하도록 하였다. 장건상이 연안에 왔을 때 박일우 계열과는 달리 김두봉은 중경 임시정부와의 연대에 깊은 관심을 표시하고 협조하였다.[13] 대한민국 임시정부 주석 김구와 조선독립동맹 위원장 김두봉은 연락 책임자로 거물인 김학무와 장건상까지 파견 상주시키면서 임시정부를 봉대하고 긴밀한 연합전선을 강화한 것이었다.

국내에서 1944년 8월 조선건국동맹이 창립되고 북경에 이영선(李永善)·이상백(李相佰) 등을 파견하여 거점을 설치하자, 연안 독립동맹과 국내 건국동맹의 접촉과 연락이 가능하게 되었다.

독립동맹의 적구(敵區) 공작이 가장 크게 발전한 것은 동북만주였다. 일찍이 김창만의 주창으로 1942년 7월 10일 독립동맹 창립과 동시에 동북지역 공작에 파견된 이준(李準, 본명 李相朝)·오민성(吳民聲) 등은 1943년 10월 6일에 하얼빈에서 '독립동맹 북만특별공작위원회(北滿特別工作委員會)'를 조직하였다. 이때 정국광(鄭國光)은 하얼빈·삼과수(三棵樹)·호란(呼蘭) 등지를, 김용진(金龍鎭)은 주하현(珠河縣)·연수현(延壽縣) 및 북만(北滿) 일대를, 현정민(玄正民)은 납빈선(拉賓線) 일대를 담당하기로 하였다.[14] 조선의용군의 무정(武亭)도 1944년 9월 초에 '선만공작위원회(鮮滿工作委員會)'를 건립하고 3명의 인원에게 이를 전담시켰다. 이때 선만공작위원회는 안동(安東)·요녕(遼寧)·하얼빈·목단강(牧丹江)·길림(吉林)·훈춘(琿春)·사평(四平)·통화(通化)를 활동의 중심지구로 설정하고, 동북 조선인 농민 가

12 武亭, 「華北朝鮮獨立同盟一九四四至一九四五年工作經過報告」, p. 1150 참조.

13 염인호, 『조선의용군의 독립운동』, 나남, 2001, p. 225, p. 309 및 p. 313 참조.

14 「獨立同盟成立經過報告」, pp. 532-533; 염인호, 『조선의용군의 독립운동』, p. 265 참조.

운데 독립동맹 조직을 발전시킨다는 방침을 정하였다.[15] 그러나 선만공작위원회가 파견한 공작대원은 일제의 검문검색이 극심하여 별 성과를 내지 못하였다.[16]

독립동맹 북만특위는 계속 발전하였다. 1944년 12월에는 통하(通河), 목난(木蘭), 동홍(東興), 신전(新甸), 대령(帶嶺) 등 하얼빈 부근 일대에서 800여 명이 독립독맹 맹원이 되어 활동하게 되었다.[17] 1945년 4월 독립동맹은 2,000여 명의 조선인 청년들이 수용된 하얼빈 '청년훈련소'에서 지하 소조(小組)를 설치하였다.[18]

또한 이준(이상조)은 김용진·현정민과 함께 수화(綏化), 주하(珠河), 유수(榆樹) 등 일부 지구에서 맹원을 확보하여 독립동맹 조직을 설치하였다. 이준의 지시로 하동에 들어간 김용진은 1945년 7월 22일 유일수, 김중학, 허광배 등 3인과 비밀회의를 열고 독립동맹 하동지부를 건립하였다. 유일수가 지부서기, 김중학이 조직위원, 허광배가 선전위원을 담당하였다.[19]

조선의용군은 동북에 설치한 독립동맹 분맹의 거점을 연결하여, 팔로군이 일본군에게 대반격작전을 감행할 시기가 오면 조선의용군은 이와 함께 동북에 진출하여 국내에 진입할 2개의 루트를 준비하였다.[20] 그 한 루트는 '압록강 루트'라고 부를 수 있는 것으로서 '중공 근거지→북경→천진→심양→안동→신의주→서울' 루트였다. 다른 한 루트는 '두만강 루트'라고 부를 수 있는 것으로서 '중공 근거지→북경→심양→하얼빈→목단강→훈춘(연변)→회령→서울' 루트였다.

---

15 武亭, 「華北朝鮮獨立同盟一九四四至一九四五年工作經過報告」, p. 1149 참조.

16 武亭, 「華北朝鮮獨立同盟一九四四至一九四五年工作經過報告」, p. 1150 참조.

17 武亭, 「華北朝鮮獨立同盟一九四四至一九四五年工作經過報告」, p. 1150 참조.

18 武亭, 「華北朝鮮獨立同盟一九四四至一九四五年工作經過報告」, p. 1150 참조.

19 장만련, 「주하중대」, 『조선의용군 3지대』, p. 150; 염인호, 『조선의용군의 독립운동』, p. 268 참조.

20 염인호, 『조선의용군의 독립운동』, p. 345 참조.

조선의용군은 국내 건국동맹이 창설되고 북경에 이영선·이상백 등의 지부가 설치되어 연락되자, 독립동맹과 조선의용군이 압록강이나 두만강을 건너 국내진입을 감행하면 건국동맹이 미리 준비하여 대기했다가 서울까지의 진입에 공동 협조하기로 밀약하였다.[21]

조선의용군은 그동안 연안 태행산(太行山), 산동(山東), 화중(華中) 등지에 설치한 군정학교에 1945년부터는 신입대원뿐만 아니라 각지 의용군 대원들도 입교시켜 맹렬한 정치교육과 군사교육의 재교육을 실시하였다. 이때 교육과정을 거친 학도와 교관이 약 850명이었고 그 밖의 대원까지 합하면 조선의용군 병력은 약 1,000명 정도였다고 볼 수 있다.[22] 조선의용군이 1945년 전 대원을 재교육시킨 것은, 조선의용군을 전투부대로 재편성하여 국내진입을 준비한 것이었다.

그러나 무정을 통하여 조선의용군을 지휘하면서 조선의용군을 시종 '정치선전공작대'로 간주해 온 중공 팔로군 총사령부는 전투부대 편성을 허용하지 않았다. 1945년 5월 중국공산당 7차 대회에서 조선의용군 간부 박일우(朴一禹)가 사업보고를 하면서 '현재 정황에서 첫째 임무는 정치선전 공작사업 중의 "간부양성을 다그쳐 조선인민 항일 무장부대, 다시 말하여 조선의 팔로군을 조직"하는 일'이라고 하면서 "'우리는 지금 이 사업을 하고 있다"라고 하여 박수를 받았다'고 한 것을 보면, 중공은 1945년 5월까지도 조선의용군은 '정치선전공작대'로만 여기고 전투부대로서의 무장과 개편은 승인하지 않고 있었음을 알 수 있다.[23] 그러나 조선의용군은 각지 군정학교에서 850명의 군 간부를 양성하고 있었으며, 언제나 중공의 승인만 있으면 '조선의 팔로군' 같은 강력한 항일 전투부대로 개편할 준비를 하고 있었음을 알 수 있다.

---

21 李萬珪, 『呂運亨先生鬪爭史』, 民主文化社, 1946, pp. 172-174 참조.

22 염인호, 『조선의용군의 독립운동』, p. 341 참조.

23 『중국의 광활한 대지 위에서』, 연길: 연변인민출판사, 1987, p. 679; 염인호, 『조선의용군의 독립운동』, p. 314 참조.

당시 모택동은 1945년 6월 24일 기초한 전보 명령에서 "일본의 붕괴까지 1년 반 걸릴 것으로 보인다."[24]라고 예측하고 있었다.

그러나 원자폭탄의 발명과 투하로 상황은 급박하게 진전되었다. 미국은 1945년 8월 6일 히로시마에, 8월 9일 나가사키에 원자폭탄을 투하하였다. 누가 보기에도 일본의 패망은 목전에 박두하였다. 소련은 8월 8일 재빨리 일본에 선전포고를 하고, 8월 9일에는 소·만 국경을 넘어 함경북도 청진에 상륙하여 일본 관동군과 치열한 전투를 시작하였다. 원자폭탄의 위력에 경악한 일본은 8월 10일 연합국에게 무조건 항복과 포츠담 선언의 무조건 수락을 통보하였다.

중국공산당 수뇌는 이 사태의 급진전에 매우 당황했던 것으로 보인다. 중공 팔로군 총사령 주덕(朱德)은 8월 11일 명령 제6호를 발하여 "현재 화북에서 대(對)일본 작전을 전개하고 있는 조선의용군의 총사령 무정, 부사령 박효삼·박일우는 즉각 소속 부대를 통솔하고 팔로군과 원 동북군 각 부대를 따라 동북으로 진병하여 적(敵, 일본군), 위(僞, 만주국군)를 소멸하고 조선인민을 조직하여 조선해방의 임무를 달성하라."[25]라고 하였다. 그러나 이 명령은, 일본이 연합군에게 무조건 항복을 통고한 후 이틀날의 일로, 너무 늦은 것이었다.

중국공산당 수뇌들은 정황 판단에서 착오를 저질러 조선의용군을 사실상 팔로군에 예속시키고 제대로 된 무장 없이 적구에 투입하여 오직 '정치선전공작'과 첩보 수집에만 활용하고, 조선의용군 대원들이 갈망하던 전투용 무장과 전투부대로의 개편을 허용치 않다가 시기를 놓쳐버린 것이었다. 8월 11일에야 조선의용군에 전투부대로의 개편과 동북지방 진

24 徐焰(朱建榮 譯), 「一九四五年滿洲進軍 ―日ソ戰と毛澤東の戰略」, 東京, 1993, p. 133; 염인호, 『조선의용군의 독립운동』, p. 315.

25 「延安總部令第6號(級朝鮮義勇軍之命令)」(1945. 9. 11.), 楊昭全 等 編, 『關內朝鮮人反日獨立運動資料彙編』(下), p. 1455 및 염인호, 『조선의용군의 독립운동』, 「중일전쟁기 한국광복군 창설에 관한 일 연구」, 『한국독립운동사연구』 제76집, 2021, p. 316.

입을 허용했으니 일본군과의 전투와 국내진입의 기회를 잃어버린 것이었다.

그뿐만 아니라 8월 11일에야 조선의용군 총사령에 무정, 부사령 겸 정치위원에 박일우, 부사령 겸 참모장에 박효삼을 임명해서 처음으로 독립부대로서 사령부를 인정하고 외형을 갖추었으니, 외국에서의 독립군 군사활동의 지난한 고통을 알 수 있는 것이다.[26]

3. 건국동맹의 결성과 국내 독립운동의 내응준비

1) 조선건국동맹(朝鮮建國同盟)의 결성

국내는 일제의 발악적인 탄압으로 말미암아 독립운동단체의 결성과 조직활동이 거의 불가능한 최악의 조건이었음에도 불구하고, 소규모 비

---

26 각지 독립동맹 및 조선의용군 간부들은 1945년 8월 29일 연안(延安)에서 개최 예정인 국치(國恥)기념대회에 참가하기 위해 활동지역을 출발하여 연안으로 향하던 도중에, 연안 사령부로부터 다시 돌아가서 대원을 인솔하여 동북에 진입해서 심양(瀋陽)에 집결하라는 명령을 받고, 발길을 돌려 심양으로 향하게 되었다. 심양에서는 독립동맹 및 조선의용군 공작대원 신한청(愼韓青)이 1945년 8월 18일 100여 명의 현지 청년을 모아 조선의용군(朝鮮義勇軍) 독립(獨立)지대를 설치하였다. 이어서 주연(朱然)이 기동(冀東)에서 100여 명의 조선의용군 선견대(先遣隊)를 인솔하고 출발하여 도중에 군대를 모집해서 400명의 병력으로 심양에 도착하였다. 독립지대와 선견대는 합병하여 조선의용군 선견종대(先遣縱隊)를 편성해서, 지대장을 신한청, 정치주임을 주연이 맡았다. 이어서 각지 조선의용군 부대들이 심양에 도착하였다. 모두 일제 패망 후의 일이다. 신한청이 인솔하는 조선의용군 선견종대는 안동(安東, 丹東)에 도착하여 압록강을 건너 신의주에 들어갔다. 그러나 소련군은 국제 약속을 이유로 들어 해산을 명령하고 개인 자격 입국만 허용했으므로 신한청은 해산을 거부하여 부대를 이끌고 신의주에서 압록강을 다시 건너 단동을 거쳐서 1945년 11월 심양에 다시 도착하였다. 한청·리퐁, 「조선의용군 선견종대와 독립대대」, 『승리』(중국조선족 민족발자취 총서 5), 북경: 민족출판사, 1992, pp. 38-40 참조.

밀결사들이 조직되어 삐라·격문을 뿌리는 등 독립운동을 지속하던 중에,[27] 1944년 8월 10일 서울에서 여운형(呂運亨) 등을 중심으로 건국을 준비하는 상당히 큰 규모의 국내 독립운동 단체로서 '조선건국동맹(朝鮮建國同盟)'이 결성되어 항일 독립운동을 전개하였다.[28] 그 중심 세력은 주로 민족주의자들과 민주사회주의자들이었다.[29]

여운형은 중국에 망명하여 독립운동을 하던 중 1929년 일제 경찰에 체포당해 국내로 이송되어 3년간 복역하고 나온 후 약 10년간 청년학생을 중심으로 독립운동세력의 양성에 진력했다. 그러던 중 1941년 일제가 태평양전쟁을 도발하자 일제의 패망을 뚜렷이 전망하고, 1942년부터 건국을 준비하는 전국적 독립운동단체의 결성을 추진하였다. 그러나 건국동맹을 발족하려고 준비하는 도중 목사들 앞에서 "일제가 멀지 않아 반드시 패망하게 될 것"이라고 말한 것이 일제의 정보망에 포착되어 일제 헌병대에 체포되었다. 여운형은 징역 1년에 집행유예 3년의 선고를 받고 1943년 출감했고, 다시 건국동맹의 창립을 준비하였다.

드디어 1944년 8월 10일 결사의 각오를 하고 여운형, 조동호(趙東祜), 현우현(玄又玄), 황운(黃雲), 이석구(李錫玖), 김진우(金振宇) 등 6인이 서울 경운동(慶雲洞)에 있는 현우현의 집에서 극비리에 회합하여 비밀결사로서 조선건국동맹을 창립하고, 여운형을 위원장으로 선출하였다. 창립 직후 위원장의 추천으로 이걸소(李傑笑), 최병철(崔秉喆), 이여성(李如星), 박승환(朴承煥), 김문갑(金文甲), 이상백(李相佰), 허규(許珪), 이만규(李萬珪), 이수목(李秀穆), 정재철(鄭載轍) 등이 가맹하여 상위 지도부가 되었다.

27 변은진, 「일제말(1937-1945) 각종 '불온문서'와 소규모 비밀결사」, 『한국민족문화』 제42집, 2012 참조.

28 愼鏞廈, 「建國同盟의 민족독립운동」, 한국일보사 편, 『(재발굴)한국독립운동사』 제3권, 1989 참조.

29 ① 鄭秉峻, 「朝鮮建國同盟의 조직과 활동」, 『韓國史研究』 제80집, 1993.
② 변은진, 「8·15 직전 국내 독립운동세력의 정세관과 건국준비운동」, 『한국독립운동사연구』 제53집, 2016 참조.

2) 건국동맹의 조직과 간부·맹원

건국동맹은 처음에는 비밀을 철저히 보장하기 위하여 불문(不文)·불언(不言)·불명(不名)의 3대 원칙을 정하고 강령도 만들지 않았다. 그러다가 1944년 10월경에 간단한 부서를 정하여 내무부에 조동우·현우현, 외무부에 이걸소·이석구·황운, 재무부에 김진우·이수목을 선임하고, 건국동맹의 강령을 제정하였다.[30]

건국동맹의 간부들은 매주 토요일에 정기중앙위원회를 열고, 연락처를 서울 삼광의원(三光醫院, 현우현의 집)에 두고 주도면밀하게 활동하였다.

건국동맹은 이어서 각 도를 대표한 책임위원으로 충청남북도에 신표성(愼杓晟)·김종우(金鍾宇)·유웅경·장준(張俊), 경상남도에 명도환(明道煥), 경상북도에 이상훈(李相薰)·정운해(鄭雲海), 강원도에 정건화(鄭健和)·정재철(鄭載轍), 전라남북도에 황태성(黃泰成), 황해도에 여권현(呂權鉉), 평안남도에 김유창(金裕昌), 평안북도에 이유필(李裕弼), 함경남도에 이증림(李增林), 함경북도에 최주봉(崔周鳳) 등을 선임했고, 중앙에서 이석구·현우현·황운·이걸소·김문갑 등이 부단히 왕래하고 연락하였다.

해외 주재 연락 책임자로는 북중국 방면에 이영선(李永善), 상해 방면에 신국권(申國勸), 북경 방면에 이상백 등을 선임하여 활동케 하였다.[31]

여운형 등은 또한 건국동맹 산하에 농민동맹을 조직하였다. 1944년 10월 8일 용문산(龍門山) 계곡에서 건국동맹의 여운형, 양주의 김용기, 양

---

30 '건국동맹의 강령'은 다음과 같이 기록되어 있다.

"1. 각인 각파를 대동단결(大同團結)하여 거국일치로 일본 제국주의 제세력(諸勢力)을 구축하고 조선민족의 자유와 독립을 회복할 일.

2. 반추축제국(反樞軸諸國)과 협력하여 대일연합전선(對日聯合戰線)을 형성하고 조선의 완전한 독립을 저해하는 일체 반동세력을 박멸할 일.

3. 건설부면에 있어서 일체 시위(施爲)를 민주주의적 원칙에 의거하고 특히 노동대중(勞動大衆)의 해방에 치중할 일." 李萬珪, 『呂運亨先生鬪爭史』, p. 170.

31 李萬珪, 『呂運亨先生鬪爭史』, p. 172 참조.

평의 이장호·최용근·문의룡·권중훈·신재익·최용순, 여주의 신홍진, 고양의 박성복, 홍천의 주한점 등 13인이 극비리에 회합하여 농민동맹을 창립하였다.[32]

농민동맹의 목적은 한국의 해방과 독립을 쟁취하기 위한 투쟁의 전개였고, 그 방법은 징용·징병 등의 근거 서류인 호적부 등을 없애기 위해 재판소 및 각 지방 관공서 등을 태워 버리고, 일반 민심을 고취하여 각 지방에서 반일투쟁을 전개토록 하며, 전쟁용 물자 수송을 방해하기 위하여 철도를 파괴하고, 징병자·징용자·투사 등을 도피시켜서 그들로 하여금 반일 독립운동에 활동케 하는 것 등이었다.[33]

3) 건국동맹과 대한민국 임시정부 및 독립동맹의 연합전선

건국동맹은 일제의 패망을 앞당기고 독립과 건국을 준비하기 위하여 여러 가지 정보 수집 및 계획 수립 등의 활동을 전개하였다.[34]

첫째, 건국동맹은 만주에 있는 박승환에게 여운형과 연락하여 만주에 건국동맹 군대를 편성할 계획을 수립케 하였다. 그들은 시기와 형편을 보아 만주에서 유격대를 조직하여 국경을 넘어 진입할 계획을 세웠고, 이때 연안에 있는 무정과 연락하여 조선의용군(독립동맹군)과 협동작전을 전개할 계획을 세웠다.

둘째, 김세용·김영애에게는 만주로부터 건국동맹의 군인 장교들이 입국할 때 그들의 은신과 식사 공급을 담당하도록 하였다.

---

32 李萬珪, 『呂運亨先生鬪爭史』, pp. 178-179 참조.

33 이렇게 하여 1945년 8월 초순까지 농민동맹을 포함해 건국동맹 산하에 조직화된 맹원이 총계 7만여 명(일설 1만 명)에 달하게 되었다. 이것은 건국동맹이 짧은 기간에 상당히 방대한 조직을 만드는 데 성공했음을 나타내는 것이라고 할 수 있다. 李萬珪, 『呂運亨先生鬪爭史』, p. 177 참조.

34 李萬珪, 『呂運亨先生鬪爭史』, pp. 137-187 참조. 건국동맹의 활동에 대해서는 李萬珪의 위 저서에 주로 의존하였음.

셋째, 1944년 12월에 중국 무정의 연락원이 요현(遼縣)으로부터 북경에 도착하여 건국동맹의 연락책임자 이상백·이영선과 여러 차례 만나 양측의 정세보고를 교환했고 건국동맹과 독립동맹의 연대를 긴밀히 강화하였다.

넷째, 1945년 3월 미국 샌프란시스코에서 연합국 회의가 열릴 때 건국동맹은 한국민족의 독립운동을 널리 선전하기 위해 김희순을 연안에 파견해서 그곳에서 건국동맹의 이름으로 전보를 치도록 했다.

다섯째, 1945년 4월 말 여운형은 조동호·김세용과 협의하고 연안의 조선의용군과 협동작전을 수행하기 위하여 건국동맹 대표로 박승환을 메시지를 휴대시켜 연안에 파견하였다.

여섯째, 1945년 5월 함경북도 종성의 최주봉을 서울로 불러 연안·만주 방면으로부터 동지들이 국경을 넘어 입국할 때의 숙소와 연락처를 정하도록 비밀 명령을 내리고, 동지들이 처음 상대할 때 사용할 '암호'를 정해 주었다.

일곱째, 1945년 5월 말 건국동맹은 중경의 대한민국 임시정부에 국내사정을 알리고 국내외가 서로 호응하여 협동전선을 형성하기 위해 연락책으로 최근우(崔謹愚)를 파견하였다. 최근우는 서울을 출발하여 북경까지 갔으나 전쟁으로 길이 막혀 중경까지는 도착하지 못한 채 해방을 맞게 되었다.

여덟째, 1945년 5월 말 건국동맹은 인천 부평·소사에 있는 주요 군수품공장 전부를 상세히 기재한 비밀공장도를 기적적으로 입수하자, 대일본 폭격 때 연합군에게 제공하기로 하고 위원장에게 제공방법을 일임하기로 하여 여운형이 이를 맡았다.

아홉째, 1945년 6월 말 건국동맹은 연안의 독립동맹으로부터 8월 29일 국치기념대회를 연안에서 개최하는 기회에 국내정세 보고 및 전람 출품을 해달라는 의뢰를 받고, 김세용·김기용·이여성 등이 작성한 국내정세 보고서와 통계를 박승환의 부인 김순자를 담당자로 해서 북경의 이영선에게 전달하는 데 성공하였다.

열째, 1945년 7월 김강(金剛)이 연안으로 가는 신편(信便)을 얻어 이걸소·황운의 밀의로 북경에 가서 8월 29일 국치기념대회의 성공을 염원하는 전보를 건국동맹의 이름으로 연안에 타전하였다.

열한째, 건국동맹 산하 농민동맹은 징병·징용 대상이 된 청년들 중 유능한 청년 수십 명을 용문산과 예봉산 지대에 피신시켰으며, 의사를 통해 진단 결과를 불합격으로 바꾸어 수십 명의 청년들이 징병·징용을 면하게 하였다.

열두째, 건국동맹은 일제 패망에 박차를 가할 봉기의 시기가 다가옴을 감지하고 이정구에게는 식량대책 강구를, 이각경에게는 부녀운동을 다시 지시했다. 백○○·이인규(李仁奎)는 공장을 맡아 공장으로 들어가게 했고, 김종설·정○○·문규영은 중학·전문·대학 학생층을 맡아 총독부 주최 청년훈련소 해양소년단을 이용하여 세포망을 조직케 했으며, 조윤환·성기원·김동호 등은 지도 별동대로 하여 국민학교 교원층에 들어가서 활동하게 했고, 장권에게는 치안대 조직을 준비해 두도록 하였다.

열셋째, 건국동맹은 일제의 후방을 교란할 노농군의 편성을 계획하고 조동호·이석구·이걸소 등 6인의 군사위원회를 조직하였다. 그리하여 경기도·황해도를 1개 지구로 한 경인지구와 강원도를 1개 지구로 한 삼척지구에 책임자를 파견하여 인물 규합에 착수했으며, 대구·부산·목포·홍남·청진·평양·진남포 각 지구에 책임자를 임명하였다.

미군이 오키나와에 상륙한 이후부터는 정세가 급박하게 되어, 건국동맹은 건국의 기초와 관련된 주요 사안들을 토의·결정하기 위해 전국대표자대회의 개최를 추진했고, 이를 위한 준비회의를 연일 계속하였다. 이때 7월 24일 조문기·강윤국·유만수·우동학·권준 등의 부민관(府民館) 폭탄사건이 일어났고, 요시찰인에 대한 일제의 예비검속이 광범위하게 자행되었다. 건국동맹에서도 8월 4일 이걸소·황운·조동호 등이 예비검속되고 일부 중앙간부들이 피신하게 되었다.

이에 건국동맹은 일제의 패망이 눈앞에 왔음을 확인하고, 최근우·김세용·이여성·이상백·김기용·이만규 등을 새로운 중앙간부로 하는 지도부를 재건하여 투쟁에 박차를 가하다가 8·15 해방의 감격과 환희를 맞게 되었다.[35]

1944년 8월부터 1945년 8·15 광복까지 진행된 건국동맹의 민족독립운동은 최후의 대규모 독립운동으로서, 일제의 극악무도하고 살인적인 탄압 속에서도 불굴의 투지로 최후의 순간까지 국내에서도 독립운동을 전개하며 한국민족의 용감함을 잘 보여 주었다.

4. 대한민국 임시정부와 광복군의 국내정진작전

1) 광복군의 특수훈련과 국내정진(國內挺進) 준비

임시정부는 광복군이 자주적 통수권을 완전히 회복하자 미군 OSS와 합작해서 특수훈련을 시행하고 국내정진을 준비하였다. 광복군은 '한국광복군 9개 항 행동준승'의 폐기에 성공한 후, 대한민국 임시정부의 광복군 통수권을 인정받기 위해 중국 측과 교섭을 진행했다. 우여곡절 끝에 중국 측이 임시정부의 통수권을 인정하면서 쌍방이 상호협조의 군사활동을 전개할 것을 규정한 중국과의 새로운 군사협정으로서 1945년 4월 4일 다음과 같은 '한국광복군에 관한 한·중양방상정판법(韓中兩方商定辦法)'을 체결하는 데 성공하였다.

① 한국광복군은 대한민국 임시정부에 소속하며, 조국의 광복을 목적으로 한다.

---

35 李萬珪,『呂運亨先生鬪爭史』, pp. 176-177 참조.

② 한국광복군이 중국 국경 내에 있어서 작전행동을 함에 있어서는 중국 최고 통수의 지휘를 받는다.

③ 한국광복군이 중국 국경 내에 있어서 훈련·초모공작(招募工作)을 진행할 때에는 한·중 양방의 협상을 거쳐야 하며, 이에 대하여 중국은 필요한 협조와 편리를 제공한다.

④ 한국광복군의 연락사항에 관하여는 대한민국 임시정부와 중국 군사위원회가 대표를 보내어 협정케 한다.

⑤ 중국 군사위원회는 연락참모 약간을 보내어 연락과 한국광복군의 공작을 협조한다.

⑥ 한국광복군이 필요로 하는 일체의 군비는 차관 형식으로 중국이 대한민국 임시정부에 제공한다. 단, 광복군의 경상비는 중국 군대의 현행 급여규정에 비추어 중국 군사위원회가 매일 대한민국 임시정부에 발급한다.

⑦ 중국 각 포로수용소에 한적부로(韓籍俘虜)가 있을 때는 한·중 쌍방의 사검(査檢)을 거친 후 한국광복군에 인도한다.

⑧ 본 판법은 쌍방이 서로 문건을 교환함으로써 밝게 믿고 지켜야 한다.[36]

또한 인도·버마 전선에 파견된 광복군 공작대의 활동 성과가 매우 큼이 증명되자, 중국에 주둔한 미 공군에서도 이에 관심을 가졌다. 따라서 광복군 총사령부에서는 1944년 12월 엄도해(嚴道海), 안원생(安原生), 안병무(安炳武), 진춘호(陳春浩), 안우생(安偶生), 송면수(宋冕秀) 등을 주중국 미국대사관에 파견하여 '한국인공작반'을 설치하게 되었다. 미군 측에서는 이해 말에 곤명(昆明) 주재 제14항공대에서 사전트(Clyde B. Sargent)와 정운수(鄭雲樹, 한국계 미군 장교)를 파견하여 임시정부의 요인들을 면담하고 광복군 제1·2지대 본부를 방문하여 실정을 파악했다. 이 대한민국 임시정부와 미군 측 사이에 한미합작에 의한 광복군 특수훈련 계획이 구체

---

36 國史編纂委員會 編, 『韓國獨立運動史 資料1』(臨政篇1), p. 538.

화되었다.

그리하여 미국 국방부 전략정보처 OSS에서는 광복군 제2지대와 제3지대에서 선발된 대원들에게 특수훈련을 시키어 '독수리 작전(Eagle Project)'이라는 암호의 작전 계획으로 연합군이 한반도에 상륙할 때에 미리 한국 영토 내에 투입할 특수병력을 양성하고자 했다. 이를 위해서 한국광복군 총사령부와 주중국 미군 사이에 1945년 3월경 '한미 군사합작'이 합의되었다.[37]

이때 광복군 제2지대에서는 지대장 이범석이 곤명에 있는 미군 OSS 지휘관들과 합의를 이루었으며, 제3지대에서는 지대장 김학규가 곤명의 OSS 지휘관과 주중국 미 공군 사령관 셔놀트(Claire Lee Chennault) 소장과 면담하여 다음과 같은 사항의 합의가 이루어지게 되었다.

한미 군사합작 합의사항

① 한미 양군은 공동의 적인 일본군을 박멸하기 위해서 상호 협력하여 공동작전을 전개한다.

② 한국광복군은 미군으로부터 무전 기술과 기타 필요한 전술을 훈련받고 적진과 한반도에 잠입하여 연합군 작전에 필요한 군사정보를 제공한다.

③ 미군은 공동작전에 필요한 모든 무기, 기재 및 군수물자를 한국광복군에게 공급한다.

④ 미군은 한국광복군에게 육·해·공 교통 통신의 편의를 제공한다.

⑤ 기타 필요한 군사적 지원을 상호 제공한다.

⑥ 합의된 사항을 실천하기 위하여 각기 상부의 재가를 받고, 중국 군사위원회의 동의를 얻는 데 상호 적극 노력한다.[38]

---

37 ① 김광재, 「한국광복군의 한미공동작전과 의의」, 『軍史』 제52호, 2004.
② 차현지, 「태평양전쟁기 한국광복군과 미(美)전략첩보국(OSS) 합작의 국제적 배경」, 『사회과교육』 제59권 제1호, 2020 참조.

38 金祐銓, 「世界第2次大戰 秘話」, 『光復軍同志會報』 제4회; 독립운동사편찬위원회

국내진입작전 협의 후의 김구 주석과 도노반 소장 (출처: 독립기념관)

이러한 한국광복군과 미국 OSS 사이의 합의에 기초해서 1945년 5월부터 광복군 제2지대에서 약 90명, 제3지대에서 22명이 차출되어 3개월 과정으로 특수훈련을 받게 되었다. 제2지대 대원들의 교육훈련은 지대장 이범석의 책임하에 미군 장교 사전트(Clyde B. Sargent)와 정운수가 담당하였다. 제3지대 대원들의 교육훈련은 지대장 김학규의 책임 아래 미군장교 윔즈(Clarence B. Weems)와 버치(John M. Birch)가 담당하였다.

훈련의 내용은 유격전에 필요한 각종 특수훈련, 유격대 조직방법, 무전통신 기술, 정보수집 방법, 적 군사시설물 파괴방법 등이 중심이었다. 이들은 훈련이 끝나면 미군 잠수함 등에 의하여 국내에 투입되어 무장활동과 첩보활동을 할 병력이었다.

광복군 대원들에 대한 OSS의 특수훈련이 종료에 임박하자, 광복군은 1945년 8월에 제2지대장 이범석을 총지휘관으로 하는 '국내정진군 총지휘부'를 편성하고 국내진입을 준비하였다. 즉 국내를 3개 지구로 나누어 제1지구(평안도, 황해도, 경기도)대장에는 안춘생(安椿生), 제2지구(충청도, 전라도)대장에는 노태준(盧泰俊), 제3지구(함경도, 강원도, 경상도)대장에는 노복선(盧福善)을 임명하여, 각 지구의 대원은 2-4개조로 편성하고 각 조의

편, 『독립운동사』 제6권(독립군전투사 하), p. 505.

인원은 3명씩으로 다음과 같이 편성하였다.[39]

국내정진대장: 이범석(李範奭)

부관: 김성근(金星根)

제1지구대장: 안춘생(安椿生)

제2지구대장: 노태준(盧泰俊)

제3지구대장: 노복선(盧福善)

본부요원: 이재현(李在賢), 민영수(閔泳秀), 김석동(金奭東), 이윤장(李允章), 강일성(江一成), 오건(吳健), 최철(崔鐵), 한경수(韓景洙), 김동걸(金東傑)

광복군은 제1대의 50명을 8월 20일경 국내에 투입하기로 하였다.[40]

광복군은 일제와의 결전을 전망하면서 적구로 대원을 파견하는 공작도 한층 강화하였다. 예컨대 제3지대장 김학규는 1945년 3월 한성수(韓聖洙)·홍순명(洪淳明)·김영발(金永發) 등을 상해에 침투 파견했는데, 이들은 활동 중 체포당했고 한성수는 일제에 끝까지 저항하다 순국하였다.

2) 대한민국 임시정부의 국내외 항일 독립운동 세력과의 연합 강화 추진

연합정부로서의 중경 대한민국 임시정부는 중·영·미 등 연합국과의 합작과 공동작전을 준비했을 뿐 아니라 국내외 항일 독립운동 세력과의 연합 강화를 추진하였다.

---

39 이러한 국내정진대의 편성은 광복군 자료에는 나오지 않고, 해방 이후 당시 관련자들의 회고에 의한 것이라고 한다. 독립운동사편찬위원회 편, 『독립운동사』 제6권(독립군전투사 하), pp. 500-502 및 金光載, 「韓國光復軍의 活動 연구: 미 전략첩보국(OSS)과의 합작훈련을 중심으로」, 동국대학교 박사학위논문, 1999, pp. 173-176 참조.

40 金俊燁, 『長征: 나의 光復軍時節』(上), 나남, 1987, p. 411 참조.

임시정부 주석 김구는 연안 독립동맹과의 연합과 연대를 강화하기 위하여 1944년 3월 독립동맹 위원장 김두봉에게 서신을 보내어 김구 자신의 연안 방문 의사를 표명하였다.[41] 이에 대해 1944년 10월 16일 김두봉은 김구에게 보낸 답장에서 "지역 파벌을 불문하고 성심 단결할 것과 서로 연락을 취하여 압록강에서 군대를 조직할 수 있다면 자신이 나서서 알선하겠다."[42]는 내용의 답장을 보내왔다. 김두봉의 답장에서 "서로 연락을 취하여 압록강에서 '군대'를 조직할 수 있다면"이라고 한 것으로 보아 김구의 연안 방문 의도는 임시정부와 연안 독립동맹의 단순한 연합·연대 강화뿐만 아니라, 압록강을 건너 국내진입작전을 감행할 때를 위한 압록강 일대에서의 독립군 조직과 관련된 것이었음을 알 수 있다.

임시정부 주석 김구는 이듬해인 1945년 4월 임시정부 국무위원이며 의정원 의원인 민족혁명당의 장건상(張建相)을 임시정부 특사로서 비밀리에 연안의 독립동맹에 파견하였다.[43] 5월 중순 연안에 도착한 장건상은 독립동맹 위원장 김두봉에게 독립동맹의 중경 임시정부 참여와 중경에서 개최 예정인 '독립운동자대표대회'로의 대표 파견을 요청하였다.[44] 김두봉과 독립동맹 측은 모두 임시정부 측 제안에 찬성하고 독립동맹의 대표자를 선정해 중경에 파견할 것을 약속했으며, 특히 김두봉은 자신이 중경으로 갈 것을 약속하였다.[45] 이러한 합류가 실현되기 전에 해방을 맞

41 「金九·金奎植이 金枓奉에게 보낸 서신」, 白凡金九先生全集編纂委員會 編, 『白凡金九全集』 제8권, 대한매일신보사, 1999, pp. 721-726 및 韓詩俊, 「카이로선언과 대한민국 임시정부」, 『한국 근현대사 연구』 제71집, 2014 참조.

42 「金九·金奎植이 金枓奉에게 보낸 서신」, pp. 721-726 및 韓詩俊, 「카이로선언과 대한민국 임시정부」.

43 鄭秉峻, 「해방 직전 임시정부의 민족통일전선운동」, 『대한민국 임시정부 수립80주년기념논문집』(하), 1999 참조.

44 김학준 외, 『혁명가들의 항일 회상: 金星淑, 張建相, 鄭華岩, 李康勳』, 민음사, 1988, pp. 209-211 참조.

45 ① 김학준 외, 『혁명가들의 항일 회상: 金星淑, 張建相, 鄭華岩, 李康勳』, pp. 211-212.

았지만, 임시정부가 주석 김구를 중심으로 하여 연안 독립동맹과 긴밀한 연합과 연대 강화를 추진했음을 명확히 확인할 수 있다.

또한 임시정부 주석 김구는 중앙아시아에서 출발하여 천신만고 끝에 1944년 봄 중경 임시정부를 찾아온 이충모(李忠模)를 김일성의 항일빨치산 부대에 파견하여 항일전의 연계를 추진하였다.[46] 김구의 신임장을 가지고 연대를 제의하러 가던 이충모는 산서성(山西省) 태원(太原)까지 갔지만 길이 막혀 지체하다가 해방을 맞아 중경으로 돌아왔다.[47]

김구는 1944년 9월 장개석과의 면담 때 이충모의 보고에 근거하여 중앙아시아 한국인과의 연대 협조를 부탁했다.[48] 이충모 자신도 임시정부와 중앙아시아 한국인과의 연대, 소련 내 한국인의 항일전 참가를 위해 중국 정부와 소련 정부의 협상이 중요하다고 호소하기도 하였다.[49]

한편 김일성은 그의 회고록에서 1942년 12월 중경 임시정부 특파원 김 모가 항일빨치산을 찾아 목단강까지 왔다가 만나지 못하고 돌아갔으며, 김일성도 중경 임시정부와 합작을 통해 조국해방을 위한 최종작전에 광복군의 무력을 동원할 수 있다는 견해를 표명했고, 처음에 반대했던 김책(金策)·최용건(崔庸健)도 이에 찬성했다고 회고하였다. 김일성은 하바로프스크 주둔 88교도여단(제88특별여단)에 있던 중국공산당의 유아류·로동생·왕붕에게 중경 임시정부와의 연대를 위한 서한을 맡겼지만, 이들은 해방될 때까지 이 서한을 전달하지 못하였다. 또한 김일성은 연안의 허

---

② 희망출판사 편, 『(정계비사)사실의 전부를 기술한다』, 희망출판사, 1966, pp. 423-424.

③ 鄭秉峻, 「해방 직전 임시정부의 민족통일전선운동」 참조.

46 金信 장군(金九 선생의 아들) 구술증언; 도진순, 『한국민족주의와 남북관계』, 서울대학교출판부, 1997, p. 289 참조.

47 鄭秉峻, 「해방 직전 임시정부의 민족통일전선운동」 참조.

48 「韓國臨時政府의 承認과 協助를 요청하는 備忘錄 및 要求條件(金九—蔣介石)」(1944. 9. 5.), 白凡金九先生全集編纂委員會 編, 『白凡金九全集』 제10권 참조.

49 李忠模(中國國民黨), 「在蘇韓僑問題와 韓國의 將來」(1944. 9. 23.); 추헌수 편, 『자료한국독립운동』 제2권, 연세대학교출판부, 1971, pp. 435-437 참조.

정숙을 통해 연안 독립동맹 및 중경 임시정부와의 연대를 시도하고자 강병선이 주도한 신의주 지하조직에 관내 항일조직과의 연계를 확보하라고 지시했고, 이 공작원은 김일성의 빨치산 세력과 중경 임시정부 및 연안 독립동맹의 합작을 위한 중간 연락지점을 만들려고 노력했다고 회고하였다.[50]

대한민국 임시정부는 또한 국내진입에 의한 복국(復國) 준비로 1944년 10월 3일 국무회의 의결을 거쳐 국내 비밀공작을 진행하기 위해 김구 주석이 주관하는 국내공작위원회를 설치하였다. 위원에는 김원봉(金元鳳), 성주식(成周寔), 김창숙(金星淑), 조경한(趙擎韓) 등 5인을 선정하였다.[51]

3) 대한민국 임시정부의 제주도 이동 상륙작전 제안 추진

임시정부 주석 김구는 미군 OSS와 합동하여 국내진입작전을 준비하면서, 미군이 오키나와를 점령한 후 이어서 제주도에 상륙하면 즉각 임시정부를 제주도로 옮겨 거점으로 삼아 본토에 상륙할 것을 구상하였다. 중국 측 정보자료는 김구가 미국의 중국 전구 사령관 웨드마이어(Albert C. Wedmeyer)에게 다음과 같이 제의했다고 기록하였다.[52]

> 김구(金九)는 이미 웨드마이어(魏德邁) 장군에게 서한을 보내어 미국 정부에 전달 보고해 줄 것을 요청했는데, 일단 미군이 조선 남부의 제주도(濟州島)를 해방시키면 한국임시정부(韓國臨時政府)는 즉시 미군의 협조하에 제주도에 진입하여 전체 한국 인사를 영도해서 미국 측 작전에 협조하겠다는 것이다.[53]

---

50 김일성, 『세기와 더불어』 제8권, 조선로동당출판사, 1998, pp. 409-417; 鄭秉峻, 「해방 직전 임시정부의 민족통일전선운동」 참조.

51 「國內工作委員會設置案」, 국회도서관 편, 『大韓民國臨時政府議政院文書』, 국회도서관, 1974, p. 853 참조.

52 韓詩俊, 「白凡金九와 重慶臨時政府」, 『백범과 민족운동 연구』 제1집, 2003 참조.

53 「金九已函魏德邁將軍請其轉告美政府 一旦美軍解放朝鮮南部之濟州島 韓國臨時政

당시 미군은 오키나와를 점령한 다음 일본 본토에는 상륙하지 않고 먼저 제주도에 상륙하여 제주도를 해방하고 이어서 한반도에 상륙하여 한국을 모두 해방한 후에 1946년 봄 고립된 일본 열도에 상륙해 본토를 점령한다는 작전계획을 갖고 있었다. 임시정부 주석 김구는 미군이 제주도를 해방하면 중경의 대한민국 임시정부를 즉시 제주도로 이동해 미군이 한반도에 상륙할 때 광복군이 선두에서 상륙 교두보를 만들고 제주도의 임시정부는 광복군과 미군에 바로 이어서 한반도 해방의 선두에서 국내에 진입 개선하려 한 것이었다.

김구가 미군이 제주도를 해방하는 즉시 중경 임시정부가 제주도로 이동 진입할 것을 웨드마이어를 통하여 미국 정부에 제의한 것은 이러한 작전 때문이었다. 김구는 제주도 출신 광복군 대원 문덕홍(文德洪)을 차출하여 먼저 국내에 파견 잠입시켰는데, 이것도 이 작전과 관련되어 있는 것으로 보인다.[54]

1945년에 대한민국 임시정부 주석 김구는 웨드마이어를 두 차례 방문했다. 첫 번째는 1945년 4월 17일 외무부장 조소앙과 함께 중국 전구 사령부를 방문하여 '미군 당국에 요청하는 군사원조 안건에 대한 개요'라는 제안서를 제출했을 때였다.[55] 두 번째는 '한국광복군 9개 항 행동준승'이 폐지되고 한국광복군의 지휘통수권이 완전히 대한민국 임시정부의 전결에 들어간 1945년 5월 1일, 광복군 관계 교섭을 중국 군사위원회를 통하

府卽願在美軍協助下進入該島 領導全韓人士協助美方作戰」, 白凡金九先生全集編纂委員會 編, 『白凡金九全集』 제5집, p. 649.

54 金九 선생이 文德洪 국내 파견 때 촬영한 사진 및 鮮于鎭 증언; 白凡金九先生全集編纂委員會 編, 『白凡金九全集』 제11권, p. 140 및 韓詩俊, 「白凡金九와 重慶臨時政府」 참조.

55 「대한민국임시정부 대표단의 방문(Visit of Representatives of Korean Provisional Government)」, 國史編纂委員會 編, 『韓國獨立運動史 資料21』(臨政篇6), 國史編纂委員會, 1992, pp. 190-192 및 p. 357 참조.

지 말고 대한민국 임시정부와만 직접 할 것을 통보한 때였다.[56]

1945년 4월 17일부터 5월 1일까지는 광복군과 미군 OSS가 합동으로 한반도 국내진입작전을 위한 광복군 특수훈련을 실행했다.

광복군의 국내진입작전과 임시정부의 제주도 이동 계획은 미국이 일본 본토에 원자폭탄을 투하하여 일본이 1945년 8월 10일 무조건 항복 의사를 연합국에 통보하고, 8월 15일 무조건 항복을 세계에 공표해 제2차 세계대전이 종결됨으로써 실현되지 않은 채 조국의 광복을 맞게 되었다.

5. 연합국의 얄타 회담과 포츠담 회담 및 포츠담 선언, 그리고 한반도 분단점령 밀약

1) 얄타 회담

연합국 측 수뇌들인 미국의 루스벨트, 영국의 처칠, 소련의 스탈린은 1945년 2월 4일부터 2월 11일까지, 흑해 연안 크림반도의 얄타에 모여서 제2차 세계대전 종전 후의 세계 문제 처리에 관한 회담을 하였다. 이 '얄타 회담'에서 한반도에 대한 연합군의 '군사점령(軍事占領)'과 '군정(軍政)' 선행 실시라는 밀약이 합의되었다.

'카이로 회담' 및 '테헤란 회담'에서 한국에 대한 신탁통치에 야합하고 약 4개월 후, 미국 국무부는 한반도와 지리적으로 근접한 소련이 단독으로 한반도를 군사점령하거나 또는 한반도에 막강한 영향력을 행사할 가능성을 염려하게 되었다. 따라서 미 국무부는 한국에 대한 민정의 신탁통치를 시작하기 전에, 종전과 동시에 한반도를 '군사점령'하여 처음 단기

56 韓詩俊, ①「白凡金九와 重慶臨時政府」
②「대한민국 임시정부의 국내진입 구상」, 『한국 근현대사 연구』 제21집, 2002 참조.

(短期)는 '군정'을 실시했다가 이후 신탁통치로 이행하는 절차를 계획하였다.[57]

미 국무부는 소련이 대일본전에 참전하는 경우에 한반도를 군사점령하리라고 예견했으며, 만일 소련이 단독으로 한반도를 군사점령한다면 "미국은 그러한 사태 발전을 태평양의 미래의 안전에 대한 하나의 위협으로 간주할 것이다."[58]라고 하여, 미국도 소련과 함께 한반도에 대한 군사점령을 단행하는 것을 미국 주도의 신탁통치를 실시하기에 앞서 수행해야 할 정책으로 계획한 것이었다. 미 국무부는 1945년 2월 8일에 열리는 얄타 회담에 임하여 미국의 정책을 설명하는 소책자를 작성했는데, 여기서는 한국 문제에 대한 정책을 다음과 같이 설명하였다.

> 한국 문제는 국제적 성격을 갖고 있으므로 한국에서 군사 작전을 완료함과 더불어 (1) 실천 가능한 한 한국에서의 점령군(the army of occupation)과 군정(military government)에 연합국 대표부(allied representation)를 두어야 한다. (2) 그러한 대표부는 한국의 장래 지위에 실질적 이해관계를 가진 국가들인 미국·영국·중국·소련(태평양전쟁에 참전한다는 것을 전제조건으로 하여)으로 구성되어야 한다. (3) 다른 국가들의 대표권은 미국의 비례적 힘을 그 영향력이 약화할 정도까지 감소시킬 수 있을 만큼 큰 것이어서는 안 된다는 것이 국무부의 견해이다.

---

57 U.S. Department of State, *Foreign Relations of United States: Korea: Occupation and Military Government: Composition of Forces, March 29*(*vol. 5*), 1944, pp. 1224-1228 및 Bruce Cummings, "American Policy and Korean Liberation." Frank Baldwin, *Without Parallel: The American-Korean Relationship Since 1945*, New York: Pantheon Books, 1974, p. 44 참조.

58 U.S. Department of State, *Foreign Relations of States; Korea; Occupation and Military Government: Composition of Forces, March 29*, pp. 1239-1242 및 Bruce Cummings, "American Policy and Korean Liberation", p. 44.

위와 같은 얄타 회담에서의 미국 정책 설명에서 주목해야 할 것은 이때 미국이 한반도에 대한 '군사점령'과 '군정'의 실시를 제안하고, '신탁통치'는 그 후에 실시할 의사를 표명하고 있다는 사실이다. 그러나 이것이 '분단'에 의한 군사점령과 군정을 제안한 것은 아니었다. 그와 반대로, 군사 점령에 의한 지역적 분단의 가능성을 우려하면서, "한국 전체가 나누어진 지역들로서가 아니라 단일 단위로 통치되어야 한다."[59]라는 점을 강조했다. 즉 군정은 미국과 소련의 협조하에 연합군 대표부에 참가한 나라의 단일 군사정부가 전체 한국을 통치하는 체제임을 강조하였다. 따라서 얄타 회담에서 '군사점령'과 '군정'은 논의되었으나 '분단'은 논의되지 않았음을 알 수 있다.

이러한 얄타 회담에서의 미국 정책을 소련 측이 정밀히 검토했음은 말할 필요도 없다. 그러나 소련 측이 이의를 제기했다는 기록이 없는 것으로 보아서 소련이 참가한 공동의 군사점령과 소련을 포함한 연합국이 하나의 '군정'으로 전체 한국을 통치하는 것에 소련 측도 반대하지 않은 것으로 보인다. 소련이 관심을 가졌던 것은 '군사점령'과 '군정'이 아니라 그 후 '신탁통치'를 실시하는 기간에 연합군을 주둔시킬 것인가 철수할 것인가의 문제였다. 얄타 회담에서 루스벨트는 스탈린에게 한국은 '미국·중국·소련의 대표로 구성된 신탁통치'에 부칠 구상이라고 제안하면서, 필리핀에서 자치 정부를 수립하는 데에는 40년이 걸렸지만 한국에서는 신탁통치 기간이 '20-30년'이면 될 것이라고 설명하였다.[60] 스탈린은 신탁통치가 미국의 국익을 위한 방법임을 잘 간취하고 있었다. 스탈린은 신탁통치의 기간은 짧으면 짧을수록 좋을 것이라고 대답하면서 신탁통치 이

---

59 U.S. Department of State, *Foreign Relations of the United States, Diplomatic Papers: The Conferences at Malta and Yalta, 1945*, Washington, D.C.: U.S. Government Printing Office, 1955, p. 360.

60 U.S. Department of State, *Foreign Relations of the United States, Diplomatic Papers: The Conferences at Malta and Yalta, 1945*, p. 770.

후 외국군이 한국에 주둔하느냐고 물었고, 루스벨트가 그렇지 않다고 대답하자 스탈린은 루스벨트의 제안에 동의를 표명하였다.[61]

얄타 회담에서 한국 문제에 대하여 미국과 소련이 합의한 것은 결국 ① 연합국(실제로는 미·소)의 군사점령을 시행하고, ② 미국·소련·중국의 대표를 중심으로 전체 한국에 대해 하나의 단일 군정을 실시하며, ③ 그 후 외국군이 철수해 주둔하지 않은 상태에서 미국·소련·중국의 연합국 대표부에 의해 20-30년간의 신탁통치를 실시하는 것이었다. 이것은 한국민족의 의사는 전연 물어보지도 않고 고려하지도 않은 채 열강들이 그들의 국익을 위하여 정치적으로 밀약한 것이었다.

얄타 회담에서 미·소 양대국이 자기의 국익을 위하여 다른 나라와 민족의 이익을 얼마나 무시했는지, 그 야합의 정도는 루스벨트와 스탈린이 서명까지 하여 공식적으로 합의한 다음의 내용에서도 알 수 있다.[62]

(1) 소련은 외몽골(몽골인민공화국)과 외몽골인의 현재 상태를 보호할 것

(2) 1904년 일본의 배신 공격에 의해 상실한 이전의 러시아의 모든 권리를 회복할 것.

a. 남(南)사할린과 그 부속 도서들은 소련에 반환함.

b. 상업항구 대운(大運)은 자유항으로 하나 소련에게 우선권을 주고, 여순(旅順)은 소련에게 군항(軍港)으로 환부함.

c. 동청(東淸) 철도(鐵道)와 남만주(南滿洲) 철도(鐵道)는 중·소 합작회사를 설립하고 양국이 공동 관리로 경영하되 소련에게 우선권을 줄 것.

d. 만주의 주권은 중국이 완전히 소유함.

---

61 ① U.S. Department of State, *Foreign Relations of the United States, Diplomatic Papers: The Conferences at Malta and Yalta, 1945*, p. 770 및 p. 984.
② Robert E. Sherwood, *Roosevelt and Hopkins: An Intimate History*, New York: Harper & Brothers, 1948, p. 868 참조.

62 U.S. Department of State, *United States Relations with China*, Washington, D.C.: U.S. Government Printing Office, 1949, pp. 113-114.

(3) 쿠릴 열도는 소련에게 할양함. 단, 외몽골과 항구·철도 등에 관한 문제는 장개석(蔣介石) 총통의 동의를 요하며, 루스벨트 대통령은 장개석 총통의 동의를 얻는 데 알선을 할 것이다. 그리고 3대국은 소련의 목적이 일본 항복 후 이의 없이 완전히 달성될 것임을 협정하고 소련은 중국을 일본의 압박으로부터 해방시키는 데 무력으로 원조하기 위하여 중국과 우호동맹조약을 체결할 의사를 표시하였다.

얄타 회담에서 루스벨트·스탈린·처칠 사이에 이루어진 이 합의에서 주목할 것은 소련이 대일본전에 참전한다는 조건으로 일본 항복 후 1904년의 러일전쟁 패전 때 상실한 남사할린과 쿠릴 열도의 영유권을 회복할 뿐 아니라, 중국의 영토로서 당연히 연합국의 일원인 중국에 귀속되어야 할 여순(旅順)을 소련의 군항으로 소련에 돌려주고 대련(大連)은 자유항으로 만들어 소련에게 우선권을 주며, 동청철도(東清鐵道)와 남만주철도(南滿洲鐵道)는 중·소 합작회사를 설립하여 공동으로 경영하되 소련에게 우선권을 주도록 하는 밀약에 야합했다는 사실이다. 이것이 명백하게 동맹국인 중국의 주권을 침해한 것임을 잘 아는 그들은 이 사항이 중화민국 총통 장개석(蔣介石)의 동의가 필요한 것임을 지적하면서, 미국 대통령 루스벨트가 장개석의 동의를 받아내는 알선의 역할을 수행할 것까지 밀약하였다. 이와 같은 당시 미국·소련·영국 등 열강들의 의식과 행태를 통해, '일본의 식민지'로만 간주된 한국에 대한 정책 역시 국익 추구만을 위한 것이었음은 쉽게 짐작할 수 있다.

얄타 회담에서 미국·소련·영국의 수뇌들은 한국에 대하여 ① 제1단계에서 '군사점령'을 단행하고, ② 제2단계에서 전체 한국에 대한 연합군의 단일 군정을 실시하며, ③ 제3단계에서는 외국군이 철수한 상태에서 미국·소련·중국의 대표부에 의한 20-30년의 '신탁통치'를 실시하기로 정치적으로 야합하여 밀약한 것이었다.[63]

열강의 카이로 회담·테헤란 회담에서의 정치적 야합과 얄타 회담에서의 정치적 야합 사이에 있었던 한국 문제의 관한 합의 변화는, 신탁통치 실시에 선행해서 연합군의 '군사점령'과 '군정'을 실시한다는 것과, 그 후에 실시할 신탁통치의 기간을 '40년'으로부터 '20-30년'으로 약간 단축한 것 등이었다.

2) 포츠담 회담에서의 한반도 분단 점령 밀약과 포츠담 선언

연합국의 미국과 소련은 독일 항복 후 1945년 7월 17일부터 8월 2일까지 개최된 포츠담 회담에서 한국 문제를 다루며 한국 남북분단 점령을 밀약하였다.[64]

독일이 항복한 후의 유럽 문제와 소련을 대일본전에 참전시키고 일본을 항복시키며 전후 극동 문제를 논의하기 위하여 미국 대통령 트루먼,

63 우리가 여기서 주목할 것은 열강의 얄타 회담에서 밀약(密約)된 것은 한반도의 '남북분단(南北分斷)'이 아니라 '군사점령(軍事占領)'과 '군정(軍政)'에 대한 밀약이었으며, 한반도의 남북분단에 대해서는 군사점령이 한반도의 지역적 분할을 가져올 가능성에 대비하여 '전체통일(全體統一)' 한국에 대한 연합군의 공동점령과 전체단일군정(全體單一軍政)이 강조되고 밀약되어 합의되었다는 사실이다. 따라서 한반도에 대한 군사점령과 군정은 얄타 회담에서 합의되었으나 남북분단은 여기서 밀약된 것은 아니었다. 李容熙는 「38선 획정신고: 소련대일참전사에 연하여」(『亞細亞學報』 제1집, 1965)에서 한국의 남북분단이 얄타 회담에서 밀약되었다고 다시 강조하고 있는데 이것은 증거가 없으며, 얄타 회담에서 밀약된 것은 남북분단(南北分斷)이 아니라, 전체 한국에 대한 연합국의 공동 군사점령(軍事占領)과 단일군정(單一軍政)이었다. 그러나 당시 군사적(軍事的) 편의주의설(便宜主義說)이 학계를 지배하고 있는 속에서 심층을 규명하려고 하여 '얄타 밀약설(密約說)'을 주장한 것은 주목할 업적이라고 할 수 있다.

64 ① 신용하, 「8·15 해방전후 한국인의 역사의식」, 동아일보사 편, 『현대사를 어떻게 볼 것인가』 제1권, 동아일보사, 1987.
② 신용하, 「한국 남북분단의 원인과 포츠담 밀약설」, 『한국사회사연구회논문집』 제13집, 1988.
③ 김기조, 『38선 분할의 역사』, 동산출판사, 1994.
④ 이완범, 『38선 획정의 진실』, 지식산업사, 2001.
⑤ 이완범, 『한반도 분할의 역사』, 한국학중앙연구원출판부, 2013 참조.

소련 수상 스탈린, 영국 수상 처칠과 새 수상 당선자 애틀리 등이 1945년 7월 17일부터 8월 2일까지 독일 베를린 교외 포츠담에 모여 회담을 가졌다. 공식적인 '포츠담 선언'에서 한국 문제에 대해서는 단지 '카이로 선언'을 재확인하는 것만 공표되었다. 그러나 이 회담의 막후에서 이루어진 국무장관급 및 참모총장급 회담에서는 소련이 대일본전에 참전하는 경우 한반도에서 그에 해당하는 기득권을 인정하고 미·소 양국이 한국을 분단하여 군사점령하기로 '밀약'했다는 증거자료가 있다.

제2차 세계대전의 종전이 가까워져 오던 1945년 4월 12일 미국 대통령 루스벨트가 갑자기 병사함으로써, 부통령 트루먼은 아무런 독자적 견해와 준비 없이 포츠담 회담에 참석하게 되었다. 또한 영국 수상 처칠의 보수당도 선거에 패배하여 전후에는 노동당수 애틀리가 집권하게 되었다. 따라서 포츠담 회담에서 트루먼, 처칠, 스탈린 사이의 수뇌 회담은 지극히 공식적인 것에 불과했고, 보좌관들의 실무 회담이 매우 중요한 것으로 부각되었다. 미국 측은 원자폭탄의 실험에 성공했다는 보고를 포츠담 회담 개최 하루 전날인 7월 16일에 받았으나, 참모총장 마셜(George C. Marshall)을 비롯한 보좌관들은 일본의 항복을 1946년 봄으로 추정하고 있었기 때문에 미군의 인명 손실을 줄이기 위한 소련의 대일본전 참전을 포츠담 회담 기간중에 여전히 강력하게 요청하였다. 소련 측은 이전 얄타 회담에서 언급했던 '독일 항복 후 3개월 이내에 참전하겠다'는 시사를 구체화하여 포츠담 회담에서는 8월 8일까지 대일본전에 참전할 것을 약속하였다.

7월 26일 포츠담에서 열린 미·소 양국 참모총장의 연합작전회의에서는 소련이 대일본전에 참전하는 경우 한반도에서 미국과 소련의 공군 및 해군 작전지역을 지리적으로 분할하기로 새로이 합의했다. 그 분계선은 한국 해안의 무수단(舞水端)곶에서 북위 40도·동경 135도의 지점과 북위 45도 45분·동경 140도의 지점까지, 그리고 거기에서 북위 45도 45분선을 따라 사할린 남단의 크릴론곶이 북해도 북단의 소야미사키곶까지 연결하는 선으로 이어져 있었다.[65] 미군은 이 분계선의 남쪽에서, 소련군은 북쪽에서 작전하게 되어 있었으므로, 한반도의 대부분의 영공과 영해는 미군의 작전지역이 되고, 함경북도 일부만이 소련군의 작전지역으로 분할되었다.

그러나 미국과 소련 참모총장들의 연합작전회의는 육군의 한반도 육지점령에 대해서는 분계선을 긋지 못했다. 이것은 곧 얄타 회담에서의 '군사점령'과 '군정'에 직결된 '정치' 문제였기에 양국이 모두 국가이익을 추구했기 때문이다. 당시 소련은 아직 대일본전에 참전하지 않고 있었으므로, 미국은 포츠담에서도 소련의 참전 이전에 일본이 항복하면 미군이 전체 한반도에 진주하여 점령할 것을 계획하였다.[66] 그러나 일본의 항복 이전에 소련이 참전하는 경우에는 한반도를 적당한 지역으로 분단 점령할 것을 양해한 기록이 보인다.

미군사편찬위원회의 애플맨(Roy E. Appleman)이 쓴 『한국전쟁에서의 미육군(*United States Army in the Korean War*)』이라는 미국 육군부의 공식 책자에서는 포츠담 회담 때 미 육군 작전국장으로 이 회담에 참석했던 헐(John E. Hull) 장군과의 면담에 의거하여 포츠담 회담 당시의 한국분단 문제에 대한 논의를 기록하였다. 그 요지는 "한국의 지상 경계선에 대한 미군 측의 고려는 1945년 7월 포츠담 회담에서 나타나기 시작했는데, 포츠담 회담 도중의 어느 날 미 육군 참모총장 마셜 대장이 육군 작전국장 헐 준장에게 미 육군의 한반도로의 진공에 관해 준비를 갖추라고 명령하자, 헐과 그의 참모들은 미국과 소련의 지상경계선을 획정할 곳을 결정하기 위하여 한국 지도를 검토한 끝에 최소한 부산항과 인천항의 2개 항구를

65 U.S. Department of State, *The Conference of Berlin(the Potsdam Conference), 1945*(vol. 2), Washington, D.C.: U.S. Government Printing Office, 1960, pp. 410-411 참조.

66 Harry S. Truman, *Memoirs by Harry S. Truman: Year of Decisions*(vol. 1), New York: Doubleday, 1955, p. 434 참조.

미군의 점령 지역 안에 포함하는 것이 미국의 희망이었으므로 서울 북방에 그 선을 그었다. 이 군사 입안자에 의하여 포츠담에서 그어진 서울 북방의 경계선은 정확하게 38도선은 아니었지만 그 부근이었으며 대체로 그것을 따라 그어진 것이었다(This line north Seoul, drawn at Potsdam by the military planners, was not on the 38th Parallel but was near it and generally, along it).”라는 것이다.[67] 즉, 미군 작전국장 헐에 의하여 정확히 38도선은 아니지만 38도선 부근을 따라가는 남북분할선이 포츠담 회담에서 제출되었던 것이다. 이 안은 포츠담 회담에서의 미·소 군사 회담에 제출되었으나 미·소 양측 대표들은 이 제안된 지상분계선을 토의하지는 않았다고 한다.

미 육군 참모총장 마셜이 포츠담 회담 도중 자기 참모들에게 미군의 한반도 진공시 지상경계선 획정의 준비를 지시한 이유는 미군의 인명 손실을 줄이기 위하여 소련 육군이 참전해 만주와 한국으로 진공해 들어오면 그 참전과 공헌의 정도에 따라 소련 육군의 진공 지역에서의 기득권을 인정한다는 것을 소련 측과 협의하기 위한 것이었다. 아직 소련이 대일본전에 참전한 것도 아니었기 때문에 더 이상 미국·소련 양측에서 한반도 지상분계선 설정을 상세하게 깊이 논의할 수는 없었을 것이다. 그러나 이 한국 분단안은 미·소 연합참모회의에 제안되었으며, 소련은 포츠담 회담에서 늦어도 8월 8일까지는 대일본전에 참전할 것을 약속했으므로, 한국의 분단은 포츠담 회담에서 사실상 ‘밀약’되었던 것이다.

한국전쟁 발발 직후 미 국무부의 한 관리가 “38도선은 포츠담에서 무

---

67 Roy E. Appleman, *United States Army in the Korean War: South to the Nakdong, North to the Yalu*, Office of the Chief of Military History, 1961, pp. 2-3 참조. Soon Sung Cho, *Korea in world politics, 1940-1950*, University of California Press, 1967, pp. 51-52 및 김학준, 「分斷의 배경과 그 고정화 과정」, 송건호 외, 『解放前後事의 認識』, 한길사, 1979. p. 69에서 조순승 교수와 김학준 교수도 이 자료를 사용하고 있으면서도 그 해석에서 군사적 편의주의설(軍事的 便宜主義說)을 주장하고, 포츠담 밀약을 간과해 버리고 있다.

더운 밤의 한 피곤한 회의에 의해 획정되었다. 그것은 정치적으로, 지리적으로, 경제적으로, 군사적으로 이치에 맞지 않는 선(線)이다. 그러나 회의에서 소련 사람들과 미국 사람들은 누가 어느 곳을 점령할 것인가에 대하여 전혀 합의가 이루어질 수 없었다. 마침내 한 장군이 38도선을 시사하였다. 그리고 그것이 그것(38도선 획정)으로 되었다."[68]라고 38도선 분단이 포츠담 회담에서 이미 획정된 것이라는 내용의 발언을 한 것도 그 증거의 하나로 볼 수 있다. 이 새 자료는 포츠담 회담에서의 미·소 연합참모회의에서 양군의 한반도 점령 지역 획정이 지루한 협상에도 합의에 도달할 수 없게 되자 미군 헐 장군 팀이 대체로 38도선을 따라 그은 지상 분계선을 제안했고 이를 미·소 연합참모회의에서 비공식적으로 양해·합의했음을 시사해 주고 있다.

여기서 명백한 것은, '미·소 양군에 의한 한국의 남북분단 점령'에 대한 '양국의 정치적 야합'은 포츠담 회담에서 '밀약'된 것이라는 점이다. 이 점에서 전에도 쓴 바와 같이 이 견해를 '포츠담 밀약설'이라고 보아도 무방할 것이다.[69] 그렇지만 주의할 것은 포츠담 회담에서 38도선은 아직 획정되지 않았다는 사실이다. 그 분계선이 대체로 38도선 부근이었지만, 아직 확정된 것은 아니므로 39도선이 될지, 37도선이 될지는 소련의 참전 약속 실천 여부와 진공 정도에 따라 다음에 협상될 문제였던 것이다.

포츠담 회담에서 위와 같은 밀약과 기타 세계 문제에 대해 합의한 후에, 연합국 수뇌는 일본 측에게 7월 26일 최후통첩인 '포츠담 선언'을 발표하고 이를 무조건 수락해서 '무조건 항복'할 것을 요구하였다.

포츠담 선언은 13개 항으로 되어 있었다. 그 요점은, 연합국은 독일의 항복을 받고 막강한 군사력으로 일본 군국주의를 박멸할 완전한 태세를 갖추었는바(제1-3항), 일본은 계속 항전할 것인가 군국주의를 포기하여

---

68 *Time(Weekly Magazine)*, 1950년 7월 3일 자, p. 15.

69 신용하, ①「8·15 해방전후 한국인의 역사의식」, p. 30.
②「한국 남북분단의 원인과 포츠담 밀약설」 참조.

항복해서 새로 시작할 것인가의 선택에 처해 있음을 알리면서(제4-5항), 항복의 조건으로 ① 군국주의자들의 영구한 제거(제6항), ② 일본의 연합국에 의한 군사점령(제7항), ③ 카이로 선언 이행과 일본 영토의 규정(제8항), ④ 일본 군대의 완전 무장해제(제9항), ⑤ 전쟁범죄자의 처벌(제10항), ⑥ 일본 군수산업의 해체와 평화산업의 존속(제11항), ⑦ 평화적 책임 있는 정부 수립 이후의 연합국 철수(제12항), ⑧ 일본군의 무조건 항복 요구와 이를 거부할 경우의 완전한 괴멸(제13항)을 선언한 것이었다. 이 중에서 한국과 직접 관련된 규정은 다음과 같은 제8조였다.

> 카이로 선언의 모든 조항은 이행될 것이며, 일본국의 주권은 본주(本州)·북해도(北海道)·구주(九州)·사국(四國)과 우리들이 결정하는 제소도(諸小島)에 국한될 것이다(The terms of the Cairo Declaration shall be carried out and Japanese sovereignty shall be limited to the Islands of Honshu, Hokkaido, Kyushu, Shikoku, and such minor islands as we determine).

포츠담 선언 제8조에서 말하는 '카이로 선언의 모든 조항의 이행'은 카이로 선언이 약속한 '한국 독립'의 이행을 포함한 것이며, 일본의 주권이 국한되는 범위를 '한반도'는 제외해서 본주·북해도·구주·사국과 연합국이 결정하는 그 주변 작은 섬으로 규정하여 '한국의 독립'이 거듭 재확인된 것이다.

또한 포츠담 선언은 연합국이 일본을 군사점령하여 평화체제가 확립될 때까지 '군정'을 실시할 것이고, 전쟁범죄자를 처벌하고, 일본군 완전 무장해제와 함께 군수산업을 해체할 것이며 무조건 항복하지 않으면 일본을 완전히 괴멸시키겠다고 선언한 것이었다.

3) 조선에서의 일본군 '결전' 준비

일제는 연합군과의 태평양전쟁에서 패색이 짙어지자 1945년부터 일본 본토와 조선에서의 '결전'을 준비하여 다음과 같이 일본군을 새로이 배치하였다.[70]

① 일제는 연합군의 일본 본토(상륙 예측지점 규슈)와 조선(상륙 예측지점 제주도) 상륙에 대비하여, 최후의 결전을 준비하면서 1945년 1월 22일 종래의 '조선군사령부'를 해소하고, 새로 '제17방면군(方面軍)'을 신설하였다. 제17방면군은 야전부대로서 조선에서 결전을 준비하되, 소련군에 대한 결전은 조선 북부에서 관동군 총사령관의 지휘를 받고, 조선 중부와 남부에서는 미국군에 대한 결전에 중점을 두도록 하였다. 제17방면군 사령관과 참모장은 조선 각지에 주둔한 일본군 관구(管區)를 통솔하는 '조선군 관구 사령부(朝鮮軍管區司令部)'의 사령관과 참모장도 겸임케 하였다.

② 제17방면군의 조선 내 결전 준비는 조선 남부, 특히 미군 상륙지점으로 예측되는 제주도에 중점을 두도록 하였다. 이에 일제는 1945년 3월에 일본군 제96사단, 4월에 제58군 사령부를 제주도에 파견하였다. 1945년 4월 이후에는 제111사단을 만주로부터 제주도에, 독립혼성 제108여단을 일본 본토로부터 제주도에 이동 배치하였다. 이에 1945년 2월 약 1,000명에 불과했던 제주도 주둔 일본군이, 1945년 8월에는 6만여 명에 달하게 되었다. 제주도 내 일본군의 지휘는 제58군 사령관(중장 遠山登)이 담당하도록 하였다. 여기에 다시 대구에 있는 제120사단을 제주도에 추가 이동 배치하여 8월 13일부터 승선을 시작할 계획이었다.

③ 일제는 당시 제주도 주민 약 22만 명(그중 일본인 약 1,400명) 가운데 노약자 약 5만 명을 조선 본토로 피란시키고, 나머지 도민은 미국 상륙부대와 결전하는 일본군 지원에 총동원하도록 계획하였다. 이를 목적으로

---

70 森田芳夫, 『朝鮮終戰の記錄』, 巖南堂書店, 1964, pp. 13-24 참조.

행정사무를 총괄하는 제주도 주재관 지다 모로요시(千田專平)를 도지사와 동격의 '칙임관'으로 임명하였다. 일본군은 제주도 해안에 미군 상륙을 저지하기 위한 포대와 거대한 군사용 땅굴·참호를 파고, 만일 상륙했을 경우를 대비하여 한라산 중턱에도 자동차 도로와 참호를 파서 설비하였다.[71]

④ 일제는 병력 부족으로 제주도 이외의 남조선 본토 남부에는 일본군 4개 사단 반밖에 남겨두지 못하였다. 따라서 1945년 3월에 제150사단을 전라북도 정읍에, 제160사단을 이리에 새로 배치하였다. 제주도 다음의 미군 상륙지점을 군산 일대로 예측했기 때문이었다. 종래의 나남(제19사단), 평양(신설된 제30사단), 서울(제20사단) 지역 사단은 새로 통폐합·재편된 군관구(軍管區)에 따라, 나남·평양·서울·대구·광주에 나누어 배치하였다. 일제는 병력이 크게 부족하여 조선 내의 재향군인을 총동원할 뿐 아니라, 조선인 징집병의 최대 다수를 여기에 편입시켰다. 그러나 조선인 징집병은 무장이 불완전하고 도망병이 많아서 희생만 컸지 방위력은 약하다고 보아, 미군 상륙 시 추가 5개 사단의 증강을 대본영에 요구하였다.

⑤ 일본 해군은 1945년 4월 함대가 이미 소멸된 상태에 있었으므로 육군에 전적으로 협력하도록 해서 진해경비부는 제17방면군 사령관, 제주도는 제58군 사령관, 기타 해군항공대는 소재지 야전사령관의 지휘를 받도록 하였다.

⑥ 소련과의 전쟁 대비를 위해서, 관동군 총사령관이 함경북도 나남에 신설된 제79사단, 함경북도 청학(靑鶴)의 혼성 제101여단, 나진·영흥만의 요새수비대, 정평(定平)의 제137사단, 함흥의 제59사단과 신설된 제34군 사령부를 지휘하도록 하였다. 그러나 이 신설된 사단들은 조선인 징집병들을 급히 편입시켜 조직하고, 무기를 제대로 공급하지 못해 대포와 화

71 허호준, 「태평양전쟁과 제주도」, 『사회와 역사』 제72집, 2006 참조.

포는 전혀 없는 취약한 군대였다. 소련군과 전쟁을 하게 되면 조선 징집병 등의 일본군은 총알받이로 희생당하게 되어 있었다.

⑦ 조선에 주둔한 일본군(조선인 징집병 포함)의 육군(특별경비부대 및 군속 포함)은 1945년 8월 5일 무렵 제주도를 포함한 조선 남부에 23만여 명, 조선 북부에 11만 7,000여 명, 합계 34만 7,000여 명이었다. 특설경비대 인원 약 2만 명을 제외하면 조선 주둔 일본 육군(군속 포함)은 32만 7,000여 명이었다.

조선 주둔 일본 해군은 조선 남부에 약 2만 9,476명, 조선 북부에 약 2,690명, 합계 약 3만 2,166명이었다. 해군 군속은 조선 남부에 약 1만 8,233명, 조선 북부에 약 5,043명, 합계 약 2만 3,276명이었다.[72]

일제는 조선에서도 일본군 정예 '육군 29만 명', '해군 3만 명', '항공병 4만 명'으로 '영미 귀축'을 격멸하겠다고 호언 선전했으나, 1945년 6월 초부터 조선 전체는 이미 미군의 제공권 안에 들어가 있었다. 미군은 1945년 2월 필리핀 루손도에 상륙하여 마닐라를 점령함과 동시에 한편으로 유황도(硫黃島)를 공략하고, 이어서 4월에는 오키나와(沖繩)에 상륙하였다. 미국 공군 B29 폭격기는 방어력을 상실한 일본 본토 하늘에서 동경을 비롯한 각지의 군사요새를 폭격하였다. 미 공군 B29는 조선에도 날아와서 7월 4일 대전의 철도시설을 폭격했고, 7월 31일에는 평안도 청천강 철교를 폭격 폭파하였다. 7월 중순부터 8월 6일 사이에 함경북도 청진·나진·웅기항에 미 공군 B29가 날아와서 항내에 기뢰를 투하하여 선박과 부두시설 및 화물들이 폭파되었다. 황해와 남해안의 등대 11개소도 미군의 폭격으로 파괴되었다.

미국 해군의 잠수함은 남해안까지 들어와서 제주도로 수송되는 일본군과 장비를 미국 공군과 협동으로 공격하여 일본군 독립 야포병 제6연대의 일부와 제41건축근무중대를 파괴하였다. 제64병참병원도 파괴되었

72 森田芳夫, 『朝鮮終戰の記錄』, pp. 22-23 참조.

다. 미 공군의 폭격은 제주항 부두의 군수품을 불태워 버렸다. 제주에서 본토로 이송하는 피난민 제1진을 실은 선박까지도 1945년 6월 미 해군 잠수함의 오인 공격으로 침몰되었다.

이제 일본군은 미국 육군과 해군, 해병대가 1945년 8월 말경 제주도 또는 일본 규슈에 상륙하여 일본군과 결전에 들어가리라고 예측하고 있었다.

4) 소련의 참전과 소련군의 함경북도 상륙 전투

소련은 포츠담 회담에서 미국 및 영국 측의 대(對)일본전 참전 요구에 동의한 후 시기를 노리다가 미군이 1945년 8월 6일 히로시마에 원자폭탄을 투하한 이틀 뒤인 8월 8일 대(對)일본 선전포고를 하고, 함경북도에 주둔한 일본군을 공격하였다.

이날부터 8월 15일까지 일주일간의 전투에 대해 소련 측의 상세한 자료는 입수되어 있지 않다. 따라서 일본 측 자료 가운데서 비교적 사실대로 기술한 것으로 보이는 『조선 종전의 기록(朝鮮終戰の記錄)』에서 전투 상황을 정리해 보면 다음과 같다.[73]

① 8월 8일 밤 11시 50분, 조선인 1개 단 약 80명이 소련군과 함께 쾌속정을 타고 두만강을 건너와 토리(土里) 경찰관주재소를 습격해서 일본 경찰관 3명을 사살하고 주재소를 불태운 후 돌아갔다. 일본 경찰도 응전하여 소련병 1명이 전사하였다.

② 8월 8일 밤 11시 55분부터 수십 대의 소련 비행기 편대가 나진(羅津)항을 폭격하였다. 정박해 있던 일본 선박 11척이 침몰 또는 좌초하고, 무사히 남은 것은 2척뿐이었다.

③ 8월 9일 오전 0시 4분 소련 비행대가 웅기(雄基)항에 정박해 있는

73 森田芳夫, 『朝鮮終戰の記錄』, pp. 30-48 참조.

일본 선박 18척을 공습하고 기뢰를 투하하여 일본 선박병 약 80명이 중경상을 입었다.

④ 8월 9일 새벽 소련군이 경흥(慶興)을 수비하는 일본군 제127사단 예하 1개 중대를 공격하여, 전투에서 일본군은 중대의 약 50%를 잃었다.

⑤ 8월 12일부터 15일까지 경원(慶源) 마유산(馬乳山) 일대에 소련군이 전차를 앞세우고 공격하여, 일본군이 항전해서 일본군 전사자 약 70명을 내었다.

⑥ 8월 9일부터 10일까지 소련 비행기 편대가 청진(淸津)항을 공습하고 폭격하여, 부두에 있던 조선은행권 90상자 등이 소실되었다.

⑦ 8월 13일 오전 11시 30분 청진(淸津)에 소련 함대가 나타나서 함포사격을 가하고 소련군이 상륙하여 15일까지 '청진 전투'가 치열하게 전개되었다.[74] 소련군은 12일 밤부터 13일 이른 아침까지 부두에 잠수정 5-6척을 보내더니, 13일 오전에는 군함에서 상륙용 보트를 계속 내보냈다. 일본군은 수 척의 상륙용 보트를 격침했으나 쇄도하는 소련군의 상륙은 저지할 수 없었다. 이때 소련군 상륙에 대항하여 해안에 배치된 일본군은 '특설경비부대'로서 교육훈련을 받지 못한 조선인 징집병이 다수였다. 무기는 소총뿐이었으며, 특설경비 제451대대의 경우에는 탄합이 없어서 탄환을 병사가 포켓에 넣어 다닐 정도로 보급이 없었다. 어떤 부대는 소총을 가진 자가 200명 정도뿐이어서 이것만을 전면에 내세워 공격하게 하였다. 조선인 병사는 도망병도 많았다. 소련군 상륙부대는 일본군을 섬멸하고 13일 저녁 무렵 청진의 천마산(天馬山)과 고주산(高株山) 북부를 점령하였다. 일본군은 소련군 상륙 해안에 주로 조선인 징집병을 배치하여 희생시킨 것이었다.

일본군은 병사들에게 '황군 특공기가 블라디보스토크에 돌입'하고 '황군이 블라디보스토크에 역상륙했다'고 가짜뉴스를 퍼뜨리는 등 사기를

---

74 森田芳夫, 『朝鮮終戰の記錄』, pp. 37-48 참조.

진작시키려고 했으나, 일본인들조차 이를 믿지 않았다. 8월 14일 밤에 새로이 소련군 1개 사단이 상륙했고, 이어서 8월 15일에는 소련군 전차대가 상륙해서 합류하였다. 수성천(輸城川)과 청진 사이의 지점에서 일본군은 소련군과 격전을 반복했으나 일본군이 패주하였다. 청진 전투의 결과 일본군 사상자는 나남 사관구 부대에서만 444명, 일반 일본인 사망자는 168명이었다. 한편 소련군 전사자는, 1946년 여름 청진세관 앞 광장에 '소련군 전승 기념비'를 세울 때의 소련군 장교 연설에 의하면, 60명이었다.[75]

⑧ 8월 12일 소련 비행기가 성진(城津)항을 폭격하여 일본 선박 2척을 격침시켰다.

⑨ 8월 13일 소련 전투기 4대가 성진항의 일반 군함을 공격하여 전투가 벌어져서 일본 부상병 14-15명이 고주파병원에 입원하였다.

5) 미국과 소련의 38도선 획정 밀약

미국과 소련은 포츠담 회담에서 소련이 참전할 경우의 한반도 '분단' 군사점령을 밀약하고, 뒤이어 소련의 대일본전 참전 직후이자 일본의 항복 의사 통고 직후인 1945년 8월 13일 한반도를 '38도선'으로 분할하여 군사점령하기로 밀약하였다.

미국은 일본 본토로 상륙을 준비하고 일본의 전의를 꺾기 위하여 원자폭탄을 투하할 일본 본토 내의 4개 도시를 선정하고 8월 6일 히로시마에, 8월 9일 나가사키에 원자폭탄을 투하하였다. 소련도 8월 8일 일본에 대하여 선전포고를 하고 대일본전에 참전을 시작하였다. 원자폭탄의 가공할 위력은 태평양전쟁의 새로운 변수가 되어, 마침내 일본은 8월 10일 미국 등 연합국에 무조건 항복의 의사를 통고해 왔다. 원자폭탄의 투하

---

75 森田芳夫, 『朝鮮終戦の記録』, p. 45 참조.

로 말미암아 일본의 무조건 항복이 미국 정부와 군부가 예측했던 것보다 훨씬 더 앞당겨진 것이었다. 이 급박한 시기에 미국은 한반도를 38도선으로 분할 군사점령하기로 소련에 통보하였고 소련은 이에 동의하였다. 38도선 획정의 기술적 작업에 깊이 관여한 미 육군 참모본부 대령 러스크(Dean Rusk)의 다음과 같은 증언을 거듭 음미해 볼 필요가 있다.

> 돌연한 일본의 항복은 국무성과 육해공군으로 하여금 맥아더 장군에게 필요한 명령을 내리고 또 일본의 항복에 대해 다른 동맹국 정부와 함께 필요한 조치를 취해야 하는 등 비상 대책을 강구하지 않을 수 없게 만들었다. 이러한 목적으로 국무부 및 육해군 합동조정위원회(S.W.N.C.C., State-War-Navy Coordinating Committee, 국무부에서 던 Dunn, 육군에서 맥로이 McLoy, 해군에서 바드 Bard)가 8월 10일부터 15일까지 몇 차례 장시간의 회의를 거듭했다. 던, 맥로이, 바드는 펜타곤의 맥로이 사무실에서 8월 10일과 11일 밤에 모임을 가졌다. 회의는 철야로 진행되었다. 주제는 일본 항복의 접수 절차에 관한 문제였다.
>
> 국무부는 가능한 한 북쪽 멀리까지 미군이 항복을 받아야 한다고 제의했다. 군부는 즉시 활용할 수 있는 미군 병력이 부족했고, 또한 시간적·공간적 요인 때문에 소련 군대가 이 지역에 진출하기 이전에 북쪽 멀리까지 미군이 도달하기는 어렵다고 보았다.
>
> 군부의 견해는 만약 항복 접수 지역에 대한 우리의 제안이 우리의 군사능력을 크게 넘어선 것이라면 소련은 거의 받아들이지 않을 것이며 (…) 그리하여 속도가 문제의 본질이라는 것이다. 맥로이는 본스틸(Charles H. Bonesteel III) 대령과 나를 이웃 방에 따로 불러 가능한 한 북상하여 항복을 받기를 원하는 정치적 욕구와 미군이 당도할 수 있는 명백한 능력의 한계 사이에 조화를 이룰 수 있는 안을 작성해 보도록 요구했다. 우리는 38도선을 권고했는데 (…) 이것은 미군의 책임 지역 내에 한국의 수도를 포함시켜 놓는 것이 중요하다고 생각했기 때문이다.[76]

여기서 주목할 것은 미 국무부의 정치적 욕구는 가능하다면 한반도의 최대 북부, 또는 한반도 전역, 또는 만주까지라도 미군이 최대로 북상함으로써 이 점령지역 전체에 대한 지배를 원했다는 사실이다. 한반도에 한정해서 말한다면 미국은 한반도 전체를 점령하여 일정 기간의 군정을 펴고 그 후 일정 기간의 신탁통치를 실시한 뒤 다시 그 후 한국인의 친미 독립정부를 수립할 것을 원하였다. 이를 위해서는 무엇보다도 '점령'이 가장 중요하고 확실한 선결 과제였다. 그러나 이러한 욕구에 비해 미군의 선봉대는 겨우 오키나와에 와 있었고, 이 때문에 국무부의 정치적 욕망을 충족시키기 위해서는 '시간'이 부족하여 '속도'가 문제의 본질이 되었다는 것이다.

소련의 정치적 욕구도 미국의 그것과 동일한 것이었으며, 마찬가지로 '속도'가 문제의 본질이었다. 소련은 8월 6일 히로시마에 원자폭탄이 투하되어 그 가공할 위력이 증명되자 8월 8일 일본에 대하여 선전포고를 함과 동시에 만주에 진공해 들어갔을 뿐 아니라 한반도에 대한 공격도 서둘러서 8월 8일에는 나진, 9일에는 웅기를 폭격하였다. 8월 9일 일본 나가사키에 또 하나의 원자폭탄이 투하되고 일본이 8월 10일 무조건 항복 의사를 연합국에 통고해 온 직후인 8월 13일 소련은 서둘러 청진에 상륙하여 점령작전을 시작하였다. 소련의 8월 8일 대일본전 참전은 공식적으로 얄타 회담과 포츠담 회담의 약속을 지킨 것이기는 하지만, 만주에서의 군사 작전과는 달리 한반도 북부에서의 급속한 육군 상륙과 점령작전은 순전한 군사 작전이기 이전에 포츠담 회담에서 대일본전 참전의 대가로 밀약한 기득권 설정을 위한 정치작전의 일환으로 '속도' 경쟁의 군사적 표현이라고 보이는 것이다.

미 국무부는 지리적으로, 따라서 시간적으로 군사점령작전에서 불리

---

76 U.S. Department of State, *Foreign Relations of the United States: Diplomatic Papers, 1945, The British Commonwealth, The Far East*(vol. 6), Washington, D.C.: U.S. Government Printing Office, 1969, p. 1039.

하게 되자 원래 목적인 한반도 전체의 군사점령 욕구를 단념하고, 소련의 한반도 전체 군사점령을 저지하기 위하여 서둘러 군사점령 분계선 획정을 지시하였다. 미 군부의 참모들은 8월 10일과 11일 사이에 한국의 수도 서울과 인천항을 미군 점령지역으로 포함하여 정치적 우위의 지역적 기초를 확보함을 고려해서 '38도선' 획정안을 작성하여 미 국무성에 제출하였다. 미군 참모들이 이 38도선 획정 때 이전의 포츠담 회담 당시 헐과 그의 참모들이 서울 북방 38도선 부근에 그은 군사분계선을 참조했음은 두말할 필요도 없다.[77] 미국 대통령 트루먼은 8월 13일 이를 채택하여 즉각 주소련 군사연락위원장 딘(John R. Dean)을 통하여 소련과 영국·중국에 전보로 이를 제안하였다.[78]

소련은 군사점령작전에서는 우위에 있었으나 태평양전쟁의 대일본전에서 큰 공헌이 없었고, 만주에 대한 다른 목적도 있었으므로, 38도선 분할 제안을 받은 8월 13일 즉각 기다렸다는 듯이 매우 흔쾌히 이에 동의하는 응답을 보내어 왔다.[79] 38도선 획정에 참가한 미군 참모의 일원인 딘

---

77 제정 러시아와 일본이 한반도에 대한 침략정책을 자행하던 19세기 말인 1896년 5월 26일 니콜라이 2세 대관식 축하 일본 사절단장 야마가타 아리토모(山縣有朋)가 러시아에 대하여 한반도의 38도선 분할(分割)을 제안했다가 한반도 전체 지배를 원하는 러시아 외상 로바노프(Lobanov)에 의해 거부당했고, 1903년에는 러시아가 일본에게 한반도의 39도선 분할을 제안했다가 이번에는 한반도 전체 지배를 원하는 일본에게 거부당한 일이 있었다. 미국이 1945년 8월에 38도선 분할을 소련에 제의할 때, 과거의 이 경험과 제안을 참조했는지는 분명치 않다. William L. Langer, *The Diplomacy of Imperialism, 1890-1902*, New York: Alfred A. Knopf, 1960, p. 406 참조.

78 38도선 획정에 처음 포츠담 밀약 때부터 직접 관여한 미국 참모들은 번스(James F. Byrnes, 미국 국무장관), 마셜(George C. Marshall, 미 육군 참모총장, 대장), 헐(John E. Hull, 미 육군 작전국장, 중장), 링컨(George A. Lincoln, 전략정책단 단장, 준장), 본스틸(Charles H. Bonesteel III, 정책과장, 대령), 러스크(Dean Rusk, 정책과장보, 대령) 등이었다.

79 Harry S. Truman, *Memoirs by Harry S. Truman: Year of Decisions*(vol. 1), pp. 440-445 및 The Soviet Ministry of Foreign Affairs, *Stalin's Correspondence with Churchill, Attlee, Roosevelt, and Truman: 1941-45*, London: Lawrence & Wishart,

러스크는 소련이 불응하면 위도를 하나 더 내려 분할선을 수정할 구상도 준비하고 있었는데 소련의 쾌락을 받고 상당히 놀랐다고 한다.[80] 이렇게 하여 1945년 8월 13일 미국·소련 양군에 의한 한반도의 '38도선 남북분단 점령'이 일본군의 무장 해제 관할선이라는 명목하에 최종적으로 확정된 것이었다.

미국의 38도선 획정 제안에 대한 소련의 동의가 도착하자, 미국 대통령 트루먼은 이것을 명령서로 작성하여 8월 15일에 마닐라에 있던 태평양 지역 연합군 최고사령관 맥아더(Douglas MacArthur)에게 급송하였다. 이와 동시에 소련·영국·중국 정부에도 통고되었다.

6. 일제의 무조건 항복과 광복 직전의 날

1) 일제의 포츠담 선언 '무조건 수락' 및 '무조건 항복'

일본군의 항복을 앞당긴 것은 원자폭탄이었다. 세계 최초로 원자폭탄을 발명한 미국은 원자폭탄 4개를 제조해서 그중 1개를 1945년 8월 6일 히로시마에, 다른 1개를 8월 9일 나가사키에 투하한 것이다. 원자폭탄의 위력은 참으로 전대미문의 가공할 것이어서 폭탄 1개 투하만으로 히로시마 도시 전체가 폐허가 되고 무려 7만 8,150명이 사망하였다. 나가사키 역시 원자폭탄 1개 투하로 도시 전체가 폐허가 되고 2만 3,753명이 사망하였다.

일제 수뇌부는 8월 6일 히로시마에 투하된 원자폭탄의 파괴력에 매

1958, pp. 266-268 참조.

80 Bruce Cummings, "American Policy and Korean Liberation", p. 46 및 U.S. Department of State, *Foreign Relations of the United States, 1945, The British Commonwealth, the Far East*(vol. 6), p. 1039 참조.

우 경악하고 당황하였다. 일본 외상과 수상은 천황에게 포츠담 선언의 수락을 건의했으나, 결정을 못하고 머뭇거리던 천황은 8월 9일 나가사키에 다시 원자폭탄이 투하되자 서둘러 '항복'을 결단하였다. 3일 간격으로 나머지 2개 원자폭탄이 투하되고 그중 하나가 동경에 투하되면 천황과 일제 수뇌부를 포함한 일본제국주의는 완전히 섬멸될 것임이 불 보듯 명확하였다.

일본은 나머지 원자폭탄의 투하를 막기 위하여 긴급히 8월 10일 중립국인 스위스 주재 일본 공사와 스웨덴 주재 일본 공사에게 '국체호지(천황제 유지)'를 조건으로 한 포츠담 선언의 수락 및 항복을 연합국에 통보하도록 하였다. 또한 원자폭탄 추가 투하를 두려워하며 단파 방송으로 황급하게 '포츠담 선언 수락'을 반복해 방송하였다.

미국 측은 원자폭탄 추가 투하는 중지했으나, 8월 12일 10시 40분 샌프란시스코 방송을 통하여 조건부 항복은 거부하고, 천황제의 존속 여부는 연합국 최고사령관의 결정에 종속(subject)되는 것이니 '포츠담 선언의 무조건 수락' 및 '무조건 항복'을 요구하였다.

일제 측은 8월 12일부터 14일까지 내각과 군부가 연속회의를 열면서 살벌한 논쟁과 유혈 갈등을 거쳤으나 선택의 여지가 없었다. 일제 수뇌부는 어전회의에서 1945년 8월 14일 12시에 '무조건 항복' 수용을 결정하였다. 천황은 이튿날인 8월 15일 낮 12시에 방송할 '무조건 항복' 방송 녹음을 8월 14일 밤 12시경에 끝내고 항복 준비를 마쳤다.

2) 조선총독부의 무조건 항복 준비

조선총독부는 본국에서의 통보가 아니라 정보사찰업무를 겸한 경무국에서의 단파방송 청취를 통해 본국 정부가 8월 10일 조건부 항복을 연합국에 통보했음을 알았다. 이어서 8월 14일 밤 11시경 동맹통신사 경성지국을 통하여 천황의 '포츠담 선언 무조건 수락' 및 '무조건 항복'의 조서 전문을 받았다.

조선총독부 정무총감은 1945년 8월 15일 새벽 3시 긴급하게 제17방면군 참모장 및 조선 헌병대 사령관 등과 회의하여 '무조건 항복' 후 조선민족의 분노 폭발에 의한 재조선 일본인의 피해 방지책과 치안문제를 협의했다. 그 결과 영향력 있는 조선민족 지도자의 협조를 구하기로 합의하였다. 총독부 정보통은 공산주의자를 제외하고 여운형(呂運亨)·안재홍(安在鴻)·송진우(宋鎭禹) 3인을 조선인들에게 영향력이 있는 국내 조선민족 지도자로 보고 이들에게 협조를 부탁하기로 하였다. 여운형과 안재홍은 정무총감이 만나고, 송진우는 경기도지사가 만나기로 합의하였다.

1945년 8월 15일에도 조선총독부와 일본군 제17방면군 사령관은 미국·소련 사이에 한반도 38도선 분할점령이 약속되어 소련군은 38도선 이남에 진주하지 않을 것임을 알지 못하였다. 일제 총독부와 일본군 수뇌는 8월 17일경이면 소련군이 먼저 경성역에 도착할 것이고, 미군은 그 후에 진주할 것이라는 첩보와 예칙을 공유하면서 조선인의 봉기와 일본인의 막대한 피해를 염려하고 있었다.

총독부 정무총감의 초청으로 1945년 8월 15일 오전 8시 정무총감 관저에서 보호관찰대상으로 감시를 받고 있던 여운형과 총독부 정무총감 엔도 류사쿠(遠藤柳作)의 회담이 열렸다. 여운형의 요청으로 통역은 경성지방법원 검사 백윤화(白允和)가 맡았다. 엔도 정무총감의 '치안유지 협조' 요청에 대하여 여운형은 다음의 다섯 가지 조건 수락[81]을 요구하였다.

① 전국을 통하여 정치범, 경제범을 즉시 석방할 것

② 8월·9월·10월 3개월간의 식량을 보장할 것

③ 치안유지와 건국을 위한 정치활동에 절대로 간섭하지 말 것

④ 청년과 학생을 조직 훈련하는 데 대하여 절대로 간섭하지 말 것

---

81 李萬珪, 『呂運亨先生闘爭史』, p. 188.

⑤ 근로자와 농민을 건국 사업에 조직 동원하는 데 절대로 간섭하지 말 것

여운형도 이때 38도선 획정은 알지 못했으나, 국제정세를 관찰하고 해외 독립운동가들과 연락하면서 연합군, 특히 미군의 서울 진주에 상당한 기간이 필요할 것임을 알고 있었다. 여운형은 일제 항복과 동시에 조선이 행정권을 인수하여 일제의 지배를 즉각 벗어나서 '건국'을 '준비'하다가 해외의 독립운동 연합 세력이 귀국하면 새 국가를 건국해야 한다고 생각하였다. 이에 그는 엔도의 '치안유지 협조' 요청에 응하는 조건으로 위의 다섯 가지를 수락할 것을 요구한 것이었다.

총독부 정무총감 엔도는 일본인 보호·철수와 치안 유지가 가장 큰 목적이었으므로 제17방면군 사령관과 협의 없이 즉각 여운형의 이 다섯 가지 조건에 동의하였다. 안재홍에게의 연락과 동의는 여운형이 맡아 전달하기로 하였다. 송진우는 경기도지사가 맡아 연락했으나 면담을 거절하였다.

조선총독부는 이와 별도로 재조선 일본인들의 철수 등에 대한 경비 조달을 위하여 1945년 8월 14일부터 황급히 '조선은행권'을 광폭하게 남발하기 시작하였다. 8월 14일까지의 조선은행권 발행고는 48억 3,900만 원이었는데, 8월 말 발행고는 79억 8,700만 원으로 보름 만에 무려 31억 4,800만 원이 폭증 발행한 것이다.[82] 이것은 보름 만에 조선은행권을 65%나 늘려 일거에 발행한 것이었다.[83] 일제의 마지막 단계에서 일본인

82 朝鮮銀行調査部, 『朝鮮經濟年報』(1948), pp. 1-293 참조.

83 일본 본토로부터 해로로 수송해서 청진 부두에 하역한 미발행 조선은행권 172상자 가운데 약 90상자가 1945년 8월 9일 소련 비행기의 폭격으로 불타 버렸다. 그렇다면 일제의 조선은행권 폭증 남발은 8월 14일부터가 아니라 그 이전인 8월 초부터 시작되어, 일본 본토에서 대대적으로 인쇄해서 조선 전국 주요지점에 수송한 것으로 추정된다. 광복 후의 조선은행 조사부가 8월 14일을 기준일로 잡은 것은 늦게 잡은 것이다. 따라서 기준일을 앞당기면 조선은행권의 남발은 65%의 증가보다 훨씬 높은 비율의 폭증일 것으로 추정된다. 일제는 패전에 따를 비용 지출을 미증유

철수를 위한 조선은행권 폭증 발행은 광복 후 한국의 악성 인플레이션을 야기한 가장 큰 원인이 되었다.

또한 조선총독부는 1945년 8월 14일부터 총독부 내의 주요 서류를 소각하기 시작하였다. 8월 15일에는 전국 지방행정관청에 주요서류 정리 소각을 명령하였다. 이후 들어선 미군정은 총독부 내 일본인 행정관 일부를 연말까지 그대로 고용케 하였다. 이 때문에 일본 측이 전쟁범죄로 처벌받거나 전범재판에 불리하게 작용할 수 있는 여자정신대, '군위안부', 징용, 징병, 공출 및 기타 주요 일제 총독부 행정 서류들이 조직적으로 정리 소각되어 조선 내에서는 찾아보기 어렵게 되었다.

7. 1945년 8월 15일, 한국민족의 해방·광복

엔도와 회담을 하고 나온 여운형은 1945년 8월 15일 오전 즉시 안재홍을 찾아가서 다섯 가지 조건과 건국 준비에 동의를 얻었다. 또한 여운형은 즉시 송진우를 찾아가서 건국 준비에 동참해 달라고 간곡하게 요청했으나 송진우는 거절하였다. 송진우는 미군과 임시정부가 즉시 상륙하리라고 예측하고, 공백 기간 계속될 일제의 지배를 주의하지 않는 것 같았다. 이에 여운형과 안재홍은 8월 15일 '조선건국준비위원회'를 조직 결성하였다. 최초의 간부 구성은 다음과 같았다.[84]

의 '조선은행권' 남발로 대비한 것이다. 朝鮮銀行史編纂委員會, 『朝鮮銀行略史』; 森田芳夫, 『朝鮮終戰の記錄』 p. 39 참조.

84 ① 안재홍, 『신민족주의와 신민주주의』, 민우사, 1946.
② 李萬珪, 『呂運亨先生鬪爭史』.
③ 여운홍, 『몽양 여운형』, 청하각, 1967.
④ 홍인숙, 「건국준비위원회의 조직과 활동」, 강만길 외, 『해방전후사의 인식』 제2권, 한길사, 1985.
⑤ 진덕규, 「미군정하 국내정치세력의 조직화와 갈등」, 『국사관논총』 제25집, 1991.

위원장: 여운형(呂運亨)
부위원장: 안재홍(安在鴻)
총무부장: 최근우(崔謹愚)
조직부장: 정백(鄭栢)
무경(武警)부장: 권태석(權泰錫)
재정부장: 이규갑(李奎甲)
선전부장: 조동호(趙東祜)

건국준비위원회위원장 여운형
(출처: 독립기념관)

송진우 일파의 불참과는 달리, 8월 18일경 민족주의 우파의 김병로, 백관수, 이인, 박명환, 김용무, 박찬희, 김약수 등은 불참이 실책이라 생각하여 안재홍을 만나서 참가의 뜻을 전하고 건국준비위원회의

---

⑥ 서중석, 「해방전후의 민족통합운동」, 『한국독립운동사연구』 제12집, 1998.
⑦ 이동화, 「몽양 여운형의 정치활동」, 신용하 편, 『한국현대사회사상』, 지식산업사, 1984.
⑧ 김충렬, 「해방정국에서 건국준비위원회의 정치적 의미」, 『한국동북아논총』 제37호, 2005.
⑨ 이규태, 「해방직후 건국준비위원회의 활동과 통일국가의 모색」, 『한국 근현대사 연구』 제36집, 2006.
⑩ 남광규, 「건국준비위원회 중앙조직의 약화과정과 요인」, 『한국정치외교사논총』 제28집 제1호, 2006.
⑪ 윤덕영, 「8·15 직후 조선건국준비위원회의 조직적 한계와 좌·우 분립의 배경」, 『사학연구』 제100집, 2010.
⑫ 박명수, 「평안남도 건국준비위원회와 조만식」, 『한국기독교와 역사』 제41집, 2014.
⑬ 김인식, 「조선건국준비위원회의 건국 구도」, 『한국민족운동사연구』 제84집, 2015.
⑭ 김인식, 「민족주의 세력의 조선건국준비위원회 개조 움직임」, 『한국민족운동사연구』 제95집, 2018.

건국준비위원회부위원장 안재홍
(출처: 독립기념관)

확충을 요청하였다.[85]

여운형·안재홍 등은 즉시 동지들에게 연락하여 학생과 청년들을 대상으로도 숨 가쁘게 학도대·치안대를 조직하기 시작했으며, 건국동맹 맹원들에게 각 지방별로 건국준비위원회 지회들을 조직 결성케 하여, 질서 유지와 건국 준비를 시작하였다.

일제는 1945년 8월 15일 12시에 '중대 방송'이 있으니 반드시 청취할 것을 방송으로 알리고 서울 시내 요소에도 게시하였다. '중대 방송'은 일본 천황의 '무조건 항복 선언' 녹음 방송이었다. 일본 천황의 라디오 녹음 방송은 잡음이 심하였으나 "짐은 제국 정부로 하여금 미국·영국·중국·소련 4개국에 대하여 그 공동선언(포츠담 선언-필자)을 수락할 뜻을 통보하게 하였다."로 시작해서 '항복' 선언임을 간신히 알아들을 수 있었다. 뒤이은 해설과 신문 보도로 일본제국이 연합국에 무조건 항복하고 조선이 해방되었음이 명백하게 전해졌다.[86]

한국민족과 백성들은 감격하였다. 얼마나 간절하게 기다리던 자유·해

---

85 송남헌, 『해방3년사』 제1권, 까치, 1985, pp. 45-46 참조.

86 일본 천황의 '무조건 항복' 발표는 그 후 1945년 9월 2일 미주리 함 위에서 태평양 지역 연합국 최고사령관 더글라스 맥아더(Douglas MacArthur)에게 무조건 항복 문서를 조인 제출하여 완전히 성문화되었다. 일본은 항복문서에서 포츠담 선언의 규정을 수락하고 수행할 것을 "우리(일본)는 (…) 1945년 7월 26일 포츠담에서 미국·중국·영국의 정부 수뇌들에 의하여 발표되고, 그 후 소련에 의해 지지된 선언에 제시한 조항들을 수락한다. (…) 우리는 이후 일본 정부와 그 승계자가 포츠담 선언의 규정을 성실히 수행할 것을 확약한다."라고 하고 서명하였다.

방의 날인가. 이날 해방·광복이 된 것을 알게 된 사람들은 태극기를 급조하여 들고 길거리에 나와 '자유해방 만세', '독립 만세'를 외쳤다. 8월 15일 저녁에는 전국 각 지방에서 일본의 무조건 항복과 조국 해방·광복을 축하하는 '만세'와 시위가 있었다. 여운형·안재홍 등은 8월 15일 오후 동지들과 함께 서대문 형무소를 찾아가 독립운동가(정치범)의 석방을 즉시 요구했으나, 서류 준비가 안 되어 다음 날로 미루게 되었다.

이튿날인 8월 16일에는 거의 모든 조선 사람들이 일제가 패망하고 조선이 해방·광복이 된 것을 알았다. 오전 9시 여운형이 동지들과 함께 서대문 형무소를 찾아가서 독립운동가의 석방을 기다리는 동안, 독립문에서 서대문 형무소까지 수천 명의 흰옷 입은 조선인들이 '자유 조선', '해방 만세', '혁명동지 환영' 등이 적힌 큰 깃발과 플래카드를 들고 기다리다가, 독립운동가들이 석방되어 나오자 '자유 만세', '해방 만세', '독립 만세'를 외치며 이들을 열렬히 환영하고 시가를 행진하였다. 온 서울 시내가 기쁨에 넘친 시민들의 행진과 만세로 들끓었다. 이날 전국에서 약 2만 명의 정치범들이 석방되기 시작하였다.

8월 16일부터는 전국 방방곡곡에서 연일 해방·광복의 축하 집회가 열렸다. 꽹과리·징을 감추어 둔 산골마을에서까지 참으로 오랜만에 농악(풍물)을 치고 춤을 추며 큰 잔치를 벌였다.

건국준비위원회 위원장 여운형은 1945년 8월 16일 휘문중학교 운동장에 모인 수천 명 시민들에게 건국준비위원회 결성의 경과와 5개 조건을 보고하고, 연합군이 입경하고 세계 각지 독립운동 지도자들이 귀국할 때까지 우리 민족의 힘을 건국 준비와 세계 신문화 건설에 쏟자고 연설하였다. 강연 도중에 '오후 1시 소련군이 서울역에 입성'한다는 허위 소식이 전해져서 여운형과 수천 명의 군중이 서울역으로 이동해 환영을 나갔다가 사실이 아님을 알고 돌아오는 일도 있었다.

여운형은 16일 오후 3시 휘문중학교 강당에서 YMCA 유도 사범 장권(張權)을 대장으로 한 '건국치안대(建國治安隊)'를 편성하였다. 건국 치안대는 주로 체육인·무도인을 중심으로 전문학교·중학교의 체육 교사들과 전문가들을 총동원하여 약 2,000명의 대원으로 편성하였다. 건국치안대의 첫 간부 구성은 다음과 같았다.[87]

대장: 장권(張權)

사무국장: 정상윤(丁相允), 차장 장일홍(張日弘)

총무부장: 송병무(宋秉武)… 인사반·문서반·기획반

경제부장: 한필구(韓弼求)… 조사반·통계반

경리부장: 석진경(石鎭慶)… 회계반·용도반·구매반·배급반

정보부장: 김규엽(金圭燁)… 조사반·발간반·통보반

동원부장: 이경석(李景錫)… 학도반·지역반·공작반·구호반·소방반

운송부장: 이용진(李龍震)… 철도반·자동차반·선박반·소운송반

학도동원부장: 이규현(李奎鉉)… 중등대대·○○학교중대·제○소대·제○분대 및 전문대학대대·○○학교중대·제○소대·제○분대

직역동원부장: 정학용(鄭學鎔)… 산업종별대대·산업직역중대·직역담당소대·제○분대

지역동원본부장: 조영하(趙暎河)… 지역대대·지역중대·지역소대·지역분대(지방대도 동일)

건설대장: 김동영(金東永)

전령대장: 이원영(李元泳)

소방대장: 방영두(方永斗)

---

87 ① 송남헌, 『해방 3년사』 제1권, pp. 39-40.
② 유성연, 「체육인들의 건국치안대 설립과 활동」, 『한국체육학회지』 제54권 제6호, 2015.
③ 조준호, 「여운형(呂運亨)과 체육인들의 건국치안대에 관한 연구」, 『체육사학회지』 제21권 3호, 2016.

해방의 감격으로 환호하는 서울시민들 (출처: 독립기념관)

선전대장: 김용칠(金容七)

공작대장: 김구영(金亀永)

구호대장: 김성진(金晟鎭)

감경(監警)대장: 안대경(安臺慶)

건설본부 진영

운수과… 조사반·철도반·해운반·자동차반·우마차반·전차반

선무과… 문예반·기획반·사경(査警)반

종교과… 총무반·교화반·조사반

토건과… 서무통계반·토목반·물자동원반

건국치안대는 여운형·안재홍의 지도를 받으면서, 장권의 지휘 아래 8월 16일 저녁부터 '치안 유지 협력'을 위해 서울 시내 경찰서와 파출소에 배치되어 치안행정을 사실상 인수받으면서 활동하기 시작하였다. 사

기를 충천한 건국치안대 대원들에게 대부분의 일제 경찰은 무기까지 넘겨주며 오히려 협조 순종하였다.

또한 건국준비위원회 부위원장 안재홍은 8월 16일 오후 3시, 6시, 9시 세 차례에 걸쳐 경성 방송국에서 '해외·해내 3,000만 민족에 고함'이라는 방송을 강연하였다. 그는 이 호소 강연에서 ① 국제정세의 급격한 변동에 임해서 우리 조선민족의 긴급 중대한 문제에 대처하기 위해 각계 동지들과 '조선건국준비위원회'를 결성하여 신생 조선의 재건설 문제에 관한 구체적 실체적 준비작업을 시작하게 되었으며, ② 조선인과 일본인의 생명과 재산을 보호하기 위하여 학생·청년들로 경위대를 편성하였고, ③ 이외에도 정규병의 군대를 편성할 것이며, ④ 식량과 물자 배급과 통화와 물가를 현상 유지하도록 노력할 것이고, ⑤ 정치범은 이미 1,100명을 석방했으며, ⑥ 총독부 행정기관을 접수할 일도 멀지 않았으니, ⑦ 일본에 있는 500만 우리 동포를 생각하여 200만도 채 안 되는 조선에 있는 일본인의 생명과 재산 안전 확보가 필요함을 총명한 동포들이 이해해 달라고 요청 호소하였다.

건국준비위원회와 건국치안대의 활동으로 조선 남부 전역에서 한국인이 일본인을 구타한 경우는 약간 있었으나, 8월 15일부터 17일까지 보복 살해는 1건도 보고된 것이 없었다. 일본인들은 8월 16일부터 도주하듯 집단적으로 줄을 이어 철수하기 시작하였다.

조선총독부는 8월 15일부터 17일 사이 일본인 안전의 위기를 넘기자 여운형·안재홍 등의 조선건국준비위원회 활동에 시비를 걸기 시작하였다. 총독부 정무총감 엔도는 8월 17일 밤에 과거 여운형의 감시 책임자였던 경성보호관찰소장을 여운형에게 보내어, "(행정)접수는 연합국에 의하여 실시될 것이므로 건국준비위원회의 활동은 치안 유지 협력의 한계를 넘지 않도록 해달라."라고 부탁하였다. 또한 총독부 경무국장은 부위원장 안재홍을 8월 18일 오후 3시 고급 요릿집에 초청하여 면담하고, 건국준비위원회의 사명은 '치안 유지 협력'인데 16일 안재홍의 방송 내용은 정규군대 편성, 행정기관 접수 등 총독부가 연합군과 절충 결정할 문제까지 언급한 과오를 범했으니 건국준비위원회를 해산해 달라고 요구하였다. 안재홍은 물론 이를 거부하였다.[88]

일본군의 조선군 관구 사령부는 총독부 정무총감 엔도가 여운형의 5개 조건을 일본군 측과 협의 없이 수락한 것을 뒤늦게 알고 분개하여, 8월 18일 '조선에는 아직도 일본군이 엄연히 주둔하고 있음을 잊지 말아야 하며 만일의 경우에는 일본군 무력을 사용하겠다'고 방송을 통하여 위협하였다. 여운형은 8월 18일 밤늦게 귀가하다가 계동 자택 앞에서 정체불명의 괴한에게 기습당하여 일주일 가량 병원에 입원해 치료해야 했다.[89] 따라서 8월 19일부터 26일까지 건국준비위원회는 부위원장 안재홍이 주도하여 운영하였다. 일본군 조선군 관구 사령부는 8월 20일 총독부 경기도 경찰부를 통하여 '건국준비위원회'라는 명칭에서 '건국'을 삭제하라고 강요하였다. 건국준비위원회는 8월 21일 최근우(崔謹愚)와 박석윤(朴錫胤)을 조선군 관구 참모장에게 보내어 담판하고 이를 거절하였다.[90]

건국준비위원회는 별도 조직인 건국치안대를 통하여 치안 유지의 명목으로 우선 일제 경찰관서를 차례로 접수하였다. 서울시내에서는 본정(중부)경찰서와 용산경찰서를 제외하고 모든 경찰서와 파출소들이 건국치안대에 인수되었다. 그 밖에 중앙 총독부를 제외하고 주요 행정기관들은 '건국준비위원회'의 지휘 아래 인수되었다. 일본인 철수의 실무 책임자로 이를 관찰했던 한 일본인 관리는 다음과 같이 증언 기록하였다.

> 군중의 힘은 노도와 같은 세력이 되어 치안대·보안대의 완장을 두른 1군은 군중의 힘을 배후로 경성부 내 각 경찰서·파출소를 습격하여 일본인 경찰관을 좇

88 森田芳夫, 『朝鮮終戰の記錄』, p. 81 참조.
89 ① 여운홍, 『몽양 여운형』, p. 148.
② 송남헌, 『해방 3년사』 제1권, p. 46 참조.
90 송남헌, 『해방 3년사』 제1권, p. 42 참조.

> 아내고 점거하였다. 본정(중부), 용산경찰서 이외에는 '○○경찰서' 표찰 대신 '조선건국준비위원회 ○○경위대'라는 표찰이 걸려 있었다. 피를 보는 충돌은 없었으나 경찰에 있던 무기는 그들의 손으로 넘어갔다.
>
> 신문사, 회사, 공장, 대상점, 대학, 전문학교 등 중요한 기관, 시설에 대하여 접수 요구가 연달아 일어났으며, 수뇌부의 일본인은 요구 서류에 도장도 찍어 주었으며, 혹은 인감과 금고 열쇠를 넘겨주었다. 접수 요구는 총독부에 대하여도 행해졌으나 이것만은 거절되었다.[91]

여운형은 일제강점 말기에 이미 건국동맹을 통하여 중경 대한민국 임시정부 및 연안 조선독립동맹과 독립군의 국내진입작전에 연합되어 있었으므로, 해방된 한국민족의 새 국가는 해외 독립운동세력이 귀국한 후에 그들과 함께 진주하는 연합국과 협조해 가면서 '건국'해야 할 것임을 물론 잘 알고 있었다. 그러나 연합군의 진주와 해외 독립운동세력의 귀국이 지연되는 속에서 이미 일본이 '무조건 항복'했는데 조선만 계속 일제 총독부의 통치를 받을 수는 없는 것이었다. 이에 안재홍의 강경한 주장처럼 건국 '준비'로서 8월 15일 그날부터 '조선건국준비위원회'가 연합군이 올 때까지 잠정적으로 조선을 통치하도록 활동한 것이었다.

조선건국준비위원회는 8월 말까지 전국에 145개소의 건국준비위원회 지부를 설치해서 행정을 관리하였다.[92]

조선건국준비위원회에 조선 민중의 중망이 집중되어 조직의 확대 개편 요청이 빗발치자, 건국준비위원회는 1945년 8월 25일 '선언'과 함께 다음과 같은 강령 및 확대된 부서와 임원을 발표하였다.

---

91 森田芳夫, 『朝鮮終戰の記錄』, p. 81.

92 ① 송남헌, 『해방 3년사』 제1권, p. 43.
② 유성연, 「체육인들의 건국치안대 설립과 활동」.
③ 조준호, 「여운형(呂運亨)과 체육인들의 건국치안대에 관한 연구」 참조.

강령

1) 우리는 완전한 독립국가의 건설을 기함

2) 우리는 전 민족의 정치적 사회적 기본 요구를 실현할 수 있는 민주주의 정권의 수립을 기함

3) 우리는 일시적 과도기에 있어서 국내 질서를 자주적으로 유지하여 대중 생활의 확보를 기함

위원장: 여운형(呂運亨)

부위원장: 안재홍(安在鴻)

총무부: 최근우(崔謹愚)

조직부: 정백(鄭栢), 윤형식(尹亨植)

선전부: 권태석(權泰錫), 홍기문(洪起文)

재정부: 이규갑(李奎甲), 정순용(鄭珣容)

식량부: 김교영(金敎英), 이광(李珖)

문화부: 이여성(李如星), 함상훈(咸尙勳)

치안부: 최용달(崔容達), 유석현(劉錫鉉), 장권(張權), 정의식(鄭宜植)

교통부: 이승복(李昇馥), 권태휘(權泰彙)

건설부: 이강국(李康國), 양재하(梁在廈)

기획부: 김준연(金俊淵), 박문규(朴文奎)

후생부: 이용설(李容卨), 이의식(李義植)

조사부: 최익한(崔益翰), 김약수(金若水)

서기국: 고경흠(高景欽), 이동화(李東華), 이상도(李相燾), 최성환(崔星煥), 정화준(鄭和濬)

기다리던 해외 독립운동세력보다 연합군이 먼저 진주하였다. 소련군은 1945년 8월 20일 평양에 입성하여 사령부를 설치하고 북조선에 대한 '군정'을 준비하였다. 미국군은 그보다 늦게 8월 25일 제24군단의 선

발대가 인천에 상륙하여 서울에 들어와서 미군 주둔부대의 서울 입성을 준비하였다. 그러나 미군이 38도선 분할과 미군정 실시를 발표한 것은 1945년 9월 2일 연합국 최고사령관 맥아더가 일본의 항복문서 서명 날인을 받은 직후, 미국 제24군단 주한미군 사령관 하지(John Reed Hodge) 중장의 포고 제1호 선포(삐라 살포)에 의해서였다. 주한미군 사령관 하지 미 육군 중장이 한국에 상륙하여 서울에 들어와서 미군정을 시작한 것은 1945년 9월 8일부터였다.

건국준비위원회는 연합군을 일본제국주의와 일본군을 몰아내 준 해방군 겸 군정을 실시할 점령군으로 맞으면서 하루 속히 해외 독립운동세력이 귀국하여 38도선도 극복하고 새로운 완전 독립국가와 민주주의 정권의 건국을 함께 협의하고 추진할 날을 기다렸다. 8월 15일의 해방·광복부터 8월 25일까지 '건국준비위원회'는 그들이 이전에 결성한 건국동맹과 그 밖의 애국세력에 기초하여 짧은 기간에 매우 민첩하게 활동해서 연합군이 진주하기까지 10여 일간의 공백을 유혈 없이 명예롭게 조국을 지키는 데 성공하였다.

한국민족은 8·15 해방·광복에 열광하였다. 전국 방방곡곡에서 8월 말까지도 자발적 광복 경축 농악대회와 축제가 끊이지 않았다. 자유롭고 행복한 새 민주국가를 세워 전 세계 사람들과 서로 도우며 발전할 수 있는 완전히 새로운 시대가 한국민족에게 열린 것이다.

참고문헌 (단행본)

姜東鎭, 『日帝의 韓國侵略政策史』, 한길사, 1980.
강만길, 『일제시대빈민생활사 연구』, 창작사, 1990.
강만길, 『조선민족혁명당과 통일전선』, 화평사, 1991.
강명숙 외 편역, 『교육정책(1): 교육칙어와 조선교육령』, 동북아역사재단, 2021.
강용권 편, 『강제 징병자와 종군위안부의 증언』, 해와달, 2000.
강재언, 『재일 한국·조선인: 역사와 전망』, 소화, 2000.
강창일, 『근·현대 한국과 일본』, 동국대학교출판부, 2023.
고정휴, 『이승만과 한국독립운동』, 연세대학교출판부, 2004.
공제욱·정근식 편, 『식민지의 일상, 지배와 균열』, 문화과학사, 2006.
곽건홍, 『일제의 노동정책과 조선노동자: 1938-1945』, 신서원, 2001.
權寧珉, 『한국계급문학운동사』, 문예출판사, 1998.
권영민, 『한국 민족문학론 연구』, 민음사, 1988.
김경동, 『선비문화의 빛과 그림자』, 박영사, 2022.
김경일, 『일제하 노동운동사』, 창작과비평사, 1992.
김경일, 『한국 근대 노동사와 노동 운동』, 문학과지성사, 2004.
김광재, 『근현대 중국관내지역 한인사연구』, 경인문화사, 2015.
金九, 『도왜실기』, 국제문화협회, 1946.
김구, 『백범일지』(백범학술원총서 2), 나남, 2002.
김기조, 『38선 분할의 역사』, 동산출판사, 1994.
김문식 외, 『일제의 경제침탈사』, 현음사, 1982.
김민영, 『일제의 조선인노동력수탈 연구』, 한울, 1995.
김백영, 『지배와 공간: 식민지도시 경성과 제국 일본』, 문학과지성사, 2009.
金秉祚, 『韓國獨立運動史略』, 1920.
김봉식·박수현, 『전시 동원체제와 전쟁협력: 총동원 계획과 관제운동』, 동북아역사재단, 2022.
김블라지미르(조영환 역, 박환 편), 『재소 한인의 항일투쟁과 수난사』, 국학자료원, 1997.

김성민, 『1929년 광주학생운동』, 역사공간, 2013.
김성준, 『일제강점기 조선어 교육과 조선어 말살정책 연구』, 경인문화사, 2010.
金成鎬, 『1930년대 延邊 '民生團事件' 연구』, 백산자료원, 1999.
김성호, 『동만항일혁명투쟁 특수성 연구: 1930년대 '민생단 사건'을 중심으로』, 흑룡강조선민족출판사, 2006.
김성환, 『일제강점기 단군릉수축운동』, 경인문화사, 2009.
김승태, 『신사참배 거부 항쟁자들의 증언: 어둠의 권세를 이긴 사람들』, 다산글방, 1993.
金承學, 『韓國獨立史』, 統一問題研究會, 1972.
金泳謨, 『韓國社會階層研究』, 一潮閣, 1982.
김영범, 『한국 근대민족운동과 의열단』, 창작과비평사, 1997.
김영범, 『혁명과 의열: 한국 독립운동의 내면』, 경인문화사, 2010.
김영범 편, 『(한국광복군 인면전구공작대장) 한지성의 독립운동 자료집』, 선인, 2022.
金榮秀, 『大韓民國臨時政府憲法論』, 삼영사, 1980.
김영작, 『근대 한일관계의 명암』, 백산서당, 2006.
김영희, 『일제시대 농촌통제정책연구』, 경인문화사, 2003.
김용섭, 『한국근현대농업사연구』, 지식산업사, 1992.
金宇鍾, 『韓國現代小說史』, 成文閣, 1989.
金雲泰, 『改訂版 日本帝國主義의 韓國統治』, 博英社, 1998.
김원용(손보기 편), 『在美韓人五十年史』, 혜안, 2004.
김윤미, 『중일전쟁과 한반도 병참기지화』, 역사공간, 2021.
김윤식, 『한국근대문예비평사연구』, 일지사, 1976.
김윤식, 『한국현대문학사: 1945-1980』, 일지사, 1994.
김인덕, 『식민지시대 재일조선인운동 연구』, 국학자료원, 1996.
김인식, 『안재홍의 신국가건설운동: 1944-1948』, 선인, 2005.
김인식, 『애산 이인 평전』, 선인, 2021.
김인식, 『조소앙 평전』, 민음사, 2022.
김인호, 『태평양전쟁기 조선공업연구』, 신서원, 1998.
김인호, 『식민지 조선 경제의 종말』, 신서원, 2000.
김재용 외, 『한국근대민족문학사』, 한길사, 1993.
김정의, 『한국의 소년운동』, 혜안, 1999.
김정인, 『독립을 꿈꾸는 민주주의』, 책과함께, 2017.
김주용, 『일제의 간도 경제침략과 한인사회』, 선인, 2008.

金俊燁, 『長征: 나의 光復軍時節』(上), 나남, 1987.
金俊燁·金昌順, 『韓國共産主義運動史』(전5책), 청계연구소, 1986.
김중섭, 『형평 운동 연구: 일제 침략기 백정의 사회사』, 민영사, 1994.
김중섭, 『사회운동의 시대: 일제침략기 지역 공동체의 역사 사회학』, 북코리아, 2012.
김창국, 『동북항일유격근거지사연구』, 연변인민출판사, 1992.
金昌淑, 『心山遺稿』, 國史編纂委員會, 1973.
김택, 『길림조선족』, 연변인민출판사, 1995.
김필동, 『한국사회조직사 연구』, 일조각, 1992.
김필동, 『차별과 연대』, 문학과지성사, 1999.
김학준, 『매헌 윤봉길 의사 평전』, 동아일보사, 2022.
김학준 외 편, 『혁명가들의 항일 회상: 金星淑, 張建相, 鄭華岩, 李康勳』, 민음사, 1988.
金喜坤, 『중국관내 한국 독립운동단체 연구』, 지식산업사, 1995.
김희곤, 『새로 쓰는 李陸史 評傳』, 지영사, 2000.
김희곤 외, 『대한민국임시정부의 좌우합작운동』, 한울, 1995.
남영우, 『일제의 한반도 측량침략사』, 법문사, 2011.
네루(Jawaharlal Nehru, 노명식 역), 『世界史遍歷』, 삼성문화문고, 1972.
노경채, 『한국독립당 연구』, 신서원, 1996.
노치준, 『일제하 한국기독교 민족운동 연구』, 다산글방, 1992.
도진순, 『한국민족주의와 남북관계』, 서울대학교출판부, 1997.
동북아역사재단 편, 『식민지 조선과 일본군'위안부' 문제 자료집(III): 전시체제기 유언비어 통제 관계』, 동북아역사재단, 2021.
동아일보사, 『三·一運動50周年紀念論集』, 동아일보사, 1969.
동아일보사 편, 『현대사를 어떻게 볼 것인가』, 동아일보사, 1987.
리홍원 외, 『동북인민혁명투쟁사』, 참한, 1989.
마트레이(James Irving Matray, 구대열 역), 『한반도의 분단과 미국: 미국의 대한 정책, 1941-1950』, 을유문화사, 1989.
文定昌, 『軍國日本朝鮮强占三十六年史』(전3책), 柏文堂, 1965.
민주주의민족전선, 『해방조선』, 과학과사상, 1988.
박걸순, 『식민지 시기의 역사학과 역사인식』, 경인문화사, 2004.
박경식, 『日本帝國主義의 朝鮮支配』, 청아출판사, 1986.
박광준, 『여자정신대, 그 기억과 진실』, 뿌리와이파리, 2022.
박만규, 『도산 안창호의 민족혁명론』, 역바연, 2022.

박만규, 『대한민국 국부 도산 안창호』, 역바연, 2022.

朴明圭, 『한국 근대 국가 형성과 농민』, 문학과지성사, 1997.

박명규, 『국민, 인민, 시민』, 소화, 2009.

朴永錫, 『日帝下獨立運動史研究』, 一潮閣, 1984.

박영석, 『萬寶山事件研究』, 亞細亞文化社, 1985.

박영석, 『在滿韓人獨立運動史 研究』, 일조각, 1988.

박용규, 『조선어학회 항일투쟁사』, 한글학회, 2012.

朴容玉, 『韓國近代女性運動史研究』, 韓國精神文化研究院, 1984.

朴殷植, 『韓國獨立運動之血史』, 『朴殷植全書』(상), 檀國大東洋學研究所, 1975.

박은식, 『韓國痛史』, 『朴殷植全書』(상), 檀國大東洋學研究所, 1975.

朴贊勝, 『한국근대 정치사상사연구』, 역사비평사, 1992.

박찬승, 『민족주의의 시대: 일제하의 한국 민족주의』, 경인문화사, 2007.

朴泰遠, 『若山과 義烈團』, 백양당, 1947.

박혜란, 『한국 근현대 청년운동사』, 풀빛, 1995.

朴桓, 『滿洲韓人民族獨立運動史研究』, 일조각, 1991.

박환, 『러시아 韓人民族運動史』, 탐구당, 1995.

반병률, 『여명기 민족운동의 순교자들』, 신서원, 2013.

방기중, 『한국근현대사상사연구』, 역사비평사, 1992.

方善柱, 『在美韓人의 獨立運動』, 한림대학교출판부, 1989.

白鐵, 『新文學思潮史』, 新丘文化社, 1980.

변은진, 『일제말 항일비밀결사운동 연구』, 선인, 2018.

변은진·장순순 편역, 『전시체제기 여론통제(1): 기본 구상과 방향』, 동북아역사재단, 2021.

서광일, 『일제하 북간도 기독교 민족운동사』, 한신대학교출판부, 2008.

서울대 인권센터 정진성 연구팀, 『끌려가다, 버려지다, 우리 앞에 서다(1)』, 푸른역사, 2018.

서중석, 『한국근현대의 민족문제연구』, 지식산업사, 1989.

서중석, 『한국현대민족운동연구』, 역사비평사, 1991.

서중석, 『신흥무관학교와 망명자들』, 역사비평사, 2001.

성대경, 『일제하 식민지시대의 민족운동』, 풀빛, 1981.

성주현·고병철, 『일제강점기 종교 정책』, 동북아역사재단, 2021.

蘇智良·陳麗菲·姚霏(손염홍 역), 『상해 일본군 慰安所 실록』, 동북아역사재단, 2005.

손세일, 『이승만과 김구』(전7권), 조선뉴스프레스, 2015.

孫仁銖, 『韓國近代教育史』, 연세대학교출판부, 1971.

손정목, 『일제강점기 도시사회상연구』, 일지사, 1996.

孫春日 외, 『韓國抗日民族運動과 中國』, 國學資料院, 2001.

송남헌, 『해방3년사』(제1·2권), 까치, 1985.

송남헌, 『시베리아의 투사 元世勳』, 천산산맥, 1990.

송호근, 『국민의 탄생: 식민지 공론장의 구조 변동』, 민음사, 2020.

스칼라피노·이정식(한홍구 역), 『한국공산주의운동사』(제1권), 돌베개, 1986.

申福龍, 『大同團實記』, 養英閣, 1982.

申肅, 『나의 一生』, 日新社, 1963.

愼鏞廈, 『朝鮮土地調査事業研究』, 韓國研究院, 1979.

신용하, 『한국근대사와 사회변동』, 문학과지성사, 1980.

신용하, 『박은식의 사회사상연구』, 서울대학교출판부, 1982.

신용하, 『신채호의 사회사상연구』, 한길사, 1984.

신용하, 『한국민족독립운동사연구』, 을유문화사, 1985.

신용하, 『한국근대사회사상사연구』, 일지사, 1987.

신용하, 『한국근대사회사연구』, 일지사, 1987.

신용하, 『한국현대사와 민족문제』, 문학과지성사, 1990.

신용하, 『3·1운동과 독립운동의 사회사』, 서울대학교출판부, 2001.

신용하, 『한국근대의 민족운동과 사회운동』, 문학과지성사, 2001.

신용하, 『백범 김구의 사상과 독립운동』, 서울대학교출판부, 2003.

신용하, 『일제 식민지정책과 식민지 근대화론 비판』, 문학과지성사, 2006.

신용하, 『한국 항일독립운동사 연구』, 경인문화사, 2006.

신용하, 『한국근현대사회와 국제환경』, 나남, 2008.

신용하, 『신판 신간회의 민족운동』, 지식산업사, 2017.

신용하, 『일제조선토지조사사업 수탈성의 진실』, 나남, 2019.

신용하, 『민족 독립혁명가 도산 안창호 평전』, 지식산업사, 2021.

신용하, 『한국문화의 설날·두레공동체·농악·아리랑』, 경인문화사, 2021.

신용하 외, 『식민지 근대화론에 대한 비판적 성찰』, 나남, 2009.

申一澈, 『申采浩의 歷史思想研究』, 고려대학교출판부, 1981.

申載洪, 『抗日獨立運動研究』, 신서원, 1999.

신주백 편, 『1930년대 민족해방운동론 연구』(제2권), 새길, 1990.

신주백, 『만주지역 한인의 민족운동사(1920-45)』, 아세아문화사, 1999.

申采浩, 『朝鮮上古史』, 1924.

신채호, 『改訂版 丹齋申采浩全集』(전4책), 단재신채호전집편찬위원회, 1977.

沈之淵, 『朝鮮新民黨 硏究』, 동녘, 1988.

심지연, 『金枓奉硏究』, 인간사랑, 1993.

안건호 외, 『한국근현대청년운동사』, 풀빛, 1995.

安在鴻, 『신민족주의와 신민주주의』, 민우사, 1946.

안재홍, 『民世安在鴻選集』(전8권), 지식산업사, 1981-2004.

安昌浩, 『島山安昌浩全集』(전14권), 도산안창호선생기념사업회, 2000.

愛國同志援護會 編, 『韓國獨立運動史』, 1956.

양지혜 외 편역, 『식민지 산업기반 침탈(1): 조선 철도정책의 수립과 운영』, 동북아역사재단, 2021.

呂運弘, 『夢陽 呂運亨』, 청하각, 1967.

역사문제연구소 문학사연구모임, 『카프문학운동연구』, 역사비평사, 1994.

염인호, 『朝鮮義勇軍의 독립운동』, 나남, 2001.

오세영, 『김소월, 그 삶과 문학』, 서울대학교출판부, 2000.

오익제, 『天道教要義』, 청도교중앙총부출판부, 1986.

유영익, 『이승만의 삶과 꿈』, 중앙일보사, 1996.

유영익 편, 『이승만 연구』, 연세대학교출판부, 2000.

尹慶老, 『105人事件과 新民會硏究』, 一志社, 1990.

윤경로, 『개정증보판 105인 사건과 신민회 연구』, 한성대학교출판부, 2012.

윤명숙(최민순 역), 『조선인 군위안부와 일본군 위안소제도』, 이학사, 2015.

尹炳奭, 『國外韓人社會와 民族運動』, 一潮閣, 1990.

윤병석·신용하·안병직 편, 『한국근대사론』(전3책), 지식산업사, 1978.

윤이흠, 『일제의 한국 민족종교 말살책』, 고려한림원, 1997.

윤휘탁, 『일제하 '만주국' 연구』, 일조각, 1996.

윤휘탁, 『만주국: 식민지적 상상이 잉태한 '복합민주국가'』, 혜안, 2013.

李均永, 『신간회 연구』, 역사비평사, 1993.

李基白, 『新版 民族과 歷史』(李基白韓國史學論集 I), 一潮閣, 1994.

이동인, 『율곡의 사회개혁사상』, 백산서당, 2002.

李萬珪, 『呂運亨先生鬪爭史』, 民主文化社, 1946.

李萬烈, 『韓國近代歷史學의 理解』, 문학과지성사, 1981.

이만열, 『丹齊 申采浩의 歷史學 硏究』, 문학과지성사, 1990.

이명화, 『도산 안창호의 독립운동과 통일노선』, 경인문화사, 2002.

李範奭, 『우등불』, 사상사, 1971.
이송순·노성룡·이대열 편역, 『농업·임업정책(1): 일제 식민농정-식량관련 생산 및 유통·공출정책』, 동북아역사재단, 2021.
이순자, 『일제강점기 문화재 정책과 고적조사』, 동북아역사재단, 2021.
李如星, 『數字朝鮮硏究』(제1-5집), 世光社, 1931-1935.
이연복, 『대한민국 임시정부 30년사』, 국학자료원, 1999.
이완범, 『38선 획정의 진실』, 지식산업사, 2001.
이완범, 『한반도 분할의 역사』, 한국학중앙연구원출판부, 2013.
이윤재, 『한글공부』, 동아일보사, 1931.
李恩淑, 『民族運動家 아내의 手記』, 정음사, 1975.
이재화, 『한국근현대민족해방운동사』(제2권, 항일무장투쟁), 백산서당, 1988.
李庭植, 『金奎植의 生涯』, 신주문화사, 1974.
이정식, 『여운형: 시대와 사상을 초월한 융화주의자』, 서울대학교출판부, 2008.
이정식·스칼라피노(한홍구 역), 『한국공산주의운동사』(전3책), 돌베개, 2015.
이준식, 『일제강점기 사회와 문화』, 역사비평사, 2014.
이현주, 『한국 사회주의 세력의 형성』, 일조각, 2003.
이현희, 『대한민국임시정부사』, 집문당, 1982.
人木信雄(蔡洙岩 역), 『日本과 韓國』, 日韓文化協會, 1981.
일본의 전쟁 책임 자료 센터 편(강혜정 역), 『일본의 군 '위안부'연구』, 동북아역사재단, 2011.
임경석, 『한국 사회주의의 기원』, 역사비평사, 2003.
임경석, 『독립운동열전: 잊힌 이들을 찾아서』(전2책), 푸른역사, 2022.
林鍾國, 『日本軍의 朝鮮侵略史』(제1·2권), 일월서각, 1988-1989.
임현진, 『대한민국의 길을 묻다』, 백산서당, 2017.
임희섭, 『한국의 문화변동과 가치관』, 나남, 1994.
장덕순 외, 『조국광복회운동사』, 지양사, 1989.
장세윤, 『중국동북지역 민족운동과 한국현대사』, 명지사, 2005.
장세윤, 『중국 동북지역 독립운동사』, 선인, 2021.
장석흥, 『한국 독립운동의 혁명 영수 안창호』, 역사공간, 2016.
전명혁, 『1920년대 한국사회주의운동연구』, 선인, 2006.
전상인, 『고개 숙인 수정주의』, 전통과현대, 2001.
정광, 『언어학사로 본 20세기까지의 한국어연구사』, 박문사, 2022.
정근식 외 편, 『8·15의 기억과 동아시아적 지평』, 선인, 2006.

정근식·정진성·박명규·정준영·조정우·김미정, 『식민권력과 근대지식: 경성제국대학 연구』, 서울대학교출판문화원, 2011.

정병욱·김연옥 편역, 『유언비어(1): 아시아태평양전쟁 발발과 '불온 언동'』, 동북아역사재단, 2021.

정병준, 『몽양 여운형 평전』, 한울, 1995.

정병준, 『우남 이승만 연구』, 역사비평사, 2005.

鄭世鉉, 『抗日學生民族運動史研究』, 一志社, 1975.

정수복, 『한국 사회학의 지성사』(전4책), 푸른역사, 2022.

정윤재, 『안재홍 평전』, 민음사, 2018.

정재정, 『일제침략과 한국철도: 1892-1945』, 서울대학교출판부, 1999.

鄭在哲, 『日帝의 對韓國植民地教育政策史』, 一志社, 1985.

정진석, 『문자보급운동 교재: 조선일보·동아일보 1929-1935』, LG상남언론재단, 1999.

정진성, 『일본군 성노예제』, 서울대학교출판부, 2004.

정진성, 『재일동포』, 서울대학교출판문화원, 2018.

정혜경, 『일제말기 조선인 강제연행의 역사』, 경인문화사, 2003.

정태헌, 『일제의 경제정책과 조선사회』, 역사비평사, 1996.

趙擊韓, 『白岡回顧錄』, 한국종교협의회, 1985.

趙璣濬, 『韓國資本主義成立史論』, 高麗大學校 亞細亞問題研究所, 1973.

조기준 외, 『일제하의 민족생활사』, 현음사, 1982.

趙東杰, 『韓國民族主義의 成立과 獨立運動史研究』, 지식산업사, 1989.

조동걸, 『한국민족주의의 발전과 독립운동사연구』, 지식산업사, 1993.

조용만 외, 『일제하의 문화운동사』, 현음사, 1982.

趙芝薰, 『韓國民族運動史』(조지훈전집 제6권), 나남출판, 1996.

池中世, 『朝鮮思想犯檢擧實話集』, 돌베개, 1984.

진덕규, 『한국의 민족주의론』, 지식산업사, 2021.

차기벽 편, 『일제의 한국 식민통치』, 정음사, 1985.

차병권, 『일정하 조선의 조세정책』, 한국조세연구원, 1998.

蔡根植, 『武裝獨立運動秘史』, 大韓民國公報處, 1949.

채영국, 『한민족의 만주 독립운동과 정의부』, 국학자료원, 2000.

최봉윤, 『떠도는 영혼의 노래: 민족통일의 꿈을 안고』, 동광출판사, 1986.

최삼룡, 『박춘일항일회상기』, 연변인민출판사, 1986.

최영희 외, 『일제하의 민족운동사』, 현음사, 1982.

崔由利, 『日帝末期 植民地 支配政策 研究』, 국학연구원, 1997.
최원규 편, 『일제말기 파시즘과 한국사회』, 청아출판사, 1988.
최윤규, 『근현대 조선경제사』, 갈무지, 1988.
최재성, 『식민지 조선의 사회 경제와 금융조합』, 경인문화사, 2006.
최혜주, 『근대 재조선 일본인의 한국사 왜곡과 식민통치론』, 경인문화사, 2010.
秋憲樹 편, 『資料韓國獨立運動』(제3권), 연세대학교출판부, 1971.
추헌수, 『한민족의 독립운동과 임시정부의 위상』, 연세대학교출판부, 1995.
트베이 치모비에비치 김(이준형 역), 『일제하 극동시베리아의 한인 사회주의자들』, 역사비평사, 1990.
하야시 에이다이(신정식 역), 『일제의 조선인 노동력 강제수탈사』, 비봉출판사, 1982.
하종문, 『진중일지로 본 일본군 위안소』, 휴머니스트, 2023.
하지연, 『일제하 식민지 지주제 연구』, 혜안, 2010.
하지연, 『식민지조선농촌의 일본인 지주와 조선농민』, 경인문화사, 2018
한국독립운동사연구소 편, 『한국 독립운동의 역사』(전60책), 독립기념관 한국독립운동사연구소, 2009.
한국독립운동사연구소 편, 『한국 독립운동과 대전자령전투』, 독립기념관 한국독립운동사연구소, 2013.
한국독립운동사연구소 편, 『한국 광복군의 일상과 기억』, 선인, 2021.
한국독립운동사연구소 편, 『제2차 세계대전기 한국독립운동과 미국』, 독립기념관 한국독립운동사연구소, 2022.
한국독립운동사연구소 편, 『관동대지진 100년간의 기억과 기록』, 독립기념관 한국독립운동사연구소, 2023.
한국민족운동사학회 편, 『일제강점기의 민족운동과 종교』, 국학자료원, 2002.
한국정신문화연구원, 『한국사연표』, 동방미디어, 2004.
한국체육기자연맹 편저, 『李吉用: 日章旗 抹消義擧 記者』, 인물연구소, 1993.
한규무, 『일제하 한국기독교 농촌운동 1925-1937』, 한국기독교역사연구소, 1997.
한글학회 50돌 기념사업회 편, 『한글학회 50년사』, 한글학회, 1971.
한기언 외, 『일제의 문화침탈사』, 현음사, 1982.
韓相禱, 『한국 독립운동과 중국군관학교』, 문학과지성사, 1994.
한상도, 『한국 독립운동과 국제환경』, 한울아카데미, 2000.
한상도, 『한국 독립운동의 시대인식 연구』, 경인문화사, 2011.
한시준, 『한국광복군연구』, 일조각, 1993.

한시준, 『대한민국임시정부 III(중경시기)』, 독립기념관 한국독립운동사연구소, 2009.
韓永愚, 『韓國民族主義歷史學』, 一潮閣, 1994.
한인섭, 『식민지 법정에서 독립을 변론하다』, 경인문화사, 2012.
한인섭, 『가인 김병로』, 박영사, 2017.
한홍구·이재화 편, 『韓國民族解放運動史資料叢書』, 경원문화사, 1988.
허수열, 『개발 없는 개발: 일제하, 조선경제 개발의 현상과 본질』, 은행나무, 2005.
허수열, 『일제초기 조선의 농업』, 한길사, 2011.
허수열·김인호, 『조슈 이야기』, 지식산업사, 2023.
호사카 유지, 『日本帝國主義의 民族同化政策分析』, 제이앤씨, 2002.
홍선영 외 편역, 『사상통제(1): 사상통제 관련 법규와 통제 주체』, 동북아역사재단, 2021.
홍선표, 『자주독립과 통일정부 수립을 위한 재미한인의 꿈과 도전』, 연세대학교출판부, 2011.
홍양희, 『조선총독부의 가족 정책: 식민주의와 가족·법·젠더』, 동북아역사재단, 2021.
和田春樹(李鍾奭 역), 『김일성과 만주항일전쟁』, 창작과비평사, 1992.
황룡국 주편, 『조선족혁명투쟁사』, 요녕민족출판사, 1988.
황묘희, 『중경 대한민국임시정부사』, 경인문화사, 2002.
黃敏湖, 『在滿韓人社會와 民族運動』, 國學資料院, 1998.
황민호, 『일제하 식민지 지배권력과 언론의 경향』, 경인문화사, 2005.
황민호, 『철기 이범석 평전』, 선인, 2021.
황우갑, 『민족지도자 안재홍 연보』(제1·2권), 선인, 2020-2021.

姜德相, 『呂運亨評傳』(全4册), 新韓社, 2002-2009.
姜東鎭, 『日本の朝鮮支配政策史研究』, 東京大學出版會, 1981.
姜在彦, 『金日成神話の歷史的檢証』, 明石書店, 1997.
高橋亀吉, 『現代朝鮮經濟論』, 千倉書房, 1935.
高樹橋, 『東北抗日聯軍後期鬪爭史』, 白山出版社, 1993.
霍燎原·于文藻·呂永華, 『東北抗日聯軍 第2軍』, 黑龍江人民出版社, 1986.
菅浩二, 『日本統治下の海外神社』, 弘文堂, 2004.
久間建一, 『朝鮮農政の課題』, 成美堂書店, 1943.
久間健一, 『朝鮮農政の近代的樣相』, 西ケ原刊行會, 1935.
宮田節子, 『朝鮮民衆と'皇民化'政策』, 未來社, 1985.
近藤釼一, 『太平洋戰下の朝鮮』(제4-8권), 友邦協會, 1962-1964.
近藤釼一 編, 『太平洋戰爭下終末期朝鮮の治政』(제2·5권), 1961-1964.

吉見義明·林博史,『共同研究 日本軍慰安婦』, 大月書店, 1995.

金圭昇,『日本の植民地法制の研究』, 社會評論社, 1987.

金基鳳·方永春·權立 編著,『일본제국주의의 동북침략사』, 연변인민출판사, 1987.

金東和,『中國 朝鮮族 獨立運動史』, 느티나무, 1991.

金一勉 編,『軍隊慰安婦: 戦争と人間の記録』, 現代史出版会, 1977.

金正明 編,『朝鮮獨立運動』(제2권), 原書房, 1967.

東洋經濟新聞社 編,『朝鮮産業の共榮圏參加體制』, 1942.

明石博隆·松浦總三 編,『昭和特高彈壓史』(제6-8권), 太平出版社, 1975-1976.

鈴木武雄,『朝鮮の經濟』, 日本評論社, 1942.

鈴木正文,『朝鮮經濟の現段階』, 帝國地方行政學會朝鮮支部, 1938.

松田利彦,『日本の朝鮮植民地支配と警察』, 校倉書房, 2009.

朴慶植,『朝鮮人強制連行の記録』, 未來社, 1965.

朴慶植,『日本帝國主義の朝鮮支配』(上·下), 青木書店, 1973.

朴慶植,『在日朝鮮人·强制連行·民族問題』, 三一書房, 1992.

山邊健太郎,『日本統治下の朝鮮』, 岩波書店, 1971.

山邊健太郎,『日本の朝鮮併合』, 太平出版社, 1974.

森田芳夫,『朝鮮終戰の記錄』, 巖南堂書店, 1964.

細川嘉六,『植民史』, 東洋經濟新報社, 1941.

小早川九郎 編,『朝鮮農業發達史』(政第編), 朝鮮農會, 1944.

松尾洋,『治安維持法と特高警察』, 教育社, 1979.

水野直樹,『創氏改名』, 岩波書店, 2008.

矢內原忠雄,『植民及植民政第』, 有斐閣, 1926.

鈴木武雄,『朝鮮の經濟』, 日本評論社, 1942.

宇垣一成,『宇垣一成日記』, みすず書房, 1998.

印貞植,『朝鮮の農業地帶』, 生活社, 1940.

印貞植,『朝鮮農村再編成の研究』, 人文社, 1943.

林炳潤,『植民地に於ける商業的農業の發展』, 東京大學出版會, 1971.

趙景達,『植民地期朝鮮の知識人と民衆』, 有志社, 2008.

日本大藏省管理局,『日本人の海外活動に関する歴史的調査』, 通巻 第10册, 朝鮮編 第9分册, 1947.

荻野富士夫,『特高警察體制史』, せきた書林, 1984.

田保橋潔,『朝鮮統治史論稿』, 朝鮮史編修會, 1944.

井上清,『日本帝國主義の硏究』, 岩波書店, 1972.
青文奇,『鴨綠江辺的抗日名將梁世鳳』, 遼寧人民出版社, 1990.
朝鮮人强制連行眞相調査團 編,『朝鮮人强制連行勞働の記錄』, 北海道·千島·樺太篇, 1974.
朝鮮總督府 臨時土地調査局,『朝鮮土地調査事業報告書』, 1918.
朝鮮總督府,『文化に關する諭告訓示並演述』(大正 8-11年).
朝鮮總督府,『朝鮮施政二十五年史』, 1935.
朝鮮總督府,『施政三十年史』, 1940.
朝鮮總督府 朝鮮史編修會,『朝鮮史編修會事業概要』, 1938.
佐野通夫,『日本植民地教育の展開と朝鮮民衆の對應』, 社會評論社, 2006.
中國國民黨中央委員會黨史史料編纂委員會,『革命文獻』.
中塚明,『近代日本と朝鮮』, 三省堂, 1994.
中塚明,『日本と韓國·朝鮮の歷史』, 高文硏, 2003.
韓晳曦,『日本の朝鮮支配と宗教政策』, 未來社, 1988.
胡春惠,『韓國獨立運動在中國』, 中華民國史料硏究中心, 1976.
和田一郎,『朝鮮の土地制度及地稅制度調査報告書』, 1920.

Bergamini, Davis, *Japan's Imperial Conspiracy,* New York: Pocket Books, 1972.
Brunner, Edmund de S., *Rural Korea,* New York: International Missionary Council, 1942.
Cain, Peter J. and Harrison, Mark(eds.) *Imperialism, Critical Concepts in Historical Studies*(vol. III), London and New York: Routledge, 2001.
Carnoy, Martin, *Education as Cultural Imperialism*, New York: Longman, 1977.
Chang, Chi-yun, *Record of the Cairo Conferenc*e, Taipei: China Culture Publishing Foundation, 1953.
Cho, Soon Sung, *Korea in World Politics 1940-1950*, University of California Press, 1967.
Cordell, Hull, *Memoirs* 2(vols), London: Macmillan Company, 1948.
Curnings, Bruce, *The Origins of the Korean War,* Princeton: Princeton University Press, 1981.
Eckert, Carter J., *Offspring of Empire*, Seattle: University of Washington Press, 1991.
Ferro, Marc, *Histoire des Colonisations des Conquêtes aux Indépendances XIIIe-XXe Siècle*, Paris: Éditions du Seuil, 1994.
Grajdanzev, A. J., *Korea Looks Ahead,* New York: Institute of Pacific Relations, 1944.
Grajdanzev, A. J., *Modern Korea*, New York: The John Day Co., 1944.
Ha, Yong-Chool(ed.) *International Impact of Colonial Rule in Korea, 1910-1945*, Center for

Korean Studies University of Washington, 2019.

Haliday, Jon and McCormack, Gavan, *Japanese Imperialism*, New York: Monthly Review Press, 1973.

Herbert, Feis, *Churchill, Roosevelt, Stalin: The War They Waged and The Peace They Sought*, Princeton: Princeton University Press, 1967.

Kim, C. I. Eugene and Mortimore, Doretha E.(eds.), *Korea's Response to Japan: The Colonial Period*, The Center for Korean Studies Western Michigan University, 1975.

Kim, Kyong-Dong, *Korean Modernization and Uneven Development: Alternative Sociological Accounts*, London: Palgrave Macmillan, 2017.

Ku, Dae-Yeol, *Korea Under Colonialism,* Royal Asiatic Society-Korea Branch, 1985.

Lee, Chong-Sik. *The Politics of Korean Nationalism*, Berkeley: University of California Press, 1965.

Lee, Hong-Young, Ha, Yong-Chool and Sorensen, Clark W., *Colonial Rule and Social Change in Korea,* Seattle: University of Washington Press, 2015.

Link, Arthur S., *Wilson the Diplomatist*, New York: New Viewpoints, 1974.

McKenzie, F. A., *Korea's Fight for Freedom*, New York: F. H. Revell Co., 1920.

Millard, Thomas F., *Democracy and the Eastern Question*, New York: The Century Co., 1919.

Myers, Ramon H. and Peattie, Mark R.(eds.), *The Japanese Colonial Empire*, Princeton University Press, 1984.

Nahm, Andrew C.(ed.), *Korea Under Japanese Colonial Rule,* The Center for Korean Studies Western Michigan University, 1973.

Nehru, Jawaharlal(Dorothy Horman ed.), *Nehru, The First Sixty Years*, New York: John Day Co., 1965.

Rhee, Syngman, *Japan Inside Out: The Challenge of Today*, New York: F. E. Revell, 1941.

Robinson, Michael E., *Cultural Nationalism in Colonial Korea, 1920-1925*, Seattle: University of Washington Press, 1988.

Scalapino, Robert A. and Lee, Chong-sik, *Communism in Korea*(vol. 2), Berkeley: University of California Press, 1972.

Sherwood, Robert E., *Roosevelt and Hopkins: An Intimate History*, New York: Harper & Brothers, 1948.

Shin, Ki-Wook and Robinson, Michael(eds.), *Colonial Modernity in Korea,* Cambridge: Harvard University Press, 1999.

Shin, Yong-ha, *Modern Korean History and Nationalism*, Seoul: Jipmoondang Publishing Co., 2000.

Suh, Dae-sook(ed.), *The Korean Communist Movement, 1918-1948*, Princeton: Princeton University Press, 1967.

Suh, Dae-sook(ed.), *Documents of communist Movement, 1918-1948*, Princeton: Princeton University Press, 1970.

Suh, Dae-Sook, *Kim Il Sung: The North Korean Leader*, New York: Columbia University Press, 1988.

Truman, Harry S., *Years of Trial and Hope*, New York: New American Library, 1956.

Truman, Harry S., *Year of Decisions*, New York: New American Library, 1965.

Wagner, F. W., *The Korean Minority in Japan, 1904-1950*, International Secretariat, Institute of Pacific Relations, 1951.

찾아보기

ㄴ

ㅅ

ㅇ

신용하 저작집 제51집

日帝强占期 韓國民族史(하):
1931-1945년 한국의 민족과 사회

A History of Korean People
in the Time of Japanese Occupation, 1910~1945 (Vol. 3)

초판 1쇄 발행 2024년 1월 20일

지은이 신용하

펴낸곳 서울대학교출판문화원
주소 08826 서울 관악구 관악로 1
도서주문 02-889-4424, 02-880-7995
홈페이지 www.snupress.com
페이스북 @snupress1947
인스타그램 @snupress
이메일 snubook@snu.ac.kr
출판등록 제15-3호

ISBN 978-89-521-3239-0 93300